Heinz Kaiser, Karl A. Otto, Gerd Rohlfing,
Peter Weinbrenner

Zukunft gestalten
POLITIK

Methodenorientiertes Lernen

Lehr- und Arbeitsbuch für den politischen Unterricht
an beruflichen Schulen

Bestellnummer 0044

Bildungsverlag EINS - Kieser

www.bildungsverlag1.de

Gehlen, Kieser und Stam sind unter dem Dach des Bildungsverlages EINS zusammengeführt.

Bildungsverlag EINS
Sieglarer Straße 2 · 53842 Troisdorf

ISBN 3-8242-0044-9

© Copyright 1999: Bildungsverlag EINS GmbH · Troisdorf
Das Werk und seine Teile sind urheberrechtlich geschützt. Jede Verwertung in anderen als den gesetzlich zugelassenen Fällen bedarf deshalb der vorherigen schriftlichen Einwilligung des Verlages.

Vorwort

Liebe Schülerinnen und Schüler,
Liebe Lehrerinnen und Lehrer,

WAS WIR MIT DIESEM BUCH WOLLEN

„Zukunft gestalten – Politik"
ist ein Lern- und Arbeitsbuch, das Politik in den für Sie wichtigen Lernfeldern durchschaubar macht und zugleich zeigt, dass Politik – viel häufiger als viele meinen – Mitbestimmungs- und Gestaltungsmöglichkeiten in der Gesellschaft eröffnet.
Das Buch ist nach folgenden Grundsätzen gestaltet, mit denen zugleich die Richtlinien für den Politikunterricht in berufsbildenden Schulen umgesetzt werden sollen.

Aufbau nach dem Prinzip der Horizonterweiterung
Inhaltlich reicht der Aufbau des Buches von den nächstliegenden politischen Lernfeldern über „Wirtschaft" und „Öffentlichkeit" bis zu „Internationalen Beziehungen". So können Sie den Zusammenhang von persönlichem, beruflichem und politischem Handeln und globalen Wirkungen erkennen.
Mit dem Prinzip der Horizonterweiterung verbindet sich ein steigendes Anforderungsniveau des inhaltlichen und methodischen Lernens.

Arbeits- und Berufsbezug, Qualifikations-, Situations-, Problem- und Zukunftsorientierung
Die Unterrichtsthemen sind so ausgewählt und aufbereitet, dass sie – wo immer möglich – eine Auseinandersetzung mit Politik nach diesen Grundsätzen ermöglichen. Dabei werden auch für das Gegenwartsverständnis wichtige historische Fragestellungen einbezogen.

Hilfe zur Entwicklung von Handlungs- und Methodenkompetenz
Methodenkenntnis stellt einen eigenständigen Beitrag zur Entwicklung beruflicher und politischer Urteils- und Handlungsfähigkeit dar. Es werden daher vielfältige methodische Anregungen vermittelt, die in einer Stufung des Anforderungsniveaus von elementaren Arbeitstechniken über Fachmethoden bis hin zu Komplexmethoden reichen.
Dadurch wird der Methodenkompetenz ein besonderer Stellenwert im Sinne einer Schlüsselqualifikation für die Erschließung fachlicher Inhalte innerhalb und außerhalb der Schule eingeräumt.

Doppelseitenprinzip
Um das Buch so übersichtlich wie möglich zu gestalten und eine Arbeit nach dem „Baukastenprinzip" zu ermöglichen, wird jedes Kapitel durch eine Auftaktdoppelseite eröffnet und nach Themendoppelseiten gegliedert. Jede Doppelseite ist als eine Unterrichtseinheit konzipiert. Der themenbezogene Methodenvorschlag wurde als eigene Methodendoppelseite ausgearbeitet und ist grafisch deutlich von den übrigen Seiten abgehoben.

Einführung einer Dialogspalte
Die Randspalte ist durchgängig als Dialogspalte ausgebildet, in der wir als Autoren Sie als Lernende unmittelbar ansprechen wollen. Hier legen wir unsere Ziele offen, begründen die Quellenauswahl, machen auf Probleme und Schwierigkeiten aufmerksam, stellen eigene Meinungen zur Diskussion und geben Tipps und Hinweise zur Bearbeitung des Themas. Auf diese Weise möchten wir einsichtig machen, dass Politik–Schulbücher nicht fraglose Geltung beanspruchen können, sondern wie die Politik selbst das in der Gesellschaft Strittige darstellen und dokumentieren.

Zur Arbeit mit diesem Buch
Wir empfehlen Ihnen, zunächst jeweils die Dialogspalte zu lesen, sodann den Autorentext und die Arbeitsvorschläge. Danach können Sie an die Erarbeitung der Materialien gehen.
Die „Auftaktseite" hat die Funktion, Sie zur „forschenden Neugier" anzuregen, zu Vermutungen und Fragen zum Thema, die sich auf das ganze Kapitel beziehen.
Auf den verschiedenen Themenseiten kann zu diesen Fragen dann „nachgeforscht" werden. Jede Themenseite beginnt mit einem Autorenblock, in dem Grundfragen aufgeworfen und die Materialien in einen Zusammenhang gebracht werden.

Autoren und Verlag hoffen, dass die Arbeit mit **„Zukunft gestalten – Politik"** nicht nur als notwendige Pflicht angesehen wird, sondern Sie zum politischen Denken und Handeln innerhalb und außerhalb des Unterrichts anregen und motivieren wird.

Das Autorenteam
und die
Verlagsredaktion Allgemeinbildung

Inhalt

Vorwort 3
Abfolge der Erarbeitung einer Themendoppelseite 6
Übersicht über die im Schulbuch dargestellten Methoden 7

Gesellschaft Privatleben

Ich will leben – aber wie?
Lebensformen zwischen Traum
und Wirklichkeit 8

Methode: Fotocollage 10
(Weinbrenner)

Zurück zum Faustrecht?
Gewalt, Kriminalität und
Rechtsordnung 24

Methode: Statistik 34
(Rohlfing)

Gestern „in" – heute „out" – und morgen?
Lebensstile im Wandel der Zeit 40

Methode: Zukunftswerkstatt 52
(Kaiser)

Sorgen mit der Entsorgung
Alternativen zur
Wegwerfgesellschaft 54

Methode: Ökoaudit 64
(Weinbrenner)

Arbeitswelt Wirtschaft

Ein neuer Lebensabschnitt beginnt:
Berufsausbildung – eine Investition
in die Zukunft? 68

Methode: Fallanalyse 78
(Kaiser)

Sitzen alle im selben Boot?
Arbeitnehmerinteressen – Arbeitgeberinteressen – Interessenverbände 84

Methode: Planspiel 98
(Kaiser)

Markt oder Staat?
Wirtschaftsordnung und Wirtschaftspolitik 102

Methode: Diskussion und Debatte 116
(Rohlfing)

Arbeit für alle?
Das Recht auf Arbeit zwischen Anspruch
und Wirklichkeit 120

Methode: Szenario-Technik 132
(Weinbrenner)

Inhalt

Stichwortverzeichnis 254
Bildquellenverzeichnis 256

Handlungsfelder

Öffentlichkeit Staat

Von den Massenmedien zu Multimedia
Funktionen und Wirkungen der Medien
in der Demokratie 134

Methode: Vergleichende Inhalts-Analyse 144
(Otto)

**Herrschaft des Volkes durch Wahlen
oder Abstimmungen?**
Wahlen – Parlament – Regierung 150

Methode: Meinungsumfrage 158
(Otto)

Was machen wir zwischen den Wahlen?
Außerparlamentarische Formen
politischer Beteiligung 168

Methode: Politische Aktionsformen 174
(Otto)

Soziale Sicherheit für alle?
Leistungen und Grenzen des Sozialstaates 178

Methode: Erkundung 192
(Otto)

Die eine Welt Internationale Beziehungen

Zusammen wachsen?
Die Deutschen und Europa 194

Methode: Metaplantechnik 196
(Kaiser)

Frieden schaffen – mit oder ohne Waffen?
Traditionelle und alternative Formen
der Friedenssicherung 208

Methode: Karikaturen 210
(Rohlfing)

Eine neue Weltwirtschaftsordnung?
Entwicklungspolitik im Zeitalter
der Globalisierung 222

Methode: Referate und aktives Zuhören 228
(Rohlfing)

Werden wir überleben?
Zukunftsprobleme der Menschheit 238

Methode: Kybernetik – Vernetztes Denken 252
(Weinbrenner)

Abfolge der Erarbeitung einer Themendoppelseite

Überschrift: Problem/Frage/Provokation

Überschrift: Sachzeile

Überschrift: Pro und Kontra Familie als Lebensform

Wie Sie dieses Buch lesen sollten:

① Dialogspalte

② In die Sachproblematik einführender Autorentext

③ Arbeitsvorschläge

④ Unterrichtsmaterialien: M x bis M z (von M 1 bis M z durchnummeriert)

Arbeitsmethoden

Fachübergreifende Basismethoden

Methode	Thema	Seiten
Fotomontage	Lebensformen zwischen Traum und Wirklichkeit	10/11
Fallanalyse	Berufsausbildung – einen Investition in die Zukunft?	78/79
Metaplantechnik	Die Deutschen und Europa	196/197
Referat und aktives Zuhören	Entwicklungspolitik im Zeitalter der Globalisierung	228/229
Diskussion und Debatte	Wirtschaftsordnung und Wirtschaftspolitik	116/117
Erkundung	Leistungen und Grenzen des Sozialstaats	134/135

Sozialwissenschaftliche Fachmethoden

Methode	Thema	Seiten
Inhaltsanalyse	Funktionen und Wirkungen der Medien in der Demokratie	144/145
Statistik	Gewalt, Kriminalität und Rechtsordnung	34/35
Meinungsumfrage	Wahlen – Parlament – Regierung	158/159
Analyse von Bildern und Karikaturen	Traditionelle und alternative Formen der Friedenssicherung	210/211
Öko-Audit	Alternativen zur Wegwerfgesellschaft	64/65
Kybernetik/Vernetztes Denken	Zukunftsprobleme der Menschheit	252/253

Komplexmethoden

Die folgenden Methoden sind dadurch charakterisiert, dass sie viele methodische Elemente (z. B. Strukturieren, Visualisieren, Präsentieren, Rollenspiel, Gruppenarbeit usw.) enthalten, die nach einer übergreifenden Strukturidee (z. B. Zukunftsorientierung) miteinander verknüpft werden. Hier fließen sowohl Basis- und Fachmethoden als auch Methoden und Inhalte ineinander.

Methode	Thema	Seiten
Politische Aktionsformen	Außerparlamentarische Formen politischer Willensbildung	174/175
Planspiel	Arbeitnehmerinteressen – Arbeitgeberinteressen – Interessenverbände	98/99
Zukunftswerkstatt	Lebensstile im Wandel der Zeit	52/53
Szenariotechnik	Das Recht auf Arbeit zwischen Anspruch und Wirklichkeit	132/133

Ich will leben – aber wie?

Liebe Schülerinnen und Schüler,

Wissen Sie, was eine „Patchwork-Familie" ist, oder eine „Stief-Familie", oder eine „Fortsetzungs-Familie"? Ich will Ihnen an dieser Stelle nur verraten, dass diese Begriffe alle dasselbe meinen. Nämlich eine Familie, in der die Ehepartner schon einmal verheiratet waren und in der sie die Kinder aus ihrer ersten Ehe in die neue Ehe mitgebracht haben. Dann könnte die bekannte Situation eintreten, in der es heißt: „Deine Kinder und meine Kinder prügeln sich mit unseren Kindern".

Das Beispiel zeigt, dass es inzwischen viele Lebensformen gibt, mit denen versucht wird, auf neue Bedürfnisse im Zusammenleben der Menschen zu reagieren. Schließlich ist die bürgerliche Ehe, so wie wir sie heute kennen, eine Erfindung der Neuzeit. Ich möchte Sie in diesem Kapitel anregen, einmal mit Ihren Mitschülerinnen und -schülern darüber nachzudenken und miteinander zu diskutieren, welche Lebensformen es heute gibt und wie Sie selbst in Zukunft ihr Leben organisieren wollen.

Ich möchte Sie anregen, in diesem Kapitel über folgende Fragen nachzudenken und zu diskutieren:
– Welche Lebensform wünschen Sie sich für Ihr eigenes Leben?
– Welche Lebensformen werden sich wahrscheinlich in Zukunft durchsetzen?
– In welcher Weise soll der Staat zukünftige Lebensformen unterstützen und fördern?

Idealbild oder Illusion?
Die deutsche **Musterfamilie**

„Ehe und Familie stehen unter dem besonderen Schutze der staatlichen Ordnung" (Artikel 6 Grundgesetz)

Lebensformen zwischen Traum und Wirklichkeit

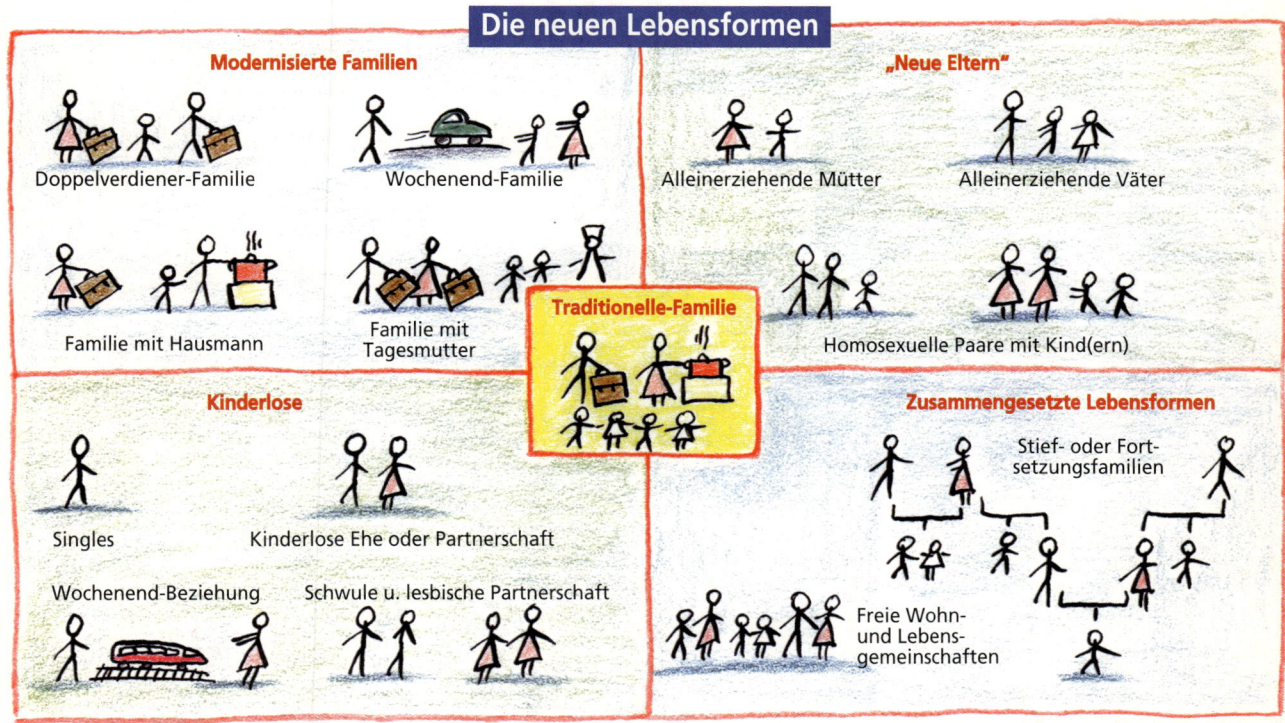

MUTTER KOCHT für die vier Kinder, Vater geht zur Arbeit – die traditionelle Familie weicht einer neuen Vielfalt des Privatlebens

Müssen wir unsere Verfassung umschreiben?

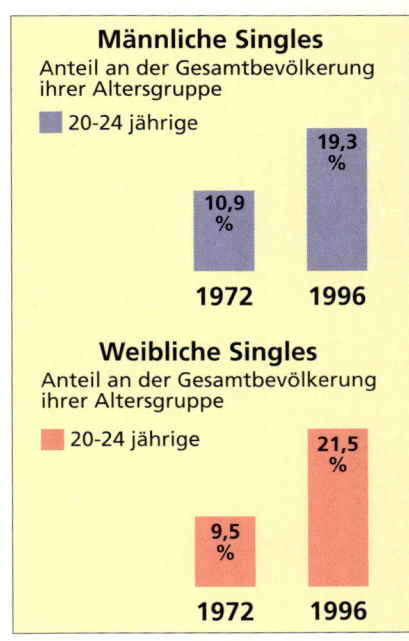

So? – oder so? – Oder wie?

Können Sie sich vorstellen, eine Familie zu gründen, Kinder zu haben, ein Haus zu bauen und Radieschen zu züchten? Oder finden Sie das alles spießig, vorgestrig, langweilig oder sonstwie wenig attraktiv. Dann sollten Sie aber auch wissen und sagen, was Sie alles anders machen würden, wie Sie einmal leben möchten, was Sie von Ihrer Zukunft erhoffen und welche Ziele Sie sich für Ihr Leben setzen? Dazu möchte ich Ihnen einige Anregungen und Ideen vermitteln.

Sie finden auf dieser Seite eine Reihe von Fotos, die sehr unterschiedliche Lebenssituationen und Lebensformen zeigen. Ich möchte Sie anregen, in der Klasse eine Fotomontage zu erstellen. Hierzu müssten Sie Fotos von zu Hause mitbringen oder in den nächsten Wochen selbst welche machen. Sie können aber auch andere Fotos aus Zeitschriften, Fotoalben, Katalogen, Prospekten usw. verwenden, um eine solche Fotomontage zu machen.

Sinn dieser Methode ist es, herauszufinden, wie man sein Leben in Zukunft gestalten will, welche Ziele und Wünsche jeder/jede von Ihnen hat und vor allem, was Sie grundsätzlich nicht wollen.

Und schließlich: Überlegen Sie einmal, warum dies alles mit Politik zu tun hat. Inwiefern haben unsere Ziele, Wert- und Zukunftsvorstellungen Einfluss auf die Politik?

Lebensformen in der Fotomontage

Arbeitsvorschläge

1. Bringen Sie Fotos mit, die sehr unterschiedliche Lebenssituationen zeigen, also z.B. aus der Familie, aus den Ferien oder aus dem Freizeitbereich, aber auch aus dem Berufsleben oder anderen Lebenssituationen, die Ihnen wichtig sind.

2. Bilden Sie mehrere Gruppen und diskutieren Sie, nach welchen Gesichtspunkten Sie eine Fotomontage machen wollen. Ziel ist, den anderen zu zeigen, wie Sie sich Ihr zukünftiges Leben vorstellen. Diskutieren Sie u.a. hierbei die beiden Hauptfragen:
– Wie würde ich gern leben?
– Wie möchte ich auf gar keinen Fall leben?

3. Mögliche Gliederungspunkte für eine Fotomontage sind:
– wie ich mir meine Wohnung vorstelle
– wie ich mir meine Berufsarbeit vorstelle
– wie ich mir meine Freizeit vorstelle
– wie ich mir meine Freunde/ Freundinnen vorstelle usw.

Alternative

Sehr spannend wäre auch, wenn Sie alte Fotoalben Ihrer Eltern und Großeltern auswerten könnten, um eine Fotomontage zu machen nach dem Muster
– Lebensformen früher
– Lebensformen heute, evtl. noch
– Lebensformen morgen (hierzu bräuchten Sie Material aus Illustrierten, Broschüren usw.).

Freiheit wovon und Freiheit wozu?

Ich kann mich noch gut erinnern, wie es mir zumute war, als ich nach dem Ende der Schule eine Ausbildung in einem Industriebetrieb begann. Viele Dinge, die Ihnen heute als selbstverständlich vorkommen, waren damals nahezu undenkbar, z. B.
– *während der Ausbildung aus dem Elternhaus auszuziehen,*
– *über Nacht wegbleiben,*
– *mit meiner Freundin in Urlaub fahren und manches andere mehr. Übrigens: Die Pille war damals auch noch nicht erfunden.*

Gegenüber den 50er und 60er Jahren sind heute die Wahlmöglichkeiten und Lebensperspektiven prinzipiell größer und reichhaltiger geworden. Andererseits sind heute viele Selbstverständlichkeiten von damals in Frage gestellt. Zum Beispiel ist es nicht mehr selbstverständlich,
– *dass jeder, der eine Ausbildung machen will, auch einen Ausbildungsplatz seiner Wahl bekommt,*
– *dass jeder, der arbeiten will, auch einen Arbeitsplatz bekommt,*
– *dass man, sobald man materiell abgesichert ist, eine Familie gründet und Kinder großzieht,*
– *dass die Ehe eine auf Dauer angelegte, d.h. in der Regel lebenslängliche Gemeinschaft darstellt usw.*

Diese neue Situation bringt viele Unsicherheiten und Orientierungsschwierigkeiten mit sich, sodass es sich schon lohnt, darüber einmal zusammen mit Gleichaltrigen nachzudenken und zu diskutieren.

„Wofür wollt Ihr leben" (M 3)? Das ist die sehr viel schwierigere Frage nach der „Freiheit von ... ?"

Junge Menschen im Übergang von der Jugend ins Erwachsenenalter empfinden die Lebensverhältnisse oft als einengend und zwanghaft. Insofern ist es nur zu verständlich, dass der Wunsch nach Freiheit und Selbstbestimmung immer stärker wird und hierbei auch vielerlei Konflikte zu bewältigen sind: Mit den Eltern, auf deren Hilfe und Unterstützung man meist noch angewiesen ist. Mit den Lehrerinnen und Lehrern in der Schule, von denen man ebenfalls abhängig ist, weil sie Noten geben und Zeugnisse schreiben und damit in gewisser Weise auch über zukünftige Berufschancen und Karrieremöglichkeiten entscheiden. Und nicht zuletzt mit den Vorgesetzten und Ausbildern im Betrieb, da sie letztlich entscheiden, ob man nach Ablauf der Ausbildung übernommen wird und welche Arbeitschancen und Aufstiegsmöglichkeiten sich danach eröffnen. Der aus diesen Situationen erwachsende Wunsch nach Freiheit ist die sogenannte „Freiheit von ...", die erst einmal angestrebt und herbeigesehnt wird. Aber wie steht es mit der „Freiheit zu ..."? Welche Lebensziele und Lebensformen sollen verwirklicht werden? Wofür will ich leben und arbeiten? Diese Fragen sollen hier und auf den nächsten Seiten diskutiert werden.

M 1 Freiheit von und Freiheit zu

„Freiheit!!!"

Jim Unger, in: Herman und andere Katastrophen. Berlin: Rotbuch 1992 o.S.

Dank der Veränderung in unserer Gesellschaft haben wir gelernt, wovon wir Freiheit wünschen, wir haben die **Freiheit von** kennengelernt: von der Kontrolle unseres Lebens durch andere, von der Abhängigkeit von anderen, von der Behandlung als politisch und gesellschaftlich zweitklassige Bürger, von allzu bescheidenen Ansprüchen, von rigiden Geschlechtsrollenstereotypen.

Jetzt eröffnet sich uns eine neue Art von Freiheit, die **Freiheit zu** – die Freiheit, unser Leben zu gestalten und die Sorte Mensch zu werden, die uns vorschwebt. Jetzt können wir wählen. Das kann Freude machen, aber auch Angst. Die Angst ist offensichtlich mit dem Risiko verbunden, das immer gegeben ist, wenn wir uns zwischen Alternativen entscheiden und unsere Entscheidungen selbst verantworten müssen. Doch eben dieser Prozess der Wahl und der Selbstbestimmung bringt uns in Fühlung mit uns selbst und verleiht uns unsere Identität. So übernehmen wir Verantwortung für unser Leben und erreichen die Ziele, die uns wichtig sind.

Adams, Linda/Lenz, Elinor: Frauenkonferenz. Wege zur weiblichen Selbstverwirklichung. München: Heyne 1989, S. 12f.

M 2 Ein Brief an eine Mädchenzeitschrift

Freiheit statt Liebe? (1986)

Ich bin völlig verzweifelt. Noch vor einem halben Jahr war ich ein freier Mensch, hatte eine Menge Freunde. Flirtete mal mit dem einen, mal mit dem anderen. Ich genoß einfach das Leben! Dann kam er, wollte mit mir gehen. Ich war happy, aber alles wurde anders. Ich schränkte meine Kontakte ein. Freundschaft, Liebe – das bedeutete ja, Rücksicht zu nehmen, viel zu teilen, treu zu sein. Ich musste mich ändern, mit dem ungebundenen Leben war es vorbei. Doch ich schaffte das mit dem Ändern nicht! Fünf Monate habe ich es versucht, nur um ihn zu halten. Ich bin total unglücklich, will wieder frei sein. Dabei mag ich ihn doch!

Minka (15) aus Hamburg

Mädchen vom 17.09.1986, S. 37

Lebensziele und Lebensperspektiven

M 3

Wofür wollt Ihr leben?

1. Um zu arbeiten?

Herr Pichl rechnete 50 Jahre lang Zahlen zusammen. Fleißig, fleißig.

Frau Ems hat Woche für Woche Haushalt und Messingschild blank gehalten. Lebenslänglich.

Herr Kleinknecht hat sich für Betrieb, Bundesverdienstkreuz und Herzinfarkt aufgearbeitet. Brav.

2. Um das Leben zu genießen?

P.P. stellte auf der Höhe des Erfolges fest: Du kannst doch nie mehr essen, als bist Du satt bist. Keine Befriedigung.

B.H. Multimillionärin, versucht 8 Ehemänner zu konsumieren. Kein Glück.

R. Pinelli, weltreisender Playboy, versuchte alles mitzumachen was nur geht. Selbstmord mit 35 Jahren.

3. Um mehr Ansehen zu erringen?

Familie Schön hat ein größeres Auto und Haus als die Nachbarn. Dafür schuften Sie von früh bis spät.

Betty O. Fotomodel, lebt nur für ihre Schönheit. Nach 10 Jahren Hungerkur, rauschgiftsüchtig.

Dr. F. herrscht endlich als Hauptvorstand. Mit chronischem Magengeschwür.

4. Um Mensch zu sein?

Das Leben ist eine tolle Angelegenheit. Aber viele versäumen sie. Als Arbeitstier, Konsument, Ehrgeizer.

Du bist als Mensch auf dieser Welt. Du kannst denken und fühlen wie sonst kein anderes Wesen. Tiere sind ganz anders.

Ergreift diese einmalige Gelegenheit: Lebt wirklich als Mensch auf dieser Erde! Mit Herz und Verstand.

Nach einer Anzeige von „terre des hommes", eine Menschenrechts- und Kinderhilfsorganisation, in: eulenspiegel, Nr. 36/1990

Reiner Schwalme

Arbeitsvorschläge

1. Schreiben Sie zwei Rubriken an die Tafel:

Ich will Freiheit von …	Ich will Freiheit, um zu …

Lesen Sie **M 1**, füllen Sie dann anonym je einen Zettel zu jeder Rubrik aus und heften Sie ihn an die Tafel.

2. Diskutieren Sie über das Ergebnis. Vergleichen Sie die Ergebnisse der Rubrik „Ich will Freiheit, um zu …" mit **M 3**.

3. Wo liegen heute die Schwierigkeiten, eine klare Lebensperspektive zu entwickeln, insbesondere seine Zukunftsideale zu verwirklichen?

4. Welche gesellschaftlichen und politischen Umstände sind Ihren Lebenszielen hinderlich, welche förderlich?

5. Was ist Ihrer Meinung nach gegenüber früher schwerer bzw. leichter geworden?

6. Diskutieren Sie über die beiden Karikaturen! Welche Vorstellungen von Freiheit werden hier karikiert?

7. In welchem Konflikt befindet sich das Mädchen in **M 2**? Was soll sie tun?

Drum prüfe, wer sich ewig bindet ...

Wer, wie sicher schon manche von Ihnen, mit Freund oder Freundin in einer eigenen Wohnung lebt, der hat die Probleme und Fragen, um die es hier geht, sicher schon am eigenen Leibe erfahren:
- *Wie geht es einem, wenn man als unverheiratetes Paar eine Wohnung sucht und der Vermieter bzw. die Vermieterin fragt, ob man denn schon verheiratet oder wenigstens verlobt sei?*
- *Was empfindet man, wenn man hört, dass verheiratete Paare weniger Steuern zahlen müssen als nicht verheiratete Paare, die über längere Zeit wie ein Ehepaar zusammenleben?*

Wieso, so werden viele von Ihnen fragen, sollen wir eigentlich heiraten, vor allem solange keine Kinder da sind.
Ja, wieso eigentlich?

Der Wunsch nach Freiheit und Selbstbestimmung und nach ganz persönlicher Lebensgestaltung, die immer länger werdenden Ausbildungs- und Studienzeiten, die Unsicherheiten auf dem Arbeitsmarkt und die gewandelten Moral- und Sexualvorstellungen der Gesellschaft haben die traditonellen Lebensformen, insbesondere die klassische Ehe, zunehmend in Frage gestellt und vielfältigen Alternativen des Zusammenlebens und der Partnerschaft Platz gemacht. Diese vielfältigen Wandlungen und die Suche nach neuen Lebensformen und Lebenskonzepten stellen Staat und Gesellschaft, insbesondere die Politik, vor neue Aufgaben und Herausforderungen. Noch gehen die meisten Gesetze, nicht zuletzt das Grundgesetz (Art. 6), von der Ehe als der alleinigen und vom Staat gewollten und unterstützten Lebensform aus. Ehe und Familie bilden nach dieser traditionellen Auffassung die „Keimzelle des Staates". Diese Vorstellung wird heute zunehmend infrage gestellt. Nicht zuletzt die steigenden Scheidungsziffern und der Wunsch vieler Bürgerinnen und Bürger, sich nicht vom Staat und der Gesellschaft vorschreiben zu lassen, wie sie ihr Zusammenleben organisieren und gestalten wollen, hat eine Diskussion um die rechtliche und politische Ausgestaltung neuer, sogenannter „nichtehelicher Lebensgemeinschaften" in Gang gebracht.

M 4 „Nur nicht sich aufeinander einlassen..." – Der Wandel des Zusammenlebens der Deutschen

Der Wandel des Zusammenlebens der Deutschen in den letzten 20 Jahren ist radikal verlaufen. Jeder Dritte wohnt allein. Jede dritte Ehe – in manchen Großstädten jede zweite – wird geschieden. Jedes vierte Kind wächst bereits ohne einen Teil seiner beiden leiblichen Eltern auf. Bei den gegenwärtig zur Welt kommenden Kindern, so haben Experten hochgerechnet, wird es jedes zweite sein. Jeder dritte Deutsche über 30 hat noch überhaupt kein Kind – eine früher undenkbare Zahl. Nicht nur bei Konservativen herrscht Unbehagen. Der Schriftsteller Günter Grass, altgedienter Linker, wettert gegen ein partnerschaftliches Verhalten, „das bindungslos ist, jederzeit auflösbar, von Vorsicht diktiert. Nur nicht sich aufeinander einlassen".

M 5

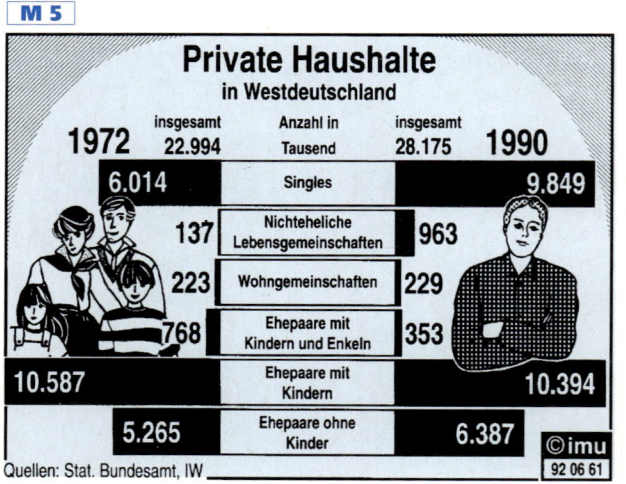

Focus Nr. 7/1993 vom 15.02.1993, S. 93

M 6 Was ist eine eheähnliche Gemeinschaft? Definition des Bundesverfassungsgerichts

Die eheähnliche Gemeinschaft ist dann als gegeben anzunehmen, wenn „die Bindungen der Partner so eng sind, dass von ihnen ein gegenseitiges Einstehen in den Not- und Wechselfällen des Lebens erwartet werden kann. Nur wenn sich die Partner einer Gemeinschaft so sehr füreinander verantwortlich fühlen, dass sie zunächst den gemeinsamen Lebensunterhalt sicherstellen, bevor sie ihr persönliches Einkommen zur Befriedigung eigener Bedürfnisse verwenden", seien sie mit Ehepartnern vergleichbar, es sei denn, diese lebten dauernd getrennt. Sexuelle Beziehungen erkennt das Verfassungsgericht als Begriffsmerkmal ausdrücklich nicht an.

Frankfurter Allgemeine Zeitung Nr. 292 vom 16.12.1992, S. 1

Ehe als Lebensform?

M 7 Nichteheliche Lebensgemeinschaften

Die Zahl der nicht ehelichen Lebensgemeinschaften ist in den letzten Jahrzehnten kräftig gestiegen. Im früheren Bundesgebiet hat sie sich seit 1972 verzehnfacht, der Anteil derer mit Kindern unter ihnen ist jedoch nahezu konstant geblieben (ein Fünftel). In Deutschland insgesamt gab es 1996 rund 1,85 Millionen unverheiratet im gemeinsamen Haushalt zusammenlebende Paare, davon 27 Prozent mit Kindern.

Das Zusammenleben ohne Trauschein ist vor allem bei jungen, überwiegend kinderlosen Paaren weit verbreitet. Es gibt nur noch wenige, die erst dann einen gemeinsamen Haushalt gründen, wenn sie heiraten. Die weitaus meisten Paare durchlaufen eine Phase des nicht ehelichen Zusammenlebens, die dann entweder mit einer Trennung endet oder in die Ehe mündet. Die Dauer des Zusammenlebens ohne Trauschein steigt.

In den alten Bundesländern wird die nicht eheliche Paarbeziehung größtenteils noch vor Beginn der Elternschaft in die eheliche Form überführt. Selbst jüngere Elternpaare (Frau unter 25 Jahre alt) sind im Westen nur zu 8 Prozent nicht miteinander verheiratet. In Ostdeutschland beinhaltet der Prozess der Familiengründung hingegen fast für die Hälfte aller Paare eine Phase der nicht- oder vorehelichen Elternschaft. Mit steigendem Alter sinkt der Anteil Unverheirateter unter den Paaren mit Kindern dann jedoch rasch.

Die nicht eheliche Lebensgemeinschaft ist nicht nur eine typische Lebensform in der Anfangsphase der Paarbildung und Familienentwicklung; sie gewinnt zusehends auch als eine Lebensform nach dem Scheitern einer Ehe an Bedeutung. Besonders in den alten Bundesländern sind unverheiratet zusammenlebende Paare mit Kindern häufig eine nacheheliche Lebensform, genauer: Nicht eheliche Stieffamilien. Insgesamt sind in Deutschland 40 Prozent der unverheiratet mit einem Partner und Kindern zusammenlebenden Frauen geschieden oder vom Ehemann getrennt.

Die Familie im Spiegel der amtlichen Statistik, Neuauflage 1998, S. 58

M 8 Die Ehe ist nur noch eine von vielen Lebensformen

Die Ehe ist – anders als früher – nur noch eine von vielen Lebensformen. So wächst etwa die Zahl der „eheähnlichen" Beziehungen ständig. Angesichts dieser Tatsache stellt sich die Frage, ob in einer pluralistischen Gesellschaft die Institution Ehe überhaupt noch einen besonderen Schutz genießen soll. Kinderlose Paare sind zudem heute im Normalfall Doppelverdiener. Es ist deshalb nicht einzusehen, dass der Staat – Stichwort Ehegatten-Splitting – sie durch Steuervorteile noch zusätzlich unterstützt. Schon heute sind die Standards auf den Wohnungs- und Gütermärkten geprägt von Kinderlosen mit zumeist mehreren Einkommen. Dieser Personenkreis bedarf keines besonderen Schutzes, er kann sich selber helfen. Diese Berufstätigen können es sich leisten, auch teure Wohnungen zu bezahlen und sie können es sich ebenso leisten, ihre Zukunft materiell abzusichern.

Barbara Thurner-Fromm in: Stuttgarter Zeitung vom 26.05.1993, S. 1

M 9

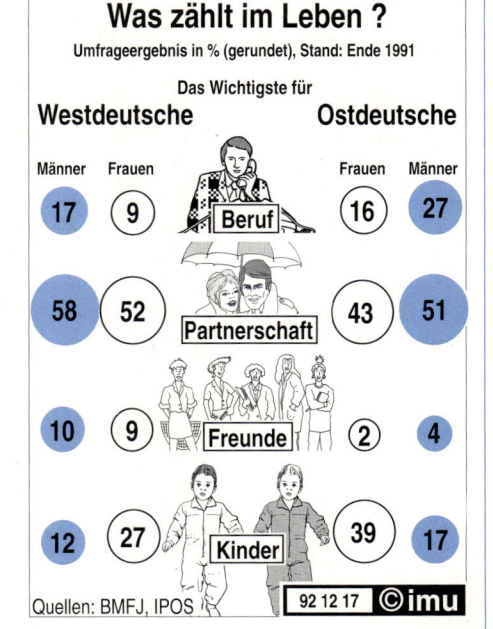

Was zählt im Leben?
Umfrageergebnis in % (gerundet), Stand: Ende 1991

Das Wichtigste für Westdeutsche / Ostdeutsche

	Männer (West)	Frauen (West)		Frauen (Ost)	Männer (Ost)
Beruf	17	9		16	27
Partnerschaft	58	52		43	51
Freunde	10	9		2	4
Kinder	12	27		39	17

Quellen: BMFJ, IPOS

M 10

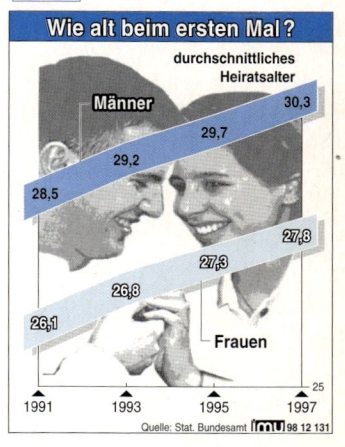

Wie alt beim ersten Mal?
durchschnittliches Heiratsalter

Männer: 28,5 (1991); 29,2; 29,7; 30,3 (1997)
Frauen: 26,1 (1991); 26,8; 27,3; 27,8 (1997)

Quelle: Stat. Bundesamt

Arbeitsvorschläge

1. Beschreiben Sie anhand von M 4, M 5, M 7 und M 9 – M 10 die Veränderungen in den Lebensformen der letzten 20 Jahre. Worauf sind die Änderungen zurückzuführen?

2. Können Sie der Aussage von Günter Grass über die „Bindungslosigkeit" der heutigen Generation in M 4 zustimmen?

3. Diskutieren Sie über die Definition der „eheähnlichen Gemeinschaft" des Bundesverfassungsgerichts in M 6. Welche Verhältnisse werden ausdrücklich ausgeklammert?

4. Stellen Sie die Vor- und Nachteile sogen. „Nicht ehelicher Lebensgemeinschaften" (M 7) gegenüber. Welche Argumente sprechen dafür, welche dagegen, sie den ehelichen Gemeinschaften gleichzustellen?

5. Sollen Schwule und Lesben auch als „eheähnliche Lebensgemeinschaft" anerkannt werden?

Hinweis: Das Bundesverfassungsgericht hat in 1993 abgelehnt, die Eheschließung zwischen Lesben als rechtsgültig anzuerkennen. In Schweden z. B. können Homosexuelle seit 1994 heiraten. Bei den Grünen gibt es starke Bestrebungen, alle nicht ehelichen Lebensgemeinschaften den Familien gleichzustellen.

Immer allein sein?

Ich weiß nicht, ob Sie nicht auch zu den jungen Leuten zählen, die sich nichts Schöneres vorstellen können, als möglichst schnell von zu Hause auszuziehen und sich eine nette kleine Wohnung zu suchen. Bevor Sie das tun sollten Sie anhand der Aufstellung in M 4 *prüfen, ob Sie für einen solchen Schritt auch die materiellen Voraussetzungen erfüllen. Oder vielleicht haben Sie diesen Schritt bereits hinter sich und und Sie können Ihren Mitschüler(inn)en erzählen, wie Sie mit dieser neu gewonnenen Freiheit und Unabhängigkeit zurecht kommen.*

„Singles", zu deutsch „Alleinlebende" oder nach der amtlichen Statistik „Einpersonenhaushalte" sind eine wachsende Personengruppe, die versucht, eine neue Lebensform zu praktizieren, die sich klar von der traditionellen Familie unterscheidet. Auf jeden Fall ist es für junge Leute eine – zumindest auf den ersten Blick – recht attraktive Lebensform, die als Durchgangsstadium auf dem Weg zu Ehe und Familie einiges für sich hat. Andererseits war ich doch überrascht, wie anstrengend bis „stressig" das Singledasein nach M 3 *sein kann.*

Aber prüfen Sie selbst, ob Sie sich ein Leben als Single vorstellen können und welche Vor- und Nachteile mit dieser Lebensform verbunden sind.

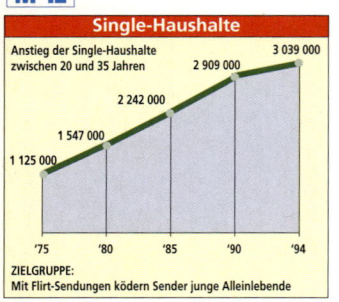

M 12

Singles sind nach der amtlichen Statistik sogenannte „Einpersonenhaushalte". Hierbei ist die Bundesrepublik Deutschland im internationalen Vergleich führend. In keinem anderen europäischen Land ist die Entwicklung zum Singledasein so ausgeprägt wie hier. Es muss allerdings unterschieden werden zwischen einem Singledasein, für das sich Frauen und Männer aus freiem Entschluss als eine gewollte Lebensform entscheiden und einem mehr oder weniger unfreiwilligen, d.h. durch bestimmte Lebensumstände erzwungenen Alleinsein (z.B. durch Scheidung oder Tod des Partners/der Partnerin). Der Trend zum Singledasein nimmt zu und wird sich wahrscheinlich in Zukunft sogar noch verstärken (M 12). Soziologen befürchten bereits eine neue Klassengesellschaft: Die gut ausgebildeten, gut bezahlten, flexiblen und unabhängigen jungen Leute genießen ihr Leben und ihr Singledasein, während die Ärmeren und weniger Qualifizierten heiraten, Kinder aufziehen und die Alten pflegen. Hier stellen sich neue und offene Fragen:
Wird durch die steigende Zahl der Singlehaushalte die Familie als traditionelle Lebensform immer mehr abgewertet und diskriminiert?
Werden wir in Zukunft eine Gesellschaft der Egoisten, Materialisten und Individualisten?
Wer kümmert sich um die vielen Singles, wenn sie einmal alt, krank und einsam werden?

M 11 Singles – Zahlen und Fakten

1996 lebten in Deutschland 13 Millionen Menschen in Einpersonenhaushalten. Dies ist ein Sechstel der (in Privathaushalten lebenden) Bevölkerung und ein Drittel der Haushalte. Der Bevölkerungsanteil Alleinlebender steigt. Im früheren Bundesgebiet lebten 1972 14 Prozent, 1996 bereits 21 Prozent aller Volljährigen allein im Haushalt. Hauptfaktoren des Anstiegs sind: Die Alterung der Gesellschaft, die zeitliche Entkopplung zwischen dem Auszug aus dem Elternhaus und dem Zusammenziehen mit einem festen Partner, die gesunkene Stabilität der Paarbeziehungen, der Anstieg partnerlos Bleibender (v.a. Männer) und die Zunahme an Paaren mit getrennten Haushalten.
Der Anteil allein Lebender variiert stark nach Alter und Geschlecht. Besonders ältere Frauen leben aufgrund von Verwitwungen häufig in Einpersonenhaushalten. Überdurchschnittlich zugenommen hat das Alleinleben der Hochbetagten und der unter Dreißigjährigen, bei Männern aber auch im mittleren Erwachsenenalter.
Der Anstieg allein Lebender bei den unter Dreißigjährigen hat mehrere Ursachen. Zentrale Faktoren sind die verlängerten Ausbildungszeiten und höheren Studierquoten, die gestiegenen Mobilitätsanforderungen, der Rückgang von Haushalten mit familienfremden Bewohnern sowie Veränderungen in der Paarbildung und der Aufschub der Familiengründung. Immer weniger junge Erwachsene ziehen erst anlässlich ihrer Heirat von daheim aus und wechseln direkt in einen Paarhaushalt. Viele wohnen stattdessen nach dem Auszug aus dem Elternhaus erst einmal allein in einem Einpersonenhaushalt, bevor sie eventuell später mit einem Partner zusammenziehen …
Die Zunahme allein lebender Männer im mittleren Erwachsenenalter hängt eng mit der gestiegenen Trennungs- und Scheidungshäufigkeit zusammen, aber auch dem Anstieg dauerhaft ledig Bleibender. Weit stärker als bei den Frauen steigt die Zahl der Männer, die nie heiraten und auch in keiner nicht ehelichen Haushaltsgemeinschaft leben. Teilweise ist dies eine Folge des zunehmenden Männerüberschusses im heiratsüblichen Alter. Jedenfalls sind Männer von Mitte zwanzig bis Ende vierzig häufiger allein lebend als Frauen.
Entsprechend unterschiedlich ist die Alters- und Familienstandsstruktur der allein lebenden Männer und Frauen. 61 Prozent der Männer sind ledig, ein Viertel geschieden oder getrennt lebend und nur ein Siebtel verwitwet. Allein lebende Frauen sind hingegen häufig ältere Witwen: 1996 war die Hälfte verwitwet, ein Drittel ledig, ein Sechstel geschieden oder getrennt lebend.

BMFSFJ (Hrsg.): Die Familie im Spiegel der amtlichen Statistik, Neuaufl. 1998, S. 65 f

Single als Lebensform

M 13 „Freier und unsicherer"

*Die Berliner Psychologie-Professorin
Eva Jaeggi über
Vor- und Nachteile des Single-Daseins.*

FOCUS: Ist der Single wirklich so frei, wie alle Welt glaubt?

Jaeggi: Der Lebenslauf des Singles beinhaltet größere Freiheiten, aber auch größere Unsicherheiten. Das spiegelt sich im Psychischen wider und produziert ein Spannungsverhältnis. Singles müssen eine Balance finden zwischen „sich-gehen-lassen" und Hyperaktivität.

FOCUS: Wer hat mehr Stress, Single oder Familienmensch?

Jaeggi: Das Single-Leben ist aufregender. Es erzeugt Unruhe, wenn man sich nicht in einem Clan oder einem Familienverband befindet, der vom Anfang bis zum Lebensende der gleiche bleibt. Das größte Problem der Singles ist die Einsamkeit.

FOCUS: 100 Freunde, der Job, woher kommt denn da die Einsamkeit?

Jaeggi: Der Mensch ist ein Nesthocker. Er braucht lange Zeit jemanden für das physische Überleben und zum psychischen sowieso. Weil in unserer Gesellschaft die Paarbeziehung ganz stark im Vordergrund steht, fühlt man auch einen Mangel, wenn man keinen Partner hat.

FOCUS: Welchen Ersatz sucht sich der Single?

Jaeggi: Er erfindet immer wieder neue Strategien, um sich einen konstanten Freundeskreis zu schaffen.
Aber der ist nie so stabil und nie so intim wie eine Familie – dafür emotional aber auch nicht so beansprucht.

FOCUS: Lebt der Single in emotionaler Armut?

Jaeggi: Vorsicht, das emotionale Leben eines Paares ist auch nicht so glänzend. Allerdings kann man sich dort eher fallenlassen.

FOCUS: Und warum funktionieren andererseits Partnerschaften so selten?

Jaeggi: Weil die Ansprüche an die Partnerschaft steigen. Besonders, wenn man schon ein oder zwei hinter sich hat. Auch die Kommunikation ist heute sehr viel differenzierter geworden.

FOCUS: Wird es dann auch schwieriger, Kontakte zu knüpfen?

Jaeggi: Man muss andere Dinge kultivieren, um für den möglichen Partner attraktiv zu sein. Es gibt mehr Schattierungen und ich kann die Beziehungsform wählen – von der Freundschaft bis zu einer rein sexuellen Beziehung.

FOCUS: Wer kommt besser damit zurecht? Single-Frau oder – Mann?

Jaeggi: Er hat einen gewissen Vorteil im Hinblick auf die Partnerwahl. Aus Altersgründen ist sein Spektrum größer. Innerlich scheint er eher im Nachteil zu sein – sonst würden Männer nicht eher zur Flasche greifen, häufiger krank werden und früher sterben.

FOCUS 8/1996, S. 138

M 14

Das monatliche Budget

Ist ein Auszug von zu Hause aus finanzieller Sicht möglich oder nicht? Wer diese Checkliste ausfüllt, bekommt einen Überblick, wie hoch mindestens die monatlichen Einnahmen sein müssen, um sorgenfrei leben zu können.

Monatliche Einnahmen — DM
eigener Verdienst
BAföG
Zuschuss von den Eltern
sonstige Einnahmen
Summe Einnahmen

Monatliche Ausgaben — DM
Miete (inkl. Nebenkosten)
Versicherungen
Telefon
Radio/TV
Lebensmittel
Kantine, Mensa
Kosmetika, Waschmittel Ausgaben
Zeitungen, Bücher
Auto, öffentl. Verkehr
Kleidung
Rücklagen für Reisen
Sparen
Sonstiges
Summe Ausgaben

Wirtschaftsspiegel Dez. 95, S. 5

Arbeitsvorschläge

1. Stellen Sie anhand von **M 11** und **M 12** die Ursachen für die Zunahme der Singles in der BRD dar.

2. Arbeiten Sie nach **M 11** und **M 13** die Unterschiede und Motive zwischen männlichem und weiblichem Singledasein heraus.

3. Stellen Sie anhand von **M 13** und den Erfahrungen von selbstständig lebenden Mitschüler(inn)en die Vor- und Nachteile des Lebens als Single gegenüber.

4. Prüfen Sie nach dem Muster von **M 14**, ob Sie materiell in der Lage wären, von zu Hause auszuziehen und als Single zu leben.

Die Familie – Auslaufmodell oder Dauerbrenner?

Ich denke, es ist ein sehr weit verbreitetes Bedürfnis vieler junger Menschen, wenn sie erst einmal den Wunsch haben, der Abhängigkeit von Familie und Elternhaus zu entrinnen und unabhängig zu sein. Doch sobald man diese Freiheit und Unabhängigkeit erreicht hat, wird man oft feststellen, dass man auch etwas verloren hat. Nicht nur, dass man jetzt selbst kochen, das Bett machen, die Wäsche waschen und evtl. sogar die Strümpfe stopfen muss. Nun ist niemand mehr da, der täglich fragt, wie es einem geht, der sich mit uns freut und mit uns leidet, der Verständnis und Liebe für uns aufbringt, kurz: wo wir uns geborgen und umsorgt fühlen. Dies und vieles andere mehr sind Funktionen, die in der Regel von einer Familie erfüllt werden. Mal mehr und mal weniger. Sicher in manchen Fällen auch überhaupt nicht. Das zeigt, wie labil und zerbrechlich die Familie heute geworden ist. Folgende Fragen stellen sich und könnten anhand der Beispiele auf dieser Seite diskutiert werden:
- *Was erwarten wir von der Familie? Was erwartet die Familie von uns?*
- *Welche gesellschaftlichen Funktionen soll die Familie erfüllen?*
- *Kann die Familie die an sie gestellten Anforderungen und Erwartungen noch erfüllen?*
- *Warum ist die Familie in die Krise geraten?*

Stichwort:
Szenario
Ein Szenario ist ein Zukunftsbild, bei dem bestimmte Entwicklungstendenzen in die Zukunft verlängert und zu einem stimmigen Gesamtbild zusammengefügt werden. (siehe Methodenvorschlag S. 132f.)

Dass Menschen sich aus freien Stücken vor einem Standesbeamten die Ehe versprechen, ist eine Idee, die aus dem vorigen Jahrhundert stammt, also noch gar nicht so alt ist. Dennoch vermögen viele, vor allem junge Menschen, heute nicht mehr recht einsehen, dass das Lebensglück zweier Menschen von einer Urkunde abhängt. Das Bild von der unverbrüchlichen, lebenslangen und glückerfüllten Familie, die mit Freude und Hingabe Kinder großzieht und darin die Grundlage für Lebenssinn und Erfüllung sieht, stimmt immer weniger mit der Wirklichkeit überein. Andererseits wird trotz aller Versuche, neue Lebensformen zu finden, die allein auf Liebe, Vertrauen und gegenseitiges Verstehen gegründet sind, immer deutlicher, dass es eine überzeugende Alternative zur Lebensform Familie bis heute nicht gibt. Vor allem, wenn es um das Wohl und die Entwicklungschancen von Kindern geht. Der einseitige Schutz, den der Staat bis heute allein der bürgerlichen Familie angedeihen lässt, und die weitgehende schutz- und rechtlose Situation aller anderen Lebensformen und eheähnlichen Gemeinschaften schafft jedoch Probleme und neue gesellschaftliche Konfliktfelder, die dringend nach einer politischen Lösung verlangen.

M 15

Kampf der Kleinfamilie, DAS Nr. 25 v. 19.6.92, S. 10

M 16

M 17 Familie – ein auslaufendes Modell?

Ob das Konzept der Familie ein auslaufendes Modell ist, hängt nicht zuletzt von den gesellschaftlichen und staatlichen Rahmenbedingungen ab. Beide **Szenarien** lassen sich denken.

(1) Beim ersten Szenario wird von einer Entwicklung ausgegangen, bei der die Erwerbsarbeit das Familienleben eindeutig dominiert. Dann würde sich die Individualisierung und Pluralisierung von Familien weiter entwickeln – im Extremfall könnte eine reine Single-Gesellschaft entstehen. Denn: Wenn beide Lebenspartner den Anforderungen der Erwerbsarbeit genügen, dann werden Ehe und Familie zu einem ständigen Balanceakt zwischen beruflichen Erfordernissen, Bildungszwängen, Kinderverpflichtungen und Hausarbeit, wodurch sich für die Frauen fast durchweg eine Doppelbelastung ergibt. Im familiären Bereich werden unter diesem Druck dauerhafte Bindungen immer konfliktanfälliger; die Erwerbs- und Familienarbeit hinterlässt ihre eindeutigen Spuren. Die Verhältnisse im Erwerbsleben haben aber auch unmittelbare Auswirkungen auf das Leben der Kinder: Sie müssen nun in wachsendem Maße gesellschaftlich betreut und erzogen werden.

(2) Das zweite Szenario würde dagegen eine Umgestaltung des heutigen Familienalltags und der herrschenden Familienpolitik mit sich bringen. Die familiären Lebensformen werden in ihrer Vielgestaltigkeit gestärkt. Dabei setzt man vor allem auf das gewandelte Selbstverständnis von Frauen und Männern, die nicht mehr einseitig die **Männerwelt Erwerbsarbeit** und die **Frauenwelt Familie** getrennt erleben, sondern an beiden Bereichen gleichberechtigt teilnehmen wollen.

Volker Teichert in: Publik-Forum Nr. 5 vom 13.03.1992, S. 5

Pro und Kontra Familie als Lebensform

M 18

Karikatur von Jutta Bauer in: Deutsche Volkszeitung v. 17.7.87, S. 16

M 19 Ergebnisse der Familienforschung

- Verkleinerung der Familien;
- insgesamt niedrigere Heiratsbereitschaft und eine wachsende Zahl nicht ehelicher Geburten;
- zunehmende Zahl von Trennungen bzw. Scheidungen von Partnerschaften und der Rückgang der Wiederverheiratungsbereitschaft;
- Zunahme von Zweit- und Drittfamilien, d. h. eine häufigere Fluktuation des „Familienpersonals" als Folge von Scheidungen und Wiederverheiratungen;
- steigende Zahl erwerbstätiger und -williger Frauen, insbesondere Mütter;
- wachsende Erwartung, dass der Ehe- und Familiengründung eine durch eine relativ leichte Kündbarkeit gekennzeichnet neue eheliche Lebensgemeinschaften vorausgeht; ein unverheiratetes Zusammenleben mit und ohne Kinder sowie ein Leben mit und ohne Partner als zunehmend „normaler Erwachsenenstatus";
- Pluralisierung der Familien- und Haushaltsformen.

R. Geißler: Die Sozialstruktur Deutschlands. Bonn 1992, S. 283

M 20 Auslaufmodell mit Zukunft

… Der Schluss drängt sich auf: Die Familie ist kaputt. Einst Hort des Guten, Schutzzone und Tankstelle für Körper und Seele, Trutzburg gegen die mörderische Konkurrenzgesellschaft, Keimzelle der Nation, Garantin des Generationenvertrages - heute Hasszelle und Konfliktquelle, unerträgliches Chaos statt tragfähiger Ordnung. Manche Bevölkerungswissenschaftler haben die Familie schon abgeschrieben. Angesichts wachsender Scheidungsraten und der großen Zahl Alleinerziehender und „Patchwork-Familien", Heiratsunwilliger und Nachwuchsvermeider sei es müßig, sich über dieses „auslaufende Modell noch den Kopf zu zerbrechen …
Mit verblüffenden Zahlen wartet dagegen das Deutsche Jugendinstitut in München auf. Danach „wachsen 81 Prozent der westdeutschen und 65 Prozent der ostdeutschen Kinder während der gesamten Kindheit und Jugendzeit in einem Eltern-Kind-Verhältnis auf, soll heißen: bei ihren miteinander verheirateten, leiblichen Eltern. Auch andere Statistiken verheißen Entwarnung an der Familienfront: Im heiratskritischen Osten Deutschlands lebten von 22 Prozent vorehelich geborener Kinder nach vier Jahren nur noch 4,5 Prozent bei Eltern ohne Trauschein. Das Berliner Max-Planck-Institut für Bildungsforschung will sogar einen europaweiten Trend zu einer „bewussteren Entscheidung für die Familie" festgestellt haben. …

Das Sonntagsblatt Nr.43 v. 27. Okt. 1995, S. 7

Arbeitsvorschläge

1. Bearbeiten Sie M 15 – M 20 und prüfen Sie, was für und was gegen den Fortbestand der bürgerlichen Ehe und Familie spricht.

2. Bilden Sie dann zwei Gruppen und erstellen Sie zwei Szenarien* (vgl. Stichwort) – etwa für das Jahr 2030.

Die eine Gruppe spielt die **Variante 1** durch:
Was wäre, wenn die Menschen nur noch als Singles oder in relativ unverbindlichen Zweierbeziehungen leben würden?

Die andere Gruppe entwickelt als **Variante 2** ein Gegenmodell:
Was wäre, wenn die Familie oder andere Sozialformen des Zusammenlebens (z. B. WG, Kibbuz) zu allseits anerkannten und dauerhaften Lebensformen geworden wären?

Jede Gruppe sollte auch die Bedingungen und Voraussetzungen sowie die politischen Konsequenzen für das Eintreten der einen bzw. anderen Variante klären.

Diskutieren Sie zum Schluss die drei Fragen:
(1) Welches Szenario wird wahrscheinlich eintreten?
(2) Welches Szenario soll angestrebt werden?
(3) Was müsste politisch geschehen, damit die von Ihnen gewünschte Variante auch eintritt?
Begründen Sie Ihre Meinung!

Lohn für Familienarbeit?

Bei der Entscheidung für oder gegen Ehe, Familie und Kinder spielt die Frage eine wichtige Rolle, wie sich die Einkommensverhältnisse für die jeweils gewählten Lebensformen gestalten. Hierbei stellt sich meist schnell heraus, dass die Entscheidung für Familie und Kinder oft mit erheblichen finanziellen Einbußen verbunden ist. Vor allem für Frauen bedeutet es einen großen Nachteil, für viele Jahre aus dem Erwerbsleben auszuscheiden und auf ein eigenes Einkommen zu verzichten. Deshalb wird eine echte Wahl zwischen Familie und Beruf für beide Geschlechter erst dann möglich sein, wenn die jetzt noch bestehenden Benachteiligungen von Frauen bzw. von (Haus)männern abgebaut werden. Hierzu gibt es interessante Modelle, die jedoch in der politischen Diskussion sehr umstritten sind.

Viele Frauen – aber auch zunehmend Männer – sehen nicht ein, warum Berufsarbeit geachtet und entlohnt wird, während Hausarbeit als ungeliebt und unbezahlt meist den Frauen überlassen bleibt. Hierin liegt sicher einer der Hauptgründe für die immer noch bestehende Benachteiligung der Frauen im Berufs- und Erwerbsleben. Es käme daher einer politischen und gesellschaftlichen Revolution gleich, wenn durch die Gleichstellung und -bewertung von Berufs- und Hausarbeit Frauen und Männern eine echte Wahlmöglichkeit eröffnet werden könnte.

In einer Studie haben zwei Wissenschaftler die Einführung eines Erziehungsgehalts vorgeschlagen, um die Arbeit von Müttern aufzuwerten.

Sie können sich denken, dass dieser Vorschlag nicht überall mit Begeisterung aufgenommen wurde. Vor allem auch deshalb, weil ein solches Modell viel Geld kosten würde. Ich möchte Ihnen daher auf dieser Doppelseite die Grundzüge des Modells sowie die wichtigsten Argumente pro und kontra vorstellen. Ich hoffe, Sie werden genauso kontrovers und engagiert diskutieren, wie viele Bürgerinnen und Bürger seit Vorliegen dieses Vorschlags.

M 22 Geld fürs Windeln wechseln?

Der Alltag kann furchtbar eintönig sein: Windeln wechseln, einkaufen, kochen, Tränen trocknen, Li-la-lu-Liedchen singen, Wohnung putzen, Wäsche waschen. Natürlich hat Christine H. geahnt, worauf sie sich einlässt mit einem Kind, aber sie hat nicht gewusst, dass es manchmal so frustrierend sein würde. „Ich arbeite heute mindestens genauso hart wie in meinem Job. Allerdings erhielt ich im Beruf Anerkennung, gesellschaftliche und finanzielle. Als Mutter schuftest du nur noch, und die Wertschätzung ist gleich null", klagt die 32-jährige Architektin.

Ist wertlos, was nichts kostet? Ja, meint Michael Opielka. Der 41-jährige Sozialwissenschaftler argumentiert: Erziehungsarbeit sei eine produktive gesellschaftliche Arbeit wie jede andere, aber sie werde nicht bezahlt. Viele Frauen, vor allem Mütter mit mehreren Kindern, litten darunter, dass ihre Leistungen kaum anerkannt würden.

Opielka und der Berliner Volkswirt Christian Leipert wollen das ändern. Sie präsentierten 1998 in Bonn ihre Studie „Erziehungsgehalt 2000".

Monatlich 2000 Mark für das erste und 1000 Mark für jedes weitere Kind sollen Eltern, die seit mindestens fünf Jahren mit erstem Wohnsitz in Deutschland leben, drei Jahre lang für ihren Nachwuchs erhalten. Im Alter von vier bis sieben wird ein Teil des Geldes in Form eines Erziehungsgutscheins ausgezahlt, der in Kindergärten oder bei Tagesmüttern eingelöst werden kann, so die Wissenschaftler. Eine Familie mit drei Kindern würde 4000 Mark verdienen, „ein durchschnittlicher, auf dem Arbeitsmarkt erzielbarer Lohn", vergleicht Opielka. Dieses Geld werde wie ein „normales Einkommen" behandelt, es müsse also versteuert werden, und Mütter erwürben einen Rentenanspruch. „Damit wollen wir dokumentieren, dass Erziehungs- und Erwerbsarbeit gleichwertig sind", erklärt der Bonner Wissenschaftler. Das Gutachten sieht weiter vor, später ein einkommensabhängiges Erziehungsgehalt II zu planen, für Mütter oder Väter von acht- bis 18-jährigen Kindern …

Welche demokratischen Rechte besitzen Eltern? Dies sei die Grundsatzfrage, meint Opielka. Wer Kinder in die Welt setze, tappe häufig in eine „soziale Falle". Viele Familien rutschten an die Grenze der Armut, weil die Frau nicht mehr mit verdienen könne, das Leben zu dritt aber zu teuer werde. Andererseits verzichteten gut ausgebildete Frauen auf ihre Karriere. Die Folge: Immer mehr Paare entscheiden sich, kinderlos zu bleiben. „Wer Erziehungsarbeit als gesellschaftliche Arbeit anerkennt, der muss Eltern vor Armut schützen", argumentiert Opielka. Die Einführung eines Erziehungsgehalts könnte „schwer wiegende soziale Schieflagen" korrigieren. …

FOCUS 18/1998, S. 18 ff.

Pro und Kontra Erziehungsgehalt

M 23 **Sackgasse für Frauen – eine Kontraposition**

Auf den ersten Blick scheint ein Erziehungsgehalt verlockend, um die hauptsächlich von Frauen geleistete Arbeit in Familien aufzuwerten und die Erwerbslosenzahlen zu mindern. Auf den zweiten Blick erweist sie sich als Falle – besonders für die Frauen. Denn wegen der geringen Höhe des normalerweise dafür vorgesehenen Entgeltes wären sie es wohl überwiegend, die davon Gebrauch machen würden. Rund 2000 Mark brutto für die Ein-Kind-Familie werden kaum einen Mann bewegen, seinen Beruf aufzugeben. Wenn in Frauenverbänden über Wege zur Aufwertung der in Familie, Erziehung und Ehrenamt geleisteten Arbeit diskutiert wird, wird immer wieder betont, dass damit keinesfalls die geschlechtshierarchische Arbeitsteilung zementiert werden darf. Frauen haben ein Recht auf eine gleichberechtigte Berücksichtigung auf dem Erwerbsarbeitsmarkt, genau wie Männer ein Anrecht darauf haben, tatsächlich Väter sein zu können. Zugegeben, es sind – noch – nicht viele Männer, die dies wollen. Erhalten sie doch für ihre Erwerbsarbeit nicht nur Geld, sondern auch gesellschaftliche Anerkennung, bekommen über ihre Erwerbsarbeit einen gesellschaftlichen Status. Aber auch Frauen, die heutzutage ebenso gut ausgebildet sind wie Männer und oft bessere Berufs- und Studienabschlüsse vorweisen können, wollen ihre Fähigkeiten zunehmend in einer Erwerbsarbeit beweisen und anerkannt wissen. Viele lassen sich nur mit Widerwillen ganz oder teilweise von einer Berufstätigkeit abhalten – und wenn doch, dann tun sie es nicht selten auch aufgrund eines gesellschaftlichen Klimas, das ihnen immer noch die überwiegende, wenn nicht alleinige Verantwortung für die Familie zuweist. Wer Frauen mit dem Erziehungsgehalt die vermeintliche Chance einräumt, mit der ihnen als »natürlich« zugewiesenen Aufgabe vergleichsweise wenig Geld zu verdienen und einen geringen Rentenanspruch zu erwerben, der erhöht nur den Druck auf sie – ein Weg, die vorhandene Arbeit gerecht zu verteilen, ist das Erziehungsgehalt aber nicht.

Andere Wege, Familienarbeit aufzuwerten und für Frauen und Männer attraktiver zu machen, sind geeigneter und stellen frauenpolitisch keine Sackgasse dar: etwa die Möglichkeit, in dieser Zeit steuerfinanzierte Rentenansprüche zu erwerben und damit die eigenständige Rentenbiografie nicht zu unterbrechen oder die Schaffung von Teilzeitarbeitsplätzen auch in Führungspositionen.

Publik-Forum Nr. 8 v. 25. April 1997, S. 17

M 24 **Erziehungsurlaub – Ansprüche nach dem Bundes-Erziehungsgeldgesetz**

In der Vorfreude auf ihr Kind steht für viele werdende Eltern eines fest: Sie möchten sich in den ersten Lebensjahren beide um den Nachwuchs kümmern. Aus diesem Grund wollen sie abwechselnd Erziehungsurlaub in Anspruch nehmen. Und das ist heute auch ohne Probleme möglich ohne deshalb eine Kündigung durch den Arbeitgeber fürchten zu müssen.

Seit rund zehn Jahren haben junge Mütter und Väter nach dem Bundes-Erziehungsgeldgesetz (BErzGG, 15, 16 ff) die Chance, sich in den ersten drei Lebensjahren des Kindes intensiv ihrem Sprössling zu widmen. Während des Urlaubs besteht ein gesetzlicher Kündigungsschutz. Urlaubsberechtigt sind alle Mütter und Väter, die in einem Arbeitsverhältnis stehen, auch Auszubildende und Teilzeitbeschäftigte. Der Erziehungsurlaub darf bis zu dreimal unterbrochen werden, etwa um zwischendurch wieder zu arbeiten. Ebenso können sich Eltern bis zu dreimal abwechseln. Diese Regelung gilt auch für Paare ohne Trauschein, die in einem Haushalt leben.

Es gelten folgende Regelungen: Das Erziehungsgeld beträgt höchstens 600 DM monatlich und wird für jedes Kind gezahlt. Es wird bis zum 24. Lebensmonat des Kindes gewährt. Einkommensgrenze: 100 000 DM/Jahr. Erziehungsgeld wird nicht auf die Sozialhilfe und das Kindergeld angerechnet.

Neue Westfälische vom 14. März 1998 und Autorentext

Arbeitsvorschläge

1. Versetzen Sie sich einmal in die Lage der Mütter in M 21. Wie schätzen sie ihre Arbeit im Haus und mit den Kindern gegenüber ihren berufstätigen Männern ein? Stellen Sie eine Liste von Argumenten zusammen. Entwerfen Sie ein Plakat mit griffigen „Slogans" für Ihre Forderung!

2. Arbeiten Sie in Gruppen die Grundzüge des Gutachtens in M 22 heraus und vergleichen Sie sie mit der jetzt geltenden Regelung (M 24). Wäre damit eine echte Wahlmöglichkeit von Frauen und Männern zwischen Berufs- und Haus- bzw. Erziehungsarbeit möglich?

3. Prüfen Sie die Argumente in M 23 gegen ein Erziehungsgehalt. Sind sie stichhaltig oder haben Sie gute Gegenargumente? Falls Sie sich der Kritik anschließen: Wie müsste eine Regelung aussehen, die die im Gutachten behaupteten Ziele wirklich erreicht?

Hinweis: Ausführliche Materialien zu allen Familienfragen sowie den vollständigen Text des Gutachtens zu einem „Erziehungsgehalt" erhalten Sie beim
Büro für Familienfragen und soziale Sicherheit,
Karpfengasse 7,
69117 Heidelberg.
Auch unter der Internetadresse
http//spinnenwerk.asfh-berlin.de/erzgeh.htm

Kann die Familie modernisiert werden?

Zum Schluss dieses Kapitels möchte ich mit Ihnen noch die Frage diskutieren: Wie wird die Familie, wie werden allgemein die Lebensformen der Zukunft aussehen und welche Rolle sollen Staat und Politik hierbei spielen? Ich denke, das ist schon deshalb eine spannende Frage, weil Sie ja selbst die unmittelbar Betroffenen sind und weil Sie sehr wohl ein Recht darauf haben, über Ihre Zukunft und die Zukunft Ihrer Kinder – falls Sie überhaupt welche haben wollen – mitentscheiden zu dürfen.

Für die Familienpolitik gilt, wie für jede Politik: Sie wird von Menschen (nämlich Politikern) für Menschen gemacht. In sie fließen höchst unterschiedliche Bedürfnisse und Interessen ein und letztlich setzt sich die Politik durch, der es gelingt, Mehrheiten zu bilden und Entscheidungen durchzusetzen. Der Staat darf Ihnen keine Vorschriften machen, wie sie leben sollen. Familienpolitik sollte vielmehr denjenigen, die sich für Familie und Kinder entscheiden, helfen, ihren Alltag und ihre schwierige Erziehungaufgabe zu bewältigen.

Dabei geht es u.a.
– um die Vereinbarung von Familie und Berufe für beide Geschlechter,
– um einen gerechten „Familienlastenausgleich" für diejenigen, die Kinder haben und aufziehen, und
– um eine neue Balance zwischen dem Bedürfnis des Menschen nach Freiheit und Unabhängigkeit auf der einen Seite und nach Partnerschaft und Geborgenheit auf der anderen Seite.

Die in den Familien erbrachten Leistungen sind von zentraler Bedeutung für den Zusammenhalt in der Gesellschaft und die Leistungsfähigkeit der Wirtschaft. Politik für die Familien gehört deshalb zu zum Pflichtprogramm jedes Staates. Das Familienleben hat sich in den letzten Jahren stark gewandelt. Die materielle Abhängigkeit der älteren Familienmitglieder von den jüngeren hat sich weitgehend aufgelöst. Diesen Chancen stehen jedoch auch Gefährdungen gegenüber: Eine wachsende Zahl von Familien – insbesondere allein Erziehende, kinderreiche Familien und Familien von Arbeitslosen – sind von Armut und Ausgrenzung bedroht; Kinder zu haben hat für die Eltern erhebliche wirtschaftliche Einschränkungen zur Folge. Der Anpassungsdruck auf die Familien an sich wandelnde Anforderungen der Arbeitswelt und an den gesellschaftlichen und wirtschaftlichen Strukturwandel ist enorm. Familien sollten ihren Alltag verantwortungsvoll und selbstbestimmt gestalten können. Familienpolitik muss daher das Familienleben leichter lebbar machen. Sie sollte die Vielfalt des Familienlebens und der Lebensformen akzeptieren und eine Politik für Kinder durchsetzen, die die Lebensbedingungen für Kinder verbessert und Bedingungen schafft, damit Partnerschaft zwischen Frauen und Männern besser gelingen kann.

Derzeit scheitern rund ein Drittel aller Ehen und eine mindestens so große Zahl nicht ehelicher Gemeinschaften. Jedes siebte Kind ist vor Erreichen seiner Volljährigkeit von der Scheidung der Eltern betroffen. Der Staat kann nicht das persönliche Glück und die Liebe zwischen Menschen garantieren. Aber er kann Rahmenbedingungen schaffen, die es den Menschen ermöglichen, mit den Wechselfällen des Lebens zurechtzukommen.

M 25 Das Modernisierungs-Modell

Die Familie sichert Grundbedürfnisse des Menschen, deshalb ist sie durch nichts zu ersetzen, sagt eine Reihe von Experten. Sie werde überleben, aber in modernisierter Form: Frauen sind berufstätig und haben dennoch Kinder; Männer kümmern sich stärker um die Erziehung. Ständig kommt es zu Güterabwägungen zwischen Kind und Karriere, Häuslichkeit und Beruf. Eine schwierige Gratwanderung- doch der Absturz ist nicht zwangsläufig.

Wohl die plausibelste Auffassung. Denn auch der individualistische Mensch von heute ist ein zwiespältiges Wesen. Er will Freiheit und Bindung, Autonomie und Nähe. Aus dem – oft gescheiterten – Versuch, Individualismus und Partnerschaft zu vereinen, resultieren die meisten der neuen Lebensformen.

Ein Zurück zur alten, angeblich heilen Familie lässt sich jedenfalls nicht erzwingen ... Dennoch könnte die Politik den Wandel verlangsamen und die Stabilität fördern. Sonderbriefmarken, bunte Broschüren und Plakataktionen helfen da freilich nicht viel.

Eine Frage der Finanzen

Alles, was wirksam wäre, kostet: Familien müssten fühlbar steuerlich entlastet, nicht berufstätige Mütter bei der Rente besser gestellt werden. Krippen und Kindergärten könnten eines der zentralen Probleme lösen helfen, das die Kinderzahlen absinken und die Familien brüchig werden lässt: Die schlechte Vereinbarkeit von Beruf und Familie. Die katastrophale Lage der öffentlichen Kassen verheißt freilich nichts Gutes.

So könnten in Zukunft immer mehr Deutsche auf eine Lösung verfallen, die einst Anita und Peter Sohler, die freiwillig Kinderlosen, wählten. Gegen ihre hin und wieder aufflackernde Lust auf Nachwuchs wussten sie sich wie folgt zu helfen: „Wir haben uns einen Hund gekauft."

Focus Nr. 7/1993 vom 15.02.1993, S. 98

M 26

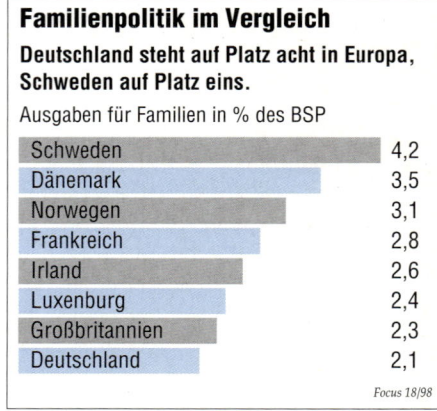

Familienpolitik im Vergleich

Deutschland steht auf Platz acht in Europa, Schweden auf Platz eins.

Ausgaben für Familien in % des BSP

Land	%
Schweden	4,2
Dänemark	3,5
Norwegen	3,1
Frankreich	2,8
Irland	2,6
Luxemburg	2,4
Großbritannien	2,3
Deutschland	2,1

Focus 18/98

Ziele und Aufgaben der Familienpolitik

M 27 Die Familienform der Zukunft ist die „dual-career familiy"

- Erwerbstätigkeit als materielle Notwendigkeit und als Möglichkeit der Selbstverwirklichung ist nicht mehr aus dem Leben der Frauen (und der Gesellschaft im allgemeinen) fort zu denken. Wege zurück wie zum Beispiel die Frauen wieder für die Kindererziehung zu monopolisieren wären nur mit Gewalt vorstellbar und würden ein Potenzial von Unzufriedenheit und sozialer Frustration schaffen, mit dem auf Dauer keine Gesellschaft fertig werden könnte.
- Die Familienform der Zukunft ist die „dual-career family", in der beide Partner erwerbstätig sind, in der Erwerbstätigkeit eine wichtige Realität ihrer Selbstverwirklichung darstellt und in der – logischerweise – umgekehrt sich auch beide Partner die Aufgaben der Hausarbeit und der Kindererziehung teilen ...
- Lebensformen unterscheiden sich zunehmend. Die traditionelle Kleinfamilie wird in Zukunft nur eine unter vielen Lebensformen sein, aber vorläufig sicher die wichtigste bleiben.
- Lebensformen verlieren mehr und mehr ihre kollektiven Bezüge und individualisieren sich. Menschen leben zunehmend allein.
- Als Reaktion über den Verlust kollektiver Bezüge und daraus erwachsender Isolierung entstehen Sehnsüchte nach Geborgenheit und sozialer Zuwendung.
- Traditionelle Lebensformen wie zum Beispiel Ehe und Familie werden idealisiert und in ihrer Erwartungshaltung überhöht. Gerade das ist ein wichtiger Grund für Scheidungen und Trennungen [...]

Damit ist die Politik gefordert, sich dieser Fragen endlich anzunehmen und Rahmenbedingungen herzustellen, die den Menschen helfen.

Walter Hollstein in: Frankfurter Rundschau Nr. 4 vom 06.01.1992, S. 8 (gekürzt)

M 28 Enquete-Kommission fordert familienfreundlichere Arbeitswelt

Die Enquete-Kommission „Demografischer Wandel" des Deutschen Bundestages fordert, dass die Vereinbarkeit von Familie und Beruf künftig „eine zentrale Aufgabe" deutscher Familienpolitik sein sollte. Dazu gehöre vor allem eine familienfreundlichere Gestaltung der Arbeitswelt. Das Betreuungsangebot in Kindergärten und Grundschulen müsse verstärkt werden. Neben mehr Kinderbetreuung, die es auch für Kinder unter drei Jahren geben solle, schlägt die Kommission vor, in Kindergärten und Grundschulen künftig ein Mittagessen anzubieten. „Nur dadurch ist eine reguläre Teilzeitbeschäftigung für Kindererziehende möglich," heißt es in dem Bericht. Außerdem seien „wohnortnahe Angebote für die berufliche Fort- und Weiterbildung notwendig", sowie flexiblere Arbeitszeiten und mehr Teilzeitjobs. Die Kommission, die seit 1992 an Prognosen über die Entwicklung der Gesellschaft arbeitet, geht davon aus, dass eine familienfreundliche Arbeitswelt sich zu einem Kernbereich der Infrastruktur für Familien entwickeln müsse. Spätestens dann, wenn wegen der allgemeinen Entwicklung der Bevölkerung mehr Frauen arbeiten, werde es sich erweisen, „ob die öffentliche Rücksichtnahme auf die eigenständige und gesellschaftsoffene Familie" auch die Arbeitswelt umfasst.

Doris Marszk, Berliner Zeitung v. 13.5.98

M 29

Arbeitsvorschläge

1. M 25 und M 27 bieten Argumente für eine „Modernisierung" der Familie. Prüfen Sie die Argumente daraufhin,
   - ob Sie sie sich zu eigen machen können,
   - ob Sie bereit sind, die dort beschriebenen Veränderungen der Geschlechterrollen zu akzeptieren und
   - welche Voraussetzungen seitens des Staates und der Politik geschaffen werden müssen, damit dieses Modell umgesetzt werden kann (vgl. hierzu auch M 26 und M 29).

2. Wenn Sie mit den Modernisierungsmodellen nicht einverstanden sind, entwickeln Sie Gegenmodelle, die Sie der gleichen Prüfung unterwerfen wie in Aufgabe 1.

3. Diskutieren Sie die Vorschläge der Enquete-Kommission in M 28. Stellen Sie eine möglichst vollständige Liste von Kriterien für die „Familien- und Kinderfreundlichkeit" einer Gesellschaft zusammen.

 Projektidee

Prüfen Sie, inwieweit Ihre Gemeinde/Stadt die Maßstäbe in Ihrer Liste für „Familien- und Kinderfreundlichkeit" erfüllt. Viele Städte haben eine solche Prüfung durchlaufen. Die Ergebnisse finden Sie in dem zitierten Bericht des BMFSFJ. Zu beziehen über Internetadresse: www.bmfsfj.de

Zurück zum Faustrecht?

EXZESSE DER GEWALT

Liebe Schülerinnen und Schüler,

auf den ersten Blick erscheint es paradox:
Während die Armeen in Deutschland abrüsten und ihre Truppenstärke verringert haben, boomt das private Sicherheitsgewerbe wie nie zuvor. In der Bundesrepublik wächst die Zahl der „schwarzen Sheriffs" und die der staatlichen Polizisten, sind Alarmanlagen für Wohnungen und Autos Verkaufsrenner, steigt der illegale Waffenbesitz ...

Die Angst vor Gewalt und Kriminalität steht auf der Sorgenliste der Menschen in der Bundesrepublik ganz oben und nach Jahrzehnten der äußeren Bedrohung durch den Ost-West-Konflikt stehen die „Innere Sicherheit" und die Frage im Vordergrund:
Droht der Bundesrepublik eine Welle von Gewalt und Kriminalität, in der das Faustrecht (wieder) gilt?

Vielleicht werden Sie als junge Menschen diese Darstellung als „Horrorszenario" abtun und darauf hinweisen, dass die Medien sowohl in der Unterhaltung als auch in der Berichterstattung Gewalt und Kriminalität überzeichnen. Mag sein – allerdings kann auch nicht übersehen werden, dass
- gewalttätige Auseinandersetzungen in Familie, Schule und Gesellschaft zunehmen,
- Eigentumsdelikte vom Ladendiebstahl über Versicherungsbetrug bis zu Wohnungseinbrüchen eine Massenerscheinung geworden sind,
- der Rechtsstaat sowohl durch ein sinkendes Unrechtsbewusstsein in der Gesellschaft als auch durch eine Stärkung der Staatsgewalt zur Abwehr von Gewalt und Kriminalität gefährdet ist.

Gewalt, Kriminalität und Rechtsordnung

Hinzu kommen politisch orientierte Gewalttätigkeiten als Teil des Rechtsextremismus und der Ausländerfeindlichkeit.

Versuchen Sie bitte in einem ersten Zugriff, mögliche Ursachen zunehmender Gewalt und Kriminalität im Alltag zu ergründen und geeignete Gegenmaßnahmen zu ermitteln.

Ich bin gespannt, ob Ihre Thesen und Vorschläge mit den nachstehenden Darstellungen übereinstimmen!

Tatort Schule

Ich möchte nicht missverstanden werden: Der Einstieg mit dem Thema „Jugendgewalt" bedeutet nicht, dass Aggressivität und Gewalt in der Schule die Keimzellen von Kriminalität in der Gesellschaft sind: Zu allen Zeiten war und ist Gewalt ein Merkmal des Jugendalters, in dem sich Aggressivität (vor allem männlicher) Heranwachsender auslebt. Mir ist auch bewusst, dass Aggressivität und Gewalt in der Schule im Zusammenhang mit außerschulischen (insbesondere familiären) Lebensbedingungen gesehen werden muss.

Was spricht dennoch für eine Thematisierung des „Tatortes" Schule in diesem Lehrbuchkapitel?
Zum einen ist Schulbesuch das vorherrschende Merkmal der Jugendzeit und insofern ein gemeinsamer Anschauungsbereich von Lernenden und Lehrenden; zum anderen habe ich aus eigener schulischer Erfahrung den Eindruck gewonnen, dass sich nicht so sehr die Quantität der Gewaltanwendung, sondern vor allem die Art der Gewalthandlungen durch eine Minderheit verändert hat: Ein geringfügiger Anlass kann genügen, um Gewalt auszulösen, die mit Mitleidlosigkeit und fehlendem Unrechtsbewusstsein einhergeht. Gewalt just for fun, als Demonstration von Stärke, als eine Form von Selbstverwirklichung durch (sonst fehlende) Erfolgserlebnisse?

Stichwort:
Aggressivität
ist ein wissenschaftlicher Begriff, der eine Haltung kennzeichnet, die mit Angriffslust verbunden ist und sich in Gewalt gegenüber Menschen oder Sachen äußert (Aggression).

Über das Ausmaß von Gewalt an deutschen Schulen herrscht unter Pädagogen, Psychologen und Publizisten Uneinigkeit. Einige halten die Berichte über den „Tatort" Schule für ein „Medienmärchen" oder eine moderne „Wandersage", die sich unaufhaltsam fortpflanze; andere behaupten, nicht die Gewalt selbst, sondern unser Maßstab und das Bewusstsein für die Gewalttätigkeit habe sich gewandelt. Die hierzu veröffentlichten Erhebungen aus verschiedenen Bundesländern stellen fest, dass zwar von einer allgemeinen Zunahme aggressiver Handlungen „auf breiter Front" noch nicht gesprochen werden könne; es gebe aber eine wachsende Minderheit problembelasteter Schüler, die zu Aggressivität und Gewalt neigen. Vorherrschend sind dabei Sachbeschädigungen und eine Verrohung der Sprache.

Erschütternde Studie in Goslar
NEUE PRESSE
Jeder Dritte mit Waffe zur Schule
18. SEPTEMBER 1997

M 1   Gewalt macht Schule

Nach Ansicht von Friedhelm Barth vom niedersächsischen Kultusministerium haben nahezu alle Berufsschulen des Landes mit dem Problem von Gewalt und Kriminalität zu tun. „Betroffen sind aber nicht die Auszubildenden, sondern die Jugendlichen ohne Lehrstelle, die im Berufsvorbereitungsjahr beschult werden", sagt der Leiter der Abteilung für Berufsbildende Schulen.
„Wenn Lernschwäche mit mangelnder Lernbereitschaft und Verhaltensauffälligkeit zusammenkommt und die Aussicht auf einen Arbeitsplatz gering ist, dann wird es brisant. Dann kommt es zur Null-Bock-Mentalität". Besondere Probleme werfe der hohe Ausländeranteil auf. „Wenn die Schüler nicht einmal die deutsche Sprache sprechen, dann äußern sie sich eben auf andere Art und Weise". Eine landesweite Arbeitsgruppe der Berufsschulen hat sich im vergangenen Jahr mit diesem Problem beschäftigt.

Hannoversche Allgemeine Zeitung vom 17.1.1996

Aggressivität und Gewalt in der Schule

M 2 Ausgangsbedingungen für Aggression und Gewalt

Aggressive und gewalttätige Jugendliche werden nicht als solche geboren, sondern im Laufe ihrer Lebensgeschichte, ihrer Sozialisation, zu solchen gemacht.

Viele Familien sind heue in eine Existenzkrise geraten und „produzieren" psychisch und nervlich gestörte, sozial oft irritierte und verwahrloste, teilweise auch vernachlässigte und misshandelte Kinder. Sie werden oft in der Schule aggressiv oder gewalttätig, weil ihnen die Voraussetzungen für das Einhalten von sozialen Verhaltensregeln fehlen oder irgendwelche schultypischen Anforderungen die sozialen und leistungsmäßigen Kompetenzen *(Fähigkeiten)* überfordern. (…)

Vielen Jugendlichen bleiben Entwicklungs- und Entfaltungsmöglichkeiten verwehrt oder sie werden zumindest drastisch beschnitten.

Die Situation, in der sich viele Jugendliche befinden, trägt damit alle Spuren einer harten und machmal auch brutalen „Wettbewerbsgesellschaft".

Besonders empfindlich werden Jugendliche in sozialen Brennpunkten und aus ausländischen Familien getroffen: Ihre ungünstige wirtschaftliche und gesellschaftliche Situation trägt in die Schule Bedingungen hinein, die dann zur Ursache eines Gewaltpotenzials werden können.

Klaus Hurrelmann: Wie kommt es zu Gewalt in der Schule…? in: Kind-Jugend-Gesellschaft Nr. 36/92

M 3 Der Weg in die Gewalt

Der Weg in die Gewalt ist für den Jugendlichen eine mögliche subjektive Verarbeitung seiner Lebensgeschichte, sein Kommentar zum Leben:

– Gewalt schafft Eindeutigkeit in unklaren und unübersichtlichen Situationen.
– Während der Gewaltausübung kann der gewalttätige Jugendliche sich selbst demonstrieren, dass er nicht ohnmächtig ist. Jugendliche, die Gewalt ausüben, kompensieren für einen kurzen Moment ihre eigenen alltäglichen Ohnmachtserfahrungen und das Gefühl, auf der Verliererstraße der Gesellschaft zu stehen.
– Gewalt garantiert Fremdwahrnehmung, die mit anderen Mitteln nicht mehr herstellbar ist. Wenn Jugendliche keine Möglichkeit haben, „positive Streicheleinheiten" zu erfahren, dann sorgen sie eben für „negative Schlagzeilen". Hier hat Gewalt auch die Funktion des Hilferufes.

Nach: Thomas Mücke in: Jugend und Gewalt, hersg. von Hubertus Heil u. a., Marburg 1993, S. 148 f.

M 4 Was kann die Schule tun?

In einer Gesellschaft, in der permanent *(dauernd)* vorgeführt wird, dass Gewalt ein erfolgreiches Mittel der Interessendurchsetzung ist, hat es die Pädagogik schwer, andere Formen der Konfliktregelung erfahrbar zu machen (…). Solange die alltäglichen Ausdrucksformen der Gewalt im Straßenverkehr oder in den Medien gesellschaftlich als selbstverständlich betrachtet und kritik- und kommentarlos als zum Alltag gehörig hingenommen werden, sind die Bemühungen von Pädagogen, gegen die Gewalt etwas auszurichten, ziemlich aussichtslos und zum Scheitern verurteilt. Bewusste, geplante, gezielte Erziehung, die sich auf Kinder und Jugendliche richtet, in der Familie, in der Schule, in der Jugendarbeit oder wo immer, stellt nur einen geringen Ausschnitt dessen dar, was Menschen bildet, sie in eine bestimmte Form bringt. Menschen werden zu dem, was sie schließlich sind, weniger durch das, was Erziehung ihnen beizubringen versucht, sondern durch ihre Lebenswelt, durch die Lebensverhältnisse, in denen sie aufwachsen und durch die Erfahrungen die sie darin machen. […]

Dennoch dürfen die problematischen Rahmenbedingungen politischer und gesellschaftlicher Art die Erziehung nicht davon abhalten, ihren Teil zu leisten. Sie muss dabei ihre Lage in der geschilderten gesellschaftlichen Verfassung reflektieren *(berücksichtigen)*, zugleich aber ihre eigenen Möglichkeiten erkunden und realisieren. Ausgangspunkt ist dabei die Erkenntnis, dass Gewalthandeln – wie alle Formen menschlichen Handelns – Ergebnis von Lernprozessen ist. Niemand ist gewalttätig ohne Not (…).

Walter Hornstein in: Hilpert (Hrsg.): Die ganz alltägliche Gewalt, Opladen 1996, S. 34, 37

Arbeitsvorschläge

1. Beobachten Sie während der Pause das Verhalten Ihrer Mitschüler(innen) auf dem Schulhof. Inwieweit stimmen Ihre Eindrücke mit der Beschreibung des „Tatortes Schule" (Autorentext, M 1) überein?

2. Geben Sie die familiär und individuell bedingten Ursachen von Aggressivität und Gewalt wieder (M 2 und M 3) und prüfen Sie, inwieweit diese wiederum von gesellschaftlichen Rahmenbedingungen beeinflusst werden.

3. Beschreiben Sie hiernach die Grenzen von Erziehung und Unterricht zur Milderung der Gewaltproblematik M 4 .

4. Diskutieren Sie in Gruppenarbeit die nachstehenden Thesen zur Verminderung von Aggression und Gewalt in der Schule und prüfen Sie, welche Verbesserungs- und Gestaltungsvorschläge sich hieraus für Ihre Schule ergeben:

– Grundlegend ist das allgemeine „Schulklima", das durch Schulfeste, Schülerzeitungen, außerunterrichtliche Kontakte zwischen Lehrenden und Lernenden beeinflusst werden kann.
– Eine Schule sollte „wohnlich" sein. Kalte Betonwände, nüchterne Flure und Klassenräume fördern die Aggression.
– Für angerichtete Schäden gilt das Verursacherprinzip, d. h. Schülerinnen und Schüler müssen für die entstehenden Kosten aufkommen oder die Schäden selbst beseitigen.
– Die Schülermitsprache und -mitverantwortung sollte gestärkt werden, z. B. die Mitbeteiligung an der Auswahl von Unterrichtsinhalten oder an der Planung von Klassenfahrten.
– Neben der Wissensvermittlung sollten im Unterricht gesellschaftliche Werte und Normen nicht nur in den „Gesinnungsfächern", sondern auch in berufsbezogenen Fächern vermittelt werden.

Gewalt – Barbarei in der Zivilisation?

Es gehört wohl zu den Grundeigenschaften menschlicher Wahrnehmung, die alltägliche Realität der Gegenwart kritischer zu bewerten als die „gute alte Zeit". Für viele Menschen steht fest: Früher war die Welt noch in Ordnung, heute gerät sie zunehmend aus den Fugen und: Es gab weniger Gewalt. Lassen Sie mich diese These von der zunehmenden Gewalt und Gewaltbereitschaft in der Gegenwart an einigen Beispielen überprüfen und in Frage stellen.

- In der Gegenwart werden Kindesmisshandlungen mit Recht angeprangert.
Aber: War die Prügelstrafe in Familie und Schule, war Kinderarbeit z. B. in Bergwerken keine Gewalt?
- Sexuelle Belästigung von Frauen ist inzwischen ein Strafbestand. Aber: War die jahrhunderte- lange Unterdrückung der Frauen oder die Verbrennung als „Hexen" keine Gewalt?
- Die Geiselnahme von Menschen gehört zur schweren Gewaltkriminalität.
Aber: War die jahrhundertelange Sklaverei von Schwarzen nicht auch eine Art Geiselnahme, hier allerdings einer ganzen Volksgruppe?

Stichwort:
Gewalt
umfasst alle Verhaltensweisen und Zustände, die eine Verletzung bzw. Schädigung von Menschen oder Sachen bewirken: von der Staatsgewalt über Körperverletzung und Mobbing bis zur blinden Zerstörungswut (Vandalismus).

Hinweis
Für die Ursachenanalyse alltäglicher Gewalt sollten Sie auch M2 und M3 sowie den Einfluss der Medien (s. Seite 134ff.) berücksichtigen.

Die **Erscheinungsformen** von Gewalt im Alltag sind vielfältig: Sie richtet sich gegen Personen oder Sachen, kann offen oder verdeckt ausgeübt werden und von Menschen oder Institutionen ausgehen. Über die **Ursachen** von Gewalt besteht in den Wissenschaften Uneinigkeit, die in unterschiedlichen Theorien zum Ausdruck kommt, z. B.:
- Die **Triebtheorie** sieht Aggressivität und Gewalt als angeborenes Erbe der Gattung Mensch an, das ihn im Existenzkampf schützt(e) und überlebensfähig macht(e). Aggressivität sucht sich Ersatzobjekte wenn – wie in der modernen Zivilisation – die ursprüngliche Funktion verloren gegangen ist.
- Die **Frustrationstheorie** führt Aggressivität und Gewalt auf Enttäuschungen und Zurücksetzungen zurück, sie sind also im sozialen Umfeld des Einzelnen begründet.
- Nach der **Lerntheorie** wird Aggression und Gewalt durch Nachahmung aggressiven Verhaltens (z. B. in den Medien) oder aber durch Verstärkung des eigenen Verhaltens durch das soziale Umfeld erworben: Erreicht z. B. ein Kind durch aggressive Methoden ein Ziel, wird es bestärkt, auch künftig auf dieses Mittel zurückzugreifen.

M 5 Personale Gewalt

Wenn wir im Folgenden von Gewalt sprechen, haben wir verschiedene Formen und Ausdrucksweisen von direkter Aggression unter Menschen im Blick:
- **Physische Gewalt**, die Schädigung und Verletzung eines anderen durch körperliche Kraft und Stärke.
- **Psychische Gewalt**, die Schädigung und Verletzung eines anderen durch Abwendung, Ablehnung, Abwertung, durch Entzug von Vertrauen, durch Entmutigung und emotionales Erpressen.
- **Verbale Gewalt**, die Schädigung und Verletzung eines anderen durch beleidigende, erniedrigende und entwürdigende Worte.

Brundel/Hurrelmann: Gewalt macht Schule, München 1994, S. 23

M 6 Strukturelle Gewalt

Den Typ von Gewalt, bei dem es einen Akteur gibt, bezeichnen wir als personale oder direkte Gewalt, die Gewalt ohne einen Akteur als strukturelle oder indirekte Gewalt. In beiden Fällen können Individuen im doppelten Sinn der Wörter getötet oder verstümmelt, geschlagen oder verletzt und durch den strategischen Einsatz von Zuckerbrot und Peitsche manipuliert werden. Aber während diese Konsequenzen im ersten Fall auf konkrete Personen als Akteure zurückzuführen sind, ist das im zweiten Fall unmöglich geworden: Hier tritt niemand in Erscheinung, der einem anderen direkt Schaden zufügen könnte; die Gewalt ist in das System eingebaut und äußert sich in ungleichen Machtverhältnissen und folglich in ungleichen Lebenschancen.
Die Ressourcen sind ungleich verteilt; vor allen Dingen ist die Entscheidungsgewalt bezüglich der Ressourcen ungleich verteilt. ... Wenn Menschen in einer Zeit verhungern, in der dies objektiv vermeidbar ist, dann wird Gewalt ausgeübt.

Johan Galtung: Strukturelle Gewalt, Reinbek 1975, S. 12f.

M 7 Von der physischen zur psychischen Gewalt

Physische Gewalt, die in früheren Gesellschaftssystemen in vielen Bereichen, etwa in Erziehungs- und Arbeitsverhältnissen, weit verbreitet war und als „normal" betrachtet wurde, ist heute weitgehend zurückgedrängt. Ihre Funktion wird heute gleichermaßen über die Mittel der psychischen und strukturellen Gewalt erfüllt: Ein Lehrer braucht seinen lernunwilligen Schüler nicht mehr mit Prügel zum Lernen zu bewegen; die Notengebung und die damit verbundene Auslese für die Verwirklichung sozialer Chancen oder die Lehrstellenknappheit und der damit einhergehende erhöhte Qualifikationsdruck erfüllen den gleichen Zweck. Die direkte physische Gewalt wird ersetzt durch die subtilere *(schwerer zu durchschauende)* Form der psychischen Gewalt, oder ihre Funktionen werden gewährleistet über die anonymen und indirekten Formen der strukturellen Gewalt.

Helga Theunert: Gewalt in den Medien – Gewalt in der Realität, Opladen 1987, S. 55

Formen und mögliche Ursachen von alltäglicher Gewalt

M 8 Unterschiedliche Menschenbilder

Solange die Wissenschaft sich mit dem Ursprung der Gewalttätigkeit befasst, konkurrieren zwei Menschenbilder miteinander. Die einen glauben mit dem Philosophen Thomas Hobbes, dass ein innerer Drang nach Macht den Menschen zum Streit stimmt, zur Feindschaft und zum Kriege. Nur der „soziale Vertrag" der Gemeinschaft mache es möglich, das böse Wesen des Menschen zu bändigen. Die anderen folgen Jean-Jaques Rousseau, der das Gute im Wilden beschwor. Der französische Philosoph leugnete nicht die Existenz zwischenmenschlicher Gewalt, doch kehrte er das Verhältnis von Ursache und Wirkung um: Die Natur gebe dem Menschen einen angeborenen Widerwillen mit, seinesgleichen leiden zu sehen. Gewalt und Brutalität „entspringen erst der Gesellschaft".

Aus: DER SPIEGEL Nr. 27/1998

M 9 Wertewandel und (Un)Rechtsbewusstsein

Werte können sich im Verlauf von Generationen und unter dem Einfluss ökonomischer Bedingungen ändern. Für die Bundesrepublik sind derartige Veränderungen gut belegt. Demnach haben seit den 60er Jahren Werte wie Fleiß, Pflichterfüllung, Bescheidenheit und Sparsamkeit an Bedeutung verloren. Wichtiger geworden sind demgegenüber Werte wie Emanzipation von Autoritäten, Gleichberechtigung, Ungebundenheit und Spontaneität. Ein Wandel der Werte hat zunächst nicht mit einer möglichen Zunahme der Gewalt zu tun, jedoch besteht ein Zusammenhang von Werten und Normen. Normen sind Verhaltenserwartungen, die mit positiven und negativen Sanktionen verbunden sind *(siehe Stichwort)*. Die Berechtigung dafür, ein Verhalten zu belohnen oder zu bestrafen, erfolgt durch Werte. Der Wertewandel führt dann zu einem Wandel der Normen, wenn ein immer größerer Teil der Bevölkerung (und schließlich auch der Gesetzgeber) es nicht mehr billigt, dass ein Verhalten weiterhin negativ sanktioniert *(bestraft)* wird. Solche Prozesse lassen sich z. B. an der Diskussion über den § 218 (Strafgesetzbuch) über den Gebrauch von Drogen, über das Schwarzfahren und über Steuerbetrug nachweisen. Ebenso kann dazu auch gehören, andere Formen abweichenden Verhaltens und den Gebrauch von Gewalt wenn nicht zu billigen so aber doch (zunächst noch) zu dulden.

Nach: Jürgen Friedrichs: Mehr Gewalt in der Gesellschaft? aus: Gegenwartskunde 1/1995

M 10 Gewalt als menschliche Konstante?

Es ist ja hierzulande nicht so, dass alle Werte dahin sind. Schuld und Unschuld, Gut und Böse mögen schwer zu definieren sein; dennoch trägt jeder sein Gefühl dafür mit sich herum. [...]
Was wir brauchen, ist nicht die Illusion der Gewaltlosigkeit, sondern eine Erziehung zur Gewalt, die das Böse nicht leugnet, sondern den Umgang mit ihm übt. Solange das nicht beginnt, wird das Entsetzen der aufgeklärten Menschen über sich selbst zur Aufklärung nichts beitragen. [...]
Voraussetzung ist, Gewalt als menschliche Konstante zu begreifen, deren Summe von Generation zu Generation nur unerheblich schwankt, die sich aber in unterschiedlichen Formen äußert. Das Umdenken fällt deshalb so schwer, weil das Aggressionswesen Mensch paradoxerweise Sehnsucht nach Gewaltfreiheit in sich trägt.

Dietmar Pieper in: Der Spiegel Nr. 7/1994

Arbeitsvorschläge

1. Finden Sie zu den unterschiedlichen Formen der personalen Gewalt (M 5) jeweils ein Beispiel aus Ihrem eigenen Erfahrungsbereich.

2. Mit der „strukturellen Gewalt" (M 6 und M 7) wird der Gewaltbegriff auf staatliche und gesellschaftliche Machtverhältnisse und Zwänge ausgeweitet. Handelt es sich hierbei um eine Form oder eine Ursache von Gewalt?

3. Ordnen Sie die unterschiedlichen Menschenbilder M 8 den Texten M 9 und M 10 zu und beschreiben Sie, welche unterschiedlichen Konsequenzen sich hieraus für den Umgang mit Gewalt in der Gesellschaft ergeben.

Stichwort:

Soziale Normen sind gesellschaftliche Verhaltensregeln, in denen die Wertvorstellungen einer Gesellschaft zum Ausdruck kommen. Hierzu gehören die
– **Rechtsnormen,** die das (äußere) Verhalten der Menschen verbindlich regeln,
– **Sitte,** d. h. die in der Gesellschaft üblichen Anstandsregeln und Gebräuche, die im Gegensatz zum Recht nicht erzwingbar sind,
– **Moral,** die Anforderungen an die innere Haltung und Gesinnung eines Menschen stellt.

„Mit dem Ergebnis bin ich noch nicht ganz zufrieden."

Randalierer oder Radikale?

Zugegeben: Die vorausgegangene Darstellung der Formen und möglichen Ursachen von Gewalt war recht abstrakt und theoretisch. Sie denken in diesem Zusammenhang sicherlich eher an die medienträchtigen Gewaltaktionen von AUTONOMEN bei Demonstrationen, HOOLIGANS bei Fußballspielen oder den PUNKS mit ihren Chaostagen. Während bei diesen Gruppen die Randale im Vordergrund steht, ist die Gewaltbereitschaft der SKINHEADS teilweise auch mit einer politischen Radikalisierung verbunden. Ich habe diese Gruppe für dieses Kapitel ausgewählt, weil sich hieran das Spektrum öffentlichkeitswirksamer Jugendgewalt zwischen Randale und Radikalisierung treffend veranschaulichen lässt – und hoffentlich auch Ihr besonderes Interesse findet.

Bis in die 80er Jahre war die Anwendung von Gewalt als Mittel der politischen Auseinandersetzung in der Bundesrepublik vor allem an linksextremen bzw. sozialistischen Orientierungen ausgerichtet – von der Studentenrevolte bis hin zum Terrorismus der Rote-Armee-Fraktion, die sich inzwischen aufgelöst hat. Mit der ökonomischen Krise der Bundesrepublik und der damit verbundenen Massenarbeitslosigkeit gewann dagegen der Rechtsextremismus (neuen) Auftrieb, der sich mit fremdenfeindlicher Gewalt verband. Vorreiter dieser Radikalisierung waren dabei die Skinheads, die nach der Wiedervereinigung auch in den neuen Bundesländern die gewalttätige Jugendszene beherrschten.

M 11 Skinheads oder Nazikids?

Äußerlichkeiten wie Kleidung oder Haarschnitt lassen keine eindeutige Schlüsse auf die Zuordnung zur Skinhead-Szene mehr zu, nachdem mittlerweile auch viele unpolitische Jugendliche ein entsprechendes Outfit zeigen. Entscheidend für die Einbindung in die Skinhead-Szene ist daher in erster Linie das Zugehörigkeitsgefühl …

Die Zahl der Skinheads ist nicht eindeutig zu beziffern, da oftmals keine strikte Trennung von den sonstigen gewaltbereiten Rechtsextremisten möglich ist. Quantitativ bedeutende Skinhead-Szenen existieren vor allem in den Großstädten und in Ballungsgebieten. Skinheads aus Ostdeutschland stellen zahlenmäßig über die Hälfte der gesamten deutschen Skinhead-Szene.

Auch wenn die Skinhead-Szene eine Einbindung in rechtsextremistische Organisationen grundsätzlich ablehnt, bemühen sich einige Neonazis weiterhin darum, Einfluss auf Skinheads zu gewinnen, z. B. durch die Organisation von Szene-Treffs und -Konzerten. Sie haben die propagandistische Wirkung der Skinhead-Musik erkannt, in deren Texten teilweise der Nationalsozialismus verherrlicht oder zur Gewalt gegen Ausländer aufgerufen wird.

Aus: Verfassungsschutzbericht, Bonn 1998, S. 82 f.

M 12 Skinheads als Medienspektakel

Obgleich die Realität der Skinheadkultur offensichtlich um einiges komplexer ist als vermutet, viele Skins hartnäckig versuchen, das Nazi-Image loszuwerden, kommen in der Medienberichterstattung der letzten Jahre fast ausnahmslos kahlrasierte Neonazis zu Wort. (…)

Vor allem das Fernsehen ist in grotesker Weise von „Glatzen" abhängig. Immer dann, wenn Rechtswähler, alltäglicher Fremdenhass und faschistische Schlägertrupps die Nation erschrecken, sind Bilder gefragt. Aber die vorgefundene Wirklichkeit ist in vielen Fällen niederschmetternd genug. Familienväter, die Vietnamesen zusammenschlagen, blutrünstige Stammtischrunden, Polizisten, die auf bundesdeutschen Wachstuben Ausländer misshandeln, „normale" Jugend- liche, die zu Totschlägern werden. Aber keine dieser Gruppen liefert das Bild, den Kick, den die Story braucht. (…)

Aus der Klemme helfen Skinheads. Sie erfüllen höchste visuelle Ansprüche: rasierte Schädel, martialische Kleidung, aggressiv hämmernde Musik. Da der Alltag der Skinheads jenseits der bürgerlichen Öffentlichkeit gelebt wird, gibt es für die Medienkonsumenten kaum eine Möglichkeit, die gelieferten Informationen aus eigener Anschauung oder gar Erfahrung zu überprüfen. (…)

Nicht nur individuelle Schuld lässt sich mit dem Zauberwort „Skinhead" vertuschen. Eine ganze Nation kann sich mit Hilfe einer Jugendkultur reinwaschen.

Eberhard Seidel-Pielen in: Rechtsradikale Gewalt im vereinigten Deutschland, hrsg. von der Bundeszentrale für politische Bildung, Bonn 1993, S. 372f.

Jugendgewalt zwischen Protest und Politik

M 13 Rechtsextremismus als Protestbewegung

Die westlichen Industriegesellschaften sind seit dem Ausbruch der wirtschaftlichen Krise 1973/74 von rasanten gesellschaftlichen Umbrüchen erfasst worden, die durch den Zusammenbruch des Sozialismus noch beschleunigt wurden. Krisenzeiten sind Zeiten des Umdenkens, da sie Gewissheiten in Frage stellen. Wer glaubte, der rechtsextreme Wahlerfolg bleibe etwas Kurzlebiges und Vorübergehendes, dem dürften mittlerweile Zweifel kommen. Nicht wenige Rechtsextremismus-Forscher gehen inzwischen davon aus, dass eine Periode rechtsextremer Wiedergeburt angebrochen sei, und zwar nicht allein in Deutschland, sondern in den meisten europäischen Ländern. Demnach wäre Rechtsextremismus keineswegs ein Relikt der NS-Zeit, sondern eine Erscheinungsform der Moderne, die aus dem Kern hochentwickelter Industriegesellschaften erwächst. Neuartig und beunruhigend an den jüngsten Entwicklungen in Deutschland ist die Herausbildung einer rechtsextremen Jugendszene, denn bislang war die rechtsextreme Szene von alten Männern, von Ewiggestrigen beherrscht. Jugendliche und Jugendgruppen benutzen dabei nazistische Elemente zum Ausleben von Gewaltphantasien und Aggressivität.

Nach: Kowalsky, in: Aus Politik und Zeitgeschichte Nr. 2-3/1993

M 14 NS-Symbole als Provokation

Jugendforscher weisen darauf hin, dass Anleihen bei der nationalsozialistischen Ideologie bei Jugendlichen eher selten und vergleichsweise oberflächlich sind. Selbst die Verwendung von NS-Symbolen oder Reichskriegsflaggen geschieht entweder relativ unbekümmert oder ist eher als provozierender Protest zu begreifen denn als eine politische Aktion mit gezielter Stoßrichtung. Diese Jugendlichen wissen, wo die empfindlichste Stelle dieser Gesellschaft ist, wo ihr größtes Tabu liegt, eben im Gebrauch der Nazi-Symbole.

Aus einer Rede der Bundesministerin für Frauen und Jugend, am 26.03.1993 in Halle, in: Bulletin des Presse- und Informationsamtes vom 03.04.1993

M 15 Nur eine Minderheit ist gewaltbereit

Jede Gesellschaft hat offensichtlich die Jugendkulturen, die ihr entsprechen. Deshalb entbehrt es des Sinnes, und es wäre ungerecht, sie durch Ergreifung einzelner Täter beseitigen zu wollen, ohne sich mit den strukturellen (*grundlegenden*) Bedingungen ihrer Entstehung auseinanderzusetzen. Es gilt andererseits: Die Tatsache, dass nur ein Teil der Jugendlichen sich entschließt, sehr aktiv in gewaltbereiten Jugendkulturen mitzuwirken, verweist darauf, dass eine solche Gewaltneigung auch Ergebnis des biografischen Schicksals einzelner Jugendlicher ist.

M. Löffelholz in der Frankfurter Rundschau vom 23.03.1993

M 16 Biedermänner und Brandstifter

Nicht nur Jugendliche tragen den Trend nach rechts. Zwar überwiegen sie zahlenmäßig in der Gruppierung der Gewaltakteure. Aber es macht ja wohl wenig Sinn, davon auszugehen, dass die nachwachsende Generation Gewalt jeweils neu „erfindet". Der sogenannte „Neonazi" und der sogenannte „jugendliche Gewalttäter" steigen ja nicht urplötzlich aus dem Schlund des Schattenreiches empor! Sie machen vielmehr im Prozess ihres Aufwachsens bestimmte Erfahrungen, die es ihnen subjektiv funktional (*zweckmäßig*) erscheinen lassen, Gewalt zu Durchsetzungszwecken zu wählen. Wer aber trägt die Verantwortung für die Kinder und Jugendsozialisation? Doch wohl am wenigsten die Kids selber, sondern wir, die Erwachsenen, neben den Eltern die Profis in Wirtschaft, Politik und Pädagogik zumal. (…)
Brandsätze werden nicht nur geworfen. Sie werden auch gesprochen und geschrieben. Die, die sie im Munde führen oder auf Papier bannen, unterliegen größtenteils keiner Verfassungsschutz-Observation (*Beobachtung*). Dafür sind sie viel zu sehr in der Mitte der Gesellschaft beheimatet als an ihrem Rand. Sie verhalten sich zu den Gewalttätern der Straße wie Biedermänner zu Brandstiftern.

Aus: Kurt Möller in: Rechtsradikale Gewalt im vereinigten Deutschland, hrsg. von der Bundeszentrale für politische Bildung, Bonn 1993 S. 335

Stichwort:
Extremismus

Dem "Extremismus" (von lat. Extremum: das Äußerste) wird eine politische Bewegung dann zugeordnet, wenn die Gesellschaft grundlegend (notfalls auch mit Gewalt) umgestaltet werden soll. Während sich der Linksextremismus an der Ideologie des Marxismus mit dem Ziel einer klassenlosen Gesellschaft orientiert, kennzeichnet sich der Rechtsextremismus durch einen übersteigerten Nationalismus, der sich mit Rassismus und antidemokratischer Einstellung verbindet.

Arbeitsvorschläge

1. Vergleichen Sie Realität und Mediendarstellung der Skinhead-Szene mit Hilfe von M 11, M 12.

2. Rechtsextremismus ist in der Bundesrepublik bis in die 70er Jahre mit Neo-Nazismus gleichgesetzt worden, der sich an der Ideologie des Nationalsozialismus orientiert und die Verbrechen des NS-Staaates (1933 – 1945) leugnet. Gilt diese Bewertung trotz der Verwendung verbotener NS-Symbole (Hakenkreuz, Hitlergruß) auch noch für die Gegenwart? (M 13/14)

3. Nach der Shell-Studie „Jugend 97" lehnen 85 % der befragten Jugendlichen Skinheads (und Hooligans) ab. Erklären Sie hiermit die Aussage von M 15, dass „Gewaltneigung auch Ergebnis des biografischen (individuellen) Schicksals einzelner Jugendlicher ist." (Vgl. dazu auch M 2.)

4. Unter dem Titel „Biedermann und die Bandstifter" schildert der Schriftsteller Max Frisch einen selbstzufriedenen Bürger, der aus Angst, Feigheit und Denkfaulheit zum unschuldig-schuldigen Komplizen von Gewalt wird. Diskutieren Sie vor diesem Hintergrund die Verantwortung der Erwachsenen für rechtsextreme Jugendgewalt, die sich vor allem gegen ausländische Minderheiten richtet (M 16).

Gelegenheit macht Diebe!

Im 19. Jahrhundert hat der französische Sozialist Proudhon (1809-1865) den Satz geprägt: "Eigentum ist Diebstahl". -
Er wollte damit zum Ausdruck bringen, dass das Privatvermögen Einzelner nicht so sehr auf individueller Leistung, sondern auf wirtschaftlicher Ausbeutung anderer beruhe. Wie Sie wissen, hat der Marxismus diese These aufgenommen und im real existierenden Sozialismus Privateigentum an den Produktionsmitteln (Grund und Boden, Fabriken) abgeschafft – mit den bekannten Folgen für die soziale Gleichheit einerseits, aber auch für den mangelnden Leistungsanreiz andererseits.

In der Gegenwart wird der Satz Proudhons eher auf den Kopf gestellt: Diebstahl am Eigentum ist die vorherrschende Form von Kriminalität in Deutschland, sozusagen eine private Enteignung und Umverteilung von Eigentum – mit steigender Tendenz.

Worauf ist diese Entwicklung zurückzuführen? Ist es das zunehmende Wohlstandsgefälle in unserem Land, sind es die durch Werbung und soziales Umfeld angeregten aber nicht erfüllbaren Konsumwünsche, oder fördert das mangelnde Unrechtsbewusstsein diese Form der Alltagskriminalität?
Haben Sie auf diese Fragen eine überzeugende Antwort?

Jahr für Jahr meldet die Kriminalstatistik neue Zuwachsraten an Straftaten:
In den letzten 30 Jahren hat sich die Zahl der registrierten Straftaten in (West)Deutschland vervierfacht, wobei der Anstieg vor allem auf Eigentumsdelikte wie Ladendiebstahl, Wohnungseinbruch und Raub zurückzuführen ist.
Besorgnis erregend ist darüber hinaus der steigende Anteil Minderjähriger (Kinder und Jugendliche) an dieser Entwicklung.

M 17 Das Beispiel Ladendiebstahl

Trotz eines Heeres von Detektiven, elektronischer Überwachungssysteme, Fangprämien für Verkäufer und Umgestaltung der Verkaufsfächen: Die Kurve bei Ladendiebstählen weist seit Ende der achtziger Jahre nach oben. Im vergangenen Jahr wurden 656.339 Fälle bekannt – 6,8 Prozent mehr als im Jahr zuvor. Der ermittelte Schaden betrug 73,7 Millionen, der geschätzte 4,5 Milliarden Mark. Denn die Dunkelziffer bei diesem Delikt gehört mit 98 Prozent zur höchsten der Kriminalstatistik.

DIE WELT vom 24.6.1997)

M 18 Das Beispiel „Versicherungsbetrug"

Seit es Versicherungen gibt, ist Versicherungsbetrug ein Thema. Doch heute grassiert er mehr denn je. Kleine Schummeleien und große Verbrechen zum Nachteil der Assekuranz (*Versicherung*) summieren sich längst zu einem ernsten Problem für die Branche. Auf fünf Milliarden Mark schätzt die Versicherungswirtschaft inzwischen den Verlust, den ihr die eigenen Kunden mit gefälschten Rechnungen, vorgetäuschtem Diebstahl oder Brandstiftung pro Jahr zufügen. Einige Fachleute rechnen gar damit, dass zehn bis zwanzig Prozent aller fünfzig Millionen Versicherungsfälle, die jährlich bezahlt werden, nicht ganz astrein sind, Tendenz steigend.

Die Branche macht für das Massendelikt Versicherungsbetrug den tiefgreifenden Wertewandel verantwortlich. Feste Normen, beklagt der Gesamtverband der Deutschen Versicherungswirtschaft in seinem jüngsten Jahrbuch, würden zunehmend durch eine sogenannte Situationsethik ersetzt.

Kleinere Schwindeleien und inszenierte Unglücke, die nur anonyme Kassen schädigen, fallen in einem solchen Umfeld aus dem subjektiven Blickwinkel des einzelnen Täters anscheinend kaum ins Gewicht. Dabei sind es nicht die kriminellen Gewohnheitstäter, sondern die vielen spontanen Amateurschwindler, die die größten Schäden anrichten.

Wolfgang Köhler in der DIE ZEIT vom 17.11.1994

Kriminalität im Alltag

M 19 Wachsende Jugendkriminalität

Der seit 1993 starke Anstieg der Anzahl minderjähriger Tatverdächtiger hat sich in leicht abgeschwächter Form weiter fortgesetzt (s. nebenstehende Grafik).

Nach heutigen Erkenntnissen ist davon auszugehen, dass Jugendkriminalität nicht nur einige wenige isolierbare Ursachen hat, sondern dass viele Faktoren und Bedingungen eine Rolle spielen, wie zum Beispiel Erziehungsprobleme und ungünstige Sozialisationsbedingungen durch Wohnsituation oder Arbeitslosigkeit auch der Erziehungspersonen, eigene ungünstige Zukunftsperspektiven, Integrationsprobleme von Migranten (*Zuwanderer*), geringe Selbstachtung und unzureichende soziale Fähigkeiten, ein die finanziellen Möglichkeiten übersteigender Lebensstil, Tolerierung von Gewalt zur Lösung von Konflikten, Alkoholmissbrauch oder negative Medieneinflüsse.

Überwiegend hat Jugendkriminalität episodenhaften (*vorübergehenden*) Charakter und setzt sich meist nicht in Erwachsenenkriminalität fort. Dennoch ist die Deliktsentwicklung bei den Minderjährigen ein Grund wachsender Besorgnis.

Aus: Presse- und Informationsamt der Bundesregierung: Bulletin Nr. 37/1998, S.457 f.

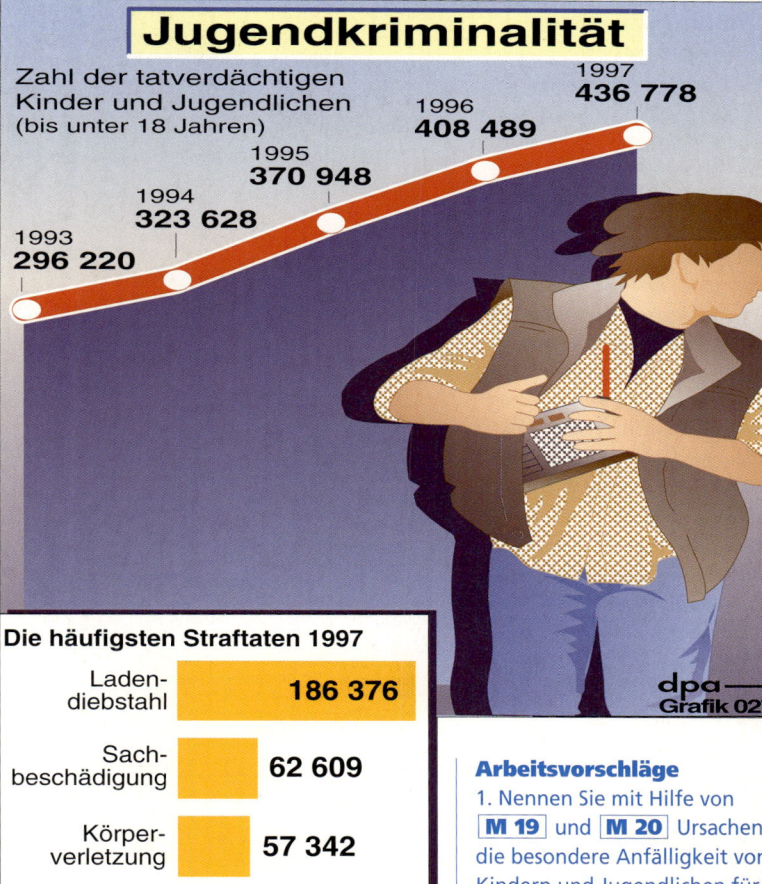

M 20 Macht Armut kriminell?

So einfach wie die Frage ist die Antwort nicht. Armut ist mit Sicherheit weder eine hinreichende noch eine notwendige Bedingung für kriminelles Handeln von Erwachsenen, Jugendlichen oder Kindern. Es gibt Arme, die sich regelkonform verhalten, es gibt Wohlhabende, die kriminell werden. Allerdings gibt es seit Anfang der neunziger Jahre in Deutschland eine auffallende Gleichzeitigkeit von steigender Armut, insbesondere von Jugendlichen und Heranwachsenden, und einer wachsenden Belastung dieser Altersgruppen mit Kriminalität. Die Mehrzahl der Hinweise deutet für Jugendliche und Heranwachsende auf einen Zusammenhang des Wachsens und Sinkens von Armut einerseits und parallelen Entwicklungen speziell von Aneignungsdelikten (Diebstahl und Raub) hin.

Aber: Armut macht nicht automatisch kriminell. Sie ist ein Faktor unter vielen, der allerdings die Wahrscheinlichkeit kriminellen Handelns mitbestimmt – nicht mehr, aber auch nicht weniger. Armut kann dabei die Grundlage, ein einzelner Baustein oder aber der Tropfen sein, der das Fass zum Überlaufen bringt. Armut ist ein Element, das in vielen theoretisch einsichtigen und empirisch nachweisbaren Erklärungsmustern krimineller Handlungen auftaucht. Von daher ist wohl auch ein Element von Wahrheit in dem schon klassisch zu nennenden Satz: "Die beste Kriminalpolitik ist eine gute Sozialpolitik."

Nach: Thomas Ohlemacher in AJS-Forum Nr. 3/1997, S. 12

Arbeitsvorschläge

1. Nennen Sie mit Hilfe von M 19 und M 20 Ursachen für die besondere Anfälligkeit von Kindern und Jugendlichen für Eigentumsdelikte, insbesondere Ladendiebstahl (M 17).
2. Versuchen Sie die in M 18 genannte „Situationsethik" mit dem Sprichwort „Gelegenheit macht Diebe" zu erklären.
3. Diskutieren Sie die These „Die beste Kriminalpolitik ist eine gute Sozialpolitik" (M 20).
4. Als mögliche Maßnahmen gegen die Kinder- und Jugendkriminalität werden gegenwärtig u. a. erwogen,
   - die Strafmündigkeit von derzeit 14 Jahren herabzusetzen, um auch Kinder gerichtlich belangen zu können,
   - für Jugendliche und Heranwachsende (14-21-Jährige) statt einer Geld oder Freiheitsstrafe ein Verbot bzw. den Entzug des Führerseins zu verhängen.
   Wie beurteilen Sie die Wirksamkeit dieser Vorschläge?

34 Immer mehr (Gewalt)Verbrechen?

In einer Zeit, in der die „Innere Sicherheit" einen zentralen Stellenwert in der Gesellschaft und in der Politik eingenommen hat, bleibt die jährlich von der Polizei veröffentlichte Kriminalstatistik nicht ohne gesellschaftliche bzw. politische Wirkungen: Die Steigerungsraten der Kriminalität verursachen bei den Bürgerinnen und Bürgern Kriminalitätsfurcht, erwecken den Eindruck zunehmender Ohnmacht des Staates und fordern die Politik zum Handeln auf. Wie bei jeder Statistik ist dabei auch der Aussagewert der Kriminalstatistik begrenzt:

M 21 Die Polizeiliche Kriminalstatistik (PKS)

Die PKS gibt Auskunft über polizeilich bekannt gewordene Straftaten, mit Ausnahme der Staatsschutz- und der Straßenverkehrsdelikte, und über ermittelte Tatverdächtige sowie über das Steigen und Fallen von bestimmten Delikten und Begehungsarten. Sie lässt keine kausalen *(ursächlichen)* Zusammenhänge erkennen. Angaben über Motive sind ihr nicht zu entnehmen. Auch über die Schwere und Sozialschädlichkeit einer Straftat (etwa eines Diebstahls oder eines Raubes) gibt die PKS keine Auskunft. All diese Faktoren sind zu berücksichtigen, will man die quantitative und qualitative Entwicklung der Kriminalität über einen längeren Zeitraum einschätzen.

Aus: Jugendkriminalität in NRW, hrsg. vom Landeskriminalamt und der Arbeitsgemeinschaft Kinder- und Jugendschutz, Düsseldorf/Köln 1994

M 22 Entwicklung und Anteil der Gewaltkriminalität

Die langfristige Entwicklung der registrierten Gewaltkriminalität zeigt folgende Aufstellung:

Bereich	Jahr	erfasste Fälle
Bundesrepublik Deutschland	1965	45 889
(Gebietsstand vor 3.10.90)	1975	80 699
Alte Bundesländer	1980	99 554
	1985	102 967
	1990	109 997
Alte Bundesländer einschließlich Gesamt-Berlin	1991	126 245
	1992	132 834
	1993	135 219
Bundesrepublik Deutschland	1993	160 680
(Gebietsstand seit 3.10.90)	1994	156 272
Alte und neue Bundesländer	1995	170 270
	1996	179 455
	1997	186 447

Quelle: PKS 1997

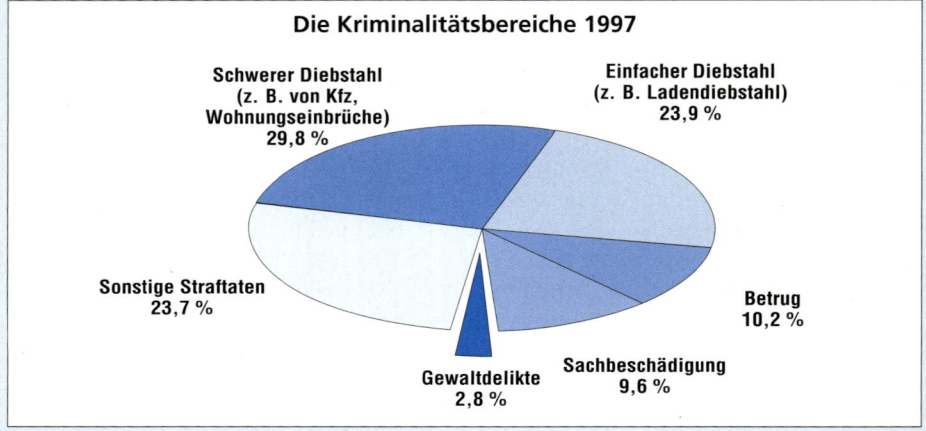

Gesamtzahl der erfassten Fälle: 6.586.165   *Quelle: PKS 1997*

Methodenvorschlag

Winston CHURCHILL, dem britischen Premierminister während des Zweiten Weltkrieges, wird die Äußerung zugeschrieben, er unterscheide drei Formen der Unwahrheit: die Notlüge, die gemeine Lüge und die Statistik. Diese Bewertung der Statistik ist sicherlich überzogen und mag zunächst unverständlich erscheinen; denn die auf Zahlen beruhenden statistischen Werte erheben in besonderem Maße den Anspruch der Objektivität. Aber:
Die Anordnung der Werte, die Wahl der Bezugsgrößen und Vergleichsmaßstäbe können die Realität verzerren und in die Irre führen – wie das nebenstehende Beispiel der Ausländerkriminalität zeigt.
Dennoch sind Statistiken unverzichtbar für die Ermittlung und Darstellung von zahlenmäßig erfassbaren Ereignissen, Entwicklungen und Prognosen – als Grundlage neuer gesellschaftsbezogener Erkenntnisse und des politischen Handelns. Das gilt z. B. für Statistiken über die Bevölkerungsentwicklung, Arbeitslosigkeit, Inflationsrate, Scheidungsquote und nicht zuletzt für die Kriminalitätsentwicklung.

Stichworte:
Streng genommen kann nur nach der rechtskräftigen Verurteilung des Täters von **„Kriminalität"** gesprochen werden. Die polizeiliche Kriminalstatistik registriert die von der Polizei bearbeiteten Straftaten und die hierzu ermittelten Tatverdächtigen. Tatverdächtig ist jeder, der aufgrund des polizeilichen Ermittlungsergebnisses hinreichend verdächtig ist, eine rechtswidrige Tat begangen zu haben.

Zur **Gewaltkriminalität** gehören Mord und Totschlag, Vergewaltigung, gefährliche und schwere Körperverletzung, Raub.

Der Erkenntniswert von Statistiken

M 23 Das Beispiel „Ausländerkriminalität"

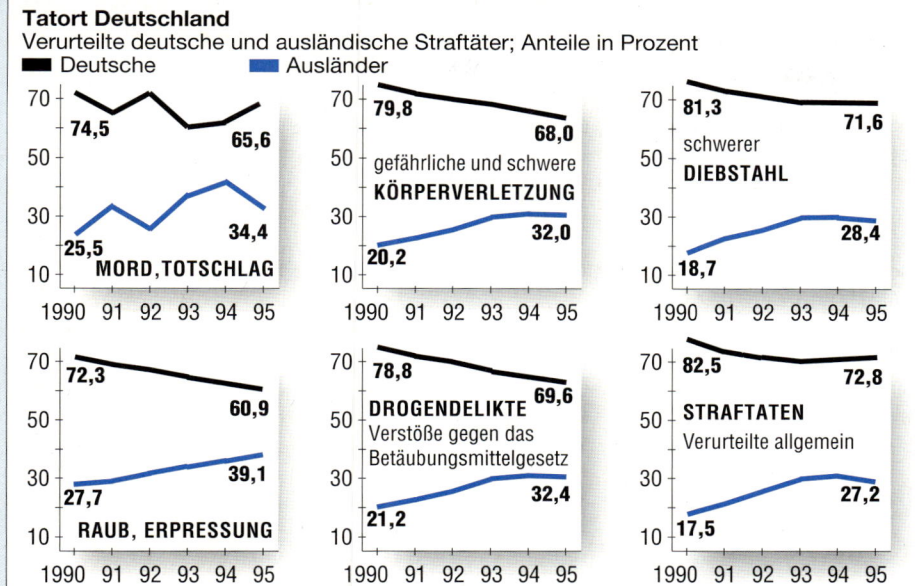

Quelle Statistisches Bundesamt: alle Angaben: alte Bundesländer; 1995 einschließlich Ost-Berlin

Nach der Kriminalstatistik sind Ausländer seit langem um ein Vielfaches krimineller als Deutsche. Im vergangenen Jahr (1997) hatten knapp dreißig Prozent der von der Polizei ermittelten Tatverdächtigen einen fremden Pass, aber nur gut neun Prozent der Bevölkerung sind Ausländer. Jugendliche Ausländer gerieten, den Statistiken zufolge, besonders häufig mit dem Gesetz in Konflikt, in einigen Großstädten viermal häufiger als ihre deutschen Altersgenossen.

Diese simple Gegenüberstellung malt jedoch ein falsches Bild. Will man die Kriminalitätsanfälligkeit von Deutschen und Ausländern vergleichen, muss man verschiedene Filter davorsetzen. Vergleicht man nämlich nur wirklich Vergleichbares, dann fällt das Ergebnis anders aus: Ausländer, die seit langem hier leben und gut integriert sind, verstoßen nicht öfter gegen das Gesetz als Deutsche. Seriöse Wissenschaftler bereinigen die Kriminalstatistik in drei Schritten:
– Zunächst ziehen Sie von der Gesamtzahl jene Delikte ab, die nur Ausländer begehen können: beispielsweise illegale Grenzübertritte und falsche Angaben über Herkunft und Fluchtwege.
– Sodann versuchen sie so gut wie möglich jene ausländischen Straftäter herauszufiltern, die nicht zur ausländischen Wohnbevölkerung gehören.

Zu den "nichtdeutschen Tatverdächtigen" zählt die Polizeistatistik nämlich alle Ausländer, ob sie hier gemeldet sind oder nicht. Touristen, Angehörige ausländischer Streitkräfte und deren Familien sowie illegal in Deutschland lebende Ausländer machen aber 25 bis 30 Prozent der ausländischen Tatverdächtigen aus ...
– Schließlich vergleichen sie Deutsche und Ausländer auch hinsichtlich ihres Geschlechtes, ihres Alters und ihres Lebensstandards. Denn grundsätzlich gilt: Männer werden häufiger straffällig als Frauen, junge Menschen häufiger als alte, Großstädter häufiger als Dorfbewohner, sozial Schwache häufiger als Angehörige des Mittelstandes. Gerade unter den in der Bundesrepublik lebenden Ausländern aber gibt es im Verhältnis zu Deutschen mehr Männer, mehr junge Menschen, mehr Großstädter, mehr Sozialhilfeempfänger. Daher fallen Ausländer auch in der Kriminalstatistik stärker auf.

Der Blick hinter die Kulissen der Zahlenspiele ist wichtig. Dessen ungeachtet bleibt die besorgniserregende Erkenntnis: Junge Ausländer begehen im Vergleich mehr Eigentums- und Gewaltdelikte als ihre deutschen Altersgenossen. Auch das hat seine besonderen Gründe.

Martin Klingst in DIE ZEIT vom 1o. Juni 1998

Statistiken erfassen quantitativ (d. h. durch Zahlen) messbare Vorgänge und ordnen bzw. veranschaulichen sie durch Tabellen und Grafiken (Diagramme).

Der Informations- und Aussagewert einer Statistik kann durch folgende Leitfragen überprüft werden:
1. Handelt es sich um absolute (z. B. Zahl der Gewalttaten in der Bundesrepublik) oder um relative Werte (z. B. Anteil der Gewaltkriminalität an der Gesamtkriminalität)?
2. Welche Bezugs- oder Vergleichsgrößen liegen den Zahlen zugrunde? (z. B. Bundesrepublik insges., alte oder neue Bundesländer)
3. Sind die Zahlen und Werte vergleichbar? (M 23)
4. Aus welchen Quellen stammt die Statistik und welche Absichten und Interessen könnten der Veröffentlichung zugrunde liegen? (z. B. Verstärkung von Ausländerfeindlichkeit durch die „Vermarktung" des Anstiegs der Kriminalität durch Ausländer)

Arbeitsvorschläge
1. In den letzten 30 Jahren hat sich die Gewaltkriminalität verdreifacht, ihr Anteil an der Gesamtkriminalität von 2,8% ist in dieser Zeit eher gleich geblieben M 22 . Erklären Sie diesen vermeintlichen Widerspruch.
2. Im Gegensatz zur PKS des Bundes weist das Land Nordrhein-Westfalen den Anteil ausländischer Tatverdächtiger in der Kriminalstatistik nicht mehr gesondert aus. Beurteilen Sie diese Entscheidung des Innenministeriums NRW mit Hilfe von M 23 .
3. Leiten Sie aus M 21/22 die Grenzen des Erkenntniswertes von Statistiken ab.

Abschreckung, Vergeltung oder …?!

Gewalt und Kriminalität erfüllen grundsätzlich den Tatbestand des Strafgesetzbuches, das Täter, Anstifter und Helfer mit Strafe bedroht. Von daher läge es nahe, durch eine Verschärfung des Strafrechts Gewalt und Kriminalität zu bekämpfen. Allerdings sprechen die historischen Erfahrungen nicht gerade für diese Maßnahme. Das mag die folgende Anekdote verdeutlichen: Im Jahre 1691 – so berichtet eine Chronik aus Tyborn (England) – wurden drei Männer öffentlich hingerichtet – wegen Taschendiebstahls. Zugleich wird vermerkt, dass während der Hinrichtung die Taschendiebe besonders erfolgreich waren, weil sie die "Ablenkung" der Zuschauer für ihre Straftaten nutzen konnten.

Die Geschichte verdeutlicht
- *den historischen Missbrauch der Todesstrafe selbst für Alltagsdelikte,*
- *die Überschätzung der Abschreckungswirkung von Strafen,*
- *den Wandel des Strafrechts und der Strafzumessung, denn Ladendiebstahl wird heute allenfalls mit einer Geldstrafe geahndet.*

Für die Bundesrepublik ist die Todesstrafe 1949 durch das Grundgesetz abgeschafft worden, nicht zuletzt unter dem Eindruck des Missbrauchs der Todesstrafe zur Vernichtung politischer Gegner im NS-Staat. Geblieben ist die Diskussion um den Zweck der Strafen: Abschreckung, Vergeltung oder …?

Recht unterscheidet sich vom Unrecht durch die Idee und das Ziel der Gerechtigkeit. Die konkrete Ausformung des Gerechtigkeitsideals ist dabei abhängig vom Rechtsbewusstsein und kommt z. B. in der Gleichheit der Menschen vor dem Gesetz (Art. 3 Abs. 1 Grundgesetz) oder in dem Grundsatz „Keine Strafe ohne Gesetz" (§ 1 Strafgesetzbuch) zum Ausdruck.
Als Teil der Rechtsordnung ist auch das Strafrecht von Zeit zu Zeit dem Wandel der Werte und des Rechtsbewusstseins angepasst worden; hierzu gehören insbesondere:
– die Modernisierung des Sexualstrafrechts, z. B. Wegfall der Strafbarkeit des Ehebruchs, der Homosexualität und der Abtreibung,
– die Entkriminalisierung der sog. Übertretungen (z. B. im Straßenverkehr) durch ein Bußgeldverfahren,
– die Einführung einer einheitlichen Freiheitsstrafe und der Ersatz kurzer Freiheitsstrafen durch Geldstrafen.
Gewandelt hat sich auch die Bewertung des Zwecks der Strafe:
Stand ursprünglich nach dem Prinzip „Auge um Auge, Zahn um Zahn" der Vergeltungsgedanke im Vordergrund, herrschen heute der Abschreckungszweck und das Ziel der Resozialisierung (d. h. die Wiedereingliederung des Straffälligen in die Gesellschaft) vor.

M 24 Justitia – Symbol des Rechts

Statue der römischen Göttin Justitia auf dem Römerberg in Frankfurt am Mai

M 25 Die Strafzwecke

Die Strafandrohung im Gesetz soll den einzelnen Bürger von der Begehung von Straftaten abhalten, ihn also im Sinne des Gesetzes motivieren (Warnung, Prävention, Abschreckung). Ist diese Wirkung nicht eingetreten, d.h. hat jemand gegen das strafrechtliche Verbot verstoßen, muss durch Verhängung und Vollzug der angedrohten Strafe mit der Strafandrohung Ernst gemacht werden. Dadurch sollen Allgemeinheit und Verurteilter selbst auf die Folgen von Straftaten hingewiesen und von der Begehung weiterer Straftaten abgehalten werden (General- und Spezialprävention). Während der Strafverbüßung soll der Verurteilte (wieder) in die Gesellschaft integriert werden, aus der er entweder durch sein Vorleben, seine Straftat oder aber durch den Freiheitsentzug ausgegliedert worden ist (Resozialisierung). Gesetzliche Strafandrohung, Strafverfahren und Strafvollzug dienen in ihrer Gesamtheit dem Schutz von Rechtsgütern vor sozialschädlichem Verhalten.

Aus: Von Cube/Hadding: Recht in unserer Gesellschaft, Hannover 1978, S. 194

Strafrecht im Wandel

M 26 Von den Leibesstrafen zur Freiheitsstrafe

Ebenso wie im Bereich der Straftatbestände lässt sich der Wandel am Katalog der Strafen ablesen. Die Leibesstrafen, die aus den Knechtsstrafen in das allgemeine Strafrecht des Mittelalters übernommen wurden, sind mitsamt der Folter zu Beginn des 19. Jahrhunderts in Europa verschwunden. Einziges Relikt dieser Strafen blieb die Todesstrafe, bis der Erlass des Grundgesetzes sie 1949 für die Bundesrepublik Deutschland abschaffte. (…)

Im Laufe des 19. Jahrhunderts wurden drei verschiedene Formen der Freiheitsstrafe entwickelt:

– die Zuchthausstrafe, stets mit Zwangsarbeit innerhalb oder außerhalb der Anstalt, auch mit besonders schweren Formen der Isolierung und mit Verlust der bürgerlichen Ehrenrechte automatisch verbunden;
– die Gefängnisstrafe, ohne entehrende Nebenstrafen, aber mit Arbeitszwang (und zugleich Anspruch auf Arbeit) innerhalb der Anstalt;
– die Festungshaft (später Einschließung genannt), nicht ehrenrührig, für politische Überzeugungstäter, durchgeführt in besonderen Häusern mit Beschäftigung des Gefangenen nach eigenem Gutdünken.

Unser gegenwärtiges geltendes Recht kennt nur die Freiheits- und die Geldstrafe. (…)

Hannah Vogt in: Informationen zur politischen Bildung Nr. 161 (1975)

M 27 Abschreckung durch härtere Strafen?

Gleichsam ein riesiges gesellschaftliches Experiment lief in den Vereinigten Staaten ab: Eine Verdreifachung der Strafdauer für Gewalttäter in den letzten 15 Jahren hat die Verbrechensrate nicht gesenkt; sie ist nach wie vor höher als in allen anderen industrialisierten Nationen.

Lohnen könnte sich für die Prävention *(Abschreckung)*, wenn mehr Sanktionen *(Strafen)* schneller verhängt würden, wie die Gewaltkommission der US-Regierung zu bedenken gab: „Nach den besten Abschätzungen, die wir erlangen konnten, würde ein 50-prozentiger Anstieg der Wahrscheinlichkeit in Haft genommen zu werden, doppelt so viele Gewaltverbrechen verhüten wie ein 50-prozentiger Anstieg der durchschnittlichen Haftzeit."

Übertragen auf das deutsche Rechtssystem würde das bedeuten, dass nicht nur die Polizei effektiver eingesetzt werden müsste, sondern vor allem, dass gefasste Gewalttäter nicht länger laufen gelassen, sondern sofort, wenn auch nur kurz (vorzugsweise mit Schulung ihrer sozialen Fähigkeiten), eingesperrt werden müssten – als Zeichen einer kollektiven Demonstration, dass sich Gewalt nicht bewähren darf.

DER SPIEGEL Nr. 3/1994

Arbeitsvorschläge

1. Welche Elemente des (Straf-)Rechts symbolisiert die Justitia (M 24)?

2. Ordnen Sie den Strafzwecken **Vergeltung, Abschreckung und Resozialisierung** M 25 die nachstehenden Kritikpunkte zu:

– Nach gegenwärtigem Wissensstand entspringt ein erheblicher Teil der Tötungsdelikte einer einmaligen, nicht wiederholbaren Konfliktsituation; eine Rückfallgefahr besteht mithin nicht. Welchen Sinn hat dann dieser Strafzweck?
– Aber auch dort, wo z. B. Mord vorsätzlich geplant worden ist, wird dieser Strafzweck problematisch: Eine große Anzahl von Morden wird gerade aus Furcht vor Strafe begangen, d. h. die Zeugen werden umgebracht.
– Der Ausgleich der Straftat durch die Strafe setzt die Vergleichbarkeit beider Größen voraus. Welche Strafe soll nach diesem Strafzweck z. B. bei Beleidigungen, Hochverrat oder Erpressung verhängt werden? *(Nach Bemann/Schulz: Einführung in das Strafrecht, Kurseinheit 1, Fernuniversität Hagen 1979).*

3. Zeigen Sie mit Hilfe von M 26 , M 27 die Möglichkeiten und Grenzen, durch Abschreckung (Gewalt) Verbrechen zu bekämpfen.

4. Strafprozesse sind in der Regel öffentlich; Sie können daher als Einzelner oder im Klassenverband an einer Gerichtsverhandlung eines Strafgerichts teilnehmen. Erkunden Sie dabei, welche Personen bzw. Institutionen an dem Prozess beteiligt sind M 28 , welcher Straftatbestand Gegenstand der Anklage ist und welche Rechtsnormen des StGB herangezogen werden, welche Argmente zur Verteidigung geltend gemacht werden, welche Strafe das Gericht als Rechtsfolge verhängt.

M 28 Der Gang eines Strafverfahrens

Vom Recht des Stärkeren zum starken Rechtsstaat?

„Es setzen sich Gesetz und Rechte wie eine ewige Krankheit fort, sie schleppen sich von Geschlecht zu Geschlechte und rücken sacht von Ort zu Ort."
Diese Kritik des gelernten Juristen J. W. von GOETHE im „Faust" am Modernitätsrückstand der Rechtsordnung gilt sicherlich teilweise auch noch für die Gegenwart. Sie berücksichtigt andererseits nicht, dass Recht wandelbar und machbar und insofern ein Ergebnis der Politik ist.

Das wird offenkundig in der zunehmenden Verrechtlichung durch eine Flut neuer Rechtsnormen, die unser Leben ordnen aber auch reglementieren. Eines hat die immer mehr perfektionierte Rechtsordnung allerdings nicht vermocht: die Vermeidung oder Verminderung von Rechtsverletzungen durch Gewalt und Kriminalität in der Gesellschaft.

Vor diesem Hintergrund möchte ich mit Ihnen die Frage erörtern, ob dem Staat (d. h. hier insbesondere Justiz und Polizei) zum Schutz der Bürger/innen vor Gewalt und Kriminalität mehr Machtbefugnisse übertragen werden sollen – auch wenn damit eine Einschränkung von Bürgerrechten verbunden sein könnte.

Im Zusammenleben der Menschen hat das Recht eine Ordnungs- und Friedensfunktion: Durch ein System von Gesetzen, Verordnungen und anderen Normen regelt es das Verhalten der Menschen, zugleich verbietet die Rechtsordnung die Anwendung von privater Gewalt zur Durchsetzung eigener Interessen und Ansprüche. Gewaltanwendung bleibt ausschließlich dem Staat vorbehalten, der dieses Gewaltmonopol wiederum nur im Rahmen des geltenden Rechts ausüben darf. Gegen die Staatsgewalt haben die Bürgerinnen und Bürger nur dann ein Widerstandsrecht, wenn die freiheitliche demokratische Grundordnung beseitigt werden soll (Art. 20 Abs. 4 Grundgesetz).

M 29   Das staatliche Gewaltmonopol

Dass eine Gesellschaft ohne Gewalt wünschenswerter ist als eine, in der Gewalt Bestandteil des Alltags ist, ist keine Frage. Aber weil es keine Gesellschaft ohne Gewalt gibt, besteht die wirkliche Aufgabe darin, die Gewalt soweit wie möglich zu beherrschen.

Die Durchsetzung des staatlichen Gewaltmonopols und die damit verknüpfte Errichtung von Institutionen zur Regelung individueller und sozialer Konflikte sowie die Schaffung von Recht in der Neuzeit war einer der ganz großen Schritte, in dieser Zielsetzung voranzukommen. Sie musste aber selbst noch einmal gegen die Gefahr der Allmachtsanmaßung des Staates eingeschränkt werden durch das Prinzip der Gewaltenteilung und durch die Anerkennung überstaatlicher Menschenrechte. Dass das solcherart modifizierte *(eingeschränkte)* Gewaltmonopol des Staates im internationalen Verhältnis nicht greift, bevor vergleichbare übernationale Instanzen mit Durchsetzungskraft errichtet sind, ist eines der bekannten Dilemmata *(Zwangslagen)* um Frieden.

Freilich zeigt sich, dass das staatliche Gewaltmonopol auch nicht hinreicht, um Gewalt im Bereich privater, persönlicher Beziehungen zu verhindern. Und wie es scheint, ist es auch nicht in der Lage, Gewalt dort zu verhindern, wo die Bindungskraft der herkömmlichen Strukturen sozialer Nah- sowie Selbstkontrolle ausfallen oder massiv gestört sind (Familie in erster Linie, Nachbarschaft, Konventionen, Freundschaften, Vereine, Schule, religiöse Gemeinschaften, politische Gruppen, Berufsbildungsstätten).

Konrad Hilpert in: Die ganz alltägliche Gewalt, Opladen 1996, S.16,10

... und seine Grenzen

Recht und Staat gegen Gewalt und Kriminalität

M 30 Innere Sicherheit durch starkes Recht

Kriminalität in all ihren Erscheinungsformen darf nicht als unabänderlicher Bestandteil unserer Zivilisation hingenommen werden, auch wenn es leider nie eine kriminalitätsfreie Gesellschaft geben wird. Eine Gesellschaft jedoch, in der die Angst vor Straftaten das Lebensgefühl des einzelnen Bürgers mit prägt, ist nicht wirklich frei. Zu einer Rechtsordnung, die der Bürger als gerecht und richtig empfindet, gehört sowohl die Anwendung des geltenden Rechts als auch die Schaffung neuen Rechts, wenn sich die Gefährdungssituation in der Kriminalitätsszene ändert.

Deshalb müssen wir beides leisten: anwenden und kreativ anpassen. Der Staat darf in seinen Reaktionen der Verbrechensbekämpfung nicht nachhinken. [...] Der effiziente Schutz der Bürger vor Verbrechen ist unentbehrlich für das Ansehen der Demokratie und die Leistungsfähigkeit unseres politischen Systems. Er ist zugleich der beste Beitrag gegen die vermeintlichen Ordnungsrezepte politisch radikaler Rattenfänger.

Der damalige Innenminister in der Bundestagsdebatte über das Verbrechensbekämpfungsgesetz, in: DAS PARLAMENT vom 4. März 1994

M 33 Aufräumen wie in New York?

Die amerikanische Metropole gilt vielen deutschen Polizeichefs inzwischen als Vorbild für ein erfolgreiches Zurückdrängen der Kriminalität. Erreicht hat das Bill Bratton mit seiner Strategie der vorbeugenden Polizeipräsenz, die sich auf die Theorie der „broken windows" (s. Stichwort) stützt. Jahrzehntelang, so lehrt Bratton, habe die Polizei ihre Zeit damit verplempert, auf Notrufe zu warten und dann in dicken Autos mit Blaulicht und Sirene durch die Stadt zum Tatort zu rasen, um dort einen bestimmt nicht zu treffen: den Täter. Die neue Philosophie der Polizei dagegen laute: Wehret den Anfängen der Unordnung. Handelt, bevor etwas passiert. Entscheidend ist das Klima von Recht und Ordnung, das an die Stelle von Gewalt und Gesetzlosigkeit getreten ist und das signalisiert: Die Obrigkeit ist wieder da.

Mit dieser Zielrichtung wurden Schwarzfahrer in den U-Bahnen ermittelt, Graffiti-Sprayer bestraft, Schulschwänzer aufgegriffen, der öffentliche Drogenhandel unterbunden ... Gleichzeitig reduzierte sich die Kriminalitätsrate in New York in 5 Jahren um die Hälfte; diese ist freilich noch immer höher als die deutscher Großstädte.

Nach: DER SPIEGEL Nr. 28/1997

M 34 Innere Sicherheit und Sozialpolitik

Verbrechen sind als eine Störung des sozialen Friedens und als Erschütterung der innerhalb einer bestimmten Gemeinschaft geltenden Ordnung zu bezeichnen. Daher ist auch die Bekämpfung dieser Erscheinung Anliegen der Gesellschaft und insofern Sozialpolitik im weiteren Sinne.

Unzweifelhaft ist dabei eine gute Sozialpolitik (im engeren Sinne) die beste Vorbedingung einer fruchtbaren Kriminalpolitik. Aber auch ihr sind Grenzen gezogen, denn auch die beste Sozialpolitik vermag trotz Sicherung eines relativ hohen Wohlstands das Verbrechen nicht auszurotten. So lehrt die Erfahrung, dass sich in Zeiten wirtschaftlichen Wohlergehens eine spezielle Form der Wohlstandskriminalität herausbildet und dass es auch in einem relativ ruhigen und spannungsfreien Zustand der Gesellschaftsordnung zu einem Ansteigen von Gewalt- und Rohheitsdelikten kommen kann. So ist z. B. der Alkoholismus (und Drogenkonsum) von weitgehender kriminologischer Auswirkung; ihm aber durch Prohibition *(Verbote)* entgegenzutreten, kann vielfältige, noch weit gefährlichere kriminelle Erscheinungen nach sich ziehen (Bandenkriminalität, illegale Einfuhr und Vertrieb, Bestechung usw.) Auch die Sozialpolitik ist daher nur eine Kunst des Erreichbaren. Sie wird notwendig ergänzt durch diejenigen Maßnahmen, die der unmittelbaren Bekämpfung der aktuellen Kriminalität dienen.

Nach: Reinhard Maurich/Heinz Zipf: Strafrecht – Allgemeiner Teil, 8. Aufl., Heidelberg 1992, S. 31 f.

Arbeitsvorschläge

1. Beschreiben Sie Notwendigkeit und Grenzen des staatlichen Gewaltmonopols (M 29) in einem Rechtsstaat. Vergleichen Sie dabei die Möglichkeiten des Staates zur Durchsetzung des Gewaltmonopols mit denen der Vereinten Nationen (UNO) zur Verhinderung von Gewalt und Kriegen auf internationaler Ebene (s. S. 218f.)

2. Stellen Sie einen Zusammenhang her zwischen Rechtsordnung, Demokratie und radikalen bzw. rechtsextremen Einstellungen und Parteien (M 30).

3. Gegen die Übernahme des New Yorker Modells (M 33) wird vor allem eingewandt, dass sich dadurch der Rechtsstaat zum Polizeistaat wandeln könnte. Wieso?

4. Beschreiben Sie die Möglichkeiten und Grenzen der Sozialpolitik für die Verhinderung bzw. Bekämpfung von Gewalt und Kriminalität in der Gesellschaft. (M 32) Vergleichen Sie die Ergebnisse mit dem Diskussionsergebnis zu M 14 3. Arbeitsvorschlag S. 31).

Stichwort:
Broken-Windows-Theorie
Die von den US-Sozialwissenschaftlern Wilson und Kelling entwickelte Theorie stellt einen Zusammenhang zwischen Verwahrlosung und Kriminalität her. Die Ausbreitung von Kriminalität in einem Stadtteil beginnt danach mit zerbrochenen Fenstern. Das Haus verfällt, Mieter und Anwohner ziehen aus, die Nachbarschaft löst sich auf, die Drogenszene zieht ein, Kriminalität breitet sich aus ...

Gestern „in" – heute „out" – und morgen?

Liebe Schülerinnen und Schüler,

wenn Sie die Bilder auf dieser Seite anschauen, werden Sie sofort erkennen, dass zwischen den Bildern auf der linken und denen auf der rechten Seite „Welten" liegen. Die Welt verändert sich ständig, was gestern noch „in" war, ist heute „out" und morgen vielleicht sogar „megaout".

Aber warum ändert sich alles so schnell und immer noch schneller?

Was treibt die Welt voran? Treiben wir oder werden wir getrieben?

Welches sind die Bestimmungsfaktoren des gesellschaftlichen Wandels?

Ich denke, das sind spannende Fragen und bin sicher, dass Sie darauf in diesem Kapitel einige interessante Antworten finden werden.

Also viel Spaß bei der Arbeit!

Lebensstile im Wandel der Zeit

Zu jedem Bild auf der linken Seite, auf dem frühere gesellschaftliche Verhältnisse dargestellt sind, gibt es ein dazu passendes Bild auf der rechten Seite, das heutige Lebensverhältnisse widerspiegelt.

Suchen Sie zu dem linken Bild das dazu passende rechte Bild und diskutieren Sie:

- *Welche Wertvorstellungen und Verhaltensweisen waren in der Vergangenheit gültig?*
- *Welche Wertvorstellungen und Verhaltensweisen gelten heute? Was hat sich geändert?*
- *Welche Wertvorstellungen und Verhaltensweisen werden vielleicht morgen (d.h. in 20 – 30 Jahren) gelten?*

No Future oder Go Future?

Ist es Ihnen auch schon so gegangen? Man lebt längere Zeit mit einer Gruppe Gleichaltriger zusammen, z. B. in der Schule, in einem Freundeskreis oder in einem Jugendclub und entwickelt dabei ein schönes „Wir-Gefühl". Man liebt dieselbe Musik, hat die gleichen Idole (z. B. Schauspieler, Sportler), kauft sich die gleichen Klamotten und hat das Gefühl, alles stimmt. Kurz: Man fühlt sich unter seinesgleichen wohl. Dann gerät man plötzlich in eine neue Gruppe von Jugendlichen, die sind vielleicht nur etwa 5-6 Jahre jünger und auf einmal stimmt nichts mehr. Die kleiden sich anders, haben andere Frisuren, haben eine andere Art, miteinander umzugehen und herumzualbern usw. Kurz: Man findet die blöd, versteht nicht, wie man solche Ansichten wie die haben kann und hat das Gefühl, die kommen von einem andern Stern. Und dieses Erlebnis kann sich in Ihrem Leben noch sehr oft wiederholen.

Was ist hier passiert?
Ganz einfach: Diese Jugendlichen gehören einer anderen „Generation" als Sie und Ihre gleichaltrige Gruppe an. Und so folgt Generation auf Generation. Was früher wirklich im Sinne von „Generationen" etwa 20 - 30 Jahre gedauert hat, vollzieht sich in unserer schnelllebigen Zeit in 5 - 6 Jahren. Die Jugendforscher haben immer wieder versucht, das Gemeinsame und Typische solcher Generationen zu beschreiben. Aber immer, wenn sie glaubten, eine neue Generation erkannt zu haben, war schon die nächste da.

Ich habe Ihnen auf dieser Doppelseite einige dieser Generationen der Nachkriegszeit zusammengestellt und bin gespannt, wie Sie die Generation des Jahres 2010 beschreiben werden.

Jugendliche sind nicht „die Gesellschaft", aber sie sind ein wichtiger Teil der Gesellschaft und insofern so etwas wie ein „Trendbarometer" für gesellschaftliche Entwicklungen. Jugendliche äußern spontaner und offener als Erwachsene ihre Lebensgefühle und Stimmungen, aber auch Ängste und Hoffnungen. Diese Lebensgefühle schwanken, je nach Zeitumständen und gesellschaftlicher Lage, zwischen Angst und Hoffnung, Optimismus und Pessimismus sowie engagiertem Protest und ohnmächtiger Resignation. Jugendforscher haben versucht, diese „Jugendgenerationen" nach bestimmten charakteristischen Merkmalen zu bezeichnen. Danach gab es in der Nachkriegszeit eine „skeptische Generation", eine „rebellische Generation", eine „No-Future-Generation", eine „Null-Bock-Generation" eine „hedonistische (d.h. nur am Glücksstreben und Lustgewinn orientierte) Generation" und schließlich eine „Generation X".

Doch ist es überhaupt möglich, Millionen von Jugendliche in ein solches Klischee oder Raster zu pressen? Von welchen Bedingungen hängt es ab, ob Jugendliche die Zukunft optimistisch oder pessimistisch sehen?

M 1

50er

Rock 'N' Roll
Buddy Holly, Elvis Presley, Mädchen in Halbschalen-Büstenhaltern und frisierte Jungen auf der Vespa – die Jugendlichen der 50er feierten den Neuanfang.

Widerstand
Rudi Dutschke wurde zum Inbegriff der Studentenrevolte. Che Guevara hörte – wie Millionen anderer auch – die Beatles. Und der Vietnamkrieg tobte.

60er

70er

Flower-Power
Haschisch, „Glockenjeans" und die Kommune 1 waren hip.
Die Kids hörten Lennon-Texte und Gerd Müller schoss Deutschland zum Weltmeister '74.

M 2 Zukunftsangst und Ohnmachtsgefühle

Die Jugendlichen in Deutschland blicken derzeit eher skeptisch in die Zukunft. Nur noch jeder Dritte beurteilt seine persönlichen Perspektiven optimistisch - gegenüber fast 60 Prozent Anfang der neunziger Jahre. Vor allem die hohe Arbeitslosigkeit macht Teens und Twens schwer zu schaffen. Die gesellschaftliche Krise hat die Jugend erreicht, so lautet das Fazit der 12. Shell-Jugendstudie. Lösungen ihrer Probleme sehen die Jugendlichen nicht. Von der Politik fühlt sich die große Mehrheit im Stich gelassen. Die 12- bis 24-Jährigen erleben Politik und Politiker der Studie zufolge als unglaubwürdig, langweilig, korrupt und vom Alltagsleben Lichtjahre entfernt. Die jungen Menschen verbindet nur wenig mit den Parteien. 38 Prozent fühlen sich laut der Studie keiner Partei nahe, nur drei Prozent würden sich in irgendeiner Form politisch beteiligen. Von allen gesellschaftlichen Organisationen genießen die Parteien bei ihnen das geringste Vertrauen. Dagegen stehen Umweltschutzgruppen (68 Prozent haben viel Vertrauen), Menschenrechtsgruppen (51 Prozent) und Bürgerinitiativen (37 Prozent) hoch im Kurs.

bearbeitet nach: Jugendwerk der Deutschen Shell (Hrsg.): Jugend '97 – Zukunftsperspektiven – Gesellschaftliches Engagement – Politische Orientierungen, Opladen 1997 und iwd vom 12. Juni 1997, S. 8.

Zukunftsvorstellungen Jugendlicher

M 3 Meinungen zu Einzelfragen:

- 89 % Meine Generation wird in der Zukunft große Probleme haben, überhaupt einmal eine Rente zu beziehen.
- 86 % Die Jugendlichen werden unter den Fehlern der heutigen Politik in Zukunft zu leiden haben.
- 85 % Die Politiker sind am Desinteresse Jugendlicher für die Politik selber schuld.
- 81 % Bei den Jugendlichen wird zu viel gespart. Das ist ein Fehler für die Zukunft des Staates.
- 75 % In den nächsten Jahren wird es den Jugendlichen sicherlich noch viel schlechter gehen als heute.
- 60 % Wir finden keine Partei, die die Interessen von uns Jugendlichen vertritt.

bearbeitet nach: Jugendwerk der Deutschen Shell (Hrsg.): Jugend '97 – Zukunftsperspektiven – Gesellschaftliches Engagement – Politische Orientierungen, Opladen 1997 und iwd vom 12. Juni 1997, S. 8.

M 4 Der Jugend auf den Leim gegangen

Wenn sich nur drei Prozent der Befragten in irgendeiner Form politisch engagieren, dann sind doch nicht Politik und Parteien, sondern die Jugendlichen selber das Problem. Nie waren die Angebote zum Mitmachen so groß: Jugendparteitage, Jugendparlamente, Jugendbeauftragte, Jugendbeiräte, und mancherorts nun auch das kommunale Wahlrecht ab sechzehn Jahre. Trotz dieser wachsenden Beteiligungsmöglichkeiten zeigen die Jugendlichen der Politik die kalte Schulter. Die Jugendforscher helfen hier offenbar gerne nach, die alten Vorurteile neu zu begründen. Auf pauschale Fragen („Vertraust du den Parteien?") erhalten sie ebensolche Antworten: Natürlich nicht, und ebenso wenig den Politikern, denn die sind „unglaubwürdig, langweilig, korrupt und vom Alltagsleben Lichtjahre entfernt". ... Die Jugendforscher haben ein eigenartiges Politikverständnis, wenn sie meinen, die Jugendlichen seien nicht unpolitischer geworden, weil sie nun andere Formen des Engagements vorziehen. „Boykottiert Shell" mit Greenpeace statt „Rettet die Renten" mit Kohl: Diese Form des Engagements mag einen hohen Fun-Faktor haben, am Wesen der Politik geht sie indes völlig vorbei. Warum traut sich niemand, gegenüber jugendlicher Kritik nein zu sagen. Zum Beispiel zu der romantischen Vorstellung, dass es keine unterlegenen Minderheiten gibt, wenn nur alle lang genug miteinander reden und sich wirklich zuhören. Oder dem Ansinnen, jede Demonstration müsse umgehend zu einer Gesetzesänderung führen. Lernen Schüler heute nicht mehr, dass politischer Streit, gerade auch der zwischen Parteien, richtig und notwendig ist, weil niemand die Wahrheit für sich beanspruchen kann?

Die Zeit vom 23. Mai 1997

Arbeitsvorschläge:

1. Wie würden Sie die Generation, der Sie sich selbst zugehörig fühlen, beschreiben (vgl. M 1)? Was ist dieser Generation wichtig? Wie sieht sie ihre Zukunft, wovor hat sie Angst?

2. Fassen Sie die Ergebnisse der Shell-Studie '97 zusammen (M 2 und M 3) und ermitteln Sie durch eine eigene Umfrage (analog M 5) die Hauptprobleme ihrer Altersgruppe. Bringen Sie die Probleme in eine Reihenfolge, die die Wichtigkeit der Probleme angibt. Wo gibt es Gemeinsamkeiten, wo Unterschiede?

3. Jugendforscher haben in der Shell-Studie (M 2) eine sehr kritische Distanz zu Politikern festgestellt. Im Text M 4 wird dieses Ergebnis heftig kritisiert. Setzen Sie sich mit dieser Kritik auseinander!

4. Wie wird es weitergehen? Versuchen Sie, die Lebensform der Generation des Jahres 2010, wie in M 1 für die vergangenen Jahrzehnte versucht wurde, darzustellen. Vergleichen Sie Ihre utopischen Entwürfe!

80er

Null Bock
Mit den Sex Pistols kam auch der Punk nach Deutschland. Jugendliche hatten keine Lust auf Gesellschaft und rasierten sich die Köpfe kahl.

90er

Rave Nation
Der Cyberspace öffnet neue Welten. Beats per minute und Baseball-Kappen erlangen – genau wie der Fitnesswahn – unvorhersehbare Bedeutung.

2000er 2010er ?

M 5 Jugend '97: Was Teens und Twens bewegt

Auf die Frage: „Welches sind denn nach deiner Meinung die Hauptprobleme der Jugendlichen heute?" antworteten so viel Prozent der befragten Jugendlichen

Arbeitslosigkeit	45
Drogen	36
Familie, Freunde	32
Lehrstellenmangel	28
Schule, Ausbildung	27
Zukunftsangst	21
Gewalt, Kriminalität	20
Geld	19
Gesundheit	19
Freizeitgestaltung	17
Umweltprobleme	11
Unzufriedenheit, Lustlosigkeit	9
Fehler der Politik	9
Erwachsenwerden	7
Konsumdenken	7

Mehrfachnennungen; Umfrage bei 2.100 Jugendlichen im Alter von 12 bis 24 Jahren
Quelle: 12. Shell Jugendstudie
Institut der deutschen Wirtschaft Köln

Bürgerlich – spießbürgerlich – alternativ?

Haben Sie schon einmal mit dem Gedanken gespielt, alles hinzuschmeißen, sich von allem Wohlstandsmüll zu trennen, weil Sie keinen Sinn mehr in dem erblicken konnten, was Sie tun oder tun sollen?

Sind Ihnen schon Ihre Mitmenschen schrecklich „auf den Wecker" gegangen, weil Sie die Art und Weise, wie sie denken und reden, überhaupt nicht ausstehen können?

Solche Erlebnisse deuten darauf hin, dass Sie mit sich und Ihrer Umwelt nicht zufrieden sind, dass Ihre Wertvorstellungen und Ziele nicht mit Ihrem alltäglichen Leben in Einklang gebracht werden können. Dann kommt vielleicht der Gedanke hoch,

dass man gerne „aussteigen" will, etwas ganz anderes oder vielleicht gar nichts machen will. Aber wie und was?

„Wovon willst Du denn leben?"
„Wer soll das bezahlen?"
„Was werden Deine Freunde dazu sagen?"

Das sind die Fragen, die einem dann gleich gestellt werden. Und was soll man dazu auch sagen?

Vielleicht helfen Ihnen die Anregungen auf dieser Seite, über dieses Problem einmal nachzudenken und mit Ihrer Klasse darüber zu reden.

Dein Haus sei Deine Welt darin es Dir gefällt

Moser, Manfred: Keine Lust auf Politik. In: Konkursbuch Nr. 26/1991, S.23

Noch in keiner Generation hat sich ein so tiefgreifender Wertewandel vollzogen wie in den letzten 20 Jahren. Was gestern noch als modern und fortschrittlich galt, ist heute bereits überholt und „out". Viele junge Menschen wollen nicht so leben wie ihre Eltern. Sie lehnen sogenannte „bürgerliche" Lebensformen ab, protestieren und provozieren (z.B. Punks, Skins, Aussteiger) oder suchen nach neuen Lebensformen, die ihren Wertvorstellungen und Idealbildern von einem befriedigenden und sinnerfüllten Leben entsprechen. Doch auch die vielen Alternativen, die es in den 70er Jahren gab und zum Teil noch heute gibt, haben oft zu Enttäuschungen geführt oder sind gescheitert. Die Diskussion bleibt offen. Die Suche geht weiter.

M 6 Wertewandel

„Seit der ersten Hälfte der sechziger Jahre hat sich in der Bundesrepublik Deutschland ein deutlicher Wertewandel vollzogen. Dominierten bis dahin vor allem die sogenannten „Pflicht- und Akzeptanzwerte" – wie Pflichterfüllung, Fleiß, Ordnung, Pünktlichkeit, Sparsamkeit – so rückten später vor allem die Selbstverwirklichung und die freiheitliche Entfaltung der Person in den Vordergrund der Werteskala und damit auch der Erziehungsziele […].

Von der konservativen Kulturkritik wurde diese wachsende Bedeutung von Selbstverwirklichung als ein Zeichen moralischen Niedergangs gedeutet: Unter dieser Zielvorgabe würden die Menschen immer egoistischer, immer stärker an Lust, Freude und Genuss orientiert. Eine Einschätzung, die wohl zu pessimistisch ist […]

Der Wertewandel, der mit zunehmender Freizeit und Wohlstand einhergeht, hat natürlich Auswirkungen auf alle Lebensbereiche der Bevölkerung – auch auf das Verhalten in Ehe, Partnerschaft und Familie. Das große Maß an Freiheit, das heute jeder Einzelne hat, ist eine Herausforderung, die jeder für sich bewältigen muss, der aber nicht jeder gewachsen ist: So äußert sich die Unfähigkeit, Freizeit sinnvoll zu gestalten, auch in Alkoholismus und Drogenmissbrauch. Doch wenn Selbstbestimmung gefordert ist, dann beinhaltet dies eben auch immer die Möglichkeit, dass die Selbstbestimmung misslingt. Wir sehen das nicht zuletzt an der wachsenden Instabilität der Ehen […] Dass es dennoch so viele Scheidungen gibt, ist nicht unbedingt ein Indiz [Anzeichen] dafür, dass sich die Menschen von der Ehe abwenden. Vielmehr ist zu vermuten, dass viele Paare eher zu hohe Erwartungen an die Ehe haben, die dann aber nicht in Erfüllung gegangen sind. Das wird von den Betroffenen als ein Scheitern wichtiger Lebensziele leidvoll erlebt […]. Die Frage, welche Entscheidung die Menschen letztlich treffen, hängt offensichtlich maßgeblich von den gesellschaftlichen und politischen Rahmenbedingungen ab.

Roswitha Verhülsdonk in: Rheinischer Merkur Nr. 12 vom 19.03.1993, S. 40 (gekürzt)

Lebenskonzepte im Wandel

M 7 Punk muss man sein

Marco ist achtzehn und lebt in einem besetzten Haus in Ostberlin. Von Beruf ist er Schlosser, doch seine derzeitige „Berufung" ist Punk.

Marco, Punk sein ist ja kein Beruf, wovon lebst du?
Na, ich geh' auf'n Alex und schnorre, also betteln halt.
Wie machst du das?
Also heute hab' ich keine Ratte bei, da sag' ich: „Ham Se mal 'nen bisschen Kleingeld?" Wenn ich meine Ratte bei hab', frag' ich halt: „Ham Se mal bisschen Geld für Rattenfutter?"
Wie viel kriegst du da so zusammen?
Fünfzig, sechzig Mark, wenn's gut geht. Aber dafür muss man fünf, sechs Stunden stehen.
Also harte Arbeit?
Das ist Arbeit! Immer so rumlaufen, auf die Leute zugehen.
Kommst du dir nicht blöd dabei vor?
Tjaa. Anfangs war das schon ein blödes Gefühl. Aber man gewöhnt sich dran.
Du könntest ja auch arbeiten gehn.
Wer stellt mich als Punk denn ein? Niemand!
Ich würd' ja arbeiten. Arbeiten wär' sogar gar nicht so schlecht. Mit der Kohle und so, wär' schon ganz geil.
Wie viel „Kohle" hättest du denn gern so im Monat?
Fünfhundert Mark würden mir völlig reichen, mehr würd' ich gar nicht haben wollen. Wenn du im Monat so zwei-, dreitausend Mark verdienst, bist du doch irgendwie Kapitalist, dann wirste zum Spießer, und das will ich nicht werden, auf keinen Fall.
Was ist denn ein Spießer?
Ein Spießer ist für mich so ein fetter Bonze, der nur auf die Kohle aus ist, mehr, mehr, mehr, das sind die Typen, die hier mit Schlips und Krawatte rumlaufen, und wenn du die anschnorrst, dann blättern die vor deinen Augen in Hunderten rum und geben dir gerade mal 'nen Groschen!
Kannst du dir vorstellen, dass du eines Tages sagst: Jetzt stinkt mir die Schnorrerei, ich mach' mir 'ne andere Frisur. Ich schneid' mir jetzt den, wie nennst du das?
Den Iro abschneiden? Nee, das werd' ich nie machen! Ich bleib' Punk, mein ganzes Leben.

Die Zeit Nr. 30 vom 17.07.1992, S. 58

M 8 Bin ich ein bürgerlicher Mensch?

Wenn mich jemand fragen würde, was bürgerlich ist, dann könnte ich höchstens sagen, was ich nicht bin. Ich bin kein Kommunist, auch kein Sozialist, bin kein Alternativer, bin auch kein Konservativer. Ich könnte sagen, da ich eine Spülmaschine besitze, da wir zwei Autos haben, 110 Quadratmeter zum Wohnen, da es uns nicht schlecht geht und da wir uns eigentlich wünschen, dass es so weitergeht. So ungefähr würde ich mal bürgerlich kurz umschreiben. Natürlich ist das etwas komplizierter [...]

Axel Studthoff in: PZ Nr. 34/Bonn, Sept. 1983, S. 20f.

M 9 Wer sind die Alternativen?

Die Vielfalt dessen, was sich alternativ versteht und fühlt, gelegentlich vielleicht auch nur vereinnahmt wird, liest sich eindrucksvoll: Die Ökologiebewegung, Kernkraftgegner und Dritte-Welt-Gruppen, die Sucher nach neuen Lebens- und Arbeitsformen, Landkommunen, Friedensgruppen und die Bastler an alternativen Technologien, die Hausbesetzer, Bürgerinitiativen, Friedensgruppen und die Feministinnen, religiöse Sekten, Psychogruppen und Schwulengruppen, Bürgerrechtler, Sponti-Studenten und undogmatische Linke aus der Zeit der Studentenbewegung. Vermutlich sind dabei noch einige vergessen. Vielleicht sollte man noch die alternativen Zeitungsmacher nennen, Selbsthilfegruppen, nicht zu vergessen die alternativen Theater-, Musik- und sonstigen Kulturschaffenden. Und die alternativen Kneipenwirte, die wichtig sind für die Szene und ganz gut von ihr leben, obwohl das Bier billig sein muss.
Jede dieser Gruppen oder Strömungen, ... beruht auf einer bestimmten Opposition gegen bestimmte Krisenerscheinungen, jede formuliert ihre eigene Systemkritik und die entsprechenden alternativen Ideen und Entwürfe.

PZ Nr. 34/Bonn, Sept. 1983, S. 24

„Wann kamen Sie auf die Idee, sich anders zu kleiden als die Stinknormalen?"

Steger in: Elefanten Press Karicartoon 1992

Arbeitsvorschläge

1. Bilden Sie die zwei Rubriken (1) „früher" und (2) „heute" und stellen Sie anhand von M 6 die alten und neuen Werte gegenüber.

2. Bilden Sie drei Gruppen und diskutieren Sie arbeitsteilig die drei Begriffe „bürgerlich" (M 8), „spießbürgerlich" (M 7) und „alternativ" (M 9). Schauen Sie sich dazu auch die beiden Karikaturen an. Jede Gruppe sollte außerdem versuchen, den Begriff „normal" zu bestimmen. Versuchen Sie, für jeden Begriff eine Reihe von Merkmalen und Verhaltensweisen zu finden.

3. Welche Ansprüche im Sinne von Charaktereigenschaften stellen Sie
– an Ihre Freunde/Freundinnen,
– an sich selbst?

4. Welche Erwartungen haben Sie an
– Ehe und Familie?
– Partnerschaft?
– Freundschaft?

5. Welche Alternativbewegungen kennen Sie? Welcher würden Sie sich gerne anschließen und welcher nicht? Begründen Sie Ihre Ansichten.

Gemeinsinn oder Eigensinn?

Aus dem Deutschunterricht kennen Sie vielleicht Heinrich Manns Roman „Der Untertan" (1914), sicherlich aber Carl Zuckmayers „Hauptmann von Köpenick" (1931).
Beide Werke beschreiben am Beispiel zweier Biografien die Autoritätsgläubigkeit im kaiserlichen Deutschland, in dem bereits eine abgelegte Hauptmannsuniform Respekt und Folgsamkeit verschaffte.

In der Gegenwart hätten Schriftsteller wohl kaum eine Chance, derartige Verhaltensweisen der Bevölkerung als typisch für die Bundesrepublik zu charakterisieren. Vielmehr belegen Untersuchungen zum politischen Bewusstsein in westlichen Demokratien, dass die jüngeren Deutschen im Vergleich zu ihren Altersgenossen anderer Nationen als besonders autoritätskritisch gelten. Das ist sicherlich auch ein Ergebnis einer „Erziehung nach Auschwitz", die vor dem Hintergrund der nationalsozialistischen Vergangenheit Obrigkeitsdenken und Untertanengesinnung bekämpft und demgegenüber die Selbst- und Mitbestimmung des Einzelnen in den Vordergrund stellt. Hat diese politisch gewollte Neuorientierung der Erziehung möglicherweise zugleich eine Abwertung der sogenannten „preußischen Tugenden" zu „Sekundärtugenden" bewirkt, oder sind es eher die gesellschaftlichen Rahmenbedingungen eines gestiegenen Wohlstands, zunehmender Freizeit und Konsumorientierung, die das Denken und Handeln des Einzelnen beherrschen?

Mit dem Wandel der politischen und ökonomischen Systeme ändern sich nicht nur die Lebensbedingungen ganz allgemein, sondern auch die Wertvorstellungen in der Gesellschaft. So stellten Anfang der siebziger Jahre Wissenschaftler eine „stille Revolution" in der Gesellschaft durch neue Orientierungen der nachwachsenden Generation fest. Demnach haben Werte wie Fleiß, Pflichterfüllung, Bescheidenheit und Sparsamkeit an Bedeutung verloren. Wichtiger geworden sind demgegenüber Werte wie Emazipation, Ungebundenheit, Selbstverwirklichung und Mitbestimmung, das Streben nach Genuss und größtmöglicher individueller Freiheit. Mit dieser Individualisierung verbindet sich aber auch ein Rückzug des Einzelnen aus gesellschaftlicher Verpflichtung und Verantwortung, der Verlust von Solidarität und Gemeinsinn. Droht unsere Gesellschaft eine Gesellschaft von Egoisten ohne soziale Verantwortung zu werden?

M 10 Jede Gesellschaft hat die Jugend, die sie verdient

Klagen über die Jugend sind so alt wie die Menschheit. Doch wird heute über die Jugend nicht nur geklagt, sondern auch wissenschaftlich geforscht. Von einem Werteverfall bei den Jugendlichen kann nicht die Rede sein, so das Ergebnis einer von der CSU-nahen Hans-Seidel-Stiftung in Auftrag gegebenen Studie. Allenfalls lassen sich Unterschiede in der Rangordnung von Werten feststellen. Gleichwohl sorgt man sich, dass der bei den Jugendlichen hoch geschätzte Wert der Selbstverwirklichung mit einer zu geringen Bereitschaft einhergehe, sich an der Gestaltung des Gemeinwesens zu beteiligen. Vom Staat erwarte man, dass er jeden nach seiner Facon leben lasse oder sich auf die Rolle eines Dienstleistungsunternehmens beschränken sollte. Nicht erst heute, aber doch verstärkt zeige sich in der Jugend ein Einstellungsmuster, das einerseits durch hohe Dienstleistungserwartungen an den Staat, andererseits eine zurückhaltende Bereitschaft, sich in das Gemeinwesen einzubringen, charakterisiert wird. Jeder lässt sich gern bedienen - oder bedient sich selbst. Doch wer ist bereit, einen Service zu bieten oder gar einen Dienst zu leisten? „Frage nicht, was dein Land für dich tut, sondern was du für dein Land tun kannst", forderte einst der amerikanische Präsident John F. Kennedy von seinen Landsleuten. Erfolg, Karriere, Selbstverwirklichung und auch Schlitzohrigkeit sind keine Orientierungen, die von den Jugendlichen erst erfunden werden mussten, sondern ihnen vorgelebt werden. Werte lassen sich nun einmal sehr leicht einfordern, jedoch schwer einlösen.

Vester, Jürgen: Wenn Vorbilder fehlen. in: Welt am SONNTAG vom 5. 1. 1997, S. 9

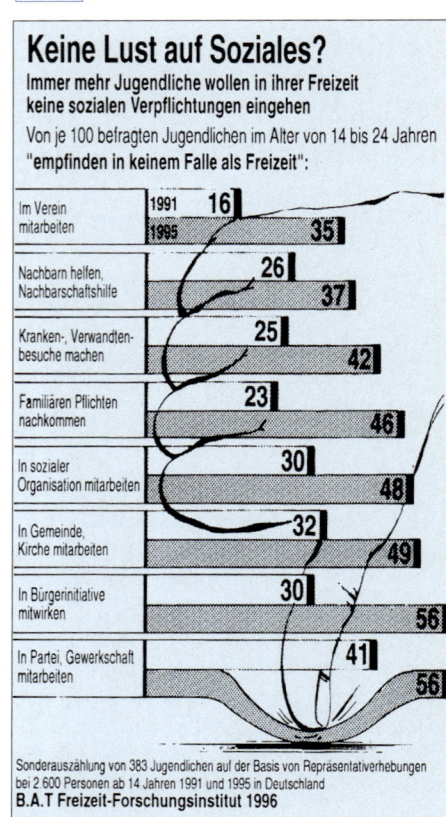

M 11

Keine Lust auf Soziales?
Immer mehr Jugendliche wollen in ihrer Freizeit keine sozialen Verpflichtungen eingehen
Von je 100 befragten Jugendlichen im Alter von 14 bis 24 Jahren "empfinden in keinem Falle als Freizeit":

Tätigkeit	1991	1995
Im Verein mitarbeiten	16	35
Nachbarn helfen, Nachbarschaftshilfe	26	37
Kranken-, Verwandtenbesuche machen	25	42
Familiären Pflichten nachkommen	23	46
In sozialer Organisation mitarbeiten	30	48
In Gemeinde, Kirche mitarbeiten	32	49
In Bürgerinitiative mitwirken	30	56
In Partei, Gewerkschaft mitarbeiten	41	56

Sonderauszählung von 383 Jugendlichen auf der Basis von Repräsentativerhebungen bei 2 600 Personen ab 14 Jahren 1991 und 1995 in Deutschland
B.A.T Freizeit-Forschungsinstitut 1996

M 12 Von der Pflicht zur Entfaltung?

Traditionelle Werte – Heilmittel gegen Egoismus, Orientierungslosigkeit, Kriminalität? Bürger und Politiker rufen nach Tugenden und Gemeinsinn. Es wächst das Unbehagen an einem Zusammenleben, in dem jeder seinen Vorteil ohne Rücksicht auf die anderen zu suchen scheint. Klagen über Werteverfall, früher eine Domäne der Konservativen, kommen seit kurzem aus beinahe dem gesamten politischen Spektrum.

Wie viel Gemeinsinn braucht eine Gesellschaft?

Wer einen Werteverlust beklagt, meint dabei normalerweise das Verblassen traditioneller Pflicht- und Gemeinschaftsorientierungen. Wissenschaftler sprechen lieber von einem Wertewandel, denn Entfaltungswerte sind an die Stelle des Hergebrachten getreten: Individuelle Freiheit, Selbstverwirklichung, geistiger Wandel. Erstaunlicherweise zeigt sich allerdings seit einiger Zeit ein gewisses Comeback der Pflichtorientierung in der Bevölkerung, und zwar in allen Altersgruppen. Eine Umkehr ist das aber wohl nicht. Der Soziologie Hans-Joachim Veen macht die schwierige wirtschaftliche Situation für den Umschwung verantwortlich. Bekommt der Angestellte Angst um seinen Arbeitsplatz, wird er verstärkt Fleiß und Pflichtbewusstsein zeigen – die Selbstverwirklichung wird ihm plötzlich schnuppe.

Focus 12/1997, S. 204/205

M 14

Jugend und Tugend

Welche Werte sind den Jugendlichen in West- und Ostdeutschland wichtig?

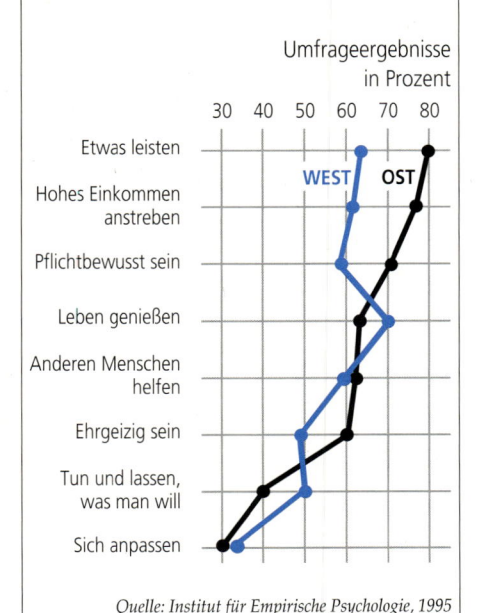

Umfrageergebnisse in Prozent (WEST / OST):
- Etwas leisten
- Hohes Einkommen anstreben
- Pflichtbewusst sein
- Leben genießen
- Anderen Menschen helfen
- Ehrgeizig sein
- Tun und lassen, was man will
- Sich anpassen

Quelle: Institut für Empirische Psychologie, 1995 Umfrage unter Jugendlichen im Alter von 16 bis 29 Jahren

Der Spiegel 48/1997, Seite 71

M 13

Ältere Generationen:
noch über 50 Prozent Pflicht-Anhänger

PFLICHTWERTE
- Tradition
- Leistung
- Recht und Gesetz

Jüngere Jahrgänge:
Vorliebe für Neues und Ungezwungenes

ENTFALTUNGSWERTE
- Individualität
- geistiger Wandel
- „Politik von unten"

SIND PFLICHTWERTE WICHTIGER ALS ENTFALTUNGSWERTE?

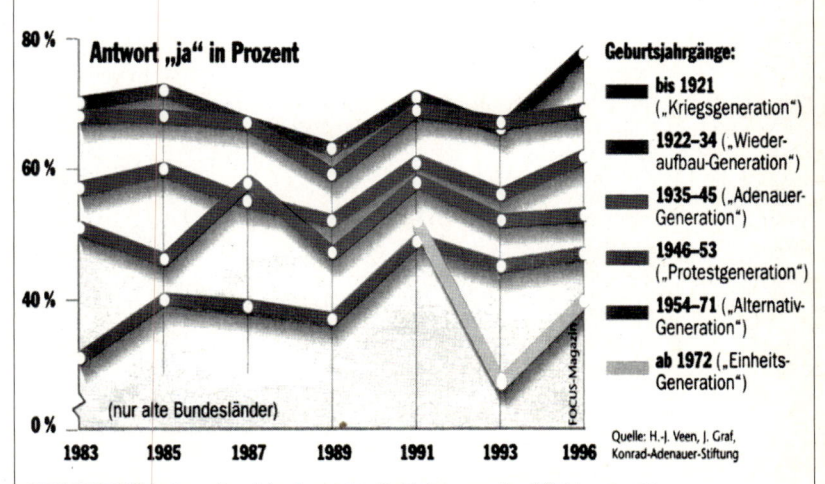

Antwort „ja" in Prozent (nur alte Bundesländer), 1983–1996

Geburtsjahrgänge:
- bis 1921 („Kriegsgeneration")
- 1922–34 („Wiederaufbau-Generation")
- 1935–45 („Adenauer-Generation")
- 1946–53 („Protestgeneration")
- 1954–71 („Alternativ-Generation")
- ab 1972 („Einheits-Generation")

Quelle: H.-J. Veen, J. Graf, Konrad-Adenauer-Stiftung

EINE WENDE? In fast allen Jahrgängen ist die Neigung zu den Pflichtwerten bis 1989 gesunken, seither gibt es einen leichten bis deutlichen Wiederanstieg

Focus 12/97, S. 204/205

Arbeitsvorschläge:

1. Stellen Sie einen Zusammenhang her zwischen dem Wertewandel und dem mangelnden Solidaritäts- und Verantwortungsbewusstsein (M 10, M 12) in der Gesellschaft.

2. Welcher Trend lässt sich nach der Untersuchung (M 10) und der Übersicht (M 11) bei Jugendlichen feststellen? Führen Sie ggf. eine Befragung (M 11) in ihrer Klasse durch.

3. Erläutern Sie, worauf John F. Kennedy mit seiner Aussage in M 10 aufmerksam machen wollte.

4. Erklären Sie, was unter den „Pflicht- bzw. Entfaltungswerten" (M 13) verstanden wird.

5. Jugend ohne Tugend? Welche Werte sind Ihnen bzw. Ihren Mitschülerinnen und Mitschülern wichtig? Führen Sie eine Umfrage (M 14) in Ihrer Klasse durch. Gibt es Übereinstimmungen mit den in M 10 und M 12 geschilderten Entwicklungen, wo sind Abweichungen feststellbar?

Von der Arbeitsgesellschaft zur Freizeitgesellschaft

Noch nie hatten wir so viel arbeitsfreie Zeit wie heute und trotzdem plagt uns die Zeitnot! Jeder von uns verspürt es: nicht nur Arbeiten, sondern auch Konsumieren kostet Zeit und darüber hinaus auch viel Geld. Zeitnot ist für viele von uns zu einem Alltagsproblem geworden. Wer sich gehetzt fühlt, versucht dann noch mehr in die Stunde zu quetschen, um dann am Ende ein paar Minuten für sich zu gewinnen. Eine Zeitfalle, meint die Schweizer Psychologin Regula Schräder-Naef: Man rennt und rennt und hat am Ende keine Minute gewonnen. Kennen Sie selbst auch solche Situationen? Aus meiner Sicht ist es ganz entscheidend, ob die Zunahme der arbeitsfreien Zeit, also jener Zeit, die wir neben der fest verplanten und fremdbestimmten Arbeitszeit zur Verfügung haben, als Chance für eine selbstbestimmte, individuelle Gestaltung des Lebens begriffen wird. Mir geht es allerdings ganz häufig so, dass ich es nicht schaffe, meine freie Zeit so zu gestalten, dass ich Muße, Erholung oder Entspannung finde. Wie geht es Ihnen?

Vor hundert Jahren hatte ein durchschnittlicher Mensch in seinem Leben rund 50.000 Stunden Freizeit. Heute sind es sechsmal so viel, also rund 300.000 Stunden. Und in fünfzig Jahren werden es nach Schätzung von wissenschaftlichen Instituten 450.000 Stunden Freizeit in einem durchschnittlichen Menschenleben sein. Vom Jahreszeitbudget umfasst die Freizeit inzwischen ein dreimal so großes Volumen wie die Arbeitszeit. Diese Entwicklungen bergen Chancen für eine kreative und selbstbestimmte Nutzung der freien Zeit, sie beinhalten aber auch Risiken, die zu einer immer stärkeren fremdbestimmten und kommerzialisierten Gestaltung der Freizeit führen können. Wie Menschen ihre Freizeit verbringen, hängt von ganz unterschiedlichen Bedingungsfaktoren ab. Insbesondere beeinflussen die Freizeitaktivitäten
– die persönliche und allgemeine wirtschaftliche Situation (arbeitsfreie Zeit, Einkommen, Freizeitangebote usw.),
– der Bildungsstand und die Art der Berufstätigkeit und das damit verbundene Ansehen bestimmter Freizeitaktivitäten (z. B. Tennis oder Segeln),
– der Familienstand (Verheiratete üben i.d.R. mehr familienbezogene Tätigkeiten aus, Ledige gehen mehr aus, Jugendliche werden u.a. von ihren finanziellen Möglichkeiten eingeengt),
– das Geschlecht, das Alter, der Wohnort.

M 15 In der Zeitfalle – Die gehetzte Gesellschaft

Zeit ist kostbar geworden. Mehr als 250 Milliarden DM gaben die Westdeutschen 1992 aus, um sich ja keinen Freizeitspaß entgehen zu lassen. Die galoppierenden Genießer sind immer unterwegs und jammern gleichzeitig über ihren Zeitmangel. ... Angesichts der Fülle der alternativen Möglichkeiten erleben die Menschen den Mangel an Zeit viel deutlicher. Die Angst, etwas zu verpassen, hält alle auf Trab. Warum, fragt die Psychologin Regula Schräder-Naef, setzen wir eigentlich gar nichts ein, um unsere Träume zu verwirklichen? Ihre skeptische Diagnose: Der Zeitdruck schützt uns vor uns selbst! Die Flucht in die rastlose Tätigkeit ist vor allem auch eine Flucht vor eigenen Problemen. Jeder dritte Bundesbürger, das ergab eine Freizeit-Untersuchung, geht sich selbst auf die Nerven, wenn er nach der Hektik des Tages in völliger Stille mit sich allein ist. Der Hamburger Freizeit-Forscher Horst Opaschowski rät zur Umkehr: Wir müssen endlich wieder die Tugend des Faulenzens entdecken und darin nicht nur sinnloses Nichtstun sehen.

Angelika Meyer: Die gehetzte Gesellschaft, in: Stern Nr. 20 vom 13.05.1993

Arbeitszeit – noch kürzer?
Durchschnittliche tarifliche Wochenarbeitszeit in Stunden
1950: 48
1955: 48
Ab 1956: Übergang zur 5-Tage-Woche – 44,6
1965: 42,8
Ab 1965: Übergang zur 40-Stunden-Woche – 41,5
1980: 40,3
1985: 40,1
Ab 1990: Stufenweise Einführung der 35-Stunden-Woche in einigen Branchen – 39,8
1991: 38,5 / Ostdeutschland 41,2
1996: 37,4 / 39,4
Ab 1995: 35-Stunden-Woche in der Druck- und Metallindustrie
1997: Gewerkschaften bringen 32-Stunden-Woche (4-Tage-Woche) ohne vollen Lohnausgleich in die Diskussion

M 16

Assoziationen zur Freizeit

Erholung Entspannung Ausspannen Geborgenheit	Ruhe Lust Harmonie Gemütlichkeit
Muße Schönheit Besinnung Wohnlichkeit	Erlebnis Spannung Abwechslung Abenteuer
Spiel Spaß Geselligkeit Liebe, Erotik	Selbstgew. Leistung Gestalten Teilhaben,-nehmen Lebensfreude
Natur Freiraum Ursprünglichkeit Ganzheitlichkeit	Bewegung Beweglichkeit Entdecken Entfaltung
Erwartungshaltung Konsum, Bedientwerden Kultur Gewohnheiten pflegen	Spontaneität Wahlfreiheit Zeitsouveränität Selbstbestimmung

Wohlbefinden und Freiheit

Heiner Meulemann: Arbeit und Freizeit: Eine neue Balance und ihre sozialen Hintergründe. Hrsg. vom Studienkreis Schule/Wirtschaft Nordrhein-Westfalen, Nr. 30/1992, S.55

Arbeit und Freizeit im Wandel

M 17 Charakterwechsel nach Feierabend

Gäbe es ein Katasteramt für Kulturelles, so stünde unsere Übergangsepoche mit diametral entgegengesetzten Tugend- und Lasterkatalogen zu Buche: Bis vier Uhr, in der Arbeit, bedarf es hoher Selbstdisziplin, wacher Konzentration, zielbewusster Sparsamkeit, verantwortungsbewussten Umgangs mit Maschinen, Menschen und Material, großer Zuverlässigkeit und Beständigkeit: Nach vier Uhr und an den Wochenenden aber wird zum Laster, was zuvor Tugend war: Jetzt ist der schnell entschlossene Käufer gefragt, der Wegwerfer, der Verschwender, der experimentierfreudige, wendige Austauscher, der ex und hopp isst und trinkt, fährt, lebt und stirbt, für den die guten alten Verbrauchertugenden des sorgfältigen Überlegens und Prüfens, der Produkttreue und der emotionalen Anhänglichkeit an langlebige, qualitätsvolle Gegenstände nicht mehr zählen. Die expansive Arbeitsgesellschaft braucht diese Chamäleonmoral, sie braucht diesen Charakterwechsel nach Feierabend. ... Nur wenn es gelingt, die Freizeit zu entkommerzialisieren, verdient sie ihren Namen wirklich.

C. Amery: Charakterwechsel nach Feierabend, in: Natur 2/1992, S. 63

Tipp

Erstellen Sie Ihr wöchentliches, persönliches Zeitbudget unter Berücksichtigung nachfolgend aufgeführter Kategorien:
– Arbeitszeit
– Wegezeit von und zur Arbeit
– Notwendige Zeit für Einkäufe, Kochen, Saubermachen, Reparaturen usw.
– Zeit für Essen, Körperpflege usw.
– Schlafzeit

= Rest: freie, selbstbestimmte Zeit?

M 18 Auf der Suche nach dem Lebenssinn

Vor drei, vier Jahrzehnten hätte die Beantwortung dieser Frage wenig Schwierigkeiten gemacht. Denn im Zentrum des Lebens der Menschen stand die Arbeit, und zwar deshalb, weil Arbeit zunächst zum Überleben und dann zum Besserleben unbedingt notwendig war. Freizeit war zweitrangig in dieser Arbeitsgesellschaft. Doch die jugendliche Gegenkultur der 60er Jahre mit Beat- und Rockmusik, mit Expressivität und dann die politisch orientierte Kulturevolution der 68er-Generation erschütterte diese Arbeits- und Leistungsgesellschaft, ja die ganze „heile Welt" des Normalbürgers, „Spießer" gescholten. Denn nicht mehr Arbeit, nicht mehr Leistung, Einkommen und Sozialprestige standen im Vordergrund des Interesses der gegen eine Ordnungs- und Verbotskultur aufbegehrenden jungen Generation, sondern Utopie, Action, Zwanglosigkeit, Autonomie und Selbstverwirklichung. So hießen die neuen Stichworte. Nicht mehr um das Überleben ging es, sondern immer mehr ein neues Er-leben. „Was Spaß macht, muss erlaubt sein". So entwickelte sich aus der Übergangsphase des Kulturkonflikts in den 80er und 90er Jahren eine dritte Phase der Nachkriegsentwicklung, die als eine Erlebnisgesellschaft bezeichnet wird. Es ist eine Gesellschaft, in der nicht mehr die Arbeit, sondern das immer neue Erleben im Zentrum steht, in der das Erlebnis vielfach Selbstzweck geworden und der Erlebniswert wichtiger ist als der Gebrauchswert. Der Sinn des Lebens? Die Suche nach dem schönen Erlebnis!

Dr. Hans Küng: Arbeit und Lebenssinn angesichts von Wertewandel und Orientierungskrise, in: Arbeit der Zukunft - Zukunft der Arbeit, hrsg. von der Alfred-Herrhausen-Gesellschaft für Internationalen Dialog, Stuttgart 1998, S. 10

Arbeitsvorschläge

1. Empfinden Sie auch gelegentlich, wie in M 15 beschrieben, (Frei-)Zeitstress? Tauschen Sie Ihre Erfahrungen im Rahmen eines Klassengespräches aus!

2. Erstellen Sie in Ihrer Klasse eine Rangfolge der Erwartungen/-Vorstellungen und Wünsche (M 16), die sich im Hinblick auf Ihre Freizeitvorstellungen ergeben. Eine Rangfolge können Sie bilden, indem Sie die einzelnen Vorstellungen, die für Sie besonders wichtig sind, sammeln und bewerten (jeder kann z.B. insgesamt 12 Punkte vergeben!)

3. Erarbeiten Sie die in M 17 aufgeführten Charaktereigenschaften, die einerseits der Arbeitswelt bzw. andererseits der Freizeit zugeordnet werden! Stimmen Sie dieser Zuordnung zu?

4. Stimmen Sie der in M 18 aufgeführten These zu, dass wir uns von einer Arbeitsgesellschaft zu einer Erlebnisgesellschaft hin entwickelt haben bzw. entwickeln? Was spricht aus Ihrer Sicht für, was spricht Ihrer Meinung nach gegen diese Einschätzung?

5. Wie würden Sie sich in der nachfolgend aufgeführten Situation verhalten? Schreiben Sie aus Ihrer Sicht diese Geschichte zu Ende:

Der Lotto-Gewinn

Am vergangenen Wochenende hat sich Ihr Leben grundlegend verändert: Sie haben im Lotto 1 Mio. DM gewonnen. Sie sind begeistert und schmieden Pläne für ihre Zukunft. Zunächst wollen Sie aber erst einmal Ihrem Chef kräftig die Meinung sagen. Naja, als Millionär/in hat man es ja auch nicht mehr nötig zu arbeiten ...

Immer auf der Suche nach dem großen Kick?

Den Satten und Verwöhnten droht die Langeweile, weil sie kaum mehr wissen, was sie wollen, so der Freizeit-Forscher Horst Opaschowski. Immer raffiniertere Attraktionen sorgen für immer neue Freizeitmöglichkeiten. Für mich ist bereits vieles von dem, was sich an Freizeitmöglichkeiten bietet, unbekannt und fremd. River-Rafting auf Wildflüssen, Bungee-Jumping, Sky-Surfen über den Wolken, Laser-Krieg mit Stroboskop-Blitzen oder ein Tag im Freizeitpark bei Body-Building, Tennis, Steilwandklettern, Bogenschießen usw. Manchmal fühle ich mich ganz schön „out", wenn ich von den Freizeitbetätigungen meiner Schülerinnen und Schüler höre. Doch ob dieser Freizeitkommerz die Menschen glücklicher macht, wage ich zu bezweifeln, auch wenn ich Ihnen dabei altmodisch und weltfremd erscheinen mag, denn das Glück liegt im Wünschen und nicht im wunschlosen Glücklichsein ...

Der Drang nach neuen Aufregungen wächst unaufhaltsam, denn zu wenig Aufregung ist langweilig! Ständig auf der Suche nach einem neuen Reizoptimum wird der „Thrill", der letzte Kick herbeigesehnt, der Nervenkitzel, das flaue Gefühl in der Magengegend, das wilde Herzklopfen. Thrilling-Situationen wirken wie ein Ventil als Druck- und Spannungsausgleich. Das Ausmaß durchlebter Thrilling-Situationen erhöht das Selbstbewusstsein. Angst und Lust gehen eine Verbindung ein: Thrilling als neue Angstlust! Die Suche nach ständiger Steigerung, die kein Maß und keine Grenzen kennt, wirkt wie eine Droge: no risk – no fun!

M 19 Freizeit: Spaß um jeden Preis

Über das Hopping per Glotze ist der Genussmensch von heute hinaus: Man „hoppt" von Party zu Party, von Kino zu Kino, von Insel zu Insel. Hauptsache Action. Erlebnis-Shopping, Erlebnis-Gastronomie, Erlebnis-Urlaub bilden nur die Schaumkrone einer Reizflutwelle, die konsumhungrige Massen vor sich hertreibt oder unter sich begräbt. ... Dem kommt die Freizeit-Branche bereitwillig entgegen, denn sie weiß, was gewünscht wird: „Die Reize müssen schon komprimiert werden, wenn sie unter die Haut gehen sollen". ... Für viele Freizeitvergnügen ist Mobilität wichtigste Voraussetzung. Der Ansturm auf ferne Länder und nahe Erholungsgebiete findet zumeist mit dem Auto, dem Umweltkiller Nr. 1 oder dem Flugzeug statt.

Spaß um jeden Preis,
in: GREENPEACE MAGAZIN 2/93, S. 14

M 20 „Thrilling" als neue Freizeitbewegung: Der Freizeitmensch im Dauerstress

Die soziologische Theorie, wonach die Freizeit nur eine Funktion der Arbeit sei und primär der Erholung und Entspannung zu dienen habe, ist mittlerweile überholt. Sonst wäre es nicht zu erklären, warum immer mehr Menschen nach Feierabend, am Wochenende und im Urlaub mehr Spannung als Entspannung, mehr Erlebnis als Erholung suchen. In den Freizeitabenteuern kommt zum Ausdruck, dass **die Menschen ein bestimmtes Aufregungs-, Spannungs- und Konfliktniveau brauchen,** ja ein elementares Bedürfnis nach erregenden Erlebnissen haben. Der Freizeitmensch von morgen braucht für sein Wohlbefinden ein gewisses „Reizoptimum", um dem Gefühl der Langeweile zu entgehen. Mit dem Verlust der Angst um das physische Überleben ... werden Kräfte im Menschen frei, die er nun in seiner Frei-Zeit ausleben möchte. „Gefährlich leben" heißt die neue Freizeitlust.

Horst Opaschowski: Freizeit 2001. Hamburg 1992, S. 49

Motive, Formen und Gefahren neuer Freizeitgestaltung

M 21 Grenzerlebnisse als letzte Abenteuer: Der Freizeitmensch als Kurz-Zeit-Held

Der Wohlstand hat das Anspruchsniveau der Menschen verändert. Mit materiellen Gütern weitgehend versorgt, stellt sich für die heutige Generation die Frage nach neuen Lebenszielen. Was kann jemand machen, der schon fast alles hat? Grenzerlebnisse erweisen sich hier als ganz persönliche Herausforderungen: Man sucht sich Abenteuer, die man für sich und gegen sich selbst besteht. Vieles „scheiterte bisher an meiner Angst. So richtig am Fels, das würde mich reizen". Oder die „Überwindung" wird gesucht. „Es einfach mal zu probieren".

Probier-, Experimentier- und Risikofreude werden im Arbeitsleben kaum noch gefordert. Hier aber kann man es sich selbst noch zeigen und neue Grenzerfahrungen machen.

Für den Freizeitmenschen von morgen erweisen sich Grenzerlebnisse als letzte Abenteuer. Insbesondere Männer – in der Arbeit körperlich immer weniger gefordert – wollen sich als moderne Kurz-Zeit-Helden versuchen. Deutlich mehr als die Frauen favorisieren sie Abenteuer-Sportarten, weil sie versprechen, über die natürlichen menschlichen Fähigkeiten hinauszugehen:
– „Eine Bewegung ausüben können, die eigentlich nicht dem Menschen offen ist".
– „Fliegen, die Schwerkraft überwinden. Das Schweben allein schon und die Ruhe. Dieses Freisein in der Luft allein".
– „Bergsteigen, Tauchen, Fliegen sind für mich eigentlich nur Mittel zum Zweck."

Horst Opaschowski: Freizeit 2001. Hamburg 1992, S. 49

M 22 Freizeit: Spaß um jeden Preis?

Viele Menschen arbeiten um -nach der oft so langweiligen Arbeit- immer mehr erleben zu können. Der meiste Smalltalk kreist um Freizeit, Sport, Kalorien, Fernsehen, Urlaub und Reisen. Neben dem Arbeitsmarkt ist der Erlebnismarkt in dieser Gesellschaft zu einem beherrschenden Bereich des täglichen Lebens geworden. Diese Überflussgesellschaft bietet alles und zeigt in ihrer grandiosen Werbung lauter glückliche Gesichter. Aber sind wir nun wirklich glücklicher als frühere Generationen, wir, die wir mit einem ständig erweiterten und verbesserten Produktangebot von Auto, Computer und Stereoanlage bis hin zum Haushaltsgerät und zur Sportkleidung konfrontiert sind? Wochenende und Urlaub, aber auch Partnerbeziehung, Beruf und andere Lebensbereiche geraten unter einen Erwartungsdruck, der Enttäuschungen erzeugt. Je vorbehaltloser Erlebnisse zum Sinn des Lebens gemacht werden, desto größer wird die Angst vor dem Ausbleiben von Erlebnissen. Gefühle der Langeweile und Angst vor Langeweile, Unbefriedigtsein, Unausgefülltsein, Lebensleere statt Lebenssinn und Lebensfreude. Der Mensch fühlt sich dabei nur vorübergehend befriedigt, weil immer gleich wieder neue, bessere Angebote die früheren übertrumpfen und so zu neuen Erlebnissen reizen. So funktioniert ja auch unsere Angebotswirtschaft: rasch konsumieren, damit der nächste Produktnachschub nachkommen kann.

Küng, Hans: Arbeit und Lebenssinn angesichts von Wertewandel und Orientierungskrise, in: Arbeit der Zukunft – Zukunft der Arbeit. Hrsg. Alfred-Herrhausen-Gesellschaft für Internationalen Dialog, Stuttgart 1998, S. 12

Tipp

Wenn Sie das Freizeitverhalten von Jugendlichen näher untersuchen wollen, können Sie mit Hilfe eines Fragebogens eine Umfrage unter Jugendlichen (z. B.: von den Schülerinnen und Schülern Ihrer Berufsschule) durchführen und die Ergebnisse anschließend auswerten und ggf. veröffentlichen. Sie können auf diese Weise feststellen,
– welchen Freizeittätigkeiten die befragten Personen in ihrer Freizeit nachgehen
– wie viel Zeit sie dafür verwenden
– wie viel Geld sie für Freizeitaktivitäten ausgeben
– warum sie bestimmte Freizeitaktivitäten bevorzugen
– welche Freizeitmöglichkeiten sie vermissen.

Arbeitsvorschläge

1. Die Freizeitindustrie entwickelt immer neue Freizeitangebote (M 19, M 20, M 21 und M 22). Welche Gründe können für das Phänomen des „Thrilling" aufgeführt werden? Stimmen Sie den Aussagen in M 21 und M 22 zu?

2. Viele Freizeitaktivitäten erfüllen nicht die mit ihnen verbundenen Hoffnungen nach Glück, Lebensfreude und Zufriedenheit (M 22). Überprüfen Sie mit Hilfe der nachfolgenden Schlüsselfragen kritisch Ihre eigenen Freizeitaktivitäten bzw. prüfen Sie weitere Freizeitangebote, die gerade „in" sind:
– Tragen die Konsumangebote bzw. die von Ihnen genutzten zum physischen, psychischen und sozialen Wohlbefinden bei?
– Fördern sie das Zusammensein in Partnerschaft, Familie und Freundeskreis oder wirken sie eher gemeinschaftsschwächend?
– Ermöglichen sie Naturerleben und unbeschwerten Naturgenuss in intakter Umwelt oder verursachen sie Umweltschäden?
– Lassen sich Konsumangebote mit persönlichen Bildungsbedürfnissen und Kulturinteressen verbinden oder verhindern sie eine persönliche Weiterentwicklung und Lebensbereicherung?

„Wie wollen wir zukünftig leben?"

Seit Beginn der 90er Jahre gibt es in Deutschland, aber auch in vielen anderen Industrie-Staaten, eine große Diskussion darüber, ob unser jetziges Gesellschaftsmodell noch „zukunftsfähig" sei, d.h. ob man mit den Wertvorstellungen, nach denen wir heute leben, wirtschaften und arbeiten, auch im nächsten Jahrhundert noch eine funktionsfähige Gesellschaft organisieren könne. Zukunft war bisher einfach nur die Fortsetzung bzw. Verlängerung der Gegenwart. Da aber die bloße Verlängerung der Gegenwart viele Probleme, die wir heute schon haben, eher noch verschärft als löst, müssen andere Zukünfte für die zukünftigen Generationen gesucht werden. Eine solche andere Zukunft, die friedlicher, gerechter und umweltfreundlicher als die Gegenwart ist, hat also etwas mit unseren Wertvorstellungen zu tun. Die Zukunftswerkstatt ist eine Methode, um herauszufinden, was wir eigentlich wollen und was wir tun müssen, damit in Zukunft nicht die Sünden der Vergangenheit wiederholt oder gar verschärft werden. Diese Methode hat vor über 20 Jahren der bekannte Zukunftsforscher und Friedenskämpfer Robert Jungk erfunden. Nach ihr haben schon viele tausend Menschen neue, faszinierende Zukunftsentwürfe entwickelt. Ich möchte Sie einladen, nach dieser Methode Ihre eigenen Zukunftswünsche und Hoffnungen zu entwickeln und auf ihre politische Realisierbarkeit zu prüfen. Wie könnte eine Gesellschaft aussehen,
– in der die Menschen glücklich und zufrieden sind,
– in der es keine Kriege und Konflikte mehr gibt,
– in der es sinnvolle und befriedigende Arbeit für alle gibt,
– in der so gelebt, gearbeitet und produziert wird, dass die natürlichen Lebensgrundlagen nicht gefährdet werden und
– in der Gerechtigkeit und solidarisches Verhalten praktiziert werden?

Das sind Fragen, die Sie in einer Zukunftswerkstatt (ZW) bearbeiten können.

Die Phasen der Zukunftswerkstatt

In einer Zukunftswerkstatt gibt es **drei Hauptphasen,**
  (1) **Kritikphase,**
  (2) **Fantasiephase,**
  (3) **Verwirklichungsphase**
sowie eine Vorbereitungs- und Nachbereitungsphase.

Die Vorbereitungsphase:

Als Minimum für die ZW sollte man einen Vormittag mit insgesamt vier bis sechs Stunden zur Verfügung haben. Die Zeiteinteilung der drei Hauptphasen sollte im Verhältnis 1:2:2 erfolgen. Bei fünf Stunden, also eine Stunde Kritikphase und je zwei Stunden für die Fantasie- und Verwirklichungsphase. An Material braucht man große Papierbögen, die etwa 1,00 m breit und 1,50 m – 2,00 m lang sein sollten. Außerdem braucht man ein bis zwei große Scheren, kleine bunte Klebepunkte (für jeden Schüler vier), bunte Papierreste in verschiedenen Größen, z.B. 8x20 cm, 12x30 cm etc. (bekommt man meist kostenlos als Papierabfälle in Druckereien), vier bis fünf kleine Papierklebestifte (Uhu-, Prittstifte). Man braucht ferner einen großen Raum für alle (Plenum), wo man im Kreis sitzt (alle Tische raus!) und wo an den Wänden Platz ist, um die Papierplakate aufzuhängen. Daneben braucht man noch weitere drei bis vier Kleingruppenräume für die Fantasie- und Verwirklichungsphase.

(1) Die Kritikphase

In der Kritikphase sitzt die gesamte Gruppe im großen Stuhlkreis zusammen. Jeder/jede SchülerIn bekommt einen breiten schwarzen Filzschreiber. In der Mitte des Kreises liegt auf dem Boden ein Packen einfarbiger Papierstreifen (ca. 8x20 cm). Jeder nimmt sich von dort zwei bis drei Streifen.

> **Spielregeln (Kritikphase)**
> 1. Die Kritik in kurzen Worten auf Papierstreifen aufschreiben (z.B. „Angst vor Arbeitslosigkeit). Auf jeden Streifen nur einen Kritikpunkt.
> 2. Den beschrifteten Zettel laut ansagen und gut sichtbar in die Mitte des Kreises legen.
> 3. Keine Diskussion!

Der/die LehrerIn formuliert jetzt die Schlüsselfrage:
„Wenn Ihr an Eure eigene Zukunft denkt – welche Befürchtungen habt Ihr, was macht Euch Angst, worüber werdet Ihr vielleicht sogar wütend?"

Danach solltet ihr etwa drei Minuten schweigen und über diese Frage nachdenken und anschließend eure Kritikpunkte auf die Zettel schreiben.

Strukturierung:

Die Zettel werden nach Schwerpunkten geordnet (ca. 4 - 6 Schwerpunkte), mit Kreppband aneinander geklebt und an der Wand aufgehängt.

Gewichtung und Bewertung:

Jetzt erhält jede(r) SchülerIn vier bunte Klebepunkte, die er/sie ganz nach Belieben auf die einzelnen Zettel mit den Kritikpunkten aufkleben darf. Diese Klebepunkte sollen zum Ausdruck bringen, welche der vielen genannten Probleme die einzelnen TeilnehmerInnen als ganz besonders wichtig im Hinblick auf die Zukunft betrachten. Jetzt muss entschieden werden, wie viel Arbeitsgruppen ge-

Wir machen eine Zukunftswerkstatt

bildet werden können. Das hängt insbesondere von den verfügbaren Kleingruppenräumen ab. Es sollten mindestens drei, höchstens sechs Kleingruppen gebildet werden. Die SchülerInnen ordnen sich den Gruppen mit den meisten Punkten zu, sodass in einer Arbeitsgruppe mindestens drei und höchstens zehn TeilnehmerInnen sind. Danach ist die Kritikphase zu Ende.

(2) Die Fantasiephase

In der Fantasiephase geht es darum, die in der Kritikphase geäußerte Kritik ins Positive zu wenden. Man muss hier versuchen, sich von allen Zwängen, Einschränkungen und Zweifeln zu befreien und eine schöne Utopie der Zukunft zu entwickeln, in der es keine Not, kein Elend, keine Unterdrückung und keine Verfolgung mehr gibt.

Vorgehensweise:
Jede Gruppe nimmt sich ihren Strang mit den schriftlich fixierten Kritikpunkten und bearbeitet ihn wie folgt in drei Schritten:
1. Schritt: Man nimmt jetzt andersfarbige bunte Zettel und versucht, zu jedem Kritikpunkt des Strangs einen oder mehrere positive Gegenbegriffe zu formulieren.
2. Schritt: Jetzt nimmt man die Kritikpunkte weg und schaut nur noch die positiven Begriffe an. Die Gruppe beschreibt jetzt, wie diese Zukunft des Jahres 2020 aussieht, in dem all die positiven Ideen und Wertvorstellungen verwirklicht sind. Am besten erzählt man gemeinsam eine Geschichte, in der möglichst alle positiven Begriffe vorkommen.
3. Schritt: Die Gruppe überlegt jetzt, wie sie ihre Utopie den anderen TeilnehmerInnen präsentiert. Die Utopie muss also jetzt „verlebendigt" werden, sodass alle Zuschauer das Gefühl haben: Ja – das wäre schön ! In dieser Zukunft würde ich gerne leben (Dauer: ca. 5 – 10 Minuten). Die Gruppen treffen sich am Ende der Fantasiephase und stellen sich gegenseitig ihre Utopien vor.

(3) Die Verwirklichungsphase

In dieser letzten Phase geht es darum, die Zukunftsentwürfe, Utopien und sozialen Fantasien wieder mit den realen Verhältnissen der Gegenwart zusammenzubringen und herauszufinden, ob es nicht doch Möglichkeiten gibt, wenigstens Elemente der schönen Utopien zu verwirklichen.
Robert Jungk war der Meinung, eine gelungene ZW erkennt man daran, dass diese Projekte in eine „permanente Werkstatt" übergehen, d.h. die TeilnehmerInnen sind so von der Notwendigkeit und Machbarkeit ihres Projektes überzeugt, dass sie jetzt auch den Wunsch haben, es umzusetzen. Das ist natürlich eine sehr idealistische und ehrgeizige Vorstellung. Aber manchmal gelingt so etwas. Vielleicht auch bei Ihnen.

Spielregeln (Fantasiephase)
1. Kritikverbot! Es ist streng verboten, Äußerungen von Gruppenmitgliedern zu kritisieren und abzuwerten. Man achte besonders auf sog. „Killerphrasen" („Das geht doch nicht!"; „Das ist doch Unsinn !"; „Das kann doch nicht funktionieren !" etc.).
2. Alles ist möglich. Es gibt keinerlei Einschränkungen. Man hat alles Geld, alle Macht und jedwede Technik, um seine Utopie zu verwirklichen.
3. Die Utopie soll so konkret und lebendig entwickelt werden, dass sie den anderen Teilnehmer und Teilnehmerinnen als „szenische Darstellung" vorgestellt werden kann (z.B. durch Erzählen einer Geschichte, Pantomime, kleine Theaterszene, Bildkollage, Gedicht, Gesang usw.).

Spielregeln (Verwirklichungsphase)
1. Aus der Fantasiephase eine konkrete Zielvorstellung entwickeln.
2. Ein kleines, aber möglichst konkretes Projekt entwickeln, das der Zielverwirklichung dient. Das Projekt möglichst dort ansiedeln, wo man die Verhältnisse kennt und evtl. selbst etwas tun kann (z.B. am eigenen Ort oder in der Region, der Schule, mit Hilfe der örtlichen Presse etc.).
3. Strategische Überlegungen anstellen, z.B.:
   – Stufenplan entwickeln (kurz-, mittel- und langfristig)
   – Finanzierungsmöglichkeiten diskutieren
   – prüfen, wer das Objekt unterstützt und gegen wen es ggfs. durchgesetzt werden muss.

Sorgen mit der Entsorgung

Liebe Schülerinnen und Schüler,

um die Jahrhundertwende entwarf ein österreichischer Architekt in Wien eine riesige Kaserne. Erst als sie fertig war, bemerkte der Mann, dass er die Toiletten vergessen hatte. Daraufhin soll er sich das Leben genommen haben.

Wenn ich die Produktion bzw. den Konsum von Gütern betrachte, scheint es uns ähnlich wie dem österreichischen Architekten zu gehen: Die Folgen des Umgangs mit den Rohstoff- und Energievorräten bzw. die aus den Umweltbelastungen resultierenden Luft-, Wasser- und Bodenverunreinigungen haben wir ganz offensichtlich nicht genügend bedacht. Unsere Wohlstandsgesellschaft droht an den immer neuen Produktions- und Verbrauchsrekorden zu ersticken: Würde man nur den Verpackungsmüll eines Jahres in Güterwaggons verladen, hätte dieser Zug die unglaubliche Länge von 2000 Kilometern: Die Lokomotive stünde in Barcelona und das Schlusslicht des letzten Waggons in Emden/ Ostfriesland. Die Müllberge in der Schule, der zum Teil aus meiner Sicht katastrophale Zustand der Klassenräume nach Schulschluss oder auch die überfüllten Parkplätze vor unserer Schule machen deutlich, dass die Bereitschaft zum Verzicht schwindet, wenn es um konkrete Taten geht – oder?

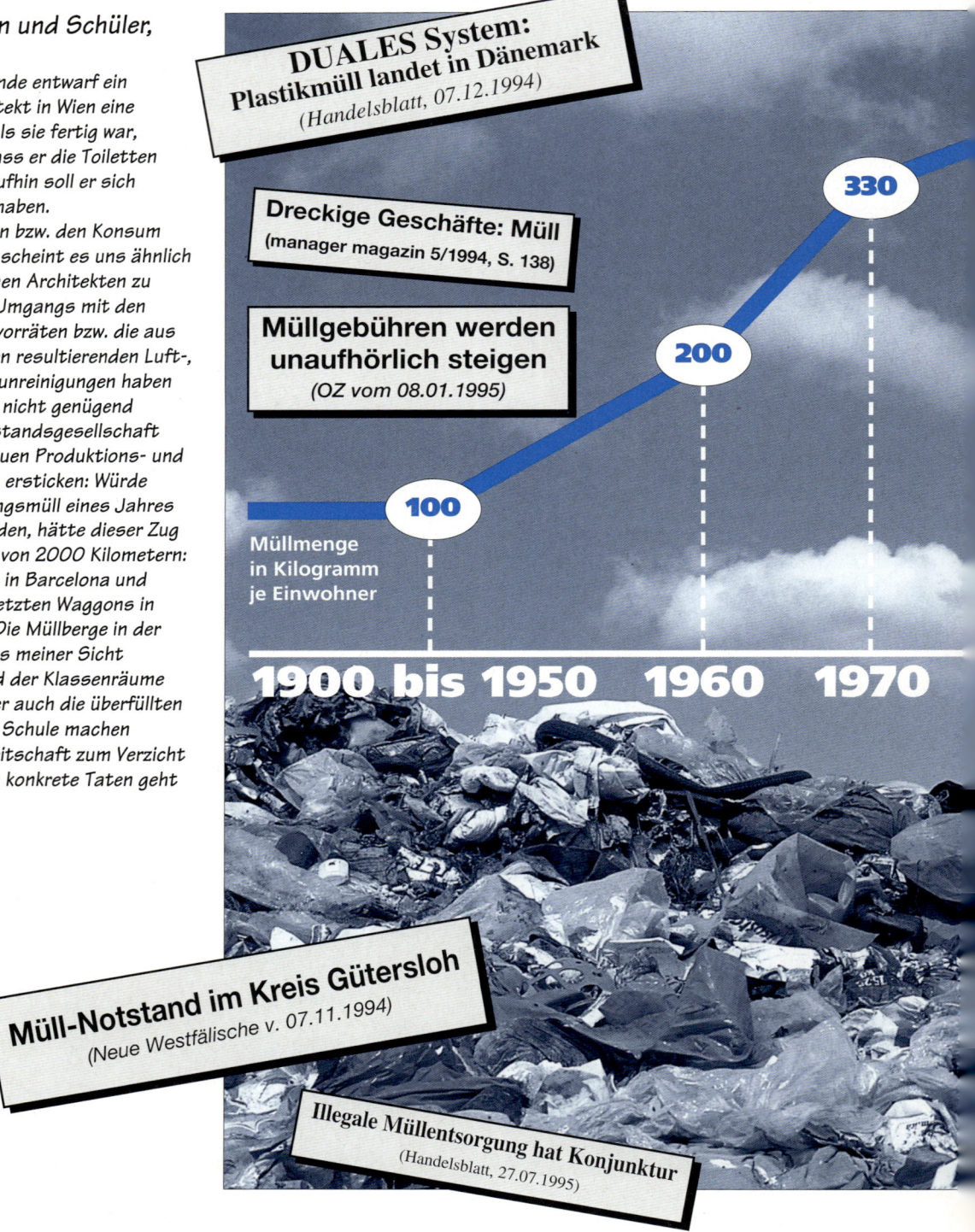

DUALES System: Plastikmüll landet in Dänemark
(Handelsblatt, 07.12.1994)

Dreckige Geschäfte: Müll
(manager magazin 5/1994, S. 138)

Müllgebühren werden unaufhörlich steigen
(OZ vom 08.01.1995)

Müllmenge in Kilogramm je Einwohner

100 — 1900 bis 1950
200 — 1960
330 — 1970

Müll-Notstand im Kreis Gütersloh
(Neue Westfälische v. 07.11.1994)

Illegale Müllentsorgung hat Konjunktur
(Handelsblatt, 27.07.1995)

Alternativen zur Wegwerfgesellschaft

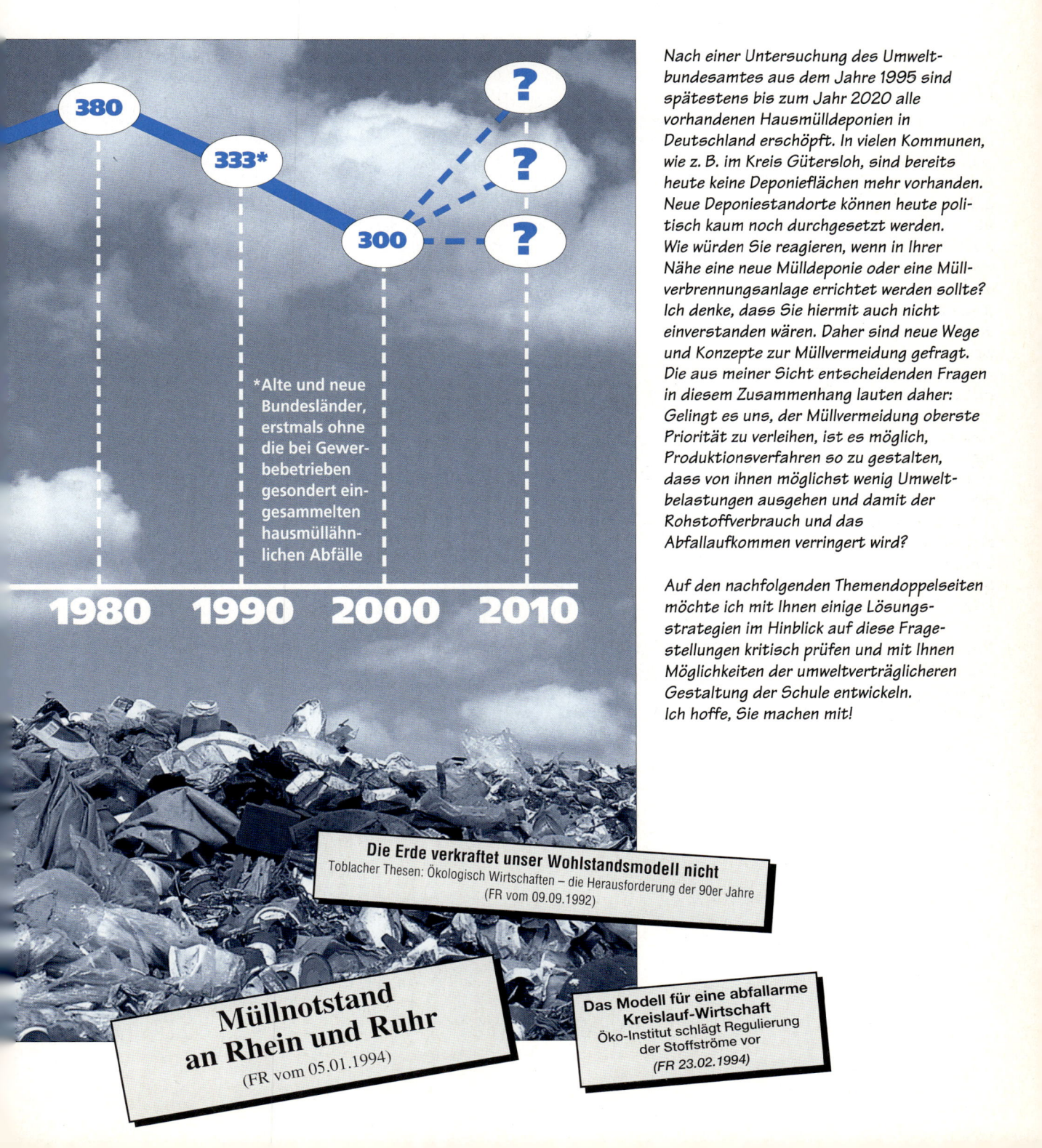

380
333*
300
?
?
?

1980　1990　2000　2010

*Alte und neue Bundesländer, erstmals ohne die bei Gewerbebetrieben gesondert eingesammelten hausmüllähnlichen Abfälle

Nach einer Untersuchung des Umweltbundesamtes aus dem Jahre 1995 sind spätestens bis zum Jahr 2020 alle vorhandenen Hausmülldeponien in Deutschland erschöpft. In vielen Kommunen, wie z. B. im Kreis Gütersloh, sind bereits heute keine Deponieflächen mehr vorhanden. Neue Deponiestandorte können heute politisch kaum noch durchgesetzt werden. Wie würden Sie reagieren, wenn in Ihrer Nähe eine neue Mülldeponie oder eine Müllverbrennungsanlage errichtet werden sollte? Ich denke, dass Sie hiermit auch nicht einverstanden wären. Daher sind neue Wege und Konzepte zur Müllvermeidung gefragt. Die aus meiner Sicht entscheidenden Fragen in diesem Zusammenhang lauten daher: Gelingt es uns, der Müllvermeidung oberste Priorität zu verleihen, ist es möglich, Produktionsverfahren so zu gestalten, dass von ihnen möglichst wenig Umweltbelastungen ausgehen und damit der Rohstoffverbrauch und das Abfallaufkommen verringert wird?

Auf den nachfolgenden Themendoppelseiten möchte ich mit Ihnen einige Lösungsstrategien im Hinblick auf diese Fragestellungen kritisch prüfen und mit Ihnen Möglichkeiten der umweltverträglicheren Gestaltung der Schule entwickeln. Ich hoffe, Sie machen mit!

Die Erde verkraftet unser Wohlstandsmodell nicht
Toblacher Thesen: Ökologisch Wirtschaften – die Herausforderung der 90er Jahre
(FR vom 09.09.1992)

Müllnotstand an Rhein und Ruhr
(FR vom 05.01.1994)

Das Modell für eine abfallarme Kreislauf-Wirtschaft
Öko-Institut schlägt Regulierung der Stoffströme vor
(FR 23.02.1994)

„Opfer" oder „Täter"?

Was heißt hier „Opfer" und „Täter"?, so werden Sie sicher fragen, wenn Sie die Überschrift zu dieser Themenseite lesen. Das klingt ja fast kriminell und deshalb kann er mich ja wohl nicht gemeint haben. Aber überlegen Sie doch einmal:
Wenn Sie heute morgen in den Bus oder ins Auto gestiegen sind, um in die Berufsschule zu fahren, dann sind Sie „Täter" insoweit, als Sie mit dazu beigetragen haben, dass Verkehrslärm entsteht, dass Abgase in die Luft geblasen werden und dass Energie verbraucht wurde usw. Sie sind aber auch „Opfer" insofern, als sie vielleicht im Stau stecken geblieben sind, in den Autoabgasen kaum noch atmen konnten und vielleicht die ganze Nacht nicht geschlafen haben, weil Sie an einer vielbefahrenen Ausfallstraße oder Stadt-Autobahn wohnen.

Alles, was wir tun, das zeigen diese einfachen Überlegungen, greift direkt oder indirekt in die Natur ein. Mit jedem Atemzug stehen wir im Stoffwechsel mit der Natur: Beim Einatmen entnehmen wir kostbaren Sauerstoff und beim Ausatmen geben wir verbrauchte Luft in Form von Kohlendioxid wieder an die Natur zurück. Genau so ist es im Berufs- und Wirtschaftsleben. Jede wirtschaftliche Tätigkeit greift in den Naturhaushalt ein, verbraucht Wasser, Luft und Rohstoffe und gibt Emissionen, Müll und andere Schadstoffe wieder an sie ab.

Versuchen Sie einmal – wenigstens an einem Tag – ein Ökotagebuch zu führen, in das Sie alle Tätigkeiten vom Aufstehen bis zum Ins-Bett-Gehen aufschreiben und sich jedesmal überlegen:
– Wo bin ich „Opfer"?
– Wo bin ich „Täter"?

„Im Schweiße deines Angesichts sollst du dein Brot essen", so heißt es schon in der Bibel und besagt, dass der Mensch nur durch Arbeit, d.h. durch aktive Auseinandersetzung mit seiner Umwelt, seine Existenz sichern kann. Das bedeutet jedoch, dass wir – ob wir wollen oder nicht – täglich durch unsere Arbeit, sei es im Beruf oder im privaten Bereich, in die Natur eingreifen und sie verändern. Dies geschieht auf zweifache Weise:
– auf der einen Seite nehmen wir etwas aus der Natur heraus (Rohstoffe wie Kohle, Öl, Erze, Mineralien, aber auch Wasser und Luft),
– auf der anderen Seite geben wir etwas an die Natur ab, meist sind es verbrauchte Materialien oder Schadstoffe, die durch Gebrauch und Verbrauch für uns wertlos geworden sind (alle Arten von Müll, aber auch verbrauchte Luft, verschmutztes Wasser oder verseuchte Erde).

Erst wenn wir uns diesen Zusammenhang klar machen, wird deutlich, dass Berufsarbeit in diesen Prozess der täglichen Auseinandersetzung mit der Natur eingebettet ist. Wir haben bisher nur kein Bewusstsein von diesem Zusammenhang, weil wir so getan haben, als ob uns die Rohstoffe dieser Welt unbeschränkt zur Verfügung stehen und weil wir davon ausgegangen sind, dass die Natur mit den Schadstoffen, die wir wegwerfen, in die Luft blasen oder in die Flüsse, Seen und Meere versenken, schon irgendwie fertig werden wird. Beide Annahmen haben sich inzwischen als verhängnisvolle Irrtümer herausgestellt, die ein baldiges Umdenken und Handeln notwendig machen.

M 1 Die Input- und Output-Beziehungen des Betriebs zur Umwelt

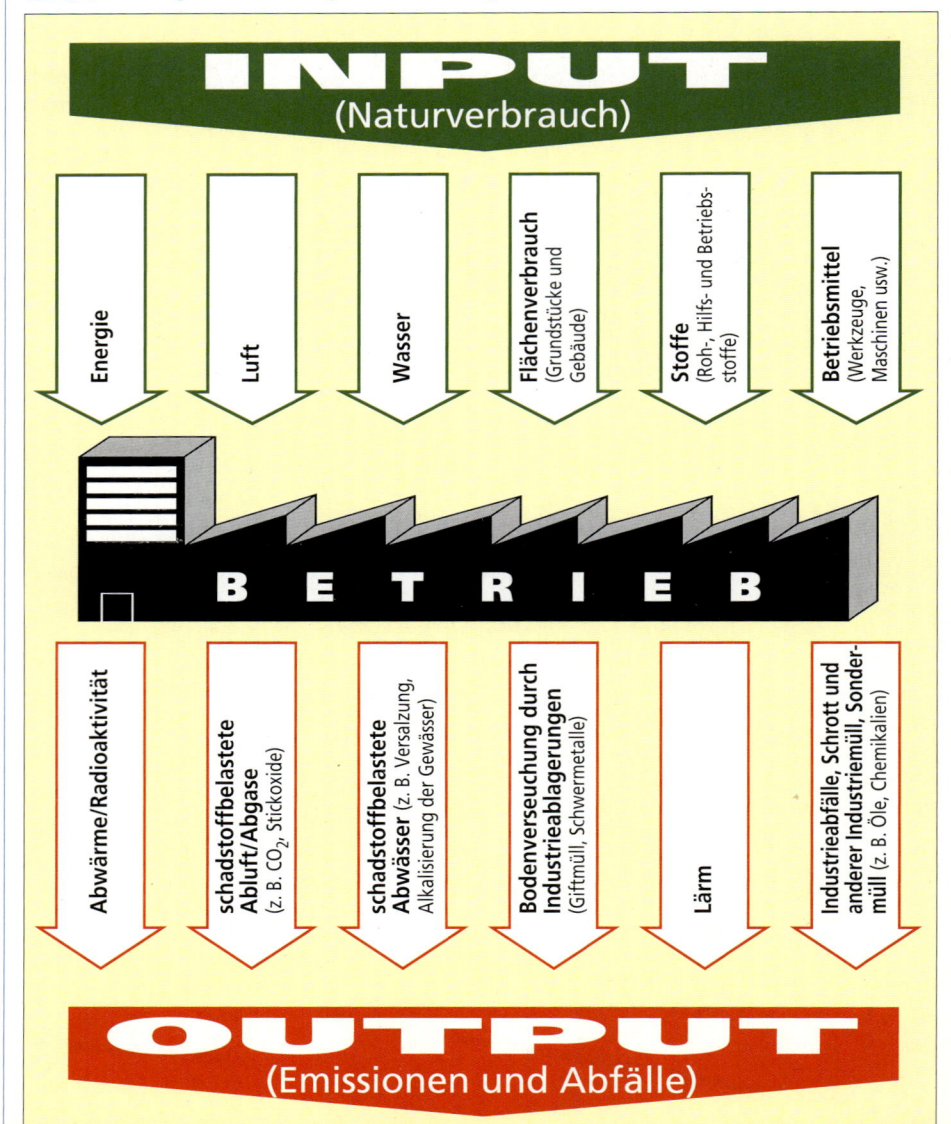

INPUT (Naturverbrauch)

- Energie
- Luft
- Wasser
- Flächenverbrauch (Grundstücke und Gebäude)
- Stoffe (Roh-, Hilfs- und Betriebsstoffe)
- Betriebsmittel (Werkzeuge, Maschinen usw.)

BETRIEB

- Abwärme/Radioaktivität
- schadstoffbelastete Abluft/Abgase (z. B. CO_2, Stickoxide)
- schadstoffbelastete Abwässer (z. B. Versalzung, Alkalisierung der Gewässer)
- Bodenverseuchung durch Industrieablagerungen (Giftmüll, Schwermetalle)
- Lärm
- Industrieabfälle, Schrott und anderer Industriemüll, Sondermüll (z. B. Öle, Chemikalien)

OUTPUT (Emissionen und Abfälle)

Die Input- und Output-Beziehungen des Betriebs zur Umwelt

M 2 Berufsarbeit und Umweltzerstörung

Das professionelle (berufliche) Handeln der Ingenieure der Müllverbrennungsanlagen verteilt uns Dioxine in Luft und Böden und deren Werbefachleute sorgen professionell dafür, dass uns das nicht weiter beunruhigt; das professionelle Verhalten der Maler hat unsere, mit Holzdecken natürlich gestalteten Wohnzimmer mit PCP-haltigen Schutzmitteln vergiftet, die Chemikerinnen entwickelt, Chemiefacharbeiter produziert, Industrie- und Einzelhandelskaufleute verkauft haben; der professionelle Winzer beschert uns Pestizide (chemische Pflanzenschutzmittel) und Nitrate im Grundwasser (und im Wein), der Verwaltungsfachangestellte gewährt deshalb den Wasserwerken in professionellen Bescheiden lange Übergangsfristen bis zur Einhaltung der Trinkwassergrenzwerte; die Produktdesignerin, der Marketingexperte und die Verpackungstechnikerin füllen in gemeinsamer professioneller Anstrengung unsere Mülleimer, die Deponie oder die Öfen der Verbrennungsanlagen. Bleibt noch festzustellen, dass wir selbst zu alledem nicht Nein gesagt haben.

Hedtke, Reinhold: Berufliche Umweltbildung in der Berufsschule – eine Grundlagenskizze. In: GEW-Infomarkt, Berufliche Umweltbildung; GEW Landesverband Niedersachsen, Referat Berufliche Bildung, Hannover 8.2.1992, S. 17.

M 3 Revision des Wohlstandskonzepts

Notwendig ist ein Perspektivenwechsel beim Verfolgen des Wohlstandskonzepts der Industrieländer, da das traditionelle Wohlstandskonzept mit seinem Verbrauch an Energie und Rohstoffen sowie Erzeugung von Abfällen und Emissionen sich auf Dauer weder fortsetzen lässt, noch global - beispielsweise in den Ländern der Dritten Welt - realisiert werden kann. Es gilt deutlich zu machen, dass die bis heute noch bestehende Attraktivität des traditionellen Wohlstandskonzepts auf Annahmen beruht, dass die mit ihm einhergehenden steigenden Belastungen für Mensch und Natur nicht durch mehr Wirtschaftswachstum, höheres Einkommen und steigenden Warenkonsum kompensiert werden können, sondern ein anderes Bewusstsein und vor allem Verhalten gegenüber der Umwelt erfordern. Das bereits bestehende Ausmaß und die weitere Verschärfung der globalen Umweltprobleme (insbesondere die Veränderung des Erdklimas ...) machen deutlich, dass sowohl für die Industrieländer wie für die Dritte Welt die Wohlstandsfrage und die soziale Frage nicht mehr von der ökologischen Frage gelöst werden können, sondern Verbesserungen und Reformen nur noch im gleichgewichtigen Zusammenhang möglich sind. Der vielfach verdrängte und sich erst allmählich ins öffentliche Bewusstsein drängende Entscheidungskonflikt zwischen lebenszerstörenden und lebenserhaltenden Handlungsalternativen betrifft uns dabei unmittelbar und direkt..

Informationen zur beruflichen Umweltbildung (IZBU) 2/1994, S. 17

M 4 Verursacher sind wir alle

Es ist unbestritten, dass unsere mächtige Wirtschaft einen entscheidenden Einfluss auf Politik und Wissenschaft ausübt. Deshalb wird aber auch jeder Versuch, die Wirtschaft zum Schuldigen zu stempeln, misslingen, denn sie kann sehr gute Argumente zu ihrer Rechtfertigung anführen: wirtschaftlichen Wohlstand, Konkurrenzkampf auf den Weltmärkten, Arbeitsplatzsicherung usw. Wenn wir uns aber gemäß dem Verursacherprinzip auf die Suche nach den Ursachen machen, dann ergibt sich sehr rasch, dass wir die Macht der Wirtschaft begründen, dass der Verursacher in erster Linie der Bürger, Arbeitnehmer und Konsument ist, der mit dem Portemonnaie in der Hand von einer zerstörenden Wirtschaft profitiert und diese auch finanziert.

Pierre Fornallaz: Die ökologische Wirtschaft. Auf dem Weg zu einer verantworteten Wirtschaftsweise. Karlsruhe: C.F. Müller 1989, S. 122

Stichwort:

Emissionen
Alle Arten der Schadstoffabgabe einer bestimmten Quelle (z.B. Haushalt, Fabrik, aber auch ein Auto oder ein anderes Produkt) in die Umwelt (z.B. Abluft, Abwässer, Radioaktivität, Lärm).

Verursacherprinzip
Nach diesem Prinzip soll derjenige, der einen Schaden verursacht, auch dafür aufkommen (z.B. die Verursacher von Umweltschäden).

Arbeitsvorschläge:

1. In M 1 werden die Input- und Output-Beziehungen des Betriebes zur Umwelt modellhaft dargestellt. Erstellen Sie analog hierzu beispielhaft die Input-Output- Beziehungen des privaten Haushalts oder Ihrer Schule und ermitteln Sie anschließend einzelne Verbrauchsdaten (Energieverbrauch, Wasserverbrauch usw.).

2. Fertigen Sie anhand von M 2 eine Aufstellung darüber an, wie durch Berufsarbeit in Ihrer Branche die Umwelt geschädigt und belastet wird und inwieweit Berufsarbeit wiederum erforderlich wird, um diese Schäden zu reparieren bzw. deren Folgen zu beseitigen.

3. Arbeiten Sie mit Hilfe von M 3 die Begründung für eine Revision des Wohlstandskonzeptes heraus.

4. Wer sind nach M 4 die eigentlichen „Verursacher" der Umweltzerstörung? Diskutieren Sie über diese Aussage. Können Sie ihr zustimmen?

„Durchlaufökonomie" oder „Kreislaufökonomie?"

Dass der Wald krank ist, das Ozonloch größer wird, dass immer mehr Tier- und Pflanzenarten aussterben und Meere und Binnenseen umkippen, ist mittlerweile allen bekannt. Zugegeben, manchmal kann und will ich es schon nicht mehr hören! Natürlich sind wir alle für den Umweltschutz. Wir haben längst eingesehen, dass wir alle weniger Auto fahren müssen, keine Plastiktüten mehr verwenden sollten, den Müll jetzt brav sortieren müssen und Milch in Mehrwegflaschen kaufen sollen. Doch Busse und Bahnen werden immer leerer, die Staus auf den Autobahnen immer länger und der Müllberg wächst und wächst. Experten zerbrechen sich seit Jahren den Kopf darüber, wie man der Müllberge Herr werden kann. Doch selbst bei meinem Bemühen, möglichst wenig Müll im privaten Haushalt zu verursachen, muss ich feststellen, dass der Berg kaum kleiner wird.

Ich frage mich, wie wir die Folgen unseres ungehemmten Verschwendungswohlstandes bewältigen können? Eines erscheint mir persönlich ziemlich klar zu sein: Wir brauchen einen ganz anderen, einen ökologischen Wohlstand, der durch weniger Naturverbrauch und weniger Umweltbelastungen gekennzeichnet wird. Eine Wirtschaft, die ihre eigenen Grundlagen zerstört, hat keine Zukunft! Ich möchte aber, dass es eine lebenswerte Zukunft für uns alle gibt.

Die Begriffe „Ökologie" und „Ökonomie" leiten sich vom griechischen Wort „oikos" ab, das nicht nur Haus, sondern auch Haushalt bedeutet. Ökonomie bedeutet nichts anderes als den sparsamen Umgang mit Rohstoffen. Wir müssen mit dem Material auskommen, welches vorhanden ist. Die Kreislaufökonomie versucht im Gegensatz zur „Durchlaufökonomie" Wege zu einem ökologisch und ökonomisch sinnvollen Umgang mit den natürlichen Rohstoffen aufzuzeigen. Produkte und Verfahren werden schadstoffarm konzipiert, sodass wenig Abfälle entstehen. Die unvermeidbaren Restmengen an Abfällen sind weitgehend biologisch abbaubar und in vielen Recyclingprozessen weiter- bzw. wiederverwendbar.

M 5 Durchlaufökonomie

Abgesehen von wenigen Kurskorrekturen ... muss die heute noch vorherrschende Wirtschaftsweise als „Durchlaufökonomie" bezeichnet werden. Zwar stagnierend, aber auf hohem Niveau, werden nichtregenerative und ... regenerative Rohstoffe verbraucht, d.h. zu allen denkbaren Gütern transformiert, deren Schicksal letztlich der Abfall, bestenfalls die Wiederverwendung ist. (...)

Dass ca. 20% der Weltbevölkerung ... nahezu 80% der Rohstoffe und Energie in Anspruch nehmen, stört hierbei ebenso wenig wie fatale ökologische Begleiterscheinungen des Prassertums, wie z. B. ...Gefährdung des Weltfriedens durch Kampf um knappe Ressourcen ..., sich auftürmende Abfallberge, unlösbare Entsorgungsschwierigkeiten, wachsender unkontrollierter Mülltourismus und Ablagerungen.

Die Erde erscheint einerseits als „Sack voller Ressourcen", der erst zu menschlichem Nutzen in alle denkbaren und technisch machbaren Variationen „zu veredeln" ist, andererseits als riesiger „Abfallkübel", in dem Abfälle, Abwässer, Abgase und Abwärme wieder verschwinden. „Das Meer ist ja groß und die Atmosphäre ebenfalls."

Stahlmann, Volker: Materialwirtschaft angesichts der Grenzen des Wachstums, in: econova, Augsburg 1992, S. 16

M 6 Die Wirtschaft als „isoliertes System" (Durchlauf-, Kurzzeit-, Cowboy- Ökonomie)

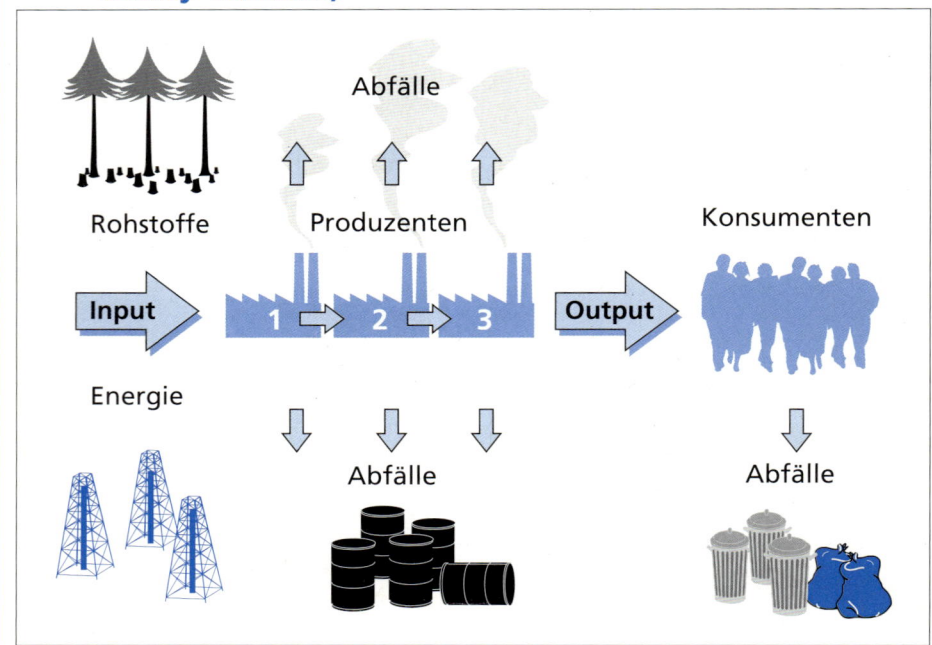

Stahlmann, Volker: Materialwirtschaft angesichts der Grenzen des Wachstums, in: econova, Augsburg 1992, S. 16

Das Modell einer abfallarmen Kreislauf-Wirtschaft

M 7 Kreislaufökonomie

Um die Entwertung der Erde gering zu halten, ist der sparsame Einsatz von Rohstoffen und Energie oberstes Gebot. ... Produkte und Verfahren werden vorbeugend schadstoffarm konzipiert, sodass wenig Abfälle entstehen, diese weitgehend biologisch abbaubar sind und in vielen Recyclingprozessen weiter- bzw. wiederverwendet werden. ... Im Sinne einer „Raumschiffökonomie" müssen wir mit dem Material auskommen, das wir als Bodenschätze mitbekommen haben, erhalten von außen nichts dazu und können auch keine Abfälle nach außen abgeben.

Stahlmann, Volker: Materialwirtschaft angesichts der Grenzen des Wachstums, in: econova, Augsburg 1992, S. 16

M 8 Wirtschaften in Kreisläufen

Die Kreislaufökonomie hat das Ziel, die bisherige Arbeitsteilung zwischen Versorgung und Entsorgung aufzuheben. Noch bis vor kurzem sorgten sich die Hersteller von Produkten um deren Qualität und Wirtschaftlichkeit und der Handel um deren Absatz. Eine ganz andere Welt war die der Entsorgung, die weitgehend öffentlich organisiert und überwacht war. Mit dem Ansteigen der Abfallmenge und der damit einhergehenden Erkenntnis über deren Umweltbelastung wurde die Schaffung neuer Entsorgungskapazitäten schwierig, scheiterte oft am Widerstand der Bürger gegen neue Standorte und gegen die dort zum Einsatz vorgesehenen Techniken. Auch aus dem unübersehbar steigenden Entsorgungsengpass und den dramatisch steigenden Gebühren für die Abfallentsorgung resultiert die Idee der Kreislaufwirtschaft. Ziel der politisch formulierten Kreislauf- und Stoffflusspolitik ist die weitgehende Vermeidung und Verwertung von Abfällen durch Schließung der Stoffkreisläufe. Die Arbeitsteilung zwischen Produktion und Handel einerseits sowie Entsorgung, d. h. Verwertung und Beseitigung andererseits, soll durch das Kreislaufwirtschaftsgesetz, welches am 06. Oktober 1996 in Kraft getreten ist, aufgehoben werden. Für die Wirtschaft bedeutet dies, dass die bislang auf die Öffentlichkeit abgewälzten Kosten der Müllentsorgung nun in die Kostenrechnung eingehen müssen, d. h. also schon in die Preiskalkulation der Hersteller und des Handels berücksichtigt werden müssen.

bearbeitet nach Thomé-Kozmiensky, Karl J.: Management der Kreislaufwirtschaft, Berlin 1995, S. 1

M 9 Die Wirtschaft als Subsystem innerhalb irdischer Grenzen (Langzeit-/Kreislaufökonomie)

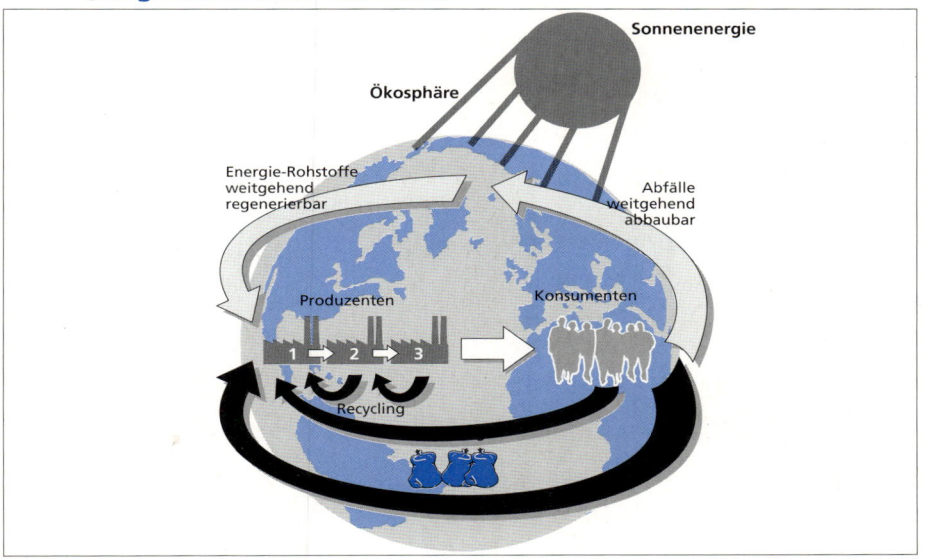

Stahlmann, Volker: Materialwirtschaft angesichts der Grenzen des Wachstums, in: econova, Augsburg 1992, S. 16

Arbeitsvorschläge

1. Stellen Sie das Prinzip der Durchlauf- oder Cowboyökonomie (M 5, M 6) dem Modell der Kreislaufökonomie (M 7 – M 9) gegenüber und arbeiten Sie die Unterschiede heraus!

2. Welche grundlegende Änderung ergibt sich für die Wirtschaft hinsichtlich der Preisgestaltung aus dem Kreislaufwirtschaftsgesetz?

3. Überlegen Sie, welche Auswirkungen sich z. B. aus der Einbeziehung der Entsorgungskosten bzw. aller Umweltkosten (z. B. Luft-, Boden- und Wasserverschmutzung) bei verschiedenen Produkten (z. B. Konsumartikel, Mineralöl, Atomstrom usw.) für Hersteller bzw. Verbraucher ergeben?
Halten Sie die Berücksichtigung dieser Kosten über den gesamten Lebenszyklus eines Produktes für gerechtfertigt?
Begründen Sie Ihre Meinung!

Wir bleiben zusammen bis der TÜV uns scheidet – und dann?

Als „Weg aus der Ex-und-hopp-Gesellschaft" bezeichnete der Umweltminister Töpfer das Konzept der Rücknahmeverpflichtung für Altautos auf der Hannover-Messe 1992. Aber nicht nur ausgediente PKW soll die Industrie zurücknehmen: Künftig sollen die Unternehmen nach den Vorstellungen des Umweltministers für den gesamten Lebenszyklus eines Produktes verantwortlich sein. Nichts wird mehr weggeworfen, alles muss möglichst im Kreislauf bleiben. Ich finde diesen Ansatz einen Schritt in die richtige Richtung. Die Industrie reagiert ausgesprochen sauer: Tiefe Einschnitte seien nun in Produktion, Produkte und Märkte zu erwarten, so der Deutsche Industrie- und Handelstag (DIHT).

Doch gibt es überhaupt einen anderen Weg? Was meinen Sie?

1991 wurden in 17 europäischen Ländern 138 Mio. Autos (bis 5 t) registriert. Diese Zahl ist bis 1994 um weitere 7,6% gestiegen. In der Bundesrepublik gibt es derzeit einen PKW-Bestand von rund 46 Millionen PKW. 1990 wurden in den alten Bundesländern 2,6 Millionen Autos stillgelegt. Aneinander gereiht würde das einen „Stau" von 10 000 Kilometern ergeben. Bislang wurden die Altfahrzeuge auf den Schrottplatz gebracht. Der ständig ansteigende Anteil nichtverwertbarer Teile im Automobil führt allerdings dazu, dass immer mehr Abfälle auf Sondermülldeponien gebracht werden müssen. Doch nicht nur bei der Entsorgung entstehen Abfälle, auch bei der Produktion eines Autos entstehen große Mengen an Abfall. Die gegenwärtige Situation der Autoverwertung ist dadurch gekennzeichnet, dass nur einzelne Fahrzeuge einer Wiederverwertung zugeführt werden und der Großteil des Altfahrzeugs als Eisen- und Stahlschrott geschreddert wird. Der Rest ist Müll und gelangt auf die Deponie: Kunststoffe, Lacke, Glas, Dichtmassen usw. Zur Reduzierung des Müllbergs gibt es verschiedene Überlegungen: die Verbrennung der Wracks, andere möchten die Autos in Beton einsiegeln und als Küstenschutz einsetzen. Im Sinne einer „abfallarmen Kreislaufwirtschaft" soll die Rücknahmeverpflichtung für Altautos das Abfallaufkommen deutlich verringern.

M 10 Tonnen Abfall für die Produktion eines Autos

25 Tonnen Abfall entstehen bei der Produktion eines einzigen Autos. Das ist ein Forschungsergebnis des Hamburger Umweltinstituts über das Müllaufkommen bei der PKW-Herstellung …
Der Verfasser der Studie (…) errechnete, dass bei der Produktion der rund drei Millionen Personenwagen, die jährlich in der Bundesrepublik verkauft werden, 73,5 Millionen Tonnen Abfall entstehen. Dagegen sei die in den Haushalten anfallende Müllmenge mit 14,6 Millionen Tonnen „geradezu lächerlich gering". Laut Studie verursacht die PKW-Produktion bereits in den Ländern der Rohstofferzeugung verheerende Umweltschäden. Auch sei die Produktion mit erheblichem Energieverbrauch verbunden. (…)
Die Zahlen beruhen auf Berechnungen, die den Abfallanteil des gesamten Laufes der Autoproduktion – von der Erzmine bis zur Karosserie und vom Erdölbohrloch bis zum Armaturenbrett – sowie den Abfallanteil bei der Verschrottung erfassen.

Frankfurter Rundschau vom 11.Oktober 1990

M 11 Materialzusammensetzung

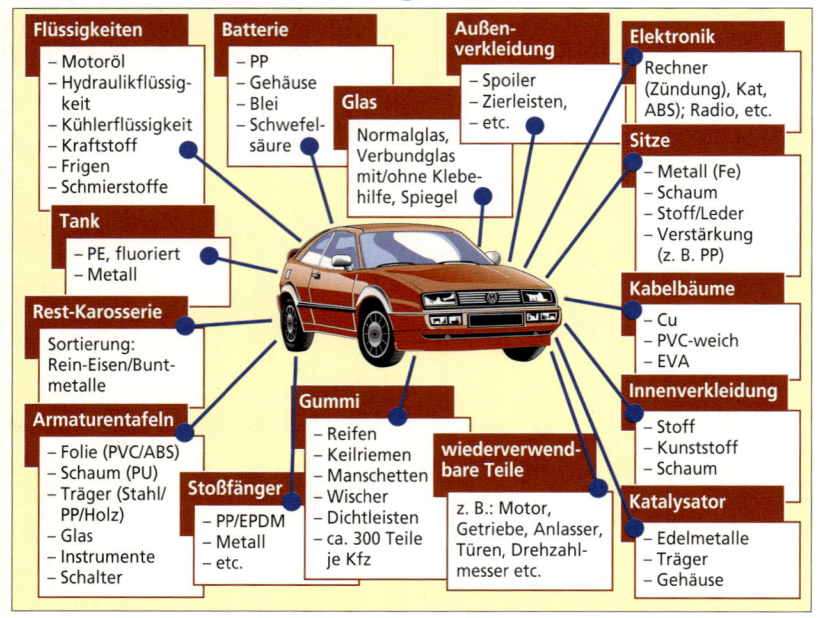

Flüssigkeiten
- Motoröl
- Hydraulikflüssigkeit
- Kühlerflüssigkeit
- Kraftstoff
- Frigen
- Schmierstoffe

Batterie
- PP
- Gehäuse
- Blei
- Schwefelsäure

Glas
- Normalglas, Verbundglas mit/ohne Klebehilfe, Spiegel

Außenverkleidung
- Spoiler
- Zierleisten, etc.

Elektronik
- Rechner (Zündung), Kat, ABS); Radio, etc.

Sitze
- Metall (Fe)
- Schaum
- Stoff/Leder
- Verstärkung (z. B. PP)

Tank
- PE, fluoriert
- Metall

Rest-Karosserie
- Sortierung: Rein-Eisen/Buntmetalle

Armaturentafeln
- Folie (PVC/ABS)
- Schaum (PU)
- Träger (Stahl/PP/Holz)
- Glas
- Instrumente
- Schalter

Stoßfänger
- PP/EPDM
- Metall
- etc.

Gummi
- Reifen
- Keilriemen
- Manschetten
- Wischer
- Dichtleisten
- ca. 300 Teile je Kfz

wiederverwendbare Teile
z. B.: Motor, Getriebe, Anlasser, Türen, Drehzahlmesser etc.

Kabelbäume
- Cu
- PVC-weich
- EVA

Innenverkleidung
- Stoff
- Kunststoff
- Schaum

Katalysator
- Edelmetalle
- Träger
- Gehäuse

Hertener Modell für ein vernetztes Automobilrecycling, Konzeptpapier, Stand 25.05.1993, S. 111

M 12 Recycling von Kats

Von den weltweit verarbeiteten 113 Tonnen Platin geht ein Drittel in die Kat-Produktion. Die Vorräte reichen noch etwa 200 Jahre aus. Anders ist es beim Rhodium. Die weltweiten Vorräte belaufen sich auf 3720 Tonnen, Engpässe sind zu befürchten.
Bei Mercedes-Benz wird die Situation durch die Kat-Wiederaufbereitung entschärft. Jeder Alt-Kat wird mit ca. 200,- DM vergütet. Danach wird alles zurückgewonnen. Kat-Hülle und Rohre dienen für neue Auspuffanlagen. Am Ende von komplizierten Trennverfahren steht das bis zu 100% wiedergewonnene Edelmetall. In den etwa 500.000 montierten Kats von Mercedes-Benz ist ein zurückzugewinnender Materialwert von 100 Mio. DM enthalten.

POLITIK AKTUELL Nr. 35/90 vom 02.11.90, Seite 2

Entsorgungsprobleme bei Altautos

M 13 Wohin mit dem Auto-Müll?

So viele Autos wurden/werden jährlich auf dem Gebiet der ehemaligen Bundesrepublik verschrottet* in Mio.

- 1960: 0,2
- 1970: 0,9
- 1980: 1,9
- 1989: 2,0
- 2000: 2,7 bis 3,0 *Prognose des DIW*

*einschließlich der Abmeldungen ins Ausland

Daraus besteht ein Schrottauto: (12,5 Jahre alt, 1000 kg)

- Stahl/Eisen: 710 kg
- Aluminium: 22
- andere Metalle: 32
- Kunststoffe: 60
- Gummi: 90
- Glas: 30
- sonstige Materialien: 56 kg

© Globus 8612

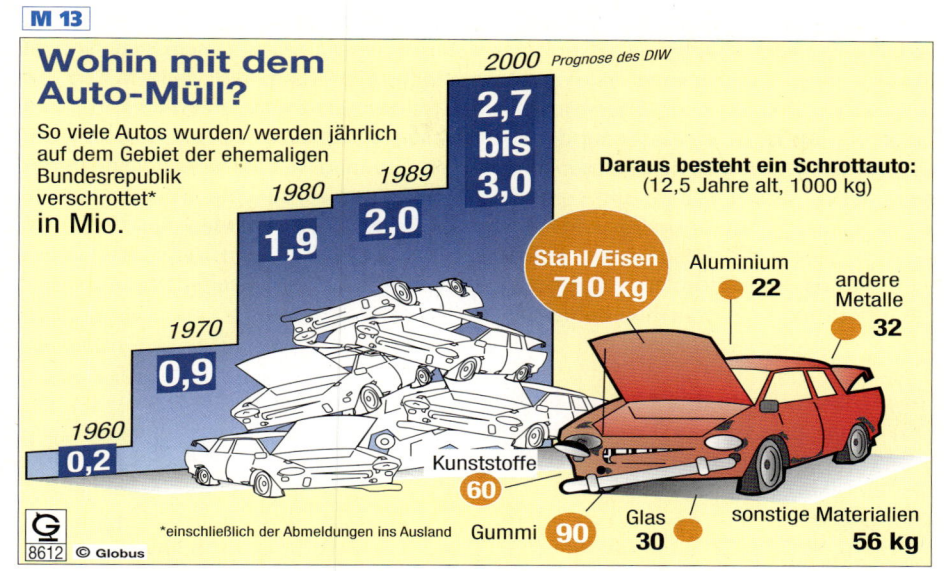

Bei der Verschrottung der rund 2,3 Millionen Altautos (alte Bundesrepublik 1990) fallen rund 63 000 Tonnen problematische Stoffe wie Bremsflüssigkeit, Schmierfette, Motoröl und Scheibenwischwasser an. Hinzu kommen 400 000 Tonnen Schreddermüll wie Kunststoff, Reifen und Glas.

Arbeitsvorschläge

1. Bei der Herstellung eines Autos fallen erhebliche Mengen an Abfall an (M 10 und M 12). Ein Großteil der Materialien (M 11) kann durch das KfZ-Recycling (M 13 u. 14) dem Produktionskreislauf wieder zurückgeführt werden (M 15). Ein kleiner Rest von ca. 10 Prozent wird entweder deponiert oder der thermischen Verwertung zugeführt. Prüfen Sie mit Hilfe von M 11 und M 15 , welche Stoffe z. B. durch Aufarbeitung, als Werkstoff oder Rohstoff dem Produktionskreislauf wieder zugeführt werden können. Prüfen Sie auch, ob dieses Modell dem Gedanken der Kreislaufwirtschaft (vgl. Seite 58f.) gerecht wird!

M 14 Recycling für Altautos?

Nach Maßgabe der TA Abfall kann die Entsorgung der Shredderrückstände nicht mehr auf Deponien wegen der ölhaltigen Bestandteile, PCB-Spuren usw. abgelagert werden, sondern muss entsprechend der Abfallbestimmungsverordnung der Sonderabfallentsorgung zugeführt werden. ...

Die Verwertung ausgedienter Kfz bedarf damit einer grundlegenden Neuorganisation. Der derzeitige und zukünftig absehbare Zustand ist aus ökologischen wie auch aus rohstoffökonomischen Gründen nicht mehr tragbar.

Es ist daher notwendig, ein hochentwickeltes Recyclingsystem für Automobile aufzubauen, das sich dadurch auszeichnet, dass ein Maximum von verwendeten Materialien der Produktion wieder zugeführt wird und entsprechend ein Minimum von Abfällen für die Entsorgung übrig bleibt. Aus einem solchen Recyclingsystem soll eine Kreislaufwirtschaft hervorgehen. Mit dem Aufbau dieser Kreislaufwirtschaft geht es darum, einen neuen Wirtschaftssektor, neue Arbeitsplätze und neue Wertschöpfungssysteme zu schaffen.

Herterer Modell für ein vernetztes Automobilrecycling vor Ort, Gladbeck, im November 1991, Seite 1

M 15 Modellhafte Darstellung des Kfz-Recycling

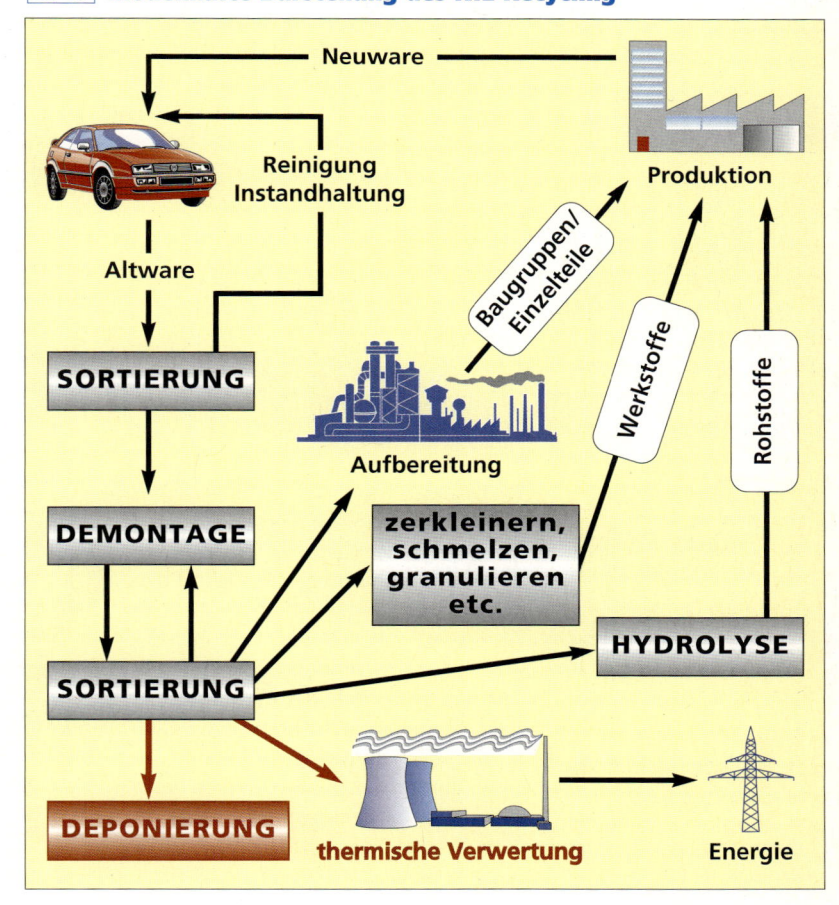

Neuware → Reinigung Instandhaltung → Altware → SORTIERUNG → DEMONTAGE → SORTIERUNG → DEPONIERUNG

Aufbereitung → zerkleinern, schmelzen, granulieren etc. → HYDROLYSE → thermische Verwertung → Energie

Baugruppen/Einzelteile → Produktion
Werkstoffe → Produktion
Rohstoffe → Produktion

Ohne Daten keine Taten

Blauer Engel, grüner Punkt, „Bio" als Markenzeichen für ein besonders umweltfreundliches Produkt. Und nun noch ein neuer Begriff, der augenblicklich die Runde macht: EG-Umwelt-Audit-Verordnung. Wo immer in diesen Wochen und Monaten über verstärkte Umweltschutzaktivitäten in deutschen Unternehmen gesprochen oder geschrieben wird, fällt das Stichwort EG-Umwelt-Audit. Ich kann mich allerdings des Eindrucks nicht erwehren, daß zu den unzähligen Gütesiegeln, die Umweltfreundlichkeit signalisieren wollen bzw. sollen, ein weiteres Gütesiegel hinzugekommen ist. Ob diese Verordnung einen Beitrag zur Verbesserung des betrieblichen Umweltschutzes leisten kann oder nur ein weiteres Symbol zur Gewissenberuhigung darstellt, möchte ich mit Ihnen prüfen.

Am 29. Juni 1993 hat der Rat der Europäischen Gemeinschaft die Verordnung Nr. 1836/93 über die freiwillige Beteiligung gewerblicher Unternehmen an einem Gemeinschaftssystem für das Umweltmanagement und die Umweltbetriebsprüfung, die vielfach kurz als „EG-Öko-Audit-Verordnung" bezeichnet worden ist, beschlossen. Ihr Ziel ist die Förderung der kontinuierlichen Verbesserung des betrieblichen Umweltschutzes von gewerblichen Tätigkeiten. Neuartig an dem Instrument der EG-Verordnung ist, dass hiermit keine neuen ordnungsrechtlichen Gebote und Verbote eingeführt werden, sondern vielmehr Anreize zur Einrichtung von Umweltmanagementsystemen geschaffen werden. Unternehmen, die sich über das geltende Recht hinaus zu einer kontinuierlichen Verbesserung des betrieblichen Umweltschutzes verpflichten, dürfen mit einem EU-einheitlichen Symbol auf das fortschrittliche Niveau ihrer Betriebe aufmerksam machen.

M 16 Öko-Audit

Unternehmensziele Management Kommunikation

Input → **Umweltbilanz** → Output

Auswirkung

Umweltverträgliches Wirtschaften:
- Risikominderung
- Optimierung
- Innovation

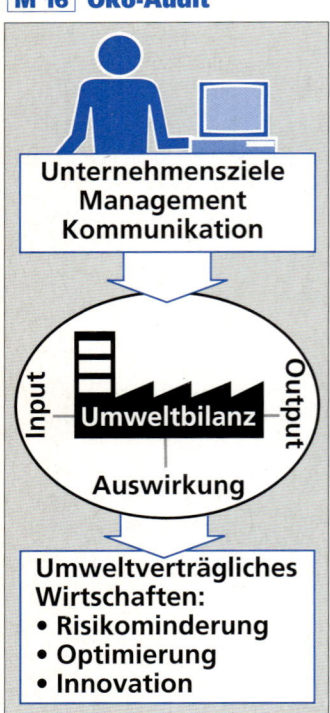

Öko-Mitteilung Nr. 4/1993, S. 5

M 17 Grundlagen des EG-Öko-Audit

Den Unternehmen bietet Öko-Audit Vorteile und Chancen, ihre umweltrelevanten Produktionsabläufe zu optimieren, es erfordert jedoch einen beachtlichen personellen, zeitlichen und finanziellen Aufwand", weiß Thomas Niehoff, stellvertretender Hauptgeschäftsführer der IHK Ostwestfalen zu Bielefeld. „Wir erwarten, dass der Druck durch Kunden und Auftraggeber über kurz oder lang steigen wird". Ein freiwilliger Zwang, sich an dem System zu beteiligen, dürfte die Folge sein, wenn das Zertifikat zum Wettbewerbsfaktor wird. Um in den Besitz eines Öko-Audit-Zertifikats zu gelangen, werden vom jeweiligen Betrieb zahlreiche Einzelschritte verlangt. Zunächst muss er seine Umweltpolitik fixieren, dann eine erste Umweltprüfung als Bestandsaufnahme vornehmen und über Ziele und Maßnahmen ein Umweltmanagementsystem aufbauen. Das Verfahren endet mit einer weiteren Umweltbetriebsprüfung für den Unternehmensstandort durch einen Gutachter (die im Turnus von drei Jahren zu wiederholen ist.). Auf der Checkliste der Prüfungen stehen mehrere hundert Positionen (vgl. M 19). Gefragt wird z.B. nach dem Rohstoff-, Energie- und Wasserverbrauch, nach Schadstoffemissionen, dem Abfallaufkommen, nach betriebsinternen Sicherheitsstandards, Kompetenzen und Problemlösungsmethoden.
Was auf den ersten Blick so aussieht wie ein gewaltiger bürokratischer Zusatzaufwand, ist nach den Erfahrungen von Günter Dören „letztlich gewinnfördernd". Der Geschäftsführer der Zenker-Fenster GmbH & Co. KG in Höxter hat etwa im Laufe des Verfahrens etliche Einsparmöglichkeiten entdeckt, wie etwa beim Energieeinsatz und den Abfallmengen. Außerdem konnten Ausschussquoten erheblich reduziert werden. Ähnliche Erfahrungen hat Wolfgang Wulfmeyer, Geschäftsführer der Kolbe-Druck GmbH & Co. KG in Versmold gemacht. Er schätzt, dass sich in seinem 150 Mann Betrieb allein die Abfallkosten pro Jahr um bis zu 100 000,– DM verringert haben.

Pieper, Volker: Firmen entdecken das Umweltmanagement; in: Neue Westfälische Zeitung vom 1.6.1995

M 18

Öko-Audit: EU-weites betriebliches Umweltmanagement-System

Was deutsche Industrieunternehmen vom zertifizierten Umweltschutz der Europäischen Union erwarten

- Zertifizierte Lieferanten werden bevorzugt: 68%
- Höhere Produktivität: 62%
- Imageverbesserung: 59%
- Geringeres Haftrisiko: 39%

EU-SYSTEM FÜR DAS UMWELT-MANAGEMENT UND DIE UMWELTBETRIEBSPRÜFUNG

Neue Westfälische

Chancen und Perspektiven durch Öko-Audits

M 19 Bereiche der Umweltprüfung in einem Unternehmen

Die Umweltprüfung stellt eine erste umfassende Untersuchung der umweltbezogenen Daten eines Unternehmens dar. Im Vordergrund stehen dabei folgende Gesichtspunkte, die bei der ersten Umweltprüfung und auch bei der Formulierung der Umweltpolitik berücksichtigt werden sollten:

- Beurteilung, Kontrolle und Verringerung der Auswirkungen der betreffenden Tätigkeit auf die verschiedenen Umweltbereiche
- Energiemanagement, Energieeinsparungen und Auswahl von Energiequellen
- Bewirtschaftung, Einsparung, Auswahl und Transport von Rohstoffen, Wasserbewirtschaftung und -einsparung
- Vermeidung, Recycling, Wiederverwendung, Transport und Endlagerung von Abfällen
- Bewertung, Kontrolle und Verringerung der Lärmbelästigung innerhalb und außerhalb des Standorts
- Auswahl neuer und Änderungen bei bestehenden Produktionsverfahren
- Produktplanung (Design, Verpackung, Transport, Verwendung und Endlagerung)
- betrieblicher Umweltschutz und Praktiken bei Auftragnehmern und Lieferanten
- Verhütung und Begrenzung umweltschädigender Unfälle- besondere Verfahren bei umweltschädigenden Unfällen- Information und Ausbildung des Personals in Bezug auf ökologische Fragestellungen.

Anhand der gewonnen Daten wird eine Identifizierung der ökologischen Schwachstellen möglich. Diese Analyse bildet dann die Informationsbasis für die Bestimmung von Optimierungsmaßnahmen zur Verbesserung der betrieblichen Umweltsituation.

EU-Umwelt-Audit. Hrsg. Bundesministerium für Umwelt, Naturschutz und Reaktorsicherheit. Bonn 1995, S. 9

M 20 Öko-Audit, das falsche Instrument?

Untersucht man die ersten durchgeführten Öko-Auditierungen in Deutschland, so werden Mängel ersichtlich. Zunächst sei hier das Problemfeld Öffentlichkeitsarbeit genannt. Bisher führten große Unternehmen bevorzugt in ihren unproblematischen Standorten ein Öko-Audit durch und verbreiteten die darauf bezogenen Berichte öffentlichkeitswirksam. Andere, viel stärker in der öffentlichen Kritik stehende Standorte werden dabei aber vernachlässigt und von Experten als nicht zertifizierbar eingeschätzt. Für den „Otto-Normal-Verbraucher" ist dieser Unterschied – dass das Zertifikat für einen Standort und nicht für das gesamte Unternehmen gilt — jedoch nicht so ersichtlich. Zusätzlich lässt die Verordnung den Unternehmen einen gehörigen Spielraum in der Festlegung ihrer zu erfüllenden Umweltziele. Die ungenau formulierte EG-Verordnung kann dazu führen, dass Unternehmen mit sehr unterschiedlich starker Verankerung ökologischer Ziele die Zertifizierung erlangen. Mit derartigen Spielräumen verlischt die Aussagekraft einer Öko-Auditierung schnell und sie wird bald nicht mehr ernstgenommen werden. In diesem Sinne sind Vergleiche zwischen Unternehmen und das branchenspezifische Festlegen von Umweltkennzahlen für das Öko-Audit notwendig.

Reinhard, Dirk, in: Ökologisches Wirtschaften 2/1996, S. 4

Arbeitsvorschläge

1. Erarbeiten Sie mit Hilfe von M 16, M 18 und M 19 die Grundlagen und Ziele des ÖKO-Audit-Systems.

2. Die Chancen, die der ÖKO-TÜV für die beteiligten Unternehmen eröffnet, werden in M 17 M 18 und in M 21 dargestellt. Um welche Vorteile handelt es sich hierbei im Einzelnen?

3. In M 20 wird zum Öko-Audit-Verfahren kritisch Stellung bezogen. Arbeiten Sie die im Text aufgeführten Kritikpunkte heraus und prüfen Sie den Lösungsvorschlag!

Öko-Audit-Zeichen, Umweltlogo der EU

M 21

Chancen und Perspektiven durch Öko-Audits

- Mitarbeitermotivation, (Mitarbeiterschulungen) — Aktivität der Mitarbeiter
- aktuelle und zukünftige Szenarien — Einhaltung von Umweltgesetzen
- Behörden und Initiativen — Dialog- und Kooperationschance
- Lieferanten, Abnehmer — Sensibilisierung für die Umwelt
- Schwachstellenkorrektur, Reduktion von Haftungsrisiken und wirksame Notfallplanung — Minimierung von Risiken
- Substitution oder Elimination von »Problemstoffen« in der Produktentwicklung — bessere Umweltverträglichkeit
- Abfallvermeidung Ressourceneinsparung — Kosteneinsparungen
- Imagegewinn — aktive Öffentlichkeitsarbeit

ÖKO-Audit für unsere Schule

In Anlehnung an das auf der vorherigen Themendoppelseite vorgestellte ÖKO-Audit-Verfahren möchte ich Sie bitten, einmal den Versuch zu wagen, die ökologische Situation Ihrer Schule zu überprüfen. Der Einsatz umweltfreundlicher Materialien, die Energie- und Rohstoffeinsparung, die ökologische Innen- und Außengestaltung oder die gesundheits- und umweltbewusste Ernährung zeigen beispielhaft Betätigungsfelder in der Schule auf, um den unnötigen Verbrauch unserer zu Neige gehenden natürlichen Lebensgrundlagen zu verhindern bzw. zu begrenzen. Eine systematische umweltverträgliche Gestaltung der Schule lässt sich nicht von heute auf morgen erreichen. Daher ist es wichtig, an der bestmöglichen Stelle zu beginnen und eine zweckmäßige Schrittfolge zu wählen, in der Maßnahmen verwirklicht werden könnten. Eine Prioritätensetzung muss erfolgen. Diese Prioritäten lassen sich nach verschiedenen Gesichtspunkten ordnen:

1. Ökonomische Prioritäten (zuerst Maßnahmen ergreifen, die gesetzlich vorgeschrieben sind, dann solche, die der Schule nützen, sich also bezahlt machen und erst dann Maßnahmen ergreifen, die der Schule oder dem Schulträger etwas kosten)
2. Ökologisch-technische Prioritäten (Energie und Wasser einsparen, umweltschonende Materialien verwenden usw.)
3. Psychologisch/pädagogische Prioritäten (Maßnahmen ergreifen, die sich positiv für Schüler und Lehrer auswirken, Maßnahmen mit wirtschaftlichem „Blitzerfolg" Vorrang geben und damit die Akzeptanz für Umweltschutzmaßnahmen verbessern, Umweltschutzmaßnahmen mit Signal- und Breitenwirkung Vorrang geben, wie z.B.: dem Bau von Sonnenkollektoren, Trinkwassersubstitution usw.).

M 22 Umweltbildung in beruflichen Schulen

Im Berufsbildungsbericht 1995 der Landesregierung Nordrhein-Westfalen wird darauf hingewiesen, dass in den beruflichen Schulen die Umweltbildung einen besonderen Stellenwert einnimmt. Dabei wird als Umweltbildung das Prinzip bezeichnet, Fähigkeiten zum umweltgerechten Verhalten als Bestandteil der Berufsbildung zu entwickeln bzw. zu fördern. Berufliche Umweltbildung ist dabei kein selbständiges Fach mit speziellen wichtigen Unterrichtsthemen, sondern ist eine Komponente eines jeden Unterrichtsfaches. Umweltbezogene Arbeitsplatzanforderungen nehmen angesichts der ökologischen Umorientierung in der Wirtschaft hin zu umweltverträglichen Technologien und Produkten zu. Dies hat zur Konsequenz, dass von Arbeitnehmern und Arbeitnehmerinnen in zunehmenden Maße neben fachlicher und sozialer Kompetenz auch eine umfassende Umweltbildung erwartet wird, die zu verantwortungsvollem Handeln im beruflichen und privaten Kontext führt.

ZBU 1-2/1996, S. 40

M 23

Handlungsfelder der ökologischen Umgestaltung

Abwasser
Belastung des Abwassers durch Schadstoffe
Reinigungsstrategien
Vermeidungsstrategien

Beschaffung umweltfreundlicher Materialien
Baumaterial/Einrichtungsgegenstände
Lehr- und Lernmittel
Reinigungsmittel
Sonstige Materialien

Emissionen/Immissionen
Art der Luftschadstoffe
Konzentrationen
Vermeidungsmöglichkeiten

Ökologische Innen- und Außengestaltung
Kiosk/Cafeteria/Pausenhalle
Schulgelände
Schulgarten
Klassen/Sporthalle

Abfallstoffe
Feste Abfallstoffe
Flüssige Abfälle
Gasförmige Abfälle
Entsorgungswege
Vermeidungsstrategien

Energieverbrauch
Energieträger
Einsparpotenziale
Nutzung regenerativer Energiequellen

Gefährliche Stoffe
Art und Menge der Stoffe
Lagersicherung und Entsorgungswege
Mögliche Ersatzstoffe

Gesundheits- und umweltbewusste Ernährung
Warenangebot des Kiosks
Schülerinnen-Küche
Mittagstisch

Unterricht – Berufliche Umweltbildung (M 23): BWL/VWL, Rechnungswesen, Technologie, Chemie, Biologie

Flure · Schulhof · Werkstätten · Unterrichtsräume · Labors · Kiosk · Cafeteria

Möglichkeiten der ökologischen Umgestaltung von Schulen

Schritte zur ökologischen Umgestaltung der Schule

In der Übersicht **M 23** sind Handlungsfelder der ökologischen Umgestaltung einer Schule aufgeführt. Da Sie nicht alle Bereiche bearbeiten können, sollten Sie sich je nach Klassengröße und vorhandenen Kenntnissen bzw. Interessen einige Handlungsfelder heraussuchen und anschließend eine ökologische Bestandsaufnahme nach folgendem Muster vornehmen:

1. **Material- und Inventaranalyse:**
   Erfassen der Materialien und des Inventars, die in der Schule Verwendung finden. Analyse der Energiezufuhr, der Abfall-, Abwasser-, Emissions-, Abwärme- und Energieströme in der Schule (quantitative und qualitative Erfassung).
2. **Defizitanalye:**
   Bewertung der ermittelten Daten hinsichtlich der Umweltgefährdung und Ermittlung des Handlungsbedarfes.
3. **Maßnahmeplanung:**
   Erarbeitung von Lösungsvorschlägen für die ermittelten Schwachstellen.
4. **Bewertung der Maßnahmen:**
   Bewertung der vorgeschlagenen Maßnahmen bezüglich ihrer umweltentlastenden Wirkung sowie ihrer ökonomischen Bedeutung für die Schule.

Beispiel: Erstellung eines Wassersparkonzeptes

1. Material- und Inventaranalyse

Zunächst müsste der Gesamtjahresverbrauch ermittelt werden. Dabei ist der spezifische Verbrauch nach den einzelnen Energieträgern, z. B. m^3/Nutzer oder kWh/m^2; kWh/Nutzer; kWh/Unterrichtsraum aufzuschlüsseln. Anschließend sind die Gesamtkosten des Verbrauchs, differenziert nach den Energieträgern (z .B. DM/m^3 oder DM/Nutzer) zu ermitteln.

2. Defizitanalyse

Gegenüberstellung der Verbräuche und Kosten einzelner Gebäude zu den Verbrauchszahlen und Kosten entsprechender Vorjahre bzw. anderer vergleichbarer Einrichtungen.

3. Maßnahmeplanung am Beispiel „Senkung des Wasserverbrauchs"

Die Maßnahmen sollten sich durch eine kurze Amortisationszeit auszeichnen, d. h. investierte Mittel machen sich schon nach kurzer Zeit bezahlt. Nachfolgende Maßnahmen bewirken Einsparungen beim Wasserverbrauch und amortisieren sich erfahrungsgemäß schnell:
- Einbau von Durchflussmengenbegrenzern
- Einbau von Spülstop-Tasten bei der Toilettenspülung
- Reduzierung der Wassermenge in den Toilettenspülkästen
- Nutzung von Regenwasser für die Toilettenspülung
- Einbau von Einhandhebelmischern oder anderer Wassersparmaturen
- Einbau von thermostatisch geregelten Mischarmaturen

4. Bewertung der Maßnahmen

Der sparsame Umgang mit Wasser im schulischen Alltag sollte zur Selbstverständlichkeit werden. Das eingesparte Geld (Vergleich mit den Daten, die unter Punkt 1 Material- und Inventaranlyse vor Durchführung der Maßnahme ermittelt wurden) sollte nach dem „Belohnungmodell" aufgeteilt werden, damit der Schule Mittel für weitergehende Maßnahmen zur Verfügung gestellt werden können.

Kaiser, Heinz: Energiesparen lohnt sich, in: Materialien zur Umweltbildung (Band 2), hrsg. vom Regionalen Pädagogischen Zentrum (RPZ) der Ostfriesischen Landschaft, Aurich 1996, S. 15/16

Stichwort:
Belohnungsmodell
Kerngedanke dieses Modells ist es, einen Selbstläufereffekt zu bewirken. Dieser wird dadurch erreicht, dass ein Teil der erzielten Einsparungen stets für weitere Sparmaßnahmen zur Verfügung steht. In der Folgezeit kann dann ein immer größer werdender Geldbetrag für energetische Sanierungen eingesetzt werden, ohne den kommunalen Haushalt zusätzlich zu belasten.

Tipp

Maßnahmen zur ökologischen Umgestaltung sind in der Schriftenreihe „Materialien zur Umweltbildung" (Hrsg: Regionales Pädagogisches Zentrum (RPZ), Georgswall 1-3, 26605 Aurich) dokumentiert und können gegen eine Schutzgebühr angefordert werden:
- eine Leitfaden-Sammlung zum ÖKO-Check an der Schule, die einen Analysekatalog für eine grundlegende Erfassung der ökologischen Situation an der Schule enthält (Band 1).
- Praktische Hinweise zur Energieeinsparung an Schulen einschließlich der von der Umweltstiftung WWF-Deutschland erstellten Diskette „Energie sparen – Natur bewahren", die viele praktische Hinweise zum Energiesparen beinhaltet (Band 2).
- eine Materialiensammlung zum Problem „Ökologie im Büro", die in Kooperation mit dem Bundesdeutschen Arbeitskreis für umweltbewusstes Management e.V. erstellt wurde. Dieser Band enthält Checklisten für den umweltorientierten Büroeinkauf, entsprechende Firmenlisten und weitere Literaturempfehlungen (Band 3).

Jeder ist verantwortlich!

Zum Abschluss dieses Kapitels möchte ich Sie bitten, noch einmal zusammenzufassen und zu prüfen, welchen Beitrag Sie selbst als Auszubildende(r) zu einem wirksamen Umweltschutz im Betrieb und am Arbeitsplatz leisten können.

Viele meinen, erstens habe man im Betrieb sowieso nichts zu sagen und zweitens käme es doch wohl auf einen einzelnen Auszubildenden auch nicht an. Beides ist falsch. Es gehört zu den wesentlichen Ausbildungspflichten des Betriebs, Ihnen die für einen wirksamen Umwelt- und Arbeitsschutz notwendigen Kenntnisse und Fertigkeiten zu vermitteln. Außerdem müssen Sie damit rechnen, in der Zwischen- und Abschlussprüfung zu diesem wichtigen Thema geprüft zu werden. Ihr Ausbildungserfolg und Ihre Abschlussnote hängen daher auch davon ab, ob Sie das nötige Wissen und Können für einen wirksamen Umwelt- und Arbeitsschutz im Betrieb und am Arbeitsplatz nachweisen können.

Sicher haben Sie bereits mit Ihrem Ausbildungsvertrag die für Ihren Ausbildungsberuf gültige Ausbildungsordnung bekommen. Schauen Sie dort einmal rein. Im sogenannten Ausbildungsrahmenplan können Sie genau nachlesen, welche Fertigkeiten und Kenntnisse Sie sich im Laufe der Ausbildung in diesem Bereich aneignen sollen.

Ihre berufliche Zukunft und Ihre Aufstiegs- und Karrieremöglichkeiten hängen auch davon ab, ob Sie sich als qualifizierte Arbeitskraft im Umwelt- und Arbeitsschutz ausweisen können.

Also kümmern Sie sich darum. Ihrer eigenen Zukunft und der Natur zuliebe!

„Umweltschutz ist Chefsache!", ist eine oft gehörte Redewendung. Damit soll ausgedrückt werden, dass es wenig wahrscheinlich und erfolgversprechend erscheint, von der Belegschaft zu erwarten, Initiativen für umweltgerechtes Verhalten im Betrieb zu ergreifen, wenn nicht die Unternehmensleitung selbst den Umweltschutz als ein vorrangiges Unternehmensziel betrachtet. Aber das ist nur die eine Hälfte der Wahrheit. Die andere Hälfte besteht darin, dass ohne die Mitverantwortung aller Mitarbeiterinnen und Mitarbeiter im Betrieb kein ökologisches Unternehmenskonzept durchgesetzt werden kann. Doch für viele Beschäftigte im Betrieb ist diese Aufgabe noch neu und ungewohnt. Oft fehlt es an den notwendigen Kenntnissen und Fertigkeiten, um dieser neuen Verantwortung gerecht werden zu können. Deshalb ist es eine der wesentlichen Ausbildungspflichten des Betriebes, allen Auszubildenden die für einen wirksamen Umweltschutz notwendigen Fertigkeiten und Kenntnisse zu vermitteln. Umgekehrt ist es die Pflicht jedes Auszubildenden, sich diese Qualifikationen anzueignen. Ökologisches Wissen und Können ist für alle Ausbildungsberufe eine wichtige und unverzichtbare Berufsqualifikation.

M 24 **Der ökologische Umbau der Gesellschaft verlangt eine ökologische Berufsausbildung**

Wer den ökologischen Umbau unserer Gesellschaft will, der muss an die Arbeitsplätze heran, der muss die herrschenden Orientierungen und Inhalte der Berufsarbeit verändern. Denn die Naturzerstörung geht von unserer Produktionsweise aus. Sie ist ein Produkt der Industrialisierung. Heute diskutieren viele über Verpackungsmüll, über Waldsterben, von dem sie sich durchaus betroffen zeigen. Und wenn die Mülldeponie in die Nachbarschaft verlegt wird, ist die Aufregung groß. Wie aber sieht es mit der eigenen Berufspraxis aus?

Ökologisches Handeln im Betrieb erscheint meist nicht machbar – mit dem verständlichen, aber vielleicht doch nicht ausreichenden Argument, dass man im Betrieb ja nichts zu sagen habe.

Viele schwerwiegende Umweltbelastungen entstehen jedoch genau dort, wo jede Kollegin und jeder Kollege selbst beteiligt ist, nämlich im Betrieb. Hier ist das zentrale Feld der Auseinandersetzungen um eine ökologische Wirtschaftsweise, hier muss der Umbau von Arbeitsplätzen, Produktionsverfahren und Produkten erfolgen, der letztlich auch den Verbrauchern umweltfreundliches Verhalten erst ermöglicht.

Das Problem liegt nicht allein in den Chemiebetrieben. Ein normaler Metallbetrieb arbeitet durchschnittlich mit 500 Gefahrstoffen. Auch Metallbetriebe mit 3000 Gefahrstoffen sind keine Seltenheit. Da kommt mancher Chemiebetrieb nicht mit. [...]

Wenn – wie wir feststellen müssen – jede Berufsausübung ein Gefahrenpotenzial für Umweltschäden in sich birgt, dann muss sowohl in der beruflichen Erstausbildung wie in der Fort- und Weiterbildung darüber aufgeklärt, müssen entgegenwirkende Handlungsstrategien nicht nur allgemein proklamiert (verkündet), sondern systematisch gelernt und eingeübt werden. Umweltschutz als Betriebsziel heißt zwangsläufig Veränderung der Arbeitsinhalte, der Arbeitsmittel, der Arbeitsabläufe, greift also unmittelbar in die Arbeitsorganisation, in die Materialwirtschaft und in die Fertigungsverfahren ein. Folgerichtig ist verantwortliches, umweltbewusstes berufliches Handeln von den abhängig Beschäftigten nicht denkbar ohne berufsfachliche Qualifizierung, was wiederum die systematische und zielorientierte Vermittlung der technischen, chemischen, biologischen und ökologischen Wirkungszusammenhänge zwischen Arbeit und Umwelt beinhaltet.

In diesem Sinne gibt es keinen Beruf und keine Berufsausbildung ohne ökologischen Bezug. Das Ziel der aktuellen Berufsbildungspolitik... ist es, dieses Prinzip der generellen Ökologisierung der Ausbildungsberufe durchzusetzen und damit die qualifikatorische Basis für eine breitere Ökologiebewegung in den Betrieben zu schaffen. Und davon sind wir leider immer noch weit entfernt.

Ehrke, Michael: Chancen und Grenzen beruflicher Umweltbildung zwischen ökologischer Erneuerung der Berufsbildung und Defiziten der Umweltpolitik. In: Gesellschaft für berufliche Umweltbildung (Hrsg.): Schritte zu einem Netzwerk beruflicher Umweltbildung. Tagungsreader. Hattingen Februar 1992, S. 23f.

Umweltschutz als Aufgabe der Berufsbildung

Drei Beispiele für ökologische Lernziele und Aufgaben in Ausbildungsordnungen

Metallberufe

– Gefahren, die von Giften, Dämpfen, Gasen, leicht entzündbaren Stoffen sowie vom elektrischen Strom ausgehen, beachten,
– für den ausbildenden Betrieb geltende wesentliche Vorschriften über den Immissions- und Gewässerschutz sowie über die Reinhaltung der Luft nennen,
– arbeitsplatzbedingte Umweltbelastungen nennen und zu ihrer Verringerung beitragen,
– im Ausbildungsbetrieb verwendete Energiearten nennen und Möglichkeiten rationeller Energieverwendung im beruflichen Einwirkungs- und Beobachtungsbereich anführen.

Elektroberufe

– Unfall- und Gesundheitsgefahren, die insbesondere von elektrischer Energie, von Maschinen, von gefährlichen Arbeitsstoffen und von gefährlichen Arbeitsstellen ausgehen, erklären und Maßnahmen zu ihrer Vermeidung ergreifen,
– arbeitsplatzbedingte Ursachen von Umweltbelastungen nennen und zu ihrer Vermeidung beitragen
– im Ausbildungsbetrieb verwendete Energiearten nennen und Möglichkeiten rationeller Energieverwendung im beruflichen Einwirkungs- und Beobachtungsbereich anführen.

Kaufmännische Büroberufe

– die Bedeutung von Arbeitssicherheit, Umweltschutz und rationeller Energieverwendung an Beispielen des Ausbildungsbetriebs erklären
– betriebliche Einrichtungen für den Arbeitsschutz, die Unfallverhütung und den Umweltschutz nennen
– zur Vermeidung betriebsbedingter Umweltbelastungen im beruflichen Einwirkungsbereich beitragen sowie Abfallmaterialien im Büro nach ökologischen Gesichtspunkten entsorgen
– zur rationellen Energieverwendung im beruflichen Einwirkungsbereich beitragen.

Arbeitsvorschläge

1. Erläutern Sie folgende Aussagen in **M 24** mit eigenen Worten:
– „Ökologischer Umbau der Gesellschaft"
– „Ökologischer Umbau von Arbeitsplätzen, Produktionsverfahren und Produkten"
– „Umweltschutz als Betriebsziel"
– „Ökologisierung der Ausbildungsberufe".

2. Beschaffen Sie sich die für Ihren voraussichtlich zukünftigen Ausbildungsberuf gültige **Ausbildungsordnung** und stellen Sie alle Positionen zusammen, in denen ökologische Ausbildungsziele und -inhalte beschrieben werden.

3. Überlegen Sie, an welchem Lernort (Schule oder Betrieb) und auf welche Weise die dort genannten Fertigkeiten und Kenntnisse erworben werden können.

Ein neuer Lebensabschnitt beginnt

Liebe Schülerinnen und Schüler,

Ich kann mich noch sehr gut an meine eigene Situation vor ca. 20 Jahren erinnern: Die Frage, ob ich eine betriebliche Ausbildung aufnehmen oder eine weiterführende Schule besuchen sollte, hat mich lange beschäftigt. Schließlich habe ich mich für ein einjähriges Praktikum in einem Betrieb entschieden, um anschließend eine weiterführende Schule besuchen zu können. Nach meiner ersten Ausbildung zum Betriebswirt habe ich dann noch eine Ausbildung zum Berufsberater beim Arbeitsamt absolviert und dort einige Jahre gearbeitet. Daher kenne ich die Probleme der Berufs- und Arbeitsplatzwahl sehr gut. Danach habe ich ein weiteres Studium absolviert und bin Berufsschullehrer geworden.

Die Situation bezüglich der Berufswahlmöglichkeiten hat sich inzwischen erheblich verändert: Die fest verankerte Überzeugung, dass betriebliche Ausbildungsmaßnahmen eine langfristige Investition zur Sicherung der Zukunft eines jeden einzelnen Betriebes darstellen und folglich seitens der Wirtschaft genügend Ausbildungsplätze zur Verfügung gestellt werden, gilt heute nicht mehr für alle Betriebe. Die Zahl der Ausbildungsplatzsuchenden überschreitet seit einigen Jahren die Anzahl der angebotenen Ausbildungsstellen. Die in der Diskussion befindlichen Lösungsstrategien sind jedoch politisch heftig umstritten. Wie beurteilen Sie die Situation am Lehrstellenmarkt? Haben Sie evtl. eigene Vorstellungen, wie zukünftig das Problem der Ausbildungsplatzmisere gelöst werden kann?

Karriere mit Lehre

Berufsausbildung – eine Investition in die Zukunft?

Was erwarte ich von meinem Berufsleben?

Was erwarten Sie von Ihrer Ausbildung, welche Berufs- und Beschäftigungsmöglichkeiten werden Sie im Anschluss an Ihre Ausbildung haben? Fragen, auf die es wenig zuverlässige Antworten gibt. Ihre Berufswahl bedeutet nicht, und das ist bereits heute ziemlich sicher, dass Sie den Beruf fürs Leben gewählt haben. Damit möchte ich Sie allerdings jetzt nicht frustrieren, sondern Ihnen verdeutlichen, dass Ihre Berufsausbildung die Ausgangsbasis für eine Vielzahl weiterer Aus-, Weiter- und Fortbildungsmöglichkeiten darstellt.

Für die Wahl eines Berufes gibt es ganz unterschiedliche Motive. Stellen Sie in Ihrer Klasse fest, was im Einzelnen wichtig bei der Berufswahl war bzw. Ihnen im Beruf wichtig ist. Sie können hierbei Punkte von 1-12 vergeben (1 = ganz wichtig, 12 = am unwichtigsten). Neben den auf dem Foto erkennbaren Erwartungen an das Berufsleben können weitere Gesichtspunkte für den Einzelnen bedeutsam sein, wie z. B.
– gutes Arbeitsklima
– sinnvolle Tätigkeit
– sicherer Arbeitsplatz
– Karrierechancen
– Zusammenarbeit mit interessanten Kollegen
– Verdienstmöglichkeiten
– Arbeitszeit
– Umgang mit Menschen
– Beruf der Eltern
– usw.

Stellen Sie zunächst für sich eine Rangfolge der für Sie wichtigsten Berufswahlüberlegungen auf und erstellen Sie hieraus eine Gesamtübersicht der Klasse. Werten Sie dann diese Übersicht aus und diskutieren Sie die Ergebnisse. Sie können auch mit dem jeweils wichtigsten Merkmal pro Person ein Klassenfoto anfertigen – das Foto ist übrigens später für Sie eine schöne und vielleicht interessante Erinnerung an frühere Zeiten und Menschen, mit denen Sie zusammen waren.

Wo bleiben die Lehrstellen?

Die Situation auf dem Ausbildungsstellenmarkt hat sich in den letzten Jahren ständig verschärft: Einer wachsenden Zahl von Ausbildungsplatznachfragern steht eine rückläufige Zahl an Ausbildungsplätzen gegenüber. Diese Entwicklung wird sich in den nächsten Jahren wegen steigender Schulabgängerzahlen noch erheblich verschärfen. Kritiker des dualen Systems sprechen bereits vom Ende des dualen Systems und sehen keine Alternative auf dem Weg zur Verstaatlichung der beruflichen Bildung. Ich möchte Ihnen auf dieser und auf der nächsten Seite die unterschiedlichen Positionen, die hinsichtlich der Behebung der Ausbildungsplatzmisere diskutiert werden, vorstellen. Prüfen Sie, welche Überlegungen bzw. Maßnahmen aus Ihrer Sicht am ehesten geeignet sind, das unzureichende Ausbildungsplatzangebot zu erhöhen!

Art. 12 des Grundgesetzes garantiert jedem Deutschen die freie Wahl des Ausbildungs- und Arbeitsplatzes. Diese im Grundgesetz verankerte Freiheit gilt als erreicht, wenn die Zahl der Ausbildungsplätze die der Bewerber um 12,5 Prozent überschreitet. Die Hauptverantwortung für die Bereitstellung eines ausreichenden und auswahlfähigen Ausbildungsplatzangebotes, das sich in seinem Umfang an der bis zum Jahr 2010 steigenden Zahl der Schulabgänger/innen orientieren muss, liegt im dualen System bei der Wirtschaft. Über die Frage, ob seitens der Wirtschaft überhaupt noch genügend Ausbildungsstellen bereitgestellt werden können bzw. unter welchen Bedingungen dies noch möglich ist, wird heftig gestritten.

M 1

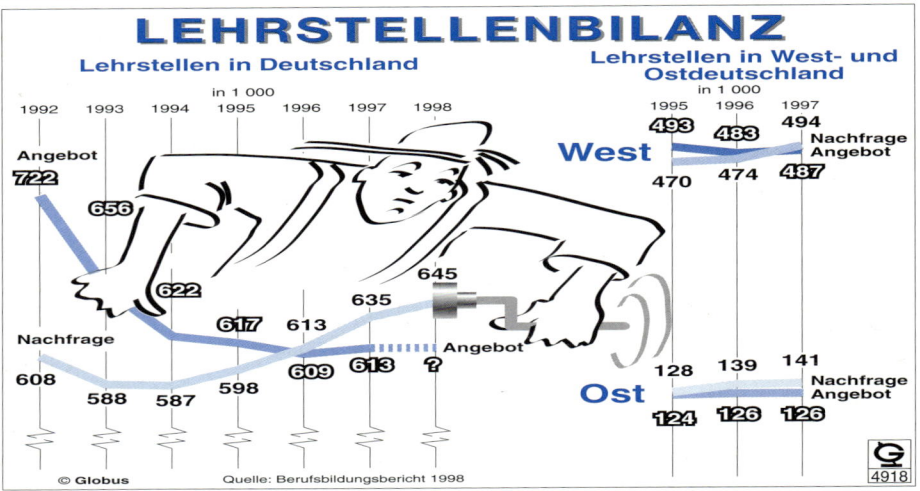

LEHRSTELLENBILANZ

Lehrstellen in Deutschland (in 1 000):
- Angebot: 722 (1992), 656 (1993), 622 (1994), 617 (1995), 635 (1996), 645 (1997), 613? (1998)
- Nachfrage: 608, 588, 587, 598, 609, 613 (1997)

Lehrstellen in West- und Ostdeutschland (in 1 000):
- West: Nachfrage 493 (1995), 483 (1996), 494 (1997); Angebot 470, 474, 487
- Ost: Nachfrage 128, 139, 141; Angebot 124, 126, 126

Quelle: Berufsbildungsbericht 1998 © Globus 4918

M 2 Ausbildungsplätze werden zur Mangelware

Die duale Berufsausbildung ist in eine tief greifende Krise geraten. Seit den 80er Jahren ist die Zahl der abgeschlossenen Ausbildungsverträge um ein Drittel, von 1991 bis 1998 um ein Fünftel gesunken. Größte Ausbilder sind nach Angaben des Statistischen Bundesamtes Industrie, Handel und Dienstleister mit zusammen 707.000 Lehrlingen. Im Vergleich zu 1991 ist hier die Zahl der Lehrstellen um 20% zurückgegangen. Noch größer war der Abbau im öffentlichen Dienst: Hier gab es ein Minus von fast einem Viertel innerhalb der letzten fünf Jahre. Beängstigend dabei ist, dass vor allem die Großbetriebe weniger Ausbildungsplätze anbieten. Die meisten Betriebe, die sich um den beruflichen Nachwuchs kümmern, sind Kleinbetriebe. Die Wirtschaft ist aufgerufen, ihr Ausbildungsplatzangebot deutlich zu erhöhen, um der steigenden Zahl von Schulabgängern in den kommenden Jahren Ausbildungsmöglichkeiten im dualen System zu eröffnen. Angesichts stark gestiegener Gewinne sollten insbesondere die Großbetriebe wieder ihrer Verantwortung für die nachwachsende Generation und damit auch für die Zukunftssicherung der Wirtschaft gerecht werden. Dass Deutschland im zukünftigen Wettbewerb gerade wegen seines traditionell gut qualifizierten Arbeitskräftepotentials Wettbewerbsvorteile hat, die gehalten oder ausgebaut werden müssen, gerät allzu oft in Vergessenheit.

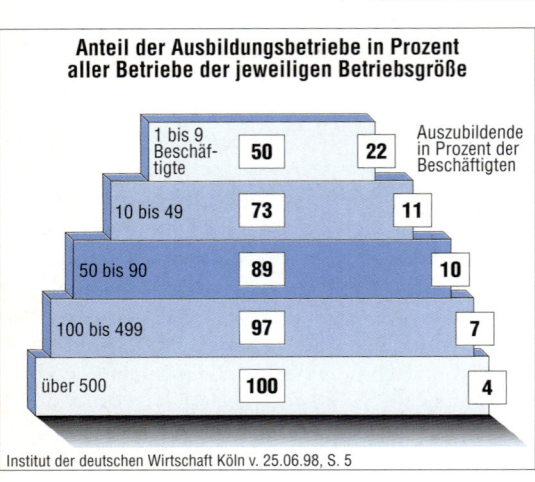

Chancen für die junge Generation, in: Thema im Landtag, hrsg. von von der SPD-Landtagsfraktion Niedersachsen, August 1998, S.4 ff und SCHUL/BANK 11/98, S. 7

Anteil der Ausbildungsbetriebe in Prozent aller Betriebe der jeweiligen Betriebsgröße

Beschäftigte	Ausbildungsbetriebe (%)	Auszubildende in Prozent der Beschäftigten
1 bis 9	50	22
10 bis 49	73	11
50 bis 90	89	10
100 bis 499	97	7
über 500	100	4

Institut der deutschen Wirtschaft Köln v. 25.06.98, S. 5

Vorschläge zur Sicherung bzw. Schaffung zusätzlicher Ausbildungsstellen

M 3

Wenn Betriebe nicht ausbilden – die Gründe
Umfrage, Frühjahr 1998, Mehrfachnennungen in %

- 80 – momentan kein Personalbedarf
- 67 – Kosten zu hoch
- 61 – genügend Auswahl auf dem Arbeitsmarkt
- 50 – Durchführung zu kompliziert
- 46 – Ausbildungsordnung zu kompliziert
- 42 – kein betrieblicher Nutzen erkennbar
- 40 – Bürokratie

Quelle: IW ©imu

M 4 Weniger Lohn für Lehrlinge

Die deutsche Wirtschaft will die Zahl der Ausbildungsplätze erheblich erhöhen, knüpft dies jedoch an Bedingungen. Die Ausbildungsvergütungen sollten betriebsindividuell um bis zu 20 bis 30 Prozent reduziert werden. Dies würde nach Aussage vieler Unternehmen zu zusätzlichen Lehrstellen führen. Lehrlinge wohnen anders als Studenten in der Regel noch im Elternhaus und haben deshalb geringere Lebenshaltungskosten. (…) Mit der Abschaffung des zweiten Berufsschultages im zweiten und dritten Lehrjahr hat Niedersachsen einen wichtigen Schritt getan. Der Berufsschulunterricht sollte aber noch stärker auf die Belange und Interessen der Betriebe ausgerichtet werden, um die Unternehmen von Kosten zu entlasten. So könnte im Einzelhandel der Blockunterricht in die verkaufsschwachen Monate beispielsweise in die Zeit nach dem Schlussverkauf gelegt werden.

Genug der Worte, in: Niedersächsische Wirtschaft 7/1997, S. 3

M 5 Deregulierung ist die Demontage des dualen Systems

Durch die Beseitigung von so genannten ausbildungshemmenden Vorschriften sollten Betriebe dazu motiviert werden, ihrer Verpflichtung, ein ausreichendes Ausbildungsplatzangebot bereitzustellen, nachzukommen. Auf Drängen der Arbeitgeber wurde unter dem Slogan „Betriebsfreundlichkeit" der Berufsschulunterricht umorganisiert und gekürzt. Dass dadurch das Angebot an Ausbildungsplätzen gestiegen wäre, lässt sich nicht nachweisen. Gleichzeitig besteht die Gefahr, dass die Qualität der Ausbildung sinkt und sich die Zahl der Jugendlichen erhöhen wird, die ihre Ausbildung abbrechen oder die Prüfung nicht bestehen. Dass das Festhalten an den bisherigen Standards beim Berufsschulunterricht einer Ausweitung von Ausbildungsplätzen nicht im Wege steht, zeigt Hessen: Dort gab es einen Zuwachs an Ausbildungsstellen ohne Veränderungen am Berufsschulunterricht. Als Ausbildungshemmnis wurde von den Arbeitgebern immer wieder die Höhe der Ausbildungsvergütung genannt. Es hat sich jedoch gezeigt, dass die Höhe der Ausbildungsvergütung für das Angebot an Lehrstellen ohne Bedeutung ist. In Berufen mit hohen Ausbildungsvergütungen sind tendenziell sogar mehr Ausbildungsplätze angeboten worden, während es in niedrig vergüteten Berufen (Friseure, Floristen) dagegen stagnierte.

Auch die Änderung des Jugendarbeitsschutzgesetzes wird keine zusätzlichen Ausbildungsplätze schaffen. Sie wird allerdings dazu führen, dass sich Auszubildende in der Berufsschule nicht mehr im erforderlichen Umfang konzentrieren können, da sie nach dem Berufsschulunterricht u.U. noch im Betrieb tätig sein müssen.

Minderheitsvotum der Gruppe der Beauftragten der Arbeitnehmer zum Berufsbildungsbericht 1997, Hrsg.: Bundesministerium für Bildung, Wisenschaft, Forschung und Technologie, Bonn 1997, S. 21/22

A SB LD NGS- UML G F N NZ R NG*

WER NICHT AUSBILDET MUSS ZAHLEN – DGB

Arbeitsvorschläge:

1. Vergleichen Sie die in M 1 dargestellte Entwicklung des Ausbildungsplatzangebots und die Zahl der Bewerber/innen.

2. Die Ausbildungsbereitschaft der Betriebe ist sehr unterschiedlich ausgeprägt. Erarbeiten Sie mit den nachfolgenden Materialien,
   a) warum Betriebe nicht ausbilden M 3
   b) wie viel Prozent aller Betriebe ausbilden M 2 und
   c) wie die Verteilung in Abhängigkeit zur Betriebsgröße ist M 2. Welche Besonderheiten fallen Ihnen auf?

3. Die Forderung nach Beseitigung sog. ausbildungshemmender Vorschriften (M 4 und M 5) als Voraussetzung für die Bereitstellung von Ausbildungsplätzen ist heftig umstritten. Erarbeiten Sie unter Berücksichtigung von M 3 die einzelnen Vorschläge und prüfen Sie die hiermit verbundenen Vor- und Nachteile. Welche Überlegungen erscheinen Ihnen besonders sinnvoll, mehr Ausbildungsplätze zu schaffen, welche ergeben aus Ihrer Sicht wenig Sinn?

Marktgesteuerte oder bildungsgesteuerte Berufsbildungssysteme?

Das duale Berufsausbildungssystem Deutschlands sieht sich in einem Europa offener Grenzen der Konkurrenz anderer Systeme der EU-Mitgliedsländer gegenüber. Mit der Berufsausbildung im dualen System und dessen beiden Trägern Betrieb und Berufsschule unterscheidet sich Deutschland von anderen Ländern, die nur rein vollschulische Ausbildungssysteme oder zum Schulischen neigende Mischsysteme kennen. Das duale System verschaffte nach Ansicht vieler Bildungsexperten der deutschen Wirtschaft erhebliche Wettbewerbsvorteile. Doch bleibt das duale System der Berufsausbildung ein wichtiger Vorzug des Standortes Deutschland oder sind andere Formen der Berufsausbildung vorteilhafter für die Menschen und für die Wirtschaft? Ein Blick in andere Länder verdeutlicht die Vor- und Nachteile des dualen Systems.

Im internationalen Vergleich lassen sich für die Organisation der beruflichen Bildung zwei Systeme unterscheiden, das „Schulsystem" und das „Marktsystem".
– Im Schulsystem plant, organisiert und finanziert der Staat die Berufsausbildung, wie z. B. in Frankreich, Italien oder den skandinavischen Ländern.
– Im Marktsystem überlässt die Gesellschaft den Betrieben die Ausbildung, ohne diese staatlich zu überwachen, wie z. B. in den USA, Großbritannien und Japan.

Demgegenüber hat sich in Deutschland ein Mischsystem entwickelt, das die Trägerschaft für die berufliche Bildung sowohl dem Staat als auch den Betrieben zuordnet. Die Berufsausbildung vollzieht sich an 2 verschiedenen Orten, nämlich im Betrieb und in der Berufsschule. Dieses System wird deshalb als „duales System" (duo (lat.) = zwei) bezeichnet.

M 6 Berufsbildungssysteme in Europa

Um das deutsche System der Berufsausbildung – das als „duales System" bezeichnet wird – zu verstehen, ist es nötig, zunächst einen Blick auf die Berufsbildungssysteme in Europa zu werfen. Man kann in Europa grundsätzlich marktgesteuerte Berufsbildungssysteme einerseits und bildungsgesteuerte Systeme andererseits unterscheiden.

Die **marktgesteuerten Systeme** sind betriebsbezogen: Berufsbildung folgt einseitig den spezifischen einzelbetrieblichen Anforderungen an die Qualifikation. Ausbildung findet „on the job" statt und endet häufig nicht mit einem formalen Abschluss. Ebenso fehlen verbindliche Bestimmungen oder Verträge über den rechtlichen Status. Beispiel für ein solches Ausbildungssystem ist Großbritannien.

Bei **bildungsgesteuerten Systemen** sind Ausbildungsinhalte und Ausbildungsmethoden vom Einzelbetrieb gelöst, gehen über das rein arbeitsplatzbezogene Lernen hinaus und führen zu öffentlich anerkannten Abschlüssen. Ausbildungsinstitutionen und Auszubildende haben festgelegte Rechte und Pflichten. Dieses System ist in zwei Ausprägungen vorzufinden:
– **Bildungsgesteuert-schulzentrierte Systeme:** Dieses Modell eines vom Beschäftigungssystem losgelösten Ausbildungssystems, bei dem der Staat die Regulierung und Ausgestaltung übernimmt, findet sich vornehmlich in Frankreich.
– **Bildungsgesteuert-betriebszentrierte Systeme:** Hier findet die Ausbildung überwiegend im Beschäftigungssystem, d.h. in den Betrieben statt, sie wird jedoch nicht allein von betrieblichen Einzelinteressen gesteuert, sondern auch von den im Bildungssystem verankerten Normen. Dieses Modell findet sich in erster Linie im dualen System der deutschsprachigen Länder.

Das System der Berufsbildung in Deutschland, Hrsg.: Hans Böckler Stiftung, Düsseldorf 1992, S. 2

M 7 Ausbildungswege in Europa

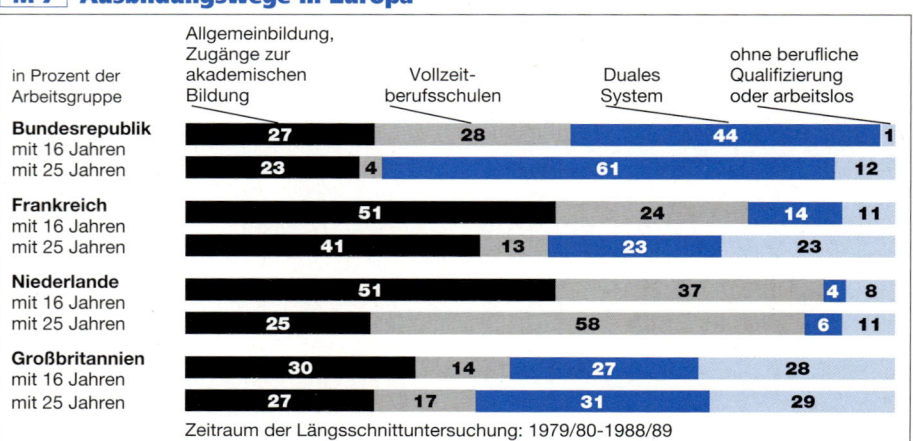

in Prozent der Arbeitsgruppe

	Allgemeinbildung, Zugänge zur akademischen Bildung	Vollzeit-berufsschulen	Duales System	ohne berufliche Qualifizierung oder arbeitslos
Bundesrepublik mit 16 Jahren	27	28	44	1
mit 25 Jahren	23	4	61	12
Frankreich mit 16 Jahren	51	24	14	11
mit 25 Jahren	41	13	23	23
Niederlande mit 16 Jahren	51	37	4	8
mit 25 Jahren	25	58	6	11
Großbritannien mit 16 Jahren	30	14	27	28
mit 25 Jahren	27	17	31	29

Zeitraum der Längsschnittuntersuchung: 1979/80–1988/89

CEDEFOP – Europäisches Zentrum für die Förderung der Berufsbildung, Institut der deutschen Wirtschaft Köln

---

Zuständigkeit: Der Bund Die Länder

Ausbildungsbetrieb: Vermittlung fachlicher Fertigkeiten und Kenntnisse

Berufsschule: Berufsbezogener und allgemeiner Unterricht

DUALES SYSTEM

Berufsausbildung in Betrieb und Schule

Berufsausbildung im dualen System

M 8 Das duale System der beruflichen Erstausbildung

Mit dem dualen System als Grundlage der beruflichen Erstausbildung hat die Bundesrepublik Deutschland quantitativ wie qualitativ das ausgeprägteste System von betrieblicher und schulischer Kooperation innerhalb der EU-Staaten. Der Vorteil der dualen Ausbildung gegenüber anderen Berufsbildungssystemen liegt in der Einbeziehung der Ausbildung am Arbeitsplatz.

Damit ist sie im Hinblick auf die Übergangsprobleme vom Bildungs- in das Beschäftigungssystem einer rein schulischen Ausbildung, die den „Ernstfall", also die reale Arbeitssituation innerhalb der Wirtschaft, nur „proben" und trainieren kann, deutlich überlegen.

Eine an der technologischen Entwicklung orientierte Qualifikation ist dort am leichtesten und mit größtem Bezug zur Realität zu vermitteln, wo sie sich aktuell vollzieht, nämlich im Beschäftigungssystem. Kein anderes Ausbildungssystem der beruflichen Qualifizierung kann so unmittelbar auf Veränderungen der Technik, neue Arbeitsanforderungen und neue Formen der Arbeitsorganisation reagieren, wie die duale Ausbildung.

Die soziale Integration in die Arbeitswelt ergibt sich mit den geringsten Reibungen, wenn diese nicht nur das Ziel, sondern auch Inhalt des Ausbildungsprozesses ist. Zur hohen Anerkennung sowohl in den Betrieben der deutschen Wirtschaft als auch bei den Bildungsexperten im In- und Ausland haben im Wesentlichen zwei Gründe beigetragen: Die Berufsausbildung vollzieht sich innerhalb einheitlicher, für das gesamte Bundesgebiet geltender Ausbildungs- und Prüfungsanforderungen, die für jeden Beruf bestimmte Mindestqualifikation zusichern. Die Berufsausbildung endet mit einem allgemein anerkannten Abschluss. Ein einstellender Betrieb kann sich daher nicht nur auf eine Mindestqualifikation verlassen, sondern auch darauf, dass ein neuer Mitarbeiter bereits über einen längeren Zeitraum Erfahrungen in der Arbeitswelt gesammelt hat und deswegen unmittelbar einsatzfähig ist.

Beschreibung der Berufsbildungssysteme in der EU, Hrsg.: Europäisches Zentrum für die Förderung der Berufsbildung (CEDEFOP), Berlin 1997, S. 192

M 9 Berufsausbildung im dualen System

BETRIEB	BERUFSSCHULE
\multicolumn{2}{c}{**Ausbildung**}	
\multicolumn{2}{c}{*staatlich geordnet durch:*}	
Bund	Länder
\multicolumn{2}{c}{*begründet durch:*}	
Ausbildungsvertrag	Berufsschulpflicht
\multicolumn{2}{c}{*inhaltlich festgelegt in:*}	
Ausbildungsordnung	Rahmenlehrplan
\multicolumn{2}{c}{*überwacht durch:*}	
zuständige Stellen (Kammern)	Schulaufsicht
\multicolumn{2}{c}{*finanziert durch:*}	
Ausbildungsbetrieb	Länder
\multicolumn{2}{c}{**Ausbildungsdauer in der Regel drei bis dreieinhalb Jahre**}	
Gesellenbrief	Abschlusszeugnis

Arbeitsvorschläge

1. Erarbeiten Sie die grundlegenden Unterschiede der zwei in M 6 aufgeführten Bildungssysteme in Europa und stellen Sie diese in einer Übersicht gegenüber!

2. Die Unterschiedlichkeit der Bildungs- und Ausbildungsgänge in Europa kann mit Hilfe von M 7 genauer untersucht werden. Erarbeiten Sie die grundlegenden Unterschiede hinsichtlich der Verteilung auf die verschiedenen Bildungs- bzw. Ausbildungsmöglichkeiten in den vier Staaten der EU.

3. Erklären Sie mit Hilfe von M 7/M 9 + M 8 die Struktur und den Aufbau des dualen Systems der Berufsausbildung in Deutschland!

4. In M 8 wird das duale System als Standortvorteil der deutschen Wirtschaft bezeichnet. Welche Vorteile sind mit diesem System der Berufsausbildung verbunden?

Stichwort:

Ausbildungsordnung
Die Berufsausbildung im Rahmen des dualen Systems geschieht in 396 anerkannten Ausbildungsberufen (vgl. § 25 BBiG); die Ausbildung hat dabei auf der Grundlage der jeweiligen Ausbildungsordnung (§ 28 BBiG) zu erfolgen. In der Ausbildungsordnung (vgl. M12) ist festgelegt:
– die Bezeichnung des Ausbildungsberufes,
– die Ausbildungsdauer,
– die Fertigkeiten und Kenntnisse, die Gegenstand der Berufsausbildung sind,
– eine Anleitung zur sachlichen und zeitlichen Gliederung der Fertigkeiten und Kenntnisse (Ausbildungsrahmenplan),
– die Prüfungsanforderungen für die Abschlussprüfung.

Berufsausbildung ohne Regeln? Nein danke!

Das Ausbildungssystem ist in der Bundesrepublik gesetzlich geregelt. Die Kammern haben die gesetzliche Verpflichtung, die Durchführung der Berufsausbildung zu überwachen. Zuständig sind hierfür die Ausbildungsberater der Kammern, welche die Ausbildung in den Betrieben unter folgenden Gesichtspunkten prüfen:
- *Planmäßigkeit, d.h. liegt ein betrieblicher Ausbildungsplan vor?*
- *Sachgerechtigkeit, d.h. werden nur Arbeiten verlangt, die der Ausbildung dienen?*
- *Vollständigkeit, d.h. werden alle Ausbildungsinhalte des Ausbildungsrahmenplanes vermittelt?*

Obwohl in den Ausbildungsordnungen eine genaue Beschreibung der Ausbildungsinhalte zu finden ist, lassen sich nach meinen Beobachtungen große Unterschiede hinsichtlich der Qualität der Ausbildung feststellen. Tauschen Sie daher Ihre Erfahrungen immer wieder untereinander aus und vergleichen Sie den Ausbildungsablauf unter den oben genannten Gesichtspunkten.

Stichwort:

Aufgaben der Kammern:
Handwerkskammer, Industrie- und Handelskammer (IHK), Landwirtschaftskammer, Anwaltskammer, Ärztekammer haben folgende Aufgaben im dualen System zu erfüllen:
- Eintragen, Ändern, Löschen von Ausbildungsverträgen
- Durchführen von Zwischen- und Abschlussprüfungen
- Prüfen der Eignung von Ausbildungsstätte und Prüfer
- Beratung von Betrieben und Auszubildenden
- Erlass von Rechtsvorschriften zur Durchführung der Ausbildung (z. B. Prüfungsvorschriften, Anrechnung von Vorkenntnissen usw.)

Mit dem Erlass des Berufsbildungsgesetzes im Jahr 1969 wurde der Bereich der gesamten Berufsausbildung umfassend durch den Gesetzgeber geregelt. Zuvor war die Ausbildung durch den Ausbildungsvertrag gesetzlich überhaupt nicht bzw. nur lückenhaft in einzelnen Ländern geregelt, zum Teil in Gesetzen aus dem vorigen Jahrhundert, z. B. in der Gewerbeordnung und im Handelsgesetzbuch. Das Berufsbildungsgesetz (BBIG) verfolgt das Ziel, eine umfassende und bundeseinheitliche Grundlage für die berufliche Bildung (Berufsausbildung, berufliche Fortbildung und berufliche Umschulung) zu schaffen. Für jeden Beruf, der ein anerkannter Ausbildungsberuf ist, gibt es eine Ausbildungsordnung. Sie gilt im ganzen Bundesgebiet einheitlich für jeden ausbildenden Betrieb.

Unser Lehrling ist heute in der Berufsschule und konnte kein Bier holen gehen...!

Tja... Glatt verdurstet!

Ohne 2. Berufsschultag würde es manchem Unternehmer besser gehen...

M 10 Pflichten des Auszubildenden

- Sorgfältige Ausführung der ihm aufgetragenen Aufgaben
- Teilnahme an Ausbildungsmaßnahmen, für die er freigestellt ist (z. B. Berufsschulunterricht)
- Den Weisungen von Ausbildern und Ausbildenden folgen
- Die Betriebsordnung beachten
- Werkzeug, Maschinen und sonstige Einrichtungen pfleglich behandeln
- Über Betriebs- und Geschäftsgeheimnisse Stillschweigen bewahren

§9 BBIG

M 11 Gegenstand des BBIG

Das Berufsbildungsgesetz geht für die betriebliche Berufsbildung vom „dualen System" aus: die berufliche Ausbildung erfolgt getrennt in den Lernorten „Schule" und „Betrieb", was zu folgender Struktur der Berufsbildung führt: Art und Umfang des Angebots an Ausbildungsplätzen hängen von der Gestaltung durch die private Wirtschaft ab. Es gibt kein dem Anspruch allgemeinbildender Schulen vergleichbares „Recht auf berufliche Bildung". ... Das BBIG enthält vor allem Vorschriften über das Berufsausbildungsverhältnis (§§ 3 bis 19), die Ordnung der Berufsausbildung (Berechtigung zum Ausbilden, Anerkennung von Ausbildungsberufen und Ausbildungsordnungen, das Prüfungswesen) und die Überwachung der Regelung der Berufsausbildung (§§ 20 bis 49) sowie die Beteiligung von Arbeitgebern, Arbeitnehmern und Lehrern der Berufsschulen in den Ausschüssen für Berufsbildung (§§ 50 bis 59).

Kittner, Michael: Arbeits- und Sozialordnung, Köln 1993, S. 507

Das Berufsbildungsgesetz

M 12 Ausbildungsordnung und Ausbildungsvetrag

Berufsbildungsgesetz – BBIG

Festlegung der Inhalte
- der Ausbildungsordnung
- des Ausbildungsvertrages

Ausbildungsordnung
§ 25 BBiG

- Bezeichnung des Ausbildungsberufes
- Ausbildungsdauer
- Ausbildungsrahmenplan
- Prüfungsanforderungen
- Ausbildungsberufsbild

Ausbildungsvertrag
§§ 3-5 BBiG

- Beginn und Dauer der Berufsausbildung
- Arbeitszeit
- Probezeit
- Kündigung
- Vergütung
- Urlaub
- Gliederung der Berufsausbildung
- Rechte und Pflichten des Auszubildenden und des Ausbildenden

nach: Ausbildung und Beruf, Hrsg. Bundesminsterium für Bildung, Wissenschaft, Forschung und Technologie, 29. Auflage, Bonn 1998, § 4 BBiG

M 13

Beendigung des Ausbildungsverhältnisses
durch

- Ablauf der Ausbildung § 14 Abs. 1 BBiG
- Abschlussprüfung § 14 Abs. 2 BBiG
- Kündigung § 15 BBiG
  - während der Probezeit § 15, Abs. 1 BBiG
  - nach Ablauf der Probezeit § 15, Abs. 2 BBiG
    - aus einem wichtigen Grund ohne Kündigungsfrist § 15 Abs. 2 Nr. 1 BBiG
    - Aufgabe der Berufsausbildung § 15 Abs. 2 Nr. 2 BBiG

Arbeitsvorschläge

1. Mit Inkrafttreten des Berufsbildungsgesetzes 1969 wurde das berufliche Bildungswesen bundeseinheitlich geregelt (**M 11** / **M 12**). Überlegen Sie, welche Vorteile sich hieraus für die Ausbildung und für die Auszubildenden ergeben.

2. Die Qualität einer Ausbildung wird nicht allein durch die Inhalte, sondern auch und ganz besonders durch die Ausbildungsmethoden bestimmt. Stellen Sie im Klassengespräch fest, wie im Einzelnen die Ausbildung in Ihren Ausbildungsbetrieben erfolgt.

3. In der Ausbildungsordnung (**M 12**) ist eine genaue Beschreibung der einzelnen Ausbildungsinhalte festgelegt. Diese sind nicht als unverbindliche Selbstverpflichtung anzusehen, sondern stellen einen einklagbaren Rechtsanspruch dar. Erläutern Sie diese Aussage.

4. In **M 10** sind die Pflichten des Auszubildenden aufgeführt. Stellen Sie diesen Pflichten die Pflichten des Ausbildenden (§ 6 BBiG) gegenüber. Auf welche Situation will dabei die Karikatur hinweisen?

5. Die Zahl der vorzeitig gelösten Ausbildungsverträge nimmt stetig zu. Hierfür können ganz unterschiedliche Gründe verantwortlich sein. Bearbeiten Sie mit Hilfe der Übersicht **M 13** und den entsprechenden Paragraphen des BBIG die einzelnen Auflösungsgründe und führen Sie exemplarisch jeweils 1 Beispiel pro Kündigungsgrund auf!

Jugendarbeitsschutz (nicht) für Erwachsene

Bisher sah das Jugendarbeitsschutzgesetz vor, dass berufsschulpflichtige erwachsene Auszubildende genauso behandelt werden mussten wie jugendliche Auszubildende. Daraus ergaben sich zwangsläufig Beschäftigungseinschränkungen und -verbote an Berufsschultagen. Im Grunde war diese Bestimmung vom Gesetzgeber vor über 20 Jahren als Ausnahmeregel vorgesehen worden. Heute sind ca. 70 Prozent aller Auszubildenden bereits bei Beginn ihrer Ausbildung volljährig bzw. werden im ersten Ausbildungsjahr volljährig. Deren Einbeziehung in die Bestimmungen des Jugendarbeitsschutzgesetzes wurde von den Arbeitgebern immer wieder heftig kritisiert und als ein „ausbildungshemmender Faktor" bezeichnet. Dieser Kritik wurde am 1. März 1997 nachgegeben und das Jugendarbeitsschutzgesetz entsprechend geändert: Volljährige Auszubildende dürfen nun auch nachmittags nach dem Berufsschulunterricht beschäftigt werden. Die betriebliche Ausbildungszeit erhöht sich damit für Volljährige um bis zu 30 Tage!

Die Geschichte des Jugendarbeitsschutzes ist untrennbar mit der Geschichte der Industrialisierung verbunden. Die mit Beginn der Industrialisierung im 19. Jahrhundert massiv ansteigende Kinderarbeit in Fabriken und Bergwerken führte zu Forderungen nach einem Verbot der Arbeit von Kindern unter 14 Jahren, da sich sehr schnell erhebliche gesundheitliche Schäden bei den Kindern und Heranwachsenden herausstellten. Die Notwendigkeit eines gesetzlichen Kinder- und Jugendarbeitsschutzes wurde von der preußischen Ministerial- bzw. Militärbürokratie anerkannt. Der Schutz Jugendlicher in Arbeit und Ausbildung ergibt sich aus der arbeitsmedizinisch gesicherten Erkenntnis, dass gerade Heranwachsende weder körperlich noch geistig-seelisch in gleichem Maße belastbar sind.
Der Schutz der Gesundheit Jugendlicher in Arbeit und Ausbildung umfasst 3 Bereiche:
– die körperliche Eignung des Jugendlichen für den jeweiligen Ausbildungsberuf;
– die Arbeitszeit, in der Jugendliche ausgebildet bzw. beschäftigt werden dürfen;
– die Sicherheit am Ausbildungs- bzw. Arbeitsplatz.

M 14 Mehr Zeit im Betrieb

Seit dem 1. März 1997 ist das neue Jugendarbeitsschutzgesetz in Kraft. Neu ist, dass die Beschäftigungsverbote an Berufsschultagen (§ 9 Abs. 1 JArbSchG) und die Vorgaben zur Anrechnung von Berufsschulzeiten (§ 9 Abs. 2 JArbSchG) nicht mehr für volljährige Auszubildende gelten. Eine Beschäftigung im Betrieb ist somit auch nach dem Berufsschulunterricht möglich, nicht jedoch vor dem Unterricht, wenn dieser vor neun Uhr (§ 9 Abs. 1 Nr. 1 JArbSchG) beginnt. Die Anrechnung des Berufsschulunterrichts auf die Arbeitszeit richtet sich nicht mehr nach dem Jugendarbeitsschutzgesetz, sondern nach dem Arbeitszeitgesetz (ArbZG) bzw. einer eventuellen vertraglichen oder tarifvertraglichen Vereinbarung. Nach dem Arbeitszeitgesetz (§ 3 ArbZG) gilt, dass die werktägliche Arbeitszeit grundsätzlich 8 Stunden nicht überschreiten darf, sie kann allerdings auf bis zu zehn Stunden verlängert werden, wenn innerhalb von 6 Monaten oder 24 Wochen im Durchschnitt 8 Stunden werktäglich nicht überschritten werden. Gerechnet wird die Zeit des Unterrichts, dabei ist zu beachten, dass eine Unterrichtsstunde nur 45 Minuten dauert. Wegezeiten sind nicht zu berücksichtigen. Wenn eine Beschäftigung nach dem Berufsschulunterricht zwar noch zulässig wäre, aber wegen langer Wegezeiten nicht sinnvoll ist, kann die Beschäftigung an anderen Tagen nachgeholt werden. Die Regelung, wonach Jugendliche nur an fünf Tagen in der Woche beschäftigt werden dürfen, wird durch den Zusatz ergänzt, dass die beiden beschäftigungsfreien Tage (Ruhetage) nach Möglichkeit aufeinander folgen sollen (§ 15 JArbSchG).

Niedersächsische Wirtschaft 7/97, S. 30

Das Jugendarbeitsschutzgesetz

M 15

Jugendarbeitsschutz

Geltungsbereich des Jugendarbeitsschutzgesetzes:
Ausbildung und Beschäftigung von Jugendlichen unter 18 Jahren

Arbeitszeit
- 40 Stunden in der Woche bis zu 8 Stunden am Tag
- 5-Tage-Woche
- Schichtzeit (Arbeitszeit und Pausen) höchstens 10 Stunden am Tag
- Arbeitsbeginn ab 6 Uhr, Arbeitsschluss spätestens um 20 Uhr
- Ruhepausen
- Verbot der Samstags- und Sonntagsarbeit
- Jahresurlaub

Beschäftigungsverbot
- für Kinder unter 15 Jahren
- Keine gefährlichen Arbeiten
- Keine Akkordarbeit
- Keine Arbeit unter Tage

Gesundheits- und Gefahrenschutz
- Ärztliche Untersuchungen
- Beurteilung der Arbeitsbedingungen durch den Arbeitgeber
- Schutz gegen Gefahren am Arbeitsplatz
- Züchtigungsverbot

Freistellung zum Berufsschulunterricht

ZAHLENBILDER
280 040
© Erich Schmidt Verlag

M 16 Kritik an der Änderung des Jugendarbeitsschutzgesetzes

Auch die Änderung des Jugendarbeitsschutzgesetzes wird keine zusätzlichen Ausbildungsplätze schaffen. Sie wird allerdings dazu führen, dass sich Auszubildende in der Berufsschule nicht mehr im erforderlichen Umfang konzentrieren können, da sie möglicherweise vor bzw. nach dem Berufsschulunterricht noch im Betrieb tätig sein müssen. Dadurch entsteht nicht nur eine Beeinträchtigung der Lernleistung in der Berufsschule, sondern u. a. auch ein erhöhtes Unfallrisiko im Betrieb. Die Änderung führt dazu, dass für viele Auszubildende mangels tarifvertraglicher oder vertraglicher Regelungen eine höhere Wochenarbeitszeit gilt als für Arbeitnehmer.

Gewerkschaftliche Bildungspolitik 3/4 97, S.6

M 17 Was tun bei Problemen in der Ausbildung?

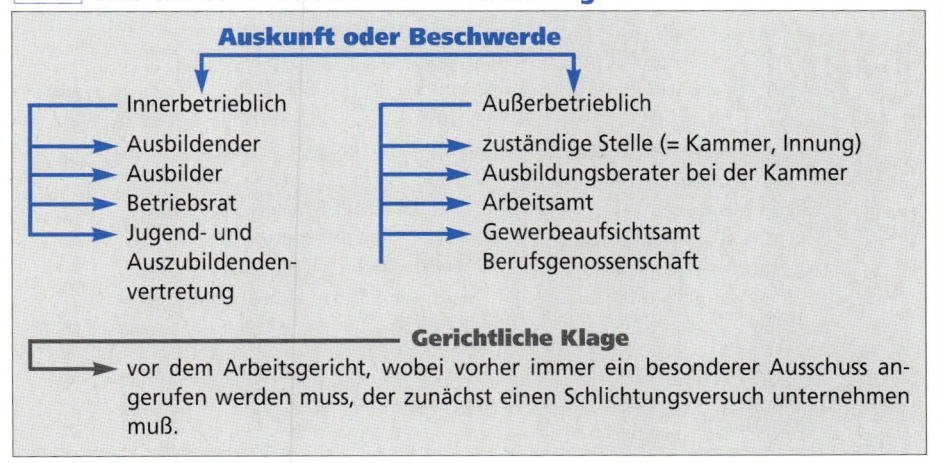

Auskunft oder Beschwerde

Innerbetrieblich
→ Ausbildender
→ Ausbilder
→ Betriebsrat
→ Jugend- und Auszubildendenvertretung

Außerbetrieblich
→ zuständige Stelle (= Kammer, Innung)
→ Ausbildungsberater bei der Kammer
→ Arbeitsamt
→ Gewerbeaufsichtsamt
→ Berufsgenossenschaft

Gerichtliche Klage
→ vor dem Arbeitsgericht, wobei vorher immer ein besonderer Ausschuss angerufen werden muss, der zunächst einen Schlichtungsversuch unternehmen muss.

zusammengestellt nach: IHK-Arbeitshilfe für Ausbilder. Rechtsgrundlagen der Berufsausbildung. Bielefeld 1991, S. 26 ff.

Arbeitsvorschläge:

1. Welche Folgen ergeben sich aus dem am 1. März 1997 geänderten Jugendarbeitsschutzgesetz (**M 14**) für Auszubildende bezüglich der Beschäftigung im Anschluss an einen Berufsschultag?

2. Erarbeiten Sie für die nachfolgend aufgeführten Punkte die gesetzlichen Bestimmungen des JArbSchG unter Angabe des jeweiligen Paragraphen:
- Geltungsbereich
- Mindestalter
- Dauer der Arbeitszeit
- Beschäftigung vor bzw. nach dem Berufsschulunterricht
- Tägliche Freizeit
- Nachtruhe
- Samstagsruhe
- Sonntagsruhe
- Urlaub

3. Ist die in **M 16** geäußerte Kritik aus Ihrer Sicht und persönlichen Erfahrungen gerechtfertigt? Begründen Sie Ihre Meinung!

5. Entwickeln Sie mit Hilfe von **M 17** eine Strategie, wie Sie bei evtl. auftretenden Problemen vorgehen würden. Mit wem würden Sie zuerst sprechen, wie würden Sie weiter vorgehen?

Wie würden Sie entscheiden?

Wie würden Sie reagieren, wenn Sie regelmäßig länger arbeiten müssten, keine ausreichende Frühstücks- oder Mittagspause hätten oder nicht den Ihnen zustehenden Urlaub erhalten würden? Sie würden sich zunächst einmal ärgern, so vermute ich. Und dann? Ich erlebe es immer wieder im Unterricht, dass Probleme aus dem Betrieb geschildert werden, deren Lösung trotz eindeutiger rechtlicher Regelungen manchmal schwierig ist. Wir suchen in solchen Fällen gemeinsam nach Lösungsmöglichkeiten. Mein Problem ist dabei oftmals, dass ich mir unsicher bin, welchen Rat ich geben soll bzw. kann. Viele Betriebe beobachten sehr kritisch die ausführliche Behandlung des Jugendarbeitsschutzgesetzes (JArbSchG) bzw. des Berufsbildungsgesetzes (BBiG). Ich möchte Sie bitten, die zwei nachfolgend aufgeführten Fallbeispiele zu bearbeiten, die aus meiner Erfahrung typische Probleme während der Ausbildung umfassen und Handlungsmöglichkeiten zu entwickeln!

Fallbeispiele beschreiben eine zu einem bestimmten Zeitpunkt offene Problemsituation, deren Lösungsmöglichkeiten im Verlauf der Bearbeitung im Vordergrund stehen. Es handelt sich dabei i.d.R. um die Beschreibung einer konkreten Situation aus dem Alltagsleben, auf deren Grundlage eine Entscheidung getroffen werden muss. Zu beachten ist dabei, dass sich die nachfolgend aufgeführten Fallbeispiele auf Einzelfälle beziehen. Sie sagen somit nichts darüber aus, wie häufig die in der Fallschilderung beschriebenen oder vergleichbaren Probleme im Alltag auftreten. Es wäre daher wünschenswert, im Anschluss an die Bearbeitung dieser Fallschilderungen beim zuständigen Gewerbeaufsichtsamt Statistiken über die Häufigkeit von Verstößen gegen das Berufsbildungsgesetz und das Jugendarbeitsschutzgesetz zu erfragen und zu analysieren.

Arbeitsvorschlag
Die nachfolgend aufgeführten Fallbeispiele sollen Sie mit Hilfe der Bestimmungen des Jugendarbeitsschutzgesetzes bearbeiten. Sie müssen dabei einerseits die rechtliche Situation prüfen und andererseits eine Strategie (M 17) zur Bewältigung der geschilderten Problemfälle erarbeiten. Sie können hierbei lernen, wie man Probleme analysiert, Lösungsstrategien und -varianten entwickelt und schließlich Entscheidungen trifft. Bei der Lösung der 2 Fallbeispiele empfiehlt es sich, folgende Fragestellungen bei der Bearbeitung und Planung der weiteren Vorgehensweise zu berücksichtigen:

Bearbeitungsstruktur von Fallbeispielen	⇨ Was ist das Problem? ⇨ Welches sind die Ursachen? ⇨ Welche Interessen stehen sich gegenüber? ⇨ Was soll erreicht werden? ⇨ Auf welche Rechte kann man sich stützen? ⇨ Handlungsmöglichkeiten ⇨ Vorteile ⇨ Nachteile

Tipp
Diskutieren und analysieren Sie weitere Fälle aus Ihrem eigenen Erfahrungsbereich! Sie sollten vor allem noch einmal über Strategien (M 17) zur Durchsetzung Ihrer Interessen nachdenken. Dabei sollten Sie aber Ihre Pflichten (M 10), die Sie als Auszubildender haben, nicht aus dem Auge verlieren!

§ 9 JArbSchG
(1) Der Arbeitgeber hat den Jugendlichen für die Teilnahme am Berufsschulunterricht freizustellen
  1. vor einem vor 9 Uhr beginnenden Unterricht; dies gilt auch für Personen, die über 18 Jahre alt und noch berufsschulpflichtig sind.
  2. an einem Berufsschultag mit mehr als fünf Unterrichtsstunden von mindestens je 45 Minuten, einmal in der Woche,
  3. in Berufsschulwochen mit einem planmäßigen Blockunterricht von mindestens 25 Stunden an mindestens fünf Tagen; zusätzliche betriebliche Ausbildungsveranstaltungen bis zu zwei Stunden wöchentlich sind zulässig.

(2) Auf die Arbeitszeit werden angerechnet
  1. Berufsschultage nach Absatz 1 Nr. 2 mit acht Stunden,
  2. Berufsschulwochen nach Absatz 1 Nr. 3 mit 40 Stunden
  3. im übrigen die Unterrichtszeit einschließlich der Pausen.

(3) Ein Entgeltausfall darf durch den Besuch der Berufsschule nicht eintreten.

(4) gestrichen *(vorher: Die Absätze 1-3 gelten auch für berufsschulpflichtige Personen über 18 Jahre)*

§ 15 JArbSchG
Jugendliche dürfen nur an fünf Tagen in der Woche beschäftigt werden. Die beiden wöchentlichen Ruhetage sollen nach Möglichkeit aufeinander folgen.

Fallbeispiel: Alltagsprobleme von Auszubildenden

M 18 Wie werden die Zeiten des Berufsschulunterrichts angerechnet?

Berücksichtigt wird die tatsächliche Unterrichtszeit; dabei ist zu beachten, dass eine Unterrichtsstunde nur 45 Minuten dauert. Beispiel: Acht Unterrichtsstunden mit 45 Minuten sind sechs Zeitstunden. Wegezeiten sind nicht zu berücksichtigen. In Abkehr von der bisher vertetenen Auffassung sind die Pausen nicht anzurechnen, da Pausen nach dem Arbeitszeitgesetz (§ 4 ArbZG) bei der betrieblichen Arbeitszeit nicht angerechnet werden; sie stellen vielmehr Unterbrechungen der Arbeitszeit dar. Bezüglich der Berechnung der betrieblichen Arbeitszeit ist folgendes zu beachten: Maßgeblich ist hier zunächst das auch für Auszubildende (§ 2 Abs. 2 ArbZG) geltende Arbeitszeitgesetz, wonach die werktägliche Arbeitszeit acht Stunden nicht überschreiten darf . Da auch der Samstag ein Werktag ist, gelten grundsätzlich für Erwachsene 48 Stunden als höchstzulässige Arbeitszeit. Diese Höchstarbeitszeit kann durch tarifvertragliche oder durch individuelle Regelung im Ausbildungsvertrag eingeschränkt werden. Darin liegt aber noch keine Vereinbarung zur Anrechnung der Berufsschulzeit auf diese kürzere Arbeitszeit. Berufsschulzeiten werden mangels anderer Regelungen auf die gesetzliche Höchstarbeitszeit angerechnet und nicht auf die kürzere tarifliche Arbeitszeit.

Niedersächsische Wirtschaft 7/1997, S. 9

Fall 1: Zulässige Arbeitszeit und Urlaubsdauer

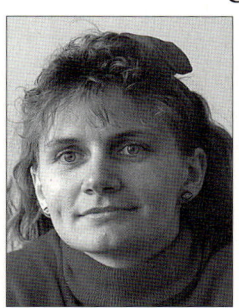

Sabine, 17 Jahre, Auszubildende im Einzelhandel

Sabine, (17 Jahre) absolviert eine Ausbildung als Einzelhandelskauffrau in einem Lebensmittelsupermarkt. Die Arbeit macht ihr viel Spaß.

Der Arbeitstag beginnt für Sabine bereits um 7.30 Uhr, da sie beim Auspacken und Dekorieren der Waren hilft, damit diese bei Geschäftseröffnung ordentlich ausliegen. Zwischen 8.30 Uhr und 9.00 Uhr kann sie ihre Frühstückspause einlegen und mittags hat sie von 13.00 Uhr bis 15.00 Uhr Pause.

Geschäftsschluss ist pünktlich um 18.00 Uhr, Feierabend hat sie jedoch im Normalfall erst um ca. 18.30 Uhr. Sie hat schon oft deutlich gemacht, dass sie mit diesem langen Arbeitstag nicht einverstanden ist.

Richtigen Ärger hat es allerdings in der letzten Woche gegeben: Anlass war Sabines Urlaubsantrag. Sie hatte genau 5 Wochen und 2 Tage Urlaub angemeldet, da sie zu Beginn des Jahres noch nicht 17 Jahre alt war. Ihr Chef meint hingegen, daß ihr lediglich 4 Wochen und 3 Tage Urlaub zustehen. Sabine ist recht ratlos.

Wie ist die Rechtslage?
Muss Sabine sich mit den oben geschilderten Arbeitszeiten abfinden?
Wie viel Urlaubstage stehen Ihr zu?
Klären Sie die Frage der zulässigen Arbeitszeit und der Urlaubsdauer (Berechnung nach Arbeitstagen oder nach Werktagen) mit Hilfe des Jugendarbeitsschutzgesetzes.

Fall 2: Fünf-Tage-Woche und Samstagsruhe

Peter (17 Jahre) ist im zweiten Ausbildungsjahr in einer Einzelhandelsfiliale beschäftigt. Aufgrund der Tatsache, dass die Filiale täglich nur von 8:00 Uhr bis 14:00 Uhr geöffnet hat, muss Peter neben dem Berufsschultag, der Montags in der Zeit von 8:00 Uhr bis 14:00 Uhr stattfindet und mit 6 Stunden auf die wöchentliche Arbeitszeit angerechnet wird, noch weitere 5 Tage in der Woche arbeiten. Der Chef hält dies für angemessen, da er schließlich jeden Nachmittag bereits ab 14:00 Uhr frei hat.

Klären Sie zunächst,
ob die Anrechnung des Berufsschulunterrichts den Bestimmungen des JarbSchG entspricht.
Prüfen Sie weiterhin,
ob eine Bestätigung
in dem angegebenen Zeitraum
zulässig ist.

Schlüsselqualifikation: Der Schlüssel zum Erfolg!

„Neben der qualifizierten Ausbildung erwarten wir ein hohes Maß an Selbständigkeit, analytischem Denkvermögen, Leistungsbereitschaft und Eigeninitiative sowie Bereitschaft für Teamarbeit" – so oder ähnlich ist es in den Stellenangeboten der Zeitungen immer wieder zu lesen. Beschrieben werden hiermit einige der grundlegenden, für die moderne Berufswelt als unverzichtbar geltenden Qualifikationen. Zu einem guten Mitarbeiter gehört heute vielfach mehr als nur die fachliche Qualifikation:
Er muss zusätzlich über inner- und außerfachliche Qualifikationen verfügen. Dem Grundsatz „Ein Bild ist mehr als 1 000 Worte" folgend, zeigt das Schaubild in **M 32** die Qualifikations- und Kompetenzstruktur der beruflichen Handlungsfähigkeit in einer etwas vereinfachten Darstellung. Dieser Ansatz besagt, dass die Vermittlung von Fachkompetenz im Rahmen der beruflichen Erstausbildung nicht mehr ausreicht, sondern die anderen Kompetenzbereiche hinzukommen müssen. Haben Sie das Gefühl, ausreichend auf die Welt von morgen vorbereitet, d. h. ausgebildet zu werden?

Jeder bemerkt es im Alltag, dass sich die Arbeitswelt verändert. Vielfach wird auch davon gesprochen, dass wir uns von der Industrie- zur Informationsgesellschaft hin entwickeln. Betrachtet man den Beitrag einzelner Wirtschaftsbereiche zum Bruttosozialprodukt, so stimmt das. Als Folge dieser Entwicklung verändert sich auch die menschliche Arbeit: Der Anteil geistiger Arbeit nimmt zu. Die Menschen werden in Zukunft viel stärker als bisher in immer kürzer werdenden Zeitabständen Neues lernen müssen. Diese Entwicklung hat nicht nur angenehme Seiten: Einerseits wird menschliche Arbeitskraft in bestimmten Wirtschaftssektoren immer weniger benötigt, andererseits steigen die Belastungen und Anforderungen am Arbeitsplatz durch erhöhte Anforderungen im Beruf. Ganz entscheidend ist die Frage, welche Qualifikationen zukünftig von Bedeutung sein werden.

„Sie sind unser Mann! Schließlich brauchen wir Leute mit Eigeninatiative und Rückgrat"

M 19 Arbeitsmarkt im Wandel

	Erwerbstätige in Deutschland in 1.000		Veränderung 2010 gegenüber 1991 in %
1991 2010	10.998 9.168	Industrie	– 17%
1991 2010	7.274 8.125	Staat, Organisationen	+ 12%
1991 2010	6.288 8.656	Dienstleistungen	+ 38%
1991 2010	4.697 4.249	Handel	– 10%
1991 2010	2.541 2.513	Bau	– 1%
1991 2010	2.128 1.939	Verkehr/Post	– 9%
1991 2010	1.393 762	Landwirtschaft	– 45%

Start frei, hrsg. vom Bundesverband deutscher Banken 1998, S. 88

M 20

Was sich Arbeitgeber wünschen:
Von je 100 Unternehmen äußerten vor allem diese Wünsche:

... von ihren Angestellten		... von ihren Arbeitern	
Mehr EDV Kenntnisse	68	Mehr Bereitschaft/Fähigkeit zu wechselnder Arbeit	74
Mehr Durchblick im Betrieb (Information, Kommunikation)	43	Mehr Qualitätsbewusstsein	53
Bessere Grundausbildung	41	Höhere Akkordleistungen	41
Exaktere Planung und Steuerung der Produktion	39	Mehr Sorgfalt/ Sachkunde beim Umgang m. Maschinen, Geräten, Einrichtungen	40

Perspektiven der Qualifikations- und Beschäftigungsentwicklung

M 21 Anforderungsgerechte Qualifizierung aus Sicht der Auszubildenden

Wenn bislang viele Auszubildende eine möglichst frühzeitige Spezialisierung zum Ziel hatten, um schnell zum gefragten Fachmann aufzusteigen, so steht heute im Umfeld drohender Nichtübernahme nach der Ausbildung der Wunsch nach breitgefächerter, am Arbeitsmarkt möglichst firmenunabhängig verwertbarer Ausbildung im Vordergrund. Die Ausbildung muss
- breit angelegt sein und in den Grundlagen eine Basis schaffen, auf die später aufgebaut werden kann;
- Grundfertigkeiten ausbilden, damit sie in „Fleisch und Blut" übergehen;
- Flexibilität als Ausbildungsziel berücksichtigen, sie darf nicht zu firmenspezifisch sein, da nicht sichergestellt ist, dass alle Auszubildenden übernommen werden können;
- Gruppenarbeit in der Ausbildung berücksichtigen.

Horst Kopp (Deutsche Lufthansa AG), Dieter Grund (RWE) und Ulrich Kletke (Unternehmensberatung) in: Berufsausbildung auf dem Prüfstand, Hrsg. Kuratorium der Deutschen Wirtschaft, Bonn 1994, S. 40

M 22

höherqualifizierte Tätigkeiten
28% (1985) → 40% (2010)
Führungsaufgaben, Organisation und Management, qualifizierte Forschung und Entwicklung, Betreuung, Beratung, Lehren u.ä.

mittelqualifizierte Tätigkeiten
45% (1985) → 43% (2010)
Fachtätigkeiten in der Produktion, Maschinen einrichten, Reparieren, Fachver(ein)käufer, Sachbearbeiter, Assistententätikeiten (Forschung/Entwicklung).

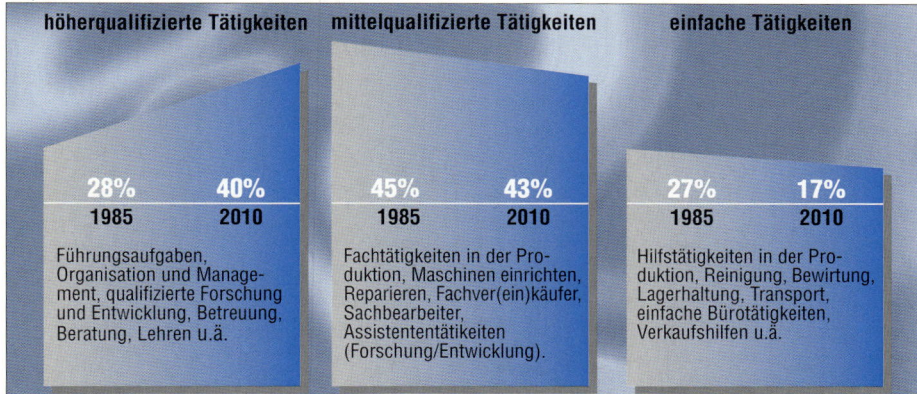

einfache Tätigkeiten
27% (1985) → 17% (2010)
Hilfstätigkeiten in der Produktion, Reinigung, Bewirtung, Lagerhaltung, Transport, einfache Bürotätigkeiten, Verkaufshilfen u.ä.

IAB/Prognos-Projektion 1988/89 aus: Prognos AG, Arbeitslandschaft bis 2010, in: Start frei (vgl. M 19)

M 23 Ein Begriff macht Karriere: Schlüsselqualifikation

Der Begriff der „Schlüsselqualifikation" wurde 1974 in der Arbeitsmarktforschung von Dieter Mertens kreiert, dem damaligen Direktor des Instituts für Arbeitsmarkt und Berufsforschung. Der Begriff „Schlüsselqualifikation" diente ihm zur anschaulichen Umschreibung der Fähigkeit, auf unvorhersehbare neue Anforderungen flexibel und mobil so reagieren zu können, dass die einmal erworbene Berufsqualifikation erhalten bleibe.

Seit dieser Zeit spricht man in diesem Zusammenhang vom arbeitsmarktpolitisch begründeten Konzept der Vermittlung von Schlüsselqualifikationen. Seit einigen Jahren ist aufgrund der Entwicklung der Informations- und Kommunikationstechnik und Veränderungen, vor allem in der Arbeitsorganisation, auf betrieblicher Ebene von Schlüsselqualifikationen die Rede. Die Arbeitszerlegung weicht zunehmend der Integration und Verzahnung von Aufgaben. Daraus resultieren höhere Qualifikationsanforderungen, Arbeitsbereicherung, Zusammenfassung und Vernetzung von Einzelvorgängen, Delegation von Verantwortung sind weitere prägende Veränderungen.

WirtschaftsSpiegel 8/93, S. 4

Fachkompetenz: Fachkönnen/Fachwissen, z. B.
- Rechnen
- Programmiertechnik
- Material-Kenntnisse und Fähigkeiten

Methodenkompetenz: Lern- und Arbeitsmethoden, z. B.
- Logisches Denken
- Entscheidungsfähigkeit
- Selbständiges Lernen
- Begründungs- und Bewertungsfähigkeit

Handlungskompetenz: Ganzheitliche Qualifikation und Motivation

Personal- und Sachkompetenz: Personale Verhaltensweisen, z. B.
- Kommunikationsfähigkeit
- Fairness
- Einsatzbereitschaft
- Kooperationsfähigkeit
- Verantwortungsfähigkeit
- Selbständigkeit

Arbeitsvorschläge

1. Welche Fähigkeiten morgen noch im Arbeitsleben gebraucht werden, lässt sich schwer voraussagen. Stellen Sie fest, welche Qualifikationen zur Zeit von Arbeitgebern (M 20) besonders nachgefragt werden.

2. Erarbeiten Sie die Voraussetzungen einer „Anforderungsgerechten Qualifizierung" (M 21) und prüfen Sie, ob bzw. in welchem Umfang die hier genannten Kriterien bereits im Rahmen Ihrer Ausbildung Berücksichtigung finden!

3. Beschreiben Sie mit Hilfe von M 22 den Begriff der „Schlüsselqualifikation" und stellen Sie den Begründungszusammenhang hinsichtlich der Entstehung dieses neuen Qualifikationsmerkmals her!

4. Erläutern Sie den in M 22 dargestellten Zusammenhang und ordnen Sie Ihre Ausbildung diesem Entwicklungsverlauf zu! Welche Konsequenzen bzw. Probleme ergeben sich für Sie persönlich bzw. insgesamt für die Erwerbstätigkeit?

Von Taylor zum Team

Ich bin sicher, viele von Ihnen sind zu Hause und in der Familie mit viel Freiheit und Verständnis aufgewachsen. Im Vergleich zu früher kann heute das Streben nach Selbstentfaltung und Individualität als ein vorrangiges Erziehungsziel in Elternhaus und Schule bezeichnet werden. Ich beobachte das sehr deutlich bei meinen eigenen Kindern bzw. beim Rückblick auf meine eigene Erziehung, die von deutlich anderen Wertvorstellungen geprägt war: Im Vordergrund stand eher ein Erziehungsleitbild, was mit den Begriffen Gehorsam, Ordnung und Pflichterfüllung beschrieben werden kann. Die veränderten Erziehungsformen haben auch, so meine Erfahrung im Unterricht, die Erwartungshaltung an das Arbeits- und Berufsleben deutlich verändert: gefordert wird ein Arbeitsplatz, an dem sich jeder als Individuum gestaltend einbringen kann. Mit Arbeit und Beruf verbindet die Mehrheit der Jugendlichen, so eine Umfrage der „Informedia-Stiftung" im Januar 1995, die Hoffnung auf Freude, Spaß, Sinnerfüllung statt Last, Unterordnung, Fremdbestimmung und Frust. Ich glaube, wenn Sie Ihre Eltern und Großeltern fragen, wie es noch vor 20 und mehr Jahren in den Betrieben zugegangen ist und dies mit Ihren eigenen Erfahrungen vergleichen, dann werden Sie sicher sehr schnell feststellen, dass sich vieles geändert hat.

Von alten und neuen Arbeitsformen im Betrieb und den Veränderungen, die sich zur Zeit im Arbeitsleben abzeichnen sowie den hiermit verbundenen neuen Anforderungen und Auswirkungen auf die Arbeitszufriedenheit und Belastungen handelt daher diese Seite.

Basierend auf den Erkenntnissen des amerikanischen Ingenieurs Frederick W. Taylor (1856-1915) wurde die Arbeit in viele kleine Einheiten zerlegt, damit der einzelne Arbeiter möglichst schnell die immer gleichen Handgriffe erledigen konnte. Henry Ford setzte konsequent Taylors Erkenntnisse in der Fließbandfertigung um. Für die Arbeitnehmer wurde die Arbeit dadurch immer stupider und entfremdeter. Als Folge der hochgradigen Arbeitszerteilung konnten nun große Mengen gleicher Produkte kostengünstig wie nie gefertigt werden. Diese Entwicklung war zugleich der Beginn der industriellen Massenproduktion. Die Industrie der Zukunft zeichnet sich jedoch durch andere Produkte, Produktions- und Arbeitsbedingungen aus. In dem Maße, wie sich im Beschäftigungssystem Arbeitsanforderungen auf der Basis veränderter Produktionskonzeptionen breiter durchsetzen, um den Vorteil selbständig und ganzheitlich denkender und handelnder Arbeitskräfte zu nutzen, bilden sich neue Anforderungsprofile heraus, die sich von früheren Anforderungen grundlegend unterscheiden: In der die engspezialisierte Einzelarbeit durch Gruppenarbeit ersetzt wird, in der Fachkräfte in Eigenverantwortung planen, organisieren, produzieren und auch die Qualitätskontrolle übernehmen.

M 24 Lernziel Verantwortung

Neue Formen der Arbeitsorganisation, wie teilautonome Gruppenarbeit, benötigen zwingend eine erhöhte Verantwortungsbereitschaft der Beschäftigten. Damit steht der Taylorismus in doppelter Weise zur Disposition: Nicht nur sein Ideal extremer Arbeitszerteilung erweist sich heute überall als dysfunktional, sondern ebenso das „Kommandoprinzip", die Fabrikdisziplin, die Anweisung-Gehorsam-Struktur, die ideologisch und juristisch immer aus der kapitalistischen Eigentumsfrage als naturgesetzlich abgeleitet wurde, kommen mit dem neuen Leitbild des „selbständig handelnden Mitarbeiters" in Konflikt.

Michael Ehrke: Qualifikation und Moral, in: Gewerkschaftliche Bildungspolitik 1/94, S.3

M 25 Arbeitsorganisation gestern

Instandhaltung
Fertigungssteuerung   Qualitätswesen
Fertigungsabteilung
Ingenieurwesen   Betriebsmittelplanung
Grundversorgung

So sahen die traditionellen Strukturen – Beispiel Fertigungsabteilung – aus: Die Zuständigkeit der Abteilung war durch ihre Einbettung in ein komplexes Organisationsgefüge stark zurückgeschraubt und klar eingegrenzt. Versorgung, Steuerung, Planung, Instandhaltung und Qualitätskontrolle wurden bewusst außerhalb der Abteilungsgrenzen angesiedelt. Die dort Beschäftigten sollten ausschließlich auf ihre spezielle Tätigkeit fixiert werden.

nach: Berufswelt 2000. Deutscher Instituts-Verlag, Köln 1997, S. 55

M 26 Statt „Misstrauenskultur" besser „Vertrauenskultur" im Betrieb

Wir sind heute Zeuge der Umkehrung der vom US-amerikanischen Ingenieur Frederick W. Taylor im Jahr 1911 formulierten und bislang kaum angezweifelten These, nach der das System wichtiger sei als der Mensch. Was Taylor übersah, sind die sozialen Aspekte der menschlichen Arbeit. Seit einigen Jahren findet eine allmähliche Veränderung des Umgangs zwischen Vorgesetzten und Mitarbeitern statt, die sich erkennbar in Richtung einer auf Vertrauen und Kooperation beruhenden Kultur bewegt. Als ursächlich dafür kann die zunehmende Wichtigkeit von fachlichem Wissen für die Existenz des Unternehmens angesehen werden, denn ein Unternehmen hängt heute viel mehr vom Wissen und Können der Menschen, also deren Know-how ab, als von der Verfügbarkeit der Ressource Kapital. Als ein Megatrend wird die Bedeutung des Individuums herausgestellt.

Müller, Uwe-Renald: Schlanke Führungsorganisationen, Verlag Wirtschaft, Recht und Steuern (WRS), Planegg 1995, S. 147/149

Arbeitsorganisation im Wandel

Gruppengespräch bei Opel in Rüsselsheim: „Wenn wir etwas durchsetzen wollen, müssen wir den Chefs Termine setzen."

M 27 Alte und neue Werte

Stell Dir vor: Du bist (später einmal) Abteilungsleiter in einem Betrieb. Der Personalchef kommt zu Dir und bittet Dich, eine Liste mit Fähigkeiten und persönlichen Merkmalen zu erstellen, nach der Dein neuer Mitarbeiter ausgesucht werden soll. Dieser soll in Euer Team passen, das selbständig und verantwortlich arbeitet.
Wähle aus den folgenden Fähigkeiten und Merkmalen zehn aus, die Du für einen neuen Mitarbeiter oder für eine neue Mitarbeiterin als besonders wichtig ansiehst. Ordne Deine Wahl in eine Rangfolge von 1-10 und begründe Deine Wahl. Er oder sie muss...

– Ordnung halten
– pünktlich sein
– Selbstbeherrschung zeigen
– bereit zur Anpassung sein
– bescheiden sein
– befehlen können
– Kreativität besitzen
– eigenständig arbeiten
– versöhnlich sein
– bereit sein zu Überstunden
– aufstiegsorientiert sein
– aus religiöser/ethischer Überzeugung entscheiden
– erfolgsorientiert vorgehen
– Fantasie haben
– sich unterordnen können
– treu sein zum Betrieb
– kritisch sein
– Fleiß mitbringen
– gehorchen können
– Disziplin halten
– selbständig denken
– konfliktbereit sein
– emanzipiert sein
– Fortbildungswillen haben
– zum Gespräch bereit sein
– Umweltbewusstsein besitzen
– sozial eingestellt sein
– karrierebewusst sein
– in einer Gewerkschaft tätig sein.

Politik und Unterricht: Wirtschaftsethik. 4/93, S. 28 (B 19)

M 28 Die Zukunft der Arbeit

Der Wertewandel wirkt in die Arbeit hinein: Wenn in den Bereichen der Familie, Schule, Kultur und Freizeit die leitenden Wertorientierungen Selbstbestimmung, Eigeninitiative, Individualisierung, Selbstorganisation, Selbstverwirklichung, Kreativität und Fantasie heißen und wenn dieses Bereiche an Gewicht gewinnen gegenüber der Arbeitswelt, dann kann dort – in Beruf und Arbeit – nicht an den alten Wertorientierungen wie Fremdbestimmung, Unterordnung, Pflicht, Hierarchie, autoritäre Führung etc. festgehalten werden. Beide Bereiche müssen in der Weise miteinander verknüpft werden, dass Arbeit als sinnvoll, auch eigenbestimmt, auch auf Selbstverwirklichung hin angelegt erlebt wird. Nun darf man sich jedoch nicht der Illusion hingeben, die Leistungserwartungen würden in Zukunft heruntergefahren. Im Gegenteil, das Leistungspotenzial der Mitarbeiter soll breiter und umfassender ausgeschöpft werden. Es geht um die ganzheitliche Nutzung der menschlichen Arbeitskraft.

Gerhard Wilke, Die Zukunft unserer Arbeit. hrsg. von der Landeszentrale für politische Bildung, Hannover 1998, S. 224

Arbeitsvorschläge

1. Arbeiten Sie mit Hilfe von M 24, M 25 und M 26 heraus, durch welche organisatorischen Merkmale sich traditionelle Organisationstrukturen beschreiben lassen.

2. Der Mensch rückt wieder zunehmend in den Mittelpunkt des betrieblichen Geschehens. Erläutern Sie mit Hilfe von M 26, wodurch diese Entwicklung verursacht wird.

3. M 27 enthält eine Aufgabe, die Sie zunächst ausführen sollen. Für die geforderte Begründung einer Rangfolge von Werten ist es sicher hilfreich, wenn Sie den 10 gefundenen Werten, nach denen Sie eine neue Mitarbeiterin bzw. einen neuen Mitarbeiter aussuchen wollen (neue Werte), 10 Werte gegenüberstellen, die Sie für unerwünscht (alte Werte) im Hinblick auf die veränderten Organisationsstrukturen (M 28 und M 29) und daraus resultierenden Anforderungen betrachten.

4. Die Veränderungen in der Arbeitswelt (M 28 und M 29) werden auch die Anforderungen an die Arbeitnehmerinnen und Arbeitnehmer stark verändern. Welche Fähigkeiten werden Ihrer Meinung vor dem Hintergrund der geschilderten Veränderungen zukünftig an Bedeutung gewinnen und welche Probleme sind hiermit verbunden? (vgl. hierzu M 22)

M 29 Fabrik der Zukunft

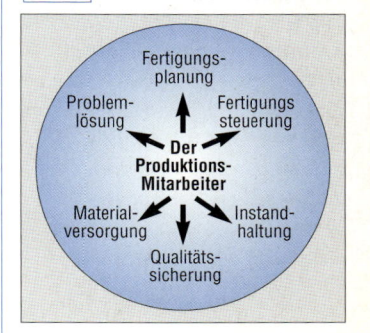

Der Produktions-Mitarbeiter:
- Fertigungsplanung
- Fertigungssteuerung
- Instandhaltung
- Qualitätssicherung
- Materialversorgung
- Problemlösung

Sitzen alle im selben Boot?

Liebe Schülerinnen und Schüler,

Vielleicht stellen Sie sich den Interessen-Clinch, in dem Arbeitnehmer und Arbeitgeber sich befinden, bildlich vor: Bildlich gedacht, sitzen alle im selben Boot: Arbeitnehmer und Arbeitgeber. Geht das Boot (sprich: der Betrieb) unter, saufen beide ab. Das gemeinsame Überlebensinteresse schweißt sie zusammen.

Bildlich gedacht, sieht es im Boot aber auch so aus: Die einen rudern was das Zeug hält, die anderen haben das Kommando und obendrein gehört ihnen zunächst mal der gesamte Fang, der ins Netz geht. Beim Teilen der Beute gibt es dann regelmäßig Streit.

Aber: Stimmen diese Bilder in ihrer überzeichneten Einfachheit auch?

Auf fast allen größeren Booten hat sich die „rudernde Mannschaft" zu Interessengemeinschaften zusammengeschlossen und ist dadurch „mitbestimmungsfähig" geworden. Mit an Bord sind regelmäßig auch Betriebsräte und Gewerkschaften, die nicht selten auch eine Hand am Steuer haben.

Und wie der Kurs festzulegen ist oder wer an welchem Platz zu stehen hat – das wird nicht nur vom Wind und Sturm der Konjunktur bestimmt, oder nach Gutdünken des Bootseigners; es ist großenteils schon vorweg „betrieblich vereinbart" und gesetzlich geregelt worden.

Arbeitnehmerinteressen – Arbeitgeberinteressen – Interessenverbände

Wir sägen. Und die Welt lacht sich einen Ast.

Wir versägen die Zukunft unserer Arbeitsplätze in Deutschland, wenn wir im neuen grenzenlosen Wettbewerb teurer produzieren als unsere europäischen Nachbarn. Nur wer hohe Qualität zu konkurrenzfähigen Preisen liefert, wird bestehen. Unsere Produktionskosten müssen sich messen lassen mit denen in England, Irland, Spanien, Portugal . . .

Wir versägen unsere Stabilität, wenn der Lohnzuwachs den Leistungszuwachs überholt. Denn in der Preismechanik treibt jeder Prozentpunkt, mit dem sich Leistung und Löhne voneinander entfernen, die Inflation nach oben und frißt den Mehrlohn auf. Eine solche Lohnpolitik hilft niemandem.

Wer gefährdet, was Arbeit und Wohlstand schafft, handelt unverantwortlich. Die M+E-Industrie ist mit fast 5 Millionen Mitarbeitern der wichtigste deutsche Wirtschaftszweig und mit 200.000 Azubis unsere größte Lehrwerkstatt. Wir appellieren an die Vernunft: Sägt nicht am Ast, auf dem wir alle sitzen.

Säg' nicht am Ast, auf dem wir alle sitzen.

ME DIE UNTERNEHMEN DER METALL- UND ELEKTRO-INDUSTRIE

Wer jetzt streikt, streikt gegen sich selbst!

Lohnvernunft statt Arbeitsplatzvernichtung.

ME DIE UNTERNEHMEN DER METALL- UND ELEKTRO-INDUSTRIE

Man muss die Regelungen und Vereinbarungen allerdings kennen, um im Streitfall von ihnen zu profitieren.

Deshalb habe ich in diesem Kapitel solche Regelungen zum Schutz der „rudernden Mannschaft" in den Mittelpunkt unserer Auseinandersetzung mit Arbeitnehmer- und Arbeitgeberinteressen gerückt. Der Sinn schützender Regelungen erschließt sich allerdings erst in Kenntnis der Interessenkonflikte, die Regelungen notwendig machen.

Diskutieren Sie die Forderungen auf der Arbeitnehmerseite und überlegen Sie, welche Bedürfnisse in diesen Forderungen zum Ausdruck kommen.

Welche Forderungen sind Ihnen wichtig; welche halten Sie für (nicht) berechtigt? Wägen Sie diese Forderungen gegen die Argumente der Unternehmerseite ab.

Miteinander – Füreinander – Gegeneinander?

Aus eigenen Erfahrungen und Berichten von Schulbuchverfassern weiß ich, dass wir uns einem heiklen Thema nähern. Es ist nämlich durchaus umstritten, ob Interessengegensätze und Konflikte im Betrieb überhaupt ein Thema des Unterrichts sein sollen.
Schülerinnen und Schüler bzw. Auszubildende, so heißt es nicht selten, sollten lernen, sich den Erfordernissen und Sachzwängen der modernen Arbeitswelt anzupassen statt „Aufmüpfigkeit" zu üben – oder womöglich sowas wie „Klassenkampf".
Doch darum geht es gar nicht. Moderne Unternehmer wissen, dass zur Wirklichkeit unserer Arbeitswelt auch Interessenkonflikte gehören.
Ein Beispiel dafür ist die Äußerung von Reinhard Mohn, Chef des Bertelsmann-Konzerns: „Der als Spannungsverhältnis vorhandene Interessenkonflikt von Kapital und Arbeit macht die Berücksichtigung der Interessengruppen im Betrieb notwendig. Innerbetriebliche Opposition ist ein notwendiges Führungsinstrument. Der Betriebsrat hat eine notwendige und konstruktive Funktion."
Demnach wäre es falsch, ja unproduktiv, innerbetriebliche Konflikte zu unterdrücken statt nach vereinbarten Regeln auszutragen und Kompromisse zu suchen.

Ich möchte Sie mit diesem Thema in solche Regeln einführen und dabei deutlich machen, welche Funktion sie im Hinblick auf Konflikte haben, die sich aus unterschiedlichen Interessenlagen ergeben.

Betriebe sind Organisationen, in denen die Beschäftigten zusammenwirken, um Güter zu produzieren oder Dienstleistungen zu erbringen. Kein Unternehmer würde sein Kapital aber dafür einsetzen, wenn dieser Einsatz nicht gewinnbringend wäre. Die Messwerte für erfolgreiche Arbeit sind Produktivität und Rentabilität. Die Verteilung der Arbeitsaufgaben ergibt sich weitgehend aus der beruflichen Spezialisierung der Arbeitskräfte, aus der Art der Arbeitsteilung und Arbeitsorganisation sowie der verwendeten Technik. Bei dieser funktionalen Gliederung des Arbeitsablaufs herrschen in hohem Maße Sachzwänge. Es gibt aber auch Zwänge, die auf Befugnissen beruhen. Diese finden ihren Ausdruck in Verhältnissen der Über- und Unterordnung. In jedem Betrieb mit Arbeitnehmern gibt es Vorgesetzte; und wie das Wort schon sagt, werden diese in der Regel nicht gewählt, sondern den Untergebenen von der Spitze her „vorgesetzt". Bei dieser Gliederung der Arbeitsorganisation entsteht die Frage, mit welchem Recht eine solche Verfügungsgewalt ausgeübt wird und wo ihre Grenzen liegen. In der Auseinandersetzung über diese Frage geht es auch darum, welche Interessen sich durchsetzen können. Das vorrangige Interesse der Unternehmensleitung, die Kosten zu mindern, die Produktivität zu steigern und den Gewinn zu mehren, gerät häufig in einen Gegensatz zu dem Interesse der Arbeitnehmer/-innen an hohen Löhnen oder Gehältern, Schutz vor Entlassung und menschengerechten Arbeitsbedingungen mit Spielraum für Mitbestimmung und Mitgestaltung (Humanisierung der Arbeit). Soweit sich aus diesem Interessengegensatz Konflikte ergeben, sind diese durchaus normal und immer wieder möglich; sie können aber durch gesetzliche Regelungen wie das Betriebsverfassungsgesetz und Institutionen wie Betriebsräte, Gewerkschaften und Tarifverträge reguliert und gemildert werden.

M 1 Schema eines hierarchisch gegliederten Betriebes

Betriebsleitung Eigentümer, Chef, Spitzenmanagement	**Vorgesetzte** Abteilungsleiter, Meister, Vorarbeiter	**Ausführende** Facharbeiter/Sachbearbeiter, Angelernte/Hilfsarbeiter, Auszubildende
Trifft die grundlegenden Entscheidungen, insbesondere über Investitionen und Verwendung der Gewinne (Direktionsrecht).	*Setzen die Anweisungen der Betriebsleitung um oder leiten sie nach „unten" weiter.*	*Führen Anweisungen aus und machen „nach oben" Vorschläge.*

M 2 Interessen von Unternehmern und Arbeitnehmern aus der Sicht der Gewerkschaft

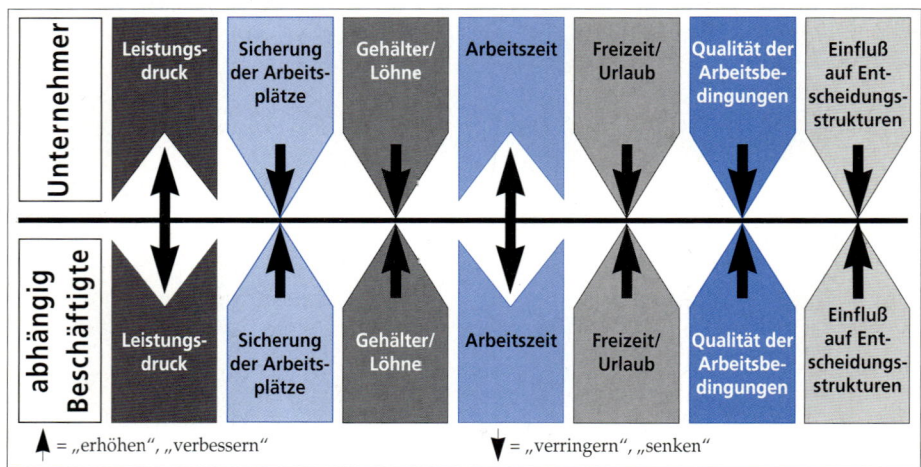

	Leistungsdruck	Sicherung der Arbeitsplätze	Gehälter/Löhne	Arbeitszeit	Freizeit/Urlaub	Qualität der Arbeitsbedingungen	Einfluß auf Entscheidungsstrukturen
Unternehmer	↑	↓	↓	↑	↓	↓	↓
abhängig Beschäftigte	↓	↑	↑	↓	↑	↑	↑

↑ = „erhöhen", „verbessern"   ↓ = „verringern", „senken"

Aus: Was sind Gewerkschaften? Hrsg.: DGB-Bundesvorstand, Düsseldorf 1983, S. 2.2

Konflikte im Betrieb – Rechte am Arbeitsplatz

M 3 Konflikte und Rechte

§ 32 Arbeitsstättenverordnung (AStV)
In Pausen-, Bereitschafts- und Liegeräumen hat der Arbeitgeber dafür Sorge zu tragen, dass geeignete Maßnahmen zum Schutz der Nichtraucher vor Belästigungen durch Tabakrauch getroffen werden.

He, Tina, bau da drüben noch schnell das Autoradio ein, bevor Du Mittag machst.

Ich arbeite nun schon seit 7 Uhr und hab' nicht mal Pause gehabt.

Muss ich mir hier eigentlich jeden Tag euren Zigarettenqualm reinziehen?

Klar doch! Wollt ihr Nichtraucher etwa einen Extraraum für euch?

§ 7 Berufsbildungsgesetz (BBiG)
Der Ausbildende hat den Auszubildenden für die Teilnahme am Berufsschulunterricht und an Prüfungen freizustellen.

§ 84 Betriebsverfassungsgesetz (BetrVG)
Jeder Arbeitnehmer hat das Recht, sich bei den zuständigen Stellen des Betriebes zu beschweren, wenn er sich vom Arbeitgeber oder von Arbeitnehmern des Betriebs benachteiligt oder ungerecht behandelt … fühlt. Er kann ein Mitglied des Betriebsrats zur Unterstützung oder Vermittlung hinzuziehen.

§ 11 Jugendarbeitsschutzgesetz (JArbG)
(1) Jugendlichen müssen im Voraus feststehende Ruhepausen … gewährt werden. … Als Ruhepause gilt nur eine Arbeitsunterbrechung von mindestens 15 Minuten.
(2) … Länger als viereinhalb Stunden hintereinander dürfen Jugendliche nicht ohne Ruhepause beschäftigt werden.

§ 1, Abs. 3 Kündigungsschutzgesetz (KSchG)
Ist einem Arbeitnehmer aus dringenden betrieblichen Erfordernissen … gekündigt worden, so ist die Kündigung trotzdem sozial ungerechtfertigt, wenn der Arbeitgeber bei der Auswahl des Arbeitnehmers soziale Gesichtspunkte nicht oder nicht ausreichend berücksichtigt hat.

Arbeitsvorschläge

1. Innerbetriebliche Konflikte können Folge falscher Verhaltensweisen, aber auch Ausdruck strukturell bedingter Interessengegensätze sein.
Finden Sie heraus, inwiefern Strukturen Ursache von Konflikten sein können (M 1 und M 2).
2. Nennen Sie Beispiele, die M 3 bestätigen oder widerlegen.
3. Ordnen Sie die Fälle (Fotos) aus M 3 den Konfliktfeldern von M 1 und M 2 zu.
4. Ordnen Sie den Fällen aus M 3 die entsprechenden Gesetze zu.
5. In M 4 werden Zielsetzungen unternehmerischen Handelns dargestellt. Suchen Sie für jede Zielsetzung typische Unternehmen heraus.
6. Diskutieren Sie die Frage, ob die ausgewählten Konfliktsituationen in M 2 und M 3 abhängig oder unabhängig von den jeweiligen Zielsetzungen auftreten.

M 4 Zielsetzungen von Betrieben

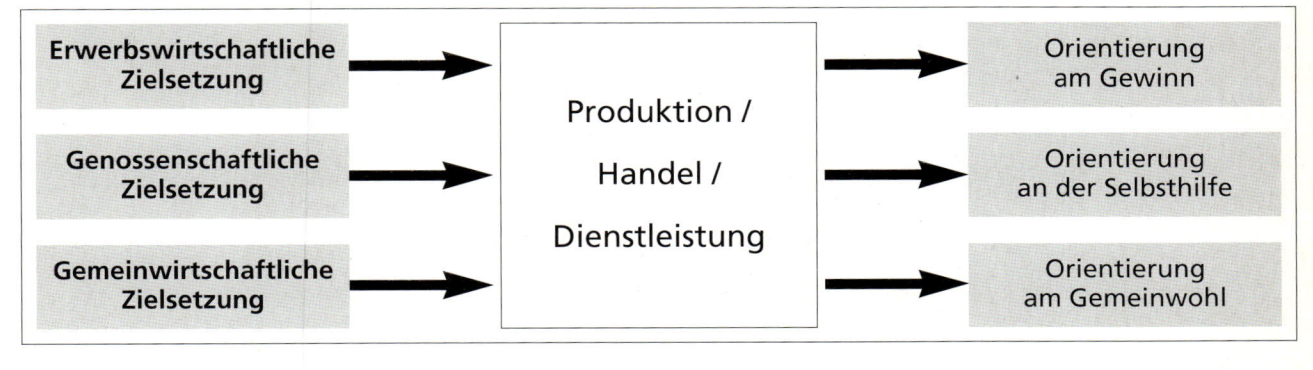

- Erwerbswirtschaftliche Zielsetzung → Produktion / Handel / Dienstleistung → Orientierung am Gewinn
- Genossenschaftliche Zielsetzung → Produktion / Handel / Dienstleistung → Orientierung an der Selbsthilfe
- Gemeinwirtschaftliche Zielsetzung → Produktion / Handel / Dienstleistung → Orientierung am Gemeinwohl

Demokratie: Gut für die Politik, aber schlecht für den Betrieb?

Vielleicht bringt Sie das Thema Mitbestimmung nur noch zum Gähnen. Immerhin wird über die Frage, ob Mitbestimmung – zumal mehr Mitbestimmung – der richtige Weg zu einer sozial vernünftigen Wirtschaftsordnung ist, schon seit Gründung der Bundesrepublik (und vorher auch schon) gestritten – mal mehr, mal weniger laut.

Und derzeit hat es den Anschein, dass Probleme wie die Massenarbeitslosigkeit oder die Zukunft Deutschlands als Wirtschaftsstandort nicht nur aktueller sind, sondern auch Vorrang haben sollten.

Außerdem sind Sie vielleicht in einem kleineren Betrieb beschäftigt, der dem geltenden Mitbestimmungsrecht nicht unterliegt.

Dennoch meine ich, dass dieses Thema nicht von der Entwicklung „überholt" wurde und auch für Beschäftigte in kleineren Betrieben Bedeutung hat. Einmal betrifft es ein Ordnungsproblem, das – wie die Demokratie – unabhängig von aller Aktualität grundsätzliche Bedeutung hat. Zum anderen gibt es auch ernstzunehmende Auffassungen, wonach die Lösung der aktuell vorrangigen Aufgaben und Mitbestimmung durchaus in einem Zusammenhang stehen könnten. Was meinen Sie?

Stichwort:
Paritätische Mitbestimmung heißt: Arbeitgeber und Arbeitnehmer sind in allen Entscheidungsgremien der Betriebe und Unternehmen in gleicher Zahl vertreten und an allen Unternehmensentscheidungen gleichberechtigt beteiligt.

Eigentum an den Produktionsanlagen und Verfügungsrechte ermöglichen Macht und Einfluss: wirtschaftlich und politisch. Das verhängnisvolle Beispiel: Einflussreiche Kreise der Wirtschaft hatten mit ihren Beziehungen und ihrer Presse, mit Geld und Macht insbesondere in der Endphase der Weimarer Republik darauf hingewirkt, Hitler und dem Faschismus zur Macht zu verhelfen. Zunächst als Lehre aus dieser historischen Erfahrung, dann auch zur Verwirklichung demokratischer Grundsätze im Wirtschafts- und Arbeitsleben, wurde in der Bundesrepublik zwischen 1951 und 1976 ein abgestuftes System betrieblicher und überbetrieblicher Mitbestimmung der Arbeitnehmer verwirklicht.

M 5 Mitbestimmung der Arbeitnehmer

Das Montanmitbestimmungsgesetz von 1951
Das Montanmitbestimmungsgesetz bezieht sich auf Unternehmen der Eisen- und Stahlindustrie und den Bergbau. Die Unternehmen, die in Form einer Aktiengesellschaft, GmbH oder Genossenschaft betrieben werden, müssen ihren Aufsichtsrat je zur Hälfte mit Arbeitnehmer-Vertretern und Kapital-Vertretern besetzen. Damit keine Patt-Situationen entsteht, d.h. sich beide Seiten nicht gegenseitig blockieren, ist die Wahl eines neutralen Mitglieds vorgesehen. Diese unabhängige Person muss von beiden Seiten vorgeschlagen werden, er (Arbeitsdirektor) vertritt die Interessen der Arbeitnehmer im Vorstand (personelle Aufgaben). Der Arbeitsdirektor kann nicht gegen die Stimmen der Arbeitnehmervertreter im Aufsichtsrat bestellt werden.
zusammengestellt nach §§ 4, 5 und 6 Montan-MitbestG.

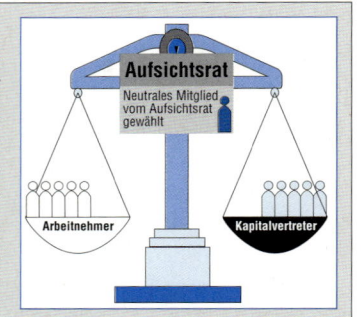

Das Betriebsverfassungsgesetz von 1952
Dieses Gesetz regelt die Vertretung der Arbeitnehmer im Aufsichtsrat einer AG mit weniger als 2000 Arbeitnehmern sowie einer GmbH oder Genossenschaft mit 500 – 2000 Beschäftigten. Hier besteht der Aufsichtsrat zu einem Drittel aus Arbeitnehmervertretern, zwei Drittel der Mitglieder sind Vertreter der Aktionäre. Dem Vorstand gehört kein Arbeitnehmervertreter an. Erst ab einer Gesamtzahl von neun Mitgliedern, das bedeutet dann drei Mitglieder der Arbeitnehmerseite, kann ein Mitglied von den Gewerkschaften gestellt werden.
zusammengestellt nach §§ 55, 76 BetrVG 1952

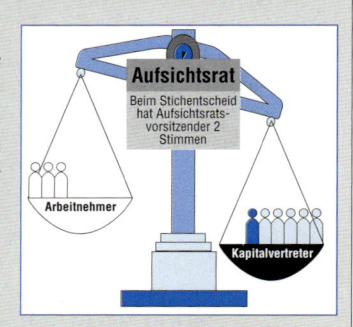

Das Mitbestimmungsgesetz von 1976
Das Gesetz gilt für Kapitalgesellschaften mit mehr als 2 000 Beschäftigten. Hier befindet sich eine gleich große Anzahl von Vertretern der Anteilseigener (Aktionäre) und der Beschäftigten im Aufsichtsrat (je nach Unternehmensgröße zwischen 6 und 10). Unter den Arbeitnehmervertretern müssen auch leitende Angestellte sein. Der Vorsitzende des Aufsichtsrates wird i.d.R. von der Aktionärsseite gestellt. Bei Stimmengleichheit hat der Aufsichtsratsvorsitzende doppeltes Stimmrecht.
zusammengestellt nach §§ 1, 7 9 und 10 MitbestG.

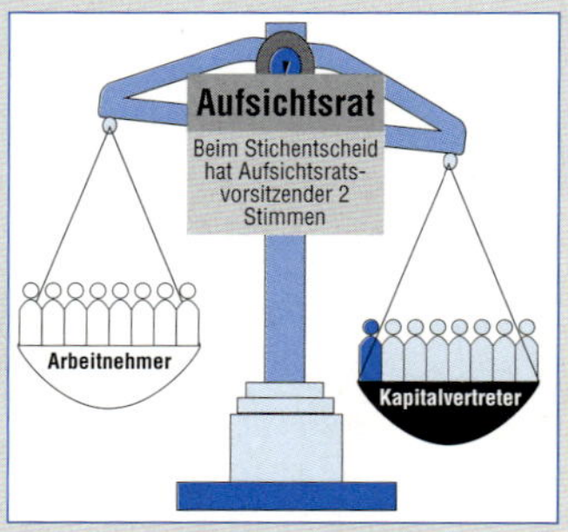

Übrige Unternehmen (5 und mehr Beschäftigte)	**9,4 Mio**	**Nur innerbetriebliche Mitbestimmung** (Betriebsräte)
Öffentlicher Dienst	**3,6 Mio**	**Nur innerbetriebliche Mitbestimmung** (Personalräte)
Kleinbetriebe (weniger als 5 Beschäftigte)	**3,0 Mio**	**keine Mitbestimmungsrechte**

Mitbestimmungsforderungen – Mitbestimmungsrechte

M 6 Risse im deutschen Modell

Der Präsident des Bundesverbandes der Deutschen Industrie, Hans Olaf Henkel stellt die Mitbestimmung der Arbeitnehmer zur Diskussion: In Wirklichkeit wolle niemand mehr dieses deutsche Modell, in dem Arbeit und Kapital zusammengebunden werden.

In der Krise kommt vieles ins Rutschen. Der Kündigungsschutz am Arbeitsplatz, die volle Lohnfortzahlung bei Krankheit, die kostenlose Vier-Wochen-Kur und vieles mehr genoss in den Zeiten des Aufschwungs nahezu Verfassungsrang. Aber auf dem schmierseifigen Terrain der Globalisierung verrutschen Prinzipien und torkeln Traditionen. Eine zentrale ist die Mitbestimmung der Arbeitnehmer und ihrer Gewerkschaften bei wichtigen Unternehmensentscheidungen.

Von den vier Wurzeln der Mitbestimmungsidee sind zwei die Pfahlwurzeln: Die aus der Würde wachsende Selbstbestimmung der Arbeitnehmer im Erwerbsprozess und die Vision von der Gleichberechtigung der Faktoren Kapital und Arbeit, die aufeinander angewiesen sind. Die beiden anderen Motive – das Prinzip der Demokratie und die Kontrolle wirtschaftlicher Macht – sind eher Beiwerk. Ob das Mitbestimmungsverfahren für die betriebliche Effektivität überhaupt trägt, ist umstritten. Unbestritten ist, dass Arbeitnehmer, die an ihrem Arbeitsplatz und ihrer Gruppe mitbestimmen können, stärker motiviert sind.

Ob die Wahl eines betriebsfremden Gewerkschaftsfunktionärs in den Aufsichtsrat das Wohl des Unternehmens fördert, ist offen. Ohne Zweifel hat das deutsche Modell die Gewerkschaften in die Mitverantwortung gezogen. Letztlich haben sie sich auch bei schmerzlichen Strukturbrüchen nicht ihrer Verantwortung entzogen. Die Erfahrung der neunziger Jahre hat gezeigt, dass die Mitbestimmung durch gemeinsame Gestaltung zu einem deutschen Standortvorteil ausgebaut werden konnte. Die Deutschen sind damit über Jahrzehnte nicht schlecht gefahren. Die Praxis der Mitbestimmung kann zwar konfliktlösend wirken, aber nicht selten streut sie auch Sand ins Getriebe. Die Entscheidungsmechanismen werden zäher, die Kosten der Bürokratie höher. Ein Wettbewerbsargument tritt hinzu: Da das deutsche Modell im Ausland kaum verstanden wird, kann es Investoren abschrecken, auf die das Land angewiesen ist. Die Behauptung, nur mit der Mitbestimmung sei sozialer Friede zu sichern, wird nicht überall geglaubt. Die Frage der Mitbestimmung steht heute vor der Herausforderung, mit wachsendem Kostendruck, verkürzten Entscheidungszeiten und anspruchsvolleren Kapitalgebern in internationaler werdenden Güter- und Kapitalmärkten zurechtzukommen.

Berliner Morgenpost vom 5. Juli 1997, S. 1

Stichwort:

Aufsichtsrat
Er ist befugt, die Mitglieder des Vorstandes, der die Geschäfte führt und das Unternehmen nach außen vertritt, zu bestellen bzw. abzuberufen. Dem Aufsichtsrat sind weitgehende Kontrollrechte übertragen. Ihm ist über die beabsichtigte Geschäftspolitik, die Geschäftslage usw. zu berichten. Er hat allgemein die Geschäftsführung zu überwachen.

Arbeitsvorschläge

1. Unterscheiden Sie die verschiedene Arten der Mitbestimmung in den Unternehmen unterschiedlicher Art und Größe (**M 5**). Verdeutlichen Sie, wer in Abstimmungen des Aufsichtsrates nach den verschiedenen Mitbestimmungsgesetzen i.d.R. den Ausschlag gibt!

2. Können Ihrer Meinung nach Arbeitnehmervertreter durch die geltende Mitbestimmung auf die Geschäftsführung von Unternehmen wirksam Einfluss nehmen? Begründen Sie Ihre Meinung.

3. Bilden Sie sich eine eigene Meinung zur Forderung nach Ausweitung bzw. Einschränkung bzw. Abschaffung der Mitbestimmung (**M 6** und **M 7**).

M 7

Arbeitgeber warnen vor der erweiterten Mitbestimmung
„Wirtschaft von engmaschigem Netz gewerkschaftlicher Position beeinflusst"

Die Leistung der Wirtschaft in Gefahr
Erweiterte Mitbestimmung hemmt die Entschlussfähigkeit der Unternehmer / Von HEINZ PENTZLIN

DGB will Mitbestimmung auf 380 Großunternehmen ausweiten

soziale sicherheit nur durch mitbestimmung

„MITBESTIMMUNG – ANGRIFF AUF DAS EIGENTUM"

PRO
Wenn in einem Unternehmen Arbeitnehmer wie Arbeitgeber berechtigte Interessen haben, dann dürfen die Entscheidungen nicht ausschließlich den Vertretern der Arbeitgeberinteressen überlassen bleiben.
Das Eigentum hat keinen höheren Rang als die Arbeit. Auch Arbeitnehmer tragen ein Risiko. Der Verlust des Arbeitsplatzes und von Lohn/Gehalt hat für sie ebenso existenzielle Bedeutung wie für den Unternehmer ein etwaiger Kapitalverlust.

KONTRA
Die Parlamentarisierung der Unternehmensspitze bringt der Wirtschaft die Gefahr, weil schnelle Entscheidungen dann nicht mehr möglich sind. Eigentümer sind Haftungsträger mit größerem Risiko. Wer seinen Arbeitsplatz verliert, kann sich einen neuen suchen. Wer sein Kapital verliert, hat es für immer verloren. Außerdem: Unsere Wirtschaftsordnung beruht auf dem Eigentum. Mitbestimmung ist ein Angriff auf die Funktion des Eigentums und damit auf unsere gesamte Wirtschaftsordnung.

Ratlos im Betrieb? – Los zum Betriebsrat!

Das Recht ist die Macht des Schwächeren. Deshalb sollten Sie Ihre Rechte als Arbeitnehmer kennenlernen. Das allerdings ist leichter gesagt als getan. Die in Arbeitsschutzgesetzen festgeschriebenen Rechtsansprüche sind in Jahrzehnten des Kampfes um sozialen Fortschritt umfangreich geworden – und damit derart unübersichtlich, dass sie im Konfliktfall auf den Rat eines Arbeitsrechtexperten kaum noch verzichten können. Ein Grundwissen über Rechte und Mitwirkungsmöglichkeiten im Betrieb ist für Ihre eigene Orientierung jedoch allemal hilfreich. Die Grundlage dafür ist das Betriebsverfassungsgesetz (BetrVG). Darauf habe ich mich hier beschränkt. Es regelt u.a. den Aufbau der betrieblichen Interessenvertretung sowie Mitwirkungs- und Mitbestimmungsrechte am Arbeitsplatz, im Betrieb und Unternehmen.
Die hier nur knappen Hinweise sollen Ihnen ermöglichen, am Gesetzestext selbständig weiterzuarbeiten. Anhaltspunkte dafür bieten die Sprechblasen aus der „Betriebsversammlung".

In Betrieben mit mindestens fünf wahlberechtigten Arbeitnehmern kann zur Vertretung von Belegschaftsinteressen ein Betriebsrat gewählt werden. Rechtsgrundlage dafür ist das Betriebsverfassungsgesetz (BetrVG). Betriebsräte gibt es in Deutschland seit der Revolution am Ende des ersten Weltkriegs (1918). Als Organe der Revolution in den Betrieben hatten die Räte zunächst die Aufgabe, die Betriebe zu demokratisieren und die Unternehmer demokratisch zu kontrollieren. In der nachfolgenden Gesetzgebung wurde dieser Anspruch weit zurückgedrängt. Geblieben sind aber Mitwirkungs- und Mitbestimmungsrechte der Betriebsräte bei wichtigen Betriebsentscheidungen. Das BetrVG erlaubt die Bildung eines Betriebsrates, es schreibt ihn aber nicht zwingend vor. Die Initiative dazu muss deshalb von den Arbeitnehmern eines Betriebes selbst ausgehen; der Anstoß dazu kann auch von ihrer Gewerkschaft kommen. Haben sich aber die Belegschaftsmitglieder zur Gründung eines Betriebsrates entschlossen und stellen sie sich den Arbeitern und Angestellten zur Wahl, dann darf ihnen daraus keinerlei Nachteil entstehen. Moderne Unternehmer meinen allerdings, dass dieses Vertretungssystem auch für die Funktionsfähigkeit des Betriebes Vorteile hat.

M 8 Aufbau der betrieblichen Interessenvertretung (nach dem BetrVG)

Der Arbeitgeber
– bestimmt die Unternehmensziele
– entscheidet
– plant den Arbeitsablauf
– gibt Anweisungen
– organisiert den Arbeitsprozess
– kontrolliert u. überwacht

§ 2 BetrVG:
Arbeitgeber und Betriebsrat arbeiten unter Beachtung der geltenden Tarifverträge vertrauensvoll und im Zusammenwirken mit den im Betrieb vertretenen Gewerkschaften und Arbeitgebervereinigungen zum Wohl der Arbeitnehmer und des Betriebs zusammen.

Der Betriebsrat (§ 80)
vertritt die Interessen aller im Betrieb beschäftigten Arbeiter und Angestellten gegenüber dem Arbeitgeber. Der BR hat u.a. folgende allgemeine Aufgaben:
1. darüber zu wachen, dass die zugunsten der Arbeitnehmer geltenden Gesetze, Verordnungen, Unfallvorschriften, Tarifverträge und Betriebsvereinbarungen durchgeführt werden;
2. Maßnahmen, die dem Betrieb und der Belegschaft dienen, beim Arbeitgeber zu beantragen;
3. Anregungen von Arbeitnehmern und der Jugend- und Auszubildendenvertretung entgegenzunehmen und, falls sie berechtigt erscheinen, durch Verhandlungen mit dem Arbeitgeber auf eine Erledigung hinzuwirken;
4. die Eingliederung besonders schutzbedürftiger Personen wie Schwerbehinderte und Ausländer zu fördern;

Die Jugend- und Auszubildendenvertretung (§ 70)
sichert über den Betriebsrat die Rechte der Jugendlichen im Betrieb. Sie kümmert sich um die Probleme der Auszubildenden und der jugendlichen Arbeiter und Angestellten. Dazu gehört vor allem:
– Mitwirkung bei der Durchführung der Berufsausbildung;
– Mitbestimmung bei der Arbeitsplatzgestaltung unter besonderer Berücksichtigung der Jugendarbeitsschutzbestimmungen;
– Mitberatung bei der Einstellung, Versetzung, Eingruppierung und Entlassung von jugendlichen Arbeitnehmern.

Wahl

Alle im Betrieb beschäftigten Arbeitnehmer über 18 Jahre wählen den Betriebsrat in geheimer Wahl für die Dauer von vier Jahren.

Alle im Betrieb beschäftigten Jugendlichen und Azubis unter 25 Jahren wählen die Jugend- und Auszubildendenvertretung.

Anzahl der Betriebsratsmitglieder

Wahlberechtigte	Mitglieder
5 bis 20	1
21 bis 50	3
51 bis 150	5
151 bis 300	7
301 bis 600	9
601 bis 1000	11
1001 bis 2000	15
2001 bis 3000	19
3001 bis 4000	23
4001 bis 5000	27
5001 bis 7000	29
7001 bis 9000	31

In größeren Betrieben erhöht sich die Zahl der Betriebsräte für je angefangene weitere 3000 Arbeitnehmer um zwei Mitglieder.

Rechte und Aufgaben des Betriebsrates und der Jugend- und Auszubildendenvertretung

M 9 Rechte des Betriebsrates nach dem Betriebsverfassungsgesetz

Mitwirkungsrechte
(Betriebsrat muss mitberaten – angehört werden – informiert werden)

Soziale Angelegenheiten (§ 89)
– Arbeitsschutz: Bekämpfung von Unfall- und Gesundheitsgefahren

Arbeitsablauf und Arbeitsumgebung (§ 90)
– Planung von Neu-, Um- und Erweiterungsbauten
– Planung von technischen Anlagen
– Planung von Arbeitsverfahren, Arbeitsabläufen u. Arbeitsplätzen

Personelle Angelegenheiten (§ 92)
– Personalplanung
– Förderung der Berufsbildung
– Kündigung

Wirtschaftliche Angelegenheiten/Betriebsänderungen (§§ 106, 111, 112)
– Stillegung und Verlegung von Betrieben
– Einführung neuer Arbeitsmethoden

Mitbestimmungsrechte
(Betriebsrat bestimmt mit – muss zustimmen)

Soziale Angelegenheiten (§ 87)
– Betriebsordnung
– Beginn/Ende der Arbeitszeit und Lage der Pausen
– Urlaubspläne
– Einsatz techn. Mittel zur Kontrolle von Leistung und Verhalten
– Betriebliche Regelungen zur Verhütung von Arbeitsunfällen und Berufskrankheiten
– Unfallverhütung und Gesundheitsschutz
– betriebl. Sozialeinrichtungen
– betriebl. Lohngestaltung

Personelle Angelegenheiten (§§ 94, 98, 99)
– Personalfragebogen, Beurteilungsgrundsätze
– betriebl. Berufsbildung
– Einstellung, Eingruppierung
– Versetzung

M 10

- Wenn das Zweigwerk Duisburg geschlossen werden soll, dann finde ich es richtig, dass der Betriebsrat für die Betroffenen Abfindungszahlungen fordert. Ist er dazu aber befugt? (vgl. §§ 112ff BetrVG)

- In unserer Abteilung sollen jetzt zehn Schweißroboter eingeführt werden, obwohl der Betriebsrat dagegen ist. Ist das zulässig? (vgl. §§ 90-113 BetrVG)

- Unser Chef meint, er könnte zur Leistungssteigerung ein neues Prämiensystem einführen, ohne den Betriebsrat zu fragen. Ist das wirklich so? (vgl. § 87 BetrVG)

- Ich finde es richtig, dass der Betriebsrat wegen der geplanten Kündigungen zu einem Warnstreik aufrufen will. Aber ist dies zulässig? (vgl. §§ 70-80 BetrVG)

Betriebsversammlung nach §§ 42-46 BetrVG

Arbeitsvorschläge

1. Arbeiten Sie heraus, unter welchen Voraussetzungen und auf welche Weise ein Betriebsrat und eine Jugendvertretung entstehen können (Autorentext und M 8).

2. Stellen Sie fest, worin sich die Rechte und Aufgaben des Arbeitgebers, des Betriebsrates und der Jugendvertretung unterscheiden (M 8 und M 9).

3. Greifen Sie selbst zum BetrVG und versuchen Sie, die Fragen aus der Betriebsversammlung zu beantworten. Sie können dies auch arbeitsteilig in Gruppen tun.

4. Folgende Fälle kommen immer wieder vor:
– Personal soll entlassen werden;
– einige Auszubildende sollen nach der Lehre nicht übernommen werden;
– Betriebsabteilungen werden stillgelegt;
– die Produktion soll auf neue Produkte umgestellt werden;
– ein geplantes Investitionsprogramm macht Arbeitsplätze überflüssig;
– der Betrieb will mit einem Konkurrenzbetrieb fusionieren.

Nennen Sie weitere Fälle, die Ihnen besonders wichtig sind. Klären Sie anhand von M 10 und des BetrVG: In welchen Fällen hätte der Betriebsrat (a) Mitbestimmungsrechte, (b) Mitwirkungsrechte?

Einzeln oder gemeinsam verhandeln?

Möglich, dass Sie es kaum noch ernst nehmen, das alljährlich gleiche Ritual: Die Gewerkschaften fordern X Prozent mehr Lohn und Gehalt, die Arbeitgeberverbände bieten einen Bruchteil, und plus – minus Mittelwert (je nach Konjunktur) wird dann regelmäßig abgeschlossen.
Vielleicht denken Sie: Dafür braucht man keine Gewerkschaft. Überdies wird ohnehin häufig übertariflich bezahlt. Und wenn man gut ist, kann man beim Chef oder Meister auch in direkten Verhandlungen den einen oder anderen Vorteil für sich herausschlagen. Möglich. Dennoch: Stellen Sie sich vor, es gäbe keine tarifvertragsfähigen Gewerkschaften und Arbeitgeberverbände. Würden Sie dann auch alljährlich in ihre persönliche „Tarifrunde" einsteigen? Würden Sie für sich Arbeitszeitverkürzungen oder längeren Urlaub aushandeln, während die anderen Mitarbeiter und Mitarbeiterinnen im Rahmen der gesetzlichen „Normalarbeitszeit" verbleiben?
Ich kann mir das kaum vorstellen. Und ich kenne auch kein Land, wo es dafür Beispiele gäbe. Deshalb meine ich, es lohnt sich, mal darüber nachzudenken, wie das Tarifvertragssystem funktioniert und wozu es taugt.

Stichwort:
Funktionen des Tarifvertrages
Schutzfunktion: durch Tarifverträge soll die Unterlegenheit, mit der der einzelne Arbeitnehmer dem Arbeitgeber gegenübersteht, aufgehoben werden, Arbeitsbedingungen können damit nicht mehr einseitig bestimmt werden.
Ordnungsfunktion: Durch Tarifverträge werden Millionen von Arbeitsverhältnisse typisiert und vereinheitlicht, das Arbeitsleben wird geordnet und bleibt überschaubar.

Die Arbeitsbedingungen und das Arbeitseinkommen (Lohn/Gehalt) können auf dreierlei Art bestimmt werden: vom Staat durch Gesetze und Verordnungen, vom einzelnen Arbeitnehmer und Arbeitgeber durch Arbeitsverträge und von Gewerkschaften und Arbeitgeberverbänden durch Tarifverträge. In der Frühzeit der Industriegesellschaft waren nur die einzeln abgeschlossenen Arbeitsverträge üblich. Der Staat betrachtete die Arbeit und Arbeitsverhältnisse als Privatsache, in die niemand hineinregieren darf. Eine Arbeitsschutzgesetzgebung gab es deshalb nicht. Tarifverträge und Gewerkschaften, die solche Verträge hätten abschließen können, waren verboten. Erst in Jahrzehnten des Kampfes zwischen Kapital, Arbeit und Staat wurden unsere heutigen Arbeitsverhältnisse herausgebildet: Der Staat legt die Rahmenbedingungen der Arbeit durch Gesetze zur Betriebsverfassung, Mitbestimmung, Arbeitszeit usw. fest. Auf der Grundlage dieser gesetzlichen Mindestnormen handeln Gewerkschaften und Arbeitgeberverbände für die Berufsgruppen ihrer Branche Tarifverträge aus. Einzelverträge gibt es in der Regel nur noch für das übertariflich bezahlte Führungspersonal oder in einigen Beschäftigungsbereichen, für die es keine kollektiven Tarifverträge gibt (z. B. Steuerfachgehilfen). Durch Massenarbeitslosigkeit und Wirtschaftskrise gerät das Tarifvertragssystem jedoch unter Druck. 1993 ist ein Arbeitgeberverband („Gesamtmetall") erstmals aus einem laufenden Tarifvertrag ausgestiegen. Begründung: unvorhersehbar schlechte Wirtschaftslage. Die Zahl der Betriebe, die dem Arbeitgeberverband nicht mehr angehören, um sich von Tarifvertragsverpflichtungen zu entlasten, wird größer. Die Gewerkschaften verlieren Mitglieder und damit Durchsetzungskraft, die sie für erfolgreiche Tarifabschlüsse brauchen.

M 11 „Einzelvertrag"

„So, heute sind Sie 25 Jahre bei mir, nun denken Sie mal, wie viel Geld Sie mir schon haben weggeschleppt."
Aus: Das Große Zille-Buch, Hannover o.J. S. 171

M 12 Vorteile des Tarifvertragssystems

In der Phase der Industrialisierung handelten Arbeitgeber und Arbeitnehmer individuell untereinander die Arbeitsbedingungen aus. Die Freiheit des einzelnen Arbeitnehmers gegenüber dem Arbeitgeber, Verbesserungen der Arbeitsbedingungen zu fordern, war jedoch nur formaler Natur. Aufgrund meist hoher Arbeitslosenzahlen bedeutete der Marktmechanismus de facto [tatsächlich], dass der einzelne Arbeitnehmer sich dem meist mächtigeren Arbeitgeber unterwerfen musste. Die über Generationen von Arbeitnehmern gemachte Erfahrung individueller Ohnmacht und Abhängigkeit gegenüber dem Arbeitgeber wurde zur Wurzel des Zusammenschlusses der Arbeitnehmer zu Gewerkschaften. (…)
Der Vorzug kollektiver tarifvertraglicher Vereinbarungen gegenüber dem individuellen … Regelungsmechanismus lässt sich wie folgt beschreiben:
– In der Gewerkschaft zusammengeschlossene Arbeitnehmer sind deutlich mächtiger als eine gleiche Zahl vereinzelt auftretender Arbeitnehmer. Sie können deshalb bessere Bedingungen aushandeln.
– Der Charakter tariflicher Vereinbarungen als Mindestnorm schützt die Arbeitnehmer vor ruinöser Konkurrenz um Arbeitsplätze, die sonst besonders im Falle von Arbeitslosigkeit zu erwarten wäre.
Andererseits bedeuten Kollektivvereinbarungen auch einen Schutz der Arbeitgeber vor dem Lohn-Preis-Wettbewerb der Konkurrenten, denn jeder Arbeitgeber hat innerhalb des Gültigkeitsbereiches eines Tarifvertrags mit gleichen Lohnsätzen zu kalkulieren …

E. Stein: Tarifvertragssystem. In: arbeiten + lernen, Nr. 8/1980, S. 18

Regelung der Arbeitsbedingungen durch Tarifverträge

M 13 Tarifverträge

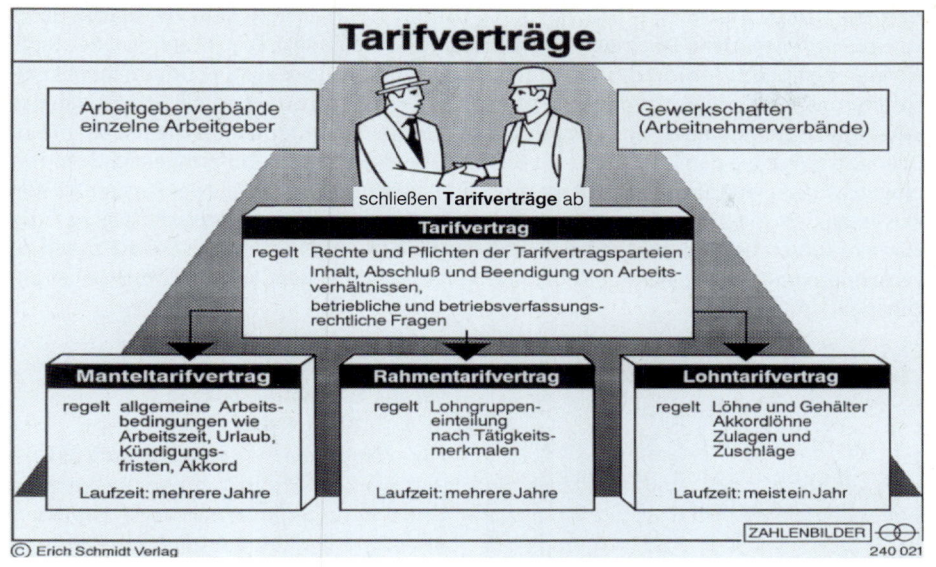

Tarifverträge

Arbeitgeberverbände, einzelne Arbeitgeber — schließen **Tarifverträge** ab — Gewerkschaften (Arbeitnehmerverbände)

Tarifvertrag regelt Rechte und Pflichten der Tarifvertragsparteien, Inhalt, Abschluß und Beendigung von Arbeitsverhältnissen, betriebliche und betriebsverfassungsrechtliche Fragen

- **Manteltarifvertrag**: regelt allgemeine Arbeitsbedingungen wie Arbeitszeit, Urlaub, Kündigungsfristen, Akkord. Laufzeit: mehrere Jahre
- **Rahmentarifvertrag**: regelt Lohngruppeneinteilung nach Tätigkeitsmerkmalen. Laufzeit: mehrere Jahre
- **Lohntarifvertrag**: regelt Löhne und Gehälter, Akkordlöhne, Zulagen und Zuschläge. Laufzeit: meist ein Jahr

© Erich Schmidt Verlag / ZAHLENBILDER 240 021

M 14 Inhalt und Gegenstand von Tarifverträgen

Der Tarifvertrag ist ein privatrechtlicher Vertrag zwischen tariffähigen Parteien. Tarifverträge können abschließen:
1. Gewerkschaften, wie z. B. IG Metall, ÖTV usw.
2. Arbeitgeberverbände, wie z. B. Arbeitgeberverband der Niedersächsischen Metallindustrie oder Arbeitgeberverband der Chemischen Industrie Düsseldorf
3. Einzelne Arbeitgeber, wie z. B. das Volkswagenwerk, die Deutsche Shell
4. Zusammenschluss von Vereinigungen von Arbeitgebern, wie z. B. Gesamtverband der metallindustriellen Arbeitgeberverbände (Gesamtmetall).

Die Mitglieder der Tarifvertragsparteien sind an die Vereinbarungen des Tarifvertrages gebunden. Dies bedeutet, dass die Inhalte des Tarifvertrages für die Betroffenen insofern bindend sind, als sie Mindestbedingungen für die Arbeitsverhältnisse formulieren (z.B. Mindestlöhne). Grundsätzlich unbeschränkt zulässig ist hingegen die Vereinbarung günstigerer Arbeitsbedingungen (z.B. übertariflicher Löhne) als sie der Tarifvertrag vorschreibt.

Für die Dauer der Gültigkeit des Tarifvertrages verpflichten sich die Arbeitgeber zur Gewährung der vereinbarten Bedingungen und Leistungen, die Gewerkschaften garantieren demgegenüber die Wahrung des Arbeitsfriedens. Nach Ablauf des Tarifvertrages gelten seine Rechtsnormen weiter, bis sie durch einen neuen Tarifvertrag ersetzt werden (Grundsatz der Nachwirkung).

Tarifverträge können nach dem räumlichen Geltungsbereich, nach dem Tarifpartner oder nach dem Inhalt unterschieden werden. Begrifflich haben sie folgende Bedeutung:

Firmentarifvertrag ist der Tarifvertrag zwischen einem einzelnen Arbeitgeber und einer Gewerkschaft (auch Haustarifvertrag, Werkstarif- oder Unternehmensstarifvertrag genannt)

Verbandstarifvertrag ist der Tarifvertrag mit einem Arbeitgeberverband. Verbandstarife sind der Normalfall.

Branchentarifvertrag ist der Tarifabschluss für einen bestimmten Wirtschaftszweig.

Manteltarifverträge enthalten Arbeitsbedingungen, die sich über längere Zeit nicht ändern (z.B. Kündigungsfristen, Urlaubsregelungen, Nacht- und Sonn- und Feiertagsarbeit usw.)

Lohn- und Gehaltstarifverträge enthalten die getroffenen Vereinbarungen über Lohn- und Gehaltshöhe.

Auszubildende und Gewerkschaften. Hrsg.: DGB Jugend Niedersachsen, Mai 1998, S. 33/34

Stichwort:

Grundsätze der Tarifverträge

Tarifautonomie: Die Tarifvertragsparteien haben das Recht, innerhalb des gesetzlichen Rahmens ohne staatliche Einmischung Tarifverträge auszuhandeln.

Tarifbindung: Während der Laufzeit des Tarifvertrages sind die Mitglieder der Tarifvertragsparteien an die Abmachungen gebunden.

Friedenspflicht: Während der Laufzeit des Tarifvertrages dürfen keine Arbeitskampfhandlungen wie z. B. Streik und Aussperrung ergriffen werden.

Arbeitsvorschläge

1. Stellen Sie dar, auf welche Weise die Arbeitsbedingungen bestimmt werden und wer daran beteiligt ist (M 13 und Autorentext).

2. Listen Sie die Vor- und Nachteile von Einzelverträgen und Tarifverträgen aus der Sicht von Arbeitnehmern und Arbeitgebern auf (M 11 – M 12).

3. Arbeiten Sie die Tarifverträge Ihrer Branche durch (erhältlich bei der örtlichen Gewerkschaft). Stellen Sie fest, was jeweils im Mantel-, Rahmen- und Lohntarifvertrag vereinbart wurde.

4. Welche Organisationen können Tarifverträge abschließen? (vgl. M 13 und M 14)

5. Erläutern Sie mit eigenen Worten folgende Begriffe:
- Tarifautonomie
- Tarifbindung
- Friedenspflicht
- Mindestbedingungen für Arbeitsverhältnisse

6. Ordnen Sie die Tarifvertragsarten folgender Übersicht zu:

Unterscheidungsmerkmal	Begriff
1. Unterscheidung nach räumlichen Gesichtspunkten	
2. Unterscheidung nach den Tarifpartnern	
3. Unterscheidung nach dem Inhalt	

Tarifverträge in Zukunft nur noch eine unverbindliche Empfehlung?

In letzter Zeit wird in zunehmendem Maße von Unternehmen gefordert, Arbeitsbedingungen, Löhne, Arbeitszeiten betriebsspezifisch, also nach Betriebsgröße, Ertragssituation, Region oder sogar nach Abteilungen zu staffeln. Die bislang unbestrittenen Vorteile des Flächentarifvertrages, wie z. B. Sicherung des Betriebsfriedens durch tarifliche Friedenspflicht und vergleichbare Konkurrenzbedingungen geraten vor dem Hintergrund veränderter wirtschaftlicher Rahmenbedingungen in die Kritik. Ohnehin scheint die Zeit der großen geschlossenen Unternehmenseinheiten vorbei, wie die Vielzahl der Aus- und Neugründungen kleinerer Betriebseinheiten verdeutlicht. Der Zeitgeist scheint heute eine gegenläufige Richtung zu propagieren: Individualisierung und Differenzierung von Lebenslagen statt kollektiver Regelungen. Die individuelle Entfaltung der Persönlichkeit, die Wahrnehmung persönlicher Freiheitsrechte steht in der Bedeutungsskala junger Menschen ganz oben. Meine Sorge ist dabei, dass der stärker werdende Egoismus in einen Kampf jeder gegen jeden ausarten kann. Ich möchte mit Ihnen daher auf dieser Seite prüfen, welche Vor- und Nachteile mit betrieblichen, individuellen Regelungen verbunden sind und ob eine Veränderung des Tarifvertragswesens eher die Arbeits- und Lebensbedingungen von Arbeitnehmerinnen und Arbeitnehmern verbessern oder verschlechtern.

Der Flächentarifvertrag ist in der Kritik. Wahrgenommen werden zurzeit vor allem seine Nachteile. Nach Ansicht des Arbeitgeberverbandes Gesamtmetall lässt der Flächentarifvertrag nicht genügend Spielraum für flexible und betriebsspezifische Lösungen, der Tarifvertrag regelt nach Ansicht des Arbeitgeberverbandes zu vieles für alle Unternehmen einheitlich und verbindlich. Gefordert wird eine stärkere Ausrichtung an die Ertragslage des jeweiligen Unternehmens. Eine Lösung, die im Abschwung Unternehmen helfen könnte zu überleben. Würden nämlich Löhne und Gehälter, Weihnachtsgeld, Urlaubsgeld und die vermögenswirksamen Leistungen variabel gestaltet, dann ließen sich Teile der Personalkosten elastischer an die Firmenkonjunktur anpassen. Aus Sicht der Gewerkschaften hat der Flächentarifvertrag nach wie vor die Funktion, die Konkurrenz zwischen Beschäftigten zu vermindern und die negativen Folgen ihrer Vereinzelung gegenüber dem Arbeitgeber abzubauen.

> „Die IG Metall lehnt Veränderungen ab, die die Konkurrenz der Beschäftigten untereinander verschärfen"
>
> Walter Riester, IG Metall

M 15 Tarifverträge sollen nur noch flexible Preisempfehlungen sein!

Die Arbeitsgemeinschaft Selbständiger Unternehmer (ASU) fordert, dass Tarifverträge in Zukunft nur noch den Charakter einer „flexiblen Preisempfehlung" haben sollen. Der Verband will, dass die Einkommen zwischen Betriebsrat und Management in den Betrieben frei vereinbart werden können. Kollektive Regelungen dürfen nicht Vorrang haben, wenn sie für die besondere Lage der Unternehmen nicht passen. Abweichungen von Tarifverträgen sollen zulässig sein, wenn dies „einvernehmlich" zwischen Arbeitgeber und Betriebsrat vereinbart wird. Gebe es keinen Betriebsrat, reiche eine Abstimmung der Beschäftigten.

Frankfurter Rundschau vom 06.12.1997

M 16 IG Chemie bricht Tarif-Tabu

Als erste deutsche Gewerkschaft akzeptiert die IG Chemie in ihrem Tarifvertrag eine Öffnungsklausel, die es Arbeitgebern und Betriebsräten erlaubt, den Tariflohn in einem Unternehmen direkt auszuhandeln. Damit ist das einst eherne System des Flächentarifvertrages aufgebrochen worden. In der Chemie – Industrie geben Arbeitgeberverband und Gewerkschaft nur noch einen Entgeltkorridor vor. Betriebe können die Löhne befristet um bis zu zehn Prozent absenken, wenn eine Beschäftigungsgarantie gegeben wird.

DER SPIEGEL vom 3. Juni 1997

WAS ALLEN PASSEN SOLL, WIRD NIEMAND PASSEN

DER FLÄCHENTARIFVERTRAG

Arbeitgeber fordern eine Reform des Tarifvertragswesens

M 17 Brauchen wir den Flächentarifvertrag noch?

JA

Richtig ist: Nicht alles kann im Tarifvertrag geregelt werden. Deshalb haben sich die Tarifverträge schon immer auf solche Fragen konzentriert, die für alle Betriebe einer Branche einheitlich geregelt werden können und müssen. Alle Vereinbarungen über Einkommen und Arbeitsbedingungen auf Betriebe zu verlagern, ist keine erstrebenswerte Lösung. Die heute branchenweit gleichartigen Phasen der Friedenspflicht und des Konflikts würden auseinander gerissen. Durch Just-in-time Lieferbeziehungen eng miteinander vernetzte Betriebe müssten über das Jahr hinweg mit dem Risiko leben, dass die Kette unterbrochen wird, weil sich ein Betrieb gerade in der Konfliktphase befindet. Die Verlagerung tariflicher Auseinandersetzungen in die Betriebe drohen den Betriebsfrieden nachhaltig zu stören. Flächentarifverträge und Flexibilität schließen sich nicht aus. Gerade jüngste Beispiele zeigen, wie sich durch intelligente Rahmenregelungen Handlungsspielräume für betriebsspezifische Lösungen finden lassen.

Vorwärts 9/95, S. 4 und der „Gemeinsamen Erklärung der Betriebs- und Personalräte der Druckindustrie, des Rundfunks", FR vom 21.6.1997

Wem nützt der Flächentarifvertrag? Den einzelnen Arbeitern und Arbeiterinnen, denen ein Lohn zugesichert wird, der zum Leben in Würde reicht. Dem Betriebsrat, der mit der Unternehmensleitung vertrauensvoll zusammenarbeiten kann, ohne dass er Arbeitskämpfe organisieren muss. Den meisten Unternehmen, die verlässlich und berechenbar kalkulieren können. Und schließlich der Gesamtwirtschaft, weil der Flächentarifvertrag als Produktivitätspeitsche wirkt, die unrentable Betriebe ausmerzt.

Friedhelm Hengsbach, Leiter des Oswald-von-Nell-Breuning-Instituts für Wirtschafts- und Gesellschaftsethik, in: Wirtschaftswoche Nr. 16 vom 11.4.1996

NEIN

Der Wunsch des heute existierenden „Tarifkartells", alle Unternehmen einer Branche über den einheitlichen Kamm des Flächentarifvertrages zu scheren, geht von der Vorstellung gleichartiger Verhältnisse aus – ungeachtet der bestehenden Unterschiede in den Betriebsgrößen, Regionen oder den Sparten einer Branche.
Der internationale Wettbewerb hat eine Intensität angenommen, wie sie noch vor zwei Jahrzehnten kaum vorstellbar war. Die Folge ist, dass tarifkartellbedingte Kostensteigerungen nicht mehr so leicht auf die Güterpreise weitergewälzt werden können. Der zweite wichtigere Trend ist eine Neuorientierung in der internationalen Arbeitsteilung. Dies hängt damit zusammen, dass die Gruppe der traditionellen Industrieländer ihre technologische Überlegenheit weitgehend verloren hat. Ein Vorsprung oder auch nur ein Mithalten muss jeden Tag neu erkämpft werden. Die an die Wurzel allen Übels gehende Lösung wäre eine Beseitigung der Tarifautonomie. Man sollte das Tarifsystem nicht stabilisieren, sondern es als das erkennen, was es ist: eine nur historisch erklärbare Fehlentwicklung.

Wernhard Möschel, Mitglied der Monopolkommission, in Wirtschaftswoche Nr. 16 vom 11.4.1996

Da die Lebenshaltungskosten in Rosenheim, in München, in Nürnberg und in Castrop-Rauxel nun einmal unterschiedlich sind, da die Menschen in den neuen und in den alten Bundesländern in Deutschland in allen Bereichen immer individueller leben wollen und sich ein Europa der Regionen, nicht der Nationen abzeichnet, können wir nicht an der Tarifpolitik festhalten. Der Flächentarifvertrag ist deshalb aus meiner Sicht so nicht mehr haltbar. Im internationalen Wettbewerb sind die Nachteile eines starren Tarifsystems ein schwerer Nachteil, der ebenso stark bremst wie die zu hohen Lohnnebenkosten in Deutschland.

Carlhanns Damm (Vorstandsvorsitzender der AEG-Hausgeräte) in: Wirtschaftswoche Nr. 16 vom 11.4.1996

Arbeitsvorschlag:

Die Materialien M 15 – M 17 enthalten jeweils Pro- und Kontra-Argumente zur Flexibilisierung des Flächentarifvertrages. Die aufgeführten Pro- und Kontra Argumente können mit Hilfe der amerikanischen Debatte, einer Möglichkeit der selbständigen Erarbeitung von Argumenten zu kontroversen Themen, herausgearbeitet werden.

Zum Verlauf einige Hinweise:

In der Vorbereitungsphase werden zwei Gruppen gebildet. Die eine Gruppe sucht Pro-Argumente, die andere Kontra-Argumente. Nach der gründlichen Bearbeitung der Pro- und Kontra-Texte folgt die eigentliche Debatte. Diese Diskussion verläuft nach folgenden Regeln:

1. Jede Seite bestimmt mehrere Diskussionsteilnehmer/innen, die sich an einem Tisch gegenüber sitzen.
2. Der oder die Diskussionsleiter/in eröffnet die Debatte, indem sie oder er einer Seite das Wort erteilt.
3. Beginnt z. B. die Pro Seite, kommt nach einer vorgegebenen Zeit (z. B. 1 Minute) die Kontra-Seite (wieder für eine Minute) an die Reihe, dann wieder die Pro Seite usw.
4. Die Diskussionszeit ist streng einzuhalten, d.h. der oder die Diskussionsleiter/in unterbricht jeden Beitrag nach der veinbarten Zeit.
5. Am Ende einer Debatte kann eine allgemeine Plenumsrunde oder eine Abstimmung stattfinden.

SPIELLEITUNG

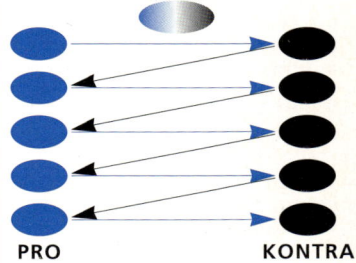

PRO   KONTRA

Streik ist Notwehr – Aussperrung ist Terror?

In Gesprächen mit Arbeitnehmern ist mir aufgefallen, dass bei ihnen kein Zweifel daran besteht, dass Arbeiter/innen und Angestellte in der Bundesrepublik ein Recht auf Arbeitsniederlegung, also Streikrecht haben.

Als Lehrling habe ich dagegen die Erfahrung gemacht, dass dies zumindest für Auszubildende nicht gilt. Außerdem weiß ich von mehreren Gerichtsverfahren, in denen Arbeitnehmer/innen zu Schadensersatz verurteilt wurden, weil sie ohne Genehmigung einer Gewerkschaft gestreikt haben. Solche „unerlaubten" Arbeitsniederlegungen nennt man „wilde Streiks".

Daraus könnte man den Schluss ziehen: Es sind gar nicht die Arbeitnehmer/innen, sondern die Gewerkschaften, die bei uns Streikrecht haben.

Was meinen Sie?

Stichwort:

Streik
Die zeitweilige Arbeitseinstellung einer größeren Zahl von Arbeitnehmern mit dem Ziel, Forderungen durchzusetzen. Beim Streik werden die Arbeitsverhältnisse nicht aufgelöst, sondern nur ausgesetzt. Bei rechtmäßigen Streiks erhalten Gewerkschaftsmitglieder Streikgeld als Lohnersatzzahlung und Rechtsschutz.

Aussperrung
Arbeitgeber verweigern den Arbeitnehmern die Zulassung zur Arbeit und die Lohnzahlung. Je nachdem ob die Aussperrung einem Streik folgt oder von ihm ausgeht, handelt es sich um eine *Abwehr- oder Angriffsaussperrung*. Aussperrungen können das Arbeitsverhältnis aussetzen (suspendierende A.) aber auch auflösen (lösende A.).

Schlichtungsverfahren
Wird von einem unparteiischen Vorsitzenden geleitet, soll eine Gesamtvereinbarung ermöglichen und den Arbeitskampf vermeiden helfen.

Können sich Gewerkschaften und Arbeitgeberverbände oder Betriebe in einem Tarifkonflikt nicht auf einen neuen Tarifvertrag einigen, dann sind in der Bundesrepublik Arbeitskampfmaßnahmen erlaubt. Letzte zulässige Mittel im Arbeitskampf sind Streik und Aussperrung. Das Arbeitskampfrecht ist in der Bundesrepublik gesetzlich nicht geregelt. Seine Ausgestaltung erfolgte bisher durch Entscheidungen des Bundesarbeitsgerichts (BAG) und des Bundesverfassungsgerichts auf der Grundlage von Artikel 9 des Grundgesetzes. In diesen Entscheidungen wurde das Recht auf Streik und Aussperrung stark eingeschränkt und reglementiert. Aus der Sicht der Arbeitgeber ist Aussperrung ein Gegengewicht zum Streikrecht. Aus der Sicht der Gewerkschaften ist das Streikrecht ein Gegengewicht zum Eigentums-, Direktions- und Entlassungsrecht der Arbeitgeber; durch Aussperrung werde das Streikrecht unterlaufen und deshalb müsse die Aussperrung verboten werden.

M 18 Chronik der Streikziele

1951	Mehr Lohn
1955	5-Tage-Woche
1957	Lohnfortzahlung im Krankheitsfalle
1978	Sozialschutz bei Rationalisierungsmaßnahmen
1979	Arbeitszeitverkürzungen
1984	Einstieg in die 35-Stunden-Woche
1993	Sicherung der Arbeitsplätze
1995	Sicherung der Arbeitsplätze
1998	Mehr Lohn

M 19 Einzelhandels – Mitarbeiter streiken für mehr Geld

Beschäftigte von Kaufhäusern und Supermärkten in mehreren deutschen Städten haben für höhere Löhne gestreikt. Zentrum der Streiks war Nordrhein-Westfalen, wo nach Angaben der Gewerkschaft Handel, Banken und Versicherungen (HBV) rund 900 Mitarbeiter die Arbeit niederlegten. Rund 50 Aldi-Filialen blieben hier geschlossen. Gestreikt wurde auch in Hamburg, Hessen und Baden-Württemberg. Mit den Streiks protestieren die Einzelhandels-Beschäftigten gegen die Haltung der Arbeitgeber in den laufenden Tarifverhandlungen. Die Arbeitgeber hatten für die 450.000 Beschäftigten Gehaltserhöhungen von 1,5 Prozent und eine Einmalzahlung von 150,- DM für einige Tarifgruppen angeboten. Die HBV verlangt eine Erhöhung der Löhne und Gehälter um 4,5 Prozent und eine Aufstockung der Ausbildungsvergütungen von 50,- DM. Die Arbeitgeber haben dies als unvertretbar bezeichnet und gewarnt, dass es dann zu einem Personalabbau kommen würde.

AP-Nachrichten vom 18. Juni 1998

M 20 Ablauf von Arbeitskämpfen

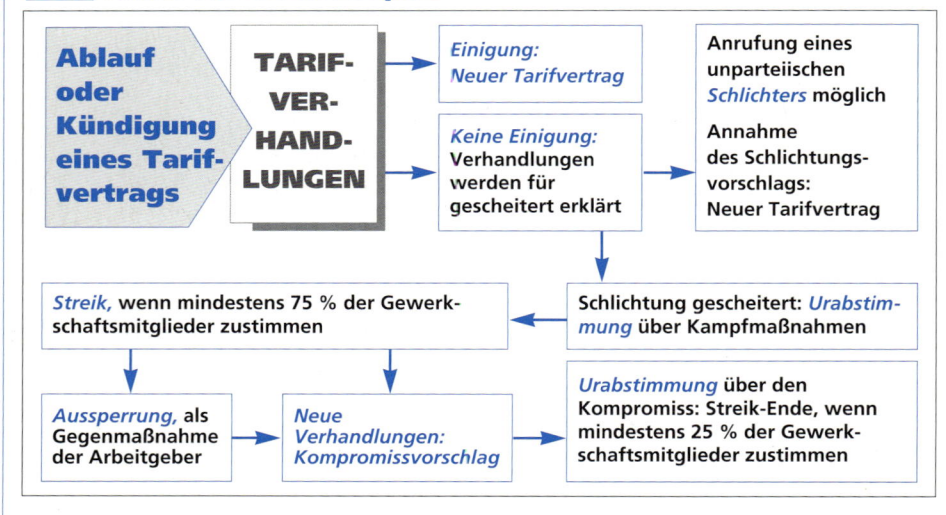

Ablauf oder Kündigung eines Tarifvertrags → **TARIFVERHANDLUNGEN**

- *Einigung:* Neuer Tarifvertrag
- *Keine Einigung:* Verhandlungen werden für gescheitert erklärt → Anrufung eines unparteiischen *Schlichters* möglich → Annahme des Schlichtungsvorschlags: Neuer Tarifvertrag
- Schlichtung gescheitert: *Urabstimmung* über Kampfmaßnahmen
- *Streik,* wenn mindestens 75 % der Gewerkschaftsmitglieder zustimmen
- *Aussperrung,* als Gegenmaßnahme der Arbeitgeber → Neue Verhandlungen: Kompromissvorschlag → *Urabstimmung* über den Kompromiss: Streik-Ende, wenn mindestens 25 % der Gewerkschaftsmitglieder zustimmen

Streik und Aussperrung als Mittel des Arbeitkampfes

M 21 Grundsätze des Arbeitskampfrechts

Rechtlich ist ein Arbeitskampf nur „auf Veranlassung" und „unter Leitung der Sozialpartner" (BAG) zulässig. Ein Streik muss von der zuständigen Gewerkschaft getragen – oder von ihr nachträglich übernommen – werden. Diese Regelung gibt den Gewerkschaften als „verantwortlichen Ordnungsfaktoren" (BAG) ein „Streikmonopol" und erklärt spontane Arbeitsniederlegungen für gesetzwidrig mit der Folge, dass jeder spontan oder „wild" streikende Arbeitnehmer fristlos entlassen bzw. einzeln herausgegriffen und gesamtschuldnerisch haftbar [d. h. für den Gesamtschaden] gemacht werden kann. (...)

Ein Arbeitskampf muss um ein tarifvertraglich regelbares Ziel geführt werden. Dieses Ziel muss im Rahmen der „Regelung der Arbeits- und Wirtschaftsbedingungen" liegen und prinzipiell von den Arbeitgebern erfüllbar sein. Konflikte und Probleme, deren Ursachen nicht bei den Arbeitgebern unmittelbar liegen, oder Forderungen, die nur von anderen Institutionen (z. B. Parlamente, Regierung/Verwaltung oder Gerichte) erfüllt werden können, dürfen nicht Gegenstand von Tarifverhandlungen und damit auch nicht von Arbeitskämpfen sein. (...)

Für kurzfristige Demonstrationsstreiks hat sich in der arbeitsrechtlichen Literatur die Vermutung für ihre Rechtmäßigkeit weitgehend durchgesetzt.

G. Himmelmann: Arbeitskampf in der Bundesrepublik. In: arbeiten + lernen, H. 14/1981, S. 12

M 22 Leitsätze des Bundesarbeitsgerichts (BAG) zum Recht auf Aussperrung

1) Das geltende ... Tarifrecht setzt voraus, dass die sozialen Gegenspieler das Verhandlungsgleichgewicht mit Hilfe von Arbeitskämpfen herstellen und wahren können.

2) Das bedeutet in der Paxis, dass regelmäßig die Gewerkschaften auf das Streikrecht angewiesen sind, weil sonst das Zustandekommen und die inhaltliche Angemessenheit von Tarifverträgen nicht gewährleistet wären.

3a) Abwehraussperrungen sind jedenfalls insoweit gerechtfertigt, wie die angreifende Gewerkschaft durch besondere Kampftaktik ein Verhandlungsübergewicht erzielen kann.

3b) Das ist bei eng begrenzten Teilstreiks anzunehmen ...

4a) Der zulässige Umfang von Abwehraussperrungen richtet sich nach dem Grundsatz der Verhältnismäßigkeit (Übermaßverbot).

4b) Maßgebend ist der Umfang des Angriffsstreiks. ...

4c) Ist der Streik auf weniger als 25% der Arbeitnehmer des Tarifgebiets beschränkt, so erscheint eine Abwehraussperrung nicht unverhältnismäßig, wenn sie ihrerseits nicht mehr als 25% der Arbeitnehmer des Tarifgebiets erfasst. (...)

6) Ein generelles Aussperrungsverbot ist mit tragenden Grundsätzen des geltenden Tarifrechts unvereinbar und deshalb unzulässig. ...

7) Eine Aussperrung, die gezielt nur die Mitglieder einer streikenden Gewerkschaft erfasst, nichtorganisierte Arbeitnehmer jedoch verschont, ist eine gegen die positive Koalitionsfreiheit gerichtete Maßnahme und daher gemäß Artikel 9 GG [Grundgesetz] rechtswidrig.

Der Presse mitgeteilte Leitsätze aus einer BAG-Entscheidung. Aus: Erziehung und Wissenschaft, H. 10/1980, S. 24

M 23 Sozialer Friede

In den neunziger Jahren sind in Deutschland weniger Arbeitstage durch Streiks und Aussperrungen verloren gegangen als in den beiden Jahrzehnten zuvor. Nach einer Untersuchung des Instituts der deutschen Wirtschaft gab es hierzulande von 1990 bis 1996 je 1000 Beschäftigte nur noch 17 streikbedingte Ausfalltage. Zum Vergleich: In den achtziger Jahren waren es noch 28 und in den Siebzigern sogar 52 Tage. Der Trend ist international. In fast allen anderen Industrieländern zeigte sich ebenfalls eine Tendenz zu größerem sozialen Frieden. So haben die einst mit Abstand streikfreudigsten Italiener ihre Arbeitskampfausfälle von 1511 Tagen in den siebziger Jahren auf nunmehr 198 Tage reduziert. An der Spitze stehen heute Spanien und Griechenland. Dort gingen in den neunziger Jahren bisher jeweils 400 Arbeitstage je 1000 Beschäftigte durch Arbeitskämpfe verloren. Die Hauptgründe für die Streikmüdigkeit sieht das IW im Beschäftigungsrückgang in der Industrie als dem gewerkschaftlich am besten organisierten Wirtschaftssektor, in der zunehmenden Individualisierung der Arbeitnehmer und in der höheren Arbeitslosigkeit.

SCHUL/BANK 6/98, S. 2

Arbeitsvorschläge:

1. Diskutieren Sie, ob die in M 19 dargestellte Situation einen Streiks bzw. ggf. auch eine Aussperrung rechtfertigt.

2. Erörtern Sie den weiteren Verlauf der Tarifauseinandersetzung (M 19) mit Hilfe des in M 20 aufgezeigten Schemas für den Fall, dass keine Einigung über die in M 19 geschilderten Forderungen herbeigeführt werden kann.

3. Arbeiten Sie heraus:
   a. welche Streiks in Deutschland erlaubt, und welche verboten sind (M 21);
   b. an welche Voraussetzungen die Rechtmäßigkeit von Streiks und Aussperrung gebunden ist (M 20 – M 22).
   c. wie sich die Streikbereitschaft (M 23) entwickelt hat.

4. Erläutern Sie die in M 22 als „tragende Grundsätze des Tarifrechts" genannten Punkte „Verhandlungsgleichgewicht" und das „Prinzip der Verhältnismäßigkeit".

Erwäge gut und bedenke das Ende ...

Das Planspiel ist – im Unterschied zum Rollenspiel – ein Entscheidungsspiel. Ziel des Spiels ist, in einem Konfliktfall (Ausgangslage) zu entscheiden, welche Problemlösung angestrebt werden soll (Handlungsziel) und wie dabei vorgegangen werden soll (Handlungsstrategie). Zur Erarbeitung einer Handlungsstrategie gehört vor allem, herauszufinden, wo die Problemursachen liegen, welche Widerstände überwunden werden müssen, welche Handlungsalternativen es gibt und was die jeweiligen Vor- und Nachteile der verschiedenen Handlungsmöglichkeiten sind (Fallanalyse). Im vorliegenden Fall geht es um einen besonders schwerwiegenden Tarifkonflikt, der bis an die Wurzeln des Tarifsystems reicht. Dieser Konflikt soll als Tarifverhandlung durchgespielt werden. Ihre Aufgabe ist es, nach einer Lösung zu suchen, die ggf. auch gegen Widerstände und bei hohen sozialen Kosten durchzusetzen wäre, aber letztlich einen Kompromiss ermöglichen muss.

Sie haben sich in diesem Kapitel u.a. mit Fragen des Tarif- und Streikrechts auseinandergesetzt. Auf Kenntnisse, die Sie dabei erworben haben, können Sie jetzt bei der Vorbereitung des Planspiels zurückgreifen, indem Sie die entsprechenden Themenseiten nachschlagen.

*Arbeitsvorschläge
Das Planspiel kann in dieser Schrittfolge durchgeführt werden:
1. Vorüberlegungen zur Sache. Gespielt wird eine Tarifverhandlung mit dem Ziel, einen neuen Tarifvertrag auszuhandeln. Informieren Sie sich über den Tarifkonflikt und die Ausgangslage für das Planspiel (M 24). Analysieren Sie gemeinsam das Problem, seine Ursachen und die Interessenlagen.
2. Aufteilung in Gruppen. An der Tarifverhandlung unter dem Vorsitz eines unparteiischen Schlichters (Spielleiter) sind zwei Gruppen beteiligt: Die Vertreter des Arbeitgeberverbands „Gesamtmetall" und der IG Metall. Entsprechend werden zwei gleich große Gruppen gebildet, die die Rollen „Arbeitgebervertreter" und „Gewerkschaftsvertreter" in der Tarifverhandlung spielen.
3. Erarbeitung der Rollen und Handlungsstrategie. Jede Gruppe überlegt und entscheidet für sich, welche Forderungen sie vorrangig durchsetzen will, und wie (Rollenkarte M 26 oder M 27).
Klären Sie auch die rechtlichen Grundlagen für Ihre Strategie. Nutzen Sie als Informationsmaterial auch die Themenseiten „Regelung der Arbeitsbedingungen durch Tarifvertrag" und „Streik und Aussperrung als Mittel des Arbeitskampfes".*

M 24 Konfliktfall und Ausgangslage

Die neue „Tarifrunde" hat mit einem Paukenschlag begonnen. Während üblicherweise die Gewerkschaften in die Offensive gehen, hat diesmal „Gesamtmetall", der Arbeitgeberverband der Metallindustrie, die Tarifverträge gekündigt. Weil der Konkurrenzdruck aus „Billiglohnländern" zu drastischen Kostensenkungen zwingt, wollen die Arbeitgeber eine Senkung der Kostenlast der bestehenden Tarifverträge um mindestens 10 % durchsetzen. Deshalb fordern sie: (1) Das Arbeitnehmereinkommen wird auf dem gegenwärtigen Stand eingefroren. (2) Das zusätzliche Urlaubsgeld wird komplett gestrichen, die Urlaubsvergütung wird gekürzt; bei längeren Krankheiten oder bei Kuren werden Urlaubstage abgezogen; Freistellungen am Heiligabend und zu Sylvester werden auf den Urlaub angerechnet. (3) Anstelle der täglichen und wöchentlichen Normalarbeitszeit wird eine „Jahressollarbeitszeit" vereinbart; als zuschlagpflichtige „Mehrarbeit" gelten dann nur noch Überstunden über die Jahressollarbeitszeit hinaus. (4) In die Tarifverträge werden Öffnungs- und Revisionsklauseln eingefügt, die einzelbetriebliche Sonderregelungen ermöglichen und während der Laufzeit eine Anpassung der Tarifverträge an die wirtschaftliche Lage erlauben. Um ihre Forderungen durchzusetzen, ist „Gesamtmetall" notfalls auch zu Aussperrungen bereit.

Die Gewerkschaft (IG Metall) sieht in den Arbeitgeberforderungen eine Ausnutzung der Krisenerscheinungen zu Lasten der Arbeitnehmer. Ihre Zielvorstellung lautet: Reallohnsicherung. Deshalb fordert sie eine Erhöhung der Löhne, Gehälter und Ausbildungsvergütungen um 5,5 % (= 4 % Teuerungsausgleich und 1,5 % für beschäftigungswirksame Maßnahmen, nämlich: Vorziehen der vereinbarten Arbeitszeitverkürzung, Verzicht auf betriebsbedingte Kündigungen während der nächsten 12 Monate und für Auszubildende eine befristete Übernahme für 6 Monate, falls eine unbefristete Übernahme nicht möglich ist). Um ihre Ziele zu erreichen, will die IG Metall notfalls auch streiken.

Dies ist die Ausgangslage für die nun notwendig gewordenen Tarifverhandlungen. Zu diesen Verhandlungen treffen sich zwei gleichgroße Gruppen von Vertretern der IG Metall und von „Gesamtmetall" des Tarifgebiets Niedersachsen im „Zentralhotel" in Hannover. Sie müssen eine Lösung ihrer Probleme im Kompromiß suchen. Aber wie weit kann/soll die Kompromissbereitschaft gehen?

**Stichwort:
Gewerkschaften**
sind (nach Art. 9 GG) Zusammenschlüsse von Arbeitnehmern „zur Wahrung und Förderung der Arbeits- und Wirtschaftsbedingungen". Sie müssen freiwillig gebildet und unabhängig vom Staat und der „Gegnerseite" sein. Vor allem durch Tarifverträge gestalten Gewerkschaften und Unternehmerverbände als Vertragspartner ihre Belange in eigener Verantwortung (autonom) und frei von staatlichen Vorgaben und Einmischungen (Tarifautonomie).

Planspiel zu Tarifverhandlungen, Streik und Aussperrung

M 26 Rollenkarte: Vertreter des Arbeitgeberverbandes

Sie begründen Ihre Verhandlungsposition mit Argumenten wie

- Zu hohe Kosten und zu kurze Arbeitszeiten gefährden die Wettbewerbsfähigkeit und den Industriestandort Deutschland. Insbesondere die Lohnnebenkosten sind nicht mehr zu verkraften.
- Die wirtschaftliche Lage war noch nie so schlecht (Kosten- und Ertragskrise, Auftragsverlagerung ins Ausland, Verlust von Arbeitsplätzen, erstmals in der Geschichte der BRD ein Jahr ohne Gewinne bei gesunkener Produktivität).
- Jeder muss Opfer bringen; Kürzungen sind zumutbar; Reallohnsicherung ist ein unrealistisches Ziel.
- Die Arbeitskosten liegen in Japan bei 71 %, in den USA bei 59 % des deutschen Niveaus. Kostensenkung ist deshalb eine Politik der Beschäftigungssicherung.
- Vor allem die Urlaubsregelung muss revidiert werden. Der Urlaub muss der tatsächlichen Arbeitsleistung entsprechen. Zusätzliches Urlaubsgeld ist bei der Höhe der Löhne und Gehälter überflüssig geworden.
- Aufgabe von Tarifverträgen ist es, Mindestbedingungen und nicht Höchstbedingungen zu regeln; den Metallunternehmen aus 13 unterschiedlichen Branchen kann kein einheitlicher Tarifvertrag mehr vorgegeben werden. Deshalb muss für den neuen Tarifvertrag eine Öffnungs- und Revisionsklausel vereinbart werden.
- Sollten die Gewerkschaften nicht Vernunft annehmen, dann ist ein Arbeitskampf unvermeidbar; in diesem Fall werden die Unternehmer auch nicht vor Aussperrungen zurückschrecken.

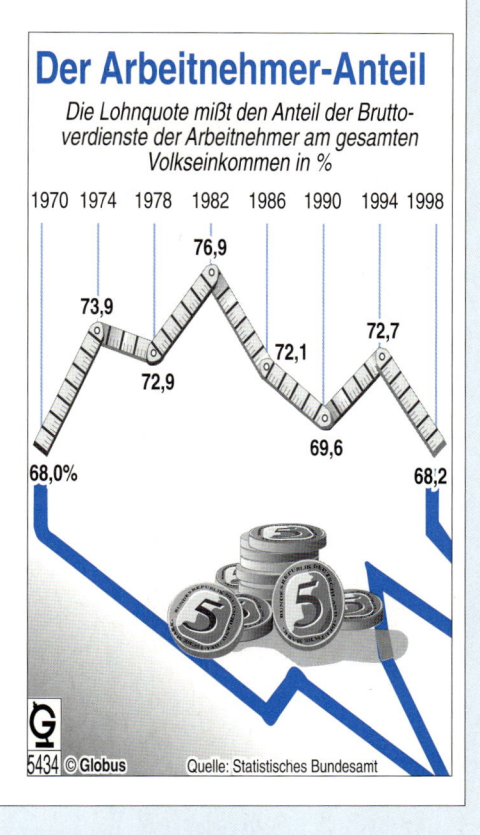

Der Arbeitnehmer-Anteil
Die Lohnquote mißt den Anteil der Bruttoverdienste der Arbeitnehmer am gesamten Volkseinkommen in %

1970	1974	1978	1982	1986	1990	1994	1998
68,0%	73,9	72,9	76,9	72,1		72,7	68,2

69,6

Quelle: Statistisches Bundesamt

> 4. Durchführung des Rollenspiels. Die Verhandlungsgruppen sitzen sich "am grünen Tisch" gegenüber. Der "Schlichter" (Spielleiter) eröffnet die Tarifverhandlung. Er legt kurz dar, was zu verhandeln ist (M 24) und leitet die Sitzung. Zum Schluss der Verhandlung fasst er das Ergebnis zusammen und macht bei Bedarf einen Schlichtungsvorschlag.
> 5. Zwischenberatung.
> Die beiden Tarifparteien ziehen sich zur Beratung zurück.
> Sie nehmen entweder den Schlichtungsvorschlag an oder entscheiden über eine neue Kompromisslinie für eine zweite Verhandlungsrunde und eventuelle Kampfmaßnahmen – notfalls Streik und Aussperrung.
> 6. Neue Verhandlungsrunde und Entscheidung.
> Entweder wird ein Kompromiss angenommen oder die Verhandlungen werden abgebrochen, um Kampfmaßnahmen einzuleiten.
> 7. Nachbesprechung.
> Diskutieren Sie die Plausibilität der Argumente sowie die Zweck- und Rechtmäßigkeit der Entscheidungen.

M 27 Rollenkarte: Vertreter der Gewerkschaft

Sie begründen Ihre Verhandlungsposition mit Argumenten wie ...

- Tarifverträge haben eine Schutzfunktion, die sich gerade in Krisenzeiten bewähren muss. Ist das Tarifvertragssystem durch Öffnungs- und Revisionsklauseln erstmal aufgebrochen, wird es keine Mindestlohnsicherung und keinen Mindestarbeitsschutz für alle Beschäftigten mehr geben; dann wird nach Regionen, Branchen und Betriebsgrößen differenziert und eine Abwärtsspirale ohne Ende eingeleitet.
- Die derzeitige Tarifpolitik der Arbeitgeber beinhaltet keinerlei Beschäftigungssicherheit; sie schwächt die Massenkaufkraft und reduziert die Nachfrage. Beides ist aber eine Voraussetzung für einen konjunkturellen Aufschwung.
- Alle Erfahrungen zeigen: Lohnsenkungen sind keine Garantie für weniger Arbeitslosigkeit. Auch in Industriestaaten mit niedrigerem Lohnniveau (z. B. Frankreich, England, Italien und Spanien) gibt es Arbeitslose – sogar mehr als bei uns.
- Ein höherer tariflicher Stundenlohn führt über den Anstieg der Lohnsumme zu höheren Konsumausgaben der Arbeitnehmer. In der Folge nehmen die Inlandsnachfrage und damit die Kapazitätsauslastungen der Unternehmen zu. Daraus entstehen zusätzliche Impulse für Investitionen und Beschäftigung. Entscheidend für die Wettbewerbsfähigkeit ist nicht die Lohn- und Gehaltshöhe, sondern die Produktivität. Angesichts von milliardenschweren Exportüberschüssen kann es nicht zutreffen, dass die Löhne zu hoch sind.

ADAC „in", Gewerkschaften „out"?

Im Oktober 1993 las ich zwei Meldungen, die es in sich haben. Erste Meldung: „Mitgliederrekord beim ADAC. Der Autoclub hat jetzt 12,4 Millionen Beitragszahler. Seit Jahresanfang sind mehr als 365 000 hinzugekommen." Zweite Meldung: „Eiszeit bei den Tarifpartnern. ... Die IG Metaller stehen mit dem Rücken zur Wand. Seit 1991 haben sie 3 Millionen Mitglieder verloren. Den Meldungen schloss sich die Frage an: „Wo ist der Zusammenhang?" Die Antwort war: „Deutschland ist auf dem Weg zum Interessenstaat. [Damit kann ich wenig anfangen. Aber was dann kommt, finde ich brisant!] Individualität, freie Bahn für mobile Menschen ist in. Dafür steht der ADAC, Solidarität der Gewerkschaften ist out."

Ob das wirklich so ist, mag man bezweifeln oder begrüßen. Aber die Frage drängt sich auf: Was wären die Folgen? Durch die Auseinandersetzung mit dieser Frage möchte ich Ihnen zugleich einen Einblick in die politische Funktion von Verbänden in einer Demokratie geben, die von Interessengruppen und Interessenkonflikten geprägt ist. Man nennt diese Staatsform auch Pluralistische Demokratie.

Ob Arbeiter und Angestellte um ihren Arbeitsplatz, ihr Einkommen Ärzte um ihre Kassenhonorare, Konsumenten um die Lebensmittelqualität oder Sportfans um eine TV-Übertragung bangen, ob Mieter um ihr Wohnrecht fürchten oder Naturliebhaber die letzten Hochmoore gefährdet sehen – fast immer sind es Verbände oder Vereine, die dafür sorgen, dass entscheidungsbefugte Politiker und Politikerinnen sich mit den Befürchtungen und Anliegen solcher Gruppen auseinandersetzen. Das ist so, weil Verbände – ebenso wie Parteien – drei Stärken haben. Sie können

- Interessen und Bedürfnisse von Einzelpersonen bündeln („Einigkeit macht stark") und einen einheitlichen Willen der Mitglieder (Verbandswillen) bilden;
- die Verbandsinteressen politisch artikulieren, d. h. als konkrete, entscheidungsfähige Forderungen in den politischen Entscheidungsprozess einbringen und mit Sachverstand vertreten;
- aus den Verbandsforderungen diejenigen auswählen, die je nach Dringlichkeit der Mitgliedererwartungen (z. B. Lohnerhöhung oder Arbeitszeitverkürzung) und Situation (z. B. Gewinnsituation der Betriebe, öffentliche Meinung) mit Vorrang vertreten werden sollen.

Die einflussreichsten und wichtigsten Interessengruppen sind Verbände im Kernbereich moderner Industriegesellschaften: der Wirtschafts- und Arbeitswelt. Dazu gehören insbesondere die Gewerkschaften und Unternehmerverbände. Von ihrem Wirken hängt es in hohem Maße ab, wie Einkommen und Arbeit verteilt, wie die Arbeitsplätze und Arbeitsverhältnisse gestaltet, mit welchem Status und welchen Rechten Berufe ausgestattet werden.

In Deutschland ist das Recht der Arbeitnehmer/innen, sich in Gewerkschaften zusammenzuschließen, Teil der Koalitionsfreiheit. Sie gehört zu den wirtschaftlichen Grundrechten und wird in Art. 9, Abs. 3 des Grundgesetzes garantiert.

M 28 **100 Jahre Tarifpolitik – Am Beispiel der IG Metall**

Jahr	Arbeitszeit	Monatseinkommen	Sicherung bei Krankheit	Bezahlter Urlaub	Zusätzl. Urlaubsgeld	Vermögenswirksame Leistungen	Weihnachtsgeld
1898	57 Wochenstunden	ca. 72 RM	keine	keinen	keines	keine	keines
1950	57 Wochenstunden	305 DM	Krankengeld (die ersten 3 Tage nicht)	12-15 Werktage	keines	keine betrieblichen	keine Vereinbg.
1998	35 Wochenstunden	3309 - 4208 DM	6 Wochen Nettolohn	30 Werktage = 6 Wochen	50% des Nettolohns	52 DM monatl.	20 - 40% je nach Betriebszugeh.

Nach Potthoff/Vogelsang: Werden und Wirken, Bielefeld 1991, S. 193, 220, 223; Flugblatt der IG Metall „Erkämpfte Erfolge". Frankfurt a.M. 1997; Tarifabkommen der IG Metall am 11.12.1996

UMFRAGE
„Werden Gewerkschaften noch gebraucht?"

Angaben in Prozent	JA	NEIN	WEISS NICHT
insgesamt	81	10	9
unter 30-Jährige	90	3	7
30- bis 44-Jährige	85	10	5
45- bis 59-Jährige	84	11	5
60 Jahre und älter	69	14	17

Die Woche, 16.6.1994 (FORSA-Umfrage)

M 29 **Mai 1933: Verbot der Gewerkschaften – Ende der Koalitionsfreiheit**

Berliner Börsen-Courier
Tageszeitung für alle Gebiete
Alle Führer der freien Gewerkschaften in Schutzhaft

M 30 **Koalitionsfreiheit und Streikrecht**

Die Koalitionsfreiheit basiert auf der geschichtlichen Erfahrung, dass die Arbeitnehmer eine angemessene Berücksichtigung ihrer Interessen nur dadurch erreichen können, dass sie selbst für die Durchsetzung ihrer Interessen kämpfen. Hieraus folgt, dass Gewerkschaften und Arbeitgeberverbände für eine ausreichende Kampfkraft zur Durchsetzung ihrer Interessen sorgen müssen. (...)

Umstritten ist, ob Art. 9 III auch das Streikrecht garantiert. Indirekt wird es in Satz III anerkannt ... Dabei ist zu beachten, dass ... das Streikrecht dem Entlassungsrecht des Arbeitgebers und nicht etwa seinem Aussperrungsrecht entspricht. ... Erst durch den Streik wird der Arbeitgeber ähnlich schwer getroffen wie ein Arbeitnehmer durch seine Entlassung.

E. Stein: Staatsrecht, Tübingen 1990, S. 276

Werden die Gewerkschaften überflüssig?

M 31 Keine Mitglieder – keine Zukunft

In vielen Industrieländern zeigen immer mehr Arbeitnehmer den Gewerkschaften die kalte Schulter. Mehr als drei Millionen Mitglieder hat der Deutsche Gewerkschaftsbund (DGB) in den vergangenen drei Jahren verloren: Von über 12 Millionen kurz nach der deutsch-deutschen Gewerkschaftseinheit sank die Zahl auf heute 8,9 Millionen (Juli 1998). Die Facharbeiterschaft aus der Industriegesellschaft der sechziger Jahre bildet nach wie vor die Hauptstütze der Gewerkschaften; überdies wächst der Anteil der Arbeitslosen und der Rentner an den Mitgliedern wie die Beitritte Jugendlicher zurückgehen. Nur noch zehn Prozent der Mitglieder, halb so viel wie Anfang der achtziger Jahre, sind 25 Jahre alt und jünger. Gerade zwei Prozent der Unorganisierten ziehen einen Gewerkschaftsbeitritt in Betracht, über die Hälfte der Organisierten liebäugeln mit einem Austritt.

Dass die Arbeitnehmerorganisationen in den meisten Industrieländern an Bedeutung verloren haben, hängt nicht zuletzt mit drei Entwicklungen zusammen:

1. Strukturwandel. Gewerkschaften finden traditionell am meisten Zuspruch bei den Beschäftigten des produzierenden Gewerbes und des Öffentlichen Dienstes. Die Industrie hat jedoch in fast allen entwickelten Ländern an Bedeutung verloren. Zugenommen hat dagegen der Beschäftigtenanteil der privaten Dienstleister, der Frauen sowie der Teilzeit-Arbeitnehmer – alles Gruppen, bei denen die Gewerkschaften meist nur wenig Anklang finden.

2. Beschäftigungsrückgang. Seit 1991 hat es in jedem Jahr eine im Saldo negative Entwicklung bei den Arbeitsplätzen für abhängig Beschäftigte gegeben. Arbeitsplatzabbau sowie Schließung ganzer Betriebe stellen für die Gewerkschaften nach wie vor die Hauptursache für die rückläufigen Mitgliederzahlen dar. So lange es keinen nennenswerten Beschäftigungsaufbau, d.h. einen Zuwachs an Arbeitsplätzen gibt, wird es für die Gewerkschaften nach wie vor schwierig sein, ihre Mitliederzahlen einigermaßen stabil zu halten.

3. Einstellungswandel. Viele Arbeitnehmer versuchen heute, ihre Interessen dem Arbeitgeber gegenüber selbständig zu artikulieren und durchzusetzen. Die traditionelle Interessenvertretung durch Gewerkschaften spielt hierbei eine immer geringere Rolle.

bearbeitet nach: IWD Nr. 28 vom 21. Mai 1998, S. 8 und Klaus Löhrlein, Bundesvorstand des DGB vom 01.07.1998

M 32 Sind die Gewerkschaften überflüssig geworden?

THESE:
Die deutschen Gewerkschaften stecken in tiefer Krise: Sie verloren in zwei Jahren 1,4 Millionen Mitglieder. In immer mehr Betrieben ergreifen die Mitarbeiter selbst die Initiative und handeln auf eigene Faust mit den Arbeitgebern maßgeschneiderte Lösungen aus – vom Haustarif bis zur Gruppenarbeit. In Zukunftsindustrien finden die Gewerkschaften kaum neue Mitglieder. ... Die Gewerkschaften sind ideologisch überfrachtete Kampforganisationen geblieben. Sie haben es nicht verstanden, sich zum modernen Dienstleister zu wandeln.

Die Woche, 15.6.1994

GEGENTHESE:
Gewerkschaften waren früher Notgemeinschaft und Solidaritätsverband. Diese Zeiten sind vorbei ... Gewerkschaften heute erbringen zwei völlig verschiedene Leistungsklassen: Lohnpolitik einschließlich aller sonstigen tarifpolitischen Gesichtspunkte zum einen und Service für die Mitglieder im umfassenden Sinne – von Rechtsberatung und Kündigungsschutz über Versicherungen bis zur Weiterbildung – zum anderen. Dabei kommen die tarifpolitischen Leistungen jeweils allen Arbeitnehmern als öffentliche Güter zugute mit Ausnahme der Streikgelder im Arbeitskampf ...
Nicht zu vergessen sind jedoch auch diejenigen Leistungen der Gewerkschaft gegenüber ihren Mitgliedern, die Orientierungen vermitteln und politisches Engagement ermöglichen.

U.v. Alemann/J. Schmid: Organisations-Reform ...
In: Gewerkschaftliche Monatshefte, H. 5/1993, S. 297 f.

Stichwort:

Pluralistische Demokratie
ist eine Staatsform, die es den verschiedenen gesellschaftlichen Gruppen gestattet, ihre Bedürfnisse und Interessen frei zu vertreten und gegen konkurrierende Interessengruppen durchzusetzen.
Die politische Willensbildung wird wesentlich nicht von Einzelpersonen, sondern von Gruppen bestimmt, die sich in Verbänden und Parteien organisieren.
Der Staat ist zwar auf die Wahrung des „Gemeinwohls" verpflichtet, aber was darunter verstanden wird, ist in der pluralist. D. das Ergebnis von Gruppenauseinandersetzungen.

Arbeitsvorschläge:

1. Erarbeiten Sie mit Hilfe von M 28, M 29 und M 30 den Hintergrund für die im Grundgesetz im Artikel 9 garantierte Vereinigungsfreiheit (Art. 9 GG Abs 1: Alle Deutschen haben das Recht, Vereine und Gesellschaften zu bilden).

2. In M 31 / M 32 wird auf die Entwicklung der Mitgliederzahlen des Deutschen Gewerkschaftsbundes eingegangen. Erarbeiten Sie die in M 31 / M 32 aufgeführten Gründe für den Mitgliederrückgang des DGB. Sind Ihrer Meinung nach mit dem Mitgliederschwund weitergehende Folgen für die Durchsetzung von Arbeitnehmerinteressen verbunden?

3. Führen Sie ein Streitgespräch zu der Frage, ob die Gewerkschaften überflüssig geworden sind (M 32 „Pro- und Kontra-Diskussion, S. 116f.)

Heimliche Herrscher?

M 28, M 33 und M 34 sind Beispiele dafür, wie folgenreich Verbände in die Wirtschaft und Politik eingreifen können. Ich vermute, dabei kommt Freude auf und auch Ärger.
Auf dieser Doppelseite möchte ich Ihnen nunmehr Gelegenheit geben, die Wege und Methoden der Verbandseinflussnahme zu erkunden und deren Risiken abzuwägen.

Die Arbeitgeberverbände waren zunächst vor allem Antistreik-Vereine. Das sind sie auch jetzt noch, aber zugleich weit mehr. Als Tarifvertragspartner der Gewerkschaften haben sie entscheidenden Anteil an der Gestaltung der Arbeits- und Wirtschaftsverhältnisse; als Interessenverbände mit privilegierten Zugängen zur Politik haben sie maßgeblichen Einfluss auch auf die Regierung und Gesetzgebung. Entsprechend ausgedehnt und verzweigt ist auch die Verbandsmacht der Arbeitgeber. Ihre tragenden Säulen sind Kammern mit Selbstverwaltungsaufgaben und Branchenverbände, die ihrerseits (wie die Gewerkschaften im DGB) in Bundesverbänden zusammengeschlossen sind.

M 33 Säulen des Verbandswesens der Arbeitgeber

Gemeinschaftsausschuss der deutschen gewerblichen Wirtschaft
Aussprachegremium der angeschlossenen Verbände zur gegenseitigen Abstimmung ihrer Politik. Der Ausschuss gibt Stellungnahmen (z.B. zur Mitbestimmung, Vermögenspolitik usw.) ab, an denen sich die Unternehmen orientieren können.

Bundesvereinigung der Deutschen Arbeitgeberverbände (BDA)
Dachverband aller Arbeitgeberverbände. Ihm gehören an: 46 Fachspitzenverbände mit zus. 386 Mitgliedsorganisationen (Fachverbänden) aus allen wirtschaftlichen Bereichen. Organisationsgrad: 60-80%
Vertritt die sozialpolitischen Interessen der Arbeitgeber. Gegenpol zum DGB; ist (wie der DGB) nicht tariffähig.

Deutscher Industrie- und Handelstag (DIHT)
Zusammenschluss aller Industrie- und Handelskammern.
Nimmt die gemeinsamen Interessen von Industrie, Handel u. Gewerbe wahr.

Bundesverband der Deutschen Industrie (BDI)
Dachverband von 35 Spitzenverbänden der Industrie (z.B. „Verband der chemischen Industrie"), die ihrerseits 355 Fach- und 154 Landesverbände zusammenschließen. Organisationsgrad: ca. 90%
Bringt die wirtschaftspolitischen Interessen der Industrie zur Geltung; organisiert die Geschlossenheit der Arbeitgeber in Arbeitskämpfen.

Nach H.-P. Ullmann: Interessenverbände in Deutschland, Frankfurt a.M. 1988, und G. Triesch in: Verbände und Herrschaft, Hrsg. Politische Akademie Eichholz, Bonn o.J.

M 34 Die heimlichen Herrscher?

341 Konzerne, vorneweg die Autobauer, Banken und Rüstungsbetriebe, machen in Bonn Druck. Zusätzlich kungeln 1 481 Verbände, vom ADAC bis zum Arbeitgeberverband, mit den Politikern um Wohlstandsanteile. Jedem Abgeordneten des Bundestages stehen 20 Lobbyisten gegenüber. (…)
Unter dem massiven Druck des … Bauernverbands entstand in der Landschaft ein Subventionssystem, das Verbraucher und Steuerzahler mehr kostet, als die Bauern dem Sozialprodukt hinzufügen. Die Politiker subventionieren mit jährlich rund 30 Milliarden Mark beides – die Überproduktion genauso wie den Ausstieg aus der Landwirtschaft. (…)
Kaum eine Lobby kämpft so aggressiv wie die Pharmaindustrie. Die Zuwachsraten im Gesundheitssektor liegen seit Jahrzehnten über dem Wirtschaftswachstum. (…)
Der Umweltausschuss des Bundestages verabschiedete kürzlich einen Antrag zum Investitionserleichterungsgesetz, den die Elektrizitätswirtschaft Wort für Wort verfasst hatte. … Der Antrag, der bisher gültiges Umweltrecht außer Kraft setzt, trug in der Kopfzeile noch die Fax-Kennung des Absenders – Vereinigung Deutscher Elektrizitätswerke.

Der Spiegel, Nr. 43/1993, S. 50 f., 56

Stichwort:
Kammern sind öffentlich-rechtliche Zusammenschlüsse von Unternehmen (Industrie- und Handelskammern, IHK), bäuerlichen Betrieben (Landwirtschaftskammern) und Berufsgruppen (z. B. Ärztekammern). Es besteht Mitgliedschaftspflicht und Beitragszwang. K. führen staatliche Aufgaben in Selbstverwaltung der Betroffenen durch, z. B. Organisation und Kontrolle der Berufsausbildung, regionale Strukturplanung und Strukturpolitik.
Spitzenverband der IHK ist der Deutsche Industrie- und Handelstag (DIHT).
Arbeitgeberverbände sind – im Unterschied zu den Kammern – freiwillige Zusammenschlüsse von Betrieben und Verbänden.

Einflussnahme der Arbeitgeberverbände

M 35 Wege der Einflussnahme

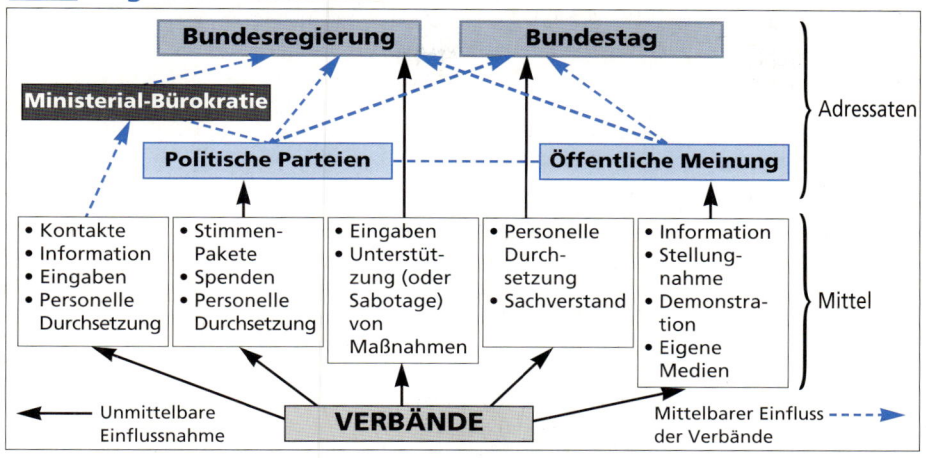

Adressaten: Bundesregierung, Ministerial-Bürokratie, Bundestag, Politische Parteien, Öffentliche Meinung

Mittel:
- Kontakte, Information, Eingaben, Personelle Durchsetzung
- Stimmen-Pakete, Spenden, Personelle Durchsetzung
- Eingaben, Unterstützung (oder Sabotage) von Maßnahmen
- Personelle Durchsetzung, Sachverstand
- Information, Stellungnahme, Demonstration, Eigene Medien

VERBÄNDE

← Unmittelbare Einflussnahme | Mittelbarer Einfluss der Verbände - - →

Der Überblick zeigt, dass die Interessengruppen überall dort ansetzen, wo politische Entscheidungen fallen. Die Rechtsgrundlage für eine direkte Beteiligung von Verbänden am Gesetzgebungsverfahren bietet §24 der Gemeinsamen Geschäftsordnung der Bundesministerien (M 39).

nach: W. Rudzio: Das politische System der Bundesrepublik Deutschland. Opladen 1996, S. 95

M 36 Wie Verbände Einfluss nehmen

Verbände nehmen konkret Einfluss auf die Entscheidungen der Parteien. Sie bedienen sich dabei besonders dreier Methoden: Die erste besteht in der personellen Durchsetzung der Parteien mit Verbandsmitgliedern, vor allem in den für das Verbandsinteresse wichtigen Arbeitskreisen und den Parlamentsfraktionen. Die Parteien ihrerseits sind um Verbandsvertreter in ihren Reihen bemüht, um sich die Unterstützung der Verbände bei Wahlen zu sichern und um Experten für wichtige Sachgebiete zu gewinnen. (...)
Die zweite Methode ist die der Parteienfinanzierung durch Verbände. (...)
Dritte und wohl bedeutsamste Methode ist aber die Verfügung über Stimmenpakete, das Wählerpotenzial, das ein Verband für eine Partei einbringen kann.

W. Rudzio: Die organisierte Demokratie. Stuttgart 1982², S. 39

M 37 Einflussnahme unter falscher Flagge?

Ob es den Verbänden gelingt, die Allgemeinheit für ihre Anliegen zu gewinnen oder nicht, hängt im Wesentlichen davon ab, wie sie ihre Spezialinteressen deklarieren *(kundgeben)* können. So sprechen beispielsweise die Bauernverbände von der Sicherung der Ernährung, die IG *(Industriegewerkschaft)* Bergbau von der Energiebasis, die Ärzteverbände von den Interessen der Patienten und den Lehrer-Organisationen geht es um das Wohl der Kinder.

Informationen zur politischen Bildung 217, 1987, S. 19, 16

M 38 Handlungsfelder von Verbänden

1. **Wirtschaftsbereich und Arbeitswelt**
   z.B. Unternehmerverbände und Gewerkschaften
2. **Sozialer Bereich**
   z.B. Rotes Kreuz, Arbeiterwohlfahrt, Caritas
3. **Bereich Freizeit und Erholung**
   z.B. Sportverbände
4. **Gesellschaftspolitischer Bereich**
   z.B. Humanistische Union, amnesty international, Gruppen für Umwelt und Frieden
5. **Bereich von Religion, Kultur und Wissenschaft**
   z.B. Kirchen, Sekten, Bildungswerke

Nach: U. v. Alemann: Der Wandel organisierter Interessen... In: Aus Politik und Zeitgeschichte, B/85, S. 6

M 39 Gemeinsame Geschäftsordnung der Bundesministerien

§ 24 (1) Bei der Vorbereitung von Gesetzen können die Vertretungen der beteiligten Fachkreise oder Verbände unterrichtet und um Überlassung von Unterlagen gebeten werden sowie Gelegenheit zur Stellungnahme erhalten. (...)

Arbeitsvorschläge

1. Auch die Arbeitgeberverbände handeln erfolgreich (M 34). Vergleichen Sie, worin sich ihre organisatorische Stärke von jener der Gewerkschaften unterscheidet (Autorentext, M 33 und M 35 – M 39).

2. Stellen Sie fest:
a) auf welchen Wegen und mit welchen Methoden Verbände auf politische Entscheidungen Einfluss nehmen können (M 35);
b) wie der Verbandseinfluss rechtlich gesichert ist (M 35 und Artikel 9 GG).

3. Schneiden Sie aus lokalen und überregionalen Zeitungen eines Tages alle Meldungen über Aktivitäten von Verbänden aus. Ordnen Sie die Verbände auf einer Wandzeitung nach Handlungsfeldern wie in M 38. Stellen Sie fest und ordnen Sie nach folgendem Muster:

Verband	Ziele	Adressaten
X		
Y		
Z		
	Wege	Methoden

a) Aus welchen Handlungsfeldern finden Verbände in der Presse am häufigsten Beachtung? Äußern Sie Ihre Vermutungen über die Gründe.
b) Welche Interessengruppen erwerben für sich die meiste Aufmerksamkeit?
c) Nehmen Sie das Schaubild M 35 zur Hand: Auf welchen Wegen und mit welchen Methoden verschaffen sich die Verbände Beachtung ihrer Interessen? Wer ist Adressat der Verbandsaktivitäten?

Markt oder Staat?

Liebe Schülerinnen und Schüler,

alles Leben braucht seine Ordnung – auch und gerade das Wirtschaftsleben, das ja die materiellen Grundlagen unserer Existenz sicherstellen und entwickeln soll. So wie z. B. die Allgemeine Schulordnung Grundlagen des Zusammenlebens von Lernenden und Lehrenden im Einklang mit den staatlichen Vorgaben festschreibt, so muss die Wirtschaftsordnung die ökonomischen Aktivitäten der Verbraucher, der Unternehmungen und des Staates abstimmen. Die Ausgestaltung der Wirtschaftsordnung ist dabei eine politische Aufgabe, die sich historisch an zwei Grundprinzipien orientiert hat:
- dem Liberalismus, der dem Individuum und der Freiheit des Marktes den Vorrang in der Wirtschaft einräumt,
- dem Sozialismus, der dem Staat die Planung der Wirtschaft überlässt, um das Ziel sozialer Gerechtigkeit anzustreben.

Aus der jüngsten Geschichte und dem Wettkampf der Systeme in Ost- und Westdeutschland haben wir erfahren, dass der Sozialismus die Erwartungen und Hoffnungen der Menschen nicht hinreichend erfüllen konnte. Andererseits sehen sich die Marktwirtschaften im Zeitalter der Globalisierung einem neuen Wettbewerbsdruck ausgesetzt, der die Grenzen nationaler bzw. staatlicher Wirtschaftspolitik deutlich werden lässt.

Die zentrale Frage dieses Kapitels lautet daher: Wie muss sich unsere historisch gewachsene Wirtschaftsordnung wandeln, um den globalen Herausforderungen der Zukunft gerecht zu werden und welchen Beitrag kann die nationale Wirtschaftspolitik für die Lösung ökonomischer und sozialer Probleme in der Gegenwart leisten?

Wirtschaftsordnung und Wirtschaftspolitik

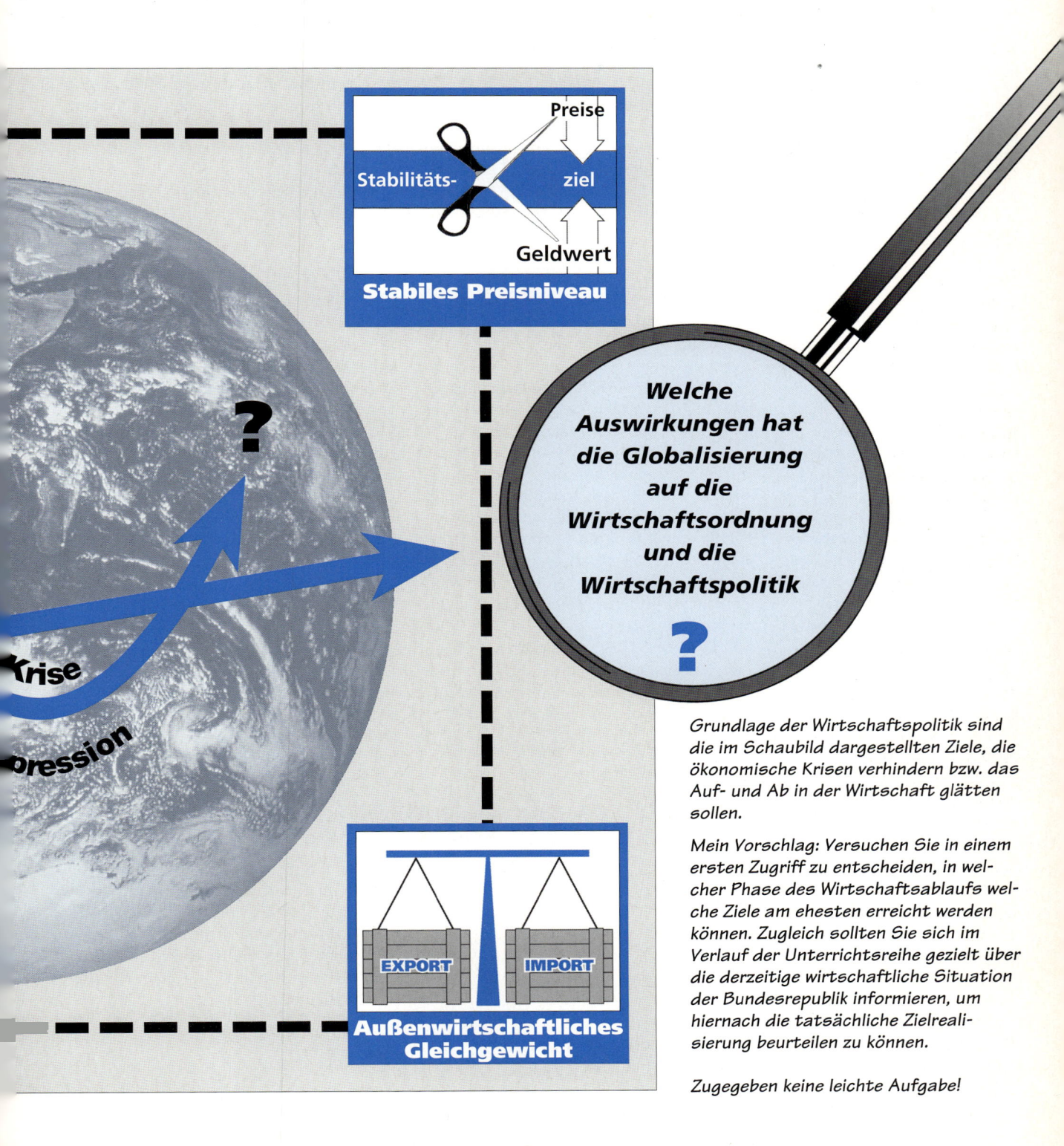

Preise

Stabilitäts- ziel

Geldwert

Stabiles Preisniveau

Krise

Depression

Welche Auswirkungen hat die Globalisierung auf die Wirtschaftsordnung und die Wirtschaftspolitik?

EXPORT   IMPORT

Außenwirtschaftliches Gleichgewicht

Grundlage der Wirtschaftspolitik sind die im Schaubild dargestellten Ziele, die ökonomische Krisen verhindern bzw. das Auf- und Ab in der Wirtschaft glätten sollen.

Mein Vorschlag: Versuchen Sie in einem ersten Zugriff zu entscheiden, in welcher Phase des Wirtschaftsablaufs welche Ziele am ehesten erreicht werden können. Zugleich sollten Sie sich im Verlauf der Unterrichtsreihe gezielt über die derzeitige wirtschaftliche Situation der Bundesrepublik informieren, um hiernach die tatsächliche Zielrealisierung beurteilen zu können.

Zugegeben keine leichte Aufgabe!

Das Geheimnis der unsichtbaren Hand

Adam Smith (1723-1790) gilt als Begründer der Nationalökonomie als Wissenschaft

Märkte waren ursprünglich räumlich abgegrenzte Orte in den Städten, auf denen Güter des täglichen Berdarfs ausgetauscht wurden – vergleichbar mit den heutigen Wochenmärkten. Gesamtwirtschaftlich ist daraus die Marktwirtschaft als Wirtschaftsordnung entstanden, in der das Angebot und die Nachfrage an Waren und Dienstleistungen, von Arbeitskraft und Kapital auf Märkten zusammentreffen und durch die Preise ausgeglichen werden. Während aber die traditionelle bzw. christliche Wirtschaftsgesinnung lediglich einen „gerechten Preis" (d.h. Kostenpreis) erlaubte und die Zunftordnungen den Wettbewerb beschränkten, ist die Freie Marktwirtschaft durch freie Preisbildung und die Konkurrenz der Anbieter gekennzeichnet. Das Geheimnis der Freien Marktwirtschaft besteht nach Adam Smith darin, dass der Preismechanismus des Marktes Angebot und Nachfrage eigenständig regelt, wenn Eigennutz bzw. Gewinnstreben des Einzelnen als Motor und Prinzip des Wirtschaftens erlaubt und zugelassen sind. Zugleich werden dadurch der Wohlstand und die Volkswirtschaft gefördert und entwickelt.

Der Staat darf sich in das „Freie Spiel der Kräfte" am Markt nicht einmischen, er muss sich auf seine ursprünglicen Aufgaben wie Innere Sicherheit, äußerer Schutz und Rechtspflege beschränken.

Die Idee von Adam Smith ist ja wirklich faszinierend: Jeder darf seine eigenen, egoistischen Ziele und Interessen verfolgen und trotzdem kommt dabei – so meinte Smith – wie durch eine unsichtbare Hand („invisible hand") ein allgemeiner gesellschaftlicher Wohlstand heraus. Deshalb nannte er sein weltberühmtes Buch auch „The Wealth of Nations" (1776).

In einem hatte Smith sicher Recht: Nur wenn die Menschen in Freiheit entscheiden dürfen, was sie produzieren und konsumieren wollen, d.h. wenn jeder seine eigenen Wirtschaftspläne machen und seine eigenen Ziele bestimmen darf, dann setzen sie ihre ganze Kraft und Fantasie ein, um diese Ziele zu erreichen.

Sobald der Staat jedoch alles bürokratisch regeln will und uns sagt, was wir kaufen dürfen und was nicht, oder was produziert werden darf und was nicht, dann fühlen wir uns unfrei, bevormundet und demotiviert. Dies ist sicher einer der wesentlichen Gründe dafür, dass die sozialistischen Planwirtschaften des ehemaligen Ostblocks zusammengebrochen sind. Aber in einem anderen Punkt hat sich Adam Smith sehr geirrt. Lesen Sie die Texte auf dieser Seite sorgfältig, dann werden Sie es schnell herausfinden.

M 1 Der Preismechanismus des Marktes

… arbeitet in seiner einfachsten Form folgendermaßen:
Bei einem Missverhältnis zwischen Angebot und Nachfrage steigt oder fällt der Preis so lange, bis Angebot und Nachfrage durch die Rückwirkung des Preises auf sie miteinander zur Deckung gebracht sind. Der sich dann ergebende Preis ist der Gleichgewichtspreis, der sich nicht verändern wird, solange die Marktlage sich nicht verändert. … Solange der Preis diese Lage nicht gefunden hat, wird er nicht zur Ruhe kommen. Der Gleichgewichtspreis ist derjenige Preis, der den Markt räumt. Dies ist einer der wichtigsten Sätze der gesamten Nationalökonomie, den man sich so fest einprägen muss, dass man ihn niemals vergisst.

Wilhelm Röpke: Die Lehre der Wirtschaft, Erlenbach/Zürich 10. Auflage 1965, S. 194f.

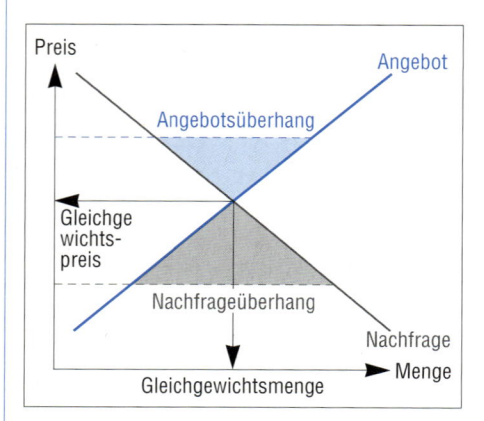

M 2 Durch Eigeninteresse zum Gemeinwohl

Wir wenden uns nicht an die Menschenliebe der Produzenten, sondern an ihr Selbstinteresse und sprechen zu ihnen nie von unserem Bedarf, sondern von ihren Vorteilen.
[…]
In der Tat hat jeder dabei nur seinen eigenen Vorteil, nicht aber das Wohl der gesamten Volkswirtschaft im Auge. Aber dieses Erpichtsein auf seinen eigenen Vorteil führt ihn ganz von selbst – oder besser gesagt – notwendigerweise dazu, derjenigen Kapitalanlage den Vorzug zu geben, die zu gleicher Zeit für die Volkswirtschaft als Ganzes am vorteilhaftesten ist.

Verfolgt er nämlich sein eigenes Interesse, so fördert er damit indirekt das Gesamtwohl viel nachhaltiger, als wenn die Verfolgung des Gesamtinteresses unmittelbar sein Ziel gewesen wäre. Ich habe nie viel Gutes von denen gehalten, die angeblich für das allgemeine Beste tätig waren. [...]
Kapitalbildung und Industrieentfaltung müssen in einem Lande dem natürlichen Gang der Entwicklung überlassen bleiben. Jede künstliche wirtschaftspolitische Maßnahme lenkt die produktiven Kräfte der Arbeit und auch die Kapitalien in die falsche Richtung.

Adam Smith: Der Wohlstand der Nationen, München 1974, S. 16ff.

Idee und Probleme der Freien Marktwirtschaft

M 3 Die sozialen Folgen des Wirtschaftsliberalismus im 19. Jahrhundert

Freie Unternehmer trafen Entscheidungen und standen auf dem Markt in einem vom Staat nicht beeinflussten Wettbewerb. Motor waren die Aussichten auf Gewinn und die unternehmerische Freiheit, die zu neuen Erfindungen und Höchstleistungen motivierten. Ziel aller ökonomischen Entscheidungen war das Erreichen eines größtmöglichen Gewinns. Kleinere Unternehmen, die im Konkurrenzkampf nicht bestehen konnten, mussten aufgeben, sich zusammenschließen oder wurden aufgekauft. Dadurch entstanden marktbeherrschende Monopole, die aufgrund fehlender Konkurrenz ihre Preise unbesorgt festlegen konnten. Die Reichen wurden immer reicher und die Armen immer ärmer. Der Unternehmer entschied über die Höhe der Preise seiner Produkte, er bestimmte die Höhe des Lohns und die Dauer der Arbeitszeit. Der Industriearbeiter des 19. Jahrhunderts lebte in völliger Abhängigkeit vom Unternehmer, ohne Absicherung gegen Arbeitslosigkeit, Krankheit, Invalidität und Alter. Es fehlte eine Arbeits- und Sozialgesetzgebung. Not und Elend kennzeichneten die Situation der Arbeiter im uneingeschränkten Wirtschaftsliberalismus.

Wirtschaftsspiegel Nr. 9/1993 S. 6

Weberaufstand 1844, Radierung von von Käthe Kollwitz (Ausschnitt)

M 4 Die Lehren aus der Weltwirtschaftskrise

Die Weltwirtschaftskrise der Jahre 1929 bis 1932, dieser bislang katastrophalste Zusammenbruch der weltwirtschaftlichen Arbeitsteilung und der Wirtschaftstätigkeit in den einzelnen Nationalstaaten, zerstörte den Glauben an die liberale Verheißung, dass sich die Marktwirtschaft von selbst in Richtung auf die harmonische Erfüllung der gesamtwirtschaftlichen Ziele lenken werde. In vielen Ländern, die von der Massenarbeitslosigkeit betroffen waren, wurden Arbeitsbeschaffungsmaßnahmen vorgeschlagen, um der Verelendung der einkommenslosen Familien entgegenzuwirken. Im Deutschen Reich betrieb der Nationalsozialismus seit 1933 ein kreditfinanziertes Beschäftigungsprogramm – einschließlich eines militärdienstähnlichen „Reichsarbeitsdienstes".

Allgemeine Verbreitung fand die Überzeugung, dass man nicht tatenlos auf die „Selbstheilungskräfte des Marktes" warten könne, durch das 1936 erschiene Werk des Engländers John M. Keynes „Allgemeine Beschäftigungs-, Zins- und Geldtheorie". Hier wurde der wissenschaftliche Beweis erbracht, dass in bestimmten Situationen Volkswirtschaften aus eigener Kraft nicht mehr zur Vollbeschäftigung finden können. Man benötige daher eine unabhängig vom Marktgeschehen handelnde Instanz: den Staat, der die gesamtwirtschaftliche Steuerung übernehmen müsse.

Dementsprechend wurde die liberale Staats- und Wirtschaftstheorie, die den Staat nur als Schutzgeber und Rahmensetzer („Nachtwächterstaat") sehen wollte, weiterentwickelt. Der Staat erhielt die neue wesentliche Aufgabe, in die Wirtschaft einzugreifen und den gesamtwirtschaftlichen Prozess zu lenken.

Nach: Czada/Tolksdorf/Yenal: Wirtschaftspolitik – Aktuelle Problemfelder, Opladen 1987, S. 237

Arbeitsvorschläge

1. Erklären Sie mit Hilfe der Grafik den Markt- und Preismechanismus und den Satz „Der Gleichgewichtspreis räumt den Markt." (M 1)

2. England war nicht nur das Geburtsland des Wirtschaftsliberalismus und der Freien Marktwirtschaft, sondern auch das Ursprungsland der Industrialisierung, der wir unseren heutigen Wohlstand verdanken. Diese begann im 18. Jahrhundert mit der ökonomischen Verwertung der Basiserfindungen (Mechanischer Webstuhl, Dampfmaschine) durch Kaufleute. Bewerten Sie vor diesem historischen Hintergrund die Wirksamkeit der „unsichtbaren Hand", die durch den Eigennutz Einzelner das Gemeinwohl aller fördert. (M 2)

3. In der Realität des 19. Jahrhunderts hat sich aus der Freien Marktwirtschaft der so genannte „Kapitalismus" entwickelt, in dem der Produktionsfaktor Kapital bzw. die Unternehmer die vorherrschende Macht gegenüber der eigentumslosen Arbeiterklasse waren. Beschreiben Sie die sozialen Folgen des Kapitalismus (M 3), die dann zu dem Gegenkonzept des Sozialismus führten.

4. Nachdem der Wirtschaftsliberalismus bereits im 19. Jahrhundert durch die Einführung einer staatlichen Sozialversicherung eingeschränkt worden war, bewirkte die Weltwirtschaftskrise 1929-32 die endgültige Abkehr von der Freien Marktwirtschaft. Mit welchen Argumenten wurde nunmehr ein staatliches Eingreifen durch eine Wirtschafts- und Sozialpolitik begründet?

Wohlstand für alle?

Haben Sie eigentlich schon einmal darüber nachgedacht, warum die Menschen in Deutschland trotz des verlorenen Krieges mit all seinen Zerstörungen und Verlusten
- die höchsten Löhne,
- die kürzesten Arbeitszeiten und
- die meisten Urlaubstage

haben?
Und warum die Menschen in der ehemaligen DDR 1989, im Jahre der Wiedervereinigung, meilenweit von diesem Wohlstandsniveau entfernt waren, obwohl sie auch so fleißig gearbeitet haben wie wir?

Auf den folgenden Seiten möchte ich Ihnen zeigen, dass dies – neben den politischen Rahmenbedingungen – vor allem auch mit der Wirtschaftsordnung zusammenhing. Anders als die DDR hatte sich die Bundesrepublik für das Programm der „Sozialen Marktwirtschaft" entschieden, und das war – wie wir heute wissen – eine sehr gute Entscheidung.

Andererseits wissen wir auch, dass es noch eine Menge von Problemen und Fragen gibt, auf die auch die Soziale Marktwirtschaft noch keine Antwort hat.

Die Wirtschaft eines Landes kann durch folgende Elemente gekennzeichnet werden:
- die Wirtschaftsgesinnung (z. B. Liberalismus, Sozialismus),
- die Technik, die den Charakter als Entwicklungs-, Industrie- oder Informationsgesellschaft bestimmt,
- die Wirtschaftsordnung, deren Rahmenbedingungen Aufbau und Ablauf des Wirtschaftens und die Rolle des Staates in der Wirtschaft regeln.

Nach dem Scheitern der Freien Marktwirtschaft und dem Ende der staatlich gelenkten Wirtschaft der NS-Zeit hat sich in der Bundesrepublik die Soziale Marktwirtschaft mit dem Anspruch entwickelt, die Freiheit des Marktes mit dem sozialen Ausgleich in der Gesellschaft zu verbinden. Geblieben ist das ursprüngliche Ziel: Wohlstand für alle!

Dabei unterliegt auch die Soziale Marktwirtschaft wirtschaftlichen Wechsellagen (Konjunkturen), deren Phasen zwischen Aufschwung, Boom, Abschwung und Krise (s. Auftaktdoppelseite) sich erfahrungsgemäß zu einer Gesamtdauer (Konjunkturzyklus) von 7 bis 11 Jahren verbinden. Die staatliche Wirtschaftspolitik kann die Ausschläge und Auswirkungen des Konjunkturverlaufs mildern, in einer Marktwirtschaft aber insgesamt nicht verhindern. Von den Konjunkturkrisen zu unterscheiden sind die Strukturkrisen, die auf grundlegende (Fehl)Entwicklungen bzw. Veränderungen zurückzuführen sind, z. B. der Wandel von der Industrie- zur Dienstleistungsgesellschaft, die Modernisierung der sozialistisch organisierten Wirtschaft in der ehemaligen DDR.

M 5 Der Staat als Garant der Wirtschafts- und Sozialordnung

Die Soziale Marktwirtschaft fordert keinen schwachen Staat, sondern sieht in einem starken demokratischen Staat die Voraussetzung für das Funktionieren dieser Ordnung. Der Staat hat sich für die Erhaltung eines echten Wettbewerbs einzusetzen, der zugleich Machteinflüsse auf den Markt abwehrt.

Garant des sozialen Ausgleichs ist nicht nur der Markt, dessen wirtschaftliche Leistungen sehr oft schon sozialen Fortschritt bedeuten. Der Staat hat vielmehr die unbestrittene Aufgabe, über den Staatshaushalt und die öffentlichen Versicherungen die aus dem Markt resultierenden Einkommensströme umzuleiten und soziale Leistungen zu ermöglichen.

Neben diesen engeren Aufgaben der Wettbewerbssicherung und des sozialen Schutzes steht der Staat seit je und heute bewusster als früher vor Aufgaben der Gesellschaftspolitik, um die Lebensumstände für alle zu verbessern. Ich nenne Erweiterung der Vermögensbildung, Verbesserung der Investitionen im Bereiche des Verkehrs, des Gesundheitswesens, Aufwendungen für Bildung und Forschung, Schutz gegen die wachsende Verschlechterung der Umweltbedingungen, Städtebauförderung …

Alfred Müller-Armack: Genealogie der Sozialen Marktwirtschaft, Bern/Stuttgart 1974, S. 150 ff.

Die Väter der Sozialen Marktwirtschaft

Alfred Müller-Armack
(1901–1978)
Staatssekretär unter Ludwig Erhard und Professor an der Universität Köln

Ludwig Erhard
(1897–1977)
Erster Wirtschaftsminister der Bundesrepublik

M 6 Die Ziele der Wirtschaftspolitik („Magisches Viereck")

Bund und Länder haben bei ihren wirtschafts- und finanzpolitischen Maßnahmen die Erfordernisse des gesamtwirtschaftlichen Gleichgewichts zu beachten. Die Maßnahmen sind so zu treffen, dass sie im Rahmen der marktwirtschaftlichen Ordnung gleichzeitig zur Stabilität des Preisniveaus, zu einem hohen Beschäftigungsstand und außenwirtschaftlichem Gleichgewicht bei stetigem und angemessenem Wirtschaftswachstum beitragen.

§ 1 des Gesetzes zur Förderung der Stabilität und des Wachstums der Wirtschaft von 1967

Von der Freien zur Sozialen Marktwirtschaft

M 7 Vergleich:

FREIE Marktwirtschaft	SOZIALE Marktwirtschaft
Freies Spiel von Angebot und Nachfrage	So viel Markt wie möglich, so viel Staat wie nötig
„Nachtwächterstaat": Beschränkung auf die Aufgaben Schutz nach außen, Innere Sicherheit und Rechtspflege	Sozialstaat: Verpflichtung des Staates zur Wirtschafts- und Sozialpolitik zur Stabilisierung der Wirtschaft und der Sozialen Sicherheit
Freie Verfügungsmacht der Unternehmer über das Privateigentum an den Produktionsmitteln (Grundstücke, Fabriken. ...)	Einschränkung der Verfügungsmacht durch Mitbestimmung der Arbeitnehmer und Sozialgesetzgebung
Vollständige Konkurrenz der Anbieter zur Verhinderung von Marktbeherrschung und Machtmissbrauch	Sicherung des Wettbewerbs durch Kartellverbot, Missbrauchsaufsicht und Kontrolle marktbeherrschender Unternehmen

Erwerbwirtschaftliches Prinzip,
d.h. Gewinnstreben und Eigennutz des Einzelnen
als Motor und Leistungsanreiz des Wirtschaftens
zur Förderung des Gesamtwohls der Volkswirtschaft

M 8 Die Wirtschaftsentwicklung der Bundesrepublik

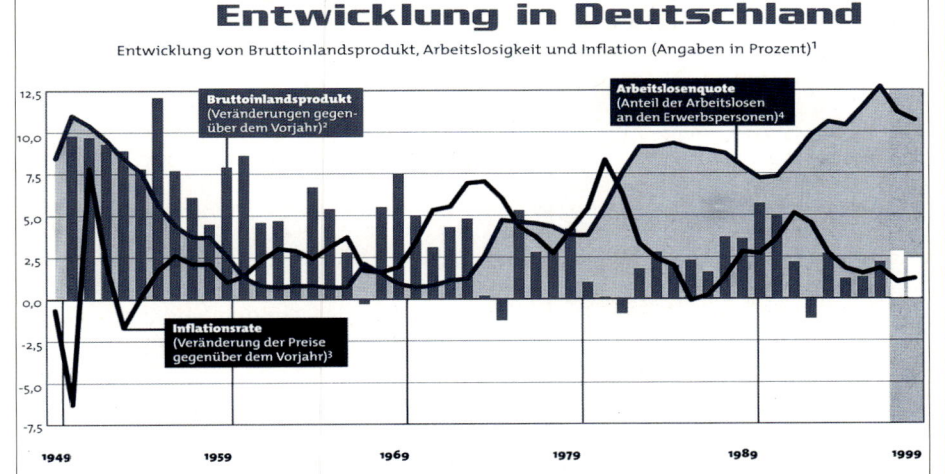

Wirtschaftliche Entwicklung in Deutschland

Entwicklung von Bruttoinlandsprodukt, Arbeitslosigkeit und Inflation (Angaben in Prozent)[1]

Bruttoinlandsprodukt (Veränderungen gegenüber dem Vorjahr)[2]

Arbeitslosenquote (Anteil der Arbeitslosen an den Erwerbspersonen)[4]

Inflationsrate (Veränderung der Preise gegenüber dem Vorjahr)[3]

1: Bis 1991 Westdeutschland. 1999 Prognose. 2: In Preisen von 1991. Bis 1960 ohne Berlin und Saarland. 3: Preisindex für die Lebenshaltung. Bis 1962 Vier-Personen-Haushalte von Arbeitern und Angestellten mit mittlerem Einkommen. Von 1963 an alle privaten Haushalte. Wert von 1949. Durchschnitt der Monate Juni bis Dezember. 4: Bis 1958 ohne Saarland. Anteil der Arbeitslosen an den abhängigen zivilen Erwerbspersonen.

Quellen: Statistisches Bundesamt; Bundesanstalt für Arbeit; Herbstgutachten der Institute DIW, HWWA, Ifo, IWH und RWI; A. Ritschl und M. Spoerer, F.A.Z.-Archiv. Grafik: Zeitbild-Verlag

Arbeitsvorschläge

1. Begründen Sie mit Hilfe von M 7, warum die Soziale Marktwirtschaft einen „starken demokratischen Staat" (M 5) erfordert.

2. Diskutieren und entscheiden Sie in de Klasse, welchem der Ziele der Wirtschaftspolitik (M 6) Sie den höchsten Stellenwert einräumen würden.

3. Ermitteln Sie die aktuellen Werte der Arbeitslosigkeit, des Preisanstiegs und des Wachstums (M 8) für das laufende Jahr. Die hierfür erforderlichen Daten können Sie z. B. beim Statistischen Bundesamt über Internet (www.statistik-bund.de) abrufen.

4. Entscheiden Sie hiernach, in welcher Phase des Konjunkturverlaufs (s. Auftaktdoppelseite) sich die Volkswirtschaft der Bundesrepublik nach Ihrer Einschätzung gegenwärtig befindet.

5. Während die Zielsetzung des (nationalen) außenwirtschaftlichen Gleichgewichts (d.h. ausgeglichene Zahlungs- bzw. Devisenbilanz mit dem Ausland) nach Einführung des Euro an Bedeutung verloren hat, wird als weiteres Ziel der Wirtschaftspolitik eine gerechte Einkommens- und Vermögensverteilung angestrebt.

Informieren Sie sich mit Hilfe der Seiten 178ff. des Lehrbuches über den Grad der Zielerreichung.

Stichwort:

Das Magische Viereck/Sechseck kennzeichnet die Ziele der Wirtschaftspolitik. Während sich das Stabilitätsgesetz von 1967 auf vier Ziele beschränkt (M 6), ist der Zielkatalog in der Gegenwart um zwei weitere Ziele erweitert worden. Magisch ist das Viereck bzw. Sechseck deshalb, weil es an Magie im Sinne von Zauberkraft grenzen würde, wenn alle Ziele gleichzeitig erreicht werden könnten.

Von der ökonomischen Krise zur Krise der Ökonomie?

Sie alle kennen sicher den Nobelpreis, der seit 1901 für bedeutende Leistungen für den Völkerfrieden und den wissenschaftlichen Fortschritt verliehen wird. Die damit verbundene finanzielle Zuwendung wird von einer Stiftung bereitgestellt, die der schwedische Industrielle Alfred Nobel (1833 – 1896) aus den Gewinnen seiner Erfindung des Sprengstoffs Dynamit geschaffen hat. Bemerkenswert finde ich, dass ein Nobelpreis für Wirtschaftswissenschaften erst im Jahre 1969 eingerichtet und verliehen worden ist, obwohl doch spätestens seit der Weltwirtschaftskrise 1929 – 32 die Schlüsselrolle der Wirtschaft für das industrielle und gesellschaftliche Wohlergehen bekannt gewesen sein muss. An mangelnden bedeutenden Leistungen der Wirtschaftswissenschaften kann es andererseits auch nicht gelegen haben, wie das einflussreiche Werk von J. M. Keynes aus dem Jahre 1936 belegt. Inzwischen sind die Vertreter der (Gegen)Konzeption des sog. Neoliberalilsmus (F. A. von Hayek, Milton Friedman) längst mit einem Nobelpreis ausgezeichnet worden. Was gegenwärtig nach meiner Einschätzung fehlt, ist ein überzeugendes Konzept, mit dem drängende Probleme wie Massenarbeitslosigkeit, Staatsverschuldung und Finanzierung der Sozialpolitik wirtschaftspolitisch gelöst werden könnte. Der Nobelpreis für Wirtschaftswissenschaften – da bin ich ganz sicher – würde nicht lange auf sich warten lassen.

Eine erfolgreiche Wirtschaftspolitik benötigt ein geschlossenes Konzept, an dem sich alle für die Gestaltung der Wirtschaft Verantwortlichen (Bund, Länder und Gemeinden, aber auch Gewerkschaften und Arbeitgeberverbände) orientieren. Dieses erwartet die Politik vor allem von der Nationalökonomie, die aus der theoriebezogenen Volkswirtschaftslehre Konsequenzen und Vorschläge für die praktische Wirtschaftspolitik „ableitet". Dementsprechend lässt sich die Bundesregierung von einem wissenschaftlichen Sachverständigenrat (den sogenannten 5 Weisen) regelmäßig beraten. Während bis in die 70er Jahre die staatsorientierte Wirtschaftspolitik vorherrschte, stößt der Rückgriff auf den marktorientierten Liberalismus, der vor allem in den USA praktiziert wird, in Deutschland auf Zustimmung und Widerstand.

M 9   Von John Maynard KEYNES ...

Lange Zeit konnten sich die Bürger der Industrieländer sicher sein, dass die wachsende ökonomische Verflechtung auch ihren Wohlstand mehrte. Doch gegen Ende der siebziger Jahre setzte eine epochale *(grundlegende)* Wende in der westeuropäischen und amerikanischen Wirtschaftspolitik ein, welche die Weltwirtschaft in eine neue Dimension stieß. Bis dahin waren die meisten Industrieländer den Prinzipien gefolgt, die der britische Ökonom John Maynard Keynes als Antwort auf die ökonomischen Katastrophen der Zwischenkriegszeit entwickelt hatte. Keynes erhob den Staat zum zentralen Finanzinvestor der nationalen Volkswirtschaften, der über die öffentlichen Haushalte korrigierend eingreift, wenn der Marktprozess zu Unterbeschäftigung und Deflation führt. Mit steigenden Investitionen sollten die Regierungen bei nachlassender Konjunktur eine zusätzliche Nachfrage erzeugen und somit Wachstumskrisen vermeiden. In Zeiten der Hochkonjunktur mussten sie die entstandene öffentliche Verschuldung mittels gestiegener Steuereinnahmen wieder ausgleichen, um Boom und Inflation vorzubeugen. Viele Staaten förderten zudem gezielt Industrien, von denen schnelles Wachstum sowie Nachfrage nach Arbeit zu erwarten waren.

Mit den Ölpreisschocks von 1973 und 1979 geriet dieses Konzept jedoch ins Wanken. Vielfach gelang es den Regierungen nicht mehr, Staatsdefizit und Inflation unter Kontrolle zu bringen.

Martin/Schumann: Die Globalisierungsfalle, Reinbeck 1996, S. 152ff.

Staatsorientierte Wirtschaftspolitik (Keynesianismus)

Annahmen	Konsequenzen	Instrumente
Durch mangelnde Flexibilität der Preise und Löhne kann die Marktwirtschaft in der Realität Vollbeschäftigung dauerhaft nicht gewährleisten.	Die Wirtschaft kann nicht den „Selbstheilungskräften" des Marktes überlassen werden. Der Staat ist mitverantwortlich für die Vollbeschäftigung.	Finanzpolitik des Staates: Senkung der Steuern und Erhöhung der Staatsausgaben (staatliche Investitionen) zur Beeinflussung der privaten Nachfrage nach Konsum- und Investitionsgütern.
Unterbeschäftigung (Arbeitslosigkeit) ist darüber hinaus vor allem auf eine nicht ausreichende Nachfrage zurückzuführen.	Die fehlende Nachfrage der Haushalte und Unternehmen (nach Konsum- und Investitionsgütern) muss durch Staatsnachfrage kompensiert werden.	Vorübergehende Staatsverschuldung, die durch den Wirtschaftsaufschwung wieder abgebaut wird.

Konzeptionen der Wirtschaftspolitik

M 10 ... zu Friedrich August v. HAYEK

Im Gegensatz zu den Lehren von John Maynard Keynes vertraut von Hayek auf die Selbstheilungskräfte der Marktwirtschaft und begründete mit der Forderung nach mehr Freiheit des Marktes den so genannten Neo-Liberalismus. Wirtschaftskrisen und Arbeitslosigkeit führt er auf Wettbewerbsbeschränkungen, zu hohe Tariflöhne und Eingriffe des Staates durch die Wirtschaftspolitik zurück.

Entscheidend sind für ihn die Unternehmen, die mit ihrem Angebot an Gütern und Dienstleistungen Wirtschaftswachstum und Vollbeschäftigung sichern können. Ihre Investitionsbereitschaft und -fähigkeit muss durch günstige Rahmenbedingungen und Gewinnaussichten (geringere Abgabenbelastung, leistungsförderndes Steuersystem, Lohnzurückhaltung der Gewerkschaften) gefördert werden.

Der Staat wird auf seine ursprüngliche Rolle ohne Sozialstaatsverpflichtung verwiesen und aufgefordert, sich durch Deregulierung (Abbau staatlicher Vorgaben), Privatisierung (von Staatsbetrieben) und Liberalisierung (Freier Außenhandel) aus der Wirtschaft zurückzuziehen. Wirtschaftspolitik ist lediglich und vor allem Geldpolitik (der Zentalbank), die vorrangig für ein stabiles Preisniveau sorgt.

In den USA hat die konsequente Umsetzung dieses Konzepts zu einem „Jobwunder" geführt, d.h. zur Senkung der Arbeitslosigkeit durch Schaffung neuer Arbeitsplätze. Ein erheblicher Teil dieser Arbeitsplätze sind allerdings Teilzeitjobs ohne tarifliche oder soziale Absicherung. Hieraus ist die trotz Arbeit an der Armutsgrenze lebende Klasse der „working poor" entstanden. Andererseits konnte die gigantische Staatsverschuldung der Vergangenheit inzwischen in steigende Haushaltsüberschüsse umgewandelt werden.

Eigener Text des Autors

M 11 ... oder die Kombination der Konzepte?

Wenn man die beiden Konzepte miteinander vergleicht, ist insbesondere den beiden Kernthesen ihre Plausibilität (*Schlüssigkeit*) nicht abzusprechen. Einerseits leuchtet ein, dass private Investitionen vor allem dann vorgenommen werden, wenn mit ihnen eine angemessene Rendite verbunden ist; andererseits ist nachzuempfinden, dass bei unausgelasteten Kapazitäten, also bei zu geringer Nachfrage, wenig Neigung besteht, Produktionsanlagen auszuweiten. Insofern kann keines der beiden Argumente den Wachstumspfad vollständig begründen. Notwendig sind sowohl ausreichende Absatzperspektiven als auch hinreichend hohe Gewinnerwartungen, wobei zwischen beiden Abhängigkeiten bestehen: Gute Gewinnaussichten ergeben sich in der Regel dann, wenn gute Absatzbedingungen bestehen.

Für die praktische Wirtschaftspolitik ergibt sich daraus die – nicht leichte – Aufgabe, beide Ansätze zu einem optimalen Ganzen zu verbinden (policy-mix).

H.J. Albers u.a.: Volkswirtschaftslehre, Haan-Gruiten 1995. S. 432ff.

John Maynard Keynes (1883 – 1946)

Friedrich August von Hayek (1899 –1992)

Arbeitsvorschläge

1. In der wirtschaftspolitischen Umsetzung werden die Konzeptionen von Keynes und von Hayek auch als Angebots- bzw. Nachfragepolitik bezeichnet. Ordnen Sie diese Begriffe M 10 bzw. M 11 zu.

2. Stellen Sie einen möglichen Zusammenhang her zwischen der Nachfragepolitik und der Staatsverschuldung in der Bundesrepublik.

3. Verfassen Sie für den Neo-Liberalismus (M 10) eine Übersicht wie sie die S. 110 für den Keynesianismus enthält.

4. Bewerten Sie die Wirksamkeit der einzelnen Konzeptionen mit Hilfe von M 11.

5. Nicht nur in der staatlichen Wirtschaftspolitik, auch in Tarifverhandlungen werden die unterschiedlichen Konzeptionen als Argumente benutzt. Welches Kernargument werden die Gewerkschaften, welches die Arbeitgeberverbände für bzw. gegen Lohnerhöhungen einbringen?

... und sie bewegt sich immer noch!

Wenn Sie den Wirtschaftsteil einer Zeitung lesen oder auch nur die Überschriften überfliegen, wird Ihnen ein Begriff immer wieder begegnen: „Globalisierung". Die damit umschriebenen weltweiten Verflechtungen von Staaten und Unternehmungen prägen immer stärker die politischen und ökonomischen Beziehungen in der Gegenwart und Zukunft, sodass die Jahrhundertwende im Zeichen der Globalisierung steht.

Dagegen könnte man einwenden, dass die Globalisierung bereits mit dem neuen Weltbild von der Kugelgestalt der Erde und der damit verbundenen Entdeckung der „Neuen Welt" im 15. Jahrhundert begonnen, sich im Zeitalter des Kolonialismus fortgesetzt und mit der Weltwirtschaftskrise und den beiden Weltkriegen im 20. Jahrhundert einen Höhepunkt gefunden habe. Alles richtig – nur: Zu keiner Zeit hat die Globalisierung das Alltagsleben so sehr beeinflusst wie gegenwärtig – vom Warenangebot und dem Tourismus über die Verlagerung von Arbeitsplätzen bis hin zum Internet ...

Ich werde mich hier auf die ökonomischen Erscheinungsformen und Auswirkungen der Globalisierung beschränken und danach die Kapitelfrage neu stellen: MARKT oder STAAT?

Ökonomische Globalisierung kennzeichnet einen Prozess des Zusammenwachsens der Volkswirtschaften zu einem Weltbinnenmarkt, der über nationale Grenzen hinweg den freien Austausch von Waren, Dienstleistungen, des Kapitals und der Investitionen ermöglicht und vorantreibt.
Diese weltweite Verflechtung ist vor allem zurückzuführen auf
– den Abbau von nationalen Beschränkungen des Außenhandels (z. B. Zölle, Devisenkontrollen),
– die modernen Informations- und Kommunikationstechniken, die z. B. eine zentrale Steuerung weltweiter Produktion erlauben,
– sinkende Transportkosten und das Lohngefälle zwischen Industrie- und so genannten Niedrig-Lohn-Ländern (Osteuropa, Dritte Welt),
– die „Eroberung" neuer Absatzgebiete, die eine marktnahe Produktion vor Ort erfordert.
Die ursprünglich an einen Standort gebundenen Unternehmen sind dadurch zu „Multinationalen Konzernen" geworden, die als „Global players" zwei Drittel des Welthandels abwickeln.

M 12 Das Beispiel SIEMENS

Wenn Heinrich von Pierer einen Globus in die Hand nimmt, kann er ihn drehen und wenden, wie er will: Siemens ist überall. Im indischen Bangalore entwickeln die Programmierer einer Subfirma hochintelligente Software. In Brasilien, Argentinien und Mexiko formen Billigkräfte gute alte Osram-Leuchten. Und in North Tyneside, einer Stadt in Nordengland, entsteht für gut zwei Milliarden Mark eine Chipfabrik, in der bald 1 500 Briten arbeiten werden. „Wir sind in rund 190 Ländern dieser Welt präsent", verkündet der Konzernchef stolz. Globaler geht es kaum. Zum Weltreich zählen über 400 Produktionsstätten auf sechs Kontinenten, rund 382 000 Mitarbeiter, davon 170 000 im Ausland. Längst macht Siemens in der Fremde mehr Geld als in der Heimat. „Wir haben die Produktion verlagert", bekennt der Boss, „aber wir haben vor allem neue Märkte erschlossen." ...

Globalisierung heißt die magische Macht, die Konzerne wie Siemens antreibt und deren wichtigste Triebfeder sie zugleich sind. Längst genügt es ihnen nicht mehr, ihre Waren in alle Welt zu exportieren. Nun wollen Sie dort produzieren, wo neue unerschlossene Märkte warten – oder billige Arbeitskräfte.

Die gewaltigen Kräfte, die da wirken, werden die Welt verändern wie nie zuvor; und die Konzerne treiben diesen Wandel immer schneller voran. Hilflos schauen die Nationalstaaten zu, nach und nach verlieren sie ihre Macht an die wahren „global players". Eine ökonomische Zeitenwende bahnt sich an.

DER SPIEGEL Nr. 39/1996

Die Welt der GLOBALISIERUNG

Politische Globalisierung	Ökonomische Globalisierung	Ökologische Globalisierung	Kommunikative Globalisierung
Die EINE Welt Bedeutungsverlust der Nationalstaaten und ihrer Politik	**Weltbinnenmarkt** Abbau von Handelsbeschränkungen Mobilität des Kapitals	**Risikogemeinschaft** Globale Gefährdungen durch Treibhauseffekt, Ozonloch, Flucht ...	**Vernetzte Welt** Weltweiter Informationsaustausch durch neue Technologien, z.B. Internet

Die Welt als **„Globales Dorf"**

Erscheinungsformen und Folgen der Globalisierung

M 13 In der Globalisierungsfalle?

Die von Ökonomen und Politikern verbreiteten Erklärungen für die wirtschaftlichen Probleme der Gegenwart gipfeln stets in einem Wort: Globalisierung. Hightech-Kommunikation, niedrige Transportkosten und grenzenloser Freihandel lassen die ganze Welt zu einem einzigen Markt verschmelzen, lautet die stets wiederkehrende These. Dies schaffe harte globale Konkurrenz, auch auf dem Arbeitsmarkt. Deutsche Unternehmen würden neue Arbeitsplätze nur noch im billigeren Ausland schaffen. Vom Konzernchef bis zum Arbeitsminister kennt die Führungsriege der Republik nur eine Antwort: Anpassung nach unten. Unentwegt sind die Bürger Verzichtsforderungen ausgesetzt. Die Deutschen arbeiten zu wenig, beziehen zu hohe Einkommen, machen zu viel Urlaub und feiern zu oft krank, behauptet ein Chor aus Verbandsfunktionären, Ökonomen, Sachverständigen und Ministern … Das Modell des europäischen Wohlstandsstaats habe ausgedient, im weltweiten Vergleich sei er nun zu teuer.

Börsenkurse und Konzerngewinne steigen mit zweistelligen Raten, während Löhne und Gehälter sinken. Gleichzeitig wächst die Arbeitslosigkeit parallel mit den Defiziten der öffentlichen Haushalte. Niemand benötigt besondere ökonomische Kenntnisse, um zu verstehen, was geschieht:

Nach den Reformen des sozialdemokratischen Jahrhunderts bahnt sich nun eine Gegenreform von historischer Dimension an: Rückwärts geht es in die Zukunft.

Martin Schumann: Die Globalisierungsfalle, Reinbeck 1996, S. 15 ff (gekürzt)

M 14 Chancen der Globalisierung

Wird die Industrie im reichen Westen entweder untergehen oder abwandern müssen, wenn sie am Weltmarkt mit Billigkonkurrenz auf breitester Front konfrontiert wird? Und wird dies nicht unweigerlich zu der befürchteten Massenarbeitslosigkeit in den traditionellen Industrieländern führen?

Um diese Fragen zu beantworten, muss man sich zunächst eine elementare, aber in der öffentlichen Diskussion oft übersehene Wahrheit vor Augen führen: Für ein einzelnes Land heißt Integration in die Weltwirtschaft stets Integration auf der Seite des Güterangebots **und** der Güternachfrage, d. h. ein rasch wachsendes Entwicklungsland wird nicht nur seine Exporte steigern, sondern auch seine Importe. Selbst Japan, dem vor allem von amerikanischer Seite eine gezielt merkantilistische Politik *(die die Exporte fördert und die Importe behindert)* vorgeworfen wird, ist im Zuge seines Wirtschaftsaufstiegs zu einem wichtigen Importeur westlicher Produkte geworden. Auf lange Sicht ist es einfach nicht vorstellbar – und wäre tatsächlich historisch einmalig – dass ein Land permanent *(dauernd)* das Importwachstum unterdrückt und immer größere Handelsbilanzüberschüsse erwirtschaftet und auf breitester Front die ausländische Konkurrenz vom Markt verdrängt. Viel wahrscheinlicher ist es, dass die Konsumenten des Landes mit steigendem Wohlstand höherwertige und differenzierte Produkte nachfragen und dass die Produzenten mit steigendem technologischen Niveau ihrer Herstellungspraktiken einen immer größeren Bedarf haben, westliche Investitionsgüter zum Einsatz zu bringen.

Karl-Heinz Paqué in: Aus Politik und Zeitgeschichte Nr. 49/1995

Arbeitsvorschläge

1. Das 1847 gegründete Unternehmen Siemens hatte sich bereits bis zum 2. Weltkrieg durch die Herstellung von Telegrafen, die Erfindung des Dynamos und den Bau von Kraftwerken zum größten Elektrokonzern der Welt entwickelt. Es ist auch heute noch einer der größten privaten Arbeitgeber in Deutschland, obwohl mehr als die Hälfte der Beschäftigten im Ausland tätig ist.
Beschreiben Sie an diesem Beispiel die betriebswirtschaftlichen Ursachen, die Erzeugnisse weltweit zu produzieren und zu kaufen (M 12).

2. Erläutern Sie mit Hilfe von M 13 den Begriff der „Globalisierungsfalle".

3. Obwohl Japan nach wie vor der größte Automobilhersteller der Welt ist, übersteigen inzwischen die deutschen Autoexporte wertmäßig die Importe. Erklären Sie diesen Sachverhalt mit M 14 und die Chance der Industrieländer, im Zuge der Globalisierung langfristig die Exporte in die früheren Niedrig-Lohn-Länder zu steigern.

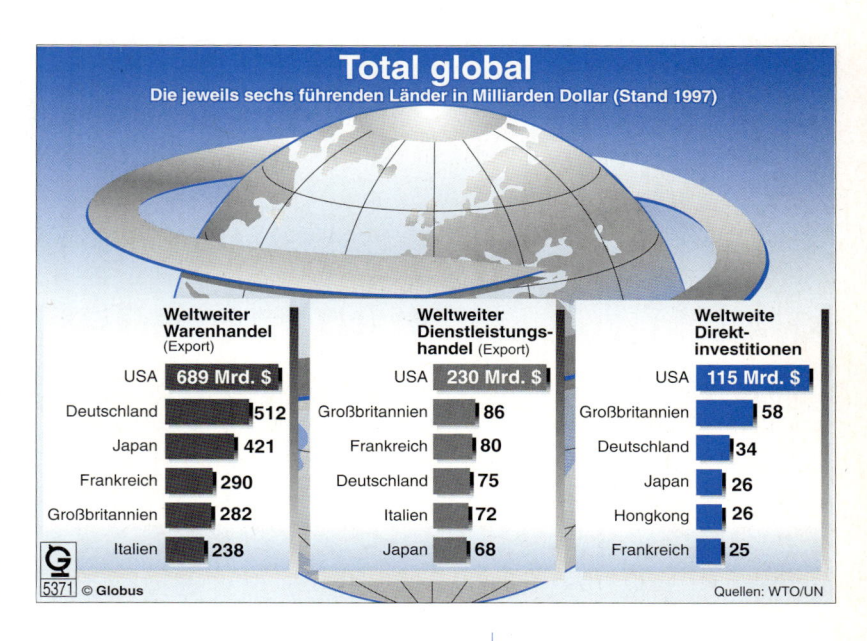

Total global
Die jeweils sechs führenden Länder in Milliarden Dollar (Stand 1997)

Weltweiter Warenhandel (Export)		Weltweiter Dienstleistungshandel (Export)		Weltweite Direktinvestitionen	
USA	689 Mrd. $	USA	230 Mrd. $	USA	115 Mrd. $
Deutschland	512	Großbritannien	86	Großbritannien	58
Japan	421	Frankreich	80	Deutschland	34
Frankreich	290	Deutschland	75	Japan	26
Großbritannien	282	Italien	72	Hongkong	26
Italien	238	Japan	68	Frankreich	25

Quellen: WTO/UN © Globus

Das Ende der Nationalökonomie?

Ferdinand Lassalle (1825 - 1864), einer der Begründer der Sozialdemokratie, hat den Staat des 19. Jahrhunderts abwertend als „Nachtwächterstaat" bezeichnet; dieser kümmere sich wohl um Sicherheit, Recht und Ordnung, verschließe aber vor den sozialen Problemen insbesondere der Arbeiterklasse die Augen (s. auch M 3 und M 7). Inzwischen hat sich der „Nachtwächterstaat" zum Sozialstaat gewandelt, der durch seine Politik die Wirtschaftsordnung gestaltet und ökonomische und soziale Fehlentwicklungen bekämpft.

Ist dieses Konzept der sozialen Marktwirtschaft im Zeitalter der Globalisierung noch erhaltbar oder muss der auf sein Staatsgebiet begrenzte Nationalstaat vor den weltweit operierenden „Global players" kapitulieren? Brauchen wir möglicherweise neben der internationalen Friedensorganisation (UNO) jetzt auch eine Weltsozialordnung, die die Macht der multinationalen Konzerne kontrolliert und so die sozialen Auswüchse der Globalisierung verhindert?

Konsequent wäre diese staatlich-politische Globalisierung schon, aber wie kann sie verwirklicht werden?

Im 19./20. Jahrhundert wurden der Kapitalismus und das ungehemmte Gewinnstreben der Unternehmer durch die Arbeiterbewegung und die Sozialgesetzgebung gebändigt bzw. eingeschränkt. In der Gegenwart haben die multinationalen Konzerne keine gewerkschaftliche oder staatliche Gegenmacht mehr, weil ihr Handlungsfeld im Gegensatz zu den Gewerkschaften und Staaten nicht auf ein Staatsgebiet beschränkt ist (Exterritorialität). Hinzu kommt, dass nach dem Zusammenbruch des Sozialismus der Kapitalismus auch weltanschaulich-ideologisch ohne Konkurrenz ist.

Bedeutet diese Entwicklung zugleich das Ende der staatlichen Wirtschaftspolitik, sozusagen die Rückkehr zum „Nachtwächterstaat" des 19. Jahrhunderts?

M 15 Die Macht der „Global Players"

Worauf gründet sich die neue Macht transnationaler Unternehmen?

Es ist der Zugriff auf die materiellen Lebensadern moderner und nationalstaatlicher Gesellschaften, der sich ohne Revolution, ohne Gesetzes- oder gar Verfassungsänderung, allein im Fortgang des Normalen, sozusagen im business as usual eröffnet hat:

Sie können erstens Arbeitsplätze dahin exportieren, wo die Kosten und Auflagen für den Einsatz der Arbeitskräfte möglichst niedrig sind. Sie sind zweitens in der Lage (auf Grund der informationstechnischen Herstellung von Nähe und Nachbarschaft überall auf der Welt), Produkte und Dienstleistungen so zu zerlegen und arbeitsteilig an verschiedenen Orten der Welt zu erzeugen, dass nationale und Firmen-Etikette geradezu als Irreführung gelten müssen. Sie sind drittens in der Lage, Nationalstaaten oder einzelne Produktionsorte gegeneinander auszuspielen und auf diese Weise eine Art „globalen Kuhhandel" um die billigsten Steuer- und die günstigsten Infrastrukturleistungen zu organisieren. Schließlich können sie viertens vor allem auch in dem erzeugten und kontrollierten Dickicht globaler Produktion zwischen Investitionsort und Produktionsort, Steuerort und Wohnort selbsttätig unterscheiden und diese gegeneinander ausspielen. Mit dem Resultat: Sie können dort leben und wohnen, wo es am schönsten ist und dort Steuern zahlen, wo es am billigsten ist.

Wohlgemerkt: Alles ohne Eingabe oder Beratung im Parlament, ohne Regierungsbeschluss, ohne Gesetzesänderung; ja noch nicht einmal eine Debatte in der Öffentlichkeit ist dazu erforderlich.

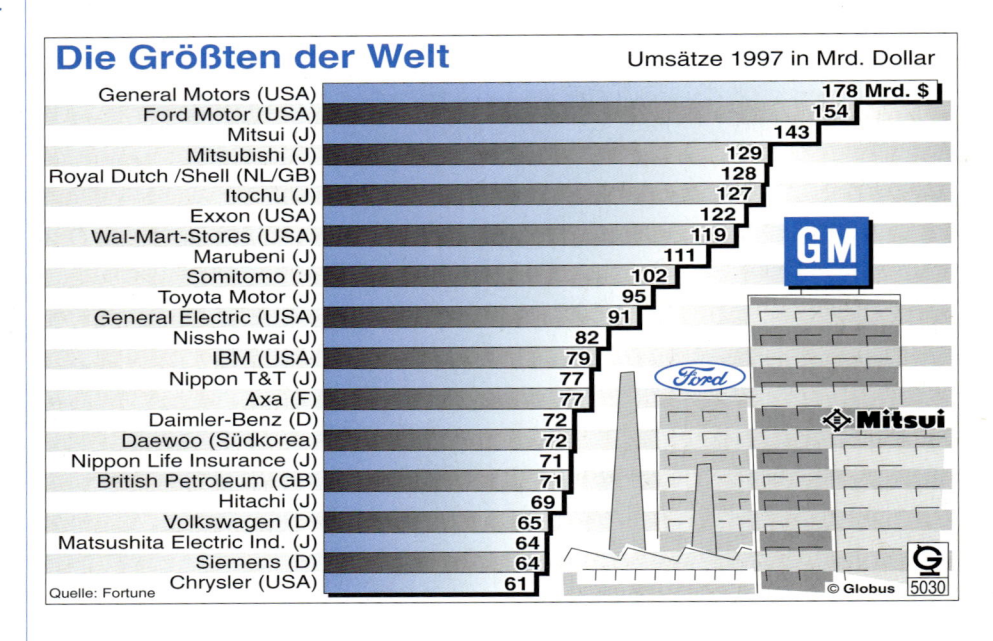

Ulrich Beck: Was ist Globalisierung? Frankfurt/Main 1997, S. 16 f.

Die Größten der Welt
Umsätze 1997 in Mrd. Dollar

General Motors (USA)	178 Mrd. $
Ford Motor (USA)	154
Mitsui (J)	143
Mitsubishi (J)	129
Royal Dutch /Shell (NL/GB)	128
Itochu (J)	127
Exxon (USA)	122
Wal-Mart-Stores (USA)	119
Marubeni (J)	111
Somitomo (J)	102
Toyota Motor (J)	95
General Electric (USA)	91
Nissho Iwai (J)	82
IBM (USA)	79
Nippon T&T (J)	77
Axa (F)	77
Daimler-Benz (D)	72
Daewoo (Südkorea)	72
Nippon Life Insurance (J)	71
British Petroleum (GB)	71
Hitachi (J)	69
Volkswagen (D)	65
Matsushita Electric Ind. (J)	64
Siemens (D)	64
Chrysler (USA)	61

Quelle: Fortune

Wirtschaftspolitik im Zeitalter der Globalisierung

M 16 Der Markt regiert

Die Neuordnung der Weltökonomie durch den Markt, also eine kleine Gruppe marktmächtiger Finanziers und Unternehmer, bedeutet, dass Kapital, Wohlergehen und Zukunftschancen immer mehr unter die Kontrolle demokratisch nicht legitimierter Kräfte geraten. Selbst in den Industriestaaten des Nordens bricht der Wohlstand weg. Zwar schützen in Deutschland bisher starke Gewerkschaften die Beschäftigten, aber der Druck wächst. Die Reallöhne sinken, das Sozialsystem wird Stück um Stück demontiert, die Arbeitslosigkeit nimmt stark zu, obwohl die Produktivität steigt. Der alte Mechanismus ist zerbrochen

Bisher hat die Angst vor „sozialen Unruhen bei den Multis kaum Besorgnis ausgelöst. Sie haben sich mit der Globalisierung eine Art Exterritorialität zugelegt: „In Deutschland sind wir ein deutsches Unternehmen, in Indien ein indisches", beschreibt der Manager die Strategie seiner Firma. Will heißen: Hier Subventionen abzocken, da Wirtschaftsförderung kassieren, und möglichst nirgends Steuern zahlen. Die neue Elite verfährt ähnlich, auch sie sagt sich von ihrer Verantwortung für die Gesellschaft los …

Oliver Fahrim in: Die Woche vom 26.04.1996 (gekürzt)

M 17 Eine globale (Gegen)Politik?

Auf der globalen Ebene kann soziale Gerechtigkeit letztlich nur auf der Basis einer echten Demokratisierung gedeihen. Die Weltgesellschaft braucht ein Parlament, das von den Bürgern und Bürgerinnen dieses Planeten gewählt wird, das Gesetze beschließt und ihnen Geltung zu verschaffen sucht. Seine Aufgabe muss es sein, die Menschenrechtserklärungen der UNO in ein verbindliches Rechtssystem umzusetzen. Ein solches Parlament könnte den Umgang mit den zentralen Problemen der Weltgesellschaft auf eine neue Grundlage stellen:

Die globalen Märkte könnten durch Gesetze reguliert, die internationalen Kapitalbewegungen transparent *(durchsichtig)* gemacht werden, um gleiche soziale und wirtschaftliche Rechte für alle zu verwirklichen. Über die Frage, wer die natürlichen Ressourcen, die Wälder, Flüsse, Bodenschätze und Meere wie und in welchem Umfang nutzen darf, könnte unabhängig von nationalstaatlichen Machtinteressen diskutiert werden. Die Frage der internationalen Gerechtigkeit wäre auf demokratische Füße gestellt.

Das klingt utopisch? Ist es auch! Aber wann wurden soziale Bewegungen, die Veränderungen auf den Weg brachten, nicht von Utopien *(wirklichkeitsferne Wunschvorstellung)* geleitet? Die Utopie einer demokratischen Gegenmacht gegen die kalte wirtschaftliche Logik der globalen Märkte ist die zeitgemäße Übersetzung der Utopie einer sozial gerechten Gesellschaft.

Gabriela Simon in: Standpunkt, Themenheft der IG Metall zur Globalisierung, November 1996, S. 38

Die globalen Absatzmärkte Westeuropas

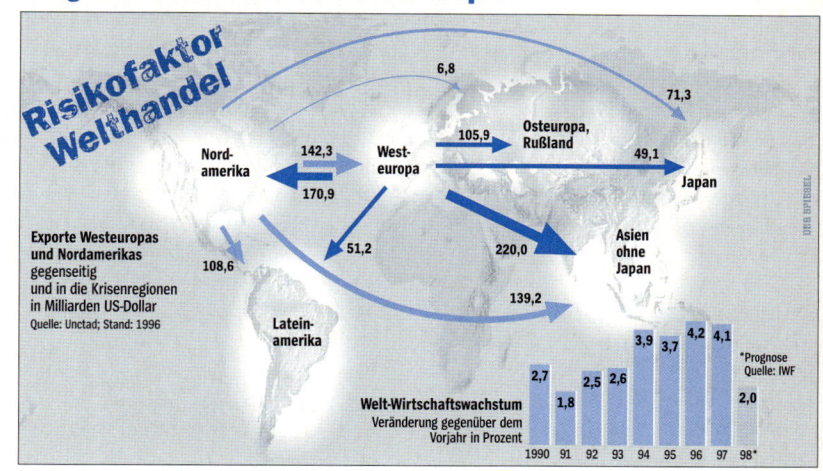

DER SPIEGEL. 42/1998

Arbeitsvorschläge

1. Beschreiben Sie die betriebswirtschaftlichen Vorteile, die die multinationalen Unternehmungen aus der Globalisierung der Wirtschaft ziehen. (M 15)

2. Welche volkswirtschaftlichen Nachteile stehen dem gegenüber? (M 16)

3. Im 19. Jahrhundert wurden Sozialdemokraten wegen ihrer Orientierung an einer internationalen Arbeiterbewegung („Proletarier aller Länder vereinigt euch!")
als "vaterlandslose Gesellen" bezeichnet und beschimpft. Was hat sich im Zeitalter der Globalisierung geändert? (M 16)

4. Beurteilen Sie die Realisierbarkeit des Vorschlages M 17 vor dem Hintergrund der Erfahrungen einer globalen Friedenspolitik der UNO (s. S. 218f.).

Ist der Standort Deutschland gefährdet?

Unternehmen entscheiden über den Standort von Betrieben vor allem unter drei Gesichtspunkten (sogen. Standortfaktoren):
- Beschaffung: Nähe des Betriebes zu den Rohstoffen bzw. Zulieferern,
- Absatz: Kundennähe, Kaufkraft und Konkurrenzsituation,
- Produktionsbedingungen: Qualifikation und Kosten der Arbeitskräfte, Abgabenbelastung, ökologische Auflagen u.a.

Im Zeitalter der Globalisierung ist aus dieser Standortwahl der Unternehmen zugleich ein Standortwettbewerb der Staaten um die Ansiedlung von Betrieben im eigenen Lande geworden, der von den „Gobal players" zu eigenen Kostenvorteilen genutzt wird. Im Zeichen der Verlagerung von Produktionsstätten und Arbeitsplätzen in das Ausland wird daher in Deutschland die Wettbwewerbsfähigkeit des Wirtschaftsstandortes kontrovers diskutiert:

Wissen Sie, was man unter „shareholder value" versteht? Bezeichnet wird damit im ökonomischen Sprachgebrauch der Gewinn (Rendite, Dividende), den ein Kapitaleigner bzw. Aktionär(Shareholder) aus seinen Investitionen erzielt. Shareholder-value ist inzwischen im internationalen Wettbewerb um Kapitalanlagen und Investitonen zum vorherrschenden Maßstab geworden. An ihm wird der wirtschaftliche Erfolg von Unternehmen und Managern gemessen, orientieren sich Börse und Aktienkurse.

Im übertragenen Sinne wird inzwischen auch die Wettbewerbsfähigkeit einer ganzen Volkswirtschaft dem shareholder-value-Maßstab untergeordnet. Dabei wird übersehen, dass sich der Wohlstand eines Volkes nicht in wirtschaftlichen Kennziffern erschöpft, sondern auch soziale und kulturelle Bereiche umfasst. Andererseits ist die wirtschaftliche Leistungsfähigkeit eines Landes die Grundlage für das Bildungs- und Gesundheitswesen, Verkehrsnetz und soziale Sicherheit. Insofern bestimmt die Zukunftsfähigkeit des Wirtschaftsstandortes Deutschland auch unsere persönlichen Zukunftschancen.

Stichwort:

Lohnstückkosten/Lohnzusatzkosten
Die Lohnstückkosten ergeben sich durch Umlage der gesamten Lohnkosten eines Betriebes auf die hiermit erzeugte Produktmenge; sie erhöhen sich um zusätzliche Aufwendungen des Arbeitgebers z.B. für Lohnfortzahlung im Krankheitsfall, Sozialversicherung, Weihnachts- und Urlaubsgeld (Lohnzusatzkosten).

PRO

Die Arbeit ist zu teuer:
Deutschland hat die höchsten Löhne, die kürzeste Arbeitszeit und den längsten Urlaubsanspruch der Arbeitnehmer. Insofern mangelt es nicht an Arbeit, sondern an bezahlbarer Arbeit.

Auch wenn die Lohnstückkosten für einen Vergleich zugrundegelegt werden, bleibt Deutschland ein Hochlohnland. Dabei wirken sich vor allem die Lohnzusatzkosten (s. Stichwort) aus, aus denen die staatlichen Sozialleistungen finanziert werden. Eine Reduzierung der Sozialleistungen ist daher unumgänglich.

Die Abgabenbelastung der Unternehmen durch Steuern, Sozialbeiträge und Gebühren ist zu hoch und verhindert Investitionen ausländischer Unternehmen. Hinzu kommen staatliche Umweltauflagen, Mitbestimmungsgesetze und Kündigungsschutz für Arbeitnehmer, wodurch die Entscheidungsfreiheit der Arbeitgeber eingeschränkt wird.

Zwar ist die Wettbewerbsfähigkeit in den letzten Jahren durch Lohnzurückhaltung der Gewerkschaften, neue Produktions- und Managementmethoden in den Betrieben und Verschlankung des Staaates verbessert worden, der Wirtschaftsstandort Deutschland bleibt aber nach wie vor gefährdet.

Zusammengestellt nach: Informationsdienst des Instituts der deutschen Wirtschaft (iwd)

KONTRA

Die Produktivität und die Qualifikation der Arbeitnehmer sind ebenfalls sehr hoch und rechtfertigen eine entsprechende Entlohnung. Entscheidend sind die Lohnstückkosten (s. Stichwort) und die Qualität der Produkte „made in Germany".

Trotz dieser angeblichen Wettbewerbsnachteile ist Deutschland nach wie vor Vize-Weltmeister im Export (nach Japan, aber vor den USA). Im Übrigen sind Löhne nicht nur Kosten, sondern auch Einkommen der Arbeitnehmer, die durch ihre Kaufkraft die Inlandsnachfrage bestimmen.

Trotz hoher Steuersätze zahlen die Unternehmungen durch Steuervergünstigungen und die Verlagerung von Gewinnen ins Ausland tatsächlich niedrige Steuern. Andererseits sichert der Sozialstaat den sozialen Frieden im Lande, der sich positiv auf die Leistungsbereitschaft und Arbeitszufriedenheit der Arbeitnehmer auswirkt.

Deutschland ist nicht nur Wirtschaftsstandort, sondern auch Lebensstandort der Menschen. Nicht nur die Unternehmer und Investoren sollen ein Land attraktaiv finden, sondern auch die Arbeitnehmer und Verbraucher haben Ansprüche an die Lebensqualität und privaten Wohlstand.

Nach: Rudolf Hickel: Standort-Wahn und Euro-Angst, Reinbek 1998

Diskussion und Debatte

In der politischen Auseinandersetzung werden Pro- und Contra-Argumente in der Form einer Diskussion oder Debatte ausgetauscht; sie eignen sich aber auch für den Politikunterricht in der Schule.

Im Gegensatz zum mehr informierenden Unterrichts- bzw. Lehrgespräch hat die **Diskussion** vor allem das Ziel, die Meinungsbildung anderer durch parteiliche Auswahl und Wertung von Informationen unmittelbar zu beeinflussen. Sie erlaubt eine streitige Auseinandersetzung mit der Sachthematik, die mit einer wertenden bzw. persönlichen Stellungnahme verbunden werden kann. Die Diskussion kann als Podiumsdiskussion mit einer begrenzten Teilnehmerzahl oder als Klassendiskussion, an der sich alle Schülerinnen und Schüler beteiligen können, organisiert werden.

Die **Debatte** ist die traditionelle öffentliche Form der politischen Auseinandersetzung in demokratischen Gremien (Bundestag, Landtag, Rat, Ausschüsse). Von der Diskussion unterscheidet sie sich durch die Entscheidungsorientierung: Grundlage der Debatte sind Anträge bzw. Vorschläge, über die am Ende der Debatte formal abgestimmt wird. Insofern ist die Debatte im Unterricht nur begrenzt (simulierend) einsetzbar. Diskussion und Debatte lassen sich aber in einer **Pro- und Contra-Diskussion** verbinden, in der vorher und am Ende der Diskussion die Meinung der Klasse zu einer Streitfrage durch Abstimmung eingeholt und sichtbar gemacht wird.

Diskussion und Debatte sind durch ihren streitigen Charakter auf eine Gesprächsleitung angewiesen, die zugleich ausgleichend (moderierend) auf die Teilnehmer einwirkt.

Der Moderator
- stellt das Thema vor und führt kurz in die Thematik ein,
- achtet auf die Einhaltung der „Spielregeln" und erteilt den Teilnehmern in der Reihenfolge der Meldungen das Wort,
- fasst die Beiträge zusammen und weist auf offene Fragen hin,
- stellt unterschiedliche Positionen gegenüber, greift Lösungsvorschläge auf und formuliert weiterführende Fragen.

Arbeitsvorschlag

Bilden Sie in Ihrer Klasse drei Gruppen. Eine Gruppe befasst sich mit den Argumenten, die für eine Gefährdung des Wirtschaftsstandortes sprechen – vertieft, erweitert und aktualisiert sie. Die andere Gruppe nimmt die Kontra-Position ein. Die dritte Gruppe, die „Zuschauer", sollte in Unkenntnis der Argumente ein erstes Ja/Nein-Votum zur Streitfrage abgeben und dieses Abstimmungsergebnis an der Tafel notieren. Während die beiden ersten Gruppen sich inhaltlich auf die Diskussion vorbereiten, erarbeitet die Zuschauergruppe gemeinsam mit dem ausgewählten Moderator Spielregeln für das erwartete Verhalten der Diskussionsteilnehmer. Eine Spielregel ist z. B. das Vermeiden von Killerphrasen (M 18). An diesen Spielregeln wird der Verlauf der Diskussion von der Zuschauergruppe gemessen und bewertet. Zum Schluss stimmt die Gruppe erneut inhaltlich über die Streitfrage ab, um den Einfluss der Argumentation auf die Meinungsbildung zu ermitteln. So könnte es laufen. Viel Erfolg!

M 18 Killerphrasen, die Kommunikation töten:

- Das kann ja gar nicht funktionieren!
- Darüber brauchen wir ja gar nicht erst zu reden!
- Wir haben keine Zeit!
- Wozu denn ändern? Es funktioniert doch!
- Das wird überall so gemacht!
- Wer soll denn das bezahlen?
- Das können Sie nicht so beurteilen!
- Was verstehen Sie denn davon?
- Haben Sie denn da Erfahrungen?
- Das kann doch nicht Ihr Ernst sein!
- Was glauben Sie, wozu ich studiert habe?
- Darum geht es doch gar nicht!
- Glauben Sie mir das ruhig!
- Wie lange sind Sie denn schon bei uns?
- Ich weiß, was es heißt, …!
- Wie kommen Sie denn darauf?
- Darüber sind wir uns ja wohl einig!
- Nein!

Aus: Franz Decker, Aus- und Weiterbildung am Arbeitsplatz, München 1986

„Runder Tisch" in der Wendezeit der DDR (1989)

Ist die Marktwirtschaft zukunftsfähig?

Die Marktwirtschaft verdankt ihre Erfolge nicht nur dem genialen Ursprungskonzept des Adam Smith, sondern auch der Fähigkeit, durch Reformen notwendige Veränderungen aufzunehmen. Sie hat sich dadurch von der Freien zur Sozialen Marktwirtschaft gewandelt und den Staat in die Verantwortung für eine Wirtschafts- und Sozialpolitik eingebunden.

In der Gegenwart geht es erneut um die Reform- und Überlebensfähigkeit unserer Wirtschaftsordnung – konkret um die Frage, ob die Marktwirtschaft künftigen Generationen neben Wohlstand und sozialer Gerechtigkeit dauerhaft auch eine saubere Umwelt ermöglichen kann. Diese (ökologische) Frage richtet sich allerdings nicht nur an die Wirtschaftsordnung, sondern auch an unsere individuelle Art zu leben und zu konsumieren.

Mit anderen Worten: Sind wir im Interesse der nachfolgenden Generationen zu einer umweltgerechten Änderung unserer lieb gewordenen Lebens- und Verbrauchergewohnheiten bereit? Nur dann ist auch die Marktwirtschaft zukunftsfähig.

Stichwort:

Externe Kosten
sind Aufwendungen bzw. Schäden, die bei der Produktion oder beim Verbrauch von von Gütern entstehen, aber in der (internen) Kosten- oder Nutzenrechung eines Betriebes bzw. Haushalts nicht berücksichtigt werden. Sie belasten jedoch (extern) die Gesamtwirtschaft bzw. die Allgemeinheit. Bsp.: Gebäude-, Gesundheits- und Bodenschäden durch Abgase eines Kraftwerkes.

In der Vergangenheit sind die sozialen Fehlentwicklungen der Freien Marktwirtschaft durch Wirtschaftswachstum und steigenden Lebensstandard der Bevölkerung gelöst bzw. gemildert worden; zugleich wurden aus dem Wachstum des Sozialprodukts die zunehmenden Leistungen des Sozialstaates finanziert. Allerdings vernachlässigte dieses ökonomische Konzept, dass mit stetigem Wirtschaftswachstum die ökologischen Lebensgrundlagen zukünftiger Generationen durch Naturverbrauch und Umweltbelastung gefährdet werden. Zwar ist die Soziale Marktwirtschaft angesichts der Massenarbeitslosigkeit nach wie vor auf ein angemessenes Wirtschaftswachstum angewiesen, ihre Zukunftsfähigkeit im Sinne einer nachhaltigen Entwicklung und Erhaltung der natürlichen Lebensgrundlagen erfordert aber auch eine Antwort der Wirtschaftsordnung und -politik auf die ökologische Frage der Gegenwart.

M 19 Unsere Art zu leben ...

Weiter, schneller, mehr – dieses Credo (*Glaubensbekenntnis*) treibt die Industriegesellschaft voran. Produktion und Konsum werden angekurbelt, Wegstrecken schneller überwunden, Kommunikation beschleunigt. Doch immer mehr Menschen spüren, dass ein unbegrenztes Wachstum in einer begrenzten Welt nicht möglich ist. Klimaänderungen oder Treibhauseffekt, Ozonloch und Waldsterben sind nur einige Anzeichen. Ein „weiter so" funktioniert nicht mehr: Unsere Art zu leben und zu wirtschaften ist schon heute nicht mehr tragfähig, geschweige denn ein Modell für die Welt von morgen und die Länder des Südens.

Es ist unbestreitbar: Wirtschaftliches Wachstum hat vielen Menschen unerhörten Wohlstand, ja Befreiung von Last und Mühsal gebracht. Sie hat aber die Massenarmut in vielen Regionen des Südens nicht beseitigt und die Kluft zwischen Gewinnern und Verlierern sowohl im Nord-Süd-Verhältnis als auch in den Industrieländern selbst vergrößert. Gleichzeitig wurde der Planet geplündert. Die Folgen treffen wiederum die Menschen in den armen Ländern des Südens am heftigsten. Ein Ende dieser unheilvollen Prozesse zeigt sich nicht.

Zukunftsfähiges Deutschland, Berlin 1996., S. 3

Von der Sozialen zur Ökologisch-Sozialen Marktwirtschaft

M 20 Ökologie und Marktwirtschaft

In marktwirtschaftlichen Systemen werden Entscheidungen von Unternehmen und Haushalten in der Regel auf der Basis von Kosten-Nutzen-Überlegungen getroffen Diese „egoistische" Verhaltensweise führt zu befriedigenden gesamtwirtschaftlichen Ergebnissen, solange in das einzelwirtschaftliche Kalkül *(Rechnung)* alle Kosten und Erträge eingehen. Die Nichtbeachtung „externer Kosten" *(s. Stichwort)* ist in der Regel die Ursache ökologischer Probleme, deren Muster sich stets gleichen: Ist die Nutzung einer natürlichen Ressource (Umwelt, Natur) für den Einzelnen kostenlos, obwohl anderen und damit der Gesellschaft (einschließlich zukünftiger Generationen) als Ganzes Kosten entstehen, so wird diese Ressource „übernutzt". Der Ordnungsrahmen der Marktwirtschaft muss (daher) um eine ökologische Komponente ergänzt werden, wobei zwei Alternativen zur Verfügung stehen: Zum einen ist dies das Ordnungsrecht, das mit Verboten, Geboten oder der Verpflichtung zur Einhaltung technischer Standards arbeitet. Zum anderen sind dies die marktkonformen Instrumente der Umweltabgaben, die Preise für die Nutzung des knappen Gutes Umwelt setzen. Die Kosten, die von dem einzelnen Entscheidungsträger nicht berücksichtigt werden, weil sie an anderer Stelle oder zeitlich erst viel später anfallen, werden nun durch die Abgaben spürbar.

Umweltprobleme sind nicht ausschließlich eine Folge des marktwirtschaftlichen Systems, denn auch die meisten anderen Wirtschaftssysteme übernutzen die Umwelt. Eher ist es so, dass mit steigendem Wohlstand die Nachfrage nach sauberer Umwelt steigt und immer mehr Menschen Bereitschaft bekunden, zugunsten einer besseren Umwelt auf anderes zu verzichten. Die ökologisch-soziale Marktwirtschaft wird daher einen Wohlstand anbieten, der sich anders zusammensetzt als bisher: Relativ weniger materiellen Wohlstand, dafür mehr immateriellen Wohlstand – in Form von besserer Umweltqualität oder auch mehr freier Zeit.

Christian Molitor in: DAS PARLAMENT Nr. 32-33/1998, S. 12 (gekürzt)

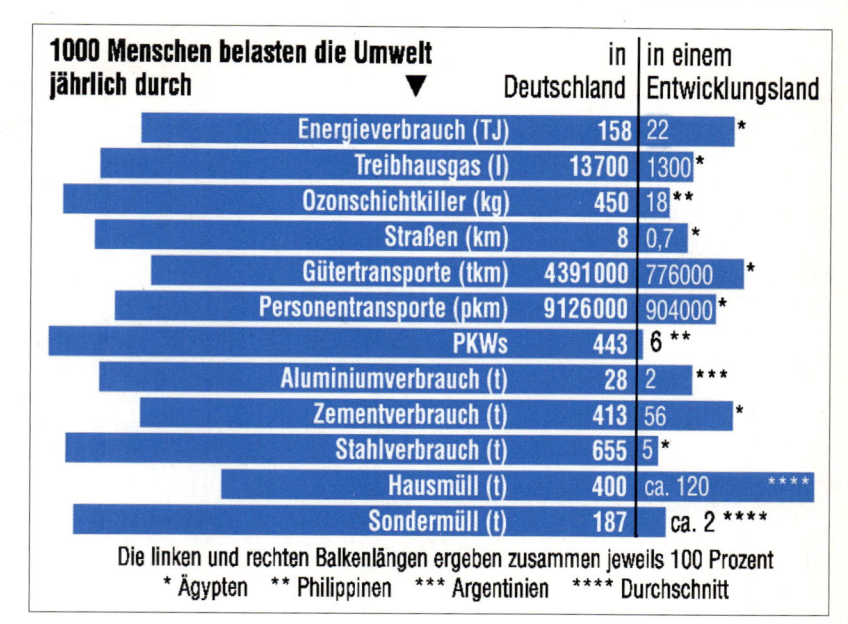

1000 Menschen belasten die Umwelt jährlich durch ▼	in Deutschland	in einem Entwicklungsland	
Energieverbrauch (TJ)	158	22	*
Treibhausgas (I)	13700	1300	*
Ozonschichtkiller (kg)	450	18	**
Straßen (km)	8	0,7	
Gütertransporte (tkm)	4391000	776000	*
Personentransporte (pkm)	9126000	904000	*
PKWs	443	6	**
Aluminiumverbrauch (t)	28	2	***
Zementverbrauch (t)	413	56	*
Stahlverbrauch (t)	655	5	*
Hausmüll (t)	400	ca. 120	****
Sondermüll (t)	187	ca. 2	****

Die linken und rechten Balkenlängen ergeben zusammen jeweils 100 Prozent
* Ägypten   ** Philippinen   *** Argentinien   **** Durchschnitt

Grafik: Zukunftsfähiges Deutschland. Berlin: Birkhäuser 1996, S. 15

M 21 Die ökologische Steuerreform

Die Idee ist einfach: Gelänge es, die Energiepreise zu erhöhen und mit diesen Einnahmen die Arbeitskosten zu senken, könnte man zwei Fliegen mit einer Klappe schlagen: Die Umweltbelastung verringern und neue Arbeitsplätze schaffen. Das Rezept, das Ökonomen und Ökologen verordnen, um die beiden gravierendsten *(schwer wiegendsten)* Probleme der Industriegesellschaften – Arbeitslosigkeit und Umweltzerstörung – zu lösen, heißt ökologische Steuerreform:

Der Staat soll die gesetzlichen Beiträge zur Rentenversicherung senken und die Einnahmeausfälle durch eine neue Abgabe auf Energieverbrauch ausgleichen. Die Arbeit würde dadurch billiger, die Energie teurer. Die Konsequenz der veränderten Preise: Von der billigeren Arbeit fragen die Unternehmer mehr nach, von der teueren Energie weniger – mehr Beschäftigung, mehr Umweltschutz, per saldo ohne zusätzliche Kosten für die Wirtschaft.

Zugleich würden das Marktversagen korrigiert und die Preise endlich die ökologische Wahrheit sagen.

Helga Kessler/Fritz Vorholz in: ZEIT-Punkte Nr. 6/1995, S. 19 (gekürzt)

Arbeitsvorschläge

1. Stellen Sie die Marktwirtschaft in den globalen Zusammenhang einer „Neuen Weltwirtschaftsordnung" (s. S. 222ff.) Informieren Sie sich hier vor allem über das Konzept der „nachhaltigen Entwicklung" (S. 237) und bewerten Sie hiernach die Zukunftsfähigkeit der in M 19 beschriebenen Lebensweise.

2. Finden Sie weitere Beispiele für Externe Kosten (M 20) aus Ihrem eigenen Erfahrungsbereich und prüfen Sie, wer diese Kosten letztlich trägt.

3. Informieren Sie sich über den gegenwärtigen Stand der ökologischen Steuerreform und beschreiben Sie die Auswirkungen auf den Wirtschaftsstandort Deutschland, indem Sie die Pro- und Kontra-Argumente (S. 116) entsprechend ergänzen.

Arbeit für alle?

Liebe Schülerinnen und Schüler!

Arbeit für alle?

Das ist die Frage, die Sie sich wahrscheinlich auch schon oft gestellt haben. Angesichts der Massenarbeitslosigkeit, die nicht nur in Deutschland, sondern in der ganzen Welt bedrohliche Ausmaße angenommen hat, fragen sich viele junge Menschen, unter welchen Voraussetzungen sie darauf hoffen dürfen, einen Arbeitsplatz und ein gesichertes Einkommen zu haben. Ist Arbeit nicht ein Menschenrecht, ein soziales Grundrecht, auf das alle Menschen einen Anspruch haben so wie auf Freiheit, Gleichheit und Menschenwürde?

Warum steht das „Recht auf Arbeit" nicht im Grundgesetz?

Mit diesen Fragen möchte ich Sie in diesem Kapitel konfrontieren.

Arbeitslose damals

Arbeitslose heute

Das Recht auf Arbeit zwischen Anspruch und Wirklichkeit

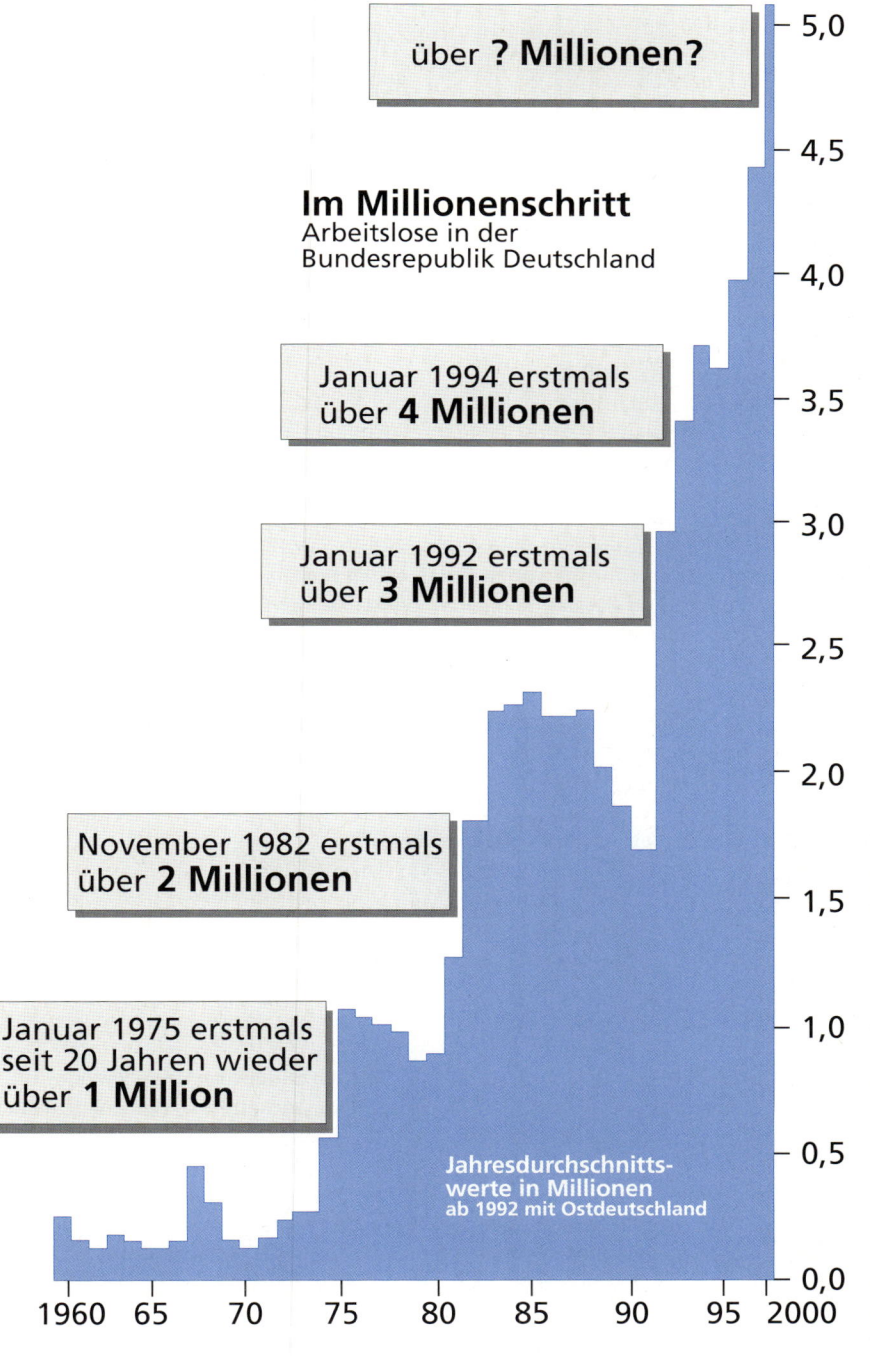

über **?** Millionen?

Im Millionenschritt
Arbeitslose in der Bundesrepublik Deutschland

Januar 1994 erstmals über **4 Millionen**

Januar 1992 erstmals über **3 Millionen**

November 1982 erstmals über **2 Millionen**

Januar 1975 erstmals seit 20 Jahren wieder über **1 Million**

Jahresdurchschnittswerte in Millionen
ab 1992 mit Ostdeutschland

Wie die Bilder zeigen, gibt es Massenarbeitslosigkeit nicht erst seit Mitte der 80er Jahre. Es gab in Deutschland schon einmal 6 Millionen Arbeitslose, obwohl das damalige Deutsche Reich um 1932 etwa 9 Millionen weniger Einwohner hatte als heute.

Viele Menschen glauben, dass die damalige Situation die verzweifelten Menschen dazu geführt habe, Adolf Hitler und die Nationalsozialisten an die Macht zu bringen.
– Welches sind die Ursachen der Massenarbeitslosigkeit?
– Hat die Politik keine Mittel und Instrumente, um mit diesem Problem fertig zu werden?
– Wie kann man sich als Jugendlicher auf eine veränderte Arbeitswelt einstellen und seine Beschäftigungs- und Erwerbschancen verbessern?

Was meinen Sie?

Arbeit für Alle?

nach Spiegel 6/98, S. 93

Gibt es ein Recht auf Arbeit?

Sicher haben Sie schon einmal gedacht: Wenn es doch immer mehr Arbeitslose gibt, warum kann der Staat nicht jedem Menschen einen Arbeitsplatz garantieren? Warum gibt es kein „Recht auf Arbeit", so wie es ein Recht auf Freiheit, Gleichheit und Menschenwürde gibt?

Aber leider ist die Sache gar nicht so einfach. Denn:
- *Wer sollte dieses Recht garantieren? Der Staat, die Unternehmer oder vielleicht das Arbeitsamt?*
- *Kann in einer Marktwirtschaft irgendein Unternehmer gezwungen werden, eine bestimmte Anzahl von Arbeitsplätzen bereitzustellen oder einen bestimmten Arbeitnehmer einzustellen?*
- *Würde ein Recht auf Arbeit nicht auch eine „Pflicht zur Arbeit" beinhalten? Wäre das nicht ein Verstoß gegen das Grundgesetz, das in Art. 12 die Freiheit der Arbeits- und Berufswahl garantiert?*

Sie sehen, so einfach ist das nicht mit dem „Recht auf Arbeit".

Ich habe Ihnen auf dieser Doppelseite einige Texte zusammengestellt, die das Problem von verschiedenen Seiten und Standpunkten beleuchten.

Seit die Menschen darauf angewiesen sind, durch abhängige Erwerbsarbeit ihre Existenz zu sichern, wird darüber diskutiert, ob es möglich und sinnvoll sei, ein „Recht auf Arbeit" als verfassungsrechtlichen Anspruch zu gewährleisten. Erstmalig wurde dieses Recht während der französischen Februarrevolution gesetzlich verbrieft. Im Erlass vom 25. Februar 1848 heißt es: „Die provisorische Regierung der Republik Frankreich verpflichtet sich, allen Bürgern Arbeit zu verschaffen. Sie ist der Ansicht, dass alle Arbeiter sich zusammenschließen müssen, um die Früchte ihrer Arbeit zu erhalten."

Im Grundgesetz der Bundesrepublik Deutschland ist das Recht auf Arbeit nicht ausdrücklich garantiert. Es ist allerdings Bestandteil der „Allgemeinen Erklärung der Menschenrechte" der Vereinten Nationen vom 10. Dezember 1948 (vgl. S. 123) und der Europäischen Sozialcharta vom 18. Oktober 1961, denen die Bundesregierung durch Gesetz zugestimmt hat. Die Herstellung und Aufrechterhaltung eines hohen und stabilen Beschäftigungsstandes haben als gesetzliche Verpflichtung Eingang gefunden in das Arbeitsförderungsgesetz und das Gesetz zur Förderung der Stabilität und des Wachstums der Wirtschaft. In der allgemeinen Rechtslehre unterscheidet man zwischen Normen, die den berechtigten Personen einen notfalls mit Hilfe der Gerichte durchsetzbaren Anspruch gegen den Verpflichteten verleihen, und solchen Normen, die nur eine Verpflichtung der öffentlichen Gewalt beinhalten, ohne dass dem Einzelnen ein einklagbarer Anspruch auf Erfüllung dieser Verpflichtung zusteht. Im ersten Fall spricht man von einem „subjektiven", im zweiten Fall von „objektivem" Recht bzw. einem „sozialen Grundrecht". Ein Recht auf Arbeit ist sowohl als objektives wie auch als subjektives Recht denkbar. Ob ein Recht auf Arbeit in einer der genannten Formen im Grundgesetz verankert werden soll, ist allerdings bis heute höchst umstritten.

„Und damit basta"!

M 1 Recht auf Arbeit als subjektives Recht

(1) Das Recht auf Arbeit beinhaltet den Anspruch auf Verschaffung eines Arbeitsplatzes. Er steht Arbeitswilligen und Arbeitsfähigen zu, die eine Stellung als Arbeitnehmer suchen.

(2) Das Recht zur Arbeit garantiert als liberales Grundrecht die Befugnis, überhaupt arbeiten zu dürfen. ...

(3) Politisch rechtfertigt sich die Forderung nach einer Garantie des Rechts auf Arbeit daraus, dass der weit überwiegende Teil der Bevölkerung allein aus der eigenen Arbeit seinen Unterhalt erwerben kann. Dem Gebot sozialer Gerechtigkeit entspricht es, wenn als Äquivalent *(Ausgleich)* zum Schutz des Privateigentums auch das Recht auf Arbeit verfassungsrechtlich gewährleistet wird.

(4) Sozialpolitisch bedeutsam für den einzelnen Arbeitslosen ist eine Garantie des Rechts auf Arbeit nur dann, wenn sie dem Betroffenen einen subjektiven, gerichtlich durchsetzbaren Anspruch auf Vermittlung einer Erwerbsgelegenheit verbürgt. ...

(6) Das Grundgesetz und einzelne Bundesgesetze enthalten weder ausdrücklich eine Garantie des Rechts auf Arbeit, noch kann sie aus ihnen indirekt abgeleitet werden. Soweit Landesverfassungen ein Recht auf Arbeit proklamieren *(öffentlich verkünden),* handelt es sich nur um juristisch unverbindliche Programmsätze.

M. Rath: Die Garantie des Rechts auf Arbeit, in: Arbeitslosigkeit – kontrovers. Bundeszentrale für Politische Bildung, Bonn 1982, S. 13

Die aktuelle Diskussion um ein soziales Grundrecht

123

M 2 Recht auf Arbeit – Vorschlag der Gewerkschaften für eine Änderung des Grundgesetzes

(1) Alle Deutschen haben das Recht auf Arbeit, um durch eine frei übernommene Tätigkeit ihren Lebensunterhalt produktiv zu erlangen.

(2) Die Gewährleistung dieses Rechts ist eine ständige Aufgabe und ein Hauptziel staatlichen Handelns. Zu seiner Verwirklichung tragen die zuständigen Organe durch eine aktive Vollbeschäftigungspolitik zur Erhaltung und Beschaffung von Arbeitsplätzen bei. Sie sichern eine angemessene Allgemein- und Berufsbildung, kostenlose Berufsberatung und Arbeitsvermittlung und fördern die berufliche Wiedereingliederung.

Ulrich Lohmann in: Gewerkschaftliche Monatshefte v. April 1975, S. 250 f.

M 3 Was sagt das Grundgesetz über Arbeit und Beruf?

Nur wenige Verfassungen der westlichen Welt, z.B. die italienische, kennen das Recht auf Arbeit als formell verankertes subjektives Recht. Das Bonner Grundgesetz kennt es nicht. Artikel 12 besagt lediglich, dass alle Deutschen das Recht haben, Arbeitsplatz und Ausbildungsstätte frei zu wählen. Diese Freiheit der Wahl des Arbeitsplatzes besagt jedoch nicht, dass der Staat dem Einzelnen einen Arbeitsplatz zur Verfügung stellen müsste. Die Bedeutung der freien Arbeitsplatzwahl liegt vielmehr ausschließlich in der negativen Abwehr gegenüber staatlichem Zwang. So darf niemand an einen bestimmten Arbeitsplatz und zu einer bestimmten Arbeit gezwungen werden. Es darf aber auch niemandem ein bestimmter Arbeitsplatz verboten werden. Die Arbeitgeber wiederum haben das Recht, ihre Arbeitnehmer frei auszuwählen und auch in den gesetzlichen Grenzen die Arbeitsbedingungen frei zu gestalten, um ... so im Rahmen der Gesamtwirtschaft konkurrenzfähig zu bleiben. Die Arbeitnehmer haben die Freiheit, entweder selbst oder über ihren Berufsverband an der Gestaltung der Arbeitsbedingungen so mitzuwirken, dass diese ihnen bei größtmöglicher Existenzsicherung den bestmöglichen Einsatz ihrer Fähigkeiten ermöglichen.

Ost-Kurier Nr. 10 v. Oktober 1973

M 4 Recht auf Arbeit = Abschied von der Marktwirtschaft?

Ein „Recht auf Arbeit" bedeutet den Abschied vom marktwirtschaftlichen System. Gleichgültig, ob es der Staat selbst oder die Unternehmen einlösen sollen, die Zwangsbewirtschaftung ist die notwendige Folge. Gewerbefreiheit und Eigentumsschutz, Unternehmens- und Vertragsfreiheit müssen eingeschränkt werden, um die Einrichtungsgarantien eines „Rechts auf Arbeit" zu erfüllen. Aber auch die Freiheit der Berufswahl, der Berufsausbildung und Berufsausübung sind nicht mehr gewährleistet. Eine Bewirtschaftung des Arbeitsmarktes, gleichgültig, ob direkt oder indirekt, ist erforderlich, um die mit einem verfassungsmäßigen Recht auf Arbeit ausgestatteten Anspruchsteller in freie Arbeitsplätze zu steuern oder unabhängig von allen konjunkturellen Schwankungen und Strukturveränderungen auf Arbeitsplätzen zu halten. Damit ist offensichtlich, dass ein „Recht auf Arbeit" auch wesentliche Verfassungsgarantien unseres Staates sprengt.

Olaf Junge in: der arbeitgeber Nr. 1/30 – 1978, S. 8

> **Allgemeine Erklärung der Menschenrechte der Vereinten Nationen vom 10. Dezember 1948 Art. 23/ Abs.1:**
>
> „Jeder Mensch hat das Recht auf Arbeit, auf freie Berufswahl, auf angemessene und befriedigende Arbeitsbedingungen sowie auf Schutz gegen Arbeitslosigkeit."

M 5

> **Geben Sie dem Arbeiter das Recht auf Arbeit!**
> *(Otto von Bismarck in einer Reichstagsrede 1884)*

> **Mann der Arbeit, aufgewacht!**
> **Und erkenne deine Macht!**
> **Alle Räder stehen still,**
> **Wenn dein starker Arm es will.**
> *(Georg Herwegh im Bundeslied für den Allgemeinen Deutschen Arbeiterverein)*

Arbeitsvorschläge

1. Worin besteht nach dem Autorentext der Unterschied zwischen einem „subjektiven" und einem „objektiven" Recht auf Arbeit?

2. Überlegen Sie, ob die Gewerkschaften in M 2 ein subjektives oder ein objektives Recht auf Arbeit fordern?

3. Welche Regelungen über Arbeit und Beruf enthalten das Grundgesetz und Ihre Landesverfassung? Vgl. hierzu M 3 und Art. 12 GG. Mit welchen Verfassungsnormen würde nach M 3 und M 4 ein subjektives Recht auf Arbeit kollidieren?

4. Gegenüber wem könnte nach M 1 ein Recht auf Arbeit geltend gemacht werden? Welche Konsequenzen hätte ein solcher Rechtsanspruch?

5. Diskutieren Sie über die Aussagen und Parolen in den Kästen der Randspalten.

„Danke, ich kann nicht klagen"

124 Immer weniger produzieren immer mehr

Das wöchentliche Rasenmähen war die bei weitem unbeliebteste Arbeit, die ich an meine Kinder zu vergeben hatte. Und zwar deshalb, weil wir nur einen handbetriebenen Walzenmäher hatten, der – vor allem bei hohem Gras – nur sehr mühsam durch den Garten gezogen werden konnte. Es dauerte fast zwei Stunden, bis die etwa 1000 qm gemäht waren. Eines Tages erklärten mir meine Kinder, sie seien nicht mehr bereit, jede Woche diese Knochenarbeit zu machen. Ich solle gefälligst einen elektrischen Rasenmäher anschaffen. Nur dann seien sie bereit, die Arbeit weiterhin zu machen. Was blieb mir anderes übrig, als diesem Rat zu folgen, denn schließlich wollte ich doch einen gepflegten Rasen haben. Und in der Tat. Der Rasen war nunmehr in einer halben Stunde gemäht und alle waren zufrieden.

Ökonomisch gesehen, war durch die Anschaffung des Rasenmähers die Arbeitsproduktivität um das Vierfache gestiegen oder umgekehrt, die Arbeitszeit konnte auf ein Viertel gesenkt werden. In unserem Fall war das eine prima Sache. Aber für die Wirtschaft, insbesondere für das Beschäftigungssystem, entstehen durch steigende Produktivität eine Reihe schwieriger Probleme, wie Sie schnell erkennen werden.

Vor 30 Jahren mussten 21 Erwerbstätige ein Jahr lang arbeiten, um Waren und Dienstleistungen im Wert von einer Million Mark hervorzubringen. Heute reichen elf Erwerbstätige aus, um den gleichen Betrag zu erarbeiten und morgen sind es vielleicht nur noch 5 (vgl. M 8 und M 9). Und das liegt nicht etwa an gestiegenen Preisen. Die sind in dieser Betrachtung bereits herausgerechnet. Vielmehr spiegelt sich in diesen Zahlen die wachsende Produktivität wider. Immer rationellere Arbeitsmethoden und -abläufe, immer intelligentere Maschinen und Hilfsmittel und immer intensivere Arbeitsformen steigern die Ergiebigkeit der Arbeit. Dieser Produktivitätsanstieg hat zwei Seiten. Einerseits ermöglicht er zunehmenden Wohlstand, also höhere Löhne, kürzere Arbeitszeiten, längeren Urlaub. Andererseits kann er - insbesondere in konjunkturell flauen Zeiten – zum „Job-Killer" werden. Ist es angesichts dieser Situation noch sinnvoll und politisch erstrebenswert, im internationalen Wettbewerb und Konkurrenzkampf immer noch weitere Produktivitätsvorteile zu suchen und damit das Heer der Arbeitslosen weltweit zu vergrößern?

M 6 **Höhere Arbeitsproduktivität macht Unternehmen wettbewerbsfähiger – aber bisher auch viele Menschen arbeitslos.**

Produktivität ist ein Maß, mit dem wirtschaftliche Leistungskraft gemessen wird. In der öffentlichen Diskussion wird der Begriff fast immer für Arbeitsproduktivität verwendet. Die Arbeitsproduktivität gibt an, welcher Wert an Gütern und Dienstleistungen in einer Arbeitsstunde im Schnitt produziert wird. Die Betriebe ermitteln sie meist, indem sie den Umsatz durch die Arbeitsstunden teilen. Für die volkswirtschaftliche Betrachtung gilt diese Formel: Bruttosozialprodukt (Wert der neu geschaffenen Güter und Dienstleistungen) geteilt durch die Summe der geleisteten Arbeitsstunden. Manchmal wird die Produktionsleistung auch durch die Zahl der Erwerbstätigen bzw. Beschäftigten geteilt, das ist jedoch ungenauer, weil unterschiedliche Arbeitszeiten ausgeblendet werden. In Westdeutschland stieg die Arbeitsproduktivität zwischen 1981 und 1994 um 47,7 Prozent. In Ostdeutschland schnellte sie seit Anfang 1991 um 165 Prozent hoch. Erreicht werden Produktivitätssteigerungen durch verbesserte Fertigungsabläufe (zum Beispiel neue Maschinen oder Computer, rationellere Arbeitsabläufe) oder mehr Leistung der Beschäftigten (etwa durch knappere Zeitvorgaben, neue Leistungsbewertungssysteme oder mehr Motivation). Steigende Arbeitsproduktivität heißt: Immer mehr Güter können mit immer weniger Zeitaufwand und Menschen produziert werden. Je höher die Arbeitsproduktivität, desto mehr Güter und Dienstleistungen (also materiellen Wohlstand) kann eine Wirtschaft erzeugen. Höhere Arbeitsproduktivität führt zu niedrigeren Lohnkostenbelastungen der Unternehmen, sie werden damit wettbewerbsfähiger. Steigt die Arbeitsproduktivität allerdings an, ohne dass die ständig mehr produzierten Waren auch abgesetzt werden können, reagieren Unternehmen normalerweise mit Personalabbau: Die rasanten Produktivitätssteigerungen sind eine Ursache für die hohe Arbeitslosigkeit. In der Tarifpolitik spielt die Arbeitsproduktivität eine wichtige Rolle. Die Gewerkschaften richten ihre Forderung in der Regel an drei Kriterien aus: Preiserhöhungen, Umverteilungsbeitrag und Produktivitätssteigerungen. Der Ertrag der Produktivitätssteigerungen, so die Begründung, müsse auch den Arbeitnehmern zugute kommen, die schließlich durch ihre Leistungen dazu beitrügen.

IGM direkt 09/95, S. 6

M 7

Segen und Fluch der Produktivität

M 8

Entwicklung der Produktivität
Personalbedarf, um pro Jahr Waren und Dienstleistungen im Werte von 1 Million DM herzustellen*

- 1965: 21 Personen
- 1975: 15
- 1985: 12
- 1995: 11

*1995: Gesamtdeutschland. Quelle: RWI

M 9

Immer weniger erarbeiten immer mehr

Eine immer höhere Wirtschaftsleistung ...
(Bruttoinlandsprodukt zu Preisen von 1991)
- 1991: 2 854 Mrd. DM
- 1997 (Schätzung): 3 134 Mrd. DM

... wird von immer weniger Arbeitskräften erbracht
(Zahl der Erwerbstätigen)
- 36,5 Mio.
- 34,1 Mio.

Die Folge: Immer mehr Menschen sind vom Arbeitsleben ausgeschlossen
(Zahl der Arbeitslosen)
- 2,6 Mio.
- 4,3 Mio.

© Globus

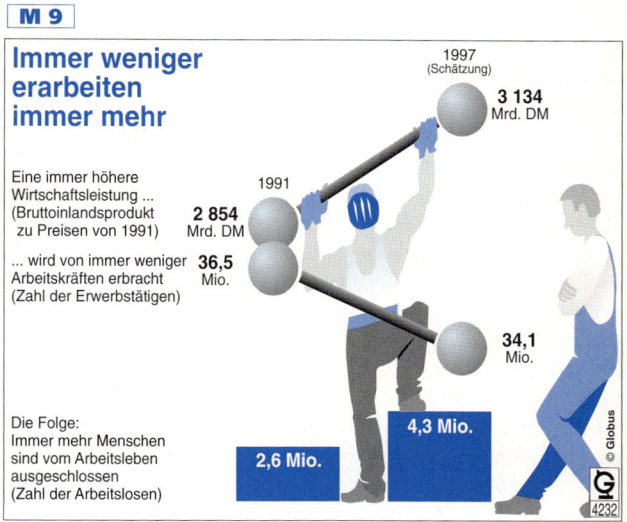

M 10 Produktivität als Segen

Im Jahre 1965 benötigte man durchschnittlich 21 Personen, um pro Jahr Waren und Dienstleistungen im Werte von einer Million DM herzustellen. Heute produziert gerade noch gut die Hälfte der Personen im gleichen Zeitraum diesen Wert, wobei die Preissteigerungen bereits herausgerechnet wurden. Ohne die in den zurückliegenden dreißig Jahren realisierte Steigerung der Produktivität wäre die hervorragende Entwicklung des Wohlstandes in Deutschland nicht möglich gewesen. Daraus ist aber auch ableitbar, dass ohne eine weitere Steigerung der Produktivität Einkommenssteigerungen aus Erwerbstätigkeit kaum möglich sein werden.

merker Wirtschaftsgrafik-Nr. 9511PD1 v. 09.11.95

Stichwort:
Produktivität
Ein Maßstab für die Überprüfung der Leistungsfähigkeit eines Produktionsfaktors ist die Produktivität. Diese errechnet sich als Quotient von Gesamtertrag (Ausbringungsmenge) und Einsatzmenge eines Produktionsfaktors.

$$\text{Produktivität} = \frac{\text{Gesamtertrag (Ausbringungsmenge)}}{\text{Einsatzmenge eines Produktionsfaktors}}$$

Die Produktivität gibt somit die Produktmenge je Faktoreneinheit an.

M 11 Produktivität als Fluch

Stichworte für das „herrschende" Zukunftsbild von Arbeit sind: Nicht Einholen, sondern Überholen. Schneller sein als die anderen im internationalen Wettlauf um Innovationen, neue Produkte und Markterschließungen. Gefragt sind die Siegertypen, die olympiareifen Mannschaften. Da die anderen auch nicht ruhen, muss das Tempo ständig gesteigert werden. Benötigt werden immer schnellere Verkehrs- und Kommunikationssysteme.
Die Berufsqualifikationen müssen ständig erneuert werden und sich dem Tempo der technischen Innovationen anpassen. Die stressgeplagten „Leistungsträger" können zum Ausgleich ferntouristische Erholung suchen oder in Köln die Telefonseelsorge für drogenabhängige, psychisch gestörte und selbstmordgefährdete Manager anrufen.
Im offiziellen Weltbild gilt als Ziel die Vollbeschäftigung, in Wirklichkeit haben die Akteure sich jedoch mit Varianten der Zweidrittelgesellschaft abgefunden: Zweidrittel können mehr oder weniger gut mithalten im Wettlauf um die Jobs, der Rest sind die systemnotwendigen Verlierer, die bislang zumindest noch sozialstaatlich betreut werden, was nicht in allen ökonomischen Wettkampfländern der Fall ist.

Otto Ullrich: Die Zukunft der Arbeit. In: Wechselwirkung Okt./Nov. 95, S. 6

Arbeitsvorschläge

1. Suchen Sie – ähnlich wie das Rasenmäherbeispiel in der Dialogspalte – weitere Beispiele aus dem täglichen Leben, aber auch aus der Arbeitswelt, für die Entwicklung der Arbeitsproduktivität.

2. Erläutern Sie die unterschiedlichen Messverfahren und Darstellungsformen der Produktivität in den Schaubildern M 8 und M 9. Worin liegen die besonderen Schwierigkeiten der Produktivitätsmessung?

3. Welches sind nach M 6 und M 7 die wichtigsten Bestimmungsfaktoren für die Entwicklung der Produktivität?

4. Wie hoch wäre nach M 9 die rechnerische Arbeitslosigkeit und das Bruttoinlandsprodukt im Jahre 2003? Überlegen Sie, unter welchen Voraussetzungen diese Entwicklung eintreten könnte.

5. Diskutieren Sie abschließend anhand von M 7, M 10 und M 11 die These vom „Segen und Fluch der Produktivität". Für wen und unter welchen Bedingungen ist sie „Segen" und für wen ist sie „Fluch"?

Arbeitsmarkt = Bananenmarkt?

Sie würden sich sicher heftig widersprechen, wenn ich behauptete, es gäbe keinen nennenswerten Unterschied zwischen dem Bananenmarkt und dem Arbeitsmarkt. Markt sei eben Markt und da regiere das Gesetz von Angebot und Nachfrage. Wer seine Bananen verkaufen will, der müsse eben so lange mit dem Preis heruntergehen, bis sich genügend Käufer finden. Wer Arbeit sucht, der müsse mit dem Preis seiner Arbeitskraft, also dem Lohn, nur genügend heruntergehen, dann würde er auch eine passende Stelle finden. Diese Aussagen sind wirtschaftstheoretisch sicher richtig, ob sie aber auch politisch richtig und akzeptabel sind, ist eine andere Frage, die ich mit Ihnen auf dieser Doppelseite diskutieren möchte.

Es gibt in der Bundesrepublik eine große wissenschaftliche und politische Diskussion darüber, welchen Charakter der Arbeitsmarkt in der Sozialen Marktwirtschaft haben soll. Ich habe Ihnen die beiden Positionen gegenübergestellt und hoffe, Sie können sich damit ein eigenes Urteil bilden.

Ich bin sicher, dass die Frage, ob es für Sie nach Abschluss Ihrer Ausbildung auch eine Beschäftigungsmöglichkeit gibt, zu den wichtigsten Zukunftsfragen gehört. Insofern stellt sich die Wirtschaftsordnungsfrage - anders als in der Nachkriegszeit, wo es viele Jahre Vollbeschäftigung gab – heute wieder völlig neu. Darf sich – so ist zu fragen – eine Wirtschaftsordnung „sozial" nennen, die Millionen von Menschen keine Arbeits- und Erwerbsmöglichkeiten bieten kann?

Ist der Arbeitsmarkt mit einem Markt für Bananen, Autos oder Geld vergleichbar, oder erfordert er, weil man Menschen nicht mit Bananen vergleichen kann, besondere Regelungen und Institutionen für die Abstimmung des Angebots und der Nachfrage nach Arbeit?
Es besteht weit gehende Einigkeit darüber, dass der Marktmechanismus auch das Angebot und die Nachfrage auf dem Arbeitsmarkt regelt. Gleichzeitig wird aber auch anerkannt, dass die Verfügung über die menschliche Arbeitskraft – im Gegensatz zu Bananen – durch eine Arbeitsmarktordnung und durch weitere Abstimmungsmechanismen wie z. B. Tarifverträge und Mitbestimmungsmöglichkeiten geregelt werden muss. Die unterschiedlichen Auffassungen über die Funktionsweise des Arbeitsmarktes haben Folgen für die Arbeitsmarktpolitik. Wird der Arbeitsmarkt als Markt wie jeder andere betrachtet, dann ergeben sich andere Folgerungen für die Arbeitsmarktpolitik als bei einer Betrachtungsweise, die den Arbeitsmarkt durch Besonderheiten charakterisiert sieht. In einer Wirtschaftsordnung wie der Sozialen Marktwirtschaft wird jedoch das Arbeits- und Beschäftigungsproblem der Gegenwart zu einer ganz besonderen Bewährungsprobe und Herausforderung für die zukünftige Wirtschaftspolitik. Die Zustimmung der Menschen zu dieser Wirtschaftsform wird sehr davon abhängen, ob und inwieweit es gelingt, Wege aus der weltweiten Massenarbeitslosigkeit zu finden.

M 12 Arbeitsmärkte funktionieren wie beliebig andere Märkte – eine theoretische Position

… Gemeinsamer Nenner für die Ursachen der Arbeitslosigkeit ist ein Mangel an freiem Wettbewerb auf dem Arbeitsmarkt, aber nicht nur dort. Die ökonomische Theorie zeigt, bestätigt durch die Realität, dass auf Arbeitsmärkten keine dauerhafte Arbeitslosigkeit zu verzeichnen ist, wenn unter Anbietern und Nachfragern Wettbewerb besteht, Arbeitskräfte beruflich und räumlich mobil sind und der Staat nicht in den Marktprozess eingreift. Mit anderen Worten: Arbeitsmärkte funktionieren wie beliebige anderen Märkte, obwohl immer wieder das Gegenteil behauptet, der Beweis dafür aber schuldig geblieben wird. In dem Ausmaß, in dem auch nur eine dieser drei wesentlichen Bedingungen beeinträchtigt oder beseitigt wird, ist Arbeitslosigkeit die unvermeidliche Folge. Es ist häufig genug dargelegt worden, welche Beschränkungen im Einzelnen tatsächlich existieren und was geschehen müsste, um die Massenarbeitslosigkeit in den Ländern der Europäischen Union zu reduzieren …

Volkswirtschaftliche Korrespondenz der Adolf-Weber-Stiftung Nr. 6/1998

M 13

M 14 Der Arbeitsmarkt ist kein Ausnahmebereich – eine unternehmernahe Position

Das Argument dafür, der Arbeitsmarkt sei als Ausnahmebereich zu behandeln, heißt, Arbeitnehmer und Arbeit seien keine „gewöhnlichen" Waren, sondern besonders schutzbedürftig. Es macht unter dem Aspekt der Schutzbedürftig-

Die Diskussion um die richtige Arbeitsmarktordnung

keit keinen Unterschied zwischen Arbeitnehmer und Arbeit. Das führt zu falschen Schlussfolgerungen. Denn dass Arbeit keine gewöhnliche Ware ist, ist keineswegs so selbstverständlich wie, dass der einzelne Arbeitnehmer keine gewöhnliche Ware ist. Wäre er eine gewöhnliche Ware, so wäre er Sklave (vgl. M 17): Er besäße keinerlei Rechte über seine eigene Arbeitskraft und könnte ungehemmt ausgebeutet werden. Aus der berechtigten Ablehnung eines solchen Zustands wurde im 19. Jahrhundert gefolgert, nicht nur der einzelne Arbeitnehmer, sondern die Arbeit schlechthin sei ein besonderes, schutzwürdiges Gut. Zugleich wurde die – sehr viel weiter gehende – Behauptung aufgestellt, der freie Arbeitsvertrag sei nicht eine wesentliche Voraussetzung einer freien Gesellschaft, sondern die rechtliche Grundlage der Ausbeutung des Menschen durch den Menschen.

Seither vollzieht sich die Diskussion auf der schiefen Ebene: Sie ignoriert den ökonomischen Sachverhalt, dass sich aufgrund der Knappheit der Mittel sowohl die Anbieter von, wie die Nachfrager nach Arbeit zwischen alternativen Verwendungsmöglichkeiten entscheiden müssen. Die Anbieter von Arbeit müssen bei bestimmten Lohnsätzen, Arbeitsbedingungen und Arbeitnehmerschutzrechten über den Umfang ihres Arbeitsangebots und ihrer Arbeitsleistung genauso entscheiden wie die Nachfrager nach Arbeit über die von ihnen nachgefragte Arbeitsmenge und -qualität. Unter diesem Gesichtspunkt unterscheidet sich die Arbeit nicht von anderen Ressourcen oder Waren.

W. Deichmann/R. Hickel: Zur Deregulierung des Arbeitsmarktes. Köln 1989, S. 36f.

M 15 Der Arbeitsmarkt ist ein Ausnahmebereich – eine gewerkschaftsnahe Position

Die ... Arbeitsmarkttheorie ... unterstellt einen völlig fiktiven (nicht vorhandenen) Entscheidungsspielraum der Arbeitnehmer. Sie tut so, als verfügten Arbeitnehmer über ein hohes Maß an Entscheidungsautonomie. Diese sind jedoch – soweit sie nicht über andere Vermögens-

quellen verfügen – vom Angebot eines Arbeitsplatzes existenziell abhängig. Deshalb können sie ihr Arbeitsangebot nicht zurückziehen, wenn der Arbeitslohn unter ein nicht mehr akzeptierbares Niveau fallen sollte. Im Gegenteil, auf Lohnkürzungen muss der Arbeitskräfteanbieter „anomal", das heißt mit einer Ausweitung der Arbeit reagieren, um entsprechende Einkommensverluste zu kompensieren (auszugleichen). Deswegen verliert das freie Spiel des Marktpreises seine sonst so segensreiche Funktion, einen menschenwürdigen Ausgleich herbeizuführen [...]

Die Abhängigkeit der Arbeitnehmer von den unternehmerischen Entscheidungen ist auch heute noch kennzeichnend. Denn der Arbeitnehmer hat nicht die Möglichkeit, sein Arbeitsangebot einzustellen, um sich etwa ausschließlich aus Vermögenseinkünften zu finanzieren. Auch die Systeme sozialer Sicherung lassen einen dauerhaften Rückzug vom Arbeitsmarkt nicht zu. Die Abhängigkeit der Arbeitnehmer und damit die strukturelle Benachteiligung sind Ausdruck des unternehmerischen „Investitionsmonopols". Im Arbeitsplatz, der von Unternehmen angeboten wird, liegt somit auch immer das Risiko, diesen „unverschuldet" verlieren zu können und arbeitslos zu werden.

W. Deichmann/R. Hickel: Zur Deregulierung des Arbeitsmarktes. Köln 1989, S. 36f.

M 17

Bildausschnitt Grießhammer/Burg: Wen macht die Banane krumm?

Rowohlt 1989 (Titel)

Arbeitsvorschläge

1. Diskutieren Sie anhand von M 12, M 14 und M 15 über die Leitfrage dieser Doppelseite: Gibt es einen Unterschied zwischen einem normalen Gütermarkt (z.B. für Bananen oder Autos) und dem Arbeitsmarkt? Schauen Sie sich hierfür auch M 17 an (Stichwort „Sklavenmarkt").

2. Erläutern Sie die beiden Karikaturen in M 13 und M 16. Welche Position haben die Karikaturisten zu der Leitfrage?

3. M 14 u. M 15 stellen zwei wissenschaftliche und politische Positionen zur Arbeitsmarktordnung in der Bundesrepublik gegenüber. Ordnen Sie die Argumente und versuchen Sie, daraus eine Pro-Kontra-Argumentation (vgl. S. 116f.) zu gestalten. Beziehen Sie hierbei auch die Argumente aus M 12 mit ein.

M 16

„DA! ZEHN MARK DREISSIG... WER MACHT'S FÜR NEUNACHTZIG DIE STUNDE...?"

Auswege aus der Beschäftigungskrise?

Spiegel Nr. 4/1996

Ich muss zugeben, bei keinem Kapitel war ich am Schluss so ratlos, wie beim Thema „Arbeit für alle"? Das Fragezeichen ist wirklich ernst gemeint.
Denn wenn es ein allgemein anerkanntes Rezept dafür gäbe, wie man alle Menschen in Brot und Lohn bringen könnte, dann hätten wir das Problem sicher längst gelöst.

Aber ein solches Rezept gibt es nicht. Dafür aber ein ganzes Rezeptbuch mit sehr vielen und sehr unterschiedlichen Vorstellungen darüber, wie die Beschäftigungskrise überwunden werden kann.

Ich habe Ihnen aus der Fülle der angebotenen Rezepte fünf völlig verschiedene Konzeptionen und ihre Vertreter zusammengestellt, aber auch zugleich die Probleme angedeutet, die sich aus jeder dieser Positionen ergeben. Auch daraus werden Sie erkennen: Es gibt kein Patentrezept.

So bleibt nur zu hoffen, dass die Menschen den Glauben an die Demokratie und die Fähigkeit der Politiker zur Krisenlösung nicht verlieren und dass Sie alle durch Sachverstand und kritisches Bewusstsein an der Lösung dieser Jahrhundertaufgabe mitarbeiten.

Die politische Diskussion um Auswege aus der Beschäftigungskrise ist abhängig von der sozialen Position und Interessenlage der jeweiligen Kontrahenten. Strategisch kann an beiden Seiten des Arbeitsmarktes angesetzt werden:
– Die „Angebotspolitik" versucht, durch Verbesserung der Angebotsbedingungen (Kostensenkung, Rationalisierung, neue Produkte, flexible Arbeitszeiten, Innovationen in allen Bereichen usw.) die Wettbewerbsposition und Gewinnchancen der Unternehmen zu verbessern. Hier heißt die Strategie: Weniger Kosten, mehr Gewinne, mehr Investitionen, mehr Produktion, mehr Arbeitsplätze.
– Die „Nachfragepolitik" versucht, durch Verbesserungen auf der Arbeitnehmerseite (Lohnsteigerungen, Arbeitszeitverkürzung, Höherqualifizierung, öffentliche Aufträge usw.) die Nachfrage anzukurbeln und damit das Angebot an Arbeitsplätzen zu verbessern. Hier heißt die Strategie: Mehr Lohn, mehr Kaufkraft, mehr Nachfrage, höhere Produktion, höhere Beschäftigung. Es ist bisher nicht gelungen für die Richtigkeit der einen oder anderen Position einen eindeutigen wissenschaftlichen Beweis zu erbringen. Die Frage nach der richtigen Arbeitsmarktpolitik muss daher offen bleiben.

„Ökologischer Umbau!"
Rudolf Hickel (Ökonomie-Professor an der Universität Bremen)

Zwischen Markt und Staat sind öffentlich zu gewährleistende Beschäftigungsfelder zu organisieren (zweiter Arbeitsmarkt). Statt die Menschen in die Arbeitslosigkeit zu schicken, betraut man sie mit gesellschaftlichen Aufgaben, etwa im Bereich des Umweltschutzes.
Problem: Die Kosten für solche Beschäftigungsformen müssen vom Staat bzw. den Sozialkassen aufgebracht werden. Dies würde zwangsläufig zu einer Erhöhung der Abgabenlast führen und dadurch wieder Konjunktur und Beschäftigung schwächen.

„Weniger arbeiten!"
André Gorz (französischer Sozialphilosoph)

Wir müssen von heute 1.500 Arbeitsstunden auf 1.200 Stunden und schließlich auf 1.000 Stunden/Jahr heruntergehen. Die Umverteilung der Arbeit muss langfristig angelegt und der Aufgabe gerecht werden, das schrumpfende Arbeitsvolumen kontinuierlich auf die Gesamtheit der arbeitenden Bevölkerung zu verteilen.
Problem: Arbeitszeitverkürzung wird schon seit Jahrzehnten praktiziert, ohne dass sie nachhaltig die Arbeitslosigkeit beseitigen konnte. Das Patentrezept wird begrenzt durch regionale Ungleichheiten und unterschiedliche Qualifikationen. Außerdem muss Arbeitszeitverkürzung mit Lohnsenkung verbunden werden, wenn sie zum Abbau von Arbeitslosigkeit führen soll.

„Mehr Flexibilität!"
Horst Siebert (Präsident des Kieler Instituts für Weltwirtschaft)

Der Arbeitsmarkt muss wieder in Kraft gesetzt werden. Viele institutionelle Regelungen des Arbeitsmarktes schützen nur diejenigen, die Arbeit haben, aber nicht die, die ohne Arbeit sind und draußen stehen (z. B. Kündigungsschutz, Tarifverträge).
Problem: Beide Forderungen sind politisch kaum durchsetzbar. Die Tarifautonomie hat als „Produktivitätspeitsche" gewirkt und zu einer hervorragenden Wettbewerbsstellung der deutschen Industrie auf dem Weltmarkt geführt.

Ziele und Maßnahmen der Beschäftigungspolitik

„Grenzen dicht!"

Horst Afheldt (Sozialwissenschaftler)

Abschottung des Marktes durch ein Europa, das gewillt ist, politische Ziele wie soziale Gerechtigkeit, Erhaltung der Umwelt und der kulturellen Identität zu Zielkriterien des Marktes zu machen, statt Unterwerfung der Politik unter das Diktat des Weltmarktes.
Problem: Die Europäische Union müsste ihre Außengrenzen etwa so mit Mauer und Stacheldraht sichern wie die ehemalige DDR. Eine solche „Insel-der-Seeligen-Politik" ist nicht nur zynisch, sondern für eine so eng in den Weltmarkt eingebundene Volkswirtschaft wie die deutsche lebensgefährlich.

„Löhne runter!"

Hans-Peter Stihl (ehem. Präsident des deutschen Industrie- und Handelstages)

Was uns in Deutschland fehlt, sind Arbeitsverhältnisse mit einer Entlohnung unterhalb der gültigen Tarifverträge. Wir brauchen wieder die Möglichkeit, geringerwertige Arbeit auch gering bezahlen zu können.
Problem: Arbeitsplätze mit Billigstlöhnen würden nur dann nachgefragt, wenn das soziale Netz entsprechend stark beschnitten wird. Wer dauerhaft die Profitrate der Unternehmen auf Kosten der Löhne steigern will, muss die Macht der Gewerkschaften brechen. Mit dem sozialen Frieden, einem der wichtigsten Argumente für den Standort Deutschland, wäre es dann vorbei.

Pro und Kontra Teilzeitarbeit

PRO
- Leben kann individueller geplant werden
- Zusammenleben in der Familie kann besser funktionieren
- Frauen oder Männer müssten nach der Geburt eines Kindes ihren Beruf nicht mehr unterbrechen
- Stärkere Kreativität und Motivation in allen Lebensbereichen
- Arbeits- und Alltagswelt können günstiger vernetzt werden

KONTRA
- Einkommensverluste, unbezahlte Mehrarbeit und eine geringere Rente müssen in Kauf genommen werden
- Aufstiegschancen sind vermindert
- Macht und Kontrolle müssen abgegeben werden
- Männer müssen lernen, sich nicht nur über den Job zu definieren
- Frauen müssen lernen, ihre Macht in den Familien zu teilen

Quelle: Texte und Fotos auf dieser Seite zusammengestellt und bearbeitet nach Wochenpost Extra „Arbeitsplätze" Nr. 32/1995, S 26ff.

Beschäftigungsstrategien auf einen Blick

1. Arbeitsplätze teilen
2. Arbeitszeit verkürzen
3. Zuwanderungen stoppen
4. Staatsaufträge vorziehen
5. Zweiten Arbeitsmarkt ausbauen
6. Lohnstückkosten senken
7. Arbeitsbedingungen flexibilisieren
8. Selbständigkeit fördern
9. Qualifizierung verbessern
10. Überstunden abbauen

Arbeitsvorschläge

1. Bilden Sie fünf Arbeitsgruppen und diskutieren Sie in jeder Gruppe eine der fünf Positionen dieser Doppelseite nach folgenden Gesichtspunkten:
a) Wirkt die Maßnahme auf der Angebots- oder auf der Nachfrageseite des Arbeitsmarktes?
b) Welche Folgen hätte die Maßnahme für die Arbeitgeber und welche für die Arbeitnehmer?
c) Ist die Maßnahme politisch durchsetzbar? Wer wäre dafür und wer dagegen? Warum?

2. Bestimmen Sie eine(n) Moderator(in) und veranstalten Sie ein Streitgespräch mit den fünf Repräsentanten der verschiedenen Positionen.

3. Versuchen Sie am Schluss eine Meinungsbildung innerhalb der Klasse unter Einbeziehung aller Argumente und Positionen (vgl. Kasten rechts oben). Welche Beschäftigungsstrategien würden Sie unterstützen, welche ablehnen?

Projektidee

Entwerfen Sie Plakate für eine Großdemonstration in Bonn unter dem Motto „Arbeit für alle"!

Zukunft der Arbeit?

Wird es in Zukunft Arbeit für alle geben? Diese Frage war ja unsere Leitfrage für das ganze Kapitel. Vielleicht sind Sie jetzt am Ende ein bisschen enttäuscht, weil Sie wahrscheinlich immer noch keine eindeutige Antwort bekommen haben. Nur: Ein Schulbuch kann nicht schlauer sein als alle Wissenschaftler und Politiker zusammen. Die haben nämlich auch keine letztgültige Antwort. Sonst hätten wir ja längst Arbeit für alle.

Es gibt aber einige interessante Ideen und Vorschläge, wie man diesem „Jahrhundertproblem" beikommen könnte. Ich habe Ihnen die wichtigsten Ergebnisse des Delphi-Berichts 1998 (M 19) zusammengestellt, weil hier der vereinte Sachverstand vieler Wissenschaftler enthalten ist. Delphi war bekanntlich die Stätte in Griechenland, wo die damaligen Herrscher und Feldherren sich Rat bei den Göttern holten. Leider waren auch diese Prophezeihungen nicht immer zuverlässig. Sonst hätten sie nicht manche Schlacht verloren. Also können Sie sich letztlich nur auf sich selbst verlassen. Was Sie für eine bestmögliche Arbeitsmarktchance selbst tun können, ist in M 20 und M 21 zusammengestellt. Ich wünsche Ihnen jedenfalls viel Glück bei Ihrem zukünftigen Weg in die Berufs- und Arbeitswelt.

M 18

Nach vielen Jahren mit steigender Massenarbeitslosigkeit in fast allen Industrieländern der Welt, scheint allmählich die Erkenntnis zu reifen, dass eine Rückkehr zur Vollbeschäftigung früherer Zeiten nicht mehr möglich ist. Zu groß ist der internationale Wettbewerbsdruck, der auch in Zukunft große Anstrengungen zur ständigen Erneuerung (Innovation) und technischen Verbesserung in allen Wirtschaftszweigen erforderlich macht. Die Produktivitätssteigerungen werden weiterhin größer sein als die Produktion, die im In- und Ausland verkauft werden kann. Das bedeutet: Auch in Zukunft werden Menschen durch Maschinen ersetzt, werden Arbeitsplätze abgebaut und werden Menschen aus dem Arbeitsleben ausscheiden, die den hohen Qualifikationsanforderungen nicht mehr genügen oder den ständigen Leistungsdruck nicht mehr aushalten können. Nur die ständige Bereitschaft zur Aus- und Weiterbildung, zur Umstellung und Anpassung, zur Mobilität und Flexibilität bietet dem Einzelnen auch in Zukunft die Chance auf einen interessanten und sicheren Arbeitsplatz.

Deine Stimme für Arbeit und soziale Gerechtigkeit!

DGB-Plakat im Wahlkampf 1998

M 19   Die Trends im nächsten Jahrhundert (Delphi-Bericht 1998)

Zweitausend Fachleute aus Unternehmen von Produktion und Dienstleistungen, aus Verwaltung, Hochschulen und Forschung haben die globale Entwicklung von Wissenschaft und Technik in den kommenden 30 Jahren abgeschätzt. Dabei wurden tausend Einzelentwicklungen bewertet, die nach 12 Themenfeldern gegliedert waren. Das ist die größte Expertenbefragung zu diesem Thema in Deutschland. Einige der wichtigsten Aussagen zur Arbeit im ersten Jahrzehnt des nächsten Jahrhunderts und darüber hinaus:

1. Zentren der Arbeit.
Besonders dynamisch verändern werden sich zunächst die Bereiche Mobilität, Transport, Information, Dienstleistungen, Konsum, Management und Produktion. Multimedia wird zur Alltagstechnik, die Wissensgesellschaft komplett ausgebaut. In den darauf folgenden beiden Jahrzehnten werden die Innovationen für Energie und Rohstoffe durchschlagen. Im Blickpunkt stehen dann, nach Themenfeldern geordnet, Chemie und Werkstoffe, Medizin und Biotechnik für Landwirtschaft und Ernährung. Mit Hilfe der Technik wird es nach dem Jahr 2015 auch gelingen, ökologische Schäden zu reparieren, die CO_2-Emissionen kräftig zu verringern und mit internationalen Spitzenleistungen bei Abfallentsorgung und Gewässerschutz zu glänzen.

2. Organisation der Unternehmen.
Positive Beschäftigungsimpulse setzen nach Meinung der Experten organisatorische Veränderungen in Unternehmen, Flexibilisierung der Arbeitszeiten und die Wiedereinführung arbeitsintensiver Dienstleistungen voraus. Die Unternehmen werden ihre Produkte, Dienste und inneren Abläufe radikal am Kunden orientieren. Sie werden sich gegenseitig vernetzen und Telearbeit einbeziehen. In Deutschland werden Produktionsverbände mit hoher Reaktionsfähigkeit und Spezialisierung auf Kundengruppen geschaffen. Insbesondere kleinere und mittlere Unternehmen schließen sich auf Zeit zusammen.

3. Qualifikation für Arbeit.
Bildung wird die neue soziale Frage des 21. Jahrhunderts. Der Arbeitnehmer von morgen ist vielfach Mitunternehmer. Gefordert sind Leistungsfähigkeit und Verantwortungsbereitschaft. Das wird die Betriebsorganisation beeinflussen. Lebenslanges Lernen wird zur Alltagspraxis. Neue Weiterbildungssysteme in Beruf und Alltag, eine neue Lernkultur, werden entstehen. Virtuelle, d.h. nur im Internet existierende, Weltuniversitäten und Volkshochschulen ermöglichen es auch Menschen mittleren und höheren Alters, berufsfit zu bleiben.

Zusammengestellt nach: Sozialpolitische Umschau Nr. 7/98, Presse- und Informationsamt der Bundesregierung

Perspektiven und Modelle für die Arbeitswelt von morgen

M 20 Der Weg zum Job der Zukunft

Die wichtigste Voraussetzung dafür, auf dem künftigen Arbeitsmarkt erfolgreich sein zu können, wird es sein, „beschäftigungsfähig" zu werden und zu bleiben. Die Bewerber um eine offene Stelle müssen umdenken und sich auf die neuen Arbeitsverhältnisse einstellen.

Heute, wo der ständige Wandel zur Gewissheit des Alltags geworden ist und noch verstärkt werden wird, ist jede konkrete Beschreibung eines zukunftssicheren Berufs von vorneherein aussichtslos. Dennoch gibt es zahlreiche Grundvoraussetzungen, die zu erfüllen sind, wenn sich jemand erfolgreich auf die Suche nach einer Lehrstelle oder einem Arbeitsplatz begeben will.

Schul-/Ausbildungsabschluss.
Zwar arbeiten bereits heute schätzungsweise nur noch etwa 25 Prozent der Erwerbstätigen im erlernten Beruf. Zwar ist auch das mit dem Abschluss erworbene Wissen zeitlich nur begrenzt haltbar. Aber der Absolvent hat bewiesen, dass er eine Sache erfolgreich durchziehen kann. Zudem hat er Einsicht in Betriebsabläufe gewonnen, und das wird von den Unternehmen honoriert.

Fachqualifikation
auf breit angelegtem Grundwissen. Auf einem soliden Fundament lässt sich nach Bedarf Spezialwissen aufbauen, das auf Grund des technischen Fortschritts zwar schnell veraltet, entsprechend den Erfordernissen aber auch schnell erneuert werden kann.

Anpassungsbereitschaft/ offenes Denken.
Das bedeutet einmal die Bereitschaft zu lebenslangem Lernen, beispielsweise durch Nutzung der Aus-und Weiterbildungsmöglichkeiten, die von den Unternehmen, auch im eigenen Interesse, verstärkt angeboten werden. Diese Maßnahmen konzentrieren sich einerseits auf betriebsspezifische Anforderungen; andererseits wollen sie das nachholen, was das Bildungssystem meist nicht leistet: Die Mitarbeiter auf die Aufgaben einer global gewordenen Wirtschaft vorzubereiten. Zum anderen bedeutet das die Bereitschaft zur Anpassung an die veränderten Formen der Arbeit in Gruppen- oder Projektarbeit im Betrieb, aber auch an Teilzeitarbeit, Telearbeit oder Leiharbeit.

Computer- und Sprachkenntnisse.
Die Vernetzung von Unternehmen und im Unternehmen (Intranet) schreitet fort, das Internet wird mehr und mehr genutzt. Zumindest Englisch wird bei den meisten hoch qualifizierten Facharbeitern vorausgesetzt.

„Weiche" Tugenden.
Über die Fachkompetenz hinaus erfordern internationaler Wettbewerb und technischer Fortschritt verstärkt Eigenschaften und Verhaltensweisen, die in einem nach funktionalistischen Gesichtspunkten operierenden Betrieb nicht unbedingt nötig waren: Aufgeschlossenheit gegenüber allem Neuen, ganzheitliches Denken in Prozessen, Teamwork, Selbstständigkeit, Verantwortungsbereitschaft, Initiative, Kreativität, Motivation, Zuverlässigkeit und Kalkulierbarkeit.

M 21

Schlüsselqualifikationen: Was Unternehmen verlangen

	(sehr) wichtig	(eher) unwichtig
Leistungsbereitschaft	100	0
Einstellung zu Arbeit	100	0
Zuverlässigkeit	97	3
Verantwortungsbewusstsein	97	3
Konzentrationsfähigkeit	97	3
Teamfähigkeit	95	4
Logisches Denken	95	5
Initiative	95	5
Selbstständiges Lernen	94	5
Zielstrebigkeit	93	7
Kommunikatives Verhalten	92	8
Planvolles Arbeiten	90	10
Motivation	88	0
Kritikfähigkeit	84	16
Beständigkeit	83	7
Belastbarkeit	83	7
Kreativität	76	24

Antworten in Prozent

Arbeitsvorschläge

1. Gruppenarbeit:
Bilden Sie drei Arbeitsgruppen und diskutieren Sie die Konsequenzen aus den drei in M 19 angesprochenen Bereichen für Ihren Ausbildungsberuf. Überlegen Sie, wie danach Ihre Ausbildungsbetriebe in etwa 20 Jahren aussehen könnten.

2. Gehen Sie die Anforderungen und Schlüsselqualifikationen nach M 20 und M 21 durch und überlegen Sie, wo und wie diese Qualifikationen in der Berufsschule und im Ausbildungsberuf erworben werden können.
Hinweis:
Ziehen Sie hierzu die für Sie gültige Ausbildungsordnung sowie die Lehrpläne der Schule heran.

3. Falls Sie Defizite entdecken: Wie könnten sie beseitigt werden? Sprechen Sie darüber auch mit den Ausbildungsverantwortlichen im Betrieb.

Betriebsbefragung „Anforderungsprofile von Betrieben, Leistungsprofile von Schulabgängern" des IW Köln im Auftrag des Bundesministeriums für Bildung, November 1997

Arbeit 2020?

Haben Sie sich nicht schon öfter gewünscht, in die Zukunft zu schauen, um zu erfahren, wie die Welt in 20 oder 30 Jahren aussieht? Mit diesem Wunsch sind Sie nicht allein, denn eigentlich ist unser ganzes Planen und Handeln auf die Zukunft ausgerichtet. Jeder von uns hat Lebensziele und -pläne, z. B. Heiratspläne, Berufspläne, Reisepläne usw.

Die Frage ist nur, ob wir bei unseren Überlegungen und Planungen auch wirklich von realistischen und wahrscheinlichen Überlegungen über die Zukunft ausgehen. Das gilt für alle, die strategische Zukunftsplanungen betreiben, z. B.
– Militärs, die die zukünftige Sicherheits- und Bedrohungssituation eines Landes einschätzen müssen,
– Unternehmer, die für die Märkte von morgen planen und heute schon Produkte und Strategien für die nächsten 10 – 20 Jahre entwickeln,
– Politiker, die Entscheidungen treffen müssen, deren Konsequenzen die gesellschaftliche Entwicklung für viele Jahrzehnte bestimmen (z. B. in der Energiepolitik, bei der Festlegung der Rentenformel, in der Bildungspolitik usw.).

Alle genannten Personen und Gruppen machen solche Planungen mit Hilfe der „Szenario-Technik". Ich lade Sie ein, am Beispiel unseres Themas „Zukunft der Arbeit" einmal ein solches Szenario in der Klasse durchzuspielen, weil man hierbei viel über die Zukunft, auch die eigene Zukunftsplanung, lernen kann.

Ich wünsche Ihnen viel Spaß dabei!

Szenario-Technik ist eine Methode, mit deren Hilfe Vorstellungen über positive und negative Entwicklungen in der Zukunft zu umfassenden Bildern und Modellen, d.h. möglichen und wahrscheinlichen „Zukünften", zusammengefasst werden. Szenarien sind also weder Prognosen, bei denen auf exakte Informationen aus Gegenwart und Vergangenheit zurückgegriffen wird, um sie einfach in die Zukunft fortzuschreiben, noch realitätsferne Utopien und Phantasien, wie sie beispielsweise im Rahmen von „Zukunftswerkstätten" entwickelt werden. Mit der Szenario-Technik werden vielmehr Daten und Informationen mit Einschätzungen und Meinungen verknüpft, so dass als Ergebnis detaillierte Beschreibungen einer bzw. mehrerer möglichen Zukunftssituationen unter ganzheitlichem Aspekt entstehen. Sie sind insofern ein Denkmodell für Wissenschaft, Politik und nicht zuletzt für die einzelnen Menschen, um unsere komplizierte Welt überhaupt noch begreifen zu können und entscheidungsfähig zu bleiben.

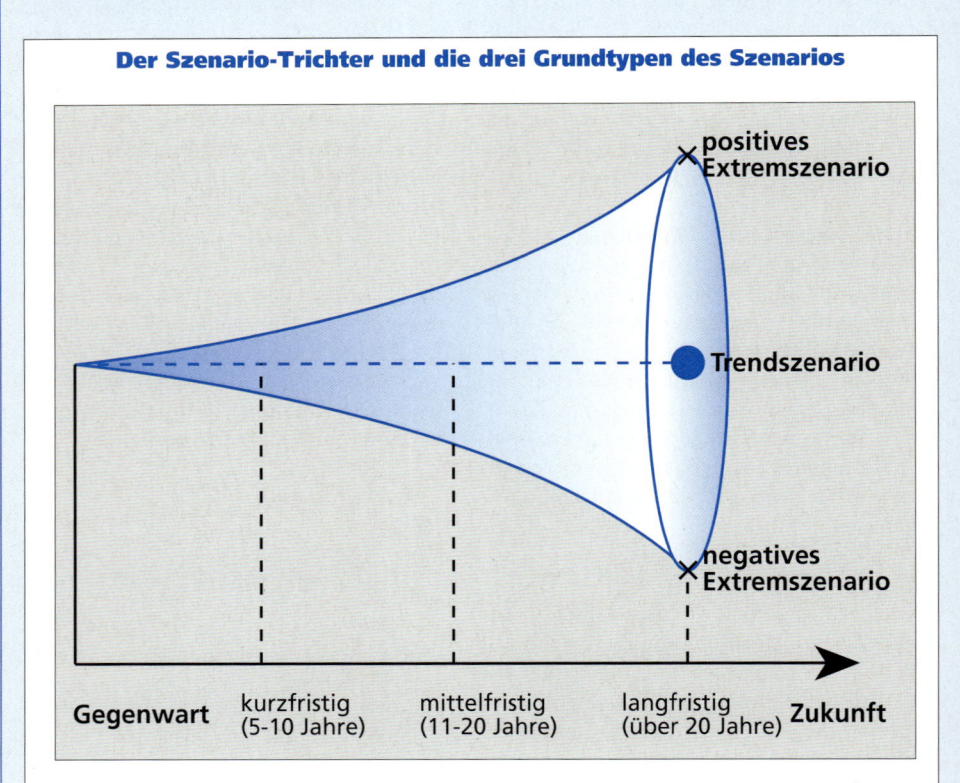

Der Szenario-Trichter und die drei Grundtypen des Szenarios

Die Schnittfläche des Trichters bezeichnet die Summe aller denkbaren und theoretisch möglichen Zukunftsituationen für den angepeilten Zeitraum. Der Vorteil der Szenariotechnik liegt darin, dass nur drei Grundtypen von Szenarien entwickelt werden müssen, um damit alle prinzipiell möglichen und wahrscheinlichen Szenarien charakterisieren zu können:
– ein **positives Extremszenario:** Es bezeichnet die günstigstmögliche Zukunftsentwicklung,
– ein **negatives Extremszenario:** Es bezeichnet den schlechtestmöglichen Entwicklungsverlauf,
– ein **Trendszenario,** das die Wahrscheinlichste aller möglichen Entwicklungen aufzeigt.

Bei der Szenario-Technik geht man in 4 Schritten vor, die auf der nächsten Seite beschrieben werden.

Ein Blick in die Zukunft mit Szenariotechnik

1. Problemanalyse

Ausgangspunkt jedes Szenarios ist ein gesellschaftliches Problem, d.h. ein von einer größeren Anzahl von Menschen als unbefriedigend angesehener Sachverhalt, der als dringend lösungsbedürftig angesehen wird. Das Thema „Zukunft der Arbeit" ist nach allem, was in diesem Kapitel dargestellt wurde, ein großes und dringend lösungsbedürftiges Problem. Man kann eine Problemanalyse sehr schön anhand eines Problembaums (auch Mindmap genannt) machen, an den viele Kärtchen gehängt werden, auf die von den Schülerinnen u. Schülern jeweils ein Problem geschrieben wird.

Aufgabe:
Erstellen Sie einen Problembaum zum Thema „Zukunft der Arbeit" und benennen Sie stichwortartig auf Karten die einzelnen Schwierigkeiten, Risiken und Probleme, die sich aus diesem Thema ergeben.

2. Bestimmung von Einflussbereichen

In diesem zweiten Schritt geht es darum, die wichtigsten Einflussbereiche bzw. Faktoren zu bestimmen, die auf das zu untersuchende Problem unmittelbar Einfluss haben. Anhand der Leitfrage „Von welchen Faktoren ist die Entwicklung des Arbeitsmarktes in der Bundesrepublik abhängig?", werden von allen Beteiligten die wichtigsten Bestimmungsfaktoren zusammengestellt.

Aufgaben:
1. Bestimmen Sie die Faktoren, von denen die Entwicklung des Arbeitsmarktes in Zukunft abhängt.
2. Bilden Sie Arbeitsgruppen zu jedem Faktor und überlegen Sie, wie sich die einzelnen Faktoren in der Zukunft entwickeln.
3. Halten Sie Ihre Arbeitsergebnisse schriftlich fest und diskutieren Sie anschließend die Ergebnisse.

3. Entwicklung zweier Extrem-Szenarios

Diese Phase kann als Höhepunkt der Szenario-Technik bezeichnet werden, da nunmehr aus den gewonnenen Faktoren und ihrer wahrscheinlichen Entwicklung ausführliche Szenarien, d.h. ganzheitliche „Zukunftsbilder" erstellt werden sollen, die in anschaulicher und eindrucksvoller Weise mögliche Zukunftsentwicklungen und ihre Konsequenzen sichtbar und diskutierbar machen. Stellen Sie sich vor, Sie besuchen ein Land, in dem alles bereits so ist, wie Sie sich dies für das Jahr 2020 vorstellen. Sie kehren zurück und erzählen anderen, was sie alles gesehen und gehört haben. Nachfolgend finden Sie einige Sätze als Beispiel für ein negatives Extremszenario. Diese Geschichte schreiben Sie auf eine Wandtapete, die Sie auch mit Bildern ausschmücken können.

Beispiel:

Negatives Extrem-Szenario: Elendsland anno 2020

In Elendsland ist die Arbeitslosigkeit inzwischen auf 12 Millionen gestiegen. Jeder Dritte ist arbeitslos. Arbeitslosengeld und Arbeitslosenhilfe sind auf Sozialhilfeniveau abgesunken. Überall kommt es zu Unruhen: Fabrikbesetzungen, Kaufhausplünderungen und Einbruchdiebstähle sind an der Tagesordnung.
In den Städten sind von den Kirchen und Wohlfahrtverbänden Hungerküchen eingerichtet worden. Wegen der starken Auslandskonkurrenz ist der Durchschnittslohn auf 6,50 DM abgesunken. Gleichzeitig hat sich die Zahl der Millionäre in den letzten 20 Jahren verdoppelt. Die Gewerkschaften haben nur noch 20% der Mitglieder, die sie im Jahre 2000 hatten. Sie sind gegenüber den international operierenden Konzernen relativ machtlos. Ihre Streikkassen sind leer ... usw. ... usw.

Aufgaben:
1. Entwickeln Sie in Gruppenarbeit zwei positive und zwei negative Szenarien und stellen Sie sie in der Klasse vor.
2. Diskutieren Sie anschließend über die Qualität dieser Szenarien unter folgenden Gesichtspunkten: Vollständigkeit (sind alle Einflussbereiche und Faktoren des 2. Schrittes berücksichtigt worden?), Widerspruchsfreiheit (passt alles logisch zusammen?), Realitätsgehalt (könnte es wirklich so sein? Kein Science Fiction!), Anschaulichkeit (kann man sich genau vorstellen, wie es im Jahre 2020 aussieht?).
3. Besonders reizvoll ist es, wenn die Gruppen sich gegenseitig ihre Szenarien vorspielen (für Vorbereitung und Darstellung etwa 1 Stunde Zeitbedarf).
4. Entwickeln Sie abschließend ein Trendszenario als die Wahrscheinlichste aller möglichen Entwicklungen.

4. Strategien und Maßnahmen zur Problemlösung

In der abschließenden Phase wird an die Problemanalyse der Ausgangssituation angeknüpft mit der Aufgabenstellung, nunmehr die Konsequenzen aus den entwickelten Szenarien zu ziehen und Handlungs- bzw. politische Strategien zu entwickeln, die dazu dienen, unerwünschten Entwicklungen entgegenzuwirken und erwünschte Entwicklungen zu fördern.

Aufgabe:
Stellen Sie einen Katalog von Maßnahmen auf, durch die möglichst nahe an das Positivszenario herangekommen wird, und überlegen Sie, wie und von wem sie verwirklicht werden können.

Von den Massenmedien zu Multimedia

Liebe Schülerinnen und Schüler!

Kürzlich las ich, dass es Experten gibt, die behaupten, dass die Entwicklung zur „Mediengesellschaft" eine „Idiotenkultur" hervorgebracht habe.
Ich fand das reichlich dreist, sogar beleidigend – schließlich gehöre ich selbst zu dieser „Kultur" der Konsumenten von Zeitungen, Fernsehen, gelegentlich auch Radio und Internet. Andererseits machte es mich neugierig zu erfahren, womit ein so schwerwiegender Vorwurf begründet wird. Ich las Aufsätze und Bücher und was ich an Gründen herausfand, schien mir doch bedenkenswert:
Vor allem im Fernsehen – so die Experten – drehe sich in der Konkurrenz um Einschaltquoten eine Spirale von Gewalt und Schamlosigkeit in allen Sendekanälen. Das Grelle und Grausige sei inzwischen wichtiger als wirkliche Nachrichten. Die Tabu- und Hemmschwellen würden systematisch herabgesetzt. Politik würde immer mehr als bloßes „Theater" inszeniert und die Nachrichten würden immer gekonnter manipuliert – sei es für geschäftliche oder machtpolitische Zwecke. Zumindest einige dieser Vorwürfe fand ich durch eigene Medienerfahrung durchaus bestätigt.
Aber: Jeder Empfangsapparat hat einen Knopf zum Um- oder Abschalten, und soll nicht jede oder jeder nach eigener Façon selig werden?

Information

Unterhaltung

Funktionen und Wirkungen der Medien in der Demokratie

Massenmedien als Erzieher der Bevölkerung – das hatten wir doch schon.
Was aber, wenn das private Medienvergnügen Einstellungen und Verhaltensweisen fördert, die wir alle zusammen als Bedrohung empfinden: Gewaltbereitschaft, Kriegsbereitschaft, Frauendiskriminierung, Fremdenhass oder politischen Extremismus.
Muss es da nicht doch Grenzen geben?
Und wenn ja: Wo liegen sie?

Das Nachdenken darüber veranlasste mich, das Problem auf die grundsätzliche Frage zuzuspitzen: Welche Aufgaben sollen die Massenmedien in einer Demokratie haben?

Hinweise darauf finden Sie auf diesen Seiten. Mein Anliegen: Bilden Sie sich eine eigene Meinung zu dieser Frage. Nennen Sie typische Beispiele für derartige Aufgaben aus Presse, Fernsehen, Radio und Internet.

Machen Sie Vorschläge, wie die erwarteten Leistungen von den Massenmedien eingefordert – notfalls auch gesetzlich erzwungen – werden können.

Grundgesetz: „Eine Zensur findet nicht statt" – oder doch?

Was meinen Sie: Kann es sein, dass wir in einer Schwemme von Informationen zu ertrinken drohen und dennoch unter einem Mangel an Information leiden?

PZ 75/93

Der bloße Augenschein spricht dagegen. Wenn Sie – an einem Bahnhof etwa – vor einem größeren Zeitungskiosk stehen, werden Sie feststellen: Nicht nur die Fülle, auch die Vielfalt an Informationen ist kaum noch zu überbieten. Fünf große überregionale Tageszeitungen sind regelmäßig im Angebot, daneben meist mehrere regionale und lokale Zeitungen, vielleicht auch ein alternatives Blatt, mindestens fünf große politische Wochenzeitungen sowie eine Auswahl aus über 900 Fachzeitschriften und 529 Publikumszeitschriften (also Illustrierte, Frauenzeitschriften oder Blätter der sogenannten „Regenbogenpresse").
Auch beim Fernsehen wird die Auswahl zwischen Sendern und Sendungen immer vielfältiger. Das Problem allerdings ist: Der bloße Augenschein ist trügerisch. Inwiefern, das möchte ich anhand der ausgewählten Texte zeigen.

Stichwort:

„Zensur" ist ein Eingriff vor der Herstellung oder Verbreitung eines Geisteswerkes, insbes., wenn eine Veröffentlichung von behördlicher Vorprüfung und Genehmigung ihrer Inhalte abhängig gemacht wird. Das Zensurverbot des GG gilt nicht im Verhältnis von Autor zu Verleger.

Informationen sind eine Voraussetzung dafür, dass Demokratie funktionieren kann. Wer nicht weiß, was Parteien versprechen und zu halten in der Lage sind, wählt möglicherweise die falsche; wer nicht weiß, welche Gründe zu einem Krieg geführt haben, nimmt vielleicht für die Schuldigen Partei. Von den Medien, deren Aufgabe es ist, uns mit den notwendigen Informationen zu versorgen, erwarten wir deshalb, dass sie wahrheitsgetreu informieren sowie vollständig und objektiv berichten. Um dies zu gewährleisten, hat der Gesetzgeber auch vorgesorgt: Artikel 5 des Grundgesetzes gewährleistet die Informationsfreiheit und verbietet jede Zensur vor einer Veröffentlichung; in den Länderpressegesetzen wird gefordert, alle Nachrichten vor ihrer Verbreitung „mit der nach den Umständen gebotenen Sorgfalt auf Wahrheit, Inhalt und Herkunft zu prüfen".

In der Praxis stößt die freie und objektive Information allerdings auf Widerstände. Neben den sachlich bedingten Verkürzungen von Informationen gibt es auch Eingriffe in die Berichterstattung, die von Parteien und staatlichen Machtinteressen bestimmt sind oder von verlegerischen Machtbefugnissen beeinflusst werden.

M 1 Lokale, regionale und überregionale Tageszeitungen, Wochenzeitungen und Publikumszeitschriften

M 2 „Gatekeeper" – Die Schleusenwärter des Informationsflusses

Der Prozess von Informationsauslese und -verlust verläuft zum Beispiel bei einer kleineren Lokalzeitung so:
Auf einem Parteitag spricht ein Delegierter ohne Manuskript. Ein Berichterstatter der Deutschen Presse-Agentur stenografiert seine Rede mit und gibt sie anschließend gekürzt an die Zentrale der Nachrichtenagentur in Hamburg. Hier überarbeitet man den Text noch einmal und verbreitet ihn dann, abermals verkürzt, an Zeitungen und Sender. Bei einem kleineren Lokalblatt streicht der politische Redakteur aus der Agentur-Fassung wieder einiges heraus, sodass schließlich der Leser von dem vielleicht halbstündigen Referat nur noch durch einen einzigen Satz informiert wird – und der muss nicht einmal richtig sein.
Über das Ausmaß der Informationslücken entscheiden die „Gatekeeper", die Torhüter, die bestimmen, welche Informationen durchgelassen und weitergegeben und welche angehalten und zurückbehalten werden sollen. ...
Sie können die Informationen unter sehr unterschiedlichen Gesichtspunkten auswählen, zum Beispiel nach geschäftlichen („Was kommt bei Millionen wahrscheinlich an?") und nach politischen.

Meyn, H.: Massenmedien in der Bundesrepublik. Berlin 1992, S. 215

Zur Informationsaufgabe der Massenmedien

M 3 Zensur im „Fernsehkrieg"

Auch wenn die Zuschauer vom Krieg selbst nicht viel zu sehen bekamen: Der Golf-Krieg war ein Fernsehkrieg. (…) Presseoffiziere mit langen Zeigestöcken hatten die Berichterstattung aus dem Golf-Krieg übernommen. Sie allein schilderten den Verlauf der Schlacht, sie allein werteten Erfolge und Misserfolge. Sie legten fest, welche Korrespondenten in die Pools kamen, sie suchten die Bilder aus, die die Zuschauer sehen sollten, sie überprüften die Texte der Reporter. (…)
Trotz heftiger Proteste vieler Journalisten gegen die Zensur während des Golf-Krieges wird es sie beim nächsten Anlass wieder geben. Dafür war sie viel zu erfolgreich, als dass Militärs und Politiker auf sie verzichten würden. Sie ist im bürgerlichen Rechtsstaat durch Verfassungsvorgaben verboten, sie ist Zeichen eines totalitären Staates.
Aber was zählt das, wenn sie nach Meinung von Militärs und Politikern mithilft, einen Krieg zu gewinnen?

Bresser, K.: Was nun? Neuwied 1993, Bresser ist Chefredakteur des ZDF

M 4 Vorrang für Wahrheit oder Weisungsrecht der Verleger?

Am 26. August 1983 [auf dem Höhepunkt von Massendemonstrationen gegen die Stationierung von neuen Atomraketen] schrieb Chefredakteur Kurt Wilken von der „Ostfriesen-Zeitung" (OZ) seinen Redakteuren:
„Aus gegebenem Anlass weise ich darauf hin, dass die OZ den sogenannten 'heißen Herbst' nicht herbeireden wird. Wir haben keine Veranlassung, den Friedensmarschierern, Nachrüstungsgegnern und ähnlichen Minderheiten durch publizistische Unterstützung den Weg zu bereiten...
Wir werden in den vor uns liegenden Wochen in keiner Weise auf geplante Demonstrationen, Unterschriftensammlungen und ähnliche Aktionen hinweisen, geschweige denn darüber berichten. (…)
Wer damit nicht einverstanden ist, möge für sich die Konsequenzen ziehen."

Meyn, H.: Massenmedien in der Bundesrepublik. Berlin 1992, S. 57

M 5 Objektivitätsgebote

Das Informationsangebot der Massenmedien in der Bundesrepublik soll „objektiv", „wahrheitsgetreu", „sachlich", „überparteilich" und „ausgewogen" sein. Eine Vermischung von Nachrichten und Meinungen soll unterbleiben. Entsprechende Grundsätze … finden sich u.a. in den Rundfunkgesetzen und im Pressekodex des Deutschen Presserates.

Jörg Aufermann, in: Bentele/Ruoff [Hg.]: Wie objektiv sind unsere Medien? Frankfurt 1982, S. 78

M 6 Objektive Berichterstattung unmöglich?

In fünfunddreißig Jahren journalistischer Tätigkeit habe ich die Erfahrung gemacht, dass das, was allgemein unter objektiver Berichterstattung verstanden wird, unmöglich ist. (…) Nur der deutliche Bezug auf moralische Kategorien *(Wertmaßstäbe)* kann – im Gewirr widersprüchlicher Interessen – beim Leser und Zuschauer jenen Stumpfsinn abbauen, den sogenannte objektive Berichterstattung hervorbringt. Nur engagierte Berichte können ehrlich sein – ehrlich gegenüber dem Leser/Zuschauer. Sie lassen keine Zweifel aufkommen, dass der Journalist Partei ergriffen hat und aufgrund welcher Kriterien *(Prüfsteine)*. Sie fordern zur Auseinandersetzung heraus, zur eigenen Stellungnahme und verhindern passiven Konsum von Nachrichten. Jedenfalls gibt sich ein so berichtender Journalist nicht den Anschein dessen, was kein Journalist sein kann: objektiv.

Gordian Troeller in: Bentele/Ruoff [Hg.]: Wie objektiv sind unsere Medien? Frankfurt 1982, S. 193f.

Arbeitsvorschläge

1. Finden Sie heraus, zu welchem Zeitungstyp die in M 1 abgebildeten Blätter gehören. Machen Sie in Gruppenarbeit einen Typen-Vergleich anhand von Originalen. Stellen Sie die Unterschiede fest hinsichtlich Anzahl und Umfang der Meldungen in den Bereichen Politik, Wirtschaft, Kultur (oder was Sie sonst interessiert, z.B. Sport oder Unterhaltung).

2. Zeigen Sie, wer im Beispiel (M 2) ein „Gatekeeper" ist. Vergleichen Sie M 2 und M 3. In beiden Fällen wird ausgewählt – handelt es sich aber in beiden Fällen auch um Zensur?

3. Bilden Sie sich zu M 3 und M 4 ein Urteil: Was sollte im Konfliktfall Vorrang haben: Der Auftrag zur wahren Berichterstattung oder militärische Sicherheitsinteressen bzw. das Weisungsrecht der Verleger?

4. Vergleichen Sie das Objektivitätsgebot (M 5) mit dem Erfahrungsbericht M 6 und bilden Sie sich eine eigene Meinung.

Freie Meinungsbildung durch Presse und Fernsehen – aber in Grenzen und nicht für alle?

Vor einigen Jahren las ich in einer Tageszeitung, dass „der US-Geheimdienst CIA 1978 in Europa eine Propagandakampagne für die Neutronenbombe finanziert und europäische Journalisten – bisweilen gegen Bezahlung – zu günstigen Kommentaren über die Washingtoner Rüstungsabsichten bewogen" habe.
Eine Untersuchung dieses Vorfalls ergab, dass die unter US-Präsident Jimmy Carter angeordnete Medienaktion „einen merklichen Einfluss" auf die Darstellung des Themas in den westlichen Medien hatte.
Gegen solche Methoden der Meinungsbildung gibt es wohl nur den von dem Journalisten Eckart Spoo anempfohlenen Schutz: „denen, die sich in der Vergangenheit unglaubwürdig gemacht haben, künftig nicht mehr zu glauben und stattdessen – zumindest erst einmal probeweise – das Gegenteil anzunehmen."
Es gibt aber auch Einflussnahmen auf die öffentliche Meinungsbildung durch Medien, die offengelegt werden, durchschaubar sind, ernsthaft bedacht werden müssen und durch die öffentliche Meinungsbildung selbst zu beeinflussen sind.
In solche Einflussnahmen sind wir mehr oder weniger selbst einbezogen, indem wir sie unterstützen oder ihnen widersprechen können. Auf solche Fälle habe ich meine Auswahl beschränkt.

Stichwort:
NDR-Staatsvertrag (§15)
(1) Den Parteien und Vereinigungen, für die in den Ländern ein Wahlvorschlag zu den Landesparlamenten, zum Deutschen Bundestag oder zum Europäischen Parlament zugelassen worden ist, sind angemessene Sendezeiten zur Vorbereitung von Wahlen einzuräumen, soweit sie mit einer Landesliste oder in mindestens der Hälfte der Wahlkreise eines Landes mit eigenen Wahlvorschlägen an der Wahl teilnehmen.

Ob die Wehrpflicht beibehalten oder durch eine allgemeine Dienstpflicht ersetzt werden soll, ob die Einführung der 4-Tage-Woche Arbeitslosigkeit verhindert oder nur aufschiebt, ob Parteien ihre Kassen nur aus Mitgliedsbeiträgen oder auch aus dem Steuersäckel füllen sollen - solche Fragen können demokratisch nur in freier Meinungsbildung geklärt werden. Die wichtigsten Träger freier Meinungsbildung sind die Massenmedien. Weil das so ist, sind vor allem Fernsehen, Funk und Presse immer wieder Versuchen ausgesetzt, in den Prozess der Meinungsbildung „dirigistisch" einzugreifen, um in der Öffentlichkeit jene Meinung zu erzeugen und zu verbreiten, die „erwünscht" ist. Zum Schutz freier Meinungsbildung wurden solchen Versuchen durch die Verfassung Grenzen gesetzt. Es gibt aber Fälle, in denen durchaus strittig ist, ob durch Eingriffe die Regeln der Meinungs- und Pressefreiheit verletzt oder geschützt werden.

M 7 Fall 1: Pro und Kontra Wahlwerbung

Gerhard Schröder (SPD) hält Parteienwerbung in Hörfunk und Fernsehen für verzichtbar. Das teilte der SPD-Politiker dem Intendanten des Norddeutschen Rundfunks (NDR), Jobst Plog, mit. Plogs Vorschlag, mit einem Verbot von Wahlwerbung fremdenfeindliche Spots rechtsextremer Parteien zu verhindern, sei im Grundsatz richtig... Allerdings mache dies nur Sinn, wenn das Vorgehen nicht auf den NDR beschränkt bleibe.
Der [damalige] nordrhein-westfälische Ministerpräsident Johannes Rau (SPD) sprach sich gegen einen freiwilligen Verzicht der Parteien auf Wahlspots aus. „Wir dürfen uns nicht von den extremen Parteien hindern lassen, für demokratisches Bewusstsein zu werben", sagte er. Wenn es mit deren Wahlwerbung Probleme gebe, müsse man Gesetze ändern, aber nicht auf Wahlspots verzichten. Diese hätten ohnehin eine geringere Wirkung als angenommen.

Frankfurter Rundschau, 9.8. u. 16.9.1993

Demonstration vor dem Funkhaus in Hamburg (1993)
Spiegel 36/93, S. 47

M 8 Wirkung von Wahlspots

TV-Wahlwerbung
Haben Sie sich in Ihrer Entscheidung für eine Partei bisher von Wahlspots im Fernsehen beeinflussen lassen?

	Deutsche insgesamt	CDU/CSU-Wähler	SPD-Wähler	FDP-Wähler	Grüne-Wähler	Rep-Wähler	Nicht-Wähler
ja	6	14	6	15	2	26	2
nein	93	84	92	85	95	74	97

Sollte Ihrer Meinung nach die kostenlose Wahlwerbung im Fernsehen abgeschafft werden?

Deutsche insgesamt		
ja		58
nein		33

Angaben in Prozent: an 100 fehlende Prozent: keine Angabe

Emnid-Umfrage für den SPIEGEL, 1000 Befragte, 23. bis 25. August 1993; Spiegel, 36/93, S. 47

M 9 Fall 2: Grundrecht auf Teilnahme an Wahlsendungen für alle Parteien?

Das Hamburger Oberverwaltungsgericht (OVG) hat ... den Norddeutschen Rundfunk (NDR) verurteilt, einen Vertreter der rechtsradikalen Deutschen Volksunion (DVU) an einer Wahlsendung zu beteiligen.
Die örtlichen Parteispitzen fanden den Gedanken, sich mit Fremdenhassern, Volksverhetzern oder auch nur Dummbeuteln an einen Tisch setzen zu müssen, schwer erträglich und sagten ihre Teilnahme ab. (...) Noch vor elf Jahren, 1982, legte das gleiche Hamburger OVG das Grundgesetz gänzlich anders aus und versagte den linken Grünen, was nun der rechten DVU mit einfühlsamem Verständnis erlaubt wurde. Doch jetzt respektierten die Richter einen einschlägigen Spruch des Verfassungsgerichts von 1990. (...) Tenor

Massenmedien als Träger freier Meinungsbildung

der BVG-Entscheidung: „Der Ausschluss von einer voraussichtlich besonders publikumswirksamen Sendung kann die Chancen … im Parteienwettbewerb unter Umständen nachhaltig verschlechtern." (…) Deshalb bleibt den Rundfunkanstalten nur die Alternative, auf Wahlsendungen ganz zu verzichten oder sich der neuen Herausforderung zu stellen …

Der Spiegel, 20.9.1993, S. 33, 36

M 10   Artikel 5 GG [Meinungsfreiheit]

(1) Jeder hat das Recht, seine Meinung in Wort, Schrift und Bild frei zu äußern und zu verbreiten und sich aus allgemein zugänglichen Quellen ungehindert zu unterrichten. Die Pressefreiheit und die Freiheit der Berichterstattung durch Rundfunk und Film werden gewährleistet. Eine Zensur findet nicht statt.
(2) Diese Rechte finden ihre Schranken in den Vorschriften der allgemeinen Gesetze, den gesetzlichen Bestimmungen zum Schutze der Jugend und in dem Recht der persönlichen Ehre.

M 11   Aus den Richtlinien des Deutschen Presserats für die publizistische Arbeit

Es entspricht journalistischer Fairness, dient der Informationsfreiheit der Bürger und wahrt die Chancengleichheit der demokratischen Parteien, wenn Zeitungen und Zeitschriften in ihrer Berichterstattung über Wahlkampfveranstaltungen auch Auffassungen mitteilen, die sie selbst nicht teilen. Das gilt sinngemäß für den Anzeigenteil, der gleichfalls durch das Grundrecht der Pressefreiheit geschützt ist.

Aus: Frankfurter Rundschau, 26.3.1990

M 12   Anwaltschaftlicher Journalismus – oder besser nicht?

In der politischen Praxis sind die Möglichkeiten, am Meinungsbildungsprozess teilzunehmen, recht unterschiedlich verteilt. Die in den Parlamenten vertretenen Parteien, die Kirchen, Gewerkschaften, Unternehmerverbände und andere starke Organisationen haben bessere Aussichten als ethnische, rassische, religiöse und politische Minderheiten, in den Massenmedien Beachtung zu finden – dies behaupten vor allem jene, die sich Minderheiten zurechnen. Sie argumentieren weiter: Die Standpunkte der ohnehin schon Mächtigen würden groß herausgestellt, die Meinungen von Minderheiten blieben unberücksichtigt; infolge dieses Ungleichgewichts würden die bestehenden Machtverhältnisse zementiert und es kämen neue und abweichende Meinungen gar nicht erst in die Öffentlichkeit. Um dies zu verhindern, sei ein „anwaltschaftlicher Journalismus" notwendig, der es sich zur Aufgabe mache, gerade auch die Interessen der Machtlosen im allgemeinen Meinungsbildungsprozess zur Geltung zu bringen.
Kritiker des „anwaltschaftlichen Journalismus" argumentieren, publizistische Gerechtigkeit werde nicht dadurch hergestellt, dass man die Randgruppen der Gesellschaft als ihren Mittelpunkt behandele und jene, die über die Schlüsselpositionen im politischen Willensbildungs- und Entscheidungsprozess verfügen, an die Ränder zu verbannen suche.

Informationen zur politischen Bildung 208, Massenmedien. Bonn 1985, S. 1

M 13

Grüne protestieren gegen Ausschluss von TV-Runde

Bonn (dpa) – Die Grünen haben erneut gegen ihren Ausschluss von der „Bonner Runde" protestiert, zu der ARD und ZDF die Generalsekretäre der Bundestagsparteien nach Landtagswahlen einladen. Die Absurdität dieses Verfahrens sei am Abend der Bürgerschaftswahl in Hamburg besonders deutlich geworden, sagte Grünen-Pressesprecherin Anne Nilges. „Vertreten waren die FDP, die an der Fünf-Prozent-Klausel gescheitert ist, und die CSU, die in Hamburg gar nicht zur Wahl stand, nicht aber die Wahlsiegerin, nämlich die Grünen." Die öffentlich-rechtlichen Rundfunkanstalten sollten ihre Ausgrenzungspolitik gegenüber den Grünen endlich beenden, forderte die Sprecherin. ARD und ZDF begründen ihre Praxis damit, dass an der „Bonner Runde" nur Parteien mit Fraktionsstatus im Bundestag teilnehmen sollen, da es dort um Bundespolitik gehe.

Aus: Süddeutsche Zeitung, 21.9.1993

Arbeitsvorschläge

1. Finden Sie heraus, welche Wählergruppen sich durch Wahlspots im Fernsehen am meisten beeinflussen lassen (M 8).
2. Stellen Sie fest, welche Entscheidungsalternativen es in den Fällen M 7 , M 9 und M 13 gibt. Arbeiten Sie heraus, welche Werte und Grundsätze in diesen Fällen gegeneinander abgewogen werden müssen (dazu auch M 5 und M 6 , M 10 und M 11). Begründen Sie, wie Sie selbst entscheiden würden.
3. Bilden Sie sich ein eigenes Urteil zum Prinzip des „anwaltschaftlichen Journalismus" (M 12). Untersuchen Sie, nach welchem Prinzip Ihre Lokalzeitung gemacht wird: nach dem „anwaltschaftlichen" oder nach dem sogenannten „Objektivitätsprinzip" M 5 ?

Ohne kritische Medien keine kontrollierende Öffentlichkeit

Besser als Worte, so meine ich, machen bildliche Beispiele deutlich, was unter Kontrollfunktion der Medien zu verstehen ist.

Gäbe es keine freie und unabhängige Presse, kein von der Regierung unabhängiges Fernsehen und Radio - wir hätten vermutlich nie etwas über die kriminelle Parteispenden-Praxis, über illegale Abhöraktionen in Dienst- und Schlafzimmern, über das „Celler Loch" (einen vom niedersächsischen Verfassungsschutz verübten Sprengstoffanschlag auf die Celler Haftanstalt), über die Skandale der „Neuen Heimat" oder über die Verwicklung des Bundesgesundheitsamtes in den Verkauf von AIDS-infiziertem Blut erfahren. Der allgegenwärtigen Gefahr von Korruption, Machtmissbrauch oder bürokratischer Willkür wären wir unwissend ausgeliefert. Das zeigt die Erfahrung mit Staaten ohne Pressefreiheit. Misst man die Wirksamkeit von Machtkontrolle an der Aufdeckung politischer Skandale und Affären, dann sind in der Bundesrepublik Journalisten die eigentlichen Kontrolleure der politischen Macht, die stellvertretend für die Öffentlichkeit handeln. Um diese Kontrollfunktion zu ermöglichen, hat der Gesetzgeber die rechtlichen Voraussetzungen geschaffen: In der Verfassung wurden die Presse-, Informations- und Meinungsfreiheit als Grundrechte garantiert; der Staat darf die Medien nicht zur Preisgabe ihrer Informanten zwingen (Informantenschutz und Zeugnisverweigerungsrecht); die Vorgänge innerhalb einer Redaktion dürfen nicht ausgeforscht werden (Recht auf das Redaktionsgeheimnis). In der Praxis ist die Freiheit und Kontrollfunktion der Medien damit aber noch nicht immer gewährleistet.

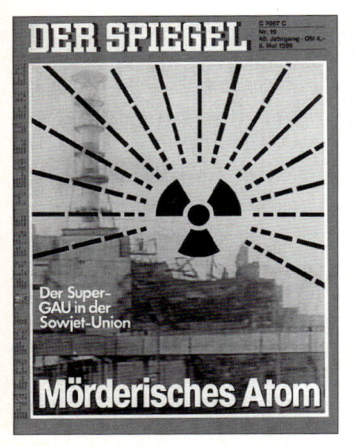

Spiegel-Titel

Die hier ausgewählten Beispiele sind Fälle aus der Vergangenheit. Können Sie eigene Beispiele nennen?

M 14 **Karikatur von 1958: Ein noch immer aktuelles Problem**

„Gnä' Frau müssen mit der Zeit gehen ... man trägt jetzt wieder eng geschnitten!"

Druck und Papier, 15.11.1958

M 15 **Ein Erfahrungsbericht**

Dagobert Lindlau, Chefreporter des Bayerischen Rundfunks, berichtete:
Wir hatten vor, aus einem längst ausgestrahlten Gespräch mit einem Politiker, das ein anderer Sender produziert hatte, ein paar Sätze zu senden. Deshalb baten wir den Sender um eine Kopie. Als Antwort kam ein Telex, in dem es unter anderem hieß: „Das redaktionelle Einverständnis von unserem Chefredakteur wird nur erteilt, wenn uns eine schriftliche Erklärung vorliegt, dass Herr Strauß auch damit einverstanden ist." Franz Josef Strauß war der Politiker, den wir zitieren wollten. Ich schrieb daraufhin in einem Telex unter anderem Folgendes: „Das muss ich im Klartext folgendermaßen verstehen: Politiker können nur dann zitiert werden, wenn es ihnen taktisch in den Kram passt. Sie entscheiden letztendlich, was gesendet wird." (...)
Endergebnis: Wir bekamen das Zitat nicht. (...)
Bei den Vorwänden spielen auch pseudojuristische eine große Rolle. Das Material über die historischen Schwabinger Krawalle ist bis zum heutigen Tag gesperrt, weil angeblich Persönlichkeitsrechte verletzt werden könnten. Ich glaube das nicht so ganz. Sicher ist aber, dass es der Münchener Polizei nicht ganz unlieb ist, wenn ihre prügelnden Beamten für immer unter Verschluss bleiben.

Lindlau, D.: Eine Revision der journalistischen Vernunft, Teil II. In: Frankfurter Rundschau, 19.11.1984, S. 14

Die Kontrollfunktion der Massenmedien und ihre Voraussetzungen

Auf Anordnung des Mainzer Amtsgerichts wurden 1986 die Geschäftsräume des Zweiten Deutschen Fernsehens durchsucht. Dabei wurden sämtliche – auch unveröffentlichte – Filmaufnahmen über eine Demonstration gegen das Atomkraftwerk Brokdorf beschlagnahmt. Dort war es zu gewalttätigen Auseinandersetzungen zwischen Demonstranten und Polizei gekommen. Die Staatsanwaltschaft ermittelte unter anderem wegen versuchter Tötung. Am 1. Oktober 1987 entschied das Bundesverfassungsgericht, dass die Beschlagnahme von selbsterarbeiteten Unterlagen der Presse nicht gegen die Verfassung verstoße, weil die Rundfunk- und Pressefreiheit nicht unbegrenzt gewährleistet seien. Von Journalistenverbänden wurde diese Rechtsauslegung als Angriff auf die Pressefreiheit, insbesondere auf das Zeugnisverweigerungsrecht zurückgewiesen.

Im Hinblick auf die Kontrollfunktion der Medien ist mir aber noch ein anderer Gesichtspunkt wichtig: die Versuchung, aus der Aufdeckung von Missständen, Skandalen oder auch nur privater Intimitäten ein auflagensteigerndes Geschäft zu machen; und andererseits Versuche, Miss-brauchs-Vorwürfe machtpolitisch zu nutzen, um dem kritischen Journalismus immer engere Grenzen zu setzen. In diesem Spannungsverhältnis entstehen den Medien und ihrer Kontrollfunktion vielfältige Gefahren.
Glauben Sie, dass es sich dabei um Gefährdungen handelt, von denen Sie auch selbst betroffen sein könnten?

M 16 Problem: Beschlagnahme

Auszug aus der Urteilsbegründung des Bundesverfassungsgerichts:

Mit ihrer Verfassungsbeschwerde macht die Beschwerdeführerin geltend, die Beschlüsse des Amtsgerichts und des Landgerichts verletzten ihre Grundrechte …
Die Anordnung der Beschlagnahme nichtveröffentlichten Filmmaterials greife unzulässig in das Redaktionsgeheimnis ein, das durch die Presse- und Rundfunkfreiheit gewährleistet sei. Die Vertraulichkeit der Redaktionsarbeit sei unverzichtbare Voraussetzung für die Tätigkeit der Medien und bedürfe deshalb eines umfassenden Schutzes gegen staatliche Eingriffe... Wenn selbstrecherchiertes Filmmaterial über Demonstrationen dem Zugriff von Staatsanwaltschaft und Polizei unbeschränkt zugänglich wäre, würden die Kameraleute und Fotografen in die Rolle von Hilfsorganen der Strafverfolgungsbehörden gedrängt. (...) Die Befürchtung, Beweismittel für die Strafverfolgung liefern zu müssen, könne dazu führen, dass die Mitarbeiter von Presse und Rundfunk nicht mehr umfassend ermitteln, sondern bei ihren Recherchen bestimmte Bereiche aussparen würden.
[Dagegen machte das Gericht geltend:]
Die Erfordernisse der Gewähr rechtsstaatlich geordneter Rechtspflege, die sowohl für eine wirksame Strafverfolgung als auch für nachhaltige Sicherung der Rechte des Beschuldigten zu sorgen hat, müssen ebenso beachtet werden, wie der Sicherung der Freiheit journalistischer Arbeit, die ihrerseits einen Teil rechtsstaatlicher und demokratischer Freiheitsgewähr darstellt, Rechnung zu tragen ist. (…) Insbesondere bei Straftaten, die durch eine Konfrontation des Beschuldigten mit der Staatsgewalt gekennzeichnet sind, können diese Beweismittel für eine sachgerechte Verteidigung unverzichtbar sein. Ein umfassendes Beschlagnahmeverbot, das den Zugriff zu solchen Beweismitteln in das nicht nachprüfbare Belieben von Presse und Rundfunk stellen würde, könnte daher die Position des Beschuldigten im Strafverfahren entscheidend schwächen.

Entscheidungen des Bundesverfassungsgerichts, 77. Band, Tübingen 1988, S. 65ff.

Arbeitsvorschläge

1. Die Kontrollfunktion der Medien ist nur bei entsprechenden Rechten gewährleistet (s. Autorentext). Nennen Sie diese Rechte.

2. In den Fällen M 14, M 15 und M 16 handelt es sich um Wertekonflikte. In einem Wertekonflikt gilt es zu entscheiden, welcher Wert notfalls höherrangig sein soll (z.B.: Beruf oder Familie, Frieden oder Freiheit, Geld oder Freizeit). Klären Sie, um welche Werte es in M 14 und M 16 geht. Deuten Sie in diesem Zusammenhang die Karikatur.

3. Hinter Wertekonflikten verbergen sich häufig auch Interessenkonflikte. Stellen Sie die Interessengruppen zusammen, die von den Konflikten (M 15 und M16) betroffen sind. Benennen Sie die gegensätzlichen Interessen.

4. Bilden Sie sich ein Urteil, welche Werte und Interessen Vorrang haben sollten.

Entspannung bei Mord und Todschlag

In diesem Punkt bin ich ganz sicher: Dass Fernsehen Spaß macht und unterhaltsam ist, wissen Sie aus eigener Erfahrung. Dabei soll es auch bleiben. Und wenn Sie Leser/in von Zeitungen und Zeitschriften sind, gilt dies natürlich auch für diese Medien.

Aber nachdenken sollte man schon darüber, ob das Unterhaltungsangebot vor allem im Fernsehen noch „stimmt", wenn es offensichtlich mit dem Zweck gekoppelt ist, durch immer mehr und immer brutalere Gewaltdarstellungen die Einschaltquoten nach oben zu treiben. Dem Fernsehpublikum ist – wie ich meine – keine „Moralpredigt" zu halten, wenn es einschaltet, was gefällt.

Aber ob es politisch zu verantworten ist, die Medien dem Marktmechanismus von Angebot und Nachfrage zu überlassen, wenn dies zur Folge haben kann, dass die Gewaltbereitschaft in der Gesellschaft zunimmt, sollte doch gut bedacht werden. Das Material, das ich dazu ausgesucht habe, kann allerdings nicht mehr als ein Anstoß zum Nachdenken über diese Problematik sein.

Unterhaltung heißt: einen angenehmen, interessanten und gepflegten, lustigen oder spannenden Zeitvertreib bieten. Medien sollen informieren und kontrollieren, sie sollen aber auch unterhaltsam sein. Das gilt insbesondere für das Fernsehen. 75 Prozent des Fernsehpublikums bevorzugen Unterhaltungssendungen. Auch in den meisten Lokalzeitungen überwiegen die Meldungen und Berichte mit Unterhaltungswert. Wäre es anders, könnten die Medien sich gegen Konkurrenz (z.B. ARD und ZDF gegen private Sender) wohl auch nicht behaupten. Die Auflagenhöhe verkaufter Printmedien (Zeitungen, Zeitschriften) und die Einschaltquoten der verschiedenen Sender sind die Gradmesser erfolgreicher Medien- und Programmgestaltung.

Die Freiheit der Mediengestaltung und die Freiheit der Medienwahl kann aber politisch problematisch werden, wenn etwa das Fernsehen alles, selbst Nachrichten über Hungerkatastrophen, Terroranschläge oder Krieg zur Unterhaltung macht; oder wenn sich das Unterhaltungsbedürfnis so intensiv auf Gewaltdarstellungen konzentriert, dass Gewalt schließlich als ein normales gesellschaftliches Handlungsmuster wahrgenommen und nachgeahmt wird. Ob oder inwieweit dies der Fall ist, ist unter den Experten umstritten. Ebenso die Frage, was die Politiker ggf. dagegen tun sollen.

M 17 Frontberichter als TV-Unterhalter?

Problematisch am Fernsehen ist nicht, dass es uns unterhaltsame Themen präsentiert, problematisch ist, dass es jedes Thema als Unterhaltung präsentiert. (…)

Der ganze Aufbau einer Nachrichtensendung gibt uns das zu verstehen: Das gute Aussehen und die Liebenswürdigkeit der Sprecher, die netten Scherze, die aufregende Anfangs- und Schlussmusik der Show, die abwechslungsreichen Filmbeiträge, die attraktiven Werbespots – das alles und manches mehr erweckt den Eindruck, dass das, was wir eben gesehen haben, kein Grund zum Heulen sei. Kurzum, die Nachrichtensendung ist ein Rahmen für Entertainment und nicht für Bildung, Nachdenken oder Besinnung. (…) Anzeichen von Besorgnis oder Schrecken bei den Nachrichtensprechern würden die Zuschauer wahrscheinlich ziemlich irritieren.

Postmann, N.: Wir amüsieren uns zu Tode. Frankfurt a.M. 1985, S. 110, 129

M 19 Widerspruch

Ist wirklich alles, was das Fernsehen bringt, Unterhaltung? (…) Unser öffentlich-rechtlicher Rundfunk, weitgehend durch Gebühren abgesichert, unterscheidet sich davon: Neben Unterhaltung gibt es eine beachtliche Anzahl von politischen, informierenden, kulturellen und bildenden Sendungen. Man müsste schon einige Begriffsakrobatik betreiben, um behaupten zu können, alle diese Angebote seien nichts weiter als Showbusiness.

Aus: Maletzke, G.: Kulturverfall durch Fernsehen? Berlin 1988

M 18 Reality-TV?

„Und stellen Ihnen heute zwei neue Gäste vor..."

Die Unterhaltungsfunktion der Medien und ihre Grenzen

M 20 „Kinder übernehmen Gewalt aus TV-Sendungen"

Vergewaltigte Frauen, misshandelte Menschen, Gewalt auf dem Bildschirm – per Video, Computer oder Fernsehen ins Wohnzimmer geholt – die Polizei findet die in der fiktiven *(erdichteten)* Welt verherrlichten Szenen als Verhaltensmuster bei Straftaten wieder.

So beschrieb es Egbert Heinisch, im Landeskriminalamt Baden-Württemberg als Jugendreferent tätig, bei einer Diskussion der Konrad-Adenauer-Stiftung im Wiesbadener Landtag. „Tat und Handlungsmuster", sagt der Experte in Sachen Jugendstraftaten, „weisen sehr oft auf Vorbilder" aus Sendungen und Filmen hin, die „gerade in sind".
Bis zu den Waffen sind die aktuellen Horror-Streifen nachgeahmt. Karateschlag, Würgeholz, Wurfsterne nannte Heinisch als Beispiele.

Frankfurter Rundschau, 10.9.1993, S. 11

M 21

Bartak: Welt am Sonntag

M 22 Unter Experten umstritten

Eine wissenschaftliche Untersuchung, die eindeutig den Zusammenhang zwischen Medien und Gewalt beweist, gibt es nicht. Nach 5000 Gutachten wissen wir nur, dass die Wirkung einer Gewaltsendung von vielen Faktoren abhängt. (...) Ohne die schockierenden Fernsehaufnahmen der brennenden Napalmopfer aus Vietnam wäre der Krieg nicht so schnell zu Ende gewesen. Ohne die Bilder von Gewalt gegen Kinder, gegen Frauen wären solche Themen von der Öffentlichkeit noch leichter zu verdrängen.
Die Medien allein können nicht für aggressives oder kriminelles Verhalten verantwortlich gemacht werden. Filme oder Gewaltdarstellungen können möglicherweise ein solches Verhalten auslösen: bei Jugendlichen mit hoher Gewaltbereitschaft, die schon im Elternhaus Gewalt erfahren haben, die ohne Werteorientierung und Halt leben, die unter beruflichen und privaten Schwierigkeiten leiden. Doch ein solcher Auslöser kann auch ganz etwas anderes sein.

PZ/Wir in Europa, Nr. 75/1993, S. 12

M 23 Meinungen und Vorschläge

Frage: Es hat viele Appelle gegen Gewalt in den Medien gegeben und die Parteien sind sich auch weitgehend einig. Muss irgendwann staatliches Handeln einsetzen?

• **Maria Böhmer [CDU-MdB, Mitglied des ZDF-Fernsehrats]:** *Ich sage ja. Wenn sich freiwillig nichts ändert im Fernsehen, ... dann ist staatliches Handeln gefordert. ... Es geht darum, dass der Schutz von Jugendlichen gesichert ist. Dass gewaltverherrlichende Pornografiedarstellungen keinen Platz im Fernsehen haben. Wir wissen, dass Gewaltdarstellungen die Hemmschwelle herabsetzen für Aggressivität, für Gewalttaten. Ich meine nicht nur Filme, das betrifft auch die Nachrichten bis hin zum Vorabendprogramm beim privaten Fernsehen, selbst Kindersendungen ...*

• **Heidemarie Wieczorek-Zeul [SPD-MdB, Mitglied des ZDF-Fernsehrats]:** *Da die sogenannten Selbstreinigungskräfte des Marktes nicht ausreichen, sind Richtlinien wünschenswert und gesellschaftliche Kontrollen notwendig. Die bestehenden Mediengesetze müssen vor allem konsequent angewandt werden (...) Die Landesmedienanstalten können und müssen abgestufte Sanktionen [Strafmaßnahmen] androhen und durchsetzen, angefangen von Bußgeldern über teilweise Sendeverbote bis zur Nichterneuerung von Lizenzen. (...)*

• **Margret Funke-Schmitt-Rink [FDP-MdB]:** *Grundgesetz Artikel 5 lautet: Eine Zensur findet nicht statt. Wenn man daran denkt, ist das, was wir tun, ohnehin schon eine Gratwanderung. Als Liberale habe ich ohnehin die Schere im Kopf: Auf der einen Seite den Jugendschutz, auf der anderen Seite eben den Artikel 5. Deswegen sind Appelle an die Vernunft das Wichtigste. (...) Zumindest haben ZDF und ARD einen Runden Tisch eröffnet, an dem sie überlegen, wie Gewaltdarstellungen reduziert werden ... Es wäre schon viel gewonnen, wenn bei den Privaten wie den Öffentlich-rechtlichen diese Neubesinnung stattfände und sie von sich aus eine Selbstkontrolle einführten. Das wollen wir erreichen.*

Auszug aus einem Interview der Frankfurter Rundschau, 17.8.1993

Arbeitsvorschläge

1. Deuten Sie die Karikatur M 18, M 21 (Zum Umgang mit Karikaturen s.S. 210f.). Formulieren Sie Annahmen, ob das, was die Karikaturen aussagen, in der Wirklichkeit zutrifft oder nicht.

2. Überprüfen Sie ihre Annahmen anhand der Texte (M 19 bis M 22).

3. Vergleichen Sie die Programmangebote von zwei öffentlich-rechtlichen Sendern (z. B. ARD und ZDF) mit dem Programm von zwei Privatsendern: Welche Zeitanteile entfallen jeweils auf Politik, Kultur, Unterhaltung (einschließlich Sport), Bildung?

4. Diskutieren Sie, welcher Reformvorschlag von M 23 unterstützt werden sollte.

Wer nur „draufblickt", blickt nicht durch

Sprache und Bilder können uns über Geschehnisse informieren, sie können aber auch irreführen. Die Mittel der Irreführung reichen von der plumpen Lüge bis zur psychologisch ausgetüftelten Meinungsmanipulation. Als „Medienkonsumenten" sind wir solcher Beeinflussung ebenso ausgeliefert wie etwa Kaufhauskunden den Raffinessen der Werbung. Die Manipulationstechniken verlieren jedoch an Wirkung, sobald sie durchschaut werden.

Oft schon habe ich erleben müssen, dass Meldungen über politische Ereignisse, die mich zur Stellungnahme, zur Parteinahme herausgefordert hatten, Desinformationsprodukte irgendwelcher geheimer „Dienste", oder Ämter, oder PR-Agenturen mit Regierungsauftrag waren. Die Mittel der Medienpolitik scheinen auch auszureichen, um die Massenmedien, „wenn's drauf ankommt", in ihrer Kontrollfunktion zeitweilig zu lähmen. Kommt dann – dank der Pressefreiheit – die Wahrheit schließlich doch ans Licht, ist es für die Opfer von Krieg oder Machtmissbrauch oder Meinungsmanipulation oft zu spät. Und eben dies ist mein Problem: Wie kann ich feststellen, ob eine Zeitungsmeldung oder ein Fernsehbericht Wahrheit, Verfälschung oder Lüge ist? Manchmal gar nicht. Des öfteren half mir aber schon ein Vergleich der Berichterstattung in lokalen und überregionalen Zeitungen, von „linker" bis „rechter" Meinungspresse oder von „offiziellen" Verlautbarungen der Konfliktparteien – eingedenk der altdeutschen Richter-Regel: „Eenes Mannes Rede ist keenes Mannes Rede, man muss sie hören alle beede".
Solche Verlautbarungen kann man bei den Vorständen von Organisationen und Parteien, bei den Pressestellen von Ämtern, Ministerien oder ausländischen Botschaften meist problemlos und kostenlos anfordern.
Es gibt aber auch einfache Techniken kritischer Aufmerksamkeit, um Manipulationsabsichten auf die Schliche zu kommen und zu erkennen: Hier will mich jemand mit verborgenen Mitteln auf seine Seite ziehen. Mit einigen dieser Techniken können Sie sich jetzt auseinander setzen.

M 24 Information als Desinformation

BP 07 - 23. Dez. 89 – TEMESVAR:
In Temesvar wurden am Samstag (23.12.) Massengräber gefunden und die Opfer exhumiert *(wieder ausgegraben)*. Dem Terror der rumänischen Geheimpolizei sollen dort 12 000 Menschen zum Opfer gefallen sein.
(MT I/h) dpa

dpa, 22.12.1989

Leichen auf dem Temesvarer Armenfriedhof, deren Bilder am Freitag, dem 22. Dezember [1989], um die Welt gingen: Bilder von hypnotischer Grässlichkeit, die für sich genommen zum Härtesten gehören, was das Deutsche Fernsehen den Zuschauern bis dahin zugemutet hat.
…
Die Leichen wurden in einem Massengrab entdeckt, erfuhr man: Opfer der Securitate. Und in den Zeitungen konnte man anderntags nachlesen, wie grausam die Opfer gefoltert worden seien: „ausgerissene Fingernägel, ausgestochene Augen, aufgeschlitzte Bäuche, verbrühte und verstümmelte Gliedmaßen", stand beispielsweise in der *Zeit*. (…)
Inzwischen steht jedoch fest, dass nichts an der makabren Story stimmte. Die Leichen waren gerichtsmedizinisch obduziert und dann regulär bestattet worden …

B. Müller-Ullrich: Die Toten zählen. In: *Frankfurter Rundschau*, 16.6.1990, S. ZB3

M 25 Manipulative Methoden

Manipulation kann schon mit der Entscheidung über die Platzierung einer Nachricht beginnen: Soll sie ein Gegengewicht zu einer öffentlich verbreiteten, von der Redaktion nicht geschätzten Meinung bilden, wird sie zum „Aufmacher" hochgezogen und mit einer entsprechenden Schlagzeile versehen. Für arglose Leserinnen und Leser entspricht die Höhe ihrer Buchstaben der Bedeutsamkeit der Ereignisse; kritische Leser wissen: Die Buchstabengröße bezeugt nur die von der Redaktion zuerkannte Bedeutung und die beabsichtigte Wirkung. Ein anderer Trick ist der manipulative Gebrauch von Begriffen: Arbeiter und Angestellte werden nicht „entlassen", sondern wieder dem Arbeitsmarkt zugeführt; das Wort abwickeln steht in Wahrheit für „dicht machen", „stilllegen", „auflösen"; Kurzarbeit null steht für Arbeitslosigkeit; Nullwachstum bedeutet Krise. Wurde eine neue Massenvernichtungswaffe erfunden, heißt sie saubere Bombe, und besteht bei der Müllbeseitigung Anlass zur Sorge, so findet sie in einem Entsorgungspark statt. Der Trick dieser Sprache besteht darin, dass für allgemein abgelehnte Sachverhalte Zustimmung dadurch erschlichen wird, dass sie mit Begriffen belegt werden, die allgemein mit Zustimmung verbunden sind. Im Fernsehen kann auch mit akustischen Mitteln manipuliert werden. Die Untermalung von Nachrichten und Berichten mit Musik weckt Gefühle, die sich auf die Bewertung einer Nachricht übertragen, ohne dass die Hörer es bemerken. Die Modulation der Stimme von Berichterstattern (gedämpfte oder schneidende Sprechweise) erzeugt eine ähnliche Wirkung.

Zusammengestellt aus verschiedenen Quellen. Nach: „Wer Meinungen verbreiten will, sollte sie kenntlich machen", in: FR, 29.10.84, S. 10; K. Bresser: „Die Worttäuscher haben die Roßtäuscher abgelöst", in: FR, 8.7.92, S. 16; N. Postman: *Wir amüsieren uns zu Tode*, Ffm 1985, S. 111, 127; B. Weisgerber: *Elemente eines emanzipatorischen Sprachunterrichts*, Heidelberg 1972, S. 57

Inhaltsanalyse

M 26 Arbeitsschritte einer vergleichenden Inhaltsanalyse

Um den Informationswert von Nachrichten und Berichten beurteilen zu können, müssen Form und Inhalt der Berichterstattung untersucht werden. Dabei kann in folgenden Arbeitsschritten vorgegangen werden:

Informationen zur politischen Bildung 208, S. 11, 10

1. Schritt: Auswahl der zu vergleichenden Medien

Sie können z. B. Ihre Lokalzeitung mit der BILD-Zeitung oder beide mit einer überregionalen Zeitung oder die Nachrichten und Programme von Fernsehsendern vergleichen.

2. Schritt: Festlegung der Vergleichsgesichtspunkte

Was Sie im Vergleich untersuchen werden, hängt davon ab, was Sie herausfinden wollen. Wenn Sie z. B. wissen möchten, welche Zeitung den informativsten Sport-, Politik- oder Wirtschaftsteil hat, vergleichen Sie anders als bei der Frage, wie sachlich oder reißerisch, objektiv oder manipulativ eine Zeitung berichtet. Wichtige Vergleichsgesichtspunkte können sein:

a) Umfang und Häufigkeit der Berichterstattung zu einem Ereignis, Problem oder Vorhaben, zu Themengebieten wie Politik, Wirtschaft, Kultur usw. Messen Sie den Umfang in Quadratzentimetern (cm^2).

b) Die Trennung von Nachricht und Meinung (Meldung und Kommentar).

c) Die Vollständigkeit von Informationen. Nach einer Faustregel muss ein vollständiger Bericht Antwort auf sechs W-Fragen geben: WAS ist WANN, WO, WIE und WARUM geschehen und WER war am Geschehen in welcher Weise beteiligt? Insbesondere: Wird auch über „die andere Seite" informiert?

d) Die Zuverlässigkeit der Informationen. Zweifel sind angebracht, wenn die Informanten nicht genannt werden und die Einzelheiten nicht nachgeprüft werden können.

e) Die Sprache und Form der Berichterstattung.
– Wie werden die Meldungen platziert und damit gewichtet?
– Werden Ausdrücke benutzt, die beschönigen oder übertreiben und so in verborgener Parteinahme Gefahren überspielen oder „hochkochen"?

3. Schritt: Vergleich

Die ausgewählten Zeitungen oder Sendungen werden unter den festgelegten Gesichtspunkten systematisch verglichen. Die Ergebnisse sollten überschaubar auf einer Felder-Tafel zusammengetragen werden.

überregionale Zeitung / Lokalzeitung	Politik	Wirtschaft	Kultur
Umfang	cm^2		
Häufigkeit	(Nur zu bearbeiten, wenn Sie die Berichterstattung über einen längeren Zeitraum [etwa eine Woche] untersuchen.)		
Vollständigkeit			
Zuverlässigkeit			
Sprache			
Form			

4. Schritt: Bewertung der Ergebnisse

Bei diesem Arbeitsschritt ist wichtig, dass Sie sich vorweg über einen Bewertungsmaßstab (Bewertungskriterien) verständigen.

Arbeitsvorschläge

1. In M 24 wird ein Fall offenbar gezielter Desinformationspolitik aufgedeckt. Sind Ihnen weitere Fälle bekannt? Berichten Sie.

2. Nennen Sie Techniken und Mittel der Manipulation von Nachrichten (M 24 und M 25). Sammeln Sie Beispiele für den manipulativen Gebrauch von Wörtern/Begriffen aus der heutigen Zeit.

3. Besprechen Sie Aufbau und Gliederung eines Exemplars der von Ihnen gelesenen Tageszeitungen. Achten Sie auf: Anteile der Sparten (Politik, Wirtschaft usw.), Trennung von Nachrichten und Kommentar, visuelle (das Auge ansprechende) Darstellungsweise, Raumaufteilung, Bildbeigaben usw. Streichen Sie mit Bleistift an, was Sie nicht länger als einen Tag interessiert. Unterstreichen Sie mit Rotstift, was für Sie längerfristig von Bedeutung sein könnte.

4. Bilden Sie Arbeitsgruppen. Jede Gruppe macht eine vergleichende Inhaltsanalyse von Tageszeitungen ihrer Wahl nach dem Muster von M 26 . Verglichen wird jeweils eine Lokalzeitung mit einer überregionalen Tageszeitung.

Multimedia – ein Medienverbund der Zukunft

Sicherlich gibt es in ihrer Klasse jemanden, der mit dem „Internet" bereits eigene Erfahrungen gemacht hat.

Lassen Sie ihn oder sie berichten. Interessant könnte sein, wie man zu diesem Medium praktischen Zugang findet und welchen Gebrauchswert es für Sie beruflich, privat oder politisch haben kann. Das Schaubild gibt Ihnen Hinweise auf Bereiche, in denen ein Nutzen für Sie denkbar wäre.

Vielleicht haben sie auch Gelegenheit, die Funktionsweise von Internet in einem Betrieb, einer Behörde oder in Ihrer Schule zu erkunden oder zu erproben? In diesem Fall könnte diese Doppelseite zur Vorbereitung von Fragen und der Auswahl von Erkundungsaspekten dienen. Das wäre auch der Fall, wenn Sie einen Internet-Experten zu sich in die Klasse einladen möchten. Unabhängig von diesen Möglichkeiten ist aber politisch eine Frage zu entscheiden, die im Mittelpunkt dieser Doppelseite steht: Soll das Internet weiterhin ohne staatliche Kontrolle auskommen?

Das uns vertraute System der Massenmedien – Presse, Fernsehen, Rundfunk – befindet sich seit dem Eintritt in das „digitale Zeitalter" in einem revolutionären Umbruch, vergleichbar mit der Erfindung des Buchdrucks. Das Stichwort für diesen Wandel ist „Multimedia" (M 27).

Die gebräuchlichste Form, in der wir das neue Informationsmedium nutzen können, ist das „Internet". Wer diesem globalen Netzwerk über seinen PC angeschlossen ist, kann Informationen beliebiger Art nicht nur abrufen, sondern auch selber anbieten: Text, Bild und Ton werden nicht mehr auf einer „Einbahnstraße" vom Sender über einen Kanal an einen Empfänger weitergeleitet, sondern austauschbar. Dadurch kann sich viel verändern: die Formen der Arbeitsorganisation und Arbeitsteilung, des Einkaufens und Bezahlens, des Lehrens und Lernens ebenso wie die politische Kommunikation und öffentliche Meinungsbildung (M 27 – M 29). Die Frage ist: Soll diese Entwicklung den Marktkräften überlassen werden oder muss hier Politik ordnend eingreifen? (M 29 , M 30)

M 27 Was wir mit Computer-Medien machen können

Der Begriff „Multimedia" kennzeichnet global ein Zusammenwachsen von Technologien und Märkten der Telekommunikation, der Informationsverarbeitung, der Unterhaltungselektronik und des Fernsehens. Unter dem Stichwort „Multimedia" entstehen zahlreiche Anwendungen zur gleichzeitigen Informationsübermittlung und Nutzung von Sprache, Text, Daten, Musik, Film und Fernsehen. Neue Möglichkeiten der Präsentation von Informationen entstehen, gezielte Rückgriffe auf große Mengen digital gespeicherter Informationen sowie deren neue Verknüpfung werden möglich, interaktive Formen des Dialogs zwischen Anbietern und Kunden werden entwickelt ...

Der Computer wird zum Kommunikationsmittel, der Fernseher erhält Rückkanäle, elektronische Zeitungen werden ermöglicht. In der Individualkommunikation kann auch das Bild des Gesprächspartners übertragen werden.

Aus einem Memorandum der Postgewerkschaft und der IG Medien zur Gestaltung der Informationsgesellschaft, in: Frankfurter Rundschau: 29.8.1995; Spiegel, Nr. 11/1996, S. 84,

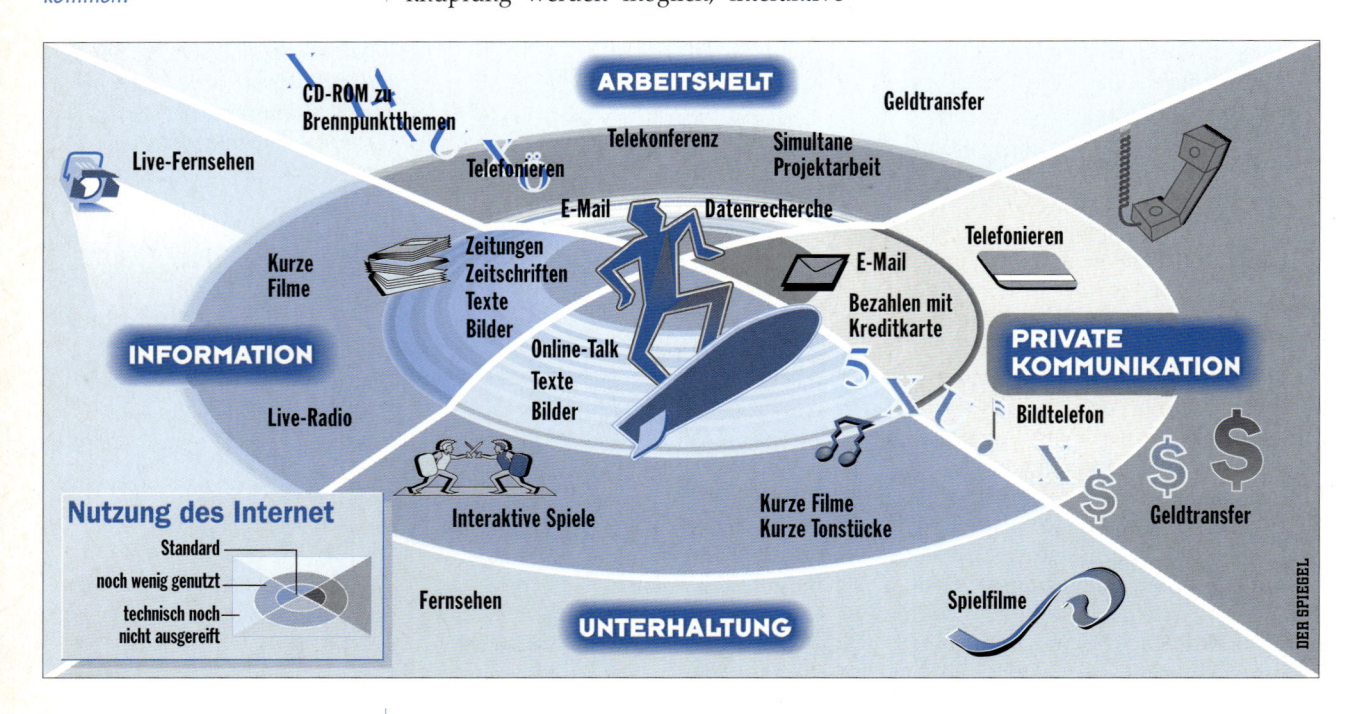

Chancen und Risiken neuer Medien

M 28 Internet eine Chance für freie Information

Ein Beispiel: Als der Konflikt im ehemaligen Jugoslawien ausbrach, wurden zwischen den verschiedenen Landesteilen die Telefonverbindungen gekappt – natürlich lag eine freie Kommunikation der Bürger nicht im Interesse der jeweiligen Machthaber. Mit Hilfe der Bielefelder Bionik-MaiIbox wurde eine Verbindung wieder hergestellt: Computerbesitzer aus Serbien, Bosnien und Kroatien rufen bei internationalen Mailboxen an und können so Nachrichten austauschen. In einem dafür eingerichteten Brett führen ausländische Friedensarbeiter ein englischsprachiges Tagebuch über ihre Erlebnisse in Zagreb und Sarajevo, das in der ganzen Welt gelesen werden kann und eine Gegenöffentlichkeit zu den herkömmlichen Medien bilden will. ...

Viele erfuhren von den Mailbox-Netzen zum ersten Mal während des Golfkriegs: Als die Medien vom amerikanischen Informationsbüro gleichgeschaltet waren, gab es in den Brettern Berichte von irakischen und kuwaitischen Augenzeugen, die die Nachrichtensperre unterliefen.

S. Hauptmeier: Computer und Demokratie, Neue Westfälische, 26.3.1994

M 29 Risiken des Missbrauchs

Die weltweite Vernetzung bringt neue Kommunikationsmöglichkeiten. Diese stehen aber auch Gangstern offen. (…) Jedermann weiß inzwischen, dass mit Hilfe von Computern und Telefonnetzen in einem kaum zu unterschätzenden Umfang kinderpornographische Darbietungen verbreitet werden. (…)
Neue Informations- und Kommunikationstechniken finden auch zunehmend Eingang in die extremistische Szene, die so ihr extremistisches Gedankengut verbreiten und ihre „informationelle" Vernetzung anstrebt. In Deutschland wird von den Rechtsextremisten der Mailbox-Verbund „Thule-Netz" und von der linksextremistischen autonomen Szene das sogenannte „Spinnen-Netz" zur Kommunikation und als Informationsdienst genutzt. (…)
Nicht unerwähnt bleiben darf die Verbreitung von rechtsextremistischen Computerspielen, die Krieg und Nationalsozialismus verherrlichen, Rassismus schüren und nationalsozialistische Symbole zeigen. (…)
Wir haben hier eine Verpflichtung zum Handeln in vielfältiger Hinsicht.

Bundesinnenminister Manfred Kanther. in: Bulletin, 28.2.1996, S. 184 f.

M 30 Brauchen wir Polizeikontrollen auf der Datenautobahn?

Spiegel: Herr Minister, Sie sind einer der wenigen Bonner Politiker mit Internet-Anschluss. Haben Sie das Gefühl, da müsste mehr Ordnung herrschen?

Schmidt-Jortzig: Überhaupt nicht. (…) Das Internet ist bisher ohne spezielle Kontrolle ausgekommen. Es ist ein Raum, wo jeder nach seiner Fasson glücklich werden kann. (…) Ich persönlich fühle mich nicht eingeengt, wenn im Internet irgendwelche Leute ihre Pornographie zum Besten geben. Es gibt aber legitime Interessen der Ordnungsmacht Staat. Er … muss dafür sorgen, dass die Gesetze eingehalten werden. Nur ist es sinnlos, wenn die Bemühungen auf ein Land beschränkt bleiben. Das Internet kennt keine Grenzen. Was in einem Staat verboten ist, wird halt anderswo eingespeist. (…)

Spiegel: In den Vereinigten Staaten geht die Meinungsfreiheit weiter als in Deutschland. Die US-Regierung wird wohl niemals ein Abkommen unterzeichnen, das amerikanischen Rechten das Verbreiten der Auschwitz-Lüge via Internet verbietet.

Schmidt-Jortzig: Das zeigt das grundsätzliche Problem der modernen Kommunikationsgesellschaft. Wenn ich mir die Mobilität der Menschen ansehe und die technische Entwicklung, dann ist unser Denken in nationalen Ordnungen nicht mehr zeitgemäß. (…) Ein globales Medium bekommen wir nur global in den Griff – oder gar nicht.

Aus einem Spiegel-Gespräch mit dem Justizminister Edzard Schmidt-Jortzig (FDP), in: Spiegel Nr. 11/1996, S.102 f.

Stichwort:

Die „E-mail" oder „Mailbox" ist ein „Postfach" für elektronische Briefe. Diejenigen, die ihren Computer mit einem Modulator/Demodulator (Modem) an die Telefonleitung anschließen, können über die Mailbox mit anderen Benutzern Nachrichten austauschen. Das geschieht in nach Themen geordneten Untergruppen, den sogenannten Brettern.

Nazipropaganda im Internet

Arbeitsvorschläge

1. Stellen Sie anhand von M 27 fest, was man mit dem Internet (a) jetzt schon und (b) in Zukunft machen kann. Sprechen Sie über die Bedeutung der Begriffe (M 27 und Stichwort).

2. Die „Multimedia"-Technologie gilt als „revolutionärer Wandel" des Kommunikationssystems. Finden Sie am Beispiel des Internet heraus, was an den neuen Medien „revolutionär" ist. (Autorentext und M 27).

3. Das Internet birgt für die Politische Kommunikation neue Chancen und neue Risiken (M 28 – M 29). Wägen Sie ab und bilden Sie sich ein Urteil, ob
– das Internet sich weiter frei entwickeln soll wie bisher, oder
– staatlich kontrolliert werden soll, oder
– wegen der Risiken gar nicht mehr ausgebaut werden sollte (M 30).

Europa (und anderes) im WWW

*Im Kapitel „Zusammen wachsen – Die Deutschen und Europa" haben Sie sich mit Fragen der Europapolitik auseinander gesetzt.
Auf dieser Doppelseite finden Sie nun Anregungen, wie Sie das Internet – das Kernstück von „Multimedia" – praktisch nutzen können, um weitere Informationen zu diesem Thema zu gewinnen, oder Kontakte herzustellen und einen Meinungsaustausch zu organisieren.
Das Thema „Europa" steht dabei beispielhaft für alle Themen, die Sie interessieren – z. B. Stellenangebote oder Arbeitslosigkeit.*

Das Internet, die nahezu weltweite Verknüpfung von Computersystemen und Netzwerken, bietet vielfältige Kommunikations- und Informationsmöglichkeiten. Durch E-Mail, also die Nutzung der elektronischen Post, ist eine schnelle Kontaktaufnahme, etwa mit ost-europäischen Schulen möglich, um sich zum Beispiel zum Thema „Erweiterung der EU" mit dort lebenden Schülern und Schülerinnen auszutauschen.
Aber auch Informationen über Schulen, Organisationen, Firmen und viele andere Anbieter stehen durch das World Wide Web (WWW), den multimedialen Teil des Internet, zur Verfügung. Allerdings sind Adressen notwendig, um an diese Informationen zu gelangen.
Schulen in osteuropäischen Ländern finden Sie zum Beispiel unter folgenden WWW-Adressen:
http://web66.coled.umn.edu/schools/Maps/Europe.html
http://www.schulweb.de/weltweit.html

Zum Teil können Sie auf diese Weise direkt auf die dort genannten Homepages von Schulen oder vergleichbaren Bildungseinrichtungen klicken. In einigen Ländern gibt es aber auch bereits Schulserver, die Ihnen Homepages der registrierten Schulen auflisten, die dann nur noch einen Mausklick entfernt sind, zum Beispiel:
Ungarn-Server: *http://hudir.hungary.com/English/Edu/Secondary*
Schulen in Estland: *http://www.worldwide.edu/ci/estonia/festonia.html*

Auf allen Homepages von Schulen finden Sie auch E-Mail-Adressen, sodass einer elektronischen Kontaktaufnahme nichts im Wege steht. Selbst die Sprache dürfte kein Problem sein, da fast alle Webseiten auch eine englisch- oder deutschsprachige Version anbieten.
Per E-Mail können dann mit Schülerinnen und Schülern der entsprechenden Schule Fragen, Meinungen und Informationen zum Beispiel zum Thema „Osterweiterung der EU" ausgetauscht, aber auch intensivere Kommunikationsprojekte per E-Mail durchgeführt werden.
Vielfältige Informationen und Praxistips zu E-Mail-Projekten finden Sie unter der Adresse:
http://www.englisch.schule.de/email.htm

Sollten Sie durch die hier angegebenen WWW-Adressen keine passenden Schulen finden, hilft eine der vielen Suchmaschinen im Netz, zum Beispiel:
http://www.altavista.com

Durch die Eingabe der Suchbegriffe +Schools +Estonia erhalten Sie schnell einen Überblick über vorhandene WWW-Seiten von estnischen Schulen. Ein vergleichbares Vorgehen verhilft Ihnen auch zu Homepages von Schulen in Polen, Lettland, Litauen und anderen osteuropäischen Staaten.

M 31 Web-Seiten mit Informationen zu Europa

- Europäisches Parlament: www.europarl.eu.int
- Europa: Der EU-Server: http://europa.eu.int
- Europarat: http://ue.eu.int
- Europäische Kommission: http://europa.eu.int/comm/
- Europäischer Gerichtshof: http://curia.eu.int
- Europäische Bürger: http://citizens.eu.int
- Europäische Zentralbank: http://www.ecb.int
- European Web Sites and Services: http://www.europarl.eu.int/institutions/en/default.htm
- Europäisches Schulnetz: http://www.eun.org
- Comenius-Projekte und Schulen in Deutschland: http://www.learn-line.nrw.de/Themen/EuroSchulen/ComSchulen/start.htm

Arbeiten mit dem Internet

M 32 Computernetze und Berufsinformationen

Das BIS, das Berufs-Informationssystem in den Berufsinformationszentren der Arbeitsämter, ist hinlänglich bekannt. Mit Hilfe dieses Systems können sich Schüler am Computer umfassend über staatlich anerkannte Ausbildungsberufe informieren. (…)

Relativ neu sind die Möglichkeiten, über Stellenangebote und Ausbildungsplätze im Internet zu recherchieren. Anders als beim BIS werden die Informationen im Internet aber nicht nur von den Arbeitsämtern bzw. der Bundesanstalt für Arbeit zusammengestellt, sondern zahlreiche Anbieter informieren über Ausbildungsplätze, Jobs, Karriere, Weiterbildung usw. So kommt es, dass sich im Internet Tausende von Stellenangeboten „verbergen" – und täglich werden es mehr. Allein die Bundesanstalt für Arbeit präsentiert hier mehr als 200 000 offene Stellen.

Wer sich im Internet über Berufe und Ausbildungsstellen informieren möchte, hat grundsätzlich zwei Möglichkeiten: Anwahl einer bekannten Adresse; Arbeiten mit einer Suchmaschine.

Anwahl einer bestimmten Adresse

Ist die Adresse eines Informationsanbieters bekannt, z. B. http://www.arbeitsamt.de, dann muss diese sog. **URL** nur noch in die Adressenzeile des Browsers eingetragen werden. (…)

Arbeiten mit einer Suchmaschine

Leider sind in den meisten Fällen die URLs für bestimmte Informationen nicht bekannt. Hier bieten sog. Suchmaschinen eine wertvolle Hilfe.

Wer allerdings das Netz nur nach Stichworten wie „Job", „Beruf", „Stellenmarkt" oder „Bewerbung" durchforstet, oder wer eine Sachmaschine mit Berufsbezeichnungen „füttert", wird geradezu mit Hinweisen überflutet. (…)

Die Funktionen UND, ODER, NICHT erlauben es, nach Internetseiten zu suchen, die mehrere bestimmte Begriffe enthalten, einen oder mehrere Begriffe nicht enthalten usw.

Ein Beispiel: Die Suche nach Ausbildungsplätzen brachte in EXCITE 61 Treffer. Eine Präzisierung der Suche durch „Ausbildungsplätze UND betriebliche" reduzierte die Anzahl der Treffer auf 20. (…)

Euro-PC-Service

Für junge Menschen, die sich bei der Wahl des Ausbildungsplatzes nicht auf ihre nächste Umgebung oder die Bundesrepublik beschränken, sondern im gesamten europäischen Raum orientieren, bieten die Arbeitsämter einen besonderen Service an. Sie leiten eine Anfrage an eines der 14 bundesdeutschen **E**uropäischen **B**erufsberatungs **Z**entren **(EBZ)** weiter. Diese nutzen den sog. EURO-PC-Service, ein europäisches Datennetzwerk, das dem Berater die Recherche in ausländischen Datenbanken zu Fragen der Aus- und Weiterbildung, aber auch den direkten Kontakt mit ausländischen Partnern und Arbeitsämtern erlaubt.

Heiko Feeken: Berufsinformationen aus dem Internet, in: arbeiten + lernen (Wirtschaft), Nr. 30 (1998), S. 32f.

Arbeitsvorschläge

1. Wenn es in Ihrer Schule einen Internetanschluss gibt, machen Sie einen Versuch: Sie wählen einen Problembereich aus (etwa „Europa" oder „Arbeitsmarkt") und sammeln dazu Fragen, die Sie interessieren.

Danach bilden Sie Gruppen. Jede Gruppe fasst ihre Fragen in „Stichwörter", die als Suchbegriffe für das Internet geeignet sind. Tragen Sie nun aus dem Internet alle Informationen zusammen, die Ihnen wichtig erscheinen (M 31 oder M 33).

2. Vergleichen Sie die Ergebnisse und Ihre Arbeitsweise.

3. Wenn Sie der Erfolg ermutigt hat, machen Sie einen weiteren Versuch:

Bilden Sie Gruppen, die jeweils Kontakt zu einem Partner in Osteuropa aufnehmen (Autorentext).

Treten Sie in einen Meinungsaustausch über gemeinsam interessierende Fragen ein (etwa die EU-Erweiterung). Diskutieren Sie Ihre Ergebnisse und Erfahrungen.

M 33

STELLENMÄRKTE, JOBBÖRSEN

URL	Beschreibung
http://www.arbeitsamt.de	Bundesanstalt für Arbeit
http://www.jobware.de	Informationen u. a. für Schulabgänger
http://www.stellenbörse.de	Die Stellenbörse
http://www.iqanzeigen.de	IQ-Stellenmarkt
http://www.jobs.advertes.de	Jobs und Adverts Online
http://www.karrierefuehrer.de	Arbeitsmarkt- und Karriereführer
http://www.dv-job.de	Der deutsche DV-Markt
http://www.fame.de	Stellenmarkt für Fach- und Führungskräfte
http://www.stellenanzeigen.de	Online Stellenmarkt
http://www.emb.net/bpa	Bundesverband deutscher Personalberater und Stellenvermittler
http://www.wdr.de/jobs	WDR Jobbörse
http://www.detecon.de/de/job/start	DETECON-GmbH
http://www.focus.de/DB/DBH/dbh.html	Focus Online
http://www.handelsblatt.de/karriere/a_markt/	Handelsblatt Online Service
http://www.berufsberatung-rps.de/	Berufsberatung des Arbeitsamtes

Herrschaft des Volkes – durch Wahlen oder Abstimmungen?

Liebe Schülerinnen und Schüler,

Politik war für mich immer mehr als ein Fernsehereignis. Mein Leben lang habe ich versucht, mich selbst einzumischen, habe eine Bürgerinitiative gegründet, an „Demos" und Kundgebungen teilgenommen, Flugblätter gemacht, war beteiligt an der Auswahl von Bewerbern für Rats-, Landtags- und Bundestagsmandate. Aber offen gestanden: Es hat mich nie sonderlich interessiert, wie der bürokratische Instanzenweg eines Gesetzgebungsverfahrens aussieht, wie Leute in das Gremium zur Wahl des Bundespräsidenten kommen oder wie der Bundestag seine Geschäfte organisiert. Spannend fand ich dagegen immer, wie die Mechanismen von Machterwerb und Machtkontrolle funktionieren, wie sich z. B. das Wahlrecht auf das Wahlergebnis auswirkt, wie Wahlkampfmethoden die Meinungsbildung beeinflussen oder wie ein Parlament die Regierung noch kontrollieren kann, wenn die Mehrheit der Abgeordneten zum Regierungslager gehört.

Es ist klar, dass die Auswahl der Inhalte, der Problem- und Fragestellungen in diesem Kapitel von meinen Erfahrungen mitgeprägt wurde – und im Übrigen natürlich von den Anforderungen der Richtlinien. Deshalb will ich auch mit der Frage beginnen: Stimmt die Behauptung, dass Wahlen nichts ändern, obwohl nach dem Grundgesetz doch alle Staatsgewalt vom Volke ausgeht und in Wahlen und Abstimmungen ausgeübt wird? Und: Wie wird eigentlich bei uns gewählt?

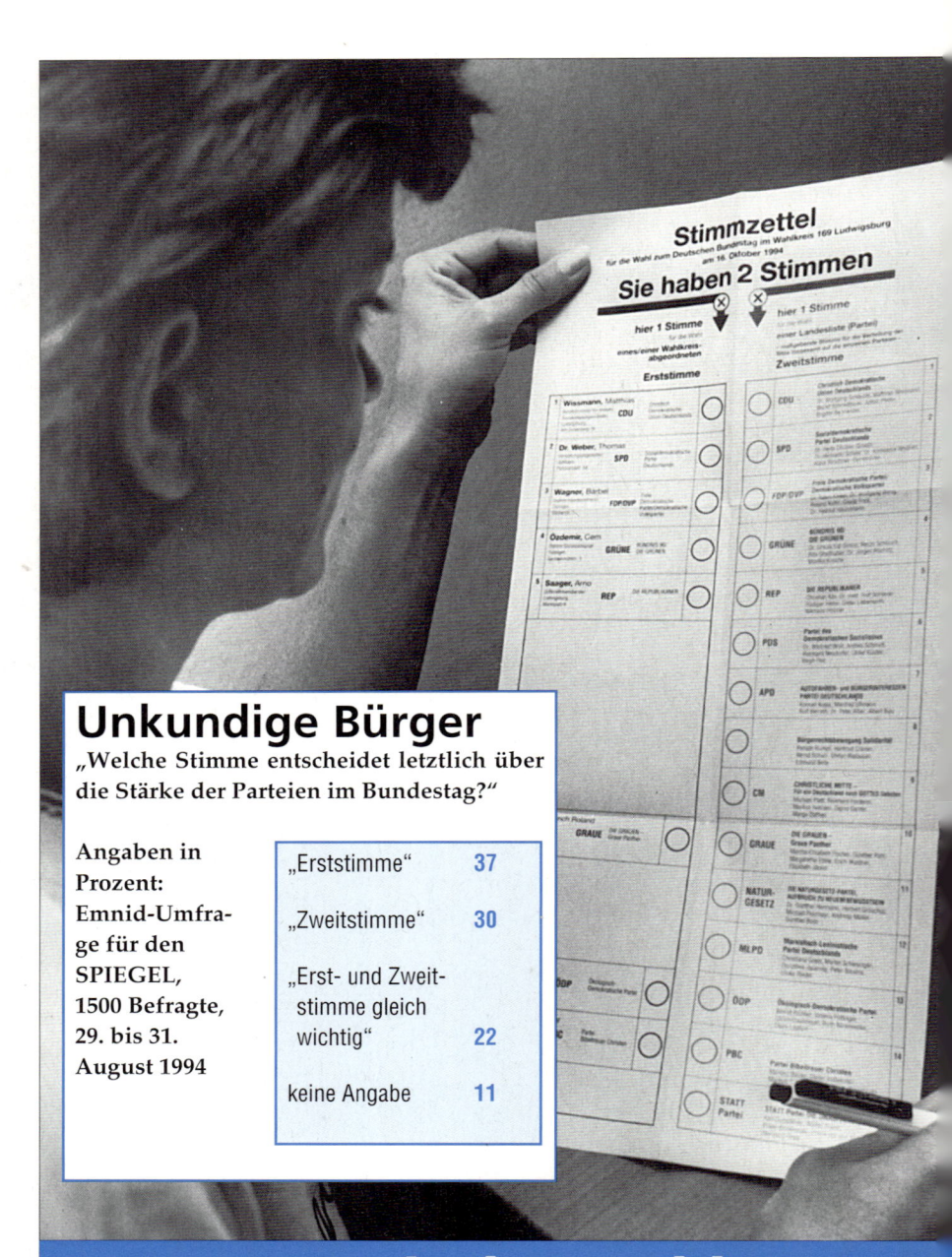

Unkundige Bürger

„Welche Stimme entscheidet letztlich über die Stärke der Parteien im Bundestag?"

Angaben in Prozent: Emnid-Umfrage für den SPIEGEL, 1500 Befragte, 29. bis 31. August 1994

„Erststimme"	37
„Zweitstimme"	30
„Erst- und Zweitstimme gleich wichtig"	22
keine Angabe	11

Das Kreuz mit den Wahlen

Aufgeschreckt durch Parteiverdrossenheit und die Gründung zahlreicher Protestbewegungen, suchen Politiker die Schuld beim Wahlrecht

Wahlen – Parlament – Regierung

Kleiner Stimmzettel, große Wirkung?

Als ich die Karikatur (M 6) zur Wahlwerbung sah, dachte ich: Statistisch ist die Wahrscheinlichkeit groß, dass Sie die wahlkritische „kleine Maus" sein könnten. Wenngleich ich selbst bisher noch niemals auf die Idee gekommen bin, nicht zu wählen, weil ich nicht den Eindruck habe, dass alle Wahl „für die Katz" ist, stört mich doch die Überheblichkeit, mit der Parteienvertreter gelegentlich die Möglichkeit einer wohlkalkulierten Wahlenthaltung ausschließen. Die Motive mancher Wahlenthaltungen (M 5) finde ich nicht überzeugend, aber doch bedenkenswert.

Deshalb meine ich: Statt mit der Einführung einer gesetzlichen Wahlpflicht zu drohen, sollte darüber nachgedacht werden, wie die politischen Mitbestimmungsmöglichkeiten verbessert werden können. Eine Möglichkeit können Sie unter M 9 nachlesen. Aber vielleicht diskutieren Sie zunächst eigene Vorschläge?

Stichwort:
„Wahlen"
Demokratische Wahlen sind...
- **allgemein:** von der Wahl darf niemand willkürlich (etwa wegen seiner Abstammung oder Religion) ausgeschlossen werden;
- **gleich:** jede Wählerin und jeder Wähler hat die gleiche Zahl von Stimmen und jede Stimme zählt gleich;
- **unmittelbar:** gewählt wird ohne Zwischenschaltung von Delegierten oder „Wahlmännern";
- **geheim:** die Stimmzettel werden in Wahlkabinen angekreuzt und verdeckt (im Kuvert) abgegeben;
- **frei:** es darf weder politischer, noch wirtschaftlicher oder sozialer Druck zur Beeinflussung der Wahl ausgeübt werden.

In jeder Gesellschaft gibt es Streitfragen, die für alle verbindlich entschieden werden müssen. Eine der folgenschwersten Streitfragen ist, wer uns regieren soll und was die Regierung tun soll. Darüber gehen die Meinungen oft so weit auseinander, dass die Entscheidung häufig gewalttätig, manchmal sogar in blutigen Bürgerkriegen und mit Diktatur durchgesetzt wird. Bei uns werden die politischen Richtungskämpfe und Führungskonflikte durch den Stimmzettel entschieden. Durch Wahlen soll gewährleistet werden, dass der Grundsatz „alle Staatsgewalt geht vom Volke aus", friedlich verwirklicht werden kann.

Dennoch häufen sich bei uns politisch motivierte Gewalttaten. Viele Wahlberechtigte machen von ihrem Stimmrecht keinen Gebrauch oder boykottieren die Wahlen sogar. Das ist ein Alarmzeichen. Liegen die Gründe dafür im Wahlsystem?

M 1

Für 2 Wochen Spanien setzen Sie alles mögliche in Bewegung.

Und für 4 Jahre Deutschland kriegen Sie noch nicht mal Ihren Hintern hoch?

Wählen gehen!
Eine Aktion der Zeitungen in Deutschland

Die Welt vom 15.3.94

M 2 Wahlordnung des Grundgesetzes

Art. 20, Abs. 2
Alle Staatsgewalt geht vom Volke aus. Sie wird vom Volke in Wahlen und Abstimmungen und durch besondere Organe der Gesetzgebung, der vollziehenden Gewalt und der Rechtsprechung ausgeübt.

Art. 38
(1) Die Abgeordneten [...] werden in allgemeiner, unmittelbarer, freier, gleicher und geheimer Wahl gewählt. Sie sind Vertreter des ganzen Volkes, an Aufträge und Weisungen nicht gebunden und nur ihrem Gewissen unterworfen.
(2) Wahlberechtigt ist, wer das achtzehnte Lebensjahr vollendet hat; wählbar ist, wer das Alter erreicht hat, mit dem die Volljährigkeit eintritt.

M 3 Die Bedeutung von Wahlen

Wer wählt, ist mitbeteiligt an der Entscheidung, ob die bisherige Regierung ihre Arbeit fortsetzen kann oder beenden muss. Darum haben Wahlen in der Demokratie auch so große Bedeutung. Aber bei Wahlen geht es auch um ...

Richtungsentscheidung: Durch die Entscheidung, welche Partei mit wie viel Abgeordneten im Parlament vertreten sein soll, wird zugleich über die Richtung der Politik von Regierung und Opposition entschieden. Allerdings können die Wähler/innen die Richtung nur mitbestimmen, insoweit die Parteien auch unterscheidbare Richtungen darstellen. Tun sie dies nicht oder nicht deutlich genug, kommt es zu Wahlenthaltungen oder Stimmzettel werden ungültig gemacht.

Personalauswahl: Durch die Stimmabgabe wird die Zusammensetzung der Volksvertretung beeinflusst und damit (indirekt) auch die Auswahl des „Führungspersonals".

Legitimation: Durch die Wahl wird ein Teil der Abgeordneten ermächtigt, für die gesamte Bevölkerung verbindliche Entscheidungen zu treffen und diese notfalls auch mit Gewalt durchzusetzen. Diese Herrschaftsordnung wird dadurch gerechtfertigt (legitimiert), dass sie auf der Zustimmung der Mehrheit der Wählerinnen und Wähler beruht und zeitlich (eben bis zur nächsten Wahl) begrenzt ist. Nehmen aber immer weniger Bürgerinnen und Bürger an der Wahl teil (aus Protest, Desinteresse oder weil sie als „Ausländer" – immerhin bald 10% der Bevölkerung – vom Wahlrecht ausgeschlossen sind), wird die Rechtfertigungsgrundlage der Machtausübung brüchig.

Nach Texten u.a. von J. Raschke und Besson/Jasper.

Die Funktion von Wahlen in der Demokratie

M 4 Bundestagswahlen

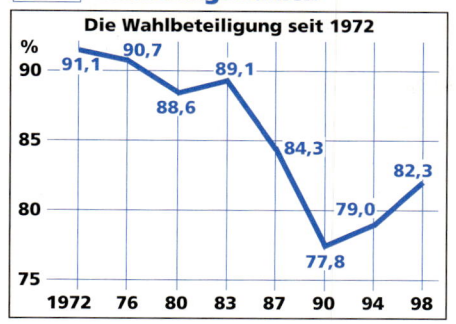

Die Wahlbeteiligung seit 1972

Jahr	%
1972	91,1
76	90,7
80	88,6
83	89,1
87	84,3
90	77,8
94	79,0
98	82,3

Nach: Der Spiegel, Nr. 16/1993, S. 51 u. Bulletin, Bonn, Nr. 65, S. 821

M 5 Motive der Wahlenthaltung

Die Wahlbeteiligung der westdeutschen Erstwähler/innen verringerte sich seit 1983 von 83,2 auf 63,1 Prozent. (…)
Negativ beeinflusst wird die Wahlbereitschaft durch die Überzeugung, „nur wenig bewirken zu können". Von den jungen Nichtwähler/innen halten es 51 Prozent für bedeutungslos, ob sie wählen oder nicht. (…)
Von den Jugendlichen werden vor allem Versäumnisse der Parteien beim Umweltschutz, beim Minderheitenschutz, bei Bildungschancen, bei der Gleichberechtigung der Frau, in der Arbeitsmarktpolitik sowie bei politischen Beteiligungsmöglichkeiten der Bürger kritisiert.

M. Ristau: Politische Orientierungen und Wahlverhalten. In: Intern-Spezial, Bonn, 8.7.1993, S. 8 f.

M 6

„… und wähle ich überhaupt nicht, gleich heißt es, ich sei staatsverdrossen!"

M 7 Vorschlag: Bußgeld für Nichtwähler

Friedhelm FAHRTMANN, SPD-Fraktionsvorsitzender im nordrhein-westfälischen Landtag, hat sich für die Einführung einer Wahlpflicht ausgesprochen. „Wer nicht wählen geht, sollte Bußgeld zahlen", sagte Farthmann der Bild-Zeitung. Damit könne bei der immer größeren Gruppe von Nichtwählern das Bewusstsein geweckt werden, dass die Abgabe der Stimme eine Staatsbürgerpflicht sei. Von der Zunahme der Nichtwähler profitierten nur radikale Parteien. Als Bußgeld halte er 60 bis 100 Mark für angemessen, sagte der SPD-Politiker.

Frankfurter Rundschau, 2.11.1993

M 8 Die lange Zeit vorherrschende Auffassung von Wahlen

Im politischen Bereich genügt es, dass eine politische Führungsschicht vorhanden ist, aus der die stimmberechtigten Staatsbürger die ihnen am meisten vertrauenswürdig erscheinenden Persönlichkeiten auswählen können, um durch sie die Staatsgeschäfte besorgen zu lassen.

O. v. Nell-Breuning: Streit um Mitbestimmung. Frankfurt 1968, S. 44

M 9 Das Wahlrecht neu überdenken?

Zwischen der politischen Führungsschicht und den Wählern ist in mehr als vier Jahrzehnten Bundesrepublik Deutschland eine Kluft entstanden. Parteien, Behörden, Verwaltungen, Institutionen haben sich verfestigt, verfilzt, sind in gegenseitige Abhängigkeiten geraten. Eigendynamik hat sich entwickelt. Mandate sind zu Erbhöfen geworden, Parteien schieben sich Posten und Ämter zu und nicht selten auch Geschäfte.
Wahl- und Entscheidungsrechte im Bund, in den Ländern und Kommunen … müssen neu überdacht werden. Negative Erfahrungen in der Weimarer Republik waren es, die die Mütter und Väter des Grundgesetzes veranlassten, das Plebiszit, die Volksabstimmung, weitgehend aus dem Grundgesetz der Bundesrepublik zu verbannen. Jetzt, da sich Parteien und Gesellschaft in einer Krise befinden, Politik und Bürger sich entfremdet haben, stellt sich die Frage, ob nicht auf plebiszitärem Wege Krise und Kluft wenigstens im Ansatz überwunden werden könnten. Was 1949 richtig war, kann 1993 falsch sein.

Aus G. Brozio: Entfremdung, in: Neue Westfälische, 12.3.1993

Arbeitsvorschläge

1. Stellen Sie sich vor: Es sind Wahlen und nur noch wenige gehen hin (M 1) – wer hätte davon Vorteile, wer Nachteile?
2. Nennen Sie die Grundfunktionen und Hauptmerkmale demokratischer Wahlen (einleitender Text, Stichwort „Wahlen" und M 2 – M 3).
3. Erläutern Sie die Karikatur (M 6) und diskutieren Sie deren Aussage in Verbindung mit M 4 und M 5.
4. Begründen Sie, warum Sie den Vorschlag einer Wahlpflicht (M 7) ablehnen oder unterstützen.
5. Vergleichen Sie die in M 8 und M 9 vertretenen Auffassungen und nehmen Sie dazu Stellung.
(Zu den Grundsätzen repräsentativer und plebiszitärer Demokratie s. auch S. 164 – 167)

Wählen – aber wie?

Das kennen Sie alle vom Sport: Wer „Erster" ist, hat gewonnen. Auch das ist allgemeine Lebenserfahrung: Wer in der Politik oder im Verein die „Nummer 1" ist, „hat das Sagen", ist irgendwie einflussreicher als andere. Das „Erste" ist offenbar immer das „Bessere" oder „Wichtigere". Also – sollte man meinen – ist es bei Wahlen auch nicht anders: Die Erststimme ist ausschlaggebend und irgendwie wichtiger als die Zweitstimme. IRRTUM! Bei Wahlen ist es genau umgekehrt – jedenfalls bei Wahlen nach dem personalisierten Verhältniswahlrecht.
Wieso und warum das so ist? Sie können es hier herausfinden.

Stimmzettel
Erststimme | Zweitstimme

Die Mehrheit in den Parlamenten und die Richtung ihrer Politik hängt nicht nur von der Anzahl der für Parteien oder Personen abgegebenen Stimmen ab. Auch das Wahlrecht hat darauf Einfluss (M 12 und M 16). Das wird besonders deutlich, wenn kleine Parteien, die bei einer Wahl eine Mindestzahl an Stimmen (bei uns 5%) nicht erhalten, ihren Anspruch auf Abgeordnetensitze verlieren. Welche Parteien in den Parlamenten die Mehrheit haben, kann auch davon abhängen, ob nach dem Verhältnis- oder Mehrheitswahlrecht gewählt wird, nach welchem Muster die Stimmen ausgezählt und die Mandate verteilt werden. Welches Verfahren „das beste" ist, hängt vom Zweck der Wahlen ab. So kann z. B. der vorrangige Zweck sein, allen Bevölkerungsgruppen eine gleichberechtigte Interessenvertretung im Parlament zu gewährleisten und eine freie Auswahl zwischen konkurrierenden Parteien und Kandidaten zu ermöglichen, oder regierungsfähige Mehrheiten zu fördern und stabile politische Verhältnisse zu schaffen.

M 10 Personalisiertes Verhältniswahlrecht

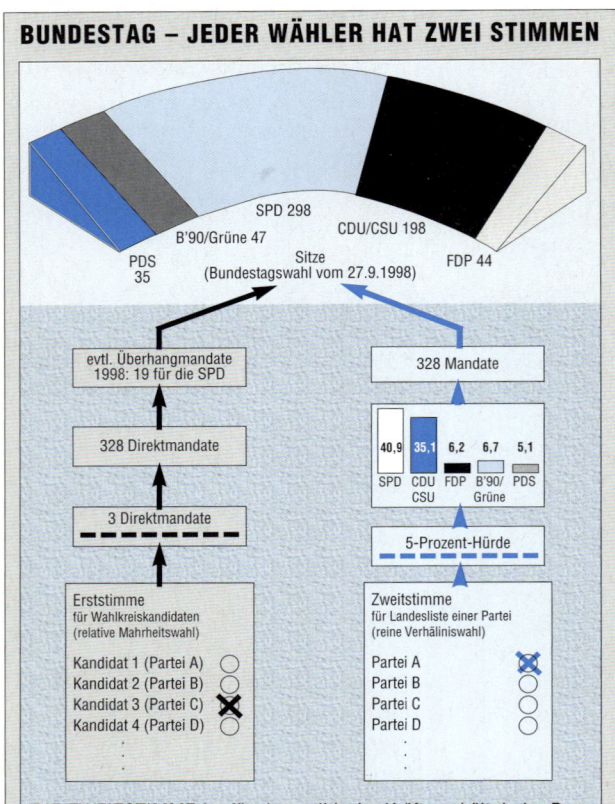

BUNDESTAG – JEDER WÄHLER HAT ZWEI STIMMEN

Sitze (Bundestagswahl vom 27.9.1998): PDS 35, B'90/Grüne 47, SPD 298, CDU/CSU 198, FDP 44

evtl. Überhangmandate 1998: 19 für die SPD
328 Direktmandate
3 Direktmandate
Erststimme für Wahlkreiskandidaten (relative Mehrheitswahl)
Kandidat 1 (Partei A)
Kandidat 2 (Partei B)
Kandidat 3 (Partei C) ✗
Kandidat 4 (Partei D)

328 Mandate
SPD 40,9 | CDU/CSU 35,1 | FDP 6,2 | B'90/Grüne 6,7 | PDS 5,1
5-Prozent-Hürde
Zweitstimme für Landesliste einer Partei (reine Verhältniswahl)
Partei A ✗
Partei B
Partei C
Partei D

- Die Parteien stellen Kandidaten in den Wahlkreisen auf.
- In jedem Wahlkreis gibt es nur einen einzigen Sieger; es ist jener Kandidat, der die meisten **Erststimmen** erhält. Er zieht in den Bundestag ein.
- Da es nur 328 Wahlkreise gibt, ist damit erst die Hälfte der 656 Bundestagssitze besetzt.
- Die andere Hälfte wird so verteilt: Jede Partei zieht von der Gesamtzahl der mit der **Zweitstimme** gewonnenen Sitze jene ab, die von den Wahlkreissiegern dieser Partei besetzt sind. Die verbleibenden Sitze bekommen Kandidaten in der Reihenfolge der Landeslisten der Partei.
- Wenn eine Partei mehr Wahlkreissieger hat, als ihr Bundestagssitze zustehen, bekommt sie entsprechend zusätzliche Sitze. Dadurch erhöht sich auch die Gesamtzahl der Bundestagssitze. Diese überschüssigen Sitze heißen „Überhangmandate".
- Wenn eine Partei nicht mindestens 5 von 100 Zweitstimmen erhält oder 3 Direktmandate gewinnt, bekommt sie gar keinen Sitz (5-Prozent-Hürde).

DIE ZWEITSTIMME ist für das politische Kräfteverhältnis im Bundestag entscheidend. Bei der Mandatsverteilung werden nur Parteien berücksichtigt, die mindestens fünf Prozent der gültigen Zweitstimmen oder drei Wahlkreismandate errungen haben. Erhält eine Partei mehr Direktmandate, als ihr nach dem Zweitstimmenergebnis insgesamt zustünden, bleiben ihr die sogenannten Überhangmandate erhalten.

Wahlentscheidend ist nur die Zweitstimme	Grund: Nur nach dem Anteil der Parteien an den Zweitstimmen richtet sich ihr Anteil an den 656 Bundestagssitzen.
Wozu dann noch die Erststimme?	Damit die Wähler/innen direkt über die Person entscheiden können, die ihren Wahlkreis im Bundestag vertreten soll.

zusammengestellt nach: FOCUS-Magazin, „Globus Nr. 8611 und dem amtlichen Wahlergebnis

Tipp

Wer am Wahltag verhindert ist, kann vorher durch Briefwahl seine Stimme abgeben.

Wahlverfahren und Sitzverteilung

Mit der Abgabe und Auszählung der Stimmen ist noch nicht alles entschieden. Danach beginnt das Ausrechnen der Sitzverteilung, und was dabei herauskommt, hängt nicht nur von der jeweiligen Anzahl der (Zweit)Stimmen ab, die eine Partei erhalten hat, sondern auch von dem Verfahren, nach dem gerechnet wird. Üblich sind die nach ihren Erfindern benannten Verfahren „d'Hondt" und „Hare-Niemeyer". Die Bundestagssitze werden nach Hare-Niemeyer verteilt, die Sitze von Bundestagsausschüssen aber auch noch nach d'Hondt.

M 11 Von der Wählerstimme zum Mandat

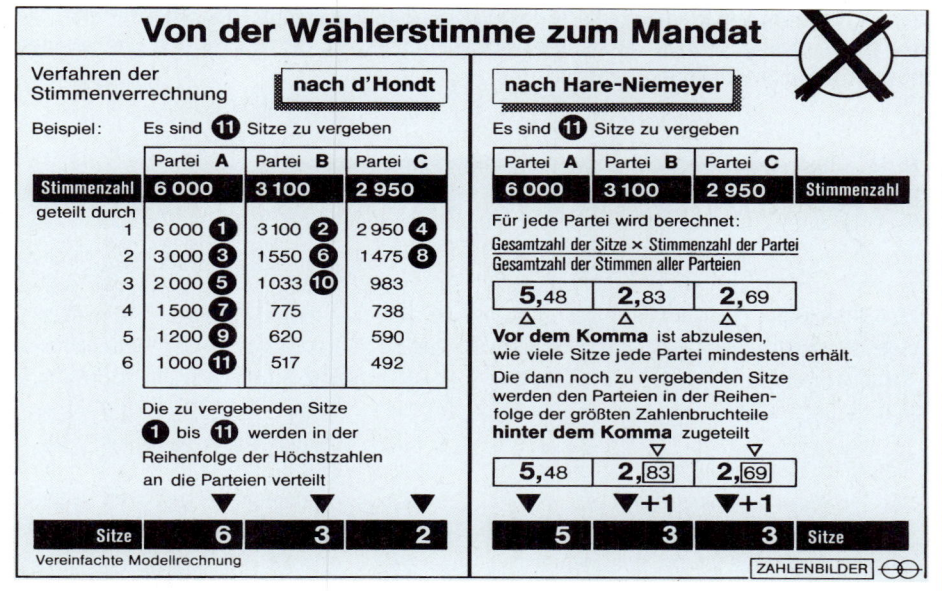

Von der Wählerstimme zum Mandat

Verfahren der Stimmenverrechnung: nach d'Hondt

Beispiel: Es sind 11 Sitze zu vergeben

Stimmenzahl geteilt durch	Partei A	Partei B	Partei C
	6 000	3 100	2 950
1	6 000 ①	3 100 ②	2 950 ④
2	3 000 ③	1 550 ⑥	1 475 ⑧
3	2 000 ⑤	1 033 ⑩	983
4	1 500 ⑦	775	738
5	1 200 ⑨	620	590
6	1 000 ⑪	517	492

Die zu vergebenden Sitze ① bis ⑪ werden in der Reihenfolge der Höchstzahlen an die Parteien verteilt

| Sitze | 6 | 3 | 2 |

Vereinfachte Modellrechnung

nach Hare-Niemeyer

Es sind 11 Sitze zu vergeben

Partei A	Partei B	Partei C	
6 000	3 100	2 950	Stimmenzahl

Für jede Partei wird berechnet:

$$\frac{\text{Gesamtzahl der Sitze} \times \text{Stimmenzahl der Partei}}{\text{Gesamtzahl der Stimmen aller Parteien}}$$

| 5,48 | 2,83 | 2,69 |

Vor dem Komma ist abzulesen, wie viele Sitze jede Partei mindestens erhält.
Die dann noch zu vergebenden Sitze werden den Parteien in der Reihenfolge der größten Zahlenbruchteile **hinter dem Komma** zugeteilt

5,48	2,|83	2,|69
▼	▼+1	▼+1
5	3	3	Sitze

ZAHLENBILDER

© Erich Schmidt Verlag   86 131

M 12

Nicht nur das Verfahren zur Verteilung der Sitze, auch das Wahlverfahren kann zu einer ungleichen Ausbeute an Sitzen führen.
So erbrachte die Bundestagswahl 1994 für die größten Parteien 16 Sitze mehr, als ihnen nach ihrem Stimmenanteil zustanden.
Des Rätsels Lösung: Überhangmandate. Ohne sie hätte die Regierungskoalition nur eine Mehrheit von zwei statt zehn Sitzen gehabt – und damit möglicherweise keine Mehrheit für ihren Kanzlerkandidaten.
Dagegen wurden beim Bundesverfassungsgericht Klagen eingereicht. Begründung: Mit den Überhangmandaten ohne Ausgleichsmandate für die anderen Parteien werde das Gleichheitsprinzip verletzt, wonach jede Stimme den gleichen Zähl- und Erfolgswert haben muss.
Die Klagen wurden abgewiesen.

Ungleiche Ausbeute

Gewicht der Zweitstimmen nach Parteien bei der Bundestagswahl am 27. September 1998; vorläufiges Ergebnis

Partei	Mandate	davon Überhangmandate	Zweitstimmen pro Mandat
SPD	298	13	67 714
CDU	198	–	70 731
CSU.	47	–	70 730
GRÜNE	47	–	70 215
F.D.P.	44	–	70 015
PDS	35	–	71 822

Arbeitsvorschläge

1. Diskutieren Sie, welche Zwecke mit Wahlen erreicht werden sollen (Autorentext S. 154 und M 3).
2. Erläutern Sie, warum jeder Wähler zwei Stimmen hat und wie sich das auf das Wahlergebnis auswirkt (M 10). Sehen Sie sich noch einmal das Umfrageergebnis auf der Auftaktseite an: Welche Antwort ist richtig?
3. Finden Sie anhand der Beispiele von M 11 heraus, welche Bundestagsparteien nach den jeweiligen Zählverfahren Vorteile, und welche Nachteile haben.
Diskutieren Sie, welches Verfahren angewendet werden sollte. Beurteilungsgesichtspunkte können sein:
– die Zwecke der Wahl (M 3), und
– die Grundsätze einer demokratischen Wahl (einleitender Text und M 2).
4. Erklären Sie anhand von M 10, wie die sogenannten „Überhangmandate" zustande kommen.
Die Klagen dagegen wurden vom Bundesverfassungsgericht zurückgewiesen.
Wenn Sie Verfassungsrichter wären – wie hätten Sie entschieden?
Nennen Sie Gründe!

Andere Demokratie – bessere Demokratie?

Beim Thema „Mehrheitswahlrecht" ist es wie mit einer Granate: Man sieht ihr nicht an, welche Sprengkraft in ihr steckt und nur wenn man es weiß, geht man vorsichtig genug damit um.

Das Thema verfolgt uns im Rhythmus von Koalitionskrisen. Immer wenn eine regierende Großpartei Probleme mit ihrer Mehrheit hat, kommt das Thema hoch.

Besonders erregend war die Diskussion darüber 1967/68 zur Zeit der Großen Koalition von CDU/CSU und SPD, als Opposition sich erfolgreich nur noch außerparlamentarisch entfalten konnte.

Das ist jetzt anders. Aber das Muster, nach dem Koalitionsprobleme gelöst werden sollen, ist das gleiche geblieben. Es heißt: Mehrheitswahlrecht. Auch die Argumente dafür und dagegen wiederholen sich, wie M 14 – M 15 *zeigen – Texte aus der damaligen Kontroverse. Was immer Sie an Vor- und Nachteilen darin entdecken werden – eine Konsequenz ist wohl unvermeidlich:*

Der Wechsel von der Verhältnis- zur Mehrheitswahl macht aus Deutschland eine in mancher Hinsicht andere Republik. Eine bessere?

Verhältniswahl und Mehrheitswahl sind die grundlegenden Typen des demokratischen Wahlrechts, zwischen denen man sich entscheiden muss. Diese Wahlrechtsmuster können abgewandelt und kombiniert werden. Es gibt das absolute Mehrheitswahlrecht, bei dem gewählt ist, wer in seinem Wahlkreis mehr als 50% der abgegebenen Stimmen erhält; und es gibt das relative Mehrheitswahlrecht, wo gewählt ist, wer von den konkurrierenden Bewerbern die – im Verhältnis zu den anderen – meisten Stimmen erhält. Auch bei der Verhältniswahl gibt es die Möglichkeit von Abwandlungen. Aber wie immer auch kombiniert und abgewandelt wird – immer läuft es letztlich auf Mehrheits- oder Verhältniswahl hinaus. Ein Wechsel kann weitreichende Konsequenzen haben, weil das Wahlrecht eine ganze Reihe von Faktoren unseres Wahlsystems beeinflusst: die Zahl und Eigenschaften der Parteien, die Zusammensetzung des Parlaments und auch die Beteiligung der Wähler und Wählerinnen am politischen Entscheidungsprozess.

M 13 Soll das Mehrheitswahlrecht eingeführt werden?

JA	NEIN
Immer häufiger erweist sich das politische System als nicht mehr handlungsfähig, weil die Parteitaktik im Vordergrund steht. Schluss damit: Unsere Demokratie braucht Persönlichkeiten, die klare Mehrheiten bilden. Ich weiß, dass es nicht nur meinem demokratischen Verständnis widerspricht, wenn der kleinere Koalitionspartner Vorgaben diktiert. … Ich bin für die Einführung des Mehrheitswahlrechts, weil damit Persönlichkeiten und nicht anonyme Listen gewählt werden. … Der direkt gewählte Abgeordnete ist stärker verpflichtet, im eigenen Wahlkreis Rechenschaft für seine politischen Entscheidungen abzulegen … *Otto Hauser, Landesgruppenchef von Baden-Württemberg der Unionsfraktion im Bundestag, in: FOCUS, Nr. 6/1994, S. 46*	Das Mehrheitswahlrecht hätte zur Folge, dass sich die Arbeit der Parteien und Wahlkämpfe auf hart umkämpfte Stimmkreise konzentrierten. In sicheren Wahlkreisen fände Konkurrenz praktisch nicht mehr statt. Konsequenz wäre die parteipolitische Regionalisierung des Deutschen Bundestags: starke Unionsgruppen aus dem Süden, nur noch SPD-Abgeordnete aus dem Ruhrgebiet, ganze Landstriche ohne Oppositionsvertreter, regionale Staatsparteien und Erbhöfe. Das Verhältniswahlrecht stellt sicher, dass sich die Parteien flächendeckend um das Vertrauen breiter Wählerschichten bemühen müssen, weil jede Stimme zählt. *Heiner Geißler, stellvertretender Vorsitzender der CDU-Bundestagsfraktion, in: FOCUS, a.a.O.*

M 14 Mehrheitswahl

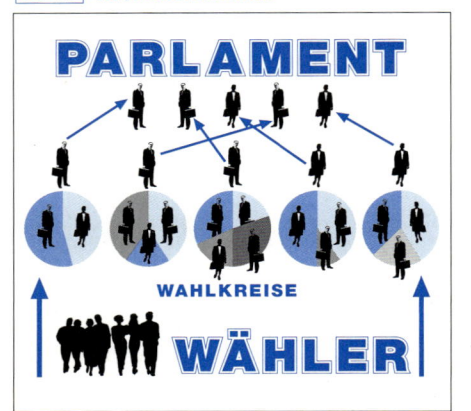

In den Grundtypen des Mehrheitswahlsystems wird das gesamte Wahlgebiet zumeist in eine Anzahl von Wahlkreisen eingeteilt, die der Zahl der Mandate entspricht. Gewählt ist in der Mehrheitswahl, wer eine Stimmenmehrheit auf sich vereinigt. (…)

Über die Kandidatenaufstellung entscheiden auch bei der Mehrheitswahl letztlich die Parteien. … Der Wahlkampf mag dann mehr als bei der Verhältniswahl auf die Persönlichkeit abgestellt sein. Nur insofern ist es heute noch gerechtfertigt, die *Mehrheitswahl* als *Persönlichkeitswahl* zu

Mehrheitswahlrecht und Verhältniswahlrecht

kennzeichnen – obgleich sie sich gegenwärtig nicht mehr wie ursprünglich von der Verhältniswahl dadurch unterscheidet, dass in jener Persönlichkeiten und in dieser Parteien gewählt werden. ... Ausschlaggebend für eine Kritik am Mehrheitswahlrecht ist der zuweilen sehr hohe Bestand an unberücksichtigten Reststimmen. So mag sich z. B. bei einer angenommenen Wahlbeteiligung von 100 000 Wählern ergeben, dass der Kandidat

- A   35 000 Stimmen,
- B   34 000 Stimmen,
- C   31 000 Stimmen

erhält. Dann sind verrechnungsgemäß die 65 000 Stimmen für B und C „Papierkorbstimmen". (...)

Fallen die Wahlergebnisse in einer geringen Mehrzahl einzelner Wahlkreise sehr knapp zugunsten einer Partei aus, dann ist es möglich, dass im Parlament sogar diejenige Partei die Mehrzahl der Sitze einnimmt, die insgesamt überregional weniger Stimmen bei der Wahl erhielt. (...)

In Großbritannien erhielten 1951 die Labour-Party 13,9 Mill. und die Konservativen 13,7 Mill. Stimmen. Dennoch gewannen die Konservativen. Sie waren der Labour-Party in 320 Wahlkreisen überlegen, während Labour nur in 295 siegen konnte. (...)

Aus Mehrheitswahlen geht zumeist eine Partei als eindeutiger Sieger hervor, die dann den klaren Auftrag und gewöhnlich auch die eindeutige Möglichkeit der Bildung einer Regierung hat. Mehrheitswahlen schaffen in der Regel ein politisch entscheidungsfähiges Parlament.

Aus: Informationen zur politischen Bildung, Folge 135/1969, S. 8 f.

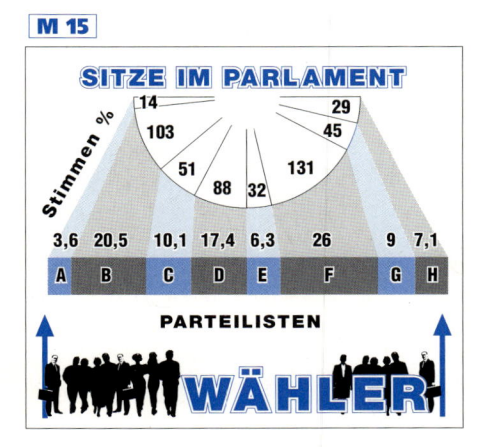

M 15

SITZE IM PARLAMENT

14   29
103   45
51   131
88   32

Stimmen %: 3,6   20,5   10,1   17,4   6,3   26   9   7,1

A   B   C   D   E   F   G   H

PARTEILISTEN

WÄHLER

Die Verhältniswahl hat zum Ziel, 1. alle Wählerwillen eines Landes möglichst getreu in dessen Parlament widerzuspiegeln. ... Von den Anhängern der Verhältniswahl wird in dieser spiegelbildlichen Zusammensetzung des Parlaments zugleich 2. die größtmögliche Garantie einer gerechten Vertretung des Volkes im Parlament gesehen.

Die Verhältniswahl wolle nicht nur die selbstverständliche Stimmengleichheit gewähren; ihr komme es nicht nur auf den gleichen Zählwert für die Stimme jedes einzelnen Wählers an. Sie enthalte darüber hinaus auch die größtmögliche Garantie für einen gleichen Erfolgswert jeder Stimme: In diesem Wahlsystem gibt es verrechnungstechnisch prinzipiell keine Reststimmen, die unberücksichtigt bleiben. ...

In der Regel hat der Wähler in Grundtypen der Verhältniswahl eine Entscheidung zwischen verschiedenen Listen, das heißt praktisch: zwischen verschiedenen Parteien, zu treffen. Diese Listen werden von den Parteien aufgestellt. ... Der Wähler selbst, sofern er nicht Mitglied einer Partei ist, hat keinen Einfluss auf die Nominierung der Listenkandidaten.

(...) Bei der Listenwahl mit lose gebundenen Listen hat der Wähler die Möglichkeit, die Reihenfolge der Kandidaten durch ... Vorzugsstimmen zu beeinflussen. Dafür bedarf der Wähler mehrerer Stimmen.

Aus: Informationen zur politischen Bildung, Folge 135/1969, S. 9 f.

M 16   **Auswirkungen der relativen Mehrheitswahl am Beispiel Englands**

Jahr	Parteien (Regierungspartei = *)	Stimmenanteil	Mandatsanteil
1945	Konservative	39,8%	33,3%
	Labour (*)	47,8%	61,5%
	Liberale	9,0%	1,9%
1951	Konservative (*)	48,0%	51,4%
	Labour	48,8%	47,2%
	Liberale	2,6%	1,0%
1983	Konservative (*)	43,5%	61,1%
	Labour	28,3%	32,2%
	Liberale + SDP	26,0%	3,5%
1997	Konservative	31,0%	25,0%
	Labour*	45,0%	63,6%
	Liberale	17,0%	7,0%

Nach Bartholomé/Letsche: Wie gerecht sind Wahlverfahren? Tübingen 1990, S. 41 und Internet

Arbeitsvorschläge

1. Vergleichen Sie die Argumente für und gegen die Einführung des Mehrheitswahlrechts (**M 13**). Ergänzen Sie die Argumentation für „Ja" und „Nein" mit Beispielen und Ihren eigenen Argumenten.

2. Arbeiten Sie heraus, was nach Ihrer Meinung die Vor- und Nachteile der beiden Wahlsysteme sind (**M 14** – **M 16**):

	Vorteile	Nachteile
Mehrheitswahl		
Verhältniswahl		

Beachten Sie dabei besonders die Gesichtspunkte Wahlgerechtigkeit (gleicher Zähl- und Erfolgswert jeder Stimme), Regierungsfähigkeit und Wählernähe. Überprüfen Sie die Argumente von **M 13** jetzt anhand Ihres Arbeitsergebnisses. Welche finden Sie bestätigt, welche nicht?

"Politbarometer" – selbstgemacht

Sie werden schon manches Mal überlegt haben: Wie ist es möglich, im Voraus zu sagen, wie das Ergebnis der nächsten Wahl ausfallen wird, oder zu wissen, wie „die Jugendlichen" über Parteien denken, obwohl doch gar nicht alle Jugendlichen gefragt wurden. Im Mittelalter wären solche „Hellseher" vielleicht als „Hexer" auf dem Scheiterhaufen verbrannt worden. Aber mit Hexerei hat diese Art „Geheimwissen" gar nichts zu tun – es ist das Ergebnis von Meinungsforschung oder genauer: von repräsentativen Meinungsumfragen. Und solche Umfragen können Sie – natürlich weniger genau als die Profis von den Meinungsforschungsinstituten – auch selber machen. Wie das geht, können Sie hier nachlesen. Und wenn Sie es ausprobieren, werden Sie wahrscheinlich feststellen: Das macht sogar Spaß

Tipp

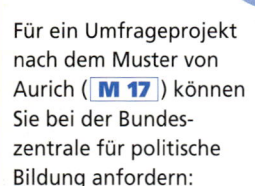

Für ein Umfrageprojekt nach dem Muster von Aurich (M 17) können Sie bei der Bundeszentrale für politische Bildung anfordern:
– Wahlanalyse und Wahlprognose im Unterricht.
– Handlungsorientierter Computereinsatz im Politikunterricht der Sekundarstufe (mit dem Computerprogramm GrafStat)
Hrsg. Bundeszentrale, Bonn 1998.
Anschrift:
Berliner Freiheit 7
53111 Bonn

Es gibt verschiedene Arten von Meinungsumfragen. Geläufig ist die Totalerhebung der Meinung einer überschaubaren Gruppe von Personen (z.B. alle Eltern der Schüler und Schülerinnen einer Klasse), oder die repräsentative Umfrage. Damit ist die Befragung einer Auswahl (Stichprobe) aus einer nicht mehr überschaubaren Gesamtheit von Personen gemeint.
Entscheidend für die Zuverlässigkeit einer repräsentativen Umfrage ist allerdings, dass die Stichprobe, die eine Gesamtheit vertreten soll, auch wirklich repräsentativ ist. Das ist dann gewährleistet, wenn sie nach dem Zufallsprinzip (s. M 19) ausgesucht wurde.
Eine Befragung kann in verschiedenen Formen durchgeführt werden, z.B. als Interview mit oder ohne vorgegebene Fragestellungen. Das hier ausgewählte Beispiel ist eine Befragung auf der Grundlage eines standardisierten Fragebogens. Bei dieser Form werden die Fragen, die Fragenfolge und ganz oder teilweise auch die Antwortmöglichkeiten im Voraus festgelegt.

M 17

Schüler werden Wahlforscher
Umfrage im Wahlkreis Aurich
BBS I und IGS wandeln auf den Spuren von ZDF und ARD

jef AURICH. Schülerinnen und Schüler der Berufsbildenden Schulen I Aurich und der Integrierten Gesamtschule Aurich-West werden sich in der kommenden Woche als Wahlforscher betätigen.
Die Vorgehensweise ist gleich – nach den Ergebnissen von Telefonumfragen werden computergestützt Prognosen über den Ausgang der Landtagswahl am 13. März gestellt. (...)
Grundlage ihrer Befragung ist ein Computerprogramm, das im Auftrag der Bundeszentrale für politische Bildung entwickelt worden ist.

Politikunterricht zum Anfassen: Mit Hard- und Software spüren Schüler und Schülerinnen dem Wählerverhalten nach

Aus: Ostfriesische Nachrichten vom 16.2.1994 und Ostfriesen-Zeitung vom 5.3.1994

M 18 Stichprobenfehler nach der Zahl der Befragten

Das Schaubild zeigt, dass bei einer Stichprobe von 2 000 Personen die Treffsicherheit fast ebenso groß ist wie bei 10 000 oder auch einer Million.
So reicht z.B. die Befragung von 2 500 Wahlberechtigten, um mit einer Fehlerschwankung von plus/minus 2 % herauszufinden, wie die Wahl „am nächsten Sonntag" ausgehen würde; eine Stichprobe von 400 Wahlberechtigten würde noch eine Treffsicherheit von plus/minus 5 % erreichen.

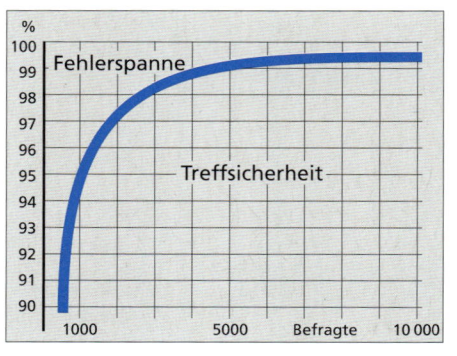

Aus: Kort-Krieger/Mundt: Praxis der Wahlforschung, Frankfurt a.M. 1986, S. 25

Wie man Meinungen und Einstellungen erforschen kann

M 19 Regeln für eine Meinungsumfrage mit Fragebogen

1. Zunächst muss die Befragungsgesamtheit genau festgelegt werden, z.B.
- alle Schülerinnen und Schüler unserer Schule
- alle Wahlberechtigten unseres Wohnorts
- alle Auszubildenden eines Berufes in unserer Stadt

Also keine Befragung mal eben auf dem Pausenhof!

2. Bei einer großen Befragungsgesamtheit ziehen Sie eine Stichprobe: bei einer Gesamtheit von 300 Personen etwa 30 zu Befragende, bei 1 000 etwa 70, bei 10 000 und mehr etwa 350 (s. dazu auch M 24).

3. Die Stichprobe wird nach dem Zufallsprinzip gezogen. Damit ist gemeint: Alle Angehörigen der Gesamtheit, deren Meinung erforscht werden soll, müssen die gleiche Chance haben, in die Stichprobe einbezogen zu werden.

Dafür gibt es verschiedene Möglichkeiten: das Los, jede x-te Adresse oder Telefonnummer, verdecktes Herausziehen einer Karte aus einer Kartei der Gesamtheit.

4. Bei ausgesuchten Befragten (etwa die Meister aller Ausbildungsbetriebe) vorher nach der Bereitschaft erkundigen und einen Termin vereinbaren. Strikte Anonymität zusichern!

5. Die Befragung soll persönlich erfolgen und muss anonym sein. Keine Namen auf dem Fragebogen! Bei der Auswertung der Fragebogen darf nicht erkennbar sein, von wem die Angaben stammen.

6. Damit die Fragen von allen im gleichen Sinne verstanden werden, müssen sie kurz, eindeutig, präzise und leicht verständlich sein; sie dürfen keine unbekannten Begriffe enthalten.

7. Bei der Beantwortung der Fragen nur technisch helfen, ohne den Befragten in seiner Meinung zu beeinflussen. Alle Fragen oder erläuternden Beispiele vermeiden, die eine bestimmte Antwort herausfordern (z.B.: „Parteien werden heute allgemein kritisiert – was haben Sie an den Parteien auszusetzen?")

8. Für das Gelingen besonders wichtig: Die Befragung in der Klasse mehrmals miteinander üben!

M 20 Beispiele für einen Fragebogen für eine telefonische Umfrage

Interviewer: ....

Guten Tag, mein Name ist ... Ich bin Schüler/in der ... [Schule]. Wie Sie vielleicht in der Zeitung gelesen haben, führen wir im Rahmen des Politik-Unterrichts eine Wähler-Umfrage in ... durch. Wir haben Ihre Nummer zufällig aus dem Telefonbuch ausgewählt. Ich möchte Sie fragen, ob Sie bereit sind, an dieser Umfrage teilzunehmen. Ihre Angaben bleiben selbstverständlich anonym.

Wenn ja: Sind Sie oder jemand anders in Ihrem Haushalt in ... wahlberechtigt?

Wenn nein: ... dann kann ich Sie leider nicht weiter befragen. Vielen Dank! (Interview beenden.)

Wenn ja: ... Kann ich die wahlberechtigte Person aus Ihrem Haushalt sprechen, die als letzte Geburtstag hatte? Um eine Zufalls-Auswahl zu gewährleisten, ist diese Vorgehensweise für uns wichtig. (Evtl. neuen Tel.-Termin vereinbaren.) (Bei Nachfragen: „Das Interview wird nur wenige Minuten dauern". Rückfragen sind möglich beim ... [Schule, Tel.: ...] oder eigene Telefon-Nr. angeben.)

1 Wenn am nächsten Sonntag Landtagswahl wäre, würden Sie zur Wahl gehen?
a) ganz bestimmt ◯
b) wahrscheinlich ◯
c) wahrscheinlich nicht ◯
d) bestimmt nicht ◯
(falls d, weiter mit Nr. 3!)

Bei den folgenden Aussagen geht es um das Verhältnis der Bürgerinnen und Bürger zu den Politikern und Parteien. Ich lese Ihnen einige Aussagen vor. Bitte sagen Sie mir anhand eines Zahlenwertes von 1 bis 5, was Sie davon halten.
1 = stimmt überhaupt nicht, 2 = stimmt weniger, 3 = teils/teils, 4 = stimmt im Großen und Ganzen, 5 = stimmt absolut.

9 Politiker kümmern sich nicht darum, was einfache Leute denken.
1 ◯ 2 ◯ 3 ◯ 4 ◯ 5 ◯
(stimmt überhaupt nicht   stimmt absolut)

12 Wie beurteilen Sie ganz allgemein die heutige wirtschaftliche Lage in Deutschland?
1) sehr gut ◯   2) gut ◯   3) teils-teils ◯
4) schlecht ◯   5) sehr schlecht ◯

16 Wir möchten Sie bitten, uns noch einige Angaben zu Ihrer Person zu machen. Wir benötigen diese zu statistischen Zwecken. Geschlecht:
a) weiblich ◯   b) männlich ◯

Auszug aus dem Fragebogen der Auricher Schülerumfrage vom März 1994

Arbeitsvorschlag

1. Legen Sie fest, zu welchem Thema Sie eine Meinungsumfrage machen wollen (z.B. M 17).

2. Grenzen Sie die Gruppe, deren Meinung Sie erheben wollen, anhand von Unterscheidungsmerkmalen von anderen Gruppen ab. (M 19).

3. Entscheiden Sie, ob Sie eine Totalerhebung oder eine repräsentative Umfrage machen wollen.

Wenn Sie eine repräsentative Umfrage machen: Wählen Sie nach dem Zufallsprinzip eine Stichprobe der zu Befragenden aus (z.B. nach dem Losverfahren jede/r 5. Schüler/in der Berufsschule X. in Y.). Die Größe der Stichprobe richtet sich nach der Zahl der Gesamtheit (Beispiel: bei der telefonischen Wählerumfrage in Aurich wurden 600 Wahlberechtigte befragt.)
(M 18 – M 19).

4. Holen Sie, sofern erforderlich, die notwendige Zustimmung ein (z.B. von Schul-, Betriebs- und Behördenleitungen).

5. Erstellen Sie einen Fragebogen (M 19 – M 20).

6. Bereiten Sie Ihre Befragung vor, indem Sie die Öffentlichkeit über Ihr Vorhaben informieren (z.B. Informationsgespräch mit der örtlichen Presse, Presseerklärung).

7. Durchführung und Auswertung der Befragung.
Für eine Auswertung mittels Computern gibt es spezielle Programme (M 17 und TIPP).

8. Eventuell Veröffentlichung der Ergebnisse.

Auf den Kanzler kommt es an – oder?

Sind Regierungssysteme Glückssache – wie „gute" und „schlechte" Regenten? In der Demokratie jedenfalls sollte das anders sein, weil wir uns unser politisches System ja so einrichten können, dass es vernünftig funktioniert. Aber: Was ist „vernünftig" und aus welchen Teilen muss das politische System zusammengesetzt sein, damit es „funktioniert"? Vielleicht wissen Sie es gar nicht zu schätzen, welchen Vorteil Sie haben, dass auf diese Fragen im Laufe der Geschichte einigermaßen annehmbare Antworten gefunden wurden – und in Form unseres Regierungssystems auch Gestalt angenommen haben. Viele Generationen vor uns hielten andere Antworten für richtig und mussten dafür nicht selten mit dem Verlust von Freiheit und Leben büßen.

Aus diesen Erfahrungen wurden 1948/49 bei Gründung der Bundesrepublik Konsequenzen gezogen.

Zumindest sollten die Konstruktionsfehler des politischen Systems, die zum Zusammenbruch der ersten deutschen Demokratie (die „Weimarer Republik" 1919-1933) geführt haben, vermieden werden. Besonders verhängnisvoll war, dass der – vom Volk direkt gewählte – Reichspräsident (eine Art „Ersatzkaiser") zu große Machtbefugnisse hatte. In Krisensituationen konnte er (1) mit Notverordnungen ohne Kontrolle durch das Parlament regieren; er konnte (2) den Reichstag auflösen und Neuwahlen ausschreiben und er hatte (3) das Recht, ohne Mitwirkung des Reichstags den Reichskanzler und die Regierung zu ernennen oder zu entlassen. Mit diesen drei präsidialen Befugnissen regierten am Ende der Weimarer Republik Kabinette ohne jede Mitwirkung des Reichstags, bis es schließlich Hitler und seiner faschistischen Bewegung gelungen ist, auf diese Weise eine

Um Missbrauch zu verhindern, ist die parlamentarische Demokratie nach dem Grundsatz der Gewaltenteilung organisiert. Das heißt: Die Staatsgewalt wird auf verschiedene Staatsorgane verteilt – und zwar so, dass sie sich gegenseitig unter Kontrolle halten können. Diese Staatsorgane bilden das Regierungssystem.

In der Bundesrepublik gibt es fünf oberste Staatsorgane, die auch in der Verfassung verankert sind und deshalb Verfassungsorgane heißen. Sie sind mit unterschiedlichen Macht- und Kontrollbefugnissen ausgestattet und jeweils mit besonderen Aufgaben betraut. Ob und inwieweit sie diesen Aufgaben, ihren Funktionen innerhalb des Regierungssystems, unter sich ständig wandelnden Verhältnissen noch gerecht werden, ist schon seit geraumer Zeit Gegenstand von wissenschaftlichen Untersuchungen und politischen Auseinandersetzungen.

M 21   Die Staatsorgane der Bundesrepublik Deutschland

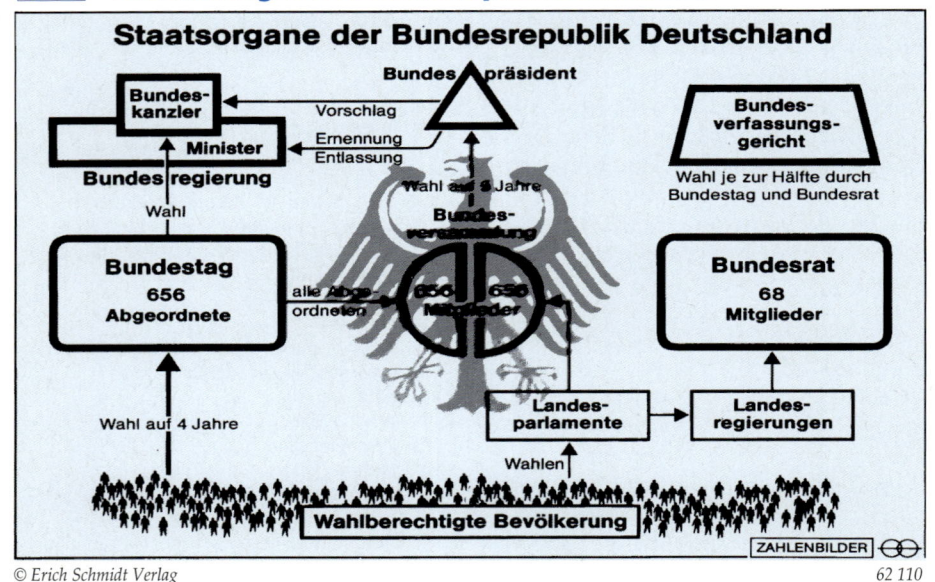

© Erich Schmidt Verlag

M 22   Der Bundespräsident

Der Bundespräsident ist das Staatsoberhaupt Deutschlands. Er ist zwar der Rangfolge nach oberstes Staatsorgan, verfügt aber kaum über Machtpositionen. Der Bundespräsident wird nicht mehr direkt vom Volk, sondern von einer Bundesversammlung gewählt. Ihr gehören alle Mitglieder des Bundestages und eine gleich große Anzahl von Mitgliedern an, die von den Volksvertretungen der Länder gewählt werden.

Der Bundespräsident repräsentiert vor allem. Er vertritt den Bund völkerrechtlich und schließt in seinem Namen Staatsverträge.

Die Möglichkeit, aktiv auf die Politik einzuwirken, geht dem Bundespräsidenten fast völlig ab.

M 23   Das Bundesverfassungsgericht

Das Bundesverfassungsgericht sorgt dafür, dass Geist und Buchstaben der Gesetze mit der Verfassung übereinstimmen.

Die Entscheidungen des Bundesverfassungsgerichts binden alle anderen staatlichen Organe. Das BVerfG legt das Grundgesetz letztverbindlich aus, wenn es zu Kontroversen zwischen den obersten Bundesorganen kommt (Organstreitigkeiten), entscheidet über Meinungsverschiedenheiten zwischen Bund und Ländern (bundesstaatsrechtliche Streitigkeiten), prüft die Vereinbarkeit von Rechtsnormen mit solchen übergeordneter Art (Normenkontrolle). Das BVerfG beschäftigt sich insbesondere auch mit Verfassungsbeschwerden, die der Bürger einlegen kann, wenn er sich durch einen Akt der öffentlichen Gewalt in einem Grundrecht verletzt sieht.

M 35-36 nach: E. Jesse: Die parlamentarische Demokratie. Informationen zur politischen Bildung 119/124, S. 19 ff.

Das Regierungssystem der Bundesrepublik (1)

M 24 Die Bundesregierung

Die Bundesregierung setzt sich aus dem Bundeskanzler und den Bundesministern zusammen. Der Bundestag wählt den Bundeskanzler, der die Minister dem Bundespräsidenten zur Ernennung vorschlägt. Die Amtszeit des Bundeskanzlers (und damit der Bundesregierung) endet dann, wenn das Parlament mit der Mehrheit seiner Mitglieder einen neuen Kanzler wählt. Einen Minister kann das Parlament nicht aus der Regierung „herausschießen", sondern bloß seine Politik missbilligen und seinen Rücktritt fordern. Der Bundeskanzler hat dagegen das Recht, einen Bundesminister jederzeit zu entlassen.

Die Arbeitsweise der Bundesregierung richtet sich nach drei Grundsätzen: dem Kanzler-, Ressort- und Kollegialprinzip.

M 25 Die Bundesregierung

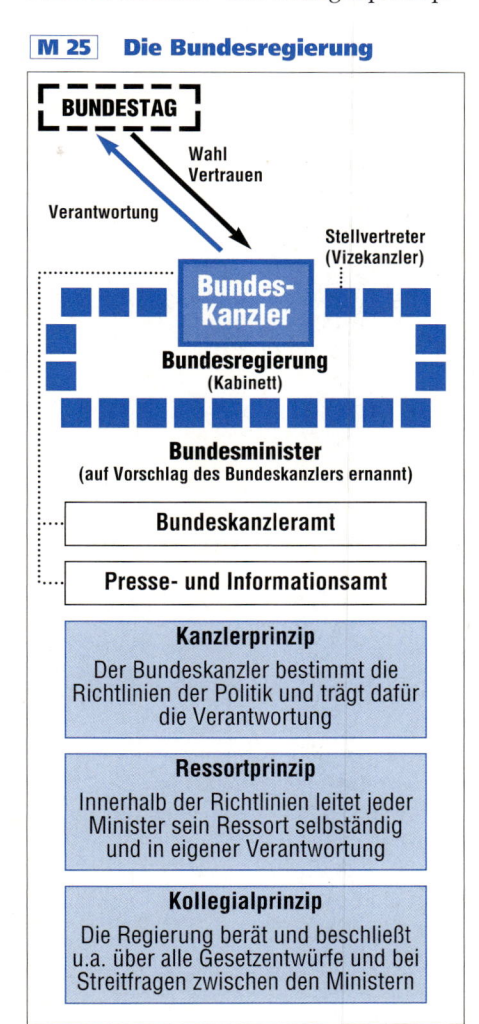

BUNDESTAG

Wahl / Vertrauen / Verantwortung

Stellvertreter (Vizekanzler)

Bundes-Kanzler

Bundesregierung (Kabinett)

Bundesminister (auf Vorschlag des Bundeskanzlers ernannt)

Bundeskanzleramt

Presse- und Informationsamt

Kanzlerprinzip
Der Bundeskanzler bestimmt die Richtlinien der Politik und trägt dafür die Verantwortung

Ressortprinzip
Innerhalb der Richtlinien leitet jeder Minister sein Ressort selbständig und in eigener Verantwortung

Kollegialprinzip
Die Regierung berät und beschließt u.a. über alle Gesetzentwürfe und bei Streitfragen zwischen den Ministern

M 26 Der Bundesrat

Der Bundesrat ist ein Organ, durch das die Länder vor allem an der Gesetzgebung, aber auch Verwaltung des Bundes mitwirken.

Der Bundesrat besteht aus Mitgliedern der Länderregierungen; sie werden nicht gewählt, sondern ernannt. Jedes Bundesland muss seine Stimme geschlossen abgeben.

Gesetze, die die Verfassung ändern oder Länderinteressen berühren, bedürfen der Zustimmung des Bundesrates (mehr als 50 Prozent aller Gesetze). Treten Differenzen zwischen Bundestag und Bundesrat auf, schaltet sich der sogenannte Vermittlungsausschuss ein. Er besteht aus je 11 Mitgliedern des Bundestages und des Bundesrates, die nicht weisungsgebunden sind. Kommt keine Einigkeit zustande, so scheitert das Gesetzgebungsvorhaben, wenn es ein zustimmungsbedüftiges Gesetz betrifft; im anderen Fall kann der Bundestag den Einspruch des Bundesrates überstimmen.

M 30 und 32 nach E. Jesse, a.a.O.

M 27 Mitarbeit des Bundesrates an der Gesetzgebung

Mitarbeit des Bundesrates an der Gesetzgebung

68 Mitglieder Bundesrat

Stellungnahmen
zu allen Gesetzentwürfen der Bundesregierung innerhalb von 6 Wochen.

Gesetzesinitiativen
beim Bundestag sind möglich, können jedoch zurückgewiesen werden.

Zustimmungsgesetze
sind Gesetze, die das Grundgesetz ändern, die Steuern der Länder oder die Verwaltungshoheit der Länder berühren und denen der Bundesrat zustimmen muss.

Einspruchsgesetze
nennt man die Gesetzesvorlagen, gegen die der Bundesrat nach Abschluss eines Vermittlungsverfahrens binnen 2 Wochen Einspruch einlegen kann.

Rechtsverordnungen
der Bundesregierung oder der Bundesminister sind allgemeine Vorschriften zur Durchführung von Gesetzen. Zu den meisten ist die Zustimmung des Bundesrates nötig (StVO).

Verwaltungsvorschriften
sind Verfahrensanweisungen an die Behörden und Verwaltungen. Ihnen muss der Bundesrat zustimmen. (TA-Luft, Bußgeldkataloge).

„Führerherrschaft" auf Dauer zu errichten. Das sollte sich in der Bundesrepublik nicht wiederholen können. Wie das bewerkstelligt wurde, möchte ich Ihnen hier zeigen.

Arbeitsvorschlag

In den beiden Randspalten werden Konstruktionsfehler des Regierungssystems der Weimarer Republik genannt, die im Regierungssystem der Bundesrepublik vermieden werden sollten. Arbeiten Sie anhand von M 22 – M 26 und des Autorentextes heraus, welche Sicherheiten in unserem Regierungssystem eingebaut wurden, um

– Machtmissbrauch zu verhindern (hierzu auch M 30),
– gegenseitige Kontrolle der Staatsorgane zu gewährleisten und
– die Stabilität der Regierung zu erhöhen.

Formulieren Sie die „richtige" Überschrift.

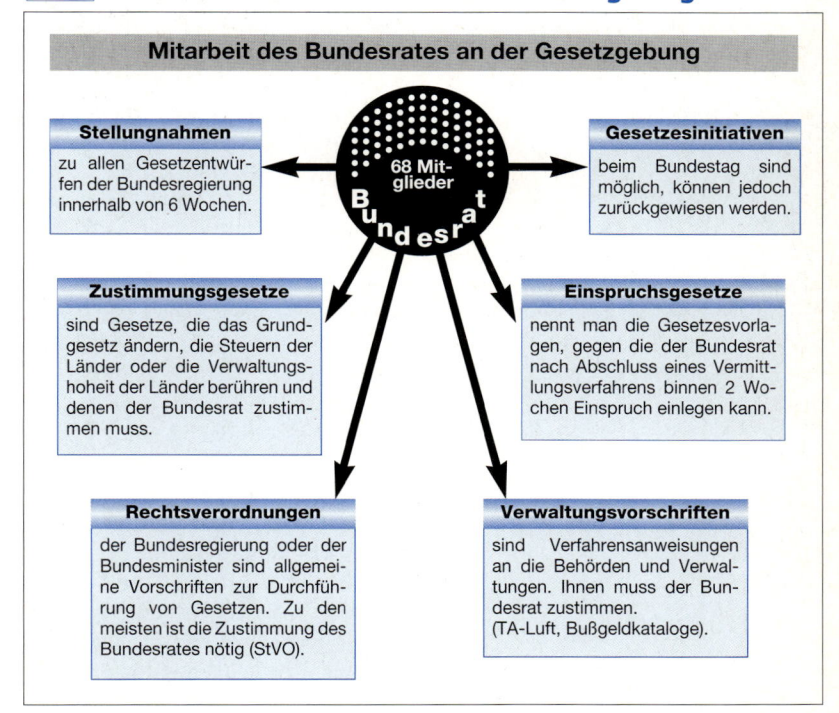

Machtkontrolle und Machtgleichgewicht: (k)eine Legende

M 28 Stimmen im Bundesrat

Wer regiert in den Ländern?

SPD regiert allein
Land	Partei	Stimmen
Niedersachsen	SPD	6
Brandenburg	SPD	4
Sachsen-Anhalt	SPD*	4
Saarland	SPD	3

*Minderheitsregierung

CDU bzw. CSU regiert allein
Land	Partei	Stimmen
Bayern	CSU	6
Sachsen	CDU	4

SPD-geführte Koalitionen
Land	Partei	Stimmen
Nordrhein-Westf.	SPD/Grüne	6
Rheinland-Pfalz	SPD/FDP	4
Schleswig-Holst.	SPD/Grüne	4
Bremen	SPD/CDU	3
Hamburg	SPD/Grüne	3
Mecklenburg-Vorp.	SPD/PDS	3

CDU-geführte Koalitionen
Land	Partei	Stimmen
Baden-Württemb.	CDU/FDP	6
Hessen	CDU/FDP	5
Thüringen	CDU/SPD	4
Berlin	CDU/SPD	4

Stimmen im Bundesrat: 69

Stand: Februar '99 © Globus 5227

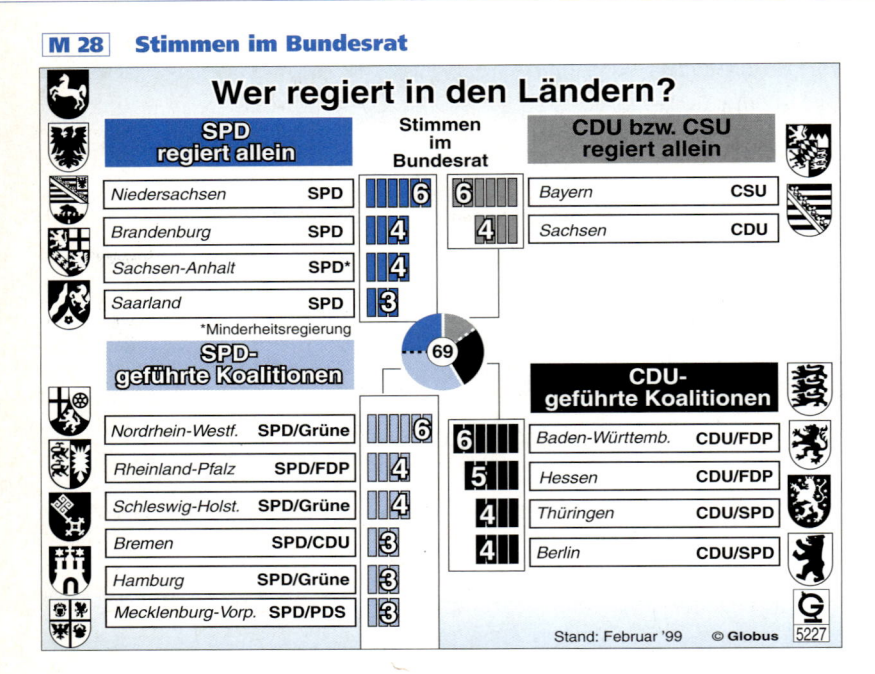

In M 30 lernen Sie noch die Aufgaben des Bundestages kennen. Damit wäre der Überblick über unsere Verfassungsorgane und ihre Funktionen abgeschlossen. Daran anschließend möchte ich Sie auf Probleme hinweisen, die zeigen, dass auch unser Regierungssystem noch störanfällig ist. Ein möglicher Störfaktor ist die Entwicklung des Bundesrates zu einer Art „Nebenparlament", in dem Parteien die Mehrheit haben, die im Bundestag Opposition sind (M 28 – M 29). Als größeres Funktionsrisiko wird jedoch die Auflösung der Gewaltenteilung über neue Machtzentren diskutiert (M 32), die in der Verfassung gar nicht vorgesehen sind.

M 29 Vor- und Nachteile des Bundesstaatsprinzips

Positiv ist die Prüfung von fachlichen Einzelheiten eines Gesetzentwurfes im Bundesrat. (...) Schwere Nachteile ergeben sich dagegen, wenn im Bundesrat eine andere Partei die Mehrheit hat als im Bundestag. In diesen Fällen hat sich gezeigt, dass der Bundesrat aus einem Sachwalter der Länderinteressen zu einem Sachwalter der Oppositionsinteressen umfunktioniert werden kann. (...)
Auf den ersten Blick scheinen die Nachteile zu überwiegen. Eltern klagen über die Unterschiede im Schulwesen von Land zu Land, die ihre Kinder vor allem bei Umschulungen belasten. Juristen bedauern die Rechtszersplitterung, die eine Ermittlung des jeweils geltenden Rechts erschwert. Wer genauer die politische Entwicklung verfolgt hat, sieht aber auch Vorteile. Man denke nur an den Versuch [Bundeskanzler] Adenauers, durch einen Vertrag mit seinem Finanzminister das zweite Programm des Fernsehens in seine Hände zu bekommen. Er scheiterte am Widerstand der Länder. Damals ging es ... auch um die Frage der Rundfunkfreiheit. ... Der Sinn des Bundesstaatsprinzips wird daher heute weniger in der Erhaltung regionaler Eigenheiten als in einer zusätzlichen Sicherung der Freiheit gesehen.

E. Stein: Staatsrecht, Tübingen 1990, S. 324 f.

M 30 Aufgaben des Bundestags

Das Herzstück der politischen Willensbildung ist bei uns der Bundestag. Es besteht allerdings keine Einigkeit über seine Aufgaben. Nach überwiegender Auffassung hat der Bundestag folgende Funktionen:

1. Wahlfunktion: Der Bundestag wählt den Bundeskanzler und er kann ihn durch Wahl eines neuen Kanzlers abwählen **(konstruktives Misstrauensvotum)**. (Die Minister werden nicht vom Bundestag gewählt, sondern vom Bundespräsidenten auf Vorschlag des Kanzlers ernannt.)
Außerdem wählt der Bundestag die Hälfte der Bundesverfassungsrichter, den Wehrbeauftragten, den Präsidenten des Bundesrechnungshofes und den Datenschutzbeauftragten des Bundes. Über die Bundesversammlung ist er zur Hälfte an der Wahl des Bundespräsidenten beteiligt.

2. Gesetzgebungsfunktion: Die Bundesgesetzgebung ist durch das Grundgesetz dem Bundestag unter Beteiligung des Bundesrates zugewiesen. In der Praxis haben allerdings die Bundesregierung und die Ministerialbürokratie bei der Gesetzgebung ein Übergewicht erlangt.

Gesetzesinitiativen in der 1. bis 10. Gesetzgebungsperiode (1949–1987)	
Gesetzesinitiativen	
der Bundesregierung	3 685 (= 60,5%)
des Bundestages	2 053 (= 33,7%)
des Bundesrates	353 (= 5,8%)

3. Kontrollfunktion: Instrumente der Kontrolle sind „Anfragen" an die Regierung, der Wehrbeauftragte, Untersuchungsausschüsse, das Recht der Mittelbewilligung (Budgetrecht) und die Einsetzung von Kommissionen zur Untersuchung besonderer Themen oder Fragen (Enquete-Kommissionen).

4. Repräsentationsfunktion: Der Bundestag soll in seiner sozialen Zusammensetzung ein Spiegelbild der Bevölkerung und der politischen Meinungsvielfalt darstellen; bei seiner Arbeit soll er die Wünsche und Interessen der Wählerschaft zur Sprache und zur Geltung bringen.

Das Regierungssystem der Bundesrepublik (2)

5. Willensbildungsfunktion: Vom Bundestag wird nicht nur verlangt, dass er sich gegenüber Anstößen der Öffentlichkeit aufgeschlossen zeigt. Es wird auch erwartet, dass er Alternativen und Lösungsmöglichkeiten aufzeigt und die hinter seinen Entscheidungen stehenden Argumente und Gegenargumente der Öffentlichkeit vermittelt und damit der politischen Willensbildung dient.

Nach: E. Hübner: Aufgaben des Bundestages, in: Informationen zur politischen Bildung 228, Bonn 1990, S. 13 ff.

M 32 Wer steuert und kontrolliert am Ende wen?

Unsere fünf Verfassungsorgane haben sich im Großen und Ganzen gut bewährt, sind aber samt und sonders, wenn auch unterschiedlich stark, unter den ständig gewachsenen Einfluss eines sechsten Zentrums geraten, welches gar nicht zu den Verfassungsorganen zählt, aber praktisch über ihnen steht, nämlich der Zentralen der politischen Parteien. (...)
Den Gedanken, dass die Parteien darauf vertrauen, das Parlament kontrolliere die Exekutive, finde ich mitunter geradezu herzbewegend. Die Wahrheit ist doch weit eher die, dass es die Parteiführungen sind, die den Gang der Dinge in der Gesetzgebung steuern. Und da bei uns zu allermeist eine Parlamentsmehrheit nur durch Koalitionen zustande kommt, gesellt sich als oft wichtiges Entscheidungszentrum die Koalitionsrunde dazu. Maßgebliche Weichen werden dort gestellt. Was hat das noch mit der überlieferten Gewaltenteilung zu tun oder auch nur mit dem Text unserer Verfassung?

Aus: R. v. Weizsäcker: Der Parteienstaat... Frankfurt a. M. 1992, S. 139 f.

M 33 Kontrolle durch parlamentarische Opposition

Die Opposition hat nicht die Möglichkeit, Beschlüsse des Bundestags gegen die Bundesregierung zu erzwingen [zur Rolle des Bundesrats als „Opposition" vgl. M 35]. Sie kann nur versuchen, die Öffentlichkeit gegen festgestellte Missstände zu mobilisieren. Dem dienen vor allem die verschiedenen Formen von Anfragen ... Die Bundesregierung ist zu ihrer Beantwortung nicht verpflichtet. Abgeordnete in Fraktionsstärke können jedoch eine Debatte über die Frage auch ohne eine Antwort der Bundesregierung erzwingen.
Nach Art. 44 [GG] kann ein Viertel der Mitglieder des Bundestags die Einsetzung eines Untersuchungsausschusses verlangen. Somit sind auch die Untersuchungsausschüsse ein Instrument zur Kontrolle der Regierung auf Initiative der Opposition. Hiermit steht jedoch in Widerspruch, dass im Übrigen alle Entscheidungen der Untersuchungsausschüsse mit einfacher Mehrheit gefällt werden. So haben es die Vertreter der Regierungsparteien in der Hand, die Öffentlichkeit ... auszuschließen und die Beweiserhebung auf Gegenstände zu beschränken, die ihnen selbst am günstigsten erscheinen, auch können sie allein bestimmen, welche Zeugen zu hören sind.
(...)
Die Opposition erhält die meisten Informationen inoffiziell von Einzelnen oder Verbänden. Dem Schutz dieser Informationskanäle dient das Recht der Abgeordneten, über ihre Informanten das Zeugnis zu verweigern (Art. 47 GG).

E. Stein: Staatsrecht, Tübingen 1990. S. 40 f.

M 31 Gewaltenteilung und wechselseitige Machtkontrolle im Regierungssystem der Bundesrepublik

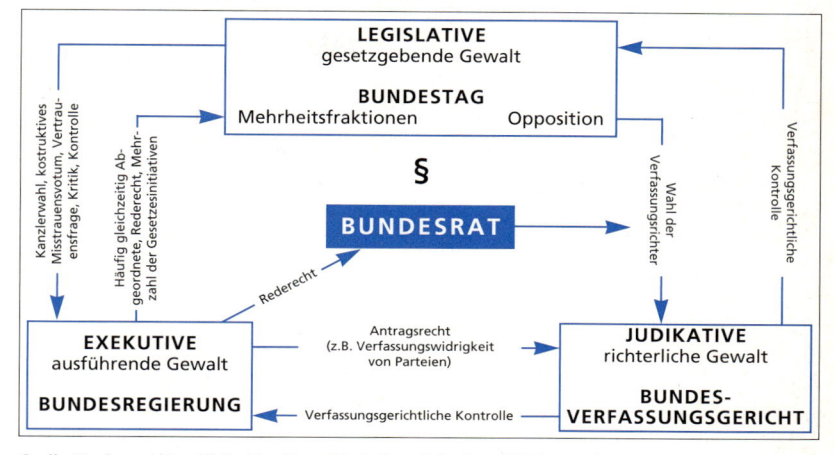

Quelle: Handwerger/Kappl/Schneider: Der politische Prozeß, Bamberg 1988 (ergänzt)

Arbeitsvorschläge

1. In M 29 ist von „schweren Nachteilen" die Rede. Überlegen Sie, was damit gemeint ist und nennen Sie Beispiele.

2. Vor- und Nachteile sind immer eine Frage des Interessenstandpunkts. Klären Sie, welches Interesse Maßstab für die Beurteilung des Bundesrates in M 29 ist.

3. Wenn Sie von Ihren eigenen Interessen ausgehen: Sehen Sie dann im Föderalismus (der bundesstaatlichen Ordnung) eher Vor- oder Nachteile?

4. Erläutern Sie das Schaubild M 31. (Zu den Funktionen der einzelnen Staatsorgane vgl. M 22 – M 26 und M 30). Arbeiten Sie anhand von M 30 und M 31 heraus, auf welche Weise und mit welchen Mitteln die Bundesregierung durch den Bundestag kontrolliert werden kann.

5. Finden Sie heraus, an welchen Stellen und inwiefern das System wechselseitiger Kontrolle der Staatsorgane (M 31) störanfällig ist (dazu M 32 – M 33).

6. Formulieren Sie zu diesem Kapitel die „richtige" Überschrift.

Repräsentative Demokratie – oder sind Volksabstimmungen besser?

Die Geschichte des Verzichts auf Formen direkter Demokratie finde ich geradezu aufregend. Mehr als vier Jahrzehnte galt beinah unangefochten die These: Die Bundesrepublik ist eine strikt repräsentative Demokratie; Volksabstimmungen seien wegen der schlechten Erfahrungen in der Weimarer Republik grundsätzlich nicht vorgesehen. Einzige Ausnahme: die Neuregelung von Ländergrenzen. Durch die Veröffentlichung der Akten und Protokolle des Parlamentarischen Rates und der entscheidenden Konferenzen der westdeutschen Ministerpräsidenten (1948-49) ist jedoch bekannt geworden, dass dieses Argument eine Vortäuschung war.

Ausschlaggebend war vielmehr die Sorge: In der Situation des kalten Krieges könnte die Bevölkerung bei einer Volksabstimmung über das Grundgesetz wegen der Konsequenzen für die deutsche Einheit ihre Zustimmung verweigern.

Inzwischen ist diese Sorge gegenstandslos geworden. Das hat den Weg frei gemacht für eine unbefangenere, parteiübergreifende Diskussion der Frage, ob nicht eine Mischform von „repräsentativer" und „direkter" Demokratie doch vorteilhafter sein könnte. Also: Was spricht dafür – was dagegen?

Arbeitsvorschläge

1. Stellen Sie fest, was das Repräsentationsprinzip leisten soll (M 34).

2. Ordnen Sie M 35 den Wortlaut der entsprechenden Artikel aus Ihrer Landesverfassung zu (besorgen!) und stellen Sie dar, in welcher Form die Volksgesetzgebung in Ihrem Land möglich ist.

Das Prinzip der „Volkssouveränität" verlangt, dass alle Staatsgewalt vom Volke ausgeht. Das besagt: In unserem Staat soll das Volk sein eigener Herr sein. „Volkssouveränität" ist deshalb das Grundprinzip jeder demokratischen Staatsform. Die Rückbindung des Staatswillens an den Volkswillen geschieht durch Wahlen und Abstimmungen. Das Recht auf Volksabstimmungen und Volksentscheide gibt es in fast allen europäischen Demokratien. In der Bundesrepublik ist dieses Recht jedoch auf Bundesländer und Gemeinden beschränkt; auf Bundesebene wurde es faktisch abgeschafft. Ob dies mehr Vorteile als Nachteile hat, ist zunehmend strittig.

M 34 Grundsätze repräsentativer Demokratie

Politische Verantwortung wird in der Bundesrepublik fast nur nach dem Repräsentationsprinzip übertragen.

– Repräsentative Demokratie heißt, dass die vom Volke ausgehende Gewalt als Mandat auf bestimmte Repräsentanten übertragen wird. Die politischen Repräsentanten sind Stellvertreter des Volkes, das ihnen durch freie und geheime Wahlen politische Verantwortung überträgt. (...)

– Die Repräsentanten ... sind nicht nur Repräsentanten von Einzelinteressen, sondern auch für das Gemeinwohl verantwortlich. Deshalb haben sie in der Vermittlung zwischen den Einzelinteressen und dem Gemeinwohl eine eigenständige Verantwortung. Die Einzelinteressen und die unterschiedlichen Standpunkte des Bürgers müssen zur Geltung kommen. Aber sie müssen zugleich so vertreten werden, dass es dabei zum Ausgleich mit den Lebensinteressen aller und dem politischen Gemeinwesen insgesamt kommt. Das ist der politische Sinn der Repräsentation. Aus diesem Grunde gibt es zum Repräsentationsprinzip in der Demokratie grundsätzlich keine praktikable Alternative. Aber das Prinzip der Repräsentation durch gewählte Volksvertreter kann durch Elemente direkter Demokratie ergänzt, korrigiert und erweitert werden, wie das in ... Verfassungen deutscher Bundesländer auch vorgesehen ist.

Aus: Evangelische Kirche und freiheitliche Demokratie, Gütersloh 1986, S. 29

M 35 So könnte die Volksgesetzgebung ablaufen

Ein von der SPD 1991 vorgelegter Antrag zur Änderung des Gesetzgebers zeigt, wie Volksbegehren und Volksentscheide auf Bundesebene durchgeführt werden könnten:

1. Stufe

VOLKSINITIATIVE
Vorlage eines Gesetzentwurfs mit Begründung durch eine Initiativgruppe.
Wird der Antrag von 0,5% der Wahlberechtigten unterschrieben, muss der Bundestag innerhalb von 6 Monaten darüber entscheiden.

→ **Angenommen** Verfahren ist beendet. / **Abgelehnt**

2. Stufe

VOLKSBEGEHREN
kann eingeleitet werden. Das Begehren ist erfolgreich, wenn ihm innerhalb von 6 Monaten 5% der Wahlberechtigten mit ihrer Unterschrift zustimmen.
Der Bundestag kann über das Begehren entscheiden.

→ **Angenommen** Verfahren ist beendet. / **Abgelehnt**

3. Stufe

VOLKSENTSCHEID
muss auf Antrag der Vertreter des Volksbegehrens innerhalb von 6 Monaten stattfinden. Ein Gesetzentwurf ist angenommen, wenn die Mehrheit der Abstimmenden, jedoch mindestens ein Viertel der Wahlberechtigten zustimmt. Bei einem verfassungsändernden Gesetz müssen $2/3$ der Abstimmenden und mindestens die Hälfte der Wahlberechtigten zustimmen.

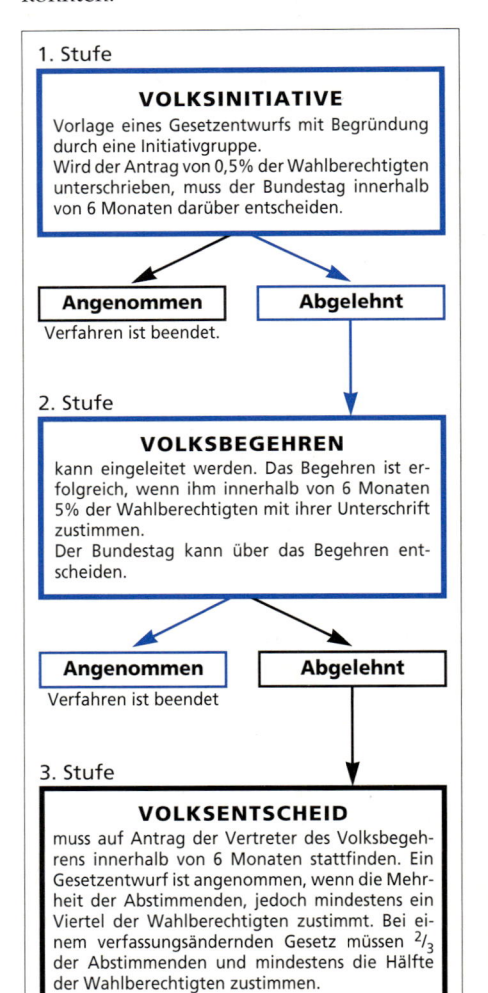

Nach: Intern Nr. 2, Bonn, 12.2.1993. S. 10

Volkssouveränität durch Wahlen und Abstimmungen

M 36 Volksentscheide nach Gefühl statt mit Sachverstand?

Das Volk dankt zwischen den Wahlen keineswegs ab. Durch die öffentliche Diskussion, durch politische Demonstrationen und andere Formen der Interessenvertretung beeinflussen die Bürger dauernd den politischen Willensbildungsprozess. Die letzte Entscheidung allerdings müssen die gewählten Volksvertreter haben. Volksentscheid und Volksbegehren schwächen die repräsentative Demokratie, indem sie dem Parlament wichtige Entscheidungen aus der Hand nehmen. Außerdem schränkt die Notwendigkeit, die Stellungnahme für den Stimmzettel auf eine Ja-Nein-Entscheidung zu reduzieren, die Anzahl der plebiszitfähigen Probleme erheblich ein. Statt differenzierter Argumentation, die in den Debatten des Bundestages möglich ist, greift der Zwang zur Vereinfachung. Statt der sachlichen Auseinandersetzung um die beste Lösung werden Gefühle und Stimmungen das Feld beherrschen.

Aus: PZ, Nr. 70, Bonn, Nov. 1992, S. 14

M 37 Vorurteile

Wollt ihr etwa die „Todesstrafe" und „Ausländer raus" – dies sind fast immer die ersten Einwände … Bei insgesamt ca. 600 Volksentscheiden auf internationaler Ebene wurde bisher nicht einmal die Todesstrafe entschieden. Ebensowenig wurde eine Diktatur durch das Volk selbst beschlossen. Dies gilt auch für die Nationalsozialisten, die mit keinem einzigen Volksentscheid in der Weimarer Republik (1918-1933) Erfolg hatten und vielmehr mit Hilfe des parlamentarischen Systems an die Macht kamen. (…)
Ist nicht die Bevölkerung bei der Wahl ganzer Programmpakete der Parteien viel eher „hinter's Licht zu führen" als bei einzelnen, konkreten Sachentscheidungen?

Aus: „Manifest für Direkte Demokratie" der GRÜNEN vom Dezember 1985 (hier zit. aus: Volksentscheid. Wir sind so frei -S. 37)

M 38 Auswahl eingeleiteter oder durchgeführter Plebiszite in Bundesländern

Bayern:

1968: Einführung der Gemeinschaftsschule an Stelle der konfessionellen Bekenntnisschule. Durch Volksabstimmung mehrheitlich angenommen.

1976: Lehrmittelfreiheit. Die Forderung der Initiative wurde schon in der Volksbegehrensphase von der Regierung übernommen.

1985: Volksbegehren gegen die Atomanlage Wackersdorf, „Nationalpark Bodenwährer Senke", Antrag auf Volksbegehren wegen Bundeskompetenz abgelehnt.

1990/1991: Volksbegehren „Das bessere Müllkonzept". Durch Volksabstimmung mehrheitlich abgelehnt.

Baden-Württemberg:

1984: Volksbegehren für Abrüstungsmaßnahmen. Antrag auf Volksbegehren wegen Bundeskompetenz abgelehnt.

Hessen:

1980: Volksbegehren gegen Startbahn-West (Frankfurter Flughafen). Antrag wegen Bundeskompetenz abgelehnt.

1991: Urwahl der Oberbürgermeister, Bürgermeister und Landräte. Durch Volksabstimmung mit 82 % der Stimmen angenommen.

Nordrhein-Westfalen:

1978: Volksbegehren gegen die Kooperative Gesamtschule. Gesetzentwurf wurde von der Regierung übernommen.

1986: Volksbegehren gegen Atomanlagen. Antrag auf Volksbegehren wegen Bundeskompetenz abgelehnt.

Stichwort:

Volksbefragung:
Den Abstimmungsberechtigten wird von den dazu befugten Verfassungsorganen (z. B. Regierung oder Parlament) eine Frage zur Beantwortung vorgelegt. Das Ergebnis ist für die Verfassungsorgane aber nicht bindend.

Volksinitiative:
Eine bestimmte Zahl von Abstimmungsberechtigten kann durch Unterschrift erzwingen, dass die Gesetzgebungsorgane über einen von ihnen vorgelegten Gesetzentwurf entscheiden.

Volksbegehren:
Einleitung eines Volksentscheids aus der Mitte der Bevölkerung.

Volksentscheid:
Den Abstimmungsberechtigten wird ein Gesetzentwurf zur Annahme oder Ablehnung vorgelegt. Die Entscheidung ist bindend.

Plakat, Bayern 1990

Arbeitsvorschläge

3. Stellen Sie die Gründe für und gegen Volksabstimmungen in Stichworten gegenüber (M 36 - M 37). Begründen Sie Ihre eigene Meinung.

4. Finden Sie heraus, zu welchen Themen Volksbegehren nicht eingeleitet werden konnten, weil dafür nicht das Land, sondern der Bund zuständig war. (M 38) Bilden Sie sich ein Urteil, ob bei einer bundesweiten Abstimmung zu diesen Themen die Einwände von M 36 zutreffen würden.

Regierung „durch" das Volk oder „für" das Volk?

Natürlich wissen Sie, dass Demokratie „Volksherrschaft" heißt. Aber was darunter zu verstehen ist, darüber gehen die Meinungen erheblich auseinander. Davon zeugt schon die Vielzahl gebräuchlicher Demokratiebegriffe: soziale oder liberale, plebiszitäre/„direkte" oder repräsentative/„indirekte" Demokratie, parlamentarische oder Rätedemokratie usw. Sie alle lassen sich jedoch auf zwei Grundmodelle zurückführen:

a) die „klassische" („plebiszitäre" oder „direkte") Demokratie, die auf den schweizer Sozialphilosophen Jean-Jacques Rousseau (1712-1778) zurückgeht;

b) das Konkurrenzmodell der demokratischen Elitenherrschaft („repräsentative" Demokratie), das von dem deutsch-amerikanischen Ökonomen Joseph A. Schumpeter (1883-1950) ausgearbeitet wurde.

Durch den Vergleich dieser Grundmodelle können Sie die wichtigsten Streitpunkte der Auseinandersetzung um die „richtige" Demokratie kennenlernen.

M 39 Regierung durch das Volk – die klassische Lehre der Demokratie

Die unabdingbaren Forderungen der klassischen Demokratietheorie lassen sich mit den Begriffen „Volkssouveränität" und „Identität der Regierenden und Regierten" umschreiben. Seit der französischen Revolution (1789/91) findet sich in demokratischen Verfassungen der Grundsatz, dass alle Staatsgewalt vom Volke auszugehen habe (vgl. Grundgesetz Artikel 20, Absatz 1). Dies bedeutet, dass der Wille des Volkes die letzte Entscheidungsgewalt in allen das Gemeinwesen betreffenden zentralen Fragen besitzen soll und dass die vom Parlament und von der Regierung beschlossenen und durchgeführten Gesetze letztlich ihre Legitimation (Berechtigung) dadurch erhalten, dass sie als Ausfluss dieses Volkswillens begriffen werden können. Da das Volk als solches jedoch keine handlungsfähige politische Einheit bildet, bedarf es bestimmter Organe, durch die es seinen Willen artikulieren kann. Dazu gehören in der modernen Demokratie neben dem Parlament vor allem die politischen Parteien. (…) Das zweite Prinzip der klassischen Demokratietheorie, die „Identität der regierenden und Regierten", enthält selbstverständlich keine Aussage über einen schon existierenden Sachverhalt, sondern stellt eine Norm (*Richtschnur*) dar. Sie besagt, dass in einer Demokratie die mit dem Mandat der Ausübung politischer Herrschaft Beauftragten nicht als vom Volk abgehobene Machteliten, sondern als dem Wohl des ganzen Volkes verpflichtete Repräsentanten (Vertreter) handeln sollen. Im Idealfall, so wäre diese Norm zu umschreiben, erkennt sich der Wille des Volkes in den grundlegenden Entscheidungen seiner Organe und Mandatsträger wieder, wodurch der Abstand zwischen bekundetem Volkswillen und dem der Regierenden sich fortwährend vermindert. Nur in diesem Sinne einer **Annäherung** kann daher von einer „Identität von Regierenden und Regierten" gesprochen werden, nicht etwa im wörtlichen Sinn. (…)

Nach einer Auslegung der klassischen Demokratietheorie (durch J. A. Schumpeter) bedeutet Demokratie:

„ … jene institutionelle Ordnung zur Erzielung politischer Entscheidungen, die das Gemeinwohl dadurch verwirklicht, dass sie das Volk selbst die Streitfragen entscheiden lässt und zwar durch die Wahl von Personen, die

M 40 Der Idealfall „Klassischer Demokratie"

In Glarns in der Schweiz versammeln sich an jedem ersten Sonntag im Mai die Stimmbürgerinnen und Stimmbürger, um politische Probleme zu diskutieren und Beschlüsse zu fassen. Jeder Glarner Bürger hat das Recht, auf der Bühne (Ringmitte) Anträge zu stellen, Kritik oder Zustimmung vorzubringen. Alle Stimmberechtigten stehen auf dem Podest.

Aus:
Informationen zur politischen Bildung,
H. 165/1992, S. 15

Theorievergleich

zusammenzutreten haben, um seinen Willen auszuführen."
65 Das mit diesen Bestimmungen umrissene Demokratiemodell unterstellt Schumpeter zufolge
– die Möglichkeit, das Gemeinwohl inhaltlich festlegen zu können;
70 – das Vorhandensein eines im Prinzip gleichgerichteten Volkswillens, der mit dem Gemeinwohl oder dem Gesamtinteresse identisch ist.

Beide Voraussetzungen werden von
75 Schumpeter geleugnet. Denn das, was sich als Volkswille artikuliert, sei nicht immer auch das allgemeine Beste, und das, was gut für alle sei, lasse sich nicht ein für allemal festschreiben.

Kurt Lenk/Berthold Franke: Theorie der Politik, Frankfurt – New York 1991, S. 122 ff.

M 41 Regierung für das Volk – das Konkurrenzmodell demokratischer Elitenherrschaft

Die Diskrepanz (*Widersprüchlichkeit*) zwischen den Normen der klassischen Demokratietheorie ... und der Verfassungs**wirklichkeit** in modernen demo-
5 kratischen Großflächenstaaten ist offenkundig. Gegen ihre unabdingbaren Forderungen, die als „utopisch" gelten, hat sich, ausgehend von den Vereinigten Staaten von Amerika, das Kon-
10 kurrenzmodell der Demokratie – als „realistische Demokratietheorie" – durchgesetzt. Für ihre Vertreter ist Demokratie nicht mehr ein auf Verminderung von Herrschaft gerichtetes
15 Verfassungssystem, auch nicht mehr „Regierung durch das Volk", sondern bloß eine „Regierung **für** das Volk". Demokratie wird hier als eine von vielen möglichen Herrschaftsformen gese-
20 hen, die sich von anderen lediglich durch ihre spezifische Form der „Führerbestellung", der Konkurrenz der Eliten um die Stimmen der Wähler, unterscheidet. ... Demokratie sei, so wird be-
25 hauptet, nicht gekennzeichnet durch das Ideal der Gleichheit, sondern durch eine bestimmte Methode und Verfahrensweise. ... Die Realität der Elitenkonkurrenz bei weitgehender politi-
30 scher Apathie (*Teilnahmslosigkeit*) der Massen bildet den Ausgangspunkt eines Demokratiekonzepts, für das politisches Handeln nichts als Machtkampf zwischen konkurrierenden Eliten dar-
35 stellt. Programme und Ziele spielen daher eine untergeordnete, bloß „ideologische" Rolle. ...

Waren in der klassischen Demokratiekonzeption die Bürger noch als aktive
40 und prinzipiell politisch Mündige gefordert, so wird die politische Beteiligung im Konkurrenzmodell der Demokratie im wesentlichen auf Wahlakte reduziert. Während der übrigen Zeit
45 hat sich der politische „Normalverbraucher" eines jeden Versuchs der Einflussnahme auf die von ihm gewählten Vertreter gefälligst zu enthalten. ... Die Kompetenz (*Befähigung*) für
50 politische Entscheidungen sei letztlich nur wenigen Fachleuten (= Experten) vorbehalten, während die Masse sich darauf beschränken müsse, die geeignetsten Führer auszuwählen, um sie
55 dann, sofern deren Konkurrenten von der Opposition bei der nächsten Wahl als kompetenter erscheinen, ebenso wieder loszuwerden. (...)

Fachmann sei der Einzelne nur dort,
60 wo es sich um Entscheidungen seines alltäglichen Lebens handle, nicht aber auf dem schwierigen Feld der Politik. Weil dem so ist, gehorche der Durchschnittsbürger lieber dem fachkun-
65 digen Rat „unparteiischer Experten". Deshalb, so folgert Schumpeter, müssen die Gremien der gewählten Experten möglichst unbeeinflusst vom Willen der Bürger für das allgemeine Beste
70 sorgen. ...

Schumpeter geht davon aus, dass in der Verfassungswirklichkeit das Volk weder die Streitfragen der großen Politik stellt noch entscheidet, sondern dass
75 diese in aller Regel **für** das Volk gestellt und entschieden werden und auch werden sollen. Der Gegensatz zwischen der klassischen ... Demokratietheorie (und dem Konkurrenzmodell
80 der demokratischen Elitenherrschaft) läuft letztlich auf die unterschiedliche Bestimmung dessen hinaus, was unter „Demokratie" eigentlich zu verstehen ist: ein **Prozess** oder eine **Methode**.

Lenk/Franke, a.a.O., S. 124ff.

Arbeitsvorschläge

1. Arbeiten Sie die Gemeinsamkeiten und Unterschiede der beiden Demokratiemodelle heraus. Vergleichsgesichtspunkte können sein:
– **Demokratieverständnis**
  Was ist mit „Demokratie" gemeint?
– **Teilhabe („Partizipation")**
  An welchen politischen Entscheidungen sind die Bürgerinnen und Bürger beteiligt?
– **Wahlen**
  Welche Funktion haben Wahlen?
– **Staat**
  Wodurch unterscheidet sich der Staat in den beiden Demokratiemodellen?
– **Öffentlichkeit**
  Welche Funktion hat die Öffentlichkeit im jeweiligen Demokratiemodell?

2. Diskutieren Sie, welches Demokratiemodell für die Demokratie bei uns Vorbild ist – und welches Ihrer Meinung nach Vorbild sein sollte.

Was machen wir zwischen den Wahlen?

Liebe Schülerinnen und Schüler!

Viele Bürgerinnen und Bürger sitzen im Schmollwinkel der Parteienverdrossenheit. Sie bezweifeln die Fähigkeit der Politiker zur Problemlösung und nehmen an Wahlen nicht mehr teil.
Derweil wachsen die Probleme.

Schimpfen hilft da nicht weiter; selber mit anpacken auch nicht immer, aber doch immer öfter.

In diesem Kapitel stehen Möglichkeiten zur Diskussion, wo und wie politisch etwas „von unten" bewegt werden kann. Das Grundgesetz garantiert dafür vorrangig vier Grundrechte:

Mitarbeit in Parteien, Zusammenschluss in Vereinen und Verbänden sowie Gebrauch der Meinungs- und Pressefreiheit.

Außerparlamentarische Formen politischer Beteiligung

FRIEDE – Wandbild in der Bielefelder Martin-Niemöller-Gesamtschule.

Das Bild wurde 1981 von einer Schülergruppe des 10. Jahrgangs gemalt und löste damals in der Öffentlichkeit erregte Debatten aus.

Beschreiben Sie, welche Probleme die Schülergruppe dargestellt hat und welche Möglichkeiten zur Problemlösung angedeutet werden.

Wer ist nach Ihrer Meinung „zuständig" für die Bearbeitung dieser Probleme?
Nennen Sie politische Probleme unserer Zeit, die Sie selbst in einem Bild oder einer Collage darstellen würden.

Diskutieren Sie, wer an der Lösung Ihrer Probleme mitwirken könnte und welche Handlungsmöglichkeiten dafür geeignet sind.

„Ohne Parteien läuft nichts" – oder doch?

Vielleicht sind Sie selbst, wie die meisten Jugendlichen, auch „sauer" und denken: Parteien sind „Absahner", die sich nur Geld und Pöstchen zuschieben aber unfähig sind, die Probleme zu lösen, die Ihnen wichtig sind. Nach Gründen für Ihren Frust werden Sie nicht lange suchen müssen. Immerhin klagte selbst der ehemalige Bundespräsident Richard v. Weizsäcker darüber, dass die Parteien sich „den Staat zur Beute gemacht" haben. Und Wissenschaftler weisen darauf hin, dass in den letzten Jahrzehnten viele politische Initiativen und neue Ideen ihren Ausgangspunkt nicht in den Parteien hatten, sondern in der Umweltbewegung, der Frauenbewegung, in Dritte-Welt-Initiativen oder der Friedensbewegung.

Dennoch sollten Sie die Parteien nicht vorschnell aus Ihren Überlegungen ausschließen, wenn Sie darüber nachdenken, wie die politischen Probleme gelöst werden können. Denn: Wer könnte anstelle der Parteien deren Aufgaben übernehmen? Wären Verbände, Bürgerinitiativen oder Volksabstimmungen ausreichende Alternativen? Damit Sie das sachlich begründet entscheiden können, ist jedoch zunächst zu klären, was die Aufgaben der Parteien sind.

Die Frage, was eine Partei ist und welche Aufgaben sie hat, kann durchaus unterschiedlich beantwortet werden. In Diktaturen haben Parteien zweifellos andere Funktionen als in einer parlamentarischen Demokratie. In der Bundesrepublik sind die Aufgaben und die Rechtsstellung der Parteien im Grundgesetz und im Parteiengesetz näher geregelt. Art. 21 GG legt fest: „Die Parteien wirken bei der politischen Willensbildung des Volkes mit." Dies ist ihre Hauptaufgabe. Unsere Demokratie soll demnach eine „Demokratie mit Parteien" und in diesem Sinne eine „Parteiendemokratie" sein, jedoch kein Staat, der den Parteien eine Herrschaft über die politische Willensbildung einräumt.

M 1 Wer ist hier gefordert: Parteien – Verbände – Bürgerinitiativen?

M 2 Merkmale und Aufgaben der Parteien

- Eine Partei hat **Einfluss auf die politische Willensbildung** zu nehmen. Sie strebt eine gesamtpolitische Wirkung an. Die Mitgestaltung der politischen Willensbildung richtet sich sowohl auf einen **längeren Zeitraum** als auch auf einen **größeren Bereich**. Es genügt demnach nicht, wenn sich eine politische Vereinigung ausschließlich im kommunalen Sektor betätigt (so genannte „Rathausparteien").
- Eine Partei muss den Willen erkennen lassen, **regelmäßig** an der politischen Repräsentation des Volkes teilzunehmen. Damit unterscheidet sie sich etwa von Verbänden, die keine politische Verantwortung für alle Bereiche tragen, oder von Bürgerinitiativen, die lediglich punktuell Einfluss nehmen, jedoch keine politischen Ämter übernehmen wollen. (…)

M 3 Unterschied von Parteien, Verbänden und Bürgerinitiativen

Partei	Verband	Bürgerinitiative
■ Nimmt an Wahlen mit eigenen Kandidaten und Kandidatinnen teil.	■ _ _ _	■ _ _ _
■ Will auf allen Gebieten des öffentlichen Lebens Einfluss nehmen.	■ Einflussnahme beschränkt sich auf Teilbereiche.	■ Einflussnahme beschränkt sich auf einen Bereich, bzw. ein Ziel.
■ Verfolgt gesamtgesellschaftliche Ziele, die in einem Programm gebündelt sind.	■ Setzt sich für die Interessen seiner Mitglieder ein.	■ Setzt sich für ein Ziel einer Gruppe ein.
■ Die innere Ordnung muss demokratischen Grundsätzen entsprechen.	■ Keine Vorschriften über die innere Ordnung.	■ In der Regel frei vereinbarte Verfahrensordnung.
■ Organisation auf Dauer. Mitgliedschaft ist nur in *einer* Partei möglich.	■ Organisation auf Dauer. Mitgliedschaft in mehreren Verbänden/ Vereinen möglich.	■ Aktionsbündnis auf Zeit. In der Regel Mitarbeit ohne Mitgliedschaft.
■ Gegen Verbot besonderer Schutz der Verfassung.	■ _ _ _	■ _ _ _
■ Mitglieder oder Mitglieder des Vorstands dürfen in der Mehrheit nicht Ausländer sein.	■ Mitgliedschaft in der Regel für alle offen.	■ Mitarbeit in der Regel für alle möglich.

(Zur Rolle der Verbände s. Kapitel „Arbeit u. Betrieb", S. 102f.)

Aufgaben und Funktion der Parteien in der Demokratie

- Eine Partei stellt eine Vereinigung von Bürgerinnen und Bürgern dar. Das Prinzip der **Einzelmitgliedschaft** soll die Unterwanderung einer Partei durch einen Verband verhindern. Die **Zahl der Mitglieder darf eine gewisse Grenze nicht unterschreiten,** damit die Ernsthaftigkeit der Ziele und auch der Erfolgsaussichten erkennbar bleibt. (…)
- Eine politische Vereinigung, die den Parteistatus genießt, kann nur durch das Bundesverfassungsgericht verboten werden („Parteienprivileg"). (…)

Die politische Willensbildung vollzieht sich vor allem über die Parteien. **Sie fällen die wichtigsten politischen Entscheidungen** und ermöglichen dem Bürger die politische Orientierung. Vorwiegend über die Mitwirkung in den Parteien lassen sich die politischen Entscheidungsprozesse beeinflussen.
Entsprechend dem Prinzip der Volkssouveränität präsentieren die Parteien der Öffentlichkeit vor der Wahl **Kandidaten** und Kandidatinnen. Bevor die Wahlberechtigten über die Zusammensetzung des aus Parteimitgliedern bestehenden entscheiden, hat demnach schon eine **„Vorwahl"** stattgefunden. Sie ist jedoch unumgänglich, da die Bürgerinnen und Bürger anders keine Möglichkeit hätten, eine sinnvolle Auswahl zwischen Parteien und Personen zu treffen. Die Parteien dienen damit der Wahlvorbereitung.
Die „Ware" einer Partei ist ihr politisches **Programm,** das sie dem Wähler zur Entscheidung anbietet. Dabei erfüllen die jeweiligen Parteiprogramme vor allem zwei Hauptfunktionen. Einerseits sollen sie die Interessen der Bevölkerung **artikulieren** (Parteien als „Sprachrohr" des Volkes), zum anderen gehört es zu den Aufgaben der Parteiprogramme, die Willensbildung der Staatsbürger zu beeinflussen (Parteien als **„Formerinnen des Volkswillens"**).
Parteien dienen der politischen **Führungsauslese.** Wer sich politisch verantwortlich betätigt, gehört heutzutage in der Regel einer Partei an. (…)
Parteien, die die Regierung stellen, sollen den Staat politisch leiten. Sie besetzen die führenden Positionen mit ihren Mitgliedern.

U. Backes/E. Jesse: Merkmale und Aufgaben der Parteien, in: Informationen zur politischen Bildung 207/1996, S. 4,6

M 4 Mitgliederstand der Parteien in Tausend (bis 1987 alte Bundesländer)

	1972	1977	1987	1997
SPD	954,4	1006,3	910,1	780,0
CDU	423,0	664,2	705,8	636,3
FDP	57,8	79,5	64,9	71,0
GRÜNE			42,4	48,9

Der Spiegel, Nr. 11/1994, S. 45 u. Frankfurter Rundschau, 8.1.1998

M 5 Ohne Parteien keine Demokratie?

Sicher entspricht die Organisation der Parteien nicht der Theorie der Demokratie.
(…)
Wäre aber ein politischer Zustand ohne Parteien besser? … Wäre das Volk besser repräsentiert, wenn sich einzelne Kandidaten den Wählern präsentieren, ohne dass diese in der Lage wären, deren politische Absichten wirklich zu kennen? Wäre der Freiheit besser gedient, wenn der Regierung nur einzelne Abgeordnete ohne jede Vereinigung in politischen Formationen gegenüberstünden? (…) Im 19. Jahrhundert, als die Macht der Wirtschaft und der Finanzen allein die Presse, die Propaganda und die Nachrichtenmittel sowie den ganzen Apparat der Erfassung der Wähler beherrschte, da konnte nicht von Demokratie die Rede sein. Allein das Wachstum der Parteien und insbesondere der Arbeiterparteien hat die wirkliche und aktive Teilnahme des Volkes an den politischen Institutionen möglich gemacht.
(…)
Geschichtlich sind die Parteien in dem Augenblick entstanden, in dem die breiten Massen begannen, auf der politischen Bühne wirksam zu werden. Die Parteien boten die notwendige Organisation, die den Massen die Heranziehung der eigenen Elite ermöglichte. (…) Die Demokratie ist nicht durch die Parteien bedroht, sondern durch die heutige Ausrichtung ihrer inneren Struktur.

Maurice Duverger: Die politischen Parteien, Tübingen 1959, S. 427ff.

Stichwort:

Parteien
Parteien sind Vereinigungen, die dauernd oder für längere Zeit für den Bereich des Bundes oder eines Landes auf die politische Willensbildung Einfluss nehmen und an der Vertretung des Volkes im Deutschen Bundestag oder einem Landtag mitwirken wollen. An der Zahl ihrer Mitglieder, dem Umfang und der Festigkeit ihrer Organisation und an ihrem Auftreten in der Öffentlichkeit muss erkennbar sein, dass sie diese Ziele ernsthaft verfolgen. Eine Vereinigung, die sechs Jahre lang weder an einer Bundestags- noch an einer Landtagswahl teilgenommen hat, verliert ihre Rechtsstellung als Partei.

Arbeitsvorschläge

1. Betrachten Sie die Karikatur M 1. Ergänzen Sie die aufgeführten Probleme um Ihre eigenen.
Besprechen Sie, wer diese Probleme am ehesten lösen, oder zu einer Lösung wesentlich beitragen könnte.
Begründen Sie Ihre Meinung anhand von M 2 und M 3.

2. Die Zahl der Parteimitglieder ist rückläufig M 4.
Wenn diese Entwicklung anhält, kann das erhebliche Auswirkungen auf das System der „Parteiendemokratie" haben.
Arbeiten Sie anhand von M 2 und M 5 heraus, um welche Auswirkungen es sich handeln könnte.
Diskutieren Sie, ob das Vorteile oder Nachteile für Sie selbst haben kann.

Politik zum Selbermachen?

Bürgerinitiativen faszinieren mich und ich will das auch gar nicht verbergen. Es ist einfach eine befreiende Erfahrung, wenn man durch eigenes Engagement in einer Gruppe von Gleichgesinnten erreichen kann, dass in Routine oder Machtpositionen erstarrte Verwaltungs- und Funktionärsapparate in Bewegung versetzt werden können, die bis dahin bewegungsunwillig oder geradezu bewegungsunfähig schienen – kurz: wenn man politisch etwas erreichen kann.
Und dennoch ist es ein schwieriges Thema. Ganz schnell nämlich geraten Bürgerinitiativen in eine Situation, wo absehbar ist, dass der angestrebte Erfolg nur greifbar wird aufgrund der Bereitschaft, Druck auszuüben, zu dem nicht demokratisch ermächtigt wurde, und notfalls auch Regeln zu brechen, ohne die eine freiheitliche Ordnung gar nicht denkbar wäre.

Bürgerinitiativen sind in unserer Verfassung nicht vorgesehen. Dennoch gibt es sie. Seit den ersten Gründungen Mitte der 60er Jahre stieg ihre Zahl in die Zehntausende. Die Zahl derjenigen, die in Bürgerinitiativen mitwirken, übertrifft die Anzahl der Mitglieder in den Parteien. Bürgerinitiativen begehren auf gegen Fluglärm, gegen Wohnviertel zerstörende Stadtplanungen, gegen umweltzerstörende Industriebetriebe, gegen die Erhöhung von Fahrpreisen öffentlicher Verkehrsmittel. Sie machen öffentlich „Druck", um hier den Erhalt einer Baumreihe oder eines Baudenkmals, dort die Errichtung einer neuen Gesamtschule oder die Verkehrsberuhigung einer Straße durchzusetzen. Zu ihren Mitteln gehören Flugblätter, Zeitungsanzeigen, Presseinformationen und Leserbriefe, Gespräche mit Politikern und Politikerinnen, Podiumsdiskussionen und Unterschriftensammlungen, Demonstrationen, Bauplatzbesetzungen, gewaltlose Verkehrsblockaden und „Happenings", aber auch Expertenanhörungen und die Anrufung von Gerichten, Eingaben und Einsprüche bei öffentlichen Verwaltungen. Das geschieht in Wahrnehmung berechtigter Eigeninteressen, oft auch zum allgemeinen Wohl, mitunter aber auch wie im Stoßgebet: „Heiliger Sankt Florian, verschon' unser Haus, zünd' andere an!"

M 6 Ein exemplarischer Fall: „Betonwerk Altenstadt"

Dieses Betonwerk (siehe Foto) in der Waldsiedlung von Altenstadt wurde ohne Baugenehmigung errichtet. Es befindet sich in unmittelbarer Nachbarschaft zu Wohnhäusern. Die Anwohner fühlten sich durch Lärm und LKW-Verkehr, der mitten durch ihre Wohnsiedlung führte, unzumutbar belästigt. Zudem betrachteten sie die Errichtung und Nutzung des Werkes ohne Baugenehmigung als schlichtweg illegal.

Das zuständige Landratsamt verfügte ein Nutzungsverbot, doch die verantwortlichen Kommunalpolitiker und die Betreiber des Werkes scherten sich nicht um den Protest und Unwillen von Bürgern und übergeordneten Behörden. Die SPD-Fraktion, die die absolute Mehrheit in der Gemeindevertretung stellte, bemühte sich gemeinsam mit einer „Freien Wählervereinigung", durch die Verabschiedung eines entsprechenden Bebauungsplanes das unrechtmäßig erstellte Betonwerk nachträglich zu legalisieren. Für diesen Bereich der Waldsiedlung, verlautete aus dem Rathaus, sei schon immer ein Industriegebiet geplant gewesen.

Um ihrem Anliegen Nachdruck zu verschaffen, schlossen sich die betroffenen Anlieger zur Bürgerinitiative „Betonwerk muss weg / Aktiver Umweltschutz" zusammen. Zunächst kämpfte die Bürgerinitiative lediglich mit legalen Mitteln für Recht und Umweltschutz. Bald aber wurde auch die Möglichkeit von – wie sie meinte – erfolgversprechenderen Initiativen diskutiert. Begründung: „Es ist schwer für Bürgerinitiativen, sich zurückzuhalten, wenn sie wissen, dass Gesetze gebrochen werden können, ohne dass etwas geschieht. Die Frage ist daher zumindest berechtigt, ob wir illegale Mittel einsetzen sollen, um illegales Handeln zu beenden."

Ob das Betonwerk nachträglich genehmigt wird, hängt vom Regierungspräsidenten ab, dem der Bebauungsplanentwurf vorliegt. Für die Bürgerinitiative ist dies noch eine Chance. Sie will sie nutzen.

Nach M. Metz: Bürgerinitiative gegen ein Betonwerk, Frankfurter Rundschau vom 25.10.73

Einflussnahme durch Bürgerinitiativen 173

M 7 Wer ist Adressat der Einflussnahme durch Bürgerinitiativen?

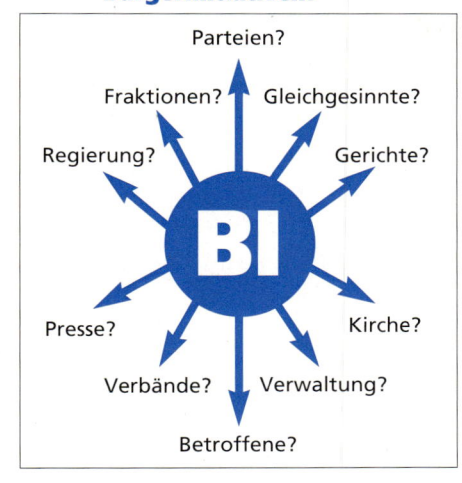

BI → Parteien? Fraktionen? Gleichgesinnte? Regierung? Gerichte? Presse? Kirche? Verbände? Verwaltung? Betroffene?

M 8 Rechtfertigung

Aus der Sicht der Politik und Verwaltung, gegen deren Handeln oder Unterlassen sich BI *(Bürgerinitiativen)* in der Regel wenden, erscheinen die BI meist als typische Vertreter partikularer *(eine Minderheit betreffende)* Interessen, wobei die Politiker und Beamten in der Regel für sich in Anspruch nehmen, als Vertreter des höherrangigen Allgemeininteresses aufzutreten. Diese Unterscheidung trifft jedoch für viele BI nicht wirklich zu. Auch wenn eine BI Umweltschutz sich gegen ein bestimmtes Projekt, z.B. den Bau eines Kernkraftwerkes, wendet, vertritt sie mit ihrer auf das einzelne Objekt gerichteten Initiative gleichwohl ein prinzipiell allgemeines Interesse, nämlich das an der Erhaltung und dem Schutz der Umwelt. (…)
Erst der Umfang und die Intensität der BI-Bewegung haben auch den politischen Parteien und staatlichen Verwaltungen zum Teil die Augen dafür geöffnet, dass ihr Handeln und ihre Entscheidungspraxis gewisse demokratische Defizite aufweisen. … Die BI sind … in vielen Fällen die legitimen Vertretungen von Interessen, die durch das ziemlich festgeknüpfte Netz … eines bloß aus „Volksparteien" zusammengesetzten Parteiensystems hindurchzufallen drohen.

K.Sontheimer: Bürgerinitiativen - Versuch einer Begriffsbestimmung. In: Guggenberger/Kempf [Hg.]: Bürgerinitiativen und repräsentatives System. Opladen 1984, S. 98f.

M 9 Kritik

Ohne verständliche und allgemein befolgte Spielregeln haben wir keine Demokratie. Unter diesen demokratischen Spielregeln … ist die fundamentalste, allgemein gültigste die Abstimmung, der Mehrheitsentscheid. … Dieses demokratische Urprinzip nun gerät bei den Bürgerinitiativen in Vergessenheit … [Sie] streben im Allgemeinen keine Abstimmung über ihre Forderungen oder Proteste an. Was sie (im Allgemeinen) anstreben, ist die Änderung, Herbeiführung oder Unterlassung hoheitlicher, ohne demokratische Mehrheitsermittlung zustande gekommener Verwaltungsakte, einfach auf den Druck der jeweiligen Bürgerinitiative hin. Dabei kann man nicht sagen, dass die spontanen Aktionsgemeinschaften, die eine Bürgerinitiative tragen, ihrer inneren Verfassung nach immer demokratisch sind oder ihrem Umfang nach immer mutmaßliche Mehrheiten repräsentieren. Im Gegenteil, viele Bürgerinitiativen sind augenscheinliche Minderheitsbewegungen …

S.Haffner: Die neue Sensibilität des Bürgers. In: Guggenberger/Kempf [Hg.]: Bürgerinitiativen und repräsentatives System. Opladen 1984, S. 88f.

M 10

(Karikatur WOLTER: „BÜRGER-INITIATIVE MECKENDORF" – Unser Land braucht dringend Kraftwerke, Straßen und Industrieanlagen!! / Unser Dorf duldet keinen Bau von Kraftwerken, Straßen und Industrieanlagen!!)

Arbeitsvorschläge

1. Nehmen Sie zum Fall „Betonwerk" (M 6) Stellung.
Klären Sie
– Auf welche Ziele sollte sich die BI in der entstandenen Situation verständigen? (Mögliche Alternativen: Schließung, Verlagerung, Umgehungsstraße, Lärmschutz, finanzielle Entschädigung …)
– Welche Mittel sollte sie einsetzen? (Vgl. einleitender Text)
– Wer soll Adressat ihrer Aktionen sein (M 7).

2. Stellen Sie fest, welche Bürgerinitiativen es in ihrer Region gibt:
– Wie sind sie entstanden?
– Was ist ihr Anliegen?
– Aus welchen gesellschaftlichen Gruppen stammen die Initiatoren und Mitwirkenden?
– Mit welchen Aktionen erreichen sie öffentliche Aufmerksamkeit?
– An wen richten sie sich?
Sie können auch Angehörige von Bürgerinitiativen bitten, in der Schule zu berichten.

3. Bilden Sie sich zur Berechtigung von Bürgerinitiativen ein Urteil: Sind Bürgeraktivitäten, die Verwaltungsentscheidungen oder Parlamentsbeschlüsse durch den Druck öffentlicher Meinung oder sogar Regelverletzungen beeinflussen, als eine Art **Lobby** zu verstehen, wie sie Industrie und Verbände schon lange pflegen? Oder ist hier neben den drei Gewalten Gesetzgebung, Regierung und Rechtsprechung eine „vierte Gewalt" entstanden, welche die parlamentarische Demokratie und die Gültigkeit von Mehrheitsentscheidungen in Frage stellt? (M 8 – M 10)

Stichwort:
Lobby
Ursprünglich war damit die Vorhalle im amerikanischen Kongress gemeint. Heutzutage werden damit Verbandsvertreter bezeichnet, die auf politische Repräsentanten Einfluss nehmen.

Wir wollen uns einmischen – aber wie?

Fast immer empfiehlt es sich, auf zwei Wegen Einfluss zu nehmen, um ein politisches Ziel zu erreichen: Sie können versuchen, in direkten Gesprächen die entscheidungsbefugten Amtsinhaber (z. B. Bürgermeister/in oder Amtsleiter/in) und politischen Gremien (z. B. Fraktionen der Rathausparteien) für Ihr Anliegen zu gewinnen; oder Sie wenden sich an die Öffentlichkeit, um einen für Ihr Anliegen günstigen „Meinungsdruck" zu erzeugen – in der Erwartung, dass er bei den Entscheidungsträgern Wirkung zeigen wird. Handeln Sie in Gemeinschaft mit anderen, sind für den Erfolg in aller Regel drei „strategische Schritte" besonders wichtig: Informationen sammeln, Verbündete suchen und schließlich Öffentlichkeit herstellen.

Könnten wir den Massenmedien glauben, wäre alles klar: Die Bürgerinnen und Bürger sind „politikverdrossen" und die Parteien müssen das ausbaden. In Forschungsberichten über das Politikinteresse – vor allem auch von Jugendlichen – heißt es dagegen übereinstimmend: stimmt gar nicht. Viel mehr als früher wollen sich Bürger/innen in die Politik selbst einmischen, ihre Lebensbedingungen selber mitgestalten, die geplante Schließung eines Freibades verhindern, in ihrem Wohnbezirk „Tempo 30" durchdrücken oder den Abriss eines historisch wertvollen Gebäudes verhindern. Und das für Sie Interessante daran: Es ist auch möglich. Nur wissen viele nicht wie.

Vielleicht kommen Sie selbst auch mal in eine Situation, wo Sie denken: Jetzt muss 'was passieren – sofort; wo Sie etwas tun möchten, aber nicht wissen was und wie. Ich weiß natürlich nicht, welche Situationen das sein könnten. Aber es gibt politische Handlungsmöglichkeiten, die kann man in vielen Situationen nutzen – und mit diesen möchte ich Sie vertraut machen.

Anwohner ergriffen Initiative für Verkehrsberuhigung in der Herner Straße
Mehr erreicht, als Politiker wollten
Von Susanne Esser

Bielefeld-Brackwede. Die Anwohner der Herner Straße können sich ... grund war der, dass Verantwortliche glaubten, Tempo 30 sei für LKW-Fahrer uninteressant. ... sätzlich das Durchfahrtsverbot von der Brockhagener Straße an. Das ...

Neue Westfälische, 9.7.94

M 11 Das direkte Gespräch suchen

Die meisten Bürgermeister halten im Rathaus eine Sprechstunde ab, die in der Regel in der Lokalpresse angekündigt wird. … Legen Sie sich vorher zurecht, was Sie dem Bürgermeister erzählen wollen. Ihre Forderungen sollten klar nachvollziehbar sein. Bitten Sie um Auskunft, wie das weitere Vorgehen in einer Angelegenheit aussehen soll. … Ihr Interesse ist es, zu erfahren, von welchen Terminen und Rahmenbedingungen Sie auszugehen haben. (…)

Auch Gespräche mit Mitgliedern des Gemeinderats können sehr sinnvoll sein. Dabei sollte man darauf achten, dass alle Fraktionen in die Gespräche einbezogen werden.

M 12 Informationen sammeln

Oft werden „Experten" aufgeboten, um Protest mit der Begründung abzuwürgen, die Kritiker wüssten gar nicht, worüber sie redeten. Daher ist es sinnvoll, sich ein gewisses Grundwissen anzueignen. Informationen sind wichtig über das Fachgebiet und über die Verhältnisse vor Ort. Dazu eignen sich z.B. Fachbücher, Schriften der Gemeinde, Stellungnahmen von Verbänden (anfordern) und die Lokalpresse (Ausschnitte sammeln).

M 13 Verbündete suchen

Für Sie ist wichtig, dass Ihr Anliegen nicht in einem kleinen Kreis von Eingeweihten bleibt. Deshalb werden Sie Kontakt zu möglichst vielen Gruppen aufnehmen, auch wenn sie nicht ganz genau Ihr Themengebiet bearbeiten. … Auch die großen gesellschaftlichen Verbände wie Gewerkschaften und Kirchen sind mögliche Bündnispartner. Je nach Themengebiet müssen Sie die geeigneten auswählen. …

Mögliche Verbündete
- andere Menschen mit gleichen Interessen, die man ansprechen und fragen kann, ob sie das Anliegen, das man verfolgt, unterstützen
- andere Initiativen mit gleichartigen Zielen
- Verwaltung
- Mitglieder des Gemeinderats
- Mitglieder in Verbänden.

Politische Handlungsmöglichkeiten: Organisieren – Informieren – Demonstrieren

M 14 Öffentlichkeit herstellen

1. Leserbriefe:
Für die Öffentlichkeitsarbeit spielt zwangsläufig die Lokalpresse eine wichtige Rolle. Da steht Ihnen zunächst natürlich die Möglichkeit des Leserbriefs offen. Sie erhöhen Ihre Chancen auf Abdruck, wenn Sie sich auf einen Bericht der Zeitung beziehen. Ein Leserbrief sollte knapp formuliert und in sachlichem Ton gehalten sein sowie Name und Adresse des Absenders enthalten.

2. Pressegespräch:
Wenn die ersten Briefe geschrieben und die ersten Gespräche geführt sind und wenn Sie erste Unterstützung gefunden haben, kann man schon mal an ein Pressegespräch mit Journalisten denken. Rufen Sie in den Redaktionen an oder laden Sie schriftlich ein. Nach Möglichkeit etwa eine Woche vor dem Termin. Nennen Sie in der Einladung nur Ort, Datum und Thema. Die Neuigkeiten wollen Sie dann ja beim Gespräch erzählen. Denken Sie daran, alle Zeitungen einzuladen. Die Leute von der Presse sind in der Regel froh, wenn Sie ihre Informationen in möglichst kurzer Zeit bekommen. Sie beschränken sich also auf einige Kernaussagen und stellen möglichst eine Pressemappe zusammen, die Material über Ihre Arbeit enthält.

3. Flugblätter:
Ein Flugblatt sollte ansprechend gestaltet sein: nicht nur Text, sondern auflockern mit Karikaturen oder Schlagzeilen. Außerdem muss darauf geachtet werden, dass das Flugblatt ein Impressum enthält, also angibt, wer für das Flugblatt verantwortlich ist (V.i.S.d.P. = verantwortlich im Sinne des Presserechts). Mindestens ein Name muss also auf dem Flugblatt verzeichnet sein. Wenn Sie Flugblätter aus der Hand verteilen (ohne einen Tisch aufzubauen), brauchen Sie meist nicht mal eine Genehmigung.

4. Informationsstände:
Wenn Sie einen Tisch aufstellen (wofür sich ein preiswerter Tapeziertisch anbietet), ist dies ein Informationsstand. Dafür muss beim „Amt für öffentliche Ordnung" (Ordnungsamt) eine „Sondernutzungserlaubnis" eingeholt werden. Wer keine Genehmigung hat, muss mit einem Bußgeld rechnen. An Ausstattung wird vor allem Informationsmaterial benötigt. An einem Informationsstand können auch Plakatständer aufgestellt werden, entweder mit gedruckten oder mit selbstgeschriebenen Plakaten. Gut geeignet für die Öffentlichkeitsarbeit sind auch Transparente.

5. Kundgebungen/Demonstrationen:
Im Grundgesetz (Art. 8) ist diese Form politischer Einflussnahme verfassungsrechtlich verankert. Es muss aber das Versammlungsgesetz beachtet werden. Es schreibt vor, dass eine Versammlung unter freiem Himmel (Kundgebung, Demonstration) 48 Stunden zuvor beim Ordnungsamt angemeldet werden muss. Auch die Polizei muss benachrichtigt werden. Bei der Anmeldung müssen Zeit, Ort und ein Leiter der Veranstaltung benannt werden. Der Kundgebungsleiter sollte am Ende der Demonstration oder Kundgebung ausdrücklich sagen, dass die Veranstaltung geschlossen ist. Was danach passiert, liegt dann nicht mehr in seiner Verantwortung.

Alle Texte nach R. Buck: Bürger machen Politik, Weinheim 1991, S. 141 f., 55, 59, 138–144.

Ich schließe mich dem Appell an d[...]
die Zustimmung zur Stationierung v[...]
Mitteleuropa zurückzuziehen

NAME   Anschrift

Redaktion
Neue Westfälische
Niederstr. 21
33602 Bielefeld

Leserbriefe

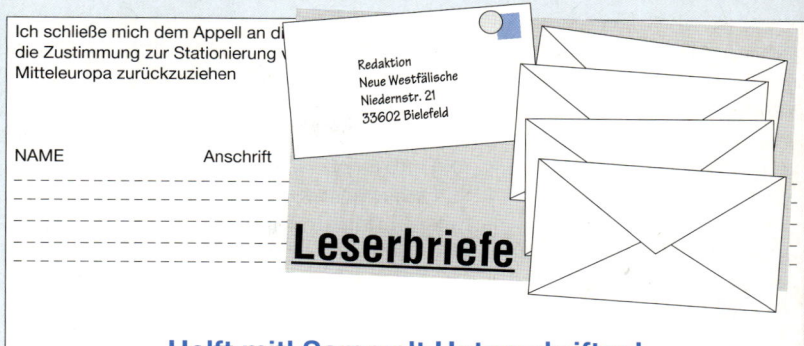

Helft mit! Sammelt Unterschriften!

Über eine Million Unterschriften beabsichtigen bundesdeutsche Friedensinitiativen gegen die geplante Stationierung der amerikanischen Atomraketen in der BRD zu sammeln; allein aus Bielefeld will die DFG/VK ca. 20.000 Unterschriften beisteuern. Die StadtBlatt-Redaktion möchte an dieser Stelle alle Leser auffordern, persönlich im eigenen Bekanntenkreis um Zustimmung für den oben stehenden Appell zu werben und die Unterschriften an die DFG/VK, 48 Bielefeld, Mühlenstr. 54 zu schicken.

Arbeitsvorschlag

Nehmen Sie aus der Lokalpresse einen aktuellen kommunalpolitischen Konflikt in Ihrer Gemeinde (z. B. eine geplante Bäderschließung), den Sie in Ihrem Sinne entscheiden wollen. Bilden Sie dazu „Aktionsgruppen", deren Aufgabe es ist, ein Szenario (dazu S. 132f.) für außerparlamentarische Aktionen bis hin zum Bürgerentscheid zu entwerfen. Legen Sie die Schritte fest, in denen vorgegangen werden soll und einigen Sie sich auf Maßnahmen, die in Ihrem Konfliktfall durchgeführt werden könnten.

Mehr Demokratie wagen!

Neben den schon besprochenen Möglichkeiten, selbst auf die Politik Einfuss zu nehmen, gibt es noch weitere. Dazu gehören z. B.: Beschwerden und Petitionen (Eingaben), mit dem Sie sich an die zuständigen Stellen in der Gemeinde, im Land oder im Bund wenden können. Wenn ihre Gemeinde bzw. Stadt einen Bebauungsplan aufstellt, durch den Sie Nachteile befürchten, können Sie bei der öffentlich durchzuführenden Bürgeranhörung oder binnen eines Monats nach der öffentlichen Auslegung des Planentwurfs Bedenken und Anregungen vorbringen. Werden Sie übergangen, bleibt noch der Weg zum Gericht. Sie können aber – zusammen mit anderen – in ihrer Gemeinde auch selbst zum „Gesetzgeber" werden oder einen Ratsbeschluss auf den Weg bringen. Die Mittel dazu heißen: Einwohnerantrag, Bürgerbegehren und Bürgerentscheid. Was darunter zu verstehen ist und wie sie zustandekommen, das können Sie auf dieser Doppelseite am Beispiel der Gemeindeordnung (GO) von NRW erfahren. Die Regelungen in anderen Bundesländern sind im Detail, aber nicht im Prinzip anders.

In mehreren Bundesländern haben die Bürgerinnen und Bürger durch Reform der Gemeindeordnung (GO) seit einigen Jahren wesentlich erweiterte Mitwirkungsmöglichkeiten bei kommunalpolitischen Entscheidungen. Zwar konnten sich auch bisher schon Bürgerinnen und Bürger mit Beschwerden oder in Form eines Bürgerantrages an den Rat wenden, doch nahmen die Räte dies selten wirklich zur Kenntnis. Auch in Einwohnerversammlungen oder in den Einwohnerfragestunden des Rates waren die Bürger weitgehend in einer passiven Rolle und konnten allenfalls Änderungswünsche vorbringen oder die Ablehnung von Planungsvorhaben artikulieren. Die Entscheidung traf in allen Fällen der Rat allein. Das ist nunmehr anders. Die Bürgerinnen und Bürger können – in Grenzen – jetzt auch selbst entscheiden, oder eine Entscheidung herbeiführen.

M 15 Einwohnerantrag (§ 25 GO NRW)

(1) Einwohner, die seit mindestens drei Monaten in der Gemeinde wohnen und das 14. Lebensjahr vollendet haben, können beantragen, dass der Rat über eine bestimmte Angelegenheit, für die er gesetzlich zuständig ist, berät und entscheidet.
(2) Der Antrag muss schriftlich eingereicht werden. Er muss ein bestimmtes Begehren und eine Begründung enthalten. Er muss bis zu drei Personen benennen, die berechtigt sind, die Unterzeichnenden zu vertreten.
(3) Der Einwohnerantrag muss unterzeichnet sein
1. in kreisangehörigen Gemeinden von mindestens fünf vom Hundert der Einwohner, höchstens jedoch von 4 000 Einwohnern,
2. in kreisfreien Städten von mindestens vier vom Hundert, höchstens jedoch 8 000 Einwohnern.

§ 25 der Gemeindeordnung des Landes NRW vom 14.7.1994

M 16 Bürgerbegehren und Bürgerentscheid (§26 GO NRW)

(1) Die Bürger können beantragen (Bürgerbegehren), dass sie an Stelle des Rates über eine Angelegenheit der Gemeinde selbst entscheiden (Bürgerentscheid).
(2) Das Bürgerbegehren muss schriftlich eingereicht werden und die zur Entscheidung zu bringende Frage, eine Begründung sowie einen nach den gesetzlichen Bestimmungen durchführbaren Vorschlag für die Deckung der Kosten der verlangten Maßnahme enthalten. …
(3) Richtet sich ein Bürgerbegehren gegen einen Beschluss des Rates, muss es innerhalb von sechs Wochen nach der Bekanntmachung des Beschlusses eingereicht sein.
(4) Das Bürgerbegehren muss von mindestens zehn vom Hundert der Bürger unterzeichnet sein. Ausreichend sind jedoch in Gemeinden
– mit nicht mehr als 50 000 Einwohnern 4 000 Unterschriften,
– mit mehr als 50 000 – 100 000 Einwohnern 6 000 Unterschriften,
– mit mehr als 100 000 – 250 000 Einwohnern 12 000 Unterschriften,
– mit mehr als 250 000 - 500 000 Einwohnern 24 000 Unterschriften,
– mit mehr als 500 000 Einwohnern 48 000 Unterschriften.
(6) Der Rat stellt unverzüglich fest, ob das Bürgerbegehren zulässig ist. Entspricht der Rat dem zulässigen Bürgerbegehren nicht, so ist innerhalb von drei Monaten ein Bürgerentscheid durchzuführen.

§ 26 der Gemeindeordnung des Landes NRW

M 17 Vom Bürgerbegehren zum Bürgerentscheid

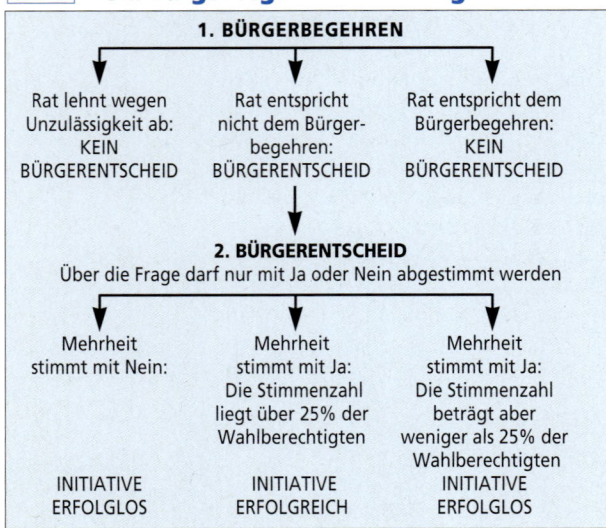

1. BÜRGERBEGEHREN

- Rat lehnt wegen Unzulässigkeit ab: KEIN BÜRGERENTSCHEID
- Rat entspricht nicht dem Bürgerbegehren: BÜRGERENTSCHEID
- Rat entspricht dem Bürgerbegehren: KEIN BÜRGERENTSCHEID

2. BÜRGERENTSCHEID
Über die Frage darf nur mit Ja oder Nein abgestimmt werden

- Mehrheit stimmt mit Nein: INITIATIVE ERFOLGLOS
- Mehrheit stimmt mit Ja: Die Stimmzahl liegt über 25% der Wahlberechtigten: INITIATIVE ERFOLGREICH
- Mehrheit stimmt mit Ja: Die Stimmzahl beträgt aber weniger als 25% der Wahlberechtigten: INITIATIVE ERFOLGLOS

Einwohnerantrag – Bürgerbegehren – Bürgerentscheid

M 18 Bürgerentscheid Autofreie Innenstadt in Versmold

Im Oktober 1994 startete Nordrhein-Westfalen das erste Bürgerbegehren. Darüber haben wir mit einem der drei Initiatoren, Herrn Dieter Naujoks, gesprochen.

■ *Herr Naujoks, wie kam es zum Bürgerbegehren?*

Seit 1991 werden Anträge von BÜNDNIS 90/DIE GRÜNEN, die Innenstadt vom Autoverkehr freizuhalten, vom Rat immer wieder aufgeschoben. Deswegen sahen wir im Bürgerbegehren ein Instrument, die Versmolderinnen und Versmolder entscheiden zu lassen. Sofort nach Inkrafttreten des neuen Kommunalverfassungsgesetzes starteten wir am 17. Oktober 1994 das Bürgerbegehren.

■ *Wie ist der formale Weg eines Bürgerbegehrens?*

Nach der Kommunalverfassung müssen 10% der Wahlberechtigten Bürgerinnen und Bürger einer Stadt den Antrag unterstützen.

> **Antrag des Bürgerbegehrens „Autofreie Innenstadt"**
>
> „Der Marktplatz soll sofort für den privaten Autoverkehr gesperrt werden. Nach einer Eingewöhnungszeit von 4 Monaten wird die autofreie Zone ausgedehnt auf die Ravensburger Straße vom Marktplatz bis zur Einfahrt zum Kirchparkplatz und die Münsterstraße vom Marktplatz bis zur Einmündung der Altstadtstraße."

In Versmold waren 1 400 Unterschriften erforderlich – 1 764 Versmolderinnen und Versmolder gaben ihre Unterschrift für unseren Antrag. Wir haben dann das Bürgerbegehren dem Stadtrat zugeleitet, der jedoch dieses Anliegen abgelehnt hat. Deshalb wurde ein Bürgerentscheid notwendig.

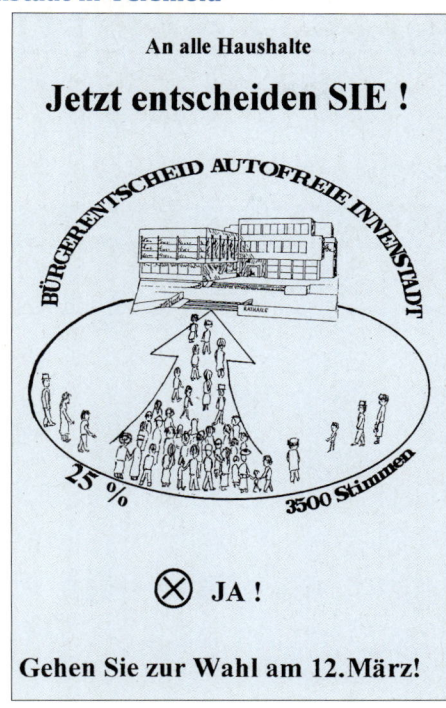

Flugblatt 1994

■ *Was bedeutet das?*

Das bedeutet konkret, dass die Bürgerinnen und Bürger an Stelle des Rates über die autofreie Innenstadt entscheiden – ein Bürgerentscheid hat die Wirkung eines Ratsbeschlusses.
Diese Abstimmung hat am 12. März 1995 stattgefunden. Leider haben wir dabei unser Ziel verfehlt. 3 103 Wahlberechtigte haben für unseren Antrag gestimmt, 4 076 waren dagegen. Aber immerhin betrug die Wahlbeteiligung 51%.

■ *Wie beurteilen Sie nach Ihren Erfahrungen Bürgerbegehren?*

Ich finde trotz des Scheiterns unserer Initiative, dass hierdurch die Bürgerinnen und Bürger sehr viel mehr Einfluss auf die Gestaltung kommunaler Belange nehmen können. Durch unsere Initiative ist eine lebhafte Diskussion über die Gestaltung unserer Innenstadt ausgebrochen, die auch jetzt noch weiter anhält.

Arbeitsvorschläge

1. Einwohnerantrag und Bürgerbegehren/Bürgerentscheid sind Verfahren, mit denen Sie unmittelbar in die Kommunalpolitik eingreifen können. Erläutern Sie anhand von M 15 – M 16 die Unterschiede. Achten Sie dabei auf den Unterschied von „Einwohner" und „Bürger", auf den *Zweck*, das *Quorum* (die Mindestzahl der notwendigen Unterschriften/Stimmen) und den *Ablauf* des Verfahrens (M 17 – M 18).

2. Prüfen Sie wie viel Unterschriften/Stimmen in Ihrer Gemeinde/Stadt für einen Einwohnerantrag bzw. für ein Bürgerbegehren notwendig sind.

3. Planen Sie nach dem Beispiel von M 18 ein Bürgerbegehren zu einem politischen Problem aus Ihrer Gemeinde. Dabei ist Folgendes zu bedenken:
– Um welches Problem handelt es sich genau und wie sollte die Lösung aussehen?
– Wie muss der Antrag formuliert werden?
– Wo wird der Antrag eingereicht?
– Wie viel Unterschriften brauchen Sie und wer ist zur Unterschrift berechtigt?
– Wie soll für den Antrag geworben werden? (Vgl. dazu auch die Methodenseite.)

Soziale Sicherheit für alle?

ZIELE DES SOZIALSTAATES

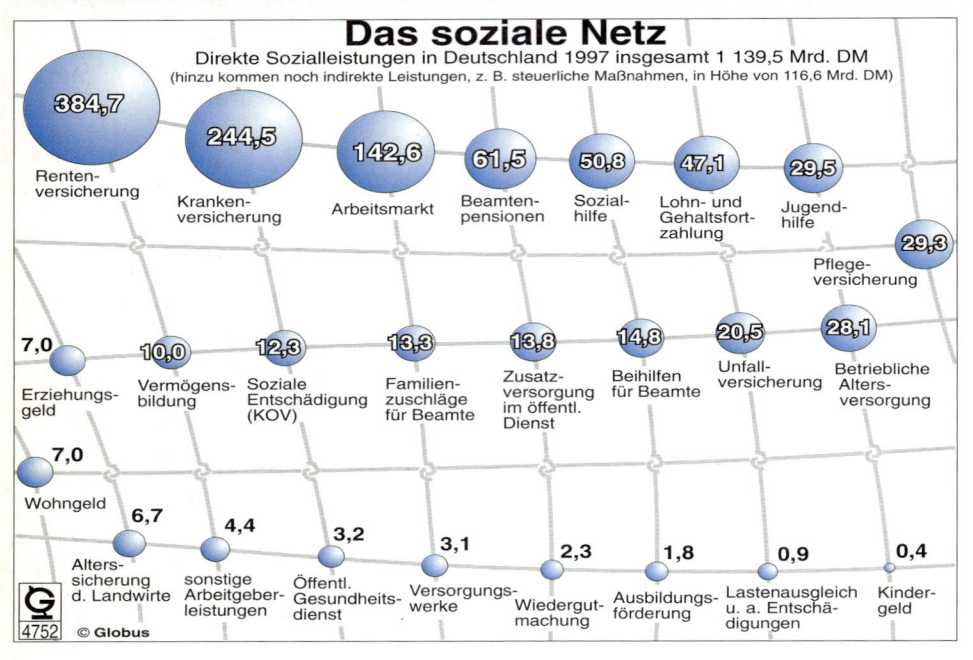

Das soziale Netz
Direkte Sozialleistungen in Deutschland 1997 insgesamt 1 139,5 Mrd. DM
(hinzu kommen noch indirekte Leistungen, z. B. steuerliche Maßnahmen, in Höhe von 116,6 Mrd. DM)

- 384,7 Rentenversicherung
- 244,5 Krankenversicherung
- 142,6 Arbeitsmarkt
- 61,5 Beamtenpensionen
- 50,8 Sozialhilfe
- 47,1 Lohn- und Gehaltsfortzahlung
- 29,5 Jugendhilfe
- 29,3 Pflegeversicherung
- 28,1 Betriebliche Altersversorgung
- 20,5 Unfallversicherung
- 14,8 Beihilfen für Beamte
- 13,8 Zusatzversorgung im öffentl. Dienst
- 13,3 Familienzuschläge für Beamte
- 12,3 Soziale Entschädigung (KOV)
- 10,0 Vermögensbildung
- 7,0 Erziehungsgeld
- 7,0 Wohngeld
- 6,7 Alterssicherung d. Landwirte
- 4,4 sonstige Arbeitgeberleistungen
- 3,2 Öffentl. Gesundheitsdienst
- 3,1 Versorgungswerke
- 2,3 Wiedergutmachung
- 1,8 Ausbildungsförderung
- 0,9 Lastenausgleich u. a. Entschädigungen
- 0,4 Kindergeld

© Globus 4752

Soziale Sicherheit
Der Sozialstaat soll in sozialen Notlagen Schutz bieten, insbesondere bei Arbeitsunfähigkeit durch Krankheit, Unfall, Invalidität und Alter sowie bei Arbeitslosigkeit. Hinzu kommen: Arbeitsschutz, Gesundheitsfürsorge, sozialer Wohnungsbau sowie Fürsorgeleistungen bei Bedürftigkeit.

Verteilungsgerechtigkeit
Art. 1 GG bestimmt: „Die Würde des Menschen ist unantastbar. Sie zu achten und zu schützen, ist Verpflichtung aller staatlichen Gewalt." Diese Verpflichtung schließt ein, große Unterschiede des Einkommens, Vermögens und der Lebenschancen (Bildung, Beruf usw.) zu verringern, d. h. allen eine angemessene Beteiligung am allgemeinen Wohlstand zu gewährleisten.

Schlossbesitzerin Gloria: Jeden Morgen um eine halbe Million reicher

Leistungen und Grenzen des Sozialstaates

PROBLEME DER SOZIALPOLITIK

Kostendruck

Allein die Ausgaben für Sozialhilfe sind in den westlichen Bundesländern von 1970 bis 1997 um mehr als das Fünfzehnfache gestiegen: von 3,3 auf über 50 Mrd. DM.

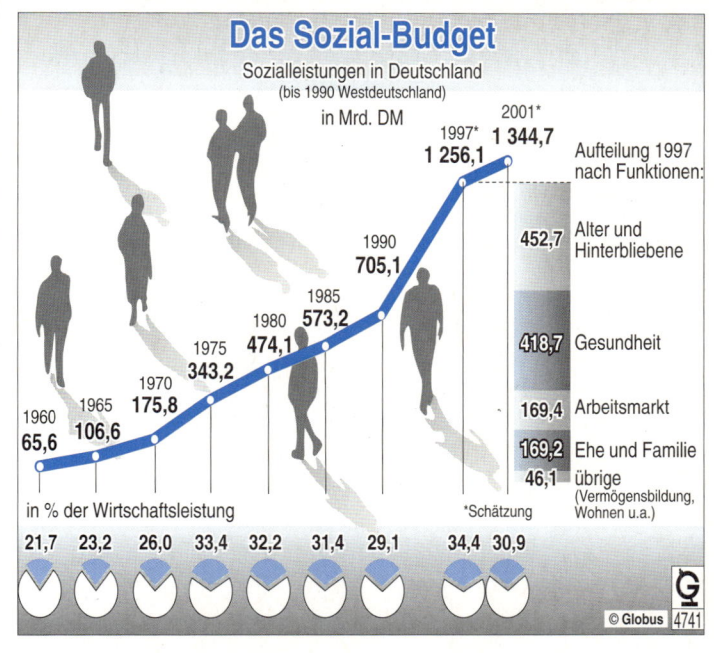

Das Sozial-Budget
Sozialleistungen in Deutschland
(bis 1990 Westdeutschland)
in Mrd. DM

Jahr	Mrd. DM
1960	65,6
1965	106,6
1970	175,8
1975	343,2
1980	474,1
1985	573,2
1990	705,1
1997*	1 256,1
2001*	1 344,7

Aufteilung 1997 nach Funktionen:
- 452,7 Alter und Hinterbliebene
- 418,7 Gesundheit
- 169,4 Arbeitsmarkt
- 169,2 Ehe und Familie
- 46,1 übrige (Vermögensbildung, Wohnen u.a.)

in % der Wirtschaftsleistung: 21,7 | 23,2 | 26,0 | 33,4 | 32,2 | 31,4 | 29,1 | 34,4 | 30,9

*Schätzung
© Globus 4741

Neue Armut

Durch Rationalisierung und Modernisierung der Wirtschaft, durch Konkurrenz und Krisen entstehen neue und z. T. ständig größer werdende Armutsgruppen: Langzeitarbeitslose, Obdachlose, Nichtsesshafte, Personen ohne ausreichende Altersversorgung, allein erziehende Mütter mit minderjährigen Kindern, ausländische Arbeitnehmer, („Leiharbeiter", Illegale u.ä.), Sozialhilfeempfänger.

Liebe Schülerinnen und Schüler,

Ist der Sozialstaat ein „auslaufendes Modell"?
Jedenfalls wird heftig über den Sozialstaat gestritten.
Den einen ist er zu teuer geworden: Sie halten ihn für nicht mehr finanzierbar, beklagen den Missbrauch von Sozialleistungen, wollen sparen und Sozialleistungen abbauen. Anderen reichen die Leistungen nicht aus: Sie beklagen die Zunahme einer „neuen Armut", neuer sozialer Ungleichheit und sie fordern deshalb mehr soziale Gerechtigkeit.
In dieser Auseinandersetzung geht es immer auch um die Fragen:
– *Was ist „sozial gerecht"?* –
– *Wann ist jemand „arm"?* –
– *Wer hat zunächst und vor allem für die Bedürftigen zu sorgen – die Angehörigen oder „der Staat"?*

Urteilen Sie selbst. Halten Sie Ihre Meinungen auf einer Wandzeitung in Form von Annahmen fest, die Sie im Folgenden überprüfen können.

Soziale Sicherheit, die auf dem Spiel steht

Ich glaube, es ist keine Übertreibung zu sagen, dass der Sozialstaat eine Art „Kronjuwel" unserer Verfassungsordnung ist. Aber auf Juwelen muss man bekanntlich aufpassen, dass sie nicht abhanden kommen.

In vier Jahrzehnten der Bundesrepublik wurde der Sozialstaat immer weiter ausgebaut. Seit den 90er Jahren gibt es jedoch eine Trendwende. Der Trend geht in Richtung Umbau oder sogar Abbau des Sozialstaates. Mehr noch: Die – wie es schien – sozialstaatlich längst gelösten Probleme wie Armut und Arbeitslosigkeit kehren wieder und neue Probleme wie die Daseinsvorsorge zur Erhaltung der Umwelt und Erscheinungsformen der Neuen Armut kommen hinzu.

Bevor Sie sich jedoch eine Meinung bilden, ob der Sozialstaat künftig aus-, um- oder sogar abgebaut werden sollte – was die Parteien jeweils auf ihre Weise anstreben –, sollten Sie sich erst einmal seinen Aufbau ansehen und feststellen, was mit der Gefährdung des Sozialstaates vielleicht für Sie selbst auf dem Spiel steht.

Das „soziale Netz" hängt am Baum der Wirtschaft. Aber Markt und Marktwirtschaft schaffen im Selbstlauf nicht soziale Gerechtigkeit, sondern soziale Ungleichheit. Ein ausschließlich „freies Spiel der Kräfte" begünstigt – wie das Faustrecht – die Stärkeren. Aus der Geschichte kennen wir die Folgen: soziale Spannungen, die mit dazu beitrugen, dass 1918 das Kaiserreich und 1933 die demokratische Republik untergingen. Aus dieser Erfahrung wurden bei der Gründung der Bundesrepublik Konsequenzen gezogen: Der neue Staat sollte nicht nur Rechtsstaat und Demokratie, sondern auch Sozialstaat sein. Wie dieser Staat konkret auszugestalten ist, wurde im Grundgesetz offen gelassen – es muss politisch entschieden werden.

M 1 Ziele, Ausgestaltung und Rechtsgrundlagen des Sozialstaates

ZWECK UND ZIELE

Das Sozialstaatsprinzip verpflichtet den Staat, auch den wirtschaftlich Schwachen Freiheit von Not, ein menschenwürdiges Dasein und eine angemessene Beteiligung am allgemeinen Wohlstand zu gewährleisten sowie Abhängigkeitsverhältnisse abzubauen. Leitgedanke des Sozialstaates ist: Ausgleich sozialer Gegensätze und Konflikte durch sozial gerechte Einkommensverteilung (Verteilungsgerechtigkeit), Gesellschaftsgestaltung (insbesondere Arbeitsschutz/Vollbeschäftigung) und Daseinsvorsorge (Soziale Sicherheit).

SÄULEN DER AUSGESTALTUNG DES SOZIALSTAATES

ORDNUNGSPOLITIK	SOZIALE SICHERUNG	UMVERTEILUNG SOZIALE STRUKTURPOLITIK
– Arbeitsmarktpolitik zur Sicherung von Vollbeschäftigung (z.B. Konjunktursteuerung, Arbeits- u. Ausbildungsförderung) – Tarifautonomie – Mitbestimmung – Schutz der Arbeitnehmer im Betrieb (z.B. Gesundheitsschutz, Begrenzung der Arbeitszeit) – Kündigungsschutz	– Sozialversicherung – Sozialhilfe – Versorgung (z.B. von Beamten und Kriegsopfern) – Kindergeld – Wohngeld – Lohnfortzahlung bei Krankheit – Umschulungshilfen	– Umverteilung von Einkommen und Vermögen (z.B. Steuerprogression, Vermögens- und Erbschaftssteuer) – Vermögensbildungsförderung (Sparprämien u.ä.) – Wohnungsbauförderung – Regionalförderung – Konzentrations- und Kartellkontrolle

VERFASSUNGSGRUNDLAGEN DES SOZIALSTAATES

a) Das **Sozialstaatsprinzip:** Deutschland ist ein demokratischer und sozialer Rechtsstaat (Art. 20 und 28 GG).
b) **Soziale Grundwerte** und Grundrechte als unmittelbar geltendes Recht: Gleichheit vor dem Gesetz (Art. 3), Schutz von Ehe und Familie (Art. 6), Koalitionsfreiheit zur Wahrung und Förderung der Wirtschaftsbedingungen (Art. 9), Sozialbindung des Eigentums (Art. 14).

M 2 Das Verfassungsrechtliche Sozialstaatsgebot

Das Grundgesetz … enthält eine Reihe von Vorschriften, die dem Staat soziales Handeln gebieten. Sie lassen sich in zwei Kategorien zusammenfassen: Das allgemeine Sozialstaatsprinzip und die sozialen Grundwerte, die vor allem in der Form von Grundrechten des Bürgers gegenüber dem Staat festgelegt sind. … Art. 20 Abs. 1 bestimmt, dass die Bundesrepublik Deutschland ein „demokratischer und sozialer Bundesstaat" ist. … Man bezeichnet die Formulierung in Art. 20 …

Grundlagen und Leistungen des Sozialstaates

als Sozialstaatsprinzip. (...) Das Sozialstaatsprinzip verpflichtet den Staat auf zwei allgemeine Ziele:

Sozialer Ausgleich: Unterschiede zwischen sozial schwachen und sozial starken Personen oder Personengruppen soll der Staat nicht tatenlos hinnehmen, sondern möglichst verringern. ...

Soziale Grundwerte: Der Staat soll die Existenzgrundlagen seiner Bürger ganz allgemein sichern und möglichst auch fördern, also unabhängig von der Pflicht zum sozialen Ausgleich Daseinsvorsorge betreiben, beispielsweise durch geeignete Maßnahmen im Bildungs- und Gesundheitswesen ... und in der Wirtschaftspolitik.

Albeck/Meinhardt/Vortmann: Der Sozialstaat, Informationen zur politischen Bildung 215/1992, S. 11f.

M 3 Mehr oder weniger Sozialstaat – ein falsche Alternative?

Von seinen Anfängen an hat der Sozialstaat in Deutschland dazu beigetragen, den Kapitalismus zu zähmen und ihn dadurch erträglicher zu machen. Er war die Antwort auf die soziale Frage der Industriegesellschaft. Nur durch eine soziale Reform von oben, meinte Bismarck [erster Reichskanzler und treibende Kraft bei der Einführung der Sozialversicherung 1883/89], konnte die Revolution von unten verhindert, der soziale Frieden garantiert werden.

Die Krise des Sozialstaates ist so alt wie er selber, seine Grenzen sind für die, die ihn ablehnen, schon lange erreicht. Doch jetzt ist ein Einschnitt eingetreten. Jene, die den Sozialstaat als Herzstück ihrer Politik propagierten, die SPD etwa und die Gewerkschaften, wissen es genau und sie sagen es leise: Der quantitative Ausbau, ein stumpfes „Weiter so!", immer mehr Geld für immer neue Gruppen ist nicht länger möglich. Und die andere Seite, die den Sozialstaat an seinen Grenzen sieht, geißelt jetzt laut soziale Fortschritte als antiökonomische Verirrungen, baut falsche Alternativen auf (wirtschaftliche Dynamik oder soziale Sicherheit), deutet sozialen Schutz als Einladung zur Faulheit.

W. Dettling: Mehr oder weniger Sozialstaat? in: ZEIT-Punkte, Nr. 3/1994, S. 36

M 4 Zeittafel der Sozialgesetzgebung in der Bundesrepublik

Sozialpolitik 1949 bis 1995

Bereich		
Arbeitnehmerschutz	1951	Kündigungsschutzgesetz
	1952	Mutterschutzgesetz
	1960	Jugendarbeitsschutzgesetz
	1963	Bundesurlaubsgesetz
	1971	Unfallversicherung für Schüler, Studenten und Kindergartenkinder
Sozialversicherung	1957	Rentenreform („Dynamische Rente")
	1957	Altershilfe für Landwirte
	1970	Lohnfortzahlung bei Krankheit auch für Arbeiter
	1972	Krankenversicherung für Landwirte
	1981	Künstlersozialversicherungsgesetz
	1984	Vorruhestandsgesetz
	1995	Pflegeversicherungsgesetz
Arbeitsmarktpolitik	1949	Tarifvertragsgesetz
	1952	Gesetz über die Festsetzung von Mindestarbeitsbedingungen
	1969	Arbeitsförderungsgesetz
	1986	Beschäftigungsförderungsgesetz
Betriebs- u. Unternehmensverfassungspolitik	1951	Montanmitbestimmungsgesetz
	1952	Betriebsverfassungsgesetz
	1955	Personalvertretungsgesetz
	1976	Mitbestimmungsgesetz
Fürsorge- u. Sozialhilfepolitik	1961	Bundessozialhilfegesetz
	1961	Jugendwohlfahrtsgesetz
	1974	Schwerbehindertengesetz
Familienpolitik	1954	Kindergeldgesetz
	1979	Mutterschaftsurlaub
	1985	Erziehungsgeld
	1986	Erziehungsurlaubsgesetz
Wohnungspolitik	1950	1. Wohnungsbaugesetz
	1952	Wohnungsbauprämiengesetz
	1965	Wohngeldgesetz
Vermögenspolitik	1959	Sparprämiengesetz
	1961	Gesetz zur Förderung der Vermögensbildung
Bildungspolitik	1969	Berufsbildungsgesetz
	1971	Bundesausbildungsförderungsgesetz
	1981	Berufsbildungsförderungsgesetz

Arbeitsvorschläge

1. Der Sozialstaat der BRD beruht auf Grundwerten und Grundrechten, die im Grundgesetz verankert sind (M 1 und M 2). Schlagen Sie im Grundgesetz nach, welche sozialen Grundrechte in Art. 3, 6, 9 und 14 garantiert werden.

2. Prüfen Sie, welche der in M 4 aufgelisteten Gesetze nach Ihrer Meinung für Sie selbst von Bedeutung sind. Klären Sie im Gespräch oder ggf. anhand der Gesetzestexte, was der Inhalt dieser Gesetze ist.

3. In M 3 ist von der „Krise des Sozialstaates" und von „falschen Alternativen" die Rede. Schreiben Sie eine eigene Annahme auf und überprüfen Sie diese dann anhand der folgenden Seiten.

4. Wenn es Ihre Aufgabe wäre, den Sozialstaat den veränderten Verhältnissen entsprechend kostensparend umzubauen:
– Auf welche Regelungen (M 4) könnte verzichtet werden?
– Welche Sozialleistungen könnten eingeschränkt werden?
– Welche neuen Leistungen sollten gewährt werden?

Vorsorge, die sich bewährt hat

Auch wenn Sie nur wenig über das System der Sozialversicherung wissen: Ganz sicher aber haben Sie damit schon zu tun gehabt – sei es als Baby wegen der Kosten für die Entbindung, sei es als Patient beim Zahnarzt.
Selbst die Rentenversicherung ist nicht nur ein Thema für alte Leute. Denn auch in jungen Jahren kann man Rentner werden – etwa durch einen Unfall oder eine chronische Krankheit.
Und dass auch Arbeitslosigkeit inzwischen ein Vorsorgeproblem für jede und jeden ist, das wissen Sie ohnehin. Also Gründe genug, um sich in Versicherungsfragen sachkundig zu machen.

Kernstück des Sozialstaates ist das System der Sozialversicherung. Die Sozialversicherung ist eine gesetzliche Pflichtversicherung für alle Arbeitnehmer bis zu einer Einkommenshöchstgrenze. Sie bietet Schutz bei Krankheit, Unfall, Arbeitslosigkeit, Berufs- und Erwerbsunfähigkeit sowie im Alter und bei besonderer Pflegebedürftigkeit. Ihr Grundgedanke ist: Gewährung von gegenseitigem Schutz in einer Solidargemeinschaft der Versicherten nach dem Grundsatz: „Einer für alle, alle für einen".
Die finanziellen Mittel werden hauptsächlich von Arbeitnehmern und Arbeitgebern aufgebracht, aber auch der Staat zahlt in einige Kassen aus dem Steueraufkommen Zuschüsse.

M 5 Die fünf Säulen der Sozialversicherung

Im Gegensatz zu den freiwilligen Privatversicherungen besteht bei allen Sozialversicherungen eine Zwangsmitgliedschaft.
Die Pflichtleistungen der Sozialversicherungen sind durch Gesetze vorgeschrieben. Die Kranken-, Unfall- und Rentenversicherungen werden durch Organe verwaltet, die von den Versicherten und den Arbeitgebern gewählt werden (Selbstverwaltung). Gewählt wird eine Vertreterversammlung, die ihrerseits einen Vorstand wählt. Die für sechs Jahre gewählte Vertreterversammlung (Sozialwahlen) beschließt die Satzung und den Haushalt. Die Vertreterversammlung der gesetzlichen Krankenversicherung bestimmt auch die Höhe der Beiträge.

M 6 Krankenversicherung

Die KV kommt für Kosten bei Krankheit und Tod auf. Für Bezieher von Arbeitslosengeld übernimmt das Arbeit-

Krankenversicherung	Unfallversicherung	Arbeitslosenversicherung	Rentenversicherung	Pflegeversicherung
Versicherungsträger				
Gesetzliche Krankenkassen wie Allg. Ortskrankenkasse (AOK) oder Ersatzkassen und Betriebskrankenkassen	Berufsgenossenschaften der verschiedenen Gewerbezweige	Bundesanstalt für Arbeit mit ihren örtlichen Arbeitsämtern	Für **Arbeiter:** Landesversicherungsanstalten (LVA) Für **Angestellte:** Bundesversicherungsanstalt für Angestellte (BVA)	Pflegekassen, die den Krankenkassen angegliedert sind.
Beitragsentrichtung (Stand 1999)				
Durchschnittl. Beitragssatz 13,6 % des Bruttolohns; Beitragsbemessungsgrenze: 6 300 DM Arbeitnehmer und Arbeitgeber zahlen je die Hälfte	Beitrag wird allein vom Arbeitgeber getragen; Höhe richtet sich nach Gefahrenklasse und Betriebsgröße	6,5% des Bruttolohns Beitragsbemessungsgrenze: 8 400 DM Arbeitnehmer und Arbeitgeber zahlen je die Hälfte	20,3% des Bruttolohns, Beitragsbemessungsgrenze: 8 400 DM Arbeitnehmer und Arbeitgeber zahlen je die Hälfte	1,7% des Bruttolohns Beitragsbemessungsgrenze: 6 300 DM Arbeitnehmer und Arbeigeber zahlen je die Hälfte
Versicherungsleistungen				
Arzt, Zahnarzt- und Krankenhausbehandlung, Arznei, Entbindungskosten u.a.; Krankengeld	Renten, Heilbehandlung, Förderungsmaßnahmen für Behinderte u.a. (nur bei Arbeitsunfall und Berufskrankheit)	Arbeitslosengeld, Berufl. Aus- und Fortbildung, Umschulung, Berufsberatung, Arbeitsvermittlung u.a.	Renten, Heilbehandlung, Förderungsmaßnahmen für Behinderte u.a.	Je nach Pflegebedürftigkeit für häusliche und stationäre Pflege bis zu 2800 DM im Monat

Träger und Leistungen der Sozialversicherung

samt die Beitragszahlung an die Krankenkasse.
Zu den gesetzlich geregelten Pflichtleistungen der KV gehört auch die Zahlung von Krankengeld ab der 7. Woche der Arbeitsunfähigkeit bis maximal 78 Wochen.

M 7 Unfallversicherung

Die Leistungen der UV gleichen denen der Krankenversicherung. Der Unterschied liegt in den Ursachen, die die Leistungen nötig machen. Die UV ist zuständig für Arbeitsunfälle, für Wegeunfälle auf dem Weg von und zu der Arbeit und für Berufskrankheiten.
Der Leistungsanspruch entfällt, wenn ein Unfall „grob fahrlässig" verursacht wird (z.B. durch absichtliche Unterlassung bei Unfallverhütungsvorschriften oder unter dem Einfluss von Alkohol).
Was ist nach einem Unfall zu tun? – Sobald wie möglich zum Arzt gehen, am besten gleich zum Unfall-Durchgangsarzt. Anschließend muss umgehend der Arbeitgeber informiert werden.

M 8 Arbeitslosenversicherung

Anlaufstelle für alle Fragen im Zusammenhang mit Arbeitslosigkeit – aber auch mit Arbeitsförderung – ist das Arbeitsamt.
Es ist zuständig für:
Berufsberatung, Arbeitsvermittlung, berufliche Bildung, berufliche Rehabilitation (Eingliederung von Behinderten in Arbeit und Beruf), Zahlung von Konkursausfallgeld sowie Zahlung von Arbeitslosengeld und Arbeitslosenhilfe. Beansprucht werden können:
Kurzarbeitergeld bei vorübergehendem Arbeitsausfall.
Arbeitslosengeld, sofern der arbeitslos Gemeldete dem Arbeitsamt zur Vermittlung zur Verfügung steht und innerhalb der letzten drei Jahre vor der Arbeitslosmeldung mindestens 12 Monate beitragspflichtig beschäftigt war.
Arbeitslosenhilfe, wenn die Voraussetzungen für ein Arbeitslosengeld nicht gegeben sind, der Antragsteller arbeitswillig und bedürftig ist (das eigene Vermögen und das der Familienangehörigen wird überprüft) und im Jahr vor der Antragstellung mindestens 150 Kalendertage beitragspflichtig beschäftigt war.
Unterhaltsgeld für die Teilnahme an beruflichen Fortbildungs- und Umschulungsmaßnahmen.
Allgemeine Leistungssätze in Prozent des bisherigen Nettoeinkommens (Stand 1998):

Leistungsart	mit Kind	ohne Kind
Kurzarbeitergeld	67 %	60 %
Arbeitslosengeld	67 %	60 %
Arbeitslosenhilfe	57 %	53 %
Unterhaltsgeld	67 %	60 %

M 9 Rentenversicherung

Die RV bezweckt die soziale Absicherung im Alter, bei Erwerbsunfähigkeit und im Todesfall für die Hinterbliebenen.
Die Höhe der Beiträge wird vom Bundestag beschlossen. Dafür ist der Bund auch an der Rentenfinanzierung beteiligt.
Anspruch auf Altersrente besteht nach Vollendung des 65. Lebensjahres und einer Mindestversicherungszeit von 60 Monaten (Wartezeit). In die Wartezeit miteingerechnet werden Ersatzzeiten (z.B. Militärdienst), Ausfallzeiten (u.a. Arbeitslosigkeit, Schwangerschaft) und Zeiten der Kindererziehung. Für Berufs- und Erwerbsunfähige, für Arbeitslose und Frauen bestehen Sonderregelungen für eine vorgezogene Altersgrenze.
Die Höhe der Rente hängt ab von der Anzahl der Versicherungsjahre, dem persönlichen Durchschnittseinkommen, dem durchschnittlichen Jahreseinkommen aller Arbeiter und Angestellten und einem Steigerungssatz je Versicherungsjahr.

M 10 Pflegeversicherung

Die PV wurde als fünfte Säule der Sozialversicherung 1995 neu eingeführt. Die Leistungen betragen bei der häuslichen Pflege als Sachleistung monatlich 750 bis 2 800 Mark, bzw. als Pflegegeld 400 bis 1 300 Mark. Bei der stationären Pflege beträgt der Zuschuss bis zu 2 800 Mark; die Kosten für Unterkunft und Verpflegung trägt der Pflegebedürftige selbst.

Informationsbroschüre der AOK

Arbeitsvorschläge
1. Stellen Sie fest, an welche Voraussetzungen die Leistungen der einzelnen Versicherungen gebunden sind.
2. Fordern Sie bei Ihrer Krankenkasse und dem Arbeitsamt kostenlose Informationsbroschüren zur Sozialversicherung an.
Bilden Sie zu den „fünf Säulen" Arbeitsgruppen.
Arbeiten Sie in Ihren Gruppen das Material durch und ergänzen Sie die Informationen über Leistungen und Leistungsvoraussetzungen der jeweiligen Versicherung um jene Daten, die Sie zusätzlich den Informationsbroschüren entnehmen können. Klären Sie z. B., ob Auszubildende, die nach Abschluss der Lehre nicht in ein Arbeitsverhältnis übernommen werden, Anspruch auf Arbeitslosengeld oder -hilfe haben.

zusammengestellt nach der Informationsbroschüre der AOK „Die sichere Begleitung", Frankfurt a. M. 1993

Zur Not helfen auch Gerichte

Ihr sozialer Schutz wäre sicher unvollständig, wenn Sie im Streitfall – etwa um Arbeitslosengeld – nicht die Möglichkeit hätten, Ihr Recht notfalls auch vor Gericht einzuklagen. Natürlich wäre es besser, Sie kämen niemals in die Lage, wo dies notwendig ist. Aber Sie kennen ja das Sprichwort: „Unverhofft kommt oft!" Deshalb sollten Sie zumindest wissen, auf welchem Wege Sie zu Ihrem Recht kommen können.

Diese Doppelseite kann selbstverständlich für den konkreten Streitfall eine sachkundige Rechtberatung nicht ersetzen. Aber Sie können erfahren, welche Gerichte zuständig sind, mit welchen Kosten Sie rechnen müssen und was sonst noch im Streitfall von Ihnen bedacht werden muss.

Die Arbeits- und Sozialgerichte sind staatliche Einrichtungen, die darüber zu wachen haben, dass die Schutzvorschriften zugunsten der Arbeitnehmer und sozial Schwachen auch eingehalten werden.

Für Rechtsstreitigkeiten aus dem Arbeitsleben sind die Arbeitsgerichte zuständig. Sie entscheiden Rechtsstreitigkeiten zwischen Arbeitnehmern und Arbeitgeber, zwischen den Tarifvertragsparteien (Gewerkschaften und Arbeitgeberverbänden) sowie Streitfragen, die sich aus dem Betriebsverfassungsgesetz ergeben. Organe der Arbeitsgerichtsbarkeit sind die Arbeitsgerichte als Eingangsinstanz, Landesarbeitsgerichte als Berufungsinstanz und das Bundesarbeitsgericht als Revisionsinstanz.

Die Sozialgerichte sind zuständig für die Entscheidung von Rechtsstreitigkeiten in Angelegenheiten der gesamten Sozialversicherung einschließlich der Arbeitslosenversicherung, der Kriegsopferversorgung, des Kindergeldgesetzes und ähnlicher sozialpolitischer Gesetze. Für alle anderen Bereiche des Sozialrechts (Ausbildungsförderung, Unterhaltsvorschuss, Sozialhilfe, Wohngeld sowie Teile des Jugendhilfe- und Schwerbehindertenrechts) ist die allgemeine Gerichtsbarkeit zuständig.

Das Besondere an der Sozialgerichtsbarkeit ist, dass Rechtsstreitigkeiten über Leistungsansprüche gegen Versicherungen nicht mehr wie früher von den Versicherungsbehörden selbst, sondern durch eine unabhängige, eigene Verwaltungsgerichtsbarkeit entschieden werden. Der Instanzenweg der Sozialgerichtsbarkeit ist vergleichbar mit dem der Arbeitsgerichte: Sozialgerichte, Landessozialgerichte und Bundessozialgericht.

M 11 Arbeitsgerichtsbarkeit

Vor dem **Arbeitsgericht** kann jedermann **Anträge** stellen.

In erster Instanz können die Parteien den Rechtsstreit selbst oder durch einen Vertreter führen. Eine Vertretung kann durch einen Rechtsanwalt erfolgen oder aber durch einen Vertreter der Gewerkschaften und Arbeitgeberverbände.

Vor dem *Landesarbeitsgericht* besteht Vertretungszwang durch Anwälte oder Verbandsvertreter.

Vor jeder Verhandlung in der ersten Instanz erfolgt mit Rücksicht darauf, dass die Parteien Kontrahenten eines Arbeitsverhältnisses sind, eine *Güteverhandlung*, in welcher versucht wird, den Rechtsstreit gütlich beizulegen.

Um das *Kostenrisiko* für Arbeitnehmer gering zu halten, sind mehrere Regelungen getroffen:

– Die Gerichtskosten sind geringer als in der ordentlichen Gerichtsbarkeit (höchstens 1000 DM beim ArbG).
– In erster Instanz erhält der Prozessgewinner die eigenen Rechtsanwaltskosten nicht erstattet.
– Dazu kommt die für Gewerkschaftsmitglieder bestehende Möglichkeit, sich beim ArbG durch die Gewerkschaft kostenlos vertreten zu lassen. Wenn eine Gewerkschaft Rechtsschutz erteilt, übernimmt sie auch alle sonst anfallenden Kosten.

Das Verfahren vor dem Arbeitsgericht beginnt mit Klageerhebung durch Zustellung der Klageschrift. Danach erfolgt zunächst eine Güteverhandlung. Wird dabei keine Einigung erzielt, ist die streitige Verhandlung unmittelbar anzuschließen.

Nach M. Kittner: Bausteine des Arbeits- und Sozialrechts. Köln 1997, S. 231f und Aufhäuser/Bobke/Warga: Einführung in das Arbeits- und Sozialrecht der Bundesrepublik Deutschland. Köln 1992, S. 163f.

M 12 Sozialgerichtsbarkeit

Die Klageart richtet sich nach dem begehrten Rechtsschutz des Klägers. Gegen eine Verwaltungsentscheidung erfolgt die Anfechtungsklage. Vorher muss der Betroffene Widerspruch gegen die Verwaltungsentscheidung bei der zuständigen Behörde einlegen. Wird dem **Widerspruch** nicht entsprochen, kann Klage vor dem zuständigen Sozialgericht bis zu einem Monat nach Zustellung des Widerspruchsbescheids erhoben werden.

Die **Klagearten** sind die Anfechtungsklage, Leistungsklage, Verpflichtungsklage, Untätigkeitsklage und Feststellungsklage. ... Die häufigste Klageart ist die kombinierte **Anfechtungs- und Leistungsklage.** Dabei wird neben der Aufhebung eines Verwaltungsakts eine Leistungsgewährung angestrebt. Eine **Verpflichtungsklage** zielt auf ein Leistungsbegehren, für das kein Rechtsanspruch besteht.

Arbeits- und Sozialgerichtsbarkeit

Hierbei kann das Gericht den Träger nicht auf eine Leistung verurteilen, sondern nur zum Erlass eines Verwaltungsakts, also zum Treffen einer Ermessensentscheidung.

Die Verfahren vor den Sozialgerichten zeichnen sich wegen des sozialen Schutzgedankens durch eine besondere **Klägerfreundlichkeit**, also einen weit gehenden Verzicht auf Formalien, aus. Zwar ist die Klage schriftlich zu erheben, sie braucht allerdings nur die Unzufriedenheit mit einem Verwaltungsverhalten bzw. -akt oder Bescheid und das Begehren nach gerichtlicher Überprüfung zum Ausdruck bringen. Des Weiteren erfolgt das Verfahren im Wesentlichen in mündlicher Verhandlung. Es ist für den Bürger **gebührenfrei**, und es besteht vor den Sozial- und Landessozialgerichten **kein Vertretungszwang**. Für das Verfahren gilt der **Amtsermittlungsgrundsatz**. Das bedeutet, dass das Gericht den Sachverhalt von Amts wegen zu ermitteln hat, ohne dabei an das Vorbringen und die Beweisanträge der Beteiligten gebunden zu sein.

Grundsätzlich ist für die Einreichung einer Klage eine Frist von einem Monat nach Erhalt eines Bescheides vorgesehen.

Nach Aufhäuser/Bobke/Warga: Einführung in das Arbeits- und Sozialrecht der Bundesrepublik Deutschland. Köln 1992, S. 163f. und M. Kittner: Bausteine Arbeits- und Sozialrechts, Köln 1997, S. 237f.

Arbeitsvorschläge

1. Stellen Sie fest, für welche Rechtsstreitigkeiten die Arbeitsgerichte und die Sozialgerichte jeweils zuständig sind (**Autorentext**).

2. Vor welchem Gericht würden Sie in folgenden Fällen klagen:
– Sie bekommen Arbeitslosenhilfe, aber davon wird ein Teil zur Eintreibung von Mietrückständen gepfändet (was rechtlich nicht zulässig ist).
– In einem Tarifvertrag wird vereinbart, Arbeiten „ohne besondere körperliche Belastung" einer *Leichtlohngruppe* zuzuordnen, also niedrig zu entlohnen. Dies halten Sie für frauendiskriminierend, weil das Kriterium „körperliche Belastung" männliche Arbeitnehmer im Allgemeinen begünstigt (ein Gericht hat bereits entsprechend geurteilt).
– Sie benötigen eine aufwändige Zahnbehandlung, die im Ausland wesentlich kostengünstiger als in Deutschland zu haben wäre. Ihre Krankenkasse weigert sich jedoch, die im Ausland anfallenden Kosten zu erstatten (**Autorentext**).

3. Gehen Sie die Instanzenwege der Sozial- und Arbeitsgerichtsbarkeit durch (M 13 und **Autorentext**).
Wie beginnen Sie Ihre Klage und mit welchen Kosten müssen Sie rechnen? (M 11 – M 12).

M 13

Vom Antrag zur Leistung – Der lange Weg durch die Sozialgesetze

Um Leistungen aus den Kassen des Sozialsystems zu beziehen, reicht unter Umständen ein entsprechender Antrag. Über diesen wird dann im üblichen Verwaltungsverfahren entschieden. Wird ein erster Antrag abgelehnt oder ist der Antragsteller mit dem Ergebnis der Entscheidung nicht zufrieden, kann er den weiteren Weg durch die Instanzen der Sozialgerichtsbarkeit einschlagen. Der kann allerdings lang sein.

„Soziales Netz" nicht mehr reißfest?

Das über Jahrzehnte bewährte System der sozialen Sicherung ist in eine Krise geraten. Bisher funktionierte die gesetzliche Sozialversicherung auf der Grundlage normaler Vollzeit-Arbeitsverhältnisse bei Vollbeschäftigung und einem ausgeglichenen Verhältnis von junger und alter Bevölkerung, von Beitragzahlern und Leistungsempfängern. Auf Sozialhilfe war nur ein verhältnismäßig kleiner Bevölkerungsteil in meist vorübergehenden Notlagen angewiesen. Diese Voraussetzungen haben sich grundlegend verändert. Durch Massenarbeitslosigkeit, Teilzeitarbeit, Job-Sharing usw. wird für Viele das „normale" Arbeits- und damit Versicherungsverhältnis unerreichbar. Die Sozialhilfe verändert dadurch ihre Funktioin: Anstelle von Armenhilfe wird sie für immer mehr Arbeitnehmer zu einer „Ersatzversicherung" auf Armutsniveau. Zudem führt die Bevölkerungsentwicklung dazu, dass weniger Beitragzahler in Zukunft immer mehr Rentner und Pensionäre versorgen müssen. Folge: Die Abgabenlast wächst. Wird der Sozialstaat damit aber auch unbezahlbar?

Omas und Opas Rente ist sicher – aber Ihre auch?

Irgendwas läuft falsch: Noch nie war das allgemeine Wohlstandsniveau so hoch wie jetzt, die Wirtschaft hat eine historisch beispiellose Produktivität erreicht. Dennoch sind die Renten unsicher geworden und noch nie seit Überwindung der Kriegsfolgen gab es bei uns so viele Arme und Sozialbedürftige. Das ist inzwischen teuer geworden – zu teuer, wie Viele meinen.

Was also tun: den Sozialstaat abbauen, umbauen oder sogar noch ausbauen? Überlegen Sie gründlich: Es geht um Ihr Geld – aber auch um Ihre soziale Sicherheit.

M 14 Der Sozialstaat und seine Lasten

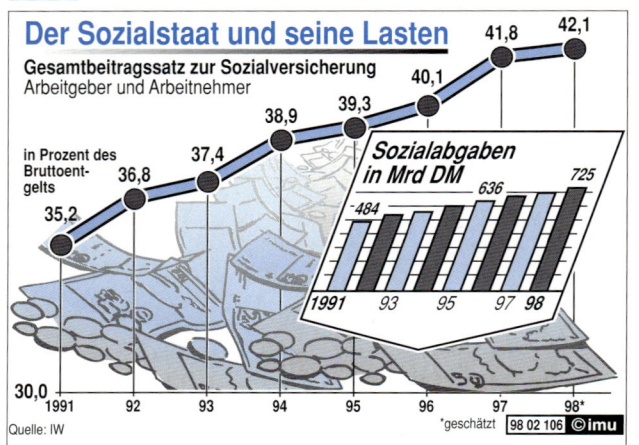

Gesamtbeitragssatz zur Sozialversicherung Arbeitgeber und Arbeitnehmer, in Prozent des Bruttoentgelts:
1991: 35,2; 1992: 36,8; 1993: 37,4; 1994: 38,9; 1995: 39,3; 1996: 40,1; 1997: 41,8; 1998*: 42,1
*geschätzt. Quelle: IW

Sozialabgaben in Mrd DM: 1991: 484; 1995: 636; 1998: 725

M 15 Die Arbeitsmarkt-Milliarden

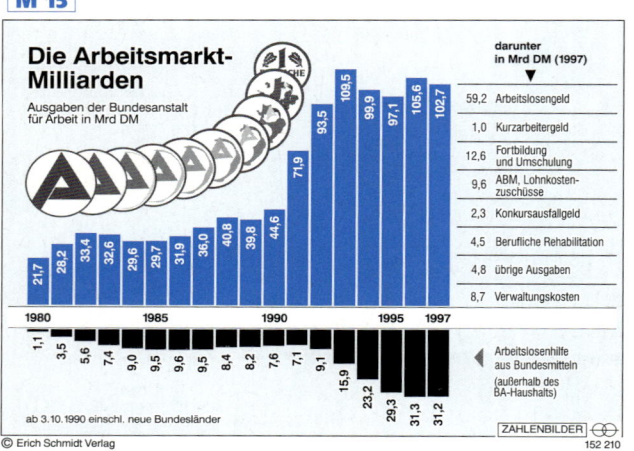

Ausgaben der Bundesanstalt für Arbeit in Mrd DM:
1980: 21,7; 28,2; 33,4; 32,6; 29,6; 1985: 31,9; 36,0; 40,8; 39,8; 44,6; 1990: 71,9; 93,5; 109,5; 99,9; 97,1; 1995: 105,6; 102,7 (1997)

darunter in Mrd DM (1997):
- Arbeitslosengeld: 59,2
- Kurzarbeitergeld: 1,0
- Fortbildung und Umschulung: 12,6
- ABM, Lohnkostenzuschüsse: 9,6
- Konkursausfallgeld: 2,3
- Berufliche Rehabilitation: 4,5
- übrige Ausgaben: 4,8
- Verwaltungskosten: 8,7

Arbeitslosenhilfe aus Bundesmitteln (außerhalb des BA-Haushalts): 1,1; 3,5; 5,6; 7,4; 9,0; 9,5; 9,6; 9,5; 8,4; 8,2; 7,6; 9,1; 15,9; 23,2; 29,3; 31,3; 31,2

ab 3.10.1990 einschl. neue Bundesländer

M 16 Gründe der hohen Kosten

Den Ausgangspunkt dieser Diskussion bildet eine Diagnose „überbordender Sozialausgaben". So hat sich die Sozialleistungsquote von 21,7% (1960) auf 33,9% (1975) erhöht, um dann wieder auf 29,2% (1990) zu sinken; seither ist ein scharfer Wiederanstieg auf 34,1% (1995) zu beobachten ...

Die Lohnzusatzkosten haben 1995 80% der Bruttolöhne und -gehälter überschritten. Dabei ist allerdings zu berücksichtigen, dass weniger als die Hälfte (ca. 45%) der Lohnzusatzkosten auf gesetzliche Verpflichtungen zurückgehen. Rund ein Viertel entfällt auf freiwillige Leistungen, die sehr ungleich verteilt sind, d.h. sie werden im Wesentlichen von Großunternehmen erbracht und kommen ausschließlich den Stammbelegschaften und hier insbesondere den Führungskräften zugute. Die restlichen 30% beruhen auf tariflichen Verpflichtungen. Der jüngste Anstieg der Sozialleistungsquote und der Lohnnebenkosten ist vor allem von der deutschen Vereinigung ausgelöst worden. Regierung und Gesetzgeber haben den Sozialversicherungen ... die Gesamtkosten für die soziale Sicherung in den neuen Bundesländern auferlegt und damit gleichzeitig die Beamten und die Selbstständigen von der Mittragung der Kosten entlastet.

Das System sozialer Sicherung im Umbruch

Kompetente Schätzungen besagen, dass die Sozialabgaben ohne diese vereinigungsbedingten „sozialversicherungsfremden" Lasten bis zu 8% niedriger sein könnten. (...)

F.-X. Kaufmann: Herausforderungen des Sozialstaates. Frankfurt a.M. 1997, S. 14-16

M 17 Kosten umverteilen oder einsparen?

Alle bisher angesprochenen Punkte der aktuellen Diskussion beziehen sich auf Konflikte um die Verteilung der Kosten für die Sozialleistungen, aber sie lassen nicht erkennen, ob und wo bedeutende Kosteneinsparungen möglich sind. Bereiche einer „Übersteigerung des Sozialstaates" werden allenfalls bei den sozial Schwächsten, den Sozialhilfeempfängern und Arbeitslosen diagnostiziert, aber gerade hier ist dies am wenigsten glaubwürdig. Die Alterssicherung von Doppelverdiener-Ehepaaren (Kombination von eigener Rente mit einer Witwen- bzw. Witwerrente) bietet sich weit eher als Beispiel an. Ebenso scheint es (trotz des Protestes der Gewerkschaften) durchaus vertretbar, die ... lohnreduzierten Karenztage zu Beginn einer Krankheitsepisode einzuführen ...

F.X. Kaufmann: Herausforderungen des Sozialstaates. Frankfurt a.M. 1997, S. 166f.

M 19 Künftig mehr Eigenvorsorge?

In den vergangenen Jahrzehnten sind der Gemeinschaft viele Leistungen aufgebürdet worden, die der Einzelne heute selbst erbringen kann. Staatliche Sozialleistungen müssen auf die wirklich Hilfsbedürftigen konzentriert werden. Deshalb treten wir dafür ein, soziale Leistungen, die nicht durch eigene Beiträge, sondern aus Steuermitteln finanziert werden, künftig grundsätzlich nur noch einkommens- und vermögensabhängig zu gewähren und im gesamten Bereich der Sozialpolitik stärker Eigenvorsorge, Eigenverantwortung und Selbstbeteiligung zu verwirklichen.

Grundsatzprogramm der CDU von 1994

M 18 Wo soll gekürzt werden?

Von je 100 Bundesbürgern sagen:

Öffentl. Verwaltung	85
Verteidigungsetat	75
Europäische Union	66
Entwicklungshilfe	40
Justiz	35
Subventionen Kohle/Stahl	32
Subventionen Landwirtschaft	31
Forschung	26
Arbeitslosengeld	19
Sozialleistungen	19
Umweltschutz	10
Polizei	9
Schule	8

Mehrfachnennungen
Quelle: Politbarometer / © Globus 1728

M 20 Eigenvorsorge privatisiert das Armutsrisiko

Da die Hälfte der Menschen in der Bundesrepublik über gerade 5% bis 6% des deutschen Geldvermögens verfügt, wird eine große Zahl von ihnen gar nicht in der Lage sein, die Mittel für eine private Vorsorge aufzubringen. Überdies leidet die Konzeption an einem grundsätzlichen Gedankenfehler. Sie unterstellt, dass die Menschen die heute erworbenen Ansprüche sozusagen konservieren und zu einem späteren Zeitpunkt real einfordern könnten. Sie kommt demgegenüber aber nicht an der Tatsache vorbei, dass der spätere Rückgriff auf das heute in Versicherungen angelegte Kapital real nur als Zugriff auf die zu diesem späteren Zeitpunkt produzierte Konsumgütermenge möglich ist. Es handelt sich also in jedem Fall um eine Frage der Verteilung zwischen produktiver und unproduktiver Generation zu jenem späteren Zeitpunkt. Dieser Ersatz kollektiver durch private Versicherungssysteme ändert hieran nichts. Was von dem Vorschlag zur Stärkung der individuellen Eigenverantwortung bleibt sind erstens blühende Geschäfte für die Versicherungen; zweitens eine radikale Kostenentlastung der Arbeitgeber von Sozialbeiträgen auf Kosten der Versicherten und drittens die radikale Privatisierung des Einkommens- und Armutsrisikos ...

Arbeitsgruppe Alternative Wirtschaftspolitik, Memorandum '95 (Kurzfassung), S. 10

Arbeitsvorschläge

1. In M 19 wird vorgeschlagen, Sozialleistungen künftig stärker durch Eigenvorsorge und Selbstbeteiligung zu ersetzen. Bilden Sie zwei Gruppen. Die eine Gruppe sammelt alle Argumente, die für diesen Vorschlag sprechen, die andere sammelt die Gegenargumente. Tragen Sie das Ergebnis vor und diskutieren Sie den Vorschlag.

2. Statt Umverteilung der Kosten für die Sozialleistungen wären auch Kosteneinsparungen denkbar (M 17 – M 18). Begründen Sie, wo Sie die Schere zum Kürzen ansetzen würden. Diskutieren Sie auch, welche Gründe dagegen sprechen.

Gerecht verteilen – aber wie und was?

Das Problem der Verteilungsgerechtigkeit ist wohl das „heißeste Eisen" der Sozialpolitik. Wenn Sie den Versuch wagen möchten, es dennoch anzupacken, sind einige Voraussetzungen grundlegend zu bedenken:
– das Ausmaß sozialer Ungleichheit;
– die Vorstellung von Gerechtigkeit, die eine Umverteilung rechtfertigen könnte;
– die Gegenargumente.

Sozialstaat heißt auch: Verteilungsgerechtigkeit. Die ist bei ungleichen Besitz-, Einkommens- und Machtverhältnissen nur durch Umverteilung zu erreichen. Gesellschaftlich umverteilen kann nur der Staat. Deshalb hat das Bundesverfassungsgericht in Auslegung des Sozialstaatsgebots unserer Verfassung entschieden, der Sozialstaat müsse „schädliche Auswirkungen schrankenloser Freiheit verhindern und die Gleichheit fortschreitend bis zu dem vernünftigerweise zu fordernden Maß ... verwirklichen". Politisch zu entscheiden ist: Was ist das „vernünftige Maß"? Diese Frage schließt andere Fragen ein: Was soll umverteilt werden – nur Einkommen oder auch Vermögen? Wie viel soll umverteilt werden? Nach welchen Maßstäben soll Umverteilung als „sozial gerecht" gelten?

M 21 Großer Reichtum – ungerecht verteilt

Haushalte ...	... mit Vermögenswerten von jeweils ...	... haben ein Gesamtvermögen* von
2,7 %	über eine Million Mark	2780
2,4 %	750 000 bis unter eine Million Mark	750
3,9 %	500 000 bis unter 750 000 Mark	910
8,3 %	350 000 bis unter 500 000 Mark	1370
12,0 %	250 000 bis unter 350 000 Mark	1420
24,7 %	100 000 bis unter 250 000 Mark	1750
46,0 %	unter 100 000 Mark	940

Milliarden Mark
*Immobilien-, Geld- und Betriebsvermögen
Quelle: WSI, Stand: 1993
DER SPIEGEL 40/1997

M 22 Vorschläge zur Umverteilung des Reichtums

Für das zentrale Thema halte ich die zum Himmel stinkende Ungerechtigkeit bei der Lastenverteilung, die sogenannte Gerechtigkeitslücke.
Ein konkretes Beispiel: Die Fürstin Gloria von Thurn und Taxis ... Jeden Morgen, wenn die hübsche Fürstin aufwacht, ist sie um eine halbe Million reicher. (...)
Die kleinen Leute dagegen werden (...) wie Weihnachtsgänse ausgenommen: Niedrigverdiener, Rentnerinnen und Rentner, Arbeitslose, Sozialhilfeempfänger werden in die Armut, an den Rand der Gesellschaft, oft auch an den Rand der Verzweiflung getrieben. Die Spitzenverdiener und die großen Vermögensbesitzer bleiben praktisch ungerupft. (...)
Von 1970 bis 1992 hat sich das Privatvermögen in Westdeutschland (...) von 1538 auf 9492 Milliarden Mark versechsfacht.
Nur 1 Prozent der reichsten Haushalte verfügen über 50 Prozent des Gesamtvermögens.
Die untere Hälfte der Haushalte, also 50 Prozent unserer westdeutschen Gesellschaft, besitzen nur 2,5 Prozent des gesamten Privatvermögens. Es handelt sich hauptsächlich um jene 50 Prozent, die keinen Haus- und Grundbesitz haben. (...) Mein Vorschlag: Die 10 Prozent der besonders Vermögenden, also die Superreichen, müssen mit einem 15-prozentigen Solidarbeitrag belastet werden. Von ihren rund 4000 Milliarden Mark Vermögen (Schulden gegengerechnet) sind etwa 600 Milliarden aufzubringen, und zwar in zehn Jahresraten, das sind jährlich 60 Milliarden Mark oder 1,5 Prozent. Gemessen an den erheblichen Einbußen des Realeinkommens der Lohn- und Gehaltsempfänger ist dies wohl als zumutbar zu werten.
Selbstverständlich müssen jene, die ein Ein- oder Zweifamilienhaus oder nur eine Eigentumswohnung besitzen, völlig freigestellt bleiben. (...)
Der Solidaritätsbeitrag von 60 Milliarden Mark jährlich könnte Verwendung finden, um die Belastung der kleinen Leute mit rund 16 Milliarden Mark Solidarbeitrag aufzuheben; um die Lohnnebenkosten zu senken, denn die Arbeit muss in Deutschland billiger werden; um ABM-Projekte und Neuqualifizierung für den anspruchsvolleren Arbeitsmarkt zu bezahlen und zusätzliche Mittel in Forschung und Lehre zu lenken.

Georg Kronawitter, von 1978 bis 1993 Oberbürgermeister von München, in: Der Spiegel, Nr. 47/1993, S. 30f.

Stichwort:
Soziale Gerechtigkeit
Kann als Gleichheit der formalen Freiheit, als Gleichheit der Startbedingungen, als Leistungsgerechtigkeit oder als Bedarfsgerechtigkeit verstanden werden.
Die Gleichheit der formalen Freiheit entspricht der Gleichheit vor dem Gesetz. ... Dazu gehört auch der rechtliche Zugang zu ... Einkommen bzw. Eigentum, Sozialprestige, Autorität, Ausbildungs- oder Erziehungsniveau. Leistungsgerechtigkeit bedeutet „gleicher Lohn für gleiche Leistung", ist aber inhaltlich unbestimmt, wenn es sich um verschiedenartige Leistungen handelt. Im Gegensatz zu dieser Leistungsgerechtigkeit steht die Bedarfsgerechtigkeit: jedem nach seinen Bedürfnissen. (H. Giersch)

Verteilungsgerechtigkeit in Theorie und Praxis

M 23 Vermögensabgabe eine untaugliche Idee?

Überholt ist in unserer Mittelstandsgesellschaft und Angestelltenkultur die weltweit erwiesenermaßen untaugliche, aber unausrottbare Idee, man müsse „die Reichen" kappen und könne damit „die Armen" beglücken. Kein Schwacher wird dadurch gestärkt, dass ein Starker geschwächt wird. Wenn es um die Leistungsfähigkeit des Sozialstaates geht, ist das Problem von heute nicht mehr seine nirgends bestrittene Verpflichtung zur wirksamen Hilfe für die Schwachen, sondern seine Ausnutzung durch die Schlauen, die das soziale Netz mit einer Hängematte verwechseln.

L. Baumeister: Es geht um kleine Schritte zu immer mehr Gerechtigkeit... In: Politische Zeitung, August 1990, S. 7

M 24 Umverteilung über Steuern

Steuerart	1960 Mrd.DM	1960 %	1997 Mrd.DM	1997 %
Lohnsteuer	8,1	11,8	262,4	32,2
Einkommensteuer	8,9	13,1	5,5	0,7
Körperschaftssteuer	6,5	9,5	31,8	3,9
Umsatzsteuer	16,9	24,6	249,0	30,6
Mineralölsteuer	2,6	3,9	66,9	8,7
Vermögenssteuer	1,1	1,6	–	–
Gewerbesteuer	7,4	10,9	43,8	5,4

Die Unternehmen tragen mit ihren direkten Steuern (Einkommensteuer, Körperschaftssteuer einschließlich Gewerbesteuer, Grundsteuer und Vermögenssteuer) heute zum gesamten Steueraufkommen nur 17,1 vH bei – während allein das Aufkommen an Lohnsteuer aus abhängiger Arbeit das Doppelte davon ausmacht.
Bezieht man die genannte Steuersumme der Unternehmen auf ihre volkswirtschaftliche Gewinnsumme, so liegt ihre durchschnittliche Steuerbelastung heute unter 10 vH, nur halb so hoch wie die durchschnittliche Steuerlast bei Arbeitseinkommen im Jahre 1997. 1980 dagegen betrug die durchschnittliche Steuerlast der Unternehmensgewinne noch rund 20 vH und ihr Beitrag zum gesamten Steueraufkommen sogar über 25 vH. Anders ausgedrückt: Herrschten heute bei den Unternehmen die damaligen Belastungsverhältnisse, wären die Steuereinnahmen des Staates insgesamt um rund 80 Mrd. DM im Jahr höher.

Frankfurter Rundschau vom 19.1.1993 und 6.5.1998 sowie imu 97 11 140

M 25 Durchschnittlich verfügbares Einkommen in Westdeutschland
nach Haushaltsgruppen pro Monat

soziale Gruppen/Haushalte		1980	1994
Selbstständige (ohne Landwirte)	DM	7.292	16.477
	Index	100	226
	Nettobelastung in %	-26	-23*
Angestellte	DM	3.567	5.455
	Index	100	153
	Nettobelastung in %	-37	-42*
Beamte	DM	4.150	6.471
	Index	100	156
	Nettobelastung in %	-19	-25*
Arbeiter	DM	3.000	4.447
	Index	100	148
	Nettobelastung in %	-34	-43*
Arbeitslose	DM	1.883	2.636
	Index	100	140
Rentner	DM	2.167	3.548
	Index	100	164
Sozialhilfeempfänger	DM	1.317	2.279
	Index	100	173

Nettobelastung = Steuern und Sozialabgaben, abzüglich Zuwendungen des Staates (z. B. Wohngeld)

* = 1992

D. Eißel in: Reichtum in Deutschland. Dokumentation der Fachkonferenz am 10.6.1996, hrsg. vom Vorstand der SPD, Bonn o. J., S. 30

M 26 Wäre Umverteilung ungerecht?

Der Nobelpreisträger für Wirtschaftswissenschaft, Prof. F. A. von Hayek, erklärte in einem Interview:

> **Hayek:** Was wir heute erleben, ist das Ergebnis einer grundsätzlichen Konfusion, die von dem angeblich liberalen britischen Denker John Stuart Mill ausging. ... Mill schrieb einen Satz, der die Grundlage für alle sozialistischen Ideen bildet: „Ist das Sozialprodukt erst einmal da, kann man damit machen, was man will." Dabei wurde übersehen, dass der Produktionsprozess nicht unabhängig ist vom Verteilungsprozess, das heißt, man kann mit dem Sozialprodukt eben nicht machen, was man will.
>
> **Frage:** Wollen Sie damit sagen, eine ungleiche Verteilung des Sozialprodukts sei Voraussetzung dafür, dass es überhaupt erst entsteht?
>
> **Hayek:** Genau das. Ungleichheit ist nicht bedauerlich, sondern höchst erfreulich. Sie ist nötig. Das Sozialprodukt ist nur da, weil Menschen nach ihrer Produktivität entlohnt werden und dorthin gelockt werden, wo sie am meisten leisten. Gerade die Unterschiede in der Entlohnung sind es, die den Einzelnen dazu bringen, das zu tun, was das Sozialprodukt erst entstehen lässt. Durch Umverteilung lähmen wir diesen Signalapparat.

Aus: Wirtschaftswoche Nr. 15/1992, S. 74

Arbeitsvorschläge

1. Vergleichen Sie die Verteilung der Vermögen und Einkommen (M 21, M 22 und M 25). Nach welchem Gerechtigkeitsmaßstab (s. Stichwort „Soziale Gerechtigkeit") könnte man diese Verteilung rechtfertigen oder kritisieren?

2. Umverteilt werden Einkommen und Vermögen vor allem über Steuern und Abgaben. Stellen Sie fest, welche Einkommensgruppen durch die Steuerpolitik verhältnismäßig am stärksten belastet wurden (M 24).

3. In M 22 wird ein Vorschlag für eine sozial gerechte Umverteilung gemacht, in M 23 und M 26 wird Umverteilungspolitik als untauglich und widersinnig abgelehnt. Nehmen Sie dazu Stellung.

4. Erklären Sie, was nach Ihrer Meinung ein „vernünftiges Maß" für eine gerechte Verteilung sein könnte.

Armut – nur ein statistisches Problem?

Bei den Vorüberlegungen zu diesem Thema habe ich mich gefragt, was seine „Botschaft" sein könnte. Es gibt Bilder und Nachrichten von Menschen am Rande unserer Gesellschaft, die erfroren sind, weil sie im Winter kein Obdach hatten; von kinderreichen Familien in engsten Notunterkünften, die angemessenen Wohnraum nicht finden oder nicht mehr bezahlen können. Daneben gibt es Armut, die sich verborgen hält, nur wenig bekannt ist und dennoch längst keine Randerscheinung in unserer Wohlstandsgesellschaft mehr ist – eine Art „neuer Armut". Und schließlich gibt es Menschen in armseligen Verhältnissen, die aus der Sicht von Armen aus den ärmsten Ländern als geradezu beneidenswert „reich" erscheinen mögen – die Masse der Sozialhilfeempfänger.

Armut ist also nicht gleich Armut und vielleicht sollten wir dies daraus lernen: Armut „an sich" gibt es nicht und sie erscheint in so vielfältigen Arten, dass ein Begriff nicht reicht, um sie vollständig zu entdecken.

Rein rechtlich gesehen kann es in unserem Sozialstaat zwar Arme geben, aber keine Armut. Ein verhältnismäßig engmaschig geknüpftes Netz sozialer Sicherung bietet Schutz vor Armut im Alter, bei Krankheit, Invalidität, Pflegebedürftigkeit und Arbeitslosigkeit. Wer dennoch durch die Maschen fällt, dem gewährt der Staat neben anderen Fürsorgeleistungen auch Sozialhilfe, die den Empfängern ein Leben ermöglichen soll, „das der Würde des Menschen entspricht". Arme, deren Lebensführung oberhalb des Existenzminimums gesichert ist, leben demzufolge auch nicht in Armut. Dass der Staat mit Sozialhilfe nur einspringt, wenn die rechtlich vorrangig zur Unterhaltshilfe verpflichteten Verwandten (Eltern bzw. Kinder) dazu nicht in der Lage sind, ändert nichts daran, dass grundsätzlich jeder von Armut Bedrohte einen Rechtsanspruch auf diese Hilfe hat.

Dagegen steht die Auffassung, dass Armut nicht nur eine Frage des Einkommens ist. Armut wäre demnach auch Unterversorgung in wichtigen Lebensbereichen wie Arbeit, Bildung, Wohnen, Gesundheit und Kultur. Außerdem gibt es neben der offenen bzw. bekämpften Armut auch verdeckte Armut von Menschen, die sich scheuen, Sozialhilfe in Anspruch zu nehmen – aus Scham, Unkenntnis, Unsicherheit im Umgang mit Behörden oder aus Sorge, unterhaltspflichtige Verwandte könnten vom Sozialamt zwangsweise zu Unterhaltszahlungen herangezogen werden. Ihre Zahl wurde 1991 auf über eine Million geschätzt. Diese Personen leben tatsächlich unter dem Existenzminimum. Aber was ist ein „Existenzminimum" in unserer Gesellschaft? – Wo liegt die „normale Armutsgrenze"? – Wie viele Menschen leben in Armut? Die Antwort hängt letztlich davon ab, wie wir den Begriff „Armut" bestimmt (definiert) haben.

Neue Westfälische, Nr. 51
Dienstag, 2. März 1993
Schreckensbilanz der Wohnungslosenhilfe:
29 Menschen sind auf den Straßen erfroren

M 27 „Armut" kann Verschiedenes bedeuten

Absolute Armut: Gemeint ist die Unfähigkeit zur längerfristigen Sicherung der körperlichen Selbsterhaltung.

Relative Armut: Armut wird im Verhältnis zu den „Wohlstandsmerkmalen" anderer Bevölkerungsgruppen gesehen. Maßstab sind bei einem bestimmten, als durchschnittlich angesehenen Lebensstandard die Mittel und Möglichkeiten, die als ausreichend für die Befriedigung von ökonomischen, sozialen und kulturellen Grundbedürfnissen angesehen werden.

Relative Einkommensarmut: Armut wird nur an der Höhe des Einkommens gemessen. Als arm gelten Personen und Haushalte, deren Nettoeinkommen unterhalb einer Einkommensgrenze liegt, die im Verhältnis zu den Einkommen aller privaten Haushalte der Bundesrepublik bestimmt wird.

Neue Armut: Der Begriff erfasst Veränderungen der Zahl und Merkmale von Armut. Waren von Armut bisher vor allem Personen betroffen, die arbeitsunfähig, krank oder alt waren, so ist für die neue Armut charakteristisch, dass die davon Betroffenen arbeitsfähig, arbeitslos und größtenteils jung sind.

Nach Y. Bernart: Armut: Begriffe, Bemessungen und Beurteilungen. In: Gegenwartskunde, H. 2/1992, S. 181f.

Arbeitsvorschlag

Unterscheiden Sie die Begriffe „absolute", „relative", „offene" und „verdeckte" Armut nach ihrer inhaltlichen Bedeutung (M 27 und M 30).
Diskutieren Sie, welche dieser Begriffe auf die Armutsverhältnisse bei uns zutreffen. Nennen Sie Beispiele und berichten Sie über Fälle, die Sie kennen.

Offene und verdeckte Armut

M 28

Armut in Deutschland
(alte Bundesländer)
gemessen am Durchschnittseinkommen aller Privathaushalte

alle Haushalte = 1 000

Armutsgrenze	1984	1993
Armutsnähe (60 %)	208	195
Armut (50 %)	110	113
strenge Armut (40 %)	51	52

Quelle: DIW

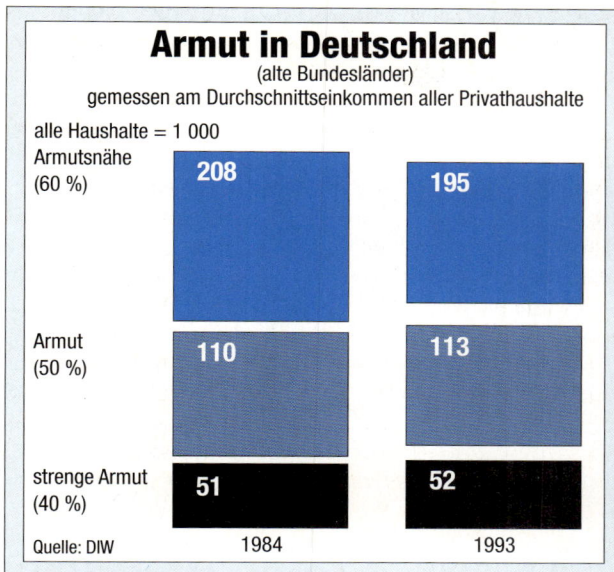

nach imu: 910834 u. „Datenreport 1994"

In Deutschland wird Armut überwiegend als Einkommensarmut definiert. Als arm gilt, dessen Einkommen unterhalb eines bestimmten Anteils am durchschnittlichen Netto-Haushaltseinkommen pro Kopf liegt. Je nachdem, ob die Armutsgrenze bei einem Anteil von 60, 50 oder 40 % des Durchschnittseinkommens gezogen wird, ändert sich auch die Gesamtzahl der Armen.
In der Europäischen Union liegt die Armutsgrenze allgemein bei 50 %. In Deutschland bekommt Sozialhilfe erst, wer weniger als 40 % des Durchschnittseinkommens hat.

M 29

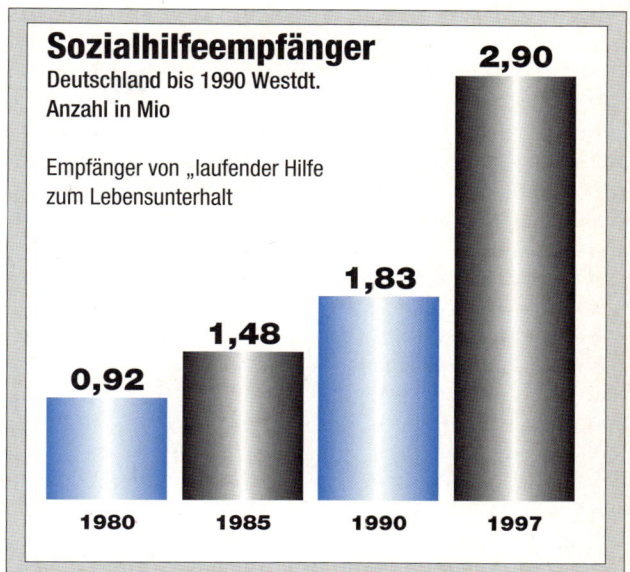

Sozialhilfeempfänger
Deutschland bis 1990 Westdt.
Anzahl in Mio

Empfänger von „laufender Hilfe zum Lebensunterhalt"

1980	1985	1990	1997
0,92	1,48	1,83	2,90

nach imu: 9704111 und Frankfurter Rundschau v. 7.1.1999

Die Zahlung von Sozialhilfe erfolgt nach sogenannten „Regelsätzen". Die Höhe der Regelsätze richtet sich nach den statistisch erfassten Ausgaben und Verbrauchergewohnheiten von Personen bzw. Privathaushalten der untersten Verbrauchergruppe. Nach dem Stand von 1999 galten für NRW folgende Regelsätze: Haushaltsvorstand und Alleinstehende: 540,- DM monatlich; Alleinerziehende: Regelsatz plus 40%; Haushaltsangehörige: je nach Alter zwischen 270,- und 486,- DM. Hinzu kommen Zuschläge für Mehrbedarf bei Krankheit und Behinderung. Das Sozialamt zahlt auch die Miete und Mietnebenkosten.

M 30 Verdeckte Armut und besonders betroffene Armutsgruppen

Wenn ein Rechtsanspruch auf Sozialhilfe besteht, diese Hilfe aber nicht in Anspruch genommen wird, spricht man von „verdeckter Armut". Ihr Anteil wird auf 30 % der Sozialhilfeberechtigten geschätzt.
„Das beste Netz fängt halt nicht alle auf: Den Obdachlosen, der nirgendwo gemeldet ist und längst nichts mehr bezieht. Den ungelernten Jugendlichen, der sich durchjobbt und nie in die Statistik kommt. Die Witwe, die auf Sozialhilfe verzichtet, weil sie weiß, dass Vater Staat sich die Stütze von ihren Kindern zurückholt."
Der Paritätische Wohlfahrtsverband hat beklagt, „dass Ausländer bei Arbeitslosigkeit keine Sozialhilfe zu beantragen wagen, weil sie eine Ausweisung befürchten müssen".
Auch vollbeschäftigte Arbeitnehmer können in Armut leben. In Deutschland gibt es keine gesetzlich festgelegten Mindestlöhne. Die Niedriglöhne liegen oft nur geringfügig über den Sozialhilfesätzen (Zuschläge für Miete usw. mitgerechnet) oder sogar darunter.
Zu den überdurchschnittlich von Armut Betroffenen gehören:
Arbeitslose, berufslose Jugendliche, allein stehende Mütter und Väter mit ihren noch zu versorgenden Kindern, Obdachlose und Nichtsesshafte, Asylsuchende und Flüchtlinge.

Arbeitsvorschläge

1. Stellen Sie fest, wie viel Prozent der Privathaushalte in der Bundesrepublik bei einer Armutsgrenze von 40, 50 und 60 % in Armut leben. (M 28)

2. M 29 stellt die Entwicklung der Einkommensarmut in der Bundesrepublik dar. Erkundigen Sie sich beim Sozialamt Ihres Wohnortes über Zahl und soziale Herkunft der Sozialhilfeempfänger in Ihrem Ort. Erkundigen Sie sich auch nach den Regelsätzen der Sozialhilfe. Vergleichen Sie beides mit den Daten aus M 29 und M 30.

Armut in unserer Stadt

> Über Armut wird bei uns neuerdings viel gesprochen und geschrieben. Aber wo sind die Armen in unserer Stadt? Wie sind diese Menschen in Armut und Not geraten? Wer hilft ihnen?
>
> Darüber wissen wir oft sehr wenig, weil Armut sich selten offen zeigt und weil es neben der offenen auch „verdeckte Armut" gibt, die nicht mal bei den Behörden registriert wird.
>
> Um mehr über Armut in unserer Stadt zu erfahren, müssen wir selber hingehen, beobachten, fragen, aufschreiben und berichten. Wie man das macht – dazu möchte ich Ihnen hier einige Anregungen geben.

Die Methode, mit der wir mehr über Armut „vor unserer eigenen Tür" erfahren können, als in der Lokalzeitung steht, heißt „Erkundung". Bei der Erkundung handelt es sich um die Kombination einer Vielfalt von Methoden, mit denen wir Informationen über einen sozialen Sachverhalt gewinnen können. Solche Methoden können sein: Beobachten, Fragen, Interviewen, Auswerten von Statistiken, Vergleichen usw. Deshalb muss eine Erkundung gut vorbereitet werden. Vor allem müssen vorweg einige Fragen geklärt werden.

1. Worum geht es?
Bei einer Erkundung muss zunächst einmal klar sein, worum es eigentlich geht. Frage: Was ist unser Problem? Schauen Sie sich die vorangegangenen Seiten noch einmal gut an. Welche Probleme werden dort sichtbar? Am besten machen Sie einen „Problemkatalog", d.h. Sie schreiben die Beobachtungen und Fragen auf lose Blätter, die Sie dann an die Tafel heften. Beispiel:

- In der Stadt sieht man immer mehr Bettler.
- Dürfen die sich einfach hinstellen und betteln?
- Bekommen Bettler kein Geld vom Sozialamt?

2. Was können wir machen?
Bei der Erkundung gibt es grundsätzlich drei Möglichkeiten:
(1) Man kann etwas sehen und beobachten (z.B. die Bettler auf der Straße).
(2) Man kann jemanden fragen (z.B. wo bleiben die Bettler über Nacht?).
(3) Man kann an etwas teilnehmen (z.B. an einer Sitzung des Gemeinderats über Bettler und Obdachlose).

3. Wo können wir hingehen?
Als Thema wurde vorgeschlagen „Armut in unserer Stadt". Das heißt, Sie sollten sich auf die Stadt, in der Sie wohnen und wo Ihre Schule bzw. Ihr Betrieb ist, konzentrieren. Doch es gibt „offene Armut", die kann man sehen, und „verdeckte Armut", die kann man nicht so ohne weiteres sehen. Da muss man fragen. Aber wen?

Erkundigen Sie sich zunächst in Ihrer Gemeinde auf dem Rathaus bzw. der Gemeindeverwaltung nach dem Sozialamt. Oft gibt es auch ein „Amt für Soziale Dienste". Wenn es eine „Bürgerberatung" gibt, dann können Sie auch dort Auskunft über die verschiedenen Ämter erhalten. Wer z.B. etwas über die Bettler in der Stadt erfahren will, kann auch das Ordnungsamt fragen. Für die Wohnungssuchenden ist das „Amt für Wohnungswesen" zuständig.

Neben den staatlichen Stellen gibt es noch viele weitere Einrichtungen der Wohlfahrtspflege, die sich um Menschen kümmern, die alt, krank oder behindert sind und häufig in Armut leben. Die wichtigsten sind
– die Arbeiterwohlfahrt,
– die Caritas,
– der Deutsche Paritätische Wohlfahrtsverband,
– das Deutsche Rote Kreuz,
– das Diakonische Werk und
– die Zentralwohlfahrtsstelle der Juden in Deutschland.

Auch dort kann man ggf. hingehen und fragen.

4. Wen sollen wir fragen?
Sie können auf gar keinen Fall alle Formen von Armut in Ihrer Stadt erfassen. Das wäre viel zu umfangreich. Deshalb sollten Sie sich darüber einigen, welche gesellschaftlichen Gruppen, die als arm und sozial schwach gelten, Sie erkunden wollen. Dann müssten Sie überlegen, wo und wie Sie mit diesen Menschen ins Gespräch kommen können. Dazu müssten Sie herausfinden:

Wir machen eine Erkundung

- Wo kann man diese Menschen treffen? Wer kennt jemand, der zu dieser Gruppe gehört?
- Gibt es Orte, wo diese Menschen zusammenkommen (z.B. ein Obdachlosenasyl, ein Seniorenclub usw.)?
- Kann man Menschen dieser Gruppe evtl. in die Schule einladen (z.B. einen Rentner/eine Rentnerin).
- Kann man diese Menschen auf bestimmten Ämtern oder Einrichtungen treffen (z.B. Arbeitslose auf dem Arbeitsamt oder Obdachlose, die eine Unterkunft suchen, beim Sozialamt)?

5. Wie sollen wir unsere Untersuchung durchführen?

Das hängt davon ab, ob Sie etwas beobachten wollen oder ob Sie jemanden befragen wollen. Für die Beobachtung brauchen Sie einen Beobachtungsbogen, für die Befragung einen Fragebogen oder einen kleinen Interviewleitfaden. Dazu finden Sie in den Kästen auf dieser Seite einige Anregungen.

6. Was wollen wir erkunden?

Eigentlich sollten Sie das selbst herausfinden. Aber einige Anregungen sollen nachstehend gegeben werden. Sie müssen grundsätzlich zwei Gruppen von Fragen unterscheiden:

(1) Es gibt Fragen, die treffen auf alle Menschen zu, die in Not und Armut geraten sind, z.B.
 - Seit wann sind sie in dieser Situation?
 - Wie sind sie in diese Situation geraten?
 - Haben sie eine Wohnung? Wenn ja, wie groß ist sie und wie ist sie ausgestattet?
 - Mit wie viel Geld müssen sie auskommen (am Tag, in der Woche, im Monat)?
 usw.

(2) Es gibt Fragen, die sind für jede Gruppe verschieden.
 Wenn man zum Beispiel erkunden will, wie die Situation armer allein stehender alter Frauen in der Stadt ist, dann könnte man untersuchen,
 – warum ihre Rente so niedrig ist,

- ob sie sich noch alleine versorgen können (Kochen, Waschen, Einkaufen usw.),
- ob ihre Wohnung „altengerecht" eingerichtet ist (z.B. ohne Treppen zu erreichen, Notklingel im Bad, Telefonanschluss für Notfälle) usw.

Beispiel für einen Beobachtungsbogen zur Beobachtung von Bettlern

1. Nach welchen Gesichtspunkten wird ein Standort ausgesucht?
2. Wodurch wird versucht, Aufmerksamkeit zu erregen?
3. Wie verhalten sich die Passanten?
 – gehen achtlos vorüber?
 – bleiben stehen und geben ein Almosen?
 – reden mit dem Bettler?
 – beschimpfen ihn?
usw.

7. Mit welchen Erhebungsinstrumenten wollen wir arbeiten?

Erhebungsinstrumente sind alle Hilfsmittel und Geräte, mit denen Informationen aufgenommen und weiterverarbeitet werden können, also z.B. Protokolle, Fragebögen für schriftliche Erhebungen, Interviewleitfaden für mündliche Erhebungen, Cassettenrecorder, tragbares Tonband oder Radio mit Aufnahmemöglichkeit, Videokamera, Fotoapparat.

Stellen Sie fest, welche Geräte in der Schule oder von Ihnen selbst zur Verfügung stehen und welche anderen Hilfsmittel (z.B. Fragebogen) Sie für Ihre Erkundung brauchen. Dann planen Sie bitte genau, wer welche Erkundungsaufgaben durchführen soll und welche Erhebungsinstrumente dabei eingesetzt werden können.

Beispiel für einen Fragebogen oder einen Interviewleitfaden zur Befragung von Obdachlosen

1. Wie lange sind Sie schon in unserer Stadt?
2. Seit wann sind Sie obdachlos?
3. Wo schlafen Sie?
4. Wovon leben Sie?
5. Welche Gründe waren Ihrer Meinung nach ausschlaggebend dafür, dass Sie obdachlos geworden sind?
6. Welche Hilfen bekommen Sie von der Stadt oder anderen Behörden
 – bei der Suche nach einem Arbeitsplatz?
 – bei der Vermittlung einer Schlafstelle?
 – bei der Verpflegung?
7. Haben Sie einen Beruf gelernt?
usw.

8. Wie wollen wir unsere Ergebnisse präsentieren?

Z.B. durch Protokolle, mündliche Berichte, Fotos, Wandzeitung oder Collage, kleine Dokumentation als Broschüre usw.

Hinweise auf besondere Probleme bei der Erkundung

- Wenn Sie versuchen, mit Bettlern und Nichtsesshaften – das ist die offizielle Bezeichnung für Personen ohne Unterkunft – ins Gespräch zu kommen, beachten Sie bitte: Diese Menschen sind manchmal scheu und verschlossen, vielleicht auch betrunken und können aggressiv werden, wenn sie den Eindruck gewinnen, dass man sich über ihre Situation lustig macht.

- Wenn Sie eine Behörde oder ein Amt (z.B. das Sozialamt) erkunden wollen, lassen Sie sich nicht abschrecken, wenn Behörden oft unübersichtlich und verwirrend wirken. Fragen Sie an der Information nach, wer Ihre Fragen am besten beantworten könnte.

- Eine gute Vorbereitung für Ihre Erkundung sind Rollenspiele, in denen Sie verschiedene Befragungssituationen mit verteilten Rollen durchspielen können.

Zusammen wachsen?

Liebe Schülerinnen und Schüler,

wir leben in der Europäischen Union, kurz: in der EU. Wir können durch Frankreich und Spanien nach Portugal fahren, wenn wir wollen, können wir in Schweden oder England arbeiten oder in den Niederlanden einkaufen, in Spanien ein Geschäft eröffnen oder in Griechenland oder in Finnland unseren Ruhesitz nehmen. Alles kein Problem - oder? Die Europäische Union ist jedoch noch kein fertiges Gebilde. Sie hat sich im Laufe der Zeit immer weiterentwickelt. Welche Gestalt dieser Bund einmal haben wird, ist noch offen. Der europäische Einigungsprozess wird allerdings häufig mit negativen Schlagzeilen verbunden: gentechnisch veränderte Lebensmittel, grenzüberschreitende Umweltverschmutzung, Bedrohung der sozialen Standards, eine aufgeblähte Bürokratie oder der Verlust der nationalen Währung sind immer wieder Anlass für Diskussionen, welche Vor- und Nachteile mit dem Einigungsprozess für die Bürgerinnen und Bürgern verbunden sind.
Die Europapolitik hat sich in den letzten Jahrzehnten allerdings erheblich verändert: Von einer eher mit Desinteresse bedachten und belächelten Randerscheinung im öffentlichen Bewusstsein ist sie zur vierten zentralen Politikebene neben der Kommunal-, Landes- und Bundespolitik geworden.

Die von den Institutionen der Europäischen Union getroffenen Entscheidungen (Verordnungen und Richtlinien) sind für uns alle rechtsverbindlich – Europarecht bricht Bundesrecht!

Ich glaube, dass die Europäische Union der richtige Weg ins nächste Jahrtausend ist – doch manchmal habe ich auch Zweifel, ob dieses Vorhaben angesichts der starken Einzelinteressen der Mitgliedsstaaten gelingen kann. Die entscheidende Frage aus meiner Sicht lautet:
<u>*Werden sich durch die europäische Integration unsere Lebens- und Arbeitsbedingungen insgesamt eher verbessern oder verschlechtern?*</u>

Mehr Arbeitsplätze und Wohlstand für alle, billigere Produktion und eine größere Warenvielfalt, freie Arbeitsplatzwahl, was wollen wir noch mehr?

??

Europa – sagenhaft

Was den Namen „Europa" betrifft, so spielt dabei die griechische Insel Kreta eine wesentliche Rolle: In der griechischen Sagenwelt war Zeus der Vater aller Götter und Menschen. In der Gestalt eines Stieres raubte er Europa, die Tochter des Königs Agenor, und trug sie auf seinem Rücken nach Kreta. Dort stand er plötzlich als schöner Jüngling vor ihr. Einer ihrer Söhne hieß Minos. Er war König von Kreta und seiner Mutter Europa wurden auf der Mittelmeerinsel göttliche Ehren zuteil. Nach ihr wurde schließlich der Erdteil Europa genannt.

Die Deutschen und Europa

Europa: noch mehr Gesetze und Verordnungen durch die Bürokraten in Brüssel

Europa ist nur für die Arbeitgeber von Vorteil: Schutzvorschriften werden abgebaut, die Löhne sinken, Produktionsstandorte werden verlegt.

Ein riesiger Markt mit 372 Millionen Menschen ohne Grenzen und bürokratische Handelshemmnisse, herrliche Aussichten für alle.

??

Tipp

Sie können auch selbst Ihre ganz persönlichen Einstellungen bzw. Meinungen zu dieser Themenstellung formulieren und – analog der Struktur dieser Seite – eine eigene Auftaktdoppelseite erstellen. Stellen Sie Ihre Ergebnisse vor und erläutern Sie die Aussagen und Hintergründe der Entstehung Ihrer Aussagen.

RESIGNATION OPTIMISMUS PESSIMISMUS APATHIE

Zu Risiken und Nebenwirkungen der Europäischen Union fragen Sie Ihren Bundeskanzler oder bearbeiten Sie die folgenden Kapitel!

Wenn ich an Europa denke ...

Der Umbruch in Europa findet in verschiedenen Geschwindigkeiten auf zwei Ebenen statt: auf der politischen Ebene einerseits und in den Köpfen der Bürger andererseits. Einigen geht die Entwicklung zu schnell voran. Das verursacht Unsicherheit und Ängste. Anderen geht der Prozess der Integration und der Erweiterung zu langsam. Was fällt Ihnen ganz spontan zu „Europa" bzw. zur „Europäischen Union" ein? Der Euro, das Europaparlament, keine Grenzkontrollen mehr, Bürokratie, Skandale, Kriege, großer Wirtschaftsmarkt? Wo gibt es ganz konkrete Berührungspunkte, auf welchen Ebenen werden wir im Alltagsleben von Beschlüssen der Europäischen Union berührt, welche Probleme der europäischen Bürgerinnen und Bürger müssen aufgegriffen und gelöst werden? Auf einige der hier aufgeworfenen Fragen geben die nachfolgenden Themendoppelseiten nähere Antworten. Sie können aber selbst mit Hilfe einer Kartenabfrage Themen, Fragen, Probleme und Lösungsansätze sammeln. Eine sehr gute Möglichkeit hierzu bietet die Kartenabfrage (auch Metaplan-Technik genannt). Wie diese Methode angewandt werden kann und welche Vorzüge sie hat, zeige ich Ihnen auf dieser Themendoppelseite.

M 1 Was ist Metaplan?

Mit dem Begriff „Metaplan" verbindet man die Kartenabfrage. Ziel dieser Methode ist es, einer Gruppe den Meinungs- und Willensbildungsprozess zu ermöglichen, ohne dass der Moderator inhaltlich in das Geschehen eingreift. Er ist methodischer Helfer, der seine eigenen Meinungen und Wertungen zurückstellt, d.h. er leitet die Sitzung methodisch, aber nicht inhaltlich. Er lässt die Gruppe ihre eigenen Ideen entwickeln und verfolgt nicht seine persönlichen Ziele.

Vorteile: Jede Teilnehmerin und jeder Teilnehmer wird einbezogen. Alle Nennungen sind gleich wichtig, es gibt keinerlei „Hierarchieunterschiede", die Nennungen können jederzeit neu geordnet werden.

Nachteile: Bei großen Gruppen und/oder vielen Nennungen besteht die Gefahr der Unübersichtlichkeit. Daher sollte bei größeren Gruppen/Klassen die Kartenzahl pro Schüler/in begrenzt werden.

In der Moderation werden zum Schreiben und ggf. zum Ziehen von Strichen **Filzstifte** verwendet. Für die Beschriftung der bei dieser Methode verwendeten Elemente der Visualisierung sollten folgende Regeln beachtet werden:

M 2 Hinweise zum Umgang mit Filzstiften

⇒ zwei Stiftarten benutzen
 – Überschriften mit dickem Filzstift
 – Texte mit dünnem Filzstift

⇒ mit der breiten Seite schreiben
⇒ möglichst gleichmäßigen Druck ausüben
⇒ große und kleine Buchstaben verwenden
⇒ Druckbuchstaben verwenden
 (möglichst keine Schreibschrift)

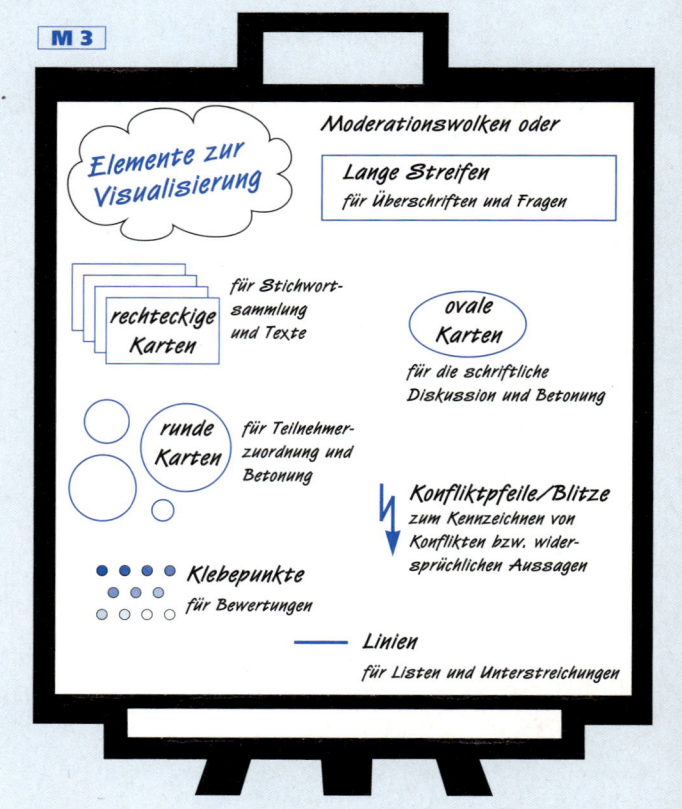

Auch bei der Verwendung der **Elemente der optischen Darstellung** sind folgende Hinweise zu beachten:

M 3

Elemente zur Visualisierung

Moderationswolken oder Lange Streifen für Überschriften und Fragen

rechteckige Karten für Stichwortsammlung und Texte

ovale Karten für die schriftliche Diskussion und Betonung

runde Karten für Teilnehmerzuordnung und Betonung

Konfliktpfeile/Blitze zum Kennzeichnen von Konflikten bzw. widersprüchlichen Aussagen

Klebepunkte für Bewertungen

Linien für Listen und Unterstreichungen

entnommen aus: Kurskorrektur Schule, Windmühle Verlag, Hamburg 1995, S. 30/31

Kartenabfrage/Meta-Plan-Technik im Unterricht

M 4 Wie geht man vor?

Die Moderatorin bzw. der Moderator stellt eine Frage an die Gruppe, z.B. welche Probleme und Schwierigkeiten, welche Sorgen und Ängste verbinden Sie mit der immer weiter voranschreitenden Integration der europäischen Staaten? Dazu werden Moderationskarten in einheitlicher Farbe verteilt. Farblich unterschiedliche Karten könnte man z.B. einsetzen, wenn man neben den Problemen und Schwierigkeiten auch die Vorzüge der EU erfassen würde (Probleme z.B. rot, Vorteile z.B. grün).

Die Moderatorin bzw. der Moderator bittet nun die Teilnehmerinnen und Teilnehmer um die schriftliche Beantwortung der gestellten Frage.

Bei der Beschriftung der Karten ist darauf zu achten, dass die Teilnehmerinnen und Teilnehmer
- mit Filzstiften schreiben
- Druckschrift mit Groß- und Kleinbuchstaben benutzen
- die Karten groß und deutlich, maximal dreizeilig beschriften
- maximal einen Gedanken pro Karte notieren.

Die Karten werden ungeordnet und verdeckt, d.h. mit der Schrift nach unten eingesammelt und dann gemeinsam sortiert. Dabei liest der Moderator die Karten vor und zeigt sie der Klasse, damit alle mitlesen können. Bei den nachfolgenden Karten stellt die Moderatorin bzw. der Moderator die Frage an die Gruppe, ob sie den bereits offen gelegten Karten zugeordnet werden können oder ob sie neue Sinneinheiten bilden und daneben angeheftet werden müssen. Dieser Prozess ist abgeschlossen, wenn alle Karten zugeordnet worden sind. Alle Karten müssen vorgelesen und zugeordnet werden, denn die Schülerinnen und Schüler haben damit eine Absicht verbunden. Hat die Gruppe unterschiedliche Meinungen bei der Zuordnung einer Karte, so wird die Karte verdoppelt und in beide Themenschwerpunkte gehängt. Abschließend überprüft die Gruppe die Zuordnung der Karten nochmals und überschreibt die einzelnen Kartengruppen (Sinneinheiten) mit jeweils einem passenden Oberbegriff (runde oder ovale Karten). Sofern noch eine Bewertung hinsichtlich der Bedeutsamkeit vorgenommen werden soll, bietet sich eine Bewertung in Form der Vergabe von Klebepunkten an. Die Wertigkeit könnte dann z.B. die Rangfolge der Bearbeitung anzeigen.

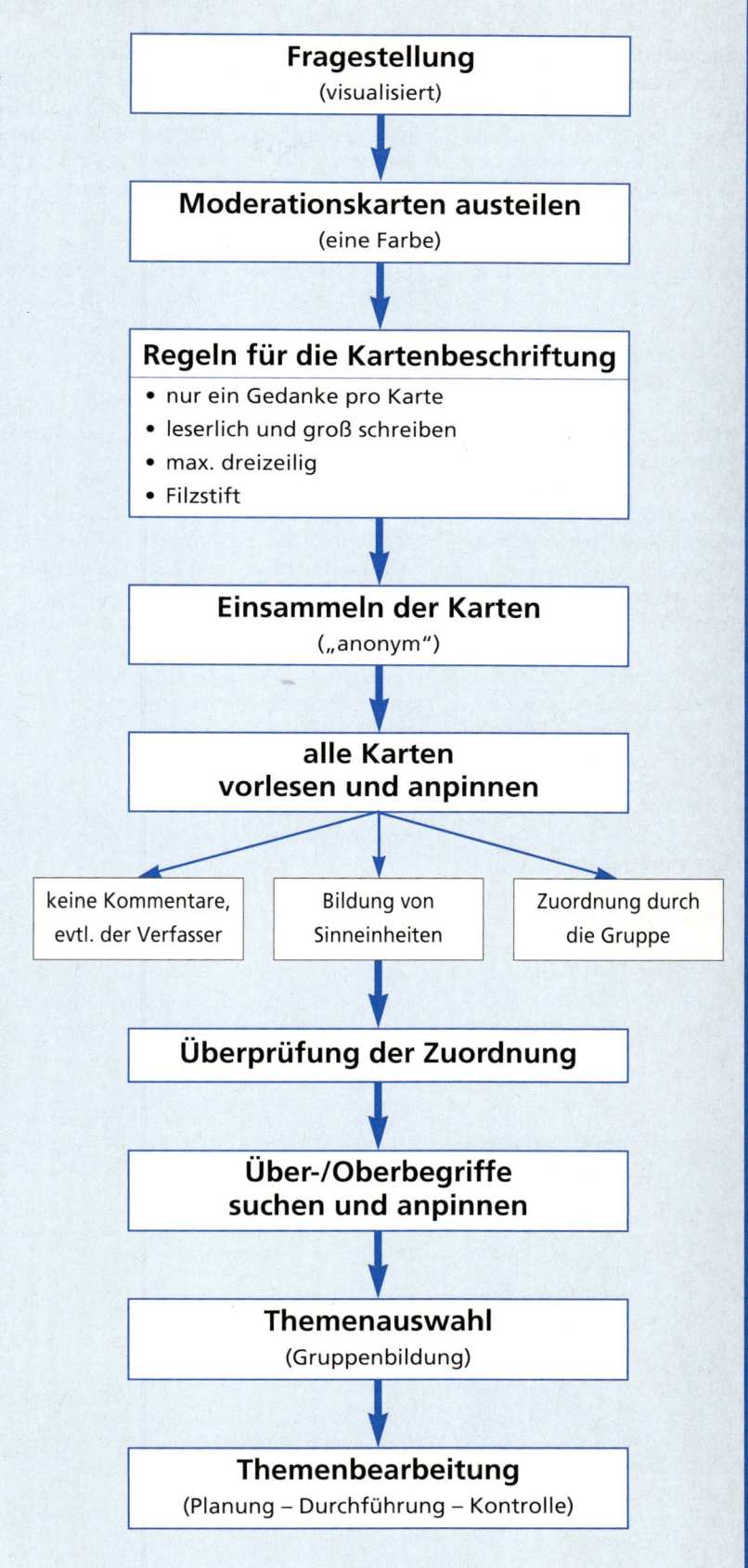

Fragestellung
(visualisiert)
↓
Moderationskarten austeilen
(eine Farbe)
↓
Regeln für die Kartenbeschriftung
- nur ein Gedanke pro Karte
- leserlich und groß schreiben
- max. dreizeilig
- Filzstift

↓
Einsammeln der Karten
(„anonym")
↓
alle Karten vorlesen und anpinnen

- keine Kommentare, evtl. der Verfasser
- Bildung von Sinneinheiten
- Zuordnung durch die Gruppe

↓
Überprüfung der Zuordnung
↓
Über-/Oberbegriffe suchen und anpinnen
↓
Themenauswahl
(Gruppenbildung)
↓
Themenbearbeitung
(Planung – Durchführung – Kontrolle)

Methodenvorschlag

Ein neues West-Europa entsteht

Ich kann mich noch gut an die zeitraubenden Pass- und Zollkontrollen für Waren und Personen erinnern, wenn ich von Aurich mal schnell zum Einkaufsbummel nach Groningen fahren wollte. Vor allem die etwa 70 verschiedenen Zollformulare, die es beim Handel mit den Nachbarländern Frankreich, Holland und Belgien gab, verursachten in jedem Betrieb, aber auch im Berufsschulunterricht immer wieder größte Verwirrung. Der bürokratische Aufwand beim Handel mit den unmittelbaren Nachbarländern war enorm. Diese Zeiten sind seit dem 1. Januar 1993 endgültig vorbei. Seitdem werden bei den Personenkontrollen nur noch Stichproben vorgenommen und Warenkontrollen entfallen vom Grundsatz her völlig. Damit wurden die Paneuropa-Gedanken der 20er Jahre von Richard Coudenhove-Kalergie Realität. Doch der Weg hierher war langwierig: Ausgehend von der Montanunion im Jahre 1951 über die Unterzeichnung der Römischen Verträge 1957 bis hin zum einheitlichen Binnenmarkt seit dem 1. Januar 1993 vollzog sich der Wandel von einer Wirtschaftsgemeinschaft hin zu einer Europäischen Union, welche die Integration der einzelnen EU-Mitgliedsstaaten weiter voranbringt.

Die neue Ära in der Europa-Politik nach dem Zweiten Weltkrieg wurde möglich, weil zwei Motive zusammenkamen: seit Kriegsende wachsende Europa-Bewegungen in vielen Ländern und das Streben nach Zusammenfassung des zersplitterten europäischen Potenzials im Sinne der Eindämmungspolitik gegen die Sowjetunion. Der Europa-Kongress von Den Haag, der sogenannte Haager Kongress, an dem 750 Politiker aus fast allen europäischen Staaten teilnahmen, forderte im Mai 1948 die Einrichtung des Europarates. Es war die Geburtsstunde der Europäischen Bewegung. In der Resolution des Haager Kongresses wurde ein geeintes demokratisches Europa gefordert. Die Forderungen des Haager Kongresses fanden ein weites Echo und gaben Anstoß zur Aufnahme von Verhandlungen, die ein Jahr später zur Gründung des Europarates führten.

M 5 **1949: Der Europarat**

Das wichtigste Ergebnis der Haager Konferenz war die Einrichtung des Europarates, der bereits 1943 von Winston Churchill vor der Eröffnung des Paneuropa-Kongresses in New York gefordert worden war. Die politische Bedeutung der Einrichtung des Europarates liegt darin, ein Diskussionsforum für die europäischen Mitgliedsstaaten zu sein, und zwar zum Schutz und zur Förderung der Ideale und Grundsätze, die ihr gemeinsames Erbe bilden und zur Förderung des wirtschaftlichen und sozialen Fortschritts (Art. 1, Satzung des Europarates). Der Europa-Rat, der aus einem Rat der Außenminister und einer beratenden Versammlung ohne beschließende Funktion besteht, bildet eine Plattform für die Beratung und Koordination politischer Entscheidungsprozesse. In einer „Politischen Erklärung" wurde der politische und wirtschaftliche Zusammenschluss der europäischen Staaten unter begrenzter nationaler Souveränitätsbeschränkung gefordert. Mehrere Punkte der Haager Resolution wurden später im Rahmen des Europarates umgesetzt, wie die Europäische Konvention zum Schutze der Menschenrechte und Grundfreiheiten, der Europäische Gerichtshof für Menschenrechte und die Europäische Parlamentarische Versammlung des Europarates.

Karl-Dietrich Bracher: Geschichte Europas. Band 6, Frankfurt am Main 1992, S. 263

M 6 **1951: Die Montanunion**

Den Grundstein zur Bildung der EG legte der damalige französische Außenminister Robert Schuman mit seiner Erklärung vom 9. Mai 1950, in der er den von ihm und Jean Monnet entwickelten Plan vorstellte, „die Gesamtheit der deutsch-französischen Produktion von Kohle und Stahl unter eine gemeinsame oberste Autorität innerhalb einer Organisation zu stellen, die der Mitwirkung anderer Staaten Europas offensteht". Hintergrund dieses Vorschlags war die Erkenntnis, dass es einerseits wenig sinnvoll war, Deutschland einseitige Kontrollen aufzuzwingen, andererseits ein völlig unabhängiges Deutschland immer noch als eine potenzielle Friedensbedrohung empfunden wurde. Der einzige Ausweg aus diesem Dilemma bestand darin, Deutschland politisch und wirtschaftlich in eine festgefügte Gemeinschaft Europas einzubinden. Damit wurde ein bereits von Winston Churchill in seiner berühmten Rede in Zürich am 19. September 1946 gemachter Vorschlag aufgegriffen, in welcher er die Schaffung der „Vereinigten Staaten von Europa" gefordert hatte. Mit Abschluss des Gründungsvertrages am 18. April 1951 in Paris und seinem Inkrafttreten am 23. Juli 1953 erhofften sich die Gründungsväter eine Initialzündung für eine dieser Gemeinschaft nachfolgende weitere politische Einigung Europas.

Die Europäische Einigung, hrsg. vom Amt für amtliche Veröffentlichungen der europäischen Gemeinschaften, Luxemburg 1992, S. 11

Konrad Adenauer
„Der Weg zum vereinten Europa darf nun nicht mehr unterbrochen werden. Der Blick in die Vergangenheit macht uns diese Einsicht zu einer Gewissenssache."

Vom Europarat zur Europäischen Union

M 7 1957: Die Europäische Wirtschaftsgemeinschaft (EWG)

5. März 1957 in Rom: Unterzeichnung der Verträge zur Gründung von EWG und EURATOM. Fünfter von links in der ersten Reihe: der damalige Bundeskanzler Konrad Adenauer.

tat ihre Wirkung. Die BENELUX Staaten ergriffen eine weitere Initiative und schlugen die Aufhebung der Zölle und eine Koordinierung der Währungspolitik vor. Andere Vorschläge betrafen die Errichtung eines europäischen Atomzentrums zusammen mit atombetriebenen Kraftwerken, um alle zukünftigen Energiebedürfnisse befriedigen zu können. Am 25. März 1957 beschloss man die Schaffung eines gemeinsamen Marktes (Europäische Wirtschaftsgemeinschaft = EWG) und die Begründung der Europäischen Atomgemeinschaft (EAG=EURATOM). Das Gründungsdokument, bekannt als die Römischen Verträge, sah den gemeinsamen Markt und eine schrittweise Verschmelzung der einzelnen Volkswirtschaften durch die Zollunion und den gemeinsamen Agrarmarkt sowie die Förderung der friedlichen Nutzung der Kernenergie und gemeinsame Forschung auf vielen anderen Gebieten vor.

Der gemeinsame Kohle- und Stahlmarkt erwies sich in den nächsten Jahren als ungewöhnlicher Erfolg. Die Stahlproduktion stieg um 42 Prozent, der Handel zwischen den Mitgliedsländern blühte und es gab keinerlei negative politische oder wirtschaftliche Auswirkungen. Das beeinflusste die früheren Gegner des Gemeinsamen Marktes entscheidend. Die Lektion, dass die industrielle Produktion unter den Sechs zwischen 1950 und 1955 doppelt so schnell stieg wie in England und zwischen 1955 und 1960 nahezu dreimal so schnell,

Walter Laquer: Europa aus der Asche. München/Zürich/Wien 1979, S. 110

Arbeitsvorschläge

1. 1948 kamen in Den Haag Vertreter von verschiedenen Europabewegungen zusammen (M 5). Fassen Sie die Ergebnisse dieser Konferenz stichwortartig zusammen.

2. Die wichtigsten Stationen auf dem Weg zur europäischen Einigung sind in M 5 – M 9 zusammengestellt. Beschreiben Sie im Einzelnen die historischen Hintergründe sowie die Zielsetzungen, die mit der Gründung von
– Europarat (M 5)
– Montanunion (M 6)
– Europäischer Wirtschaftsgemeinschaft bzw. der Europäischen Atomgemeinschaft (M 7) und der
– Europäischen Union (M 8 / M 9) jeweils im Vordergrund standen bzw. stehen.

3. Erläutern Sie folgende Aussage mit Hilfe von M 9: Die Europäische Union (EU) stellt die konsequente Weiterentwicklung von der Wirtschaftsgemeinschaft zur politischen Gemeinschaft dar!

M 8 1993: Die Europäische Union (EU)

Bereits die Gründerväter der Europäischen Gemeinschaft wie Robert Schuhmann, Konrad Adenauer oder Jean Monnet haben darauf hingewiesen, dass das Ziel der Zusammenarbeit „ein immer engerer Zusammenschluss der europäischen Völker" (so die Präambel des EWG-Vertrages von 1957) sei. Bereits der EWG-Gründungsvertrag sah die Schaffung eines gemeinsamen Marktes vor. Mit der Verabschiedung der Einheitlichen Europäischen Akte am 1. Juli 1987 einigten sich die Mitgliedsländer darauf, bis zum 31.12.1992 einen gemeinsamen Wirtschaftsraum ohne Binnengrenzen, in dem der freie Verkehr von Waren, Personen, Dienstleistungen und Kapital gewährleistet ist, zu schaffen. Mit dem am 07. Februar 1992 im holländischen Maastricht unterzeichneten Vertrag wurde aus der Europäischen Gemeinschaft (EG) die Europäische Union (EU) fortentwickelt. Der Vertrag über die Europäische Union enthält eine Reihe von weit reichenden Vereinbarungen der europäischen Einigungspolitik. Mit dem Maastrichter-Vertrag wurde endgültig der Aufbau der Wirtschafts- und Währungsunion beschlossen und die europäische Gemeinschaft in eine Europäische Union, die stärker politischen Charakter haben soll, zu überführen. Neben der Einführung der Gemeinschaftswährung Euro bis zum Jahr 2002 sieht der Vertrag auch die Ausweitung der Zuständigkeiten der europäischen Union auf dem Gebiet einer gemeinsamen Außenpolitik und der Innen- und Rechtspolitik vor.

Europa. Auf dem Weg zur Einheit. Hrsg. Niedersächsische Landeszentrale für politische Bildung, Hannover 1998, S. 12

M 9

Europäische Union

Europäische Gemeinschaft	Gemeinsame Außen- und Sicherheitspolitik	Zusammenarbeit in der Innen- und Rechtspolitik
• Zollunion • Binnenmarkt • Gemeinsame Agrarpolitik • Strukturpolitik • Wirtschafts- und Währungsunion		

Die drei Säulen des Einigungswerks nach dem Vertrag von Maastricht

nach Zahlenbilder 714 020, Erich-Schmidt-Verlag

Entdeckungsreise durch die Europäische Union

Liebe Schülerinnen und Schüler, wo möchten Sie lieber leben: in Griechenland, Spanien oder Portugal? Sonne, Sommer, Strand und Meer, was wollen Sie mehr? Traumhafte Lebensbedingungen, oder? Was wissen Sie eigentlich über die Mitgliedsstaaten der EU? Meine unterrichtliche Erfahrung ist die, dass relativ wenig über die Besonderheiten der einzelnen Staaten bekannt ist.

Überlegen Sie zunächst einmal, wodurch oder womit die jeweiligen Länder in ihrer ganz typischen Art (z. B. die Niederlande durch Käse, Tulpen, van Gogh und Fahrräder usw.) beschrieben werden können oder sich charakterisieren lassen. Fällt Ihnen zu den 15 Mitgliedsländern jeweils etwas ganz typisches ein?

Die Mitgliedsländer zeichnen sich natürlich neben sprachlichen, kulturellen und historischen Besonderheiten durch sehr unterschiedliche Strukturen aus, wie z. B. der Bevölkerungszahl und Bevölkerungsdichte, dem Bruttoinlandsprodukt zu Marktpreisen und dem Bruttoinlandsprodukt je Einwohner.

M 10 EU Mitgliedsländer

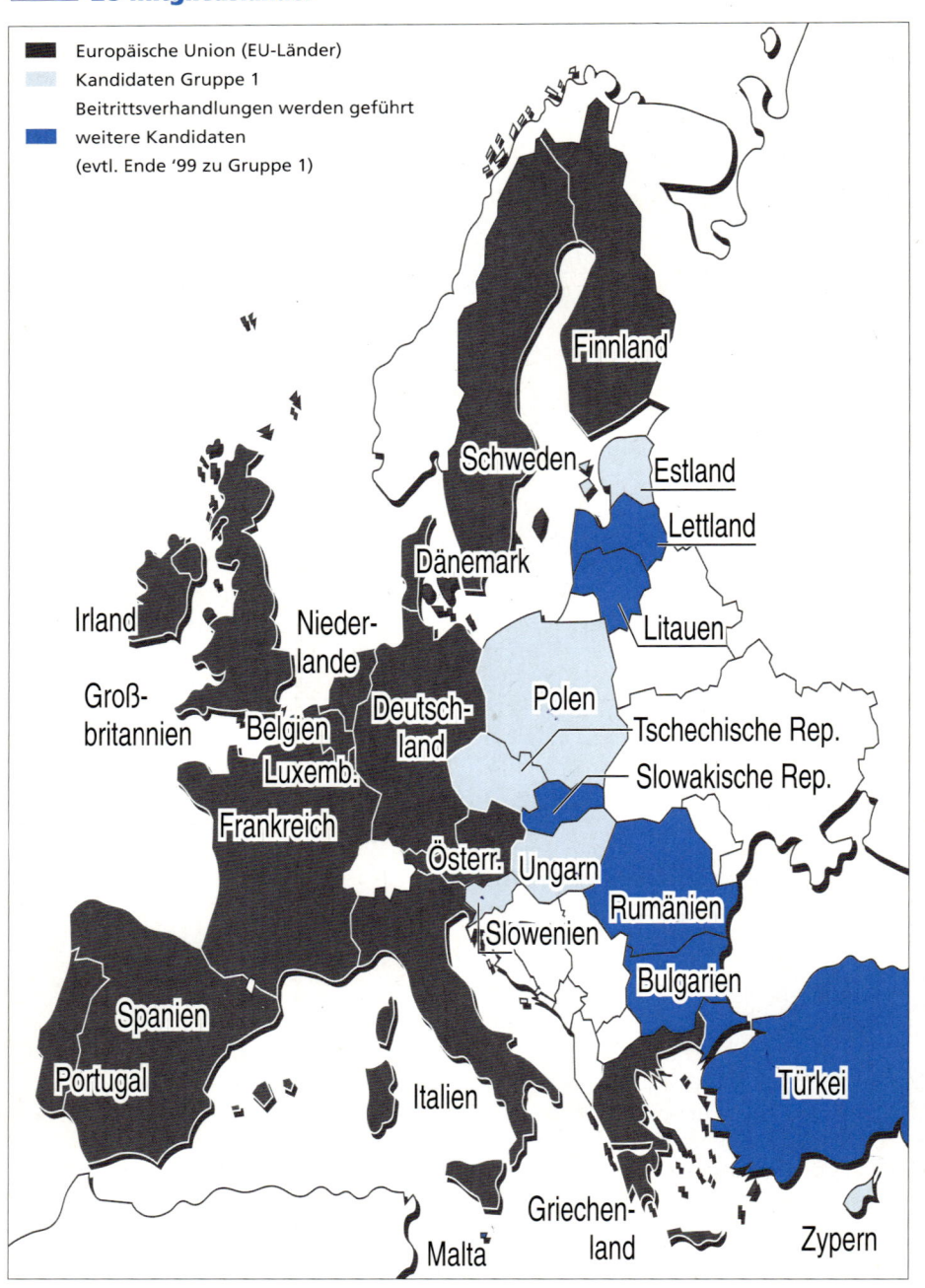

- ■ Europäische Union (EU-Länder)
- ▫ Kandidaten Gruppe 1 Beitrittsverhandlungen werden geführt
- ■ weitere Kandidaten (evtl. Ende '99 zu Gruppe 1)

Welche Staaten gehören zur EU?

M 11 Statistiken über die Europäische Union und ihre fünfzehn Mitgliedstaaten

	Fläche 1000 km²	Bevölkerung Millionen Einwohner	Bevölkerungsdichte Einwohner je km²	Brottoinlandsprodukt zu Marktpreisen Milliarden KKS [1]	Brottoinlandsprodukt je Einwohner KKS [1]
B	31	10,1	232	187,7	18 540
DK	43	5,2	121	97,5	18 810
D	357	81,4	226	1459,3	17 890
EL	132	10,4	79	105,8	10 160
E	505	39,1	78	501,6	12 790
F	544	57,6	106	1044,3	18 120
IRL	70	3,6	51	49,2	13 790
I	301	57,2	190	974,2	16 770
L	3	0,4	155	10,5	26 140
NL	41	15,4	323	260,5	16 900
A	84	8,0	96	148,2	18 490
P	92	9,9	107	111,0	11 200
FIN	337	5,1	15	77,5	15 210
S	450	8,8	20	141,7	16 140
UK	244	58,4	239	970,2	16 660
EUR 15	3234	370,9	115	6139,6	16 520
USA	9373	260,8	28	6232,5	23 890
JAPAN	378	124,7	330	2409,6	19 278

[1] KKS = Kaufkraftstandard:
Diese Maßeinheit entspricht einem für jedes Land identischen Volumen an Gütern und Dienstleistungen.
1 KKS = 41,99 BFR; 2,31 DM; 9,89 DKR; 129,76 PTA; 6,98 FF; 0,68 UKL; 223,77 DRA; 1648,04 LIT; 0,71 IRL; 41,90 LFR; 2,31 HFL; 136,52 ESC; 15,67 OS; 10,76 SKR; 6,95 FMK; 1,03 USD; 193,17 YEN

Arbeitsvorschläge:
1. Stellen Sie die wichtigsten länderspezifischen Daten (M 11) wie Hauptstadt, Fläche, Bevölkerung, Bevölkerungsdichte usw. in einer Übersicht dar und werten Sie die Daten aus.
2. Sofern Sie weitere Daten (z.B. aktueller Stand der Arbeitslosigkeit o.ä.) bzw. Informationen zu den einzelnen Mitgliedsstaaten der EU in Erfahrung bringen wollen, können Sie im Internet mit Hilfe des EU-Servers: http://europa.eu.int recherchieren.

Tipp

Informationen über europäische und internationale Statistik erhalten Sie beim Eurostat Data Shop, einer Gemeinschaftseinrichtung des Statistischen Amtes der Europäischen Gemeinschaften und des Statistischen Bundesamtes:

Statistisches Bundesamt
Eurostat Data Shop Berlin
Otto-Braun-Straße 70-72
10178 Berlin

Telefon: 030/23246427/28
Telefax: 030/23246430
http://europa.eu.int/eurostat.html
http://www.statistik-bund.de
E-Mail: stba-berlin.datashop@t-online.de

202 Durchblick erwünscht

Wussten Sie, dass ca. 50 Prozent aller bundesdeutschen Gesetze inzwischen ihren Ursprung in Brüssel haben? Vor allem, wissen Sie, wie die EU Rechtsakte erlässt und wie die Entscheidungsabläufe aussehen? Das Zusammenwirken der einzelnen EU-Organe ist tatsächlich sehr kompliziert. Das klassische Prinzip der Gewaltenteilung zwischen Parlament, Regierung und Rechtsprechung lässt sich nur mit Einschränkungen auf die Aufgabenverteilung und Entscheidungsverläufe der EU-Organe übertragen. Daher möchte Ihnen auf dieser Themendoppelseite einen Einblick in die Institutionen und Entscheidungsstrukturen der EU-Organe vermitteln.

Die Europäische Union ist zwar kein eigenständiger Staat, aber sie nimmt in einigen Bereichen Funktionen wahr, die zum Teil sehr weitreichende Konsequenzen haben. Die Europäische Union kann Rechtsakte (Verordnungen und Richtlinien) erlassen, die in allen Mitgliedsstaaten Gesetzeskraft erlangen, d.h. geltendes Recht werden. Das Parlament, in jeder Demokratie das entscheidende Organ der Gesetzgebung, hatte anfangs nur beratende Funktion: Es musste lediglich angehört werden und konnte Stellungnahmen abgeben, ohne dass der Ministerrat, der Gesetze verabschieden kann, diese Stellungnahmen berücksichtigen musste. Nach Inkrafttreten des Maastrichter Vertrages im Jahr 1992 sind die Befugnisse des Europäischen Parlamentes um folgende Verfahren (M 14) erweitert worden: die Zustimmung, die Zusammenarbeit, die Mitentscheidung und die Anhörung. Welches Verfahren angewandt werden muss, ist im Einzelnen in den Verträgen festgelegt.

M 12 Wer entscheidet in der EU?

Um die Zuständigkeiten, Aufgaben und die Zusammenarbeit der verschiedenen EU-Institutionen zu verstehen, können wir uns die EU als einen Bus vorstellen, der halb voll besetzt mit Menschen aus 15 verschiedenen Ländern in Richtung Europa fährt; weitere Passagiere können einsteigen. In jedem Bus muss es einen Motor geben. Er hat die Aufgabe, das Fahrzeug anzutreiben, es zu bewegen und zu beschleunigen. Die Aufgabe übernimmt die Europäische Kommission, die ihren Sitz in Brüssel hat. Die wichtigste Aufgabe der Kommission ist es, Ideen zu entwickeln, Vorschläge zu machen und voranzutreiben, um die Zusammenarbeit in Europa zu stärken. Die EU-Verträge bestimmen, dass nur die Kommission Gesetzesentwürfe einbringen darf (das Initiativrecht hat), d.h. die Kommission hat entscheidenden Einfluss darauf, wie und wie schnell die Gemeinschaft sich entwickelt. Die Kommission treibt den Bus Europa an. In unserem Bild ist die Europäische Kommission der Motor. Ohne einen Fahrer kann unser Bus nicht in Richtung Europa fahren. In jedem Fahrzeug trifft der Fahrer die wichtigsten Entscheidungen und trägt große Verantwortung. Die Rolle des Fahrers in unserem Bus übernimmt der Rat der Europäischen Union (früher Ministerrat) in Brüssel, weil er das wichtigste Entscheidungsorgan der Gemeinschaft ist. Er verabschiedet europäische Gesetze, die für alle Mitgliedsstaaten verbindlich sind. Gesetze heißen in der Sprache der EU „Verordnungen" oder „Richtlinien" (vgl. Stichworte). Das Europäische Parlament wird seit 1979 von den Bürgern der EU in allgemeinen Wahlen alle fünf Jahre direkt gewählt. Im Vergleich zu den nationalen Parlamenten und zum Bundestag bzw. Bundesrat hat das Europäische Parlament nur begrenzte Rechte. In unserem Bus muss man sich das Europäische Parlament als die mitreisenden Abgeordneten vorstellen. Es kontrolliert den richtigen Lauf des Motors (also die Europäische Kommission), berät und kritisiert zuweilen auch den Fahrer (also den Ministerrat). Ein direktes Entscheidungsrecht hat das Europäische Parlament nicht. Allerdings: Es kann den Motor austauschen (nämlich die EG-Kommission mit 2/3 Mehrheit zum Rücktritt zwingen), und es entscheidet, wofür das zur Verfügung stehende Fahrgeld ausgegeben wird (es besitzt das „Haushaltsrecht"). Die Mitfahrer im Bus möchten gerne einmal das Steuerrad der Gemeinschaft übernehmen, und so wirbt und kämpft das Europäische Parlament in Straßburg auch um eine Ausweitung seiner Rechte.

bearbeitet nach: Wochenschau Nr. 1 1998, S. 32/33.

M 13 So funktioniert die EU

Europäischer Rat — Grundsatzentscheidungen der 15 Regierungschefs

Kommission — „Regierung" (Exekutive), 20 Kommissare, je 2 aus D, E, F, GB, I, je 1 aus den übrigen Ländern

Rat der Europäischen Union (früher Ministerrat) — „Oberhaus" der Legislative (Gesetzgebung), 15 Mitglieder, je 1 pro Mitgliedsland

- Wirtschafts- und Sozialausschuß — Beratung
- Ausschuß der Regionen — Beratung
- Europäischer Gerichtshof — „Wächter" über die Verträge
- Europäischer Rechnungshof — Ausgabenkontrolle

Anfragen, Kontrolle, Vertrauens- u. Mißtrauensvotum

Haushaltsbeschlüsse, Anhörung, Mitentscheidung

Europäisches Parlament — „Unterhaus" der Legislative, 626 Abgeordnete

Schweden	Finnland	Deutschland	Belgien	Frankreich	Italien	Griechenland	Luxemburg	Irland	Niederlande	Spanien	Dänemark	Großbritannien	Österreich	Portugal
22	16	99	25	87	87	25	6	15	31	64	16	87	21	25

© Globus 3302

Aufgaben und Kompetenzen der Europäischen Institutionen

M 14 **Ein etwas ungewöhnliches Parlament.**
(Interview mit der Europaabgeordneten Mechtild Rothe (SPD))

Frage: Frau Rothe, Politik kann Spaß machen, wenn man an wichtigen, wegweisenden Entscheidungen beteiligt ist. Doch die wirklich bedeutsamen Entscheidungen in der EU fallen nicht im Europäischen Parlament, dem Sie seit 1984 angehören. Macht Ihnen Politik da überhaupt noch Spaß?

Antwort: Und ob mir Politik noch Spaß macht. Das Europäische Parlament ist nämlich alles andere als eine einflusslose „Quasselbude". Zwar ist es richtig, dass das EP immer noch weniger Kompetenzen besitzt als der Deutsche Bundestag. Richtig ist aber auch, dass aus der ausschließlich beratenden Institution der 60er und 70er Jahre inzwischen ein Parlament geworden ist, ohne das in der Union nicht mehr viel läuft. Wir haben Gesetzgebungs-, Haushalts- und Kontrollrechte, sowie Rechte in den Außenbeziehungen der EU, die im Laufe der Jahre immer umfassender geworden sind. Im Vertrag von Amsterdam, vom 17. Juni 1997, wurden die Rechte des Parlamentes noch einmal erweitert, wie Sie der Übersicht entnehmen können (weitere Infos unter http://www.europarl.de).

Frage: Heißt das, Frau Rothe, dass Sie die Kompetenzen des EP für ausreichend halten?

Antwort: Nein. Das Demokratiedefizit der Union ist zwar deutlich reduziert, aber nicht komplett beseitigt worden. Zunächst müssen und werden wir darum kämpfen, dass auch die letzten Politikbereiche, die noch mit dem Verfahren der Zusammenarbeit von der EU gestaltet werden, ins Mitentscheidungsverfahren überführt werden. Ebenso wichtig ist das Initiativrecht des Parlamentes. Im Gegensatz zum Bundestag darf das EP keine eigenen Richtlinienentwürfe vorlegen. Dieses Recht hat nur die Kommission. Hier hoffe ich, dass es zu einer Änderung kommt. Denn die Herausforderungen der Zukunft sind in Europa enorm. Die Staaten Mittel- und Osteuropas klopfen an unsere Tür, die Chancen der weltweiten Informationsgesellschaft gilt es politisch zu gestalten, die globalen Umweltprobleme können nur noch von großen Einheiten gelöst werden, die Armut in der Welt nimmt erschreckend zu, nicht nur im Süden. Die Arbeitslosigkeit ist ein zentrales Problem über dieses Jahrhundert hinaus. Das reiche Europa muss dafür Lösungen finden. Dafür kämpft das Europäische Parlament.

Das Interview wurde von Heinz Kaiser geführt.

Zustimmung
- Unionsbürgerrechte
- Internationale Abkommen
- Modalitäten der Europawahlen
- Aufgaben der EU-Zentralbank
- Aufgaben der Struktur- und Kohäsionsfonds
- Ernennung der EU-Kommission

Verfahren der Zusammenarbeit
- Verkehrspolitik
- Umweltpolitik
- Arbeitsschutz
- Zusammenarbeit mit Entwicklungsländern
- Förderung der beruflichen Bildung
- Durchführung der Sozial- und Regionalfonds

Mitentscheidung
- Errichtung des Binnenmarktes
- Anerkennung von Diplomen
- Gesundheitswesen
- Kultur/Forschung
- Zusammenarbeit im Bildungswesen
- Transeuropäische Netze
- Verbraucherschutz
- Aktionsprogramme für den Umweltschutz

nach dem Vertrag von Maastricht

Anhörung
- zu sonstigen Fragen der europäischen Gesetzgebung

Stichworte:

Rechtsakte der EU

1. Verordnung: Sie ist unionsweit unmittelbar gültig, ist in allen Teilen verbindlich und steht über dem nationalen Recht.

2. Richtlinie: Sie verpflichtet die Einzelstaaten, nationale Gesetze oder Vorschriften innerhalb eines vorgegebenen Zeitraumes so zu ändern oder neu zu erlassen, dass das in der Richtlinie genau benannte und verbindliche Ziel erreicht wird.

Arbeitsvorschläge

1. Erläutern Sie den Unterschied zwischen einer "Verordnung" und einer "Richtlinie" (vgl. Stichwort).

2. In **M 12** und **M 13** wird aufgezeigt, wie im Einzelnen die Organe der EU an Entscheidungsprozessen beteiligt werden. Erarbeiten Sie mit Hilfe der angegebenen Materialien die Stellung und die Zuständigkeiten
– des Europäischen Rates
– des Ministerrates
– der Europäischen Kommission
– des Europäischen Parlaments.

3. Vergleichen Sie mit Hilfe der Ergebnisse die Gewaltenteilung der EU mit der Gewaltenteilung bei uns in Deutschland und klären Sie, wie die Gewaltenteilung in der EU funktioniert. Wo liegen die Unterschiede?

4. Das Europaparlament wird gelegentlich als eine Volksvertretung ohne Einfluss bezeichnet bzw. als solche dargestellt. Erarbeiten Sie mit Hilfe von **M 14**, in welchen Bereichen das Europaparlament entscheidenden Einfluss geltend machen kann bzw. wo ihm augenblicklich Mitgestaltungsmöglichkeiten verwehrt sind.

5. Auf welche besondere Problematik will in diesem Zusammenhang die Karikatur aufmerksam machen?

Der Binnenmarkt – ein Raum ohne Grenzen

Seit dem 1.1.1993 kann jeder von uns innerhalb der EU ohne bürokratische Hemmnisse reisen und er kann leben und arbeiten wo immer er will. Auch für Waren und Kapital gibt es keine Grenzhindernisse mehr. Die EU bildet einen großen gemeinsamen Markt. Ein grenzloses Europa mit ungeahnten Möglichkeiten für über 370 Millionen Menschen. Die Bedeutung des Binnenmarktes lässt sich an einem einfachen Beispiel aufzeigen: Ein LKW erreichte früher im europäischen Güterverkehr durch Zeit raubende Grenzkontrollen eine Durchschnittsgeschwindigkeit von 20 km/h. Schuld daran war der aufwändige Papierkrieg beim Grenzübertritt, der noch heute beim Grenzübergang zu unseren osteuropäischen Nachbarstaaten zum Alltag gehört. In den USA war dagegen ein Trucker, der keine Grenzen zu passieren hat, durchschnittlich 60 km/h schnell. Allein durch den Wegfall der Binnengrenzen können die Produkte nach Schätzungen des Deutschen Instituts der Wirtschaft ca. 5% preisgünstiger angeboten werden. Eine entscheidende Frage jedoch bleibt weiterhin unbeantwortet: Schafft der Binnenmarkt auch zusätzliche Beschäftigungsmöglichkeiten? Würden Sie vielleicht auch in ein anderes EU-Land gehen und dort arbeiten?
Was hält Sie davon ab, dies zu tun?

Bereits der EWG-Gründungsvertrag (vgl. M7) sah die Schaffung eines gemeinsamen Marktes vor. Den Durchbruch zum Binnenmarkt brachte die Einheitliche Europäische Akte vom 17. Februar 1986. Darin versprachen die Mitgliedsländer der Gemeinschaft, bestehende Grenzhindernisse, die z.B. durch nationale Regelungen auf dem Gebiet des Verbraucher-, Gesundheits- und Umweltschutzes den freien Warenverkehr behinderten (sog. nicht tarifäre Handelshemmnisse) und unterschiedliche Ausbildungsverordnungen und Berufsfähigkeitsnachweise, welche die Freiheit des Personenverkehrs erschwerten, zu beseitigen und die vier Grundfreiheiten, nämlich den freien Verkehr von Waren, Personen, Dienstleistungen und Kapital zu verwirklichen. Mit der Vollendung des europäischen Binnenmarktes am 1.1.1993 wurde die Hoffnung auf beschäftigungswirksame Wachstumsimpulse zum Abbau der Arbeitslosigkeit verbunden.

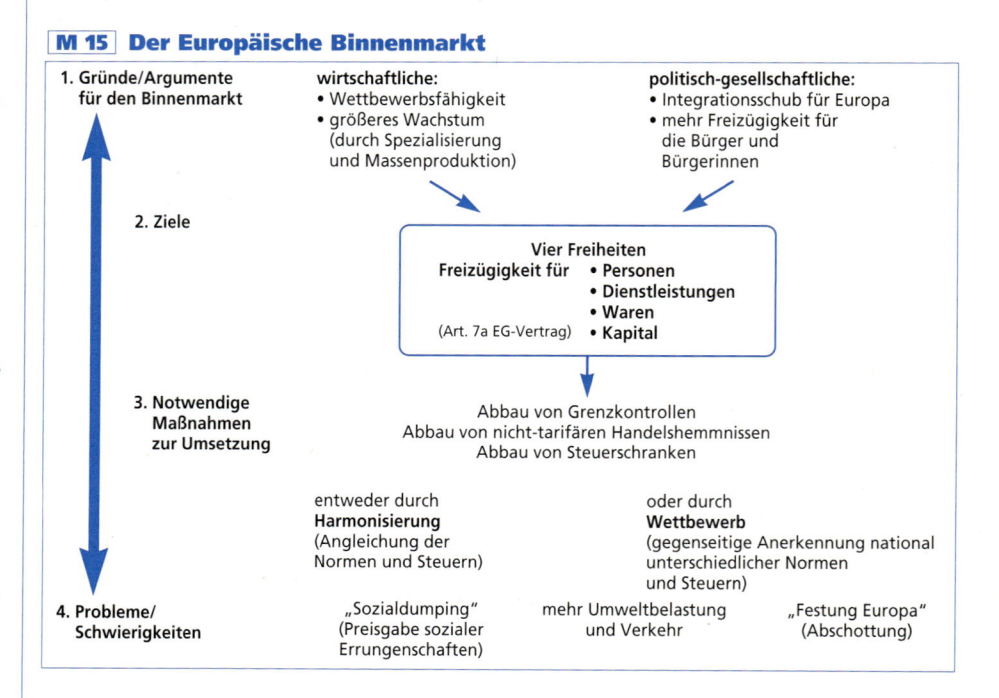

M 15 Der Europäische Binnenmarkt

	wirtschaftliche:	politisch-gesellschaftliche:
1. Gründe/Argumente für den Binnenmarkt	• Wettbewerbsfähigkeit • größeres Wachstum (durch Spezialisierung und Massenproduktion)	• Integrationsschub für Europa • mehr Freizügigkeit für die Bürger und Bürgerinnen
2. Ziele	Freizügigkeit für (Art. 7a EG-Vertrag) — **Vier Freiheiten**: • Personen • Dienstleistungen • Waren • Kapital	
3. Notwendige Maßnahmen zur Umsetzung	Abbau von Grenzkontrollen Abbau von nicht-tarifären Handelshemmnissen Abbau von Steuerschranken	
	entweder durch **Harmonisierung** (Angleichung der Normen und Steuern)	oder durch **Wettbewerb** (gegenseitige Anerkennung national unterschiedlicher Normen und Steuern)
4. Probleme/Schwierigkeiten	„Sozialdumping" (Preisgabe sozialer Errungenschaften)	mehr Umweltbelastung und Verkehr „Festung Europa" (Abschottung)

M 16 Chancen des Binnenmarktes

Unternehmer und Politiker, Arbeitnehmer und Arbeitgeber, Produzenten und Konsumenten befürworten und fördern die Vollendung des Binnenmarktes, weil sie sich jeweils persönliche Vorteile versprechen. Durch die Zersplitterung des Marktes waren die Hersteller in vielen Branchen gezwungen, ihre Waren in unterschiedlichen Varianten herzustellen, die den Bestimmungen des jeweiligen Importlandes genügten. Die hierbei anfallenden zusätzlichen Kosten für Forschung, Entwicklung, Marketing, Lagerhaltung, Vertrieb usw. verringerte zunehmend die internationale Wettbewerbsfähigkeit der europäischen Wirtschaft. Den Verbrauchern steht durch den Binnenmarkt ein vielfältigeres und wegen der größeren Konkurrenz der Anbieter ein preiswerteres Warenangebot zur Verfügung. Die Unternehmen können kostengünstiger produzieren, weil die Vorteile des größeren Marktes und damit größerer Produktionsserien genutzt werden können. Der Zwang zur Rationalisierung, zur Erneuerung der Produkte und ihrer Herstellungsweise ergibt sich aus dem schärferen Wettbewerb des größeren Marktes, was auch eine Verbesserung der internationalen Wettbewerbssituation im Handelsdreieck USA – EU – Japan und künftig auch China zur Folge hat.

Ambrosius, Gerold: Vom Ende der Nationalökonomien, Frankfurt 1998, S. 30ff.

Leben und Arbeiten in Europa

M 17 Arbeiten im Binnenmarkt

Ein deutscher Friseurmeister kann nunmehr in Frankreich als „Maitre Coiffeur" ein Geschäft eröffnen. Oder umgekehrt. Die gegenseitige Meister-Anerkennung ermöglicht es, im Nachbarstaat wie ein einheimischer Meister einen Betrieb zu leiten, Lehrlinge auszubilden usw. Dies gilt u. a. für Kfz-Mechaniker, Kfz-Elektriker, Landmaschinenmechaniker, Zimmerleute, Tischler, Fliesen-Platten- und Mosaikleger, Maurer, Konditoren und Textilreiniger. Trotz umfangreicher Bemühungen für mehr Freizügigkeit lebten 1998 jedoch nur 600 000 junge Menschen in einem anderem Mitgliedsstaat, d. h. nur etwas über 1% der Altersgruppe.

Zeitlupe Nr. 27, hrsg von der Bundeszentrale für politische Bildung, Bonn 1998

M 18 Probleme bei der Realisierung des Binnenmarktes

Mit der Einführung des Binnenmarktes entstand in Europa der größte Arbeitsmarkt der Welt. Der spanische Buchhalter, der in Dänemark beschäftigt ist, der deutsche Bäcker, der in den Niederlanden arbeitet, der belgische Handwerker, den es nach Irland zieht – all dies ist nun vorstellbar bzw. realisierbar, doch es dürfte in den nächsten Jahren wohl eher die Ausnahme bleiben. Experten gehen davon aus, dass die vom Binnenmarkt erwartete Zunahme der grenzüberschreitenden Mobilität eher gering ausfallen wird, zumal bereits innerhalb der Einzelstaaten die Wanderungsbereitschaft der Arbeitnehmer nicht besonders hoch ist. Die hohe Sprachenhürde sowie die unterschiedliche Qualität der Sozialversicherungen erweisen sich als Hindernisse auf dem Weg zur „Europäischen Karriere". Tatsächlich müsste man neun Sprachen beherrschen, wenn man die Vorteile des europäischen Binnenmarktes voll ausschöpfen wollte. In der Praxis sollte man zukünftig mindestens zwei Fremdsprachen gut beherrschen, sofern man die Chancen des EU-weiten Arbeitsmarktes nutzen möchte.

Brückner, M./ Maler, R./ Przyklenk, A.: Der Europa-Ploetz, Freiburg/Würzbrug 1998, S. 281

M 19 Gefahr des Lohndumpings

Wenn ein Finne Holzarbeiten in einem Altbau in Hannover übernimmt und Briten und Iren die Baustellen in Deutschland bevölkern, dann bedeutet dies auch, dass deutsche Arbeiter diese Jobs nicht mehr erhalten. Vor allem Gewerkschaftsvertreter weisen deshalb mittlerweile auch auf die Schattenseiten des großen Binnenmarktes hin. Bedeutet die Konkurrenz aus Ländern mit billigeren Löhnen, dass auch die Löhne in Deutschland sinken werden? Wie können Arbeitnehmer künftig noch ihre Rechte durchsetzen, wenn Unternehmen längst über die Grenzen hinweg operieren, die Gewerkschaften aber national und oft sogar regional organisiert sind?

Niedersächsische Landeszentrale für politische Bildung (Hrsg).,
Europa. Auf dem Weg zur Einheit. Hannover 1998, S. 17/18.

Arbeitsvorschläge:

1. Erörtern und konkretisieren Sie die wirtschaftlichen und politischen Begründungen (M 15 und M 16) für die Einführung des Binnenmarktes.

2. Erläutern Sie die mit dem Binnenmarktkonzept verbundenen vier Freiheiten (M 15) an jeweils einem ganz konkreten Beispiel.

3. Zeigen Sie an verschiedenen Beispielen die Chancen und Risiken (M 17 – M 19) des Binnenmarktes auf.

Erweiterung oder Vertiefung?

Mal ehrlich! Wissen Sie eigentlich genau, wie viele Staaten es heute in Europa gibt? Sind es 20, 30, 40 oder noch mehr Staaten? Könnten Sie auf Anhieb Moldawien oder Georgien auf einer Karte zeigen? Was verstehen wir eigentlich unter Europa? Ist Europa ein geographischer Begriff, also eine Beschreibung für einen geographischen Raum oder ist Europa ein politischer Begriff? Umfasst Europa die europäische Staatenwelt unter Einschluss oder Ausschluss der osteuropäischen Staaten? Diese Fragen, die sich noch beliebig erweitern ließen, verdeutlichen, dass sich auf die Frage, was Europa ist, keine klaren und eindeutigen Antworten finden lassen. Durch die Maastrichter Verträge und die damit verbundene Ausdehnung auf neue Bereiche, wie z. B. der Rechts- und Innenpolitik und der Außenpolitik wird der Integrationsprozess der EU-Mitgliedsstaaten weiter verdichtet. Angesichts der unterschiedlichen wirtschaftlichen und politischen Bedingungen und Interessen stellt sich jedoch die Frage, ob wenige Länder in der Zusammenarbeit voraneilen und ein „Kerneuropa" bilden sollen oder das langsamste Land die weitere Entwicklung bestimmen soll?

Vor dem Hintergrund des Umbruches in Osteuropa drängen mehr und mehr Staaten in die EU – viele Staaten Ost- und Mitteleuropas bauen in ihren Reformprozessen auf eine „EU-Beitrittsperspektive". Eine Erweiterung der EU erhöht die Unterschiede innerhalb der Gemeinschaft und verschärft somit automatisch ihre Gegensätze. Eine Vertiefung, welche durch die Wirtschafts- und Währungsunion sowie die engere Zusammenarbeit in der Innen- und Außenpolitik beschlossen ist, ist auf die Angleichung ökonomischer und politischer Strukturen angewiesen, also auf eine Anpassung wirtschaftlicher und sozialer Arbeits- und Lebensbedingungen. Es stellt sich angesichts verschärfter wirtschaftlicher Schwierigkeiten, unterschiedlicher Wirtschaftsinteressen und nationaler Egoismen wie auch der unübersehbaren Probleme im Entscheidungsverfahren innerhalb der EU (Bürokratisierung) die Frage nach der Zukunft des europäischen Einigungswerkes: Vertiefung (d. h. Weiterentwicklung der inneren Struktur) oder Erweiterung (d. h. Aufnahme weiterer Mitglieder) zeigen das Spannungsverhältnis auf, in dem sich die EU befindet.

M 20 Die EU wird größer

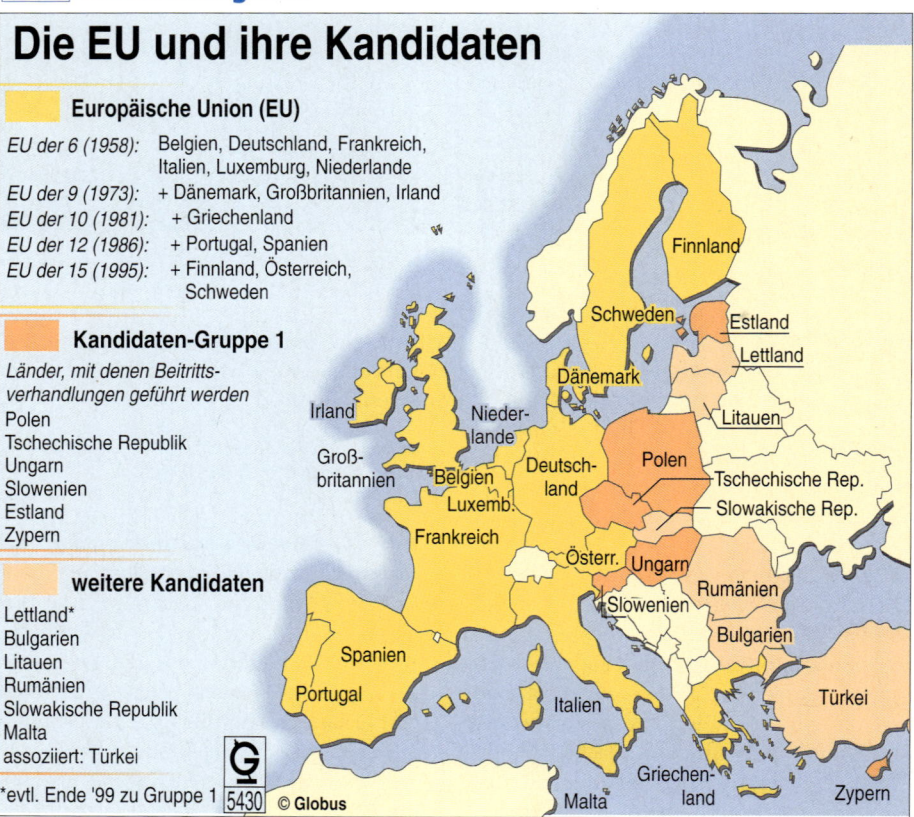

Die EU und ihre Kandidaten

Europäische Union (EU)
- EU der 6 (1958): Belgien, Deutschland, Frankreich, Italien, Luxemburg, Niederlande
- EU der 9 (1973): + Dänemark, Großbritannien, Irland
- EU der 10 (1981): + Griechenland
- EU der 12 (1986): + Portugal, Spanien
- EU der 15 (1995): + Finnland, Österreich, Schweden

Kandidaten-Gruppe 1
Länder, mit denen Beitrittsverhandlungen geführt werden
- Polen
- Tschechische Republik
- Ungarn
- Slowenien
- Estland
- Zypern

weitere Kandidaten
- Lettland*
- Bulgarien
- Litauen
- Rumänien
- Slowakische Republik
- Malta
- assoziiert: Türkei

*evtl. Ende '99 zu Gruppe 1

© Globus 5430

M 21 Wer kann der Europäischen Union beitreten?

Der Vertrag über die Europäische Union sieht vor, dass jeder europäische Staat, dessen Regierungssystem auf demokratischen Grundsätzen beruht, die Mitgliedschaft in der Union beantragen kann. Jeder Staat, der beitreten will, muss im Inneren die Gewähr für eine demokratische und rechtsstaatliche Ordnung bieten, die Wahrung der Menschenrechte sowie den Schutz von Minderheiten verwirklicht haben. Ferner fordert die Beitrittsreife eine funktionsfähige Marktwirtschaft sowie die Fähigkeit, dem Wettbewerbsdruck und den Marktkräften innerhalb der Union standzuhalten. Die Mitgliedschaft setzt weiterhin voraus, dass jeder Kandidat die Verpflichtun-

Die Kontroverse um die zukünftige Entwicklung in Europa

gen übernehmen kann, die ihm aus dem Beitritt erwachsen (volle Übernahme des geltenden Gemeinschaftsrechts, der politischen Regeln und Beschlüsse sowie des Haushaltsrechts der EU). Und schließlich muss er sich auch die Ziele der Politischen Union sowie der Wirtschafts- und Währungsunion zu Eigen machen. Seit dem stürmischen Wandel in Europa steht die EU im Spannungsfeld zwischen der Vertiefung, d.h. der Verdichtung der europäischen Integration und der Erweiterung der bisherigen Gemeinschaft. Würden alle derzeit existierenden europäischen Staaten der EU beitreten, so hätte das ein Anwachsen auf über 35 Mitglieder mit zusammen rund 550 Millionen Bürgern zur Folge. Es liegt auf der Hand, dass die politische Handlungsfähigkeit und ihre institutionelle Struktur damit überfordert wäre. Ein Europäisches Parlament mit über 700 Abgeordneten und immer mehr Gemeinschaftsmitsprachen wäre nicht mehr arbeitsfähig.

Lippert, Barbara: Umbruch in Mittel- und Osteuropa – Was tut die EU? in: Von der EG zur EU. Hrsg.: Bundeszentrale für politische Bildung, Bonn 1998, S. 203

M 22 Die Zukunft der Europäischen Union

1995 hat die Europäische Union sich von 12 auf 15 Mitgliedsstaaten vergrößert. Weitere Staaten drängen auf den Beitritt. Zehn Staaten haben bislang den Beitritt beantragt. Seit dem 31. März 1998 verhandelt die EU mit Polen, Ungarn, Tschechien, Slowenien, Estland und Zypern über einen Beitrittsvertrag. Mit Rumänien, Bulgarien, Litauen, Lettland und der Slowakei werden die Verhandlungen in voraussichtlich drei bis vier Jahren beginnen. Doch gehören die Ukraine, Weißrussland und Russland nicht auch zu Europa und damit zur EU? Kann man der Türkei den Beitritt zur EU, den sie energisch fordert, auf Dauer verweigern? Gelingt es, die Nachfolgestaaten des ehemaligen Jugoslawien in eine europäische Friedensordnung einzubinden? Wie wird sich die Gemeinschaft verändern oder verändern müssen, wenn sie aus dreißig oder vierzig Staaten besteht? Solche und ähnliche Fragen wird sich die Gemeinschaft in verstärktem Maße stellen und nach Antworten suchen müssen. Antworten, die von einer Mehrheit der Europäer mitgetragen werden müssen und nicht wie in der Gründerzeit der EWG allein durch Regierungen gefunden werden können. Die EU muss vor allem, wenn sie weiterhin Garant des politischen und sozialen Friedens in Europa sein will, dazu beitragen, dass die großen wirtschaftlichen und sozialen Unterschiede in Gesamteuropa abgemildert werden.

Bearbeitet nach: Vorwärts 1/1999, S.20, und Europa auf dem Weg zur Einheit, Hrsg. Niedersächsische Landeszentrale für politische Bildung, Hannover 1998, S. 23

Arbeitsaufträge:
1. Erläutern Sie mit Hilfe des Einführungstextes den Unterschied zwischen einer Vertiefung bzw. einer Erweiterung der EU!
2. Erarbeiten Sie mit Hilfe von M 21 die Voraussetzungen, die beitrittswillige Staaten erfüllen müssen, damit sie Mitglied der EU werden können.
3. Auf welche möglichen Probleme und Schwierigkeiten wird in M 22 bezüglich einer Erweiterung der EU hingewiesen?
4. Auf der Auftaktdoppelseite sind einige Daten zu den einzelnen EU-Mitgliedsstaaten (Einwohnerzahl, Fläche, Bruttoinlandsprodukt usw.) aufgeführt. Ergänzen Sie diese Übersicht um die Daten der beitrittswilligen Staaten, in dem Sie im Internet recherchieren oder aus aktuellen Lexika entsprechende Daten heraussuchen.

FRIEDEN SCHAFFEN – mit oder ohne Waffen?

Liebe Schülerinnen und Schüler!

„Frieden" – als Sehnsucht, als Hoffnung oder Verheißung – ist in allen Sprachen der Völker eine Idee, für die Menschen in allen Zeiten gearbeitet und „gekämpft" haben.
In der Religion, der Philosophie, der Staatslehre und der Wissenschaft – überall begegnet uns dieses Streben nach Frieden als ein Urelement menschlichen Denkens und Handelns. Zugleich ist wohl kaum ein Wort in der politischen Auseinandersetzung zwischen den Staaten zur Verschleierung der wahren Absichten so missbraucht worden. Für die betroffenen Menschen hat es bis in die Gegenwart seine ursprüngliche Bedeutung behalten – auch und gerade für junge Menschen: Jugendliche in Ost- und Westdeutschland messen „einer Welt in Frieden" unter allen Zielen bzw. Werten den höchsten Stellenwert bei (so z. B. die letzten Jugendstudien der Deutschen Shell und des Stern).

So alt wie die kriegerischen Konflikte selbst sind auch die Bemühungen um Kriegsverhütung durch eine Friedensordnung zwischen den Völkern. Nach dem altrömischen Grundsatz „Wenn Du den Frieden willst, bereite den Krieg vor!" standen dabei in der Vergangenheit die traditionellen Mittel der Friedenssicherung – Rüstung, Abschreckung, militärische Gewalt – im Vordergrund; mit geringem Erfolg, wie wir alle wissen.

Ich möchte daher in diesem Kapitel auch andere (alternative) Möglichkeiten der Friedenssicherung mit Ihnen erörtern. Vielleicht lassen sich die Alternativen nach dem Ende des Ost-West-Gegensatzes in einer neuen Friedensordnung erstmals auch realisieren?

<u>Äußern Sie in einem ersten Zugriff Gedanken und Ideen zu den Voraussetzungen und Elementen einer dauerhaften Friedenssicherung!</u>

Traditionelle und alternative Formen der Friedenssicherung

Zwischen Objektivität und Parteilichkeit

Als Angehöriger des Jahrgangs 1937 habe ich meine prägenden Kindheitserlebnisse während des Zweiten Weltkrieges erfahren. In nachhaltiger Erinnerung ist mir vor allem das Jahr 1945 geblieben, die Zeit der militärischen Niederlage und des Zusammenbruchs des NS-Staates. Damals brach für mich auch eine Vorstellungswelt zusammen, die von der staatlichen „Propaganda" – andere Informationsquellen standen mir nicht offen – geformt worden war und die ganz im Gegensatz zu dem stand, was ich nun aus eigener Anschauung wahrnahm:

Ich erlebte unmittelbar den Rückzug einer geschlagenen Armee von erschöpften und zerlumpten Soldaten, die ich zuvor in den Filmen der Wochenschau und den Fotos der Zeitungen nur heldenhaft und kämpferisch gesehen hatte. Und zugleich löste sich auch das bisherige Feindbild von den Soldaten der anderen Seite auf: Die erste Schokolade und das erste Kaugummi meines Lebens schenkte mir ein britischer Soldat.

Ich habe aus dieser Erfahrung die Einsicht gewonnen, dass selbst Filme und Fotos, die ja einen hohen Wahrheits- bzw. Objektivitätsanspruch vermitteln, die historische Realität nur ausschnittsweise oder gar verzerrt wiedergeben können oder wollen. Erst recht gilt das für künstlerisch gestaltete Bilder wie Gemälde und Zeichnungen. Dennoch sind Bilder wichtige Medien der Vergegenwärtigung von Vergangenheit und Gegenwart. Sie müssen aber wie andere Quellen analysiert und interpretiert werden.

Das ist ein Anliegen dieser Doppelseite.

In einer von den Neuen Technologien wie EDV, Multimedia oder Internet beherrschten Gegenwart sind Informationen der „Rohstoff" der so genannten Informationsgesellschaft. Sie werden als Texte und Zahlen ausgetauscht, in zunehmendem Maße durch Bilder und Karikaturen veranschaulicht, ersetzt oder oder kommentiert. Während Bilder bzw. Fotos in der Regel den Eindruck einer objektiven Wiedergabe der Realität vermitteln, versteht sich die Karikatur als engagierte Grafik, die zur Kritik und Parteinahme auffordert. In historischer Sicht sind Bilder und Karikaturen Quellen, in denen sich Ereignisse und Probleme der Vergangenheit widerspiegeln – nachstehend dargestellt am Beispiel des Zweiten Weltkrieges (1939 – 1945), der wie kein anderes Ereignis die Geschichte des 20. Jahrhunderts bestimmt hat.

M 1 Der 1. Sept. 1939: Beginn des Zweiten Weltkriegs

Foto vom Überschreiten der polnischen Grenze durch die deutsche Wehrmacht

M 2 Der Zusammenbruch – 8. Mai 1945

Das nachgestellte Foto (links) zeigt einen entwaffneten deutschen Soldaten nach der bedingungslosen Kapitulation der Wehrmacht am 8. Mai 1945.
Im Hintergrund das zerstörte Reichstagsgebäude in Berlin, das als Symbol der gescheiterten ersten Demokratie in Deutschland (1918 – 1933) galt. Seit 1999 ist das Reichstagsgebäude Sitz des Deutschen Bundestages.
Die Karikatur (rechts) von E. A. Lang entstand 1955 vor dem Hintergrund der Wiederbewaffnung der Bundesrepublik, die mit einem Beitritt zum nordatlantischen Verteidigungsbündnis (NATO) verbunden war.

Bild- und Textmontage des Spiegels, 1985. Im Hintergrund das Reichstagsgebäude

Analyse von Bildern und Karikaturen

M 3 Bilder sind gemacht

Bilder sind gemacht, sind nie objektive Abbilder, sind stets subjektiv. Entsprechend sind sie parteilich, bemüht, Wirklichkeit getreu wiederzugeben oder Wirklichkeit zu beschönigen, zu verfälschen, eben das Bild zu vermitteln, das der Initiator zu erwecken sucht. Das Wissen um die Manipulationsmöglichkeiten der Fotografie (von der Montage, dem Retuschieren bis zu entsprechenden Einstellungen, Licht-Schatten-Wirkungen …) verdeutlicht uns das bei einem vordergründig am wenigsten „gemachten" Bild besonders.

Aus: Dietrich Grünewald, in: Mickell/Zitzlaff: Politische Bildung, Düsseldorf 1988

M 4 Auftakt

Karikatur von A. Paul Weber, 1932 (!)

M 5 Gebranntes Kind scheut das Feuer

M 6 Stilmittel der Karikatur

Karikaturen kommentieren zeichnerisch ein Ereignis oder Problem vor allem durch
- **Vereinfachung und Übertreibung** mit einer Beschränkung auf das Wesentliche,
- **Witz und Ironie,** die eine vermeintliche Fehlentwicklung geistreich aufdecken,
- **Situations- und Charakterkomik,** indem Personen in einer ungewöhnlichen Situation dargestellt oder ihre Eigenschaften verspottet werden.
- **Verwendung von Metaphern,** d.h. die bildhafte Übertragung eines Begriffes oder Bildes auf einen anderen Bedeutungszusammenhang, z.B. die Darstellung des Staates als „Schiff", von Bedrohungen als „Flut", von Politikern als „Lotse" …

Vgl. im Einzelnen Günter Gugel: Methoden im handlungsorientierten Politikunterricht, Neusäß 1996, S. 124.

Methodenvorschlag

Analyse und Deutung von Bildern und Karikaturen können mit Hilfe der nachstehenden Leitfragen systematisiert werden; sie sollen am Beispiel von M 1 *erprobt und veranschaulicht werden:*

- *WAS wird veranschaulicht? Soldaten der Wehrmacht beim Überschreiten der polnischen Grenze am 01.09.1939*
- *WIE, d.h. mit welchen Stilmitteln bzw. aus welcher Perspektive, wird dargestellt? Inszeniertes Foto mit Symbolcharakter: Die Beseitigung des Schlagbaums als Ausweitung Deutschlands auf den „Lebensraum im Osten"; Siegerperspektive*
- *WER ist der „Produzent" bzw. ggf. der Auftraggeber? Propagandafoto des NS-Staates*
- *WANN bzw. vor welchem politischen bzw. historischen Hintergrund ist die Karikatur bzw. das Bild entstanden? Beginn des 2. Weltkrieges 1939*
- *WELCHE Absichten verfolgt die Darstellung? Verharmlosung des Krieges als „Polenfeldzug" ohne erkennbare Gegenwehr und Opfer*

Arbeitsvorschläge

1. Analysieren Sie M 2 und M 5 mit Hilfe der vorstehenden Leitfragen.

2. Prüfen Sie, welche Stilelemente (M 6) die Karikatur M 4 verwendet.

3. Nutzen Sie ein politisches Ereignis in ihrer Umgebung (z.B. Demonstration, Wahlkampfveranstaltung) für eine Fotoreportage mit unterschiedlichen Perspektiven und Einstellungen der Kamera. Probieren Sie durch entsprechende Auswahl von Fotos, ob hierdurch ein unterschiedliches „Bild" im Sinne von M 3 vermittelt werden könnte.

Mit der Bombe (über)leben

Sie sind es gewohnt, in der linken Randspalte die Anmerkungen und Auffassungen des Autors des jeweiligen Kapitels zu lesen. Ich möchte auf dieser Seite einmal von der Regel abweichen und nachstehend einige Zitate wiedergeben, die Ihnen einen Eindruck von der unterschiedlichen Bewertung des Krieges in der Vergangenheit vermitteln:

„Der Krieg ist aller Dinge Vater, aller Dinge König."
(HERAKLIT)

„Kaum ein Frieden ist jemals so ungerecht, dass er nicht auch dem gerechtesten Krieg vorzuziehen wäre."
(ERASMUS VON ROTTERDAM)

„Der Krieg ist in Wahrheit eine Krankheit, wo die Säfte, die zur Genesung und Erhaltung dienen, nur verwendet werden, um ein Fremdes, der Natur ungemäßes zu nähren."
(GOETHE)

„Nicht durch Reden und Majoritätsbeschlüsse werden die großen Fragen der Zeit entschieden, sondern durch Eisen und Blut."
(BISMARCK)

„Blut und Eisen war dasjenige Mittel, das nie versagt und in der Hand von Königen und Fürsten, wenn es not tut, auch nach innen, dem Vaterland den Zusammenhalt bewahren wird."
(WILHELM II.)

„Im Leben der Völker werden große Fragen nur durch Gewalt gelöst."
(LENIN)

„Der Krieg ist in wachsendem Umfang kein Kampf mehr, sondern ein Ausrotten durch Technik."
(KARL JASPERS)

In der Geschichte von Völkern und Staaten sind militärische Konflikte und Kriege eine Konstante der politischen Auseinandersetzung. In der Wirkung auf die Beteiligten und Betroffenen begrenzt, galten Kriege über Jahrhunderte als „Fortsetzung der Politik mit anderen Mitteln" (so der preußische General und Kriegstheoretiker von Clausewitz 1832). Der Einsatz industrieller Massenvernichtungswaffen in den beiden Weltkriegen (die mehr Todesopfer forderten als alle anderen Kriege der Neuzeit zusammen) und schließlich die Entwicklung der Atombombe führten zur völkerrechtlichen Ächtung des Krieges, ohne dadurch allerdings Kriege weltweit verhindern zu können. Die größte Bedrohung für den Weltfrieden ging dabei vom Ost-West-Konflikt aus, der sich mit dem „Kalten Krieg" verband: An die Stelle einer militärischen Auseinandersetzung zwischen den Blöcken trat ein Ersatzkrieg durch Wettrüsten, eine weltanschaulich-ideologische Auseinandersetzung und ein wirtschaftlicher Kampf der Systeme.

M 7 Der Ost-West-Konflikt und der „Kalte Krieg"

Der Ost-West-Konflikt war von 1945 bis 1990 das bestimmende Merkmal der Weltpolitik. Er war gekennzeichnet durch die machtpolitische Rivalität zwischen den USA und der UdSSR sowie dem weltanschaulichen Gegensatz von Kommunismus und westlicher Demokratie. Die Auseinandersetzung zwischen den gegensätzlichen Systemen nahm zunächst die Form eines „Kalten Krieges" an und eskalierte mehrfach bis an den Rand eines Atomkrieges. Nach der Erfahrung der Berlin- und Kuba-Krise 1961/62 bemühte man sich in beiden Lagern verstärkt um Entspannung und friedliche Koexistenz, um einen selbstzerstörerischen Nuklearkrieg zu vermeiden. Doch erst nach dem Zusammenbruch der sowjetischen Herrschaft in Osteuropa im Gefolge der Revolution von 1989 und der anschließenden Selbstauflösung der Sowjetunion durch Aufkündigung des Unionsvertrages von 1922 sowie der Gründung der „Gemeinschaft Unabhängiger Staaten" (GUS) fand der Ost-West-Konflikt ein – zumindest vorläufiges – Ende.

Manfred Görtemaker: Das Ende des europäischen Zeitalters, in: Informationen zur politischen Bildung Nr. 245(4/1994)

M 8 Die Gefahr und Sinnlosigkeit nuklearer Kriege

Die Entwicklung der Nuklearwaffen und die Fortschritte in der Raketentechnik veränderten das strategische Denken grundlegend, denn beide Supermächte bauten ihr Zerstörungspotenzial so aus, dass der Nuklearkrieg als Mittel der Konfliktschlichtung heute sinnlos wird. Da es bei solchen Auseinandersetzungen nicht mehr Sieger und Besiegte geben kann, weil auch der „Sieger" mit hohen Verlusten zu rechnen hat, wird ein zivilisiertes Leben fraglich. Die gewaltsame Konfliktschlichtung in dieser Form lässt nur noch die Möglichkeit eines verstümmelten, lebensunwerten und babarischen Lebens offen. Was die Kriege als letztes Konfliktmittel bisher nie vermochten: Totalzerstörung und Vernichtung des Kontrahenten, musste als Realität jetzt mit einkalkuliert werden. Die Möglichkeit der Selbstauslöschung der Menschheit ist heute gegeben. Das ist das Novum *(Neue)*, dem wir uns im Zeitalter gegenseitiger Abschreckung gegenübersehen. Die technologische Komponente, real ausgedrückt in den atomaren Waffen, verändert die Situation fundamental *(grundlegend)*.

H.G. Assel in: Kabel/Assel: Friedensforschung – Friedenspädagogik, Bonn 1971, S. 86

Konflikte und Kriege im nuklearen Zeitalter

M 9 Hauptkriegsschauplatz Dritte Welt

Das Ende des Kalten Krieges führte offensichtlich nicht zu einer flächendeckenden Befriedung der Welt; der erhoffte Frieden erwies sich als ein „gewalttätiger Frieden", in dem zwar die Gefahr eines nuklearen Weltkrieges weitgehend gebannt war, jedoch weiterhin lokale und regionale Kriege ausgetragen wurden, mit den schrecklichen Folgen von Tod, Zerstörung, Hungersnot und Massenflucht sowie Massakern, Massenvergewaltigungen, „ethnischen Säuberungen" und Völkermord. [...] Blickt man auf die regionale Verteilung der Gesamtzahl der seit 1945 geführten Kriege, so wird deutlich, dass deren überwältigende Mehrheit außerhalb Europas in den Regionen Asiens, Afrikas und Lateinamerikas auf der Südhalbkugel der Erde stattfand. [...] Nach 1945 hingegen wurde Europa ein Kontinent fast ohne Krieg. Mit anderen Worten: Der Hauptschauplatz der Kriege unserer Zeit wurde die sogenannte Dritte Welt, Lateinamerika, Asien und Afrika. Allerdings ist der Krieg nach dem Ende des Ost-West-Konflikts gleichsam wieder nach Europa zurückgekehrt: Allein zwischen 1989 und 1992 waren in Südosteuropa und auf dem Gebiet der ehemaligen Sowjetunion sieben neue kriegerische Konflikte zu verzeichnen, in Rumänien, in Georgien (Südossetien und Abchasien), in Nagorny Karabach (Armenien/ Aserbeidschan), im früheren Jugoslawien und in Moldawien. Dennoch bleibt die Dritte Welt auch weiterhin der Hauptkriegsschauplatz der Gegenwart.

Volker Matthes: Immer wieder Krieg? Opladen 1994, S. 7, 20 f.

KRISEN und KONFLIKTE Anfang 1998

Bundesministerium der Verteidigung, Bonn

M 10 Die Kriegsführung in der Gegenwart: Technologisch, professionell, schmutzig

Der Haupttyp der Kriege in der Dritten Welt ist nicht mehr der „klassische" (europäische) Krieg zwischen Staaten, sondern der innerstaatliche Krieg oder Bürgerkrieg. (...) In militärischer Hinsicht reicht das Spektrum der Kriegsführung in der Dritten Welt von mehrheitlich „unkonventionellen" oder „irregulären" Kriegen (das heißt Guerillakriegen) bis hin zu konventionellen Kriegen zwischen Staaten der Dritten Welt (z. B. Golfkrieg zwischen Iran und Irak ...). Für beide Arten der Kriegführung lassen sich einige allgemeine Merkmale und Trends erkennen:

– Infolge der Rüstungsdynamik in der Dritten Welt und insbesondere der „technologischen Revolution" bei den nichtatomaren Waffen ist ein Trend zur Intensivierung der Kampfhandlungen unverkennbar. Die Anwendung moderner Militärtechnologie hat das Tötungs- und Zerstörungspotenzial der militärischen Operationen um ein Vielfaches gesteigert und vor allem die Zivilbevölkerung verstärkt in Mitleidenschaft gezogen.

– Mit diesem Trend der waffentechnologischen Intensivierung und Modernisierung geht eine verstärkte Professionalisierung der Kriegführung in der Dritten Welt einher. Kriege werden von immer besser ausgerüsteten, ausgebildeten und geführten Kämpfern ausgefochten.

– Schließlich zeichnet sich noch ein deutlicher Trend zur Missachtung und Verletzung der Regeln des Kriegsvölkerrechtes ab. Dies gilt insbesondere für die zahlreichen Bürger- und Guerillakriege in der Dritten Welt, die völker- und menschenrechtlich weitgehend „enthegt" als schmutzige Kriege geführt werden ...

Volker Matthes: Krieg und Frieden in der Dritten Welt, in: Aus Politik und Zeitgeschichte 7-8/1988

Arbeitsvorschläge

1. Erklären Sie mit M 8, warum und wodurch im Ost-West-Konflikt (M 7) die direkte militärische Konfrontation zwischen den Supermächten Sowjetunion und USA verhindert wurde.

2. Klären Sie mit Hilfe des Schaubildes, ob die These vom „Hauptkriegsschauplatz Dritte Welt" (M 9) trotz der Rückkehr des Krieges nach Europa auch für die jüngste Vergangenheit zutrifft.

3. Beschreiben Sie den Begriff des „gewalttätigen Friedens" (M 9).

4. Überprüfen Sie am Beispiel eines kriegerischen Konfliktes der Gegenwart, ob die in M 10 beschriebenen Merkmale der Kriegführung auch hierfür zutreffen.

Allgemeine Wehrpflicht – Friedensdienst in Uniform?

Konkret wird die Frage der Friedenssicherung für Sie, die männlichen Erwachsenen im wehrpflichtigen Alter, wenn Ihnen der Musterungs- bzw. Einberufungsbescheid zugestellt wird. Wehrdienst oder Zivildienst? Diese Frage müssen jährlich 400.000 junge Männer in der Bundesrepublik beantworten. Wie werden Sie sich entscheiden?

Hiervon nicht betroffen sind die jungen Mädchen und Frauen ihrer Klasse. Frauen schenken Leben, Männer schützen es unter Einsatz ihres Lebens – so lautet jedenfalls die traditionelle Auffassung von der Geschlechterrolle in der Landesverteidigung.

Andererseits: Mit dem Anspruch der Gleichberechtigung haben Frauen inzwischen fast alle Männerberufe und -bastionen erobert – wenn auch mit unterschiedlichem Anteil – mit Ausnahme des Offiziers und Soldaten. Lediglich für den Sanitätsdienst der Bundeswehr sind Frauen zugelassen. Wollen Sie, die jungen Frauen, diese „Benachteiligung" länger hinnehmen oder sehen Sie hierin möglicherweise einen berechtigten „Vorteil" zum Ausgleich der beruflichen Nachteile durch Mutterschaft und Kindererziehung?

Statt die Bundeswehr – wie in anderen Streitkräften demokratischer Staaten – für Frauen zu öffnen, könnte die Ungleichbehandlung von Männern und Frauen aber auch durch eine allgemeine Dienstpflicht aufgehoben werden – eine realistische Alternative?

Vom späteren Verteidigungsminister der Bundesrepublik, Franz-Josef Strauss, ist die Äußerung aus den ersten Nachkriegsjahren überliefert, dass jedem die Hand abfallen solle, der noch einmal ein Gewehr anfasse. In gleicher Weise haben die meisten Menschen im Nachkriegsdeutschland gedacht und die von den Siegermächten verordnete Entmilitarisierung Deutschlands akzeptiert und begrüßt.

Der Ost-West-Konflikt, der Übergang des Kalten Krieges in den Korea-Krieg (1950) und der zunehmende Rüstungswettlauf haben dann nach erheblichen inneren Widerständen zur Wiederbewaffnung der Bundesrepublik und zur Einführung der allgemeinen Wehrpflicht geführt. Nach dem Zerfall der Sowjetunion und der Auflösung des Warschauer Paktes wird die allgemeine Wehrpflicht inzwischen wieder in Frage gestellt; hinzu kommt, dass gegenwärtig jeder dritte Wehrpflichtige unter Berufung auf Art. 4 des Grundgesetzes den Wehrdienst verweigert.

M 11 Plädoyer für die allgemeine Wehrpflicht

Die Entscheidung, bei der Aufstellung der Bundeswehr die allgemeine Wehrpflicht einzuführen, war wohlüberlegt und nicht nur Ergebnis mangelnden Freiwilligenaufkommens oder der historischen Erfahrungen, die wir in der Weimarer Republik mit einer Berufsarmee gemacht haben. Vielmehr gibt es einen unveränderten aktuellen Zusammenhang zwischen Wehrpflicht und Demokratie.

Zwar kann die Begründung der Wehrpflicht nicht aus der Verfassung abgeleitet werden, sie ist aber Ausdruck staatsbürgerlicher Mitverantwortung und kann insoweit als demokratische Normalität angesehen werden. Denn der Staat, der Menschenwürde, Freiheit und Recht als Grundgüter anerkennt und schützt, will dieser verfassungsrechtlichen Schutzverpflichtung gegenüber seinen Bürgern nur mit Hilfe eben dieser Bürger und ihres Eintretens für den Bestand der Bundesrepublik Deutschland nachkommen. Die allgemeine Wehrpflicht verteilt damit die Lasten gleichmäßig auf alle, die von dieser Pflicht erfasst sind – zumindest also auf die Männer. Die Wehrpflicht bindet so den Staatsbürger an seinen Staat und macht ihn für die Landesverteidigung unmittelbar verantwortlich.

Aus: Ulrich A. Hundt: Innere Führung – gut für das Jahr 2000, in: Der Mittler-Brief 4/1992

Bundeskanzler Konrad Adenauer schreitet die ersten Soldaten der Bundeswehr ab (1956)

Die Wehrverfassung der Bundesrepublik

M 12 Wehrpflicht – kein Kind der Demokratie

Die Wehrpflicht in Deutschland gehöre zur Demokratie, behaupten vor allem die überzeugten Demokraten: Beides hinge irgendwie „wesensmäßig" miteinander zusammen. Dabei müssen sie doch wissen, dass die alten Demokratien England und USA in Friedenszeiten keine Wehrpflicht haben und dass es wohl kaum eine Diktatur auf der Welt gab oder gibt, die auf die Wehrpflicht verzichtet hätte.

Als die allgemeine Wehrpflicht 1814 erstmals in Preußen eingeführt wurde, geschah dies, um das Land von der napoleonischen Fremdherrschaft zu befreien. Von Demokratie war in Preußen, anders als zuvor in der Französischen Revolution, weder vorher noch nachher die Rede. Auch später hat die Wehrpflicht in Deutschland nicht bewirkt, was sich liberale Demokraten und Sozialisten von ihr erhofft hatten: dass sie sich als Wegbereiter der Demokratie erweisen könnte. Nein, die Wehrpflicht war in Deutschland – bis 1945 jedenfalls – nichts anderes als ein Instrument zur Zwangsrekrutierung von Soldaten, mit denen die jeweilige politische und militärische Führung dann machen konnte, was sie wollte.

Nicht zu vergessen: Die Wehrpflicht wurde zur Voraussetzung für die Massenheere, für die großen Kriege und für das große Massensterben. Sie hat die Gewalt entfesseln, die Gesellschaft militarisieren und die zivile Kultur zerstören geholfen.

Mit einem möglichen Verzicht auf die Wehrpflicht würde also keineswegs ein Verlust an demokratischer Substanz verbunden sein. Im Gegenteil! Der Verzicht auf den – wenn auch zeitlich begrenzten – Kasernendrill bietet die historisch einmalige Chance, dass sich ganze Generationen junger Männer künftig in verstärktem Maße in demokratischem Verhalten üben können.

Auch wäre die Abschaffung der Wehrpflicht ein wichtiger Schritt auf dem Wege zu einer weiteren Zivilisierung unserer Gesellschaft. Die zivile Gesellschaft arbeitet daran, das gewaltfreie Spielregelsystem in den inneren wie den äußeren Beziehungen zu fördern und gleichzeitig die Rolle des Militärs als Ausdruck und Instrument von Machtpolitik immer weiter zurückzudrängen.

Wolfram Wette in: Die Zeit 8/1993

M 13 Von der Wehrpflicht zur Dienstpflicht für Männer

Die allgemeine Wehrpflicht ist in der Praxis zu einer allgemeinen Dienstpflicht für Männer geworden. Sie sichert nicht nur den Personalbedarf bei den Streitkräften, sondern darüber hinaus ein breites Spektrum gesellschaftspolitisch wertvoller und wichtiger sozialer Dienste. Dies ist das unbeabsichtigte Ergebnis einer Entwicklung, die im Jahre 1949 ihren Anfang nahm, als die Bundesrepublik als erster Staat der Welt dem Recht auf Kriegsverweigerung verfassungsrechtlichen Rang verlieh. Der massenhafte Gebrauch dieses Rechtes in der Gegenwart hat das ursprüngliche Regel-/Ausnahmeverhältnis im allgemeinen Bewusstsein verwischt: Wehrdienst und Zivildienst werden in der Öffentlichkeit als gleichwertige Alternativen begriffen. Welcher Dienst gewählt wird, liegt faktisch im Belieben des Einzelnen. Das ist jedenfalls die gesellschaftliche Realität, auch wenn die Verfassung etwas anderes vorsieht. Wer heute als Soldat zur Bundeswehr geht, ist quasi ein Freiwilliger. „Wehrunwillige" junge Männer kommen in die Streitkräfte erst gar nicht hinein, wandern schon bei der Musterung in den Zivildienst ab. Dort tragen sie als willkommene Helfer dazu bei, das Versorgungsniveau des zunehmend strapazierten Sozialsystems preiswert aufrechtzuerhalten.

Bernhard Fleckenstein in: Aus Politik und Zeitgeschichte Nr. 29/1997 (bearbeitet und gekürzt)

Arbeitsvorschläge

1. „Die Wehrpflicht ist das legitime (rechtmäßige) Kind der Demokratie." (*Theodor Heuss*) Wie bewerten die Texte M 11 und M 12 diese Auffassung?

2. Im Gegensatz zu den USA, Großbritannien und Frankreich hält die Bundesrepublik verfassungsrechtlich an der Wehrpflicht fest. Inwieweit kann aber die tatsächliche Situation in der Bundesrepublik als Kompromiss zwischen Freiwilligen und Wehrpflichtarmee angesehen werden? (M 13).

3. Nach Artikel 12a des Grundgesetzes (GG) dürfen nur Männer zum Wehrdienst oder (bei einer Verweigerung aus Gewissensgründen) zum Ersatzdienst verpflichtet werden. Demgegenüber sind Frauen in den meisten demokratischen Staaten auf freiwilliger Basis zu den Streitkräften zugelassen, teilweise auch zu Kampfeinheiten (z. B. in den USA, in Frankreich, in Israel und in den Niederlanden). Diskutieren Sie in der Klasse, inwieweit dieses deutsche „Berufsverbot" für Frauen mit dem Gleichberechtigungsgrundsatz (Art. 3 Abs. 2 GG) bzw. dem Recht auf freie Berufswahl (Art. 12 GG) vereinbart werden kann.

Israelische Soldatin bei der Kampfausbildung

Vom uniformierten Untertanen zum Staatsbürger in Uniform

„Soldaten sind Mörder" lautet der Aufkleber mit einem Tucholsky-Zitat aus dem Jahre 1931, das ein Sozialpädagoge und Wehrdienstverweigerer während des Golfkrieges 1991 an seinem Auto anbringt. Amtsgericht und Landgericht Krefeld verurteilen den Angezeigten zu einer empfindlichen Geldstrafe wegen Volksverhetzung und Beleidigung; das Bundesverfassungsgericht hebt 1994 die Urteile der Vorinstanzen mit der Begründung auf, die Strafe verletze das Grundrecht des Einzelnen auf freie Meinungsäußerung.

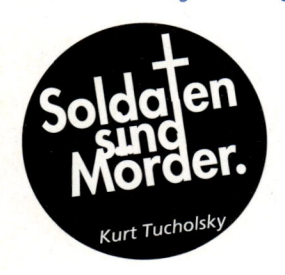

Soldaten sind Mörder.
Kurt Tucholsky

Die heftigen Reaktionen in der Öffentlichkeit auf dieses umstrittene Urteil des höchsten deutschen Gerichts, die dann 1996 zu einem Ehrenschutz für Soldaten durch das Strafrecht führten, verdeutlichen für mich einmal mehr die unterschiedliche Bewertung der Rolle des Soldaten in einer demokratischen Gesellschaft. Dabei ist unbestritten, dass auch die Soldaten in einer Verteidigungsarmee im Ernstfall töten müssen. Und sicherlich wirken hierbei noch die historischen Erfahrungen aus zwei Weltkriegen in einem Jahrhundert nach. Aber ist die Gleichsetzung mit Mördern hinzunehmen, wenn gleichzeitig an der Wehrpflicht festgehalten wird?

Wie kaum eine andere Rolle verkörpert das Bild des Soldaten die Grundorientierung einer Gesellschaft und ihrer Einstellung zu Krieg und Frieden. Vom Söldner und Landsknecht über den nationalen Freiheitskämpfer und Helden bis zum Bürger in Uniform reicht das Spektrum des historischen Wandels, der mit einer entsprechenden Entwicklung der Heeresverfassung von der Fürstenarmee zum Volksheer einherging. Ein besonderes Anliegen beim Neuaufbau der Bundeswehr war es dabei, durch das Konzept der „Inneren Führung" das militärische Prinzip von Befehl und Gehorsam mit den Anforderungen einer demokratischen Gesellschaft zu verbinden und dadurch die militaristische Tradition in Deutschland zu beenden.

M 14 Im Kaiserreich: Treue und unbedingter Gehorsam

„Rekruten meiner Garderegimenter! Ihr seid hier aus allen Teilen Meines Reiches zusammengezogen, um eurer Militärpflicht zu genügen, und habt eben an heiliger Stätte euren Kaiser Treue geschworen bis zum letzten Atemzuge. Ihr seid noch zu jung, um alles zu verstehen, ihr werdet aber nach und nach damit bekannt gemacht werden. Stellt euch dies alles nicht so schwer vor und vertraut auf Gott, betet auch manchmal ein Vaterunser, das hat schon manchem Krieger wieder frischen Mut gemacht.

Kinder meiner Garde, seit dem heutigen Tage seid ihr Meiner Armee einverleibt worden, steht jetzt unter Meinem Befehle und habt das Vorrecht, Meinen Rock tragen zu dürfen. Tragt ihn in Ehren. Denkt an unsere ruhmreiche vaterländische Geschichte; denkt daran, dass die Deutsche Armee gerüstet sein muss gegen den inneren Feind sowohl als gegen den äußeren. Mehr denn je hebt der Unglaube und Missmut sein Haupt im Vaterlande empor, und es kann vorkommen, dass ihr eure eigenen Verwandten und Brüder niederschießen oder -stechen müsst. Dann besiegelt die Treue mit Aufopferung eures Herzblutes. Und nun geht nach Hause und erfüllet eure Pflichten."

Wilhelm II. bei der Vereidigung der Potsdamer Garderegimenter 1891, in: E. Johann (Hrsg.): Reden des Kaisers, München 1966, S. 55

„... und dann müsst Ihr bedenken, als Zivilisten seid Ihr hergekommen, und als Menschen geht Ihr hier fort!"

Karikatur auf den preußisch-deutschen Militarismus (um 1900).

Die Rolle der Armee und des Soldaten in der Gesellschaft

M 15 In der Bundesrepublik Staatsbürger in Uniform

Das Leitbild vom Wesen und der Aufgabe des deutschen Soldaten lässt sich am besten am Begriff der „Staatsbürger in Uniform" erläutern. Es geht hier um alles anderere als die Verbürgerlichung des Soldaten. Es soll vielmehr etwas ganz Bestimmtes über den Standort und die Zuordnung des Soldaten *(in der Gesellschaft)* gesagt sein. … Nur derjenige kann für eine Gemeinschaftsverwurzelung eintreten, der sich mir ihr identifiziert. Um diese zu finden, muss der Soldat im politischen und geistigen Leben des Volkes stehen. Tut er das nicht, dann weiß er bestenfalls, wogegen er kämpfen soll. Das genügt nicht. Nur die Einbürgerung verschafft dem Soldaten das Erlebnis der Werte, die er zu verteidigen hat und nur die Möglichkeit zum Mitgestalten gibt ihm den Anreiz zur Mitverantwortung. (…)
So soll der Soldat grundsätzlich nach seinen Möglichkeiten teilhaben am politischen, geistigen und sozialen Leben seines Volkes. Er hat das aktive und passive Wahlrecht, das Recht der freien Meinungsäußerung. Er, der die Freiheit sichern hilft, darf nur soweit und solange in seinen Grundrechten geschmälert werden, wie es seine Aufgabe ausdrücklich fordert.

Wolf Graf von Baudissin, der Begründer des Konzepts „Staatsbürger in Uniform" im Jahre 1951, abgedruckt in der Schriftenreihe Innere Führung, Bonn 1985, S. 171f.

M 16 Die Armee der Zukunft

Schlüssel zum Verständnis der künftigen Struktur der Bundeswehr ist die veränderte internationale Lage, die die Bedingungen für die Sicherheit unseres Landes in zweifacher Hinsicht grundlegend geändert hat:
Erstens: Deutschland ist nicht mehr Frontstaat, sondern umgeben von Verbündeten und Partnern. Unser Land liegt auch nicht mehr in der Reichweite eines zu strategischer Offensive und Landnahme befähigten Gegeners.
Zweitens: Zugleich aber hat die Gefahr von regionalen Krisen und Konflikten innerhalb und außerhalb Europas, die auch Deutschlands Sicherheit betreffen, zugenommen. Die internationale Verantwortung des vereinten Deutschland ist gewachsen. Daraus ergeben sich die erforderlichen Aufgaben der Streitkräfte. Sie müssen in der Lage sein,

- Deutschland als Teil des Bündnisgebietes zu verteidigen bzw. im Bündnisgebiet Beistand zu leisten,
- an der internationalen Krisenbewältigung und Konfliktverhinderung teilzunehmen,
- in Katastrophenfällen zu helfen und Menschen aus Notlagen zu retten.

Das entscheidene Prinzip für die Streitkräftestrukturen heißt Differenzierung – zwischen Hauptverteidigungskräften (für den Verteidigungs- und Bündnisfall) und Krisenreaktionskräften, die bereits im Frieden präsent, einsatzbereit, schnell verlegefähig und durch ein hohes Maß an Professionalität gekennzeichnet sind. Krisenreaktionskräfte stehen der NATO für Krisenlagen sowie für Einsätze im Rahmen der Vereinten Nationen zur Verfügung.

Pressemitteilung des Bundesministerium der Verteidigung, Bonn 1996 (gekürzt)

Arbeitsvorschläge

1. Beschreiben und vergleichen Sie die Aufgaben des Soldaten in der Monarchie des Kaiserreiches und in der Demokratie der Bundesrepublik.(M 14 , M 15)

2. Analysieren Sie vor diesem Hintergrund die Karikatur und das Foto mit Hilfe der Seiten 210/211.

3. Was meint in diesem Zusammenhang M 16 mit der „Einbürgerung" des Soldaten?

4. Mit der Änderung der Sicherheitslage Deutschlands und der Übernahme internationaler Verantwortung für den Weltfrieden wandelt sich die Bundeswehr von der ursprünglichen Verteidigungsarmee zur sogen. „Interventionsarmee", die auch für die Friedenssicherung außerhalb des Bundes- und Bündnisgebietes einsetzbar ist. (M 16)
Wie beurteilen Sie die längerfristigen Auswirkungen dieses Wandels auf die Wehrpflicht und das Konzept des „Staatsbürgers in Uniform"?

Frieden schaffen durch das Völkerrecht?

1600 bewaffnete Konflikte hat die Geschichtsschreibung aufgezeichnet, darunter allein 180 nach 1945.
Fast ebenso zahlreich sind die Versuche, Kriege zwischen Staaten oder Völkern politisch, moralisch oder juristisch zu rechtfertigen.
Von den Kreuzzügen über die Heiligen Kriege bis zu den nationalen Befreiungskriegen reicht dabei das historische Spektrum der angeblich „gerechten Kriege".
Können Sie sich eine derartige Kriegsideologie im Zeitalter der Massenvernichtungswaffen noch vorstellen? Ist damit jeder Krieg auch ungerecht und unzulässig – auch der Befreiungskrieg?
Das Völkerrecht gibt hierauf eine eindeutige Antwort – aber:
Kann dieses Recht auch weltweit durchgesetzt werden?

Unmittelbar nach dem Zweiten Weltkrieg gründeten 1945 in San Franzisco 51 Staaten die UNO (United Nations Organization) mit dem Ziel, den Weltfrieden künftig völkerrechtlich zu sichern. Inzwischen gehören der UNO über 180 Staaten an; die Bundesrepublik wurde 1973 aufgenommen
Durch den Ost-West-Konflikt und das Einspruchsrecht der Großmächte im entscheidenden Organ der UNO, dem Sicherheitsrat, wurde die Handlungsfähigkeit sehr bald blockiert, sodass sich die Vereinten Nationen (abgesehen von der militärischen Beteiligung am Korea-Krieg 1950) zu einem Diskussionsforum mit unverbindlichen Empfehlungen der Generalversammlung enwickelten. Erst nach dem Zerfall der Sowjetunion und der politischen Annäherung zwischen Russland und den USA ergaben sich für die UNO neue Handlungsmöglichkeiten, die z.B. zur militärischen Intervention im Golfkrieg 1991 führten.

M 17 Die Idee eines „Ewigen Friedens" (1795)

Für Staaten im Verhältnis untereinander kann es nach der Vernunft keine andere Art geben, aus dem gesetzlosen Zustande, der lauter Kriege enthält, herauszukommen, als dass sie ebenso wie einzelne Menschen, ihre wilde (gesetzlose) Freiheit aufgeben, sich zu öffentlichen Zwangsgesetzen bequemen und so einen (freilich immer wachsenden) **Völkerstaat,** der zuletzt alle Völker der Erde befassen würde, bilden.
Da sie dieses aber nach ihrer Idee vom Völkerrecht durchaus nicht wollen, so kann an die Stelle der positiven Idee einer Weltrepublik (wenn nicht alles verloren werden soll) nur das negative Surrogat *(Ersatz)* eines den Krieg abwehrenden, bestehenden, und sich immer ausbreitenden **Bundes,** den Strom der rechtsscheuenden, feindseligen Neigung aufhalten, doch mit beständiger Gefahr ihres Ausbruchs.

Immanuel Kant: Zum Ewigen Frieden, 1795

M 18 ... und ihre Umsetzung durch das Völkerrecht

Grundgedanke des durch die UN-Charta errichteten Systems der kollektiven Sicherheit ist es, die militärische Gewaltausübung gegenüber Staaten bei einer bestimmten Institution, dem Sicherheitsrat, zu monopolisieren *(d.h. ihm allein zu überlassen)* und gleichzeitig die Ausübung von militärischer Gewalt in den zwischenstaatlichen Beziehungen zu verbieten. Das heißt, dass die UN-Charta die Anwendung militärischer Gewalt grundsätzlich nur dann als gerechtfertigt ansieht, wenn diese Gewaltanwendung zur Abwehr des Friedensbruchs durch den Sicherheitsrat angeordnet wird. Militärische Gewaltanwendung ist darüber hinaus auch durch Staaten im Falle der Selbstverteidigung gerechtfertigt, wobei diese individuell und kollektiv erfolgen kann. (…)
Die Durchführbarkeit militärischer Maßnahmen unmittelbar durch den Sicherheitsrat setzt allerdings voraus, dass diesem von den Mitgliedern der Vereinigten Nationen auf Grund von Sonderratsabkommen Streitkräfte zuvor zur Verfügung gestellt worden sind.

Rüdiger Wolfrum in:
Aus Politik und Zeitgeschichte Nr. 36/1991

M 19 Gibt es noch „gerechte Kriege"?

Der Krieg ist als Mittel der internationalen Politik verboten und geächtet. Eine Rechtfertigung des Krieges gibt es nicht. Auch für den Präventivkrieg gilt keine Ausnahme. Denn zusammen mit dem Kriegsverbot ist als dessen Kehrseite eine im allgemeinen Völkerrecht verankerte

Eine Sitzung des Sicherheitsrates

Friedenssicherung durch die Vereinten Nationen (UNO)

Friedenspflicht entstanden. Damit ist eine Umkehrung des Zweck-Mittel-Verhältnisses in der internationalen Politik eingetreten. Während früher die Staatenlenker ihre politischen Ziele festlegen und dann entscheiden konnten, ob sie diese mit friedlichen oder kriegerischen Mitteln erreichen wollten, ist jetzt dieser Friede das oberste Ziel einer jeden Politik, und die Mittel sind dementsprechend einzurichten. Der Krieg zur Beendigung aller Kriege wäre ebenso völkerrechtswidrig wie jeder andere, aus edlen oder unedlen Motiven begonnene Krieg. Das in Art. 51 der Satzung der Vereinten Nationen verbriefte Recht eines jeden Staates zur individuellen und kollektiven Selbstverteidigung ist keine Ausnahme vom Kriegsverbot. Dieses Recht wird von Art. 51 UN-Satzung ausdrücklich als „naturgegeben" bezeichnet und ist der strafrechtlichen Notwehr bzw. Nothilfe im innerstaatlichen Bereich vergleichbar. Die Bekräftigung dieses naturgegebenen Rechts zur gewaltsamen Abwehr eines bewaffneten Angriffs bedeutet keine Hinwendung der UN-Satzung zu einer irgendwie gearteten Lehre vom gerechten Krieg. Historisch betrachtet, kann das Völkerrecht als Überwinder der Lehre vom gerechten Krieg gelten. Unter den Bedingungen des Industriezeitalters ist das Recht zum Krieg des klassischen Völkerrechts unerträglich geworden. Daher ist es beseitigt und durch die allgemeine Friedenspflicht ersetzt worden. Aber dieser Erfolg würde zunichte, wenn er mit dem Wiederaufleben der Lehre vom gerechten Krieg bezahlt werden müsste.

Otto Kimminich: Der gerechte Krieg im Spiegel des Völkerrechts, in: Friedensanalyse 12, Frankfurt 1980, S. 216 f.

M 21 Grenzen militärischer Sicherheitspolitik

Die globalen Herausforderungen und die neuen Gefährdungen des Friedens erfordern eine grundlegende Neudefinition der Sicherheits- und Friedenspolitik. Militärische Mittel können in den vielschichtigen Problemlagen der Gegenwart weniger denn je Sicherheit gewährleisten. Gegen unsichtbare Feinde wie die Verschmutzung unserer Atemluft oder die Vergiftung unserer Gewässer helfen keine Soldaten, Panzer, Raketen oder Bomben … Polizei und Soldaten an den Grenzen können die Ursachen von Flüchtlingsströmen und Armutswanderungen nicht beseitigen. Die Sicherheitsrisiken von Kernreaktoren, die Folgen einer grenzenlosen Ausbeutung der Natur tragen alle. Die politischen und sozialen Konsequenzen von Armut, Gewalt, Ausbeutung und Unterdrückung in den Ländern der Dritten Welt werden durch massenhafte Wanderung- und Fluchtbewegungen oder durch die Ausbreitung organisierter Kriminalität (Drogenhandel) nach Europa getragen und führen hier zu neuen gesellschaftlichen Spannungen und zu einem Anwachsen des Rassismus. Treibhauseffekt, saurer Regen oder radioaktive Wolken unterscheiden nicht nach Freund und Feind, nach Verursachern und Betroffenen. Sicherheit ist unteilbar. Sie kann nicht länger gegeneinander gerüstet werden. Sie kann nur gemeinsam durch eine umfassende Entmilitarisierung der internationalen Beziehungen und durch Maßnahmen einer vorbeugenden Friedenssicherung geschaffen werden.

Edelgard Bulmahn in:
Frankfurter Rundschau vom 02.09.1992

M 20 Die UNO – ein Papiertiger?

Arbeitsvorschläge

1. Welche der beiden Forderungen des Philosophen Kant (M 17) konnte durch das Völkerrecht umgesetzt werden? (M 18)

2. „Die Verteidigung" gegen einen bewaffneten Angriff ist zwar rechtmäßig, aber sie ist kein „gerechter Krieg".
(O. Kimminich)
Nehmen Sie hierzu mit Hilfe von M 19 Stellung.

3. Worin sieht die Karikatur M 20 die Schwäche der UNO? Belegen oder widerlegen Sie diese Kritik durch möglichst aktuelle Beispiele!

4. Beurteilen Sie die Vorschläge, die UNO durch eine eigene Eingreiftruppe zu reformieren und zu stärken.

5. Begründen Sie mit M 21, warum die Abwesenheit von Krieg (der sog. „negative Frieden") nicht ausreichende Sicherheit gewährleisten kann. Versuchen Sie dementsprechend eine Idealvorstellung eines („positiven") Friedens zu formulieren.

Frieden schaffen ohne Waffen?

Halten Sie eine Landesverteidigung für realisierbar,
– die auf Anwendung und Androhung von militärischer Gewalt verzichtet?
– die nicht von hierfür ausgebildeten „Soldaten", sondern von der Bevölkerung selbst getragen und umgesetzt wird?
– die dennoch gegen einen militärisch gerüsteten Angreifer auf Dauer erfolgreich ist?

Ihre bisherigen Kenntnisse über Kriege in der Geschichte und die eigene Lebenserfahrung mit Konflikten im Alltag werden diese Vorstellung zunächst als Wunschdenken oder Utopie einordnen.
Dennoch: Die Annahmen und Voraussetzungen sind Teil des Konzepts der „Sozialen Verteidigung", das in den 60er Jahren von dem Friedensforscher Theodor Ebert begründet worden ist. Dabei erscheint mir allerdings der gewählte Zusatzbegriff „sozial", mit dem im Allgemeinen eine besondere Hilfsbereitschaft gegenüber den Schwächeren in der Gesellschaft verbunden wird, eher irreführend. „Sozial" meint hier eine von der Gesellschaft insgesamt getragene Verteidigung – in Abgrenzung zur traditionellen militärischen Verteidigung durch die Armee.

Die völkerrechtliche Ächtung hat den Krieg in der politischen Realität nicht abschaffen können. Zwar sind seit dem Abwurf der ersten Atombomben in Hiroshima und Nagasaki (1945) bislang keine weiteren nuklearen Waffen eingesetzt worden, aber auch ein mit konventionellen (d.h. nichtatomaren) Waffen geführter Krieg würde in industrialisierten Gesellschaften mit hoher Bevölkerungsdichte und einer Ansammlung von Atomanlagen und technischen Produktionsstätten verheerende Folgen haben. Die militärischen Mittel würden zerstören, was geschützt werden soll. Die konsequenteste Fortsetzung des Abrüstungsgedankens – eine Verteidigung ohne Waffen – ist daher gerade für die Bundesrepublik von besonderem Interesse.

M 22 Wie funktioniert Soziale Verteidigung?

Unter Sozialer Verteidigung verstehen wir den gewaltfreien Widerstand des Volkes und seiner demokratischen Institutionen gegen alle bewaffneten Angriffe. Durch die Vorbereitung und Ankündigung solchen Widerstands sollen nicht nur auswärtige Aggressoren, sondern auch einheimische Extremisten von dem Versuch abgehalten werden, mit Gewalt ihre Ziele durchzusetzen.
Die Soziale Verteidigung ist eine Verteidigungskonzeption, die aufgrund historischer Erfahrungen mit gewaltlosen Widerstandsaktionen (z.B. während des Kapp-Putsches und des Ruhrkampfes, im indischen Unabhängigkeitskampf, in den Bürgerrechtsbewegungen in den USA und in der CSSR 1968) entwickelt wurde.
Die Soziale Verteidigung geht davon aus, dass eine Gesellschaft nur dann von den Besatzern effektiv beherrscht werden könnte, wenn es ihnen gelänge, einen größeren Teil der Bevölkerung, vor allem in den sozialen Institutionen und der öffentlichen Verwaltung sowie in der Wirtschaft, zur Kooperation zu bewegen. Eine Gesellschaft kann sich gegen militärische Intervention und Unterdrückung wehren durch drei miteinander zu kombinierende Stränge des gewaltfreien Widerstandes:

1. **Die Verweigerung der Zusammenarbeit mit dem Gegner,** also die Gehorsamsverweigerung:
Hierzu gehören die Weigerung, vom Gegner auferlegte soziale Rollen wahrzunehmen und die Verweigerung, Aufträge auszuführen: Streiks und Boykotts auf verschiedensten Ebenen des sozialen und wirtschaftlichen Lebens…

2. **Die aktive Weiterführung des eigenen** sozialen, wirtschaftlichen und kommunikativen **Lebens:**
Hierzu gehören die Einhaltung der alten Rollen, Normen, Werte; Aufrechterhaltung von Informations- und Versammlungsfreiheit. Es geht um Normalität unter abnormen Bedingungen, um Weiterarbeit ohne Zusammenarbeit mit dem Gegner.

3. **Demonstrativer Protest und Formen des aktiven gewaltfreien Widerstandes:** Hierzu gehören das Einwirken auf die gegnerischen Menschen (z.B. Besatzungstruppen, Putschisten oder bewaffnete Extremisten), auf die Opposition im gegnerischen Land zwecks Solidarisierung, Einwirken auf die Weltöffentlichkeit, Protestaktionen, Besetzungen, Blockaden und vieles mehr.

Karikatur und Text aus: Soziale Verteidigung – Was ist das? hrsg. vom Bund für soziale Verteidigung, Minden 1992

Die Soziale Verteidigung

M 23 **Gibt es Beispiele gelungener „Sozialer Verteidigung"?**

Nach Theodor Ebert, ihrem wohl prominentesten Theoretiker, ist Soziale Verteidigung ein Sammelbegriff für Gegenkonzepte zur militärischen Verteidigung, die statt bewaffneter Aktionen gewaltlosen Widerstand vorsehen. Der Widerstand soll vor allem in der Verweigerung jeglicher Zusammenarbeit mit dem Aggressor bestehen. „Mit exemplarischem Terror des Aggressors wird gerechnet, aber die Strategie der Sozialen Verteidigung geht davon aus, dass auf die Dauer die ideologischen und materiellen Kosten der Aggression deren vermeintlichen Nutzen überwiegen" (Ebert). Solche Hoffnungen auf Unterlassung angesichts eines hohen Aufenthaltspreises für den Eindringling schöpfen die Anhänger der Sozialen Verteidigung aus der Kraft des historischen Beispiels. Verwiesen wird auf den Kapp-Putsch, auf den Ruhrkampf 1923, auf Gandhis Erfolge, auf den Widerstand norwegischer Lehrer gegen das Quisling-Regime (während des Zweiten Weltkriegs), auf die Demoralisierung russischer Soldaten bei der Besetzung Prags 1968.

Die genauere Betrachtung der Beispiele stimmt indessen eher skeptisch, besonders bei ihrer empfohlenen Nutzanwendung auf die Bundesrepublik. So scheiterte 1920 der Kapp-Putsch gewiss am Widerstand der Gewerkschaften und Spitzenbeamten in Berlin. Aber letztlich deshalb, weil Kapp und Konsorten klein an Zahl und ohne Zwangs- und Beugemittel zur Herstellung von Folgebereitschaft waren. Im Ruhrkampf musste die Reichsregierung den von ihr selbst verfügten passiven Widerstand abbrechen, weil der die Finanzen noch schlimmer zerrüttet hätte.

Auch Gandhis Siege sind eher taktischer Natur gewesen. Weder konnte der Mahatma die Teilung des Landes verhindern noch Feudalsystem, Armut und Religionskämpfe überwinden. Die indische Unabhängigkeit ohne großes Blutvergießen vorangebracht zu haben, bleibt Gandhis großes Verdienst. Aber warum hätten die Briten einen Völkerkrieg führen sollen, wo doch Gandhi für seine Aufgabe des zivilen Ungehorsams „lediglich" Dominion-Status *(Selbstregierung eines Landes im britischen Commonwealth)* für Indien verlangte? ... Der Subkontinent blieb als beruhigter Brückenkopf dem Empire *(britisches Weltreich)* dienstbar.

Auch der Widerstand norwegischer Lehrer hat insgesamt den deutschen Besatzern ebenso wenig die Zwangsgewalt gegen das Land beschnitten, wie es die Blumensträuße für sowjetische Panzerfahrer in Prag 1968 vermochten.

Aus: Manfred Funke: Auf der Suche nach besseren Strategien, in: Das PARLAMENT 13/1984

Mahatma GHANDI (1869-1948)

Sowjetischer Panzer in Prag, der von der Bevölkerung aufgehalten wird (1968)

Arbeitsvorschläge

1. Vergleichen Sie militärische und soziale Verteidigung **M 22** mit Hilfe folgender Leitfragen
– **Was** wird verteidigt?
– **Wer** ist am Kampf direkt beteiligt?
– **Wie** (mit welchen Mitteln) wird gekämpft?
– **Welche Folgen** hat der Kampf für das Land und die Menschen?
– **Wodurch** sollen mögliche Gegner vom Angriff abgehalten werden?

2. Wie bewertet der Text **M 23** die Realisierungschancen einer sozialen Verteidigung? Berücksichtigen Sie bei ihrer eigenen Bewertung, dass die soziale Verteidigung nicht nur gegen Angriffe von außen, sondern auch bei Putschversuchen im Innern angewandt werden soll.

3. Soziale Verteidigung setzt die moralische und politische „Aufrüstung" der Bevölkerung voraus. Was könnte hiermit gemeint sein?

4. Welchen Beitrag zur sozialen Verteidigung könnte die Schule leisten? Entwerfen Sie Verhaltensregeln für Schüler/innen und Lehrer/innen.

Eine neue Welt-Wirtschaftsordnung?

Entwicklungspolitik im Zeitalter der Globalisierung

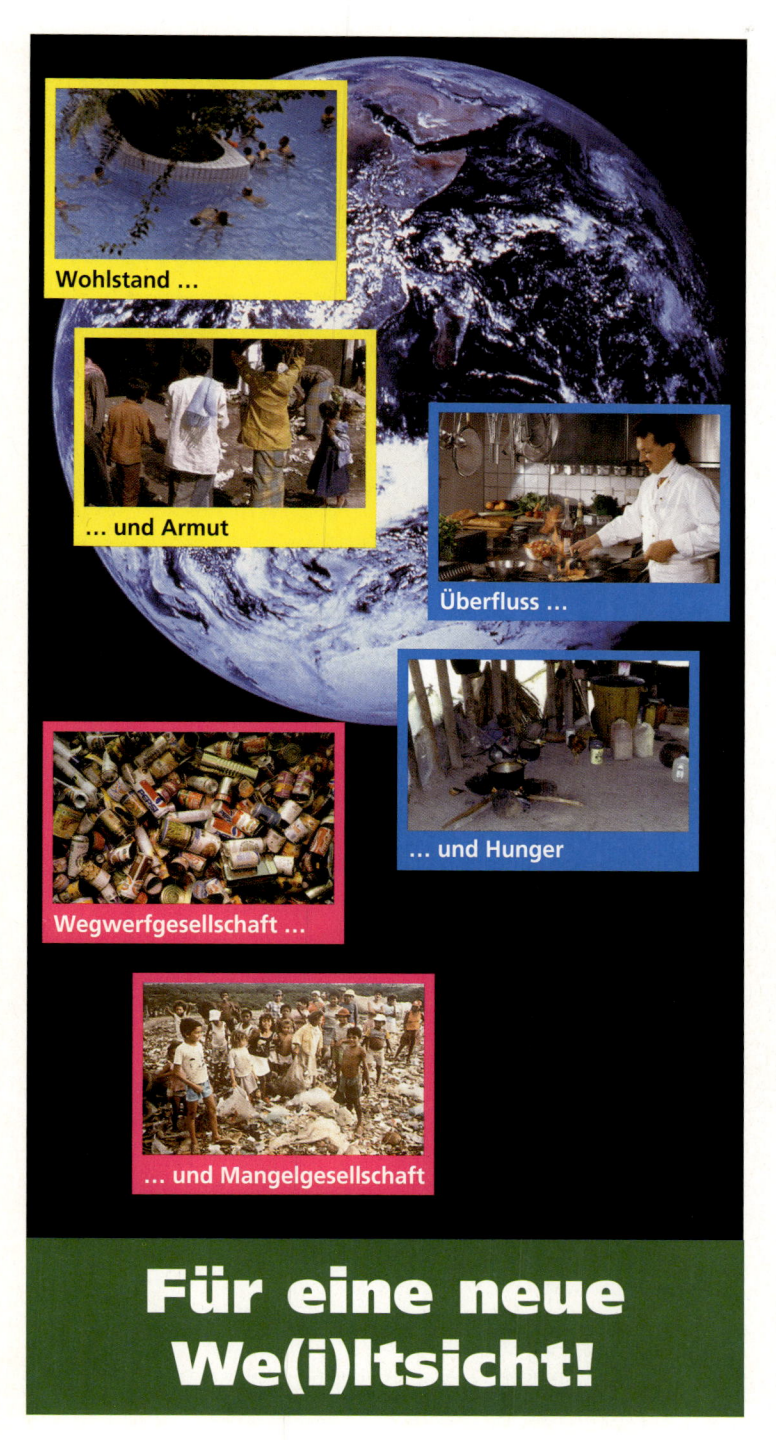

Wohlstand ...

... und Armut

Überfluss ...

... und Hunger

Wegwerfgesellschaft ...

... und Mangelgesellschaft

Für eine neue We(i)ltsicht!

Liebe Schülerinnen und Schüler,

täglich sterben in dem einen Teil der Welt fast 40.000 Kinder an den Folgen von Hunger und Mangelernährung – gleichzeitig erkranken immer mehr Menschen in dem anderen Teil an Wohlstandsfolgen, insbesondere zu reichlicher Ernährung!
<u>Was tun wir Satten gegen den Hungertod?</u>

Während das Bevölkerungswachstum in dem einen Teil der Erde zu klimaverändernden Brandrodungen von Wäldern führt, werden bei uns fruchtbare Böden stillgelegt, um die Überschussproduktion an Nahrungsmitteln zu begrenzen.
<u>Wie passt das zusammen?</u>

Das zunehmende Wohlstandsgefälle in der Welt veranlasst immer mehr Menschen zur Flucht in die reichen Länder und Regionen, um zumindest für die eigene Person und Familie das Armutsproblem zu lösen.
<u>Wann werden die Wohlstandsfestungen geschleift?</u>

Das sind nur einige der globalen Probleme in der Welt und ihren Teilwelten, die auch nach 40 Jahren Entwicklungshilfe nicht gelöst sind. Gibt es überhaupt eine Lösung oder setzt unser Wohlstand die Armut anderer voraus? Haben wir Deutsche nach der Wiederherstellung der nationalen Einheit nicht eine eigene Entwicklungsaufgabe, mit der eine Generation vollauf zu tun hat?

<u>Fragen, Fragen, Fragen – wie werden Sie antworten?</u>

Tipp

Ein Teil dieser Fragen kann durch Schülerreferate bearbeitet werden. Damit genügend Vorbereitungszeit verbleibt, sollten die (Teil)Themen (s. S. 228f.) am Beginn dieser Unterrichtsreihe vergeben werden.

Erste, zweite, dritte Welt – oder eine Welt?

Der von mir in diesem Kapitel übernommene traditionelle Begriff der „Dritten Welt" ist nicht unumstritten, weil er als Herabsetzung der Entwicklungsländer i. S. von „drittklassig" missverstanden werden könnte. Der 1952 von dem französischen Bevölkerungswissenschaftler Alfred Sauvy in Anlehnung an den „Dritten Stand" der französischen Revolutionszeit (1789-1791) geprägte Begriff ist auch deswegen problematisch, weil nach der Auflösung des sozialistischen Staatenblocks die bisherige „Zweite Welt" nicht mehr eindeutig zuzuordnen ist. Inzwischen ist der Begriff „Dritte Welt" im politischen Sprachgebrauch so verankert, dass es m. E. unzweckmäßig wäre, ihn hier aufzugeben.

Begriffe sind Hilfsmittel der Verständigung, die nicht falsch oder richtig sein können; sie müssen zweckmäßig und widerspruchsfrei sein.

Gegenwärtig gibt es weltweit annähernd 200 Staaten, die sich nach verschiedenen Merkmalen zusammenfassen bzw. unterscheiden lassen: nach Kontinenten, Staatsformen, Bündnisangehörigkeit, Atomwaffenbesitz u.a.

Für die Existenz- und Lebensbedingungen des Einzelnen ist vor allem der Grad der wirtschaftlichen Entwicklung des Staates entscheidend, der insbesondere durch die Höhe des Sozialproduktes bzw. Volkseinkommens/pro Kopf gemessen und verglichen wird. Danach ergibt sich folgende Staatenpyramide.

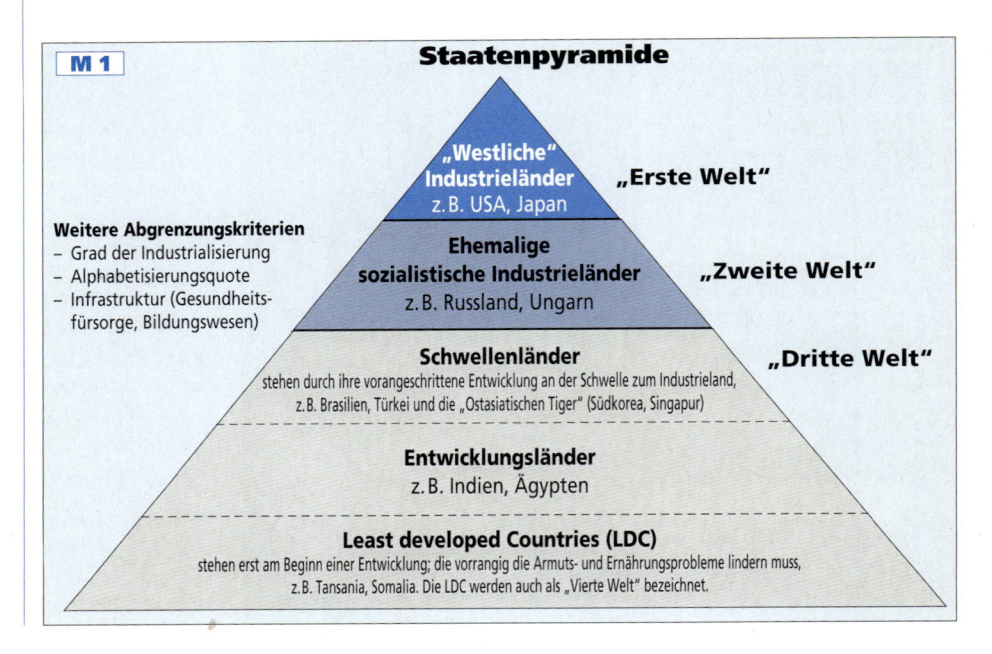

M 1 Staatenpyramide

- „Westliche" Industrieländer z.B. USA, Japan — „Erste Welt"
- Ehemalige sozialistische Industrieländer z.B. Russland, Ungarn — „Zweite Welt"
- Schwellenländer stehen durch ihre vorangeschrittene Entwicklung an der Schwelle zum Industrieland, z.B. Brasilien, Türkei und die „Ostasiatischen Tiger" (Südkorea, Singapur) — „Dritte Welt"
- Entwicklungsländer z.B. Indien, Ägypten
- Least developed Countries (LDC) stehen erst am Beginn einer Entwicklung; die vorrangig die Armuts- und Ernährungsprobleme lindern muss, z.B. Tansania, Somalia. Die LDC werden auch als „Vierte Welt" bezeichnet.

Weitere Abgrenzungskriterien:
– Grad der Industrialisierung
– Alphabetisierungsquote
– Infrastruktur (Gesundheitsfürsorge, Bildungswesen)

M 2 Wohlstand und Armut in der Welt

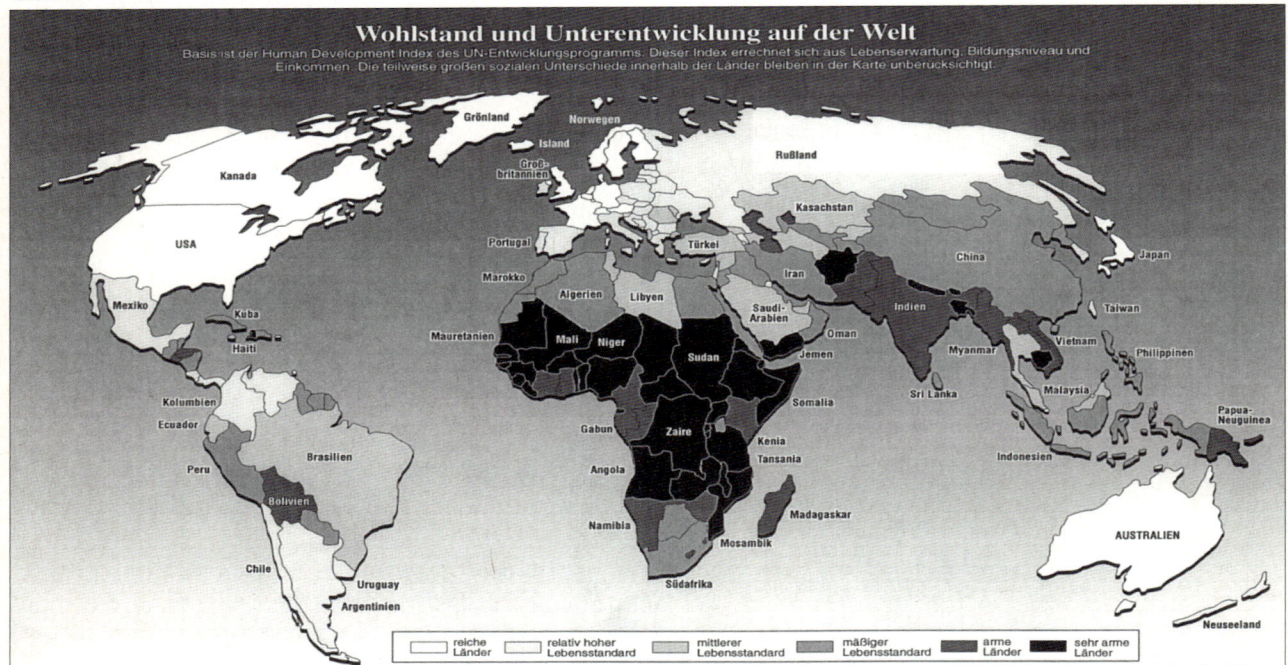

Wohlstand und Unterentwicklung auf der Welt
Basis ist der Human Development Index des UN-Entwicklungsprogramms. Dieser Index errechnet sich aus Lebenserwartung, Bildungsniveau und Einkommen. Die teilweise großen sozialen Unterschiede innerhalb der Länder bleiben in der Karte unberücksichtigt.

Legende: reiche Länder | relativ hoher Lebensstandard | mittlerer Lebensstandard | mäßiger Lebensstandard | arme Länder | sehr arme Länder

Industrie- und Entwicklungsländer zwischen Abgrenzung und Entgrenzung

M 3 „Dritte Welt" als Programm und Hoffnung

Was aber ist nur die Dritte Welt bzw. warum ist der Begriff immer noch sinnvoll? Mit dem Begriff „Dritte Welt" geben sich die Opfer und Ohnmächtigen der Weltwirtschaft einen eigenen Namen, der für das Programm „Neue Weltwirtschaftsordnung" steht, das sie gegen die Interessen der Ersten Welt setzen. Auch wenn es mit der viel beschworenen Solidarität unter den Ländern der Dritten Welt nicht weit her ist und die Herrschaftseliten der Dritten Welt eine Kooperation unter den Ländern der Dritten Welt erschweren, besteht – solange es gemeinsame Interessen gibt – immer noch Hoffnung auf eine zumindest in Teilen durchsetzbare „Neue Weltwirtschaftsordnung" und eine verstärkte Süd-Süd-Kooperation im Rahmen des Konzeptes der collective-self-reliance (siehe Stichwort).

Bruno Ortmanns, in: Aus Politik und Zeitgeschichte 12/95

M 4 Auflösung der Zweiten Welt?

Ob der Sozialismus je „real" oder stets nur Etikettenschwindel war, eines steht fest: Mit ihm verschwindet die Zweite Welt und übrig bleiben Erste und Dritte. Der Puffer zwischen beiden löst sich auf und seine Elemente, seien es Polen oder Rumänen, die Überbleibsel Jugoslawiens oder der Sowjetunion, stehen vor der bangen Frage, ob sie auf die Seite der Ersten oder der Dritten Welt fallen werden. (…)
Im Zuge dieser Entwicklung wird Europa, der Inbegriff der Ersten Welt, von etwas befallen, was es bisher anderen Kontinenten vorbehalten hatte. In dem Maße, wie seine geballte Wirtschaftsmacht sich nach dem Osten ausdehnt, dehnt sich dessen Elend nach Westen aus. Die EG (heute EU) wird zu einer Gemeinschaft von Schwellenländern: zu Ländern, an deren Schwelle die Dritte Welt lagert – im Begriff, sie zu überschreiten.

Gewiss, unter Schwellenländern versteht man eigentlich etwas anderes: die Länder Lateinamerikas, Afrikas, Asiens, die seit Jahrzehnten, mit großen wirtschaftlichem Kraftaufwand, auf dem Sprung zur Ersten Welt sind und ihn doch nicht schaffen. Länder der Dritten Welt, die über die Schwelle zur Ersten wollen und Länder der Ersten, die nicht wollen, dass ihnen die Dritte über die Schwelle kommt, erscheinen grundverschieden. Aber besteht nicht gerade der Witz der gegenwärtigen Weltentwicklung darin, dass sie sich mehr und mehr ähneln? Die Dritte Welt in der Ersten, die Erste in der Dritten – das ist die Zukunft …

Christoph Türcke in: DIE ZEIT vom 24.04.1992

M 5 „Die Entgrenzung der Dritten Welt"

Wir haben es weiterhin mit „drei Welten der Entwicklung" zu tun, wobei sich die Probleme dieser drei Welten nun aber zunehmend vermischen. In diesem Sinne wird hier von einer Entgrenzung der Dritten Welt gesprochen, von ihrer Ausbreitung in die sie umgebenden beiden anderen Welten hinein (auch in den westlichen Norden). (…)
Die Entgrenzung der Dritten Welt, die sich u.a. als Verlängerung der Landflucht in die Industrieländer hinein vollzieht, verbindet sich mit Krisenerscheinungen in den Industrieländern zu einem brisanten Konfliktgemisch, das einen erheblichen Anreiz zu stärkerer Kooperation mit den Entwicklungsländern bietet.
Auch die Zuspitzung globaler Umweltgefährdung legt eine stärkere Kooperation mit den Entwicklungsländern nahe … Beide Faktoren, die Entgrenzung der Dritten Welt und die Ökologieproblematik, sprechen für einen globalen Entwicklungsdialog, der den Entwicklungsweg der Industrieländer selbst miteinbezieht.

Lothar Brock: Die Dritte Welt in ihrem fünften Jahrzehnt, Aus Politik und Zeitgeschichte 50/92

Stichwort:

Collective self-reliance bedeutet den Zusammenschluss mehrerer Länder einer Region mit dem Ziel einer Entwicklung, die sich an den eigenen Bedürfnissen und Möglichkeiten orientiert.

Arbeitsvorschläge

1. Ordnen Sie den einzelnen Schichten der Staatenpyramide M 1 mit Hilfe von M 2 je 2 weitere Staaten zu!

2. Warum hält M 3 an dem Begriff „Dritte Welt" fest?

3. „Die Dritte Welt in der Ersten, die Erste in der Dritten" – das ist die Zukunft." (M 4). Erklären Sie diese These mit Hilfe von M 5 .

4. Beurteilen Sie die „Auflösung der Zweiten Welt" (M 4) im Zusammenhang mit der Osterweiterung der EU (vgl. dazu das Europakapitel, insb. S. 206f.).

„Denn die einen sind im Dunkeln ..."

Sie und ich leben ohne eigenes Zutun in dem Teil der Welt, der wegen seines hohen Lebensstandards als „Wohlstands-" oder „Überflussgesellschaft" bezeichnet wird. Zwar gibt es auch in der Bundesrepublik und in anderen Industrieländern Armut und wirtschaftliche Not, sie sind jedoch keine Massenerscheinungen wie in der Dritten Welt. Die Sorge um die tägliche Ernährung, um einen menschenwürdigen Wohnraum, Hilfe in Krankheitsfällen und andere existenzielle Fragen bedrängt dort viele Menschen Tag für Tag ohne eine realistische Chance auf eine bessere Zukunft; „denn die einen sind im Dunkeln und die anderen sind im Licht..." Muss das so bleiben?

Welche Probleme und Konflikte ein Wohlstandsgefälle zwischen Ländern bewirken, können Sie ansatzweise nachvollziehen, wenn Sie sich das Scheitern des Sozialismus in der früheren DDR und in Osteuropa in Erinnerung rufen. Der Bau der Mauer 1961 und die Revolution in der DDR 1989 sind nicht zuletzt auf das zunehmende Wohlstandsgefälle zur Bundesrepublik zurückzuführen. Und in der Gegenwart belasten die ungleichen Lebensbedingungen in den neuen und alten Bundesländern das Verhältnis von „Ossis" und „Wessis" nicht unerheblich.

Stichwort:
Bruttoinlandsprodukt
ist der Wert aller Güter und Dienstleistungen, den eine Volkswirtschaft innerhalb eines Jahres produziert hat; es bestimmt zugleich das Volkseinkommen, das als Wohlstandsmaßstab auf die Bevölkerung bezogen wird (Pro-Kopf-Einkommen).

„... und die anderen sind im Licht. Und man siehet die im Lichte, die im Dunkeln sieht man nicht." Bertolt Brecht (1898-1956) hat die vorstehende Aussage (1930 in der „Dreigroschenoper") auf die Klassenunterschiede im damaligen Kapitalismus der Industriegesellschaften bezogen. Sie gilt aber auch für das Wohlstandsgefälle zwischen den reichen Ländern des Nordens und den Entwicklungsländern des Südens. Neben den innergesellschaftlichen Gegensatz ist auf internationaler Ebene der sog. Nord-Süd-Konflikt getreten.

M 6 Wirtschaftswachstum und Wohlstandsgefälle

Die Kluft zwischen armen und reichen Ländern vertieft sich, die Unterschiede zwischen den wohlhabenden Menschen und den Habenichtsen werden immer größer. Mehr als hundert Staaten, in denen fast ein Drittel der Weltbevölkerung lebt, hatten am Wirtschaftswachstum der vergangenen fünfzehn Jahre keinen Anteil. Das geht aus dem diesjährigen Bericht über die menschliche Entwicklung des Entwicklungsprogramms der Vereinten (UNDP) hervor.

Obwohl die Staatengemeinschaft in den vergangenen Jahren (insgesamt) ein kräftiges Wirtschaftswachstum verbuchen konnte, ist die Welt heute stärker polarisiert als jemals zuvor. Vom globalen Bruttoinlandsprodukt entfielen nur 20 Prozent auf die Entwicklungsländer; dort lebten aber fast 80 Prozent der Weltbevölkerung. Die ärmsten 20 Prozent der Menschen mussten in den vergangenen 30 Jahren einen Rückgang ihres Anteils am Welteinkommen von 2,3 auf 1,4 Prozent hinnehmen. Auch die Beteiligung am Welthandel fiel bei den ärmsten Entwicklungsländern zwischen 1960 und 1990 von vier auf weniger als ein Prozent.

Die wachsenden Unterschiede spiegeln sich auch in der Verteilung nach Weltregionen wider. Der größte Teil Asiens erlebte eine schnelle Steigerung des Pro-Kopf-Einkommens; die Industrieländer verzeichneten eine langsame, aber stetige Zunahme. In vier Ländergruppen stagnierte die Wirtschaftskraft oder verringerte sich sogar: In 20 Ländern Afrikas, vor allem südlich der Sahara, unterschritt das Pro-Kopf-Einkommen sogar noch das Niveau von vor 20 Jahren. In Lateinamerika erholten sich einige Staaten im Verlauf der vergangenen Jahre, aber bei 18 von ihnen ist das Einkommen je Person niedriger als vor zehn Jahren.

Die Länder Osteuropas erlebten einen beispiellosen Einbruch. Ebenfalls Rückschläge erlitten viele arabische Staaten, vor allem aufgrund fallender Ölpreise.

Sollte sich diese Entwicklung bis ins nächste Jahrhundert hinein fortsetzen, warnt UNDP, „wird eine Welt extremer und unerträglicher menschlicher und wirtschaftlicher Ungleichheiten entstehen". Die damit verbundenen Folgen wären kaum zu übersehen.

Bericht der Frankfurter Allgemeinen Zeitung vom 17.7.1996

M 7 Rückschlag für das asiatische „Wirtschaftswunder"

Mit hohen Wachstumsraten haben sich die ost- und südostasiatischen Schwellenländer in den letzten 30 Jahren wirtschaftlich nach vorn katapultiert. Durch die im Sommer 1997 ausgebrochenen Finanz- und Währungsturbulenzen wurden sie in ihrem Höhenflug aber jäh gebremst. Viel zu spät begann die Suche nach den Ursachen der Krise. Als ein entscheidender Schwachpunkt wurde dabei das unzureichend überwachte Banken- und Kreditsystem vieler südostasiatischer Staaten erkannt. Im Vertrauen auf staatliche Sicherung und ein weiterhin ungehemmtes Wachstum war das reichlich fließende internationale Kapital in überzogene Infrastruktur- und Immobilienprojekte oder industrielle Prestigevorhaben gelenkt worden. Wegen der ausbleibenden Erträge und der massiv veränderten Währungsrelationen (Wechselkurse) wird die Rückzahlung dieser Kredite nun vielfach nicht mehr möglich sein. In der gesamten Region dürfte sich das Wirtschaftswachstum als Folge der Krise deutlich verlangsamen.

Zahlenbilder-Pressedienst Erich Schmidt Verlag, Berlin 1998

Der Nord-Süd-Konflikt als ökonomisches Problem

M 8 Die Beseitigung von Armut ist möglich

Armut lässt sich in wenigen Jahrzehnten ausrotten. Das ist die Kernbotschaft des Berichts zur menschlichen Entwicklung, den das Entwicklungsprogramm der Vereinten Nationen (UNDP) zum ersten Mal in Deutschland vorgestellt hat. Hoffnung mache, dass die Armut in den vergangenen fünfzig Jahren stärker abgenommen habe als in dem vorangegangenen Fünfhundert: Die Entwicklungsländer hätten ihre Kindersterblichkeit seit 1960 halbiert, die Mangelernährung um ein Drittel gesenkt und die Anzahl der Schulbesucher um ein Viertel erhöht. Die Dritte Welt habe in 30 Jahren erreicht, wofür die Industrieländer hundert Jahre gebraucht hätten. […]

Neben dem geringen Einkommen gibt es daher noch einen anderen Indikator (Maßstab) für Armut. Gemessen wird dabei, ob Menschen ein langes und gesundes Leben führen, ausgebildet sind und einen angemessenen Lebensstandard (Trinkwasser, medizinische Versorgung und vernünftige Ernährung) haben. […]
Die Verfasser des Berichts halten folgende Punkte für entscheidend, wenn die schlimmste Armut beseitigt werden soll: Das Wachstum, von dem alle profitierten, müsse gefördert werden. Die Globalisierung der Weltwirtschaft müsse besser gesteuert werden, so bräuchten arme Länder beispielsweise faire Regeln für ihre Agrarexporte. Sonst drohten die kleinen Länder unterzugehen. … Die Staaten müssten sich zudem um eine Grundversorgung kümmern.

Frankfurter Allgemeine Zeitung vom 13.6.1997

M 9 Entwicklung in 35 Jahren

um 1960 / 1995

Bevölkerung der Entwicklungsländer
- 2100 Mio.
- 4700 Mio.

nicht ausreichend ernährt
- 800 Mio.
- 750 Mio.

ausreichend ernährt
- 1300 Mio.
- 4060 Mio.

Analphabeten* über 15 Jahre
- 720 Mio.
- 850 Mio.

Lese- und Schreibkundige über 15 Jahre
- 780 Mio.
- 1900 Mio.

* Analphabeten: Menschen, die einen kurzen, einfachen Bericht über ihren Alltag nicht mit Verständnis lesen und schreiben können. Zahl im blauen Feld: 1990, geschätzt.

In anderem Maßstab als oben:

Geburten pro Jahr	im Säuglingsalter starben
85 Mio.	13 Mio. (15 % aller Lebendgeborenen)
128 Mio.	8,3 Mio. (6,5 % aller Lebendgeborenen)

Quellen: Weltentwicklungsbericht, Weltbank 1995; The State of Food and Agriculture, FAO 1995

Nach: Claus D. Grupp: Welt im Wandel, Köln 1996, S. 6

Stichworte:

Globalisierung im ökonomischen Sinne kennzeichnet einen Prozess weltweiter Verflechtung der Volkswirtschaften durch Außenhandel, Kapitalströme und Direktinvestitionen, die eine marktnahe Produktion erlauben.
(s. im einzelnen S. 112)

Arbeitsvorschläge

1. Ermitteln Sie die (unterschiedlichen) Maßstäbe, mit denen die Texte M 6 , M 7 , und M 8 Wohlstand bzw. Armut messen.

2. Erklären Sie hiermit die abweichende Bewertung der bisherigen und künftigen Entwicklung der „Dritten Welt" durch die Vereinten Nationen (M 6 und M 8).

3. Leitbild und Hoffnungsträger einer erfolgreichen wirtschaftlichen Entwicklung waren jahrzehntelang die asiatischen „Tigerstaaten" (Indonesien, Südkorea, Thailand, Malaysia, Singapur und Taiwan), deren Aufstieg durch die „Asienkrise" gestoppt bzw. unterbrochen wurde.(M 7)
Welche Grenzen eines Wirtschaftswachstums „auf Pump" lassen sich hieraus ableiten?

4. Bilden Sie sich mit Hilfe von M 6 , M 8 und M 9 eine eigene Meinung, indem Sie für die nachstehenden Merkmale eine „Gewinn- und Verlustrechnung" aufstellen:
– Wirtschaftswachstum,
– Bevölkerungsentwicklung,
– Kindersterblichkeit,
– Bildungsstand,
– Ernährung.
Differenzieren Sie beim Wirtschaftswachstum nach den drei Ländergruppen der „Dritten Welt" gemäß M 1 .

Probleme, Probleme, Probleme … – dargestellt durch Referate

Das Referat ist eine Aktionsform für Schüler/innen, die eine eigenständige Mitgestaltung des Unterrichts ermöglicht; es kann als **Einzel- oder Gruppenreferat** vergeben werden. Das Referat ist entweder ein Sachreferat, das sich auf die Darstellung von Fakten und Hintergründen beschränkt, oder ein Problemreferat, das auch eine wertende Stellungnahme des/der Referenten erlaubt. Ein Sachthema kann durch eine eingrenzende Leitfrage zum Problemreferat gemacht werden. Beispiele:

- Die BEVÖLKERUNGSEXPLOSION – Hemmnis oder Motor der ökonomischen Entwicklung?
- ENTWICKLUNGSHILFE – Förderung der Abhängigkeit mit anderen Mitteln?
- BROT STATT BÖLLER! Kriege und Rüstung in der „Dritten Welt"

Bei der Erstellung eines Referates lassen sich folgende Phasen unterscheiden:

1. Informationsphase
Beschaffung und Auswahl der themenbezogenen Informationen und Materialien

2. Erarbeitungsphase
– **Gliederung** bzw. Strukturierung der ausgewählten Inhalte
Beispiel für ein Problemreferat:
1. Problembeschreibung
2. Problemanalyse (Ursachen, Erklärungsansätze, Auswirkungen)
3. Problemlösung

– **Erstellung einer Langfassung** des Referats und/oder eines **Stichwortzettels** für den Vortrag
– **Zusammenfassung** – max. 1 Seite – für die Mitschüler/innen

3. Vortragsphase
– Höchstens **15-20 Minuten** Vortragsdauer
– **Freier Vortrag** auf Grund der markierten Langfassung oder eines Stichwortzettels
– **Möglichkeiten** der Veranschaulichung durch Medien nutzen (OHP, Tafelbild..)

4. Auswertungsphase
– Verständnisfragen der Zuhörer und Zuhörerinnen
– Kritik zur Art des Vortrags
– Inhaltskritik
– Weiterführende Auseinandersetzung mit der Thematik im Unterricht

Übrigens:
Nicht nur für unseren Planeten gibt es Grenzen des Wachstums, auch die Zahl der Seiten eines Lehrbuches und eines Kapitels sind aus natürlichen und ökonomischen Gründen begrenzt.

Das Problem:
Wie kann die Vielzahl und Vielschichtigkeit der Entwicklungsproblematik angemessen vermittelt werden, ohne dabei den Rahmen des Lehrbuches zu sprengen?

Mein Vorschlag:
Wir lösen diese Aufgabe gemeinsam, indem Referate erarbeitet und in der Klasse vorgetragen werden.
Dabei können Sie Ihre bisherigen Erfahrungen in anderen Schulformen oder Fächern verwerten, vertiefen und vervollständigen.

Als (Teil)Themen kommen insbesondere in Betracht:
– Bevölkerungswachstum und -politik
– Ernährung und Landwirtschaft in der „Dritten Welt"
– Rohstoffe und Außenhandel
– Die Verschuldungskrise in der „Dritten Welt"
– Der Konflikt zwischen Ökologie und Ökonomie
– Kriege und Rüstung

Die (Teil)Themen können arbeitsteilig auch von mehreren Referenten erarbeitet und vorgetragen werden, wobei die Aufteilung den Beteiligten überlassen bleibt.

Viel Erfolg!

Hinweis:
Das Bevölkerungsproblem wird in dem Kapitel „Werden wir überleben?" (S. 250/251) dargestellt.

Aber: Was hat der/die Zuhörer/in von Referaten?

M 10 Aktives Zuhören

Mündliche Informationen, die in Form eines Gesprächs, einer Unterrichtsstunde, Unterweisung, Vorlesung etc. dargeboten werden, werden i. d. R. zwar wahrgenommen, aber selten richtig und vollständig erinnert. Aktives Zuhören verfolgt den Zweck, das Gehörte zu behalten. Aktives Zuhören bedeutet im Unterschied zum passiven Aufnehmen von Informationen, dass
– Fragen gestellt werden,
– um Wiederholung gebeten wird,
– Beispiele gewünscht werden und
– Notizen und Mitschriften gemacht werden.

Eine Technik, die das aktive Zuhören erleichtert, besteht aus 5 Schritten, die das aktive Zuhören strukturieren und durch Handlungsanweisungen unterstützen.

Die einzelnen Schritte lauten:

1. Einstimmen; d. h. sich vornehmen, zuhören zu wollen. Inneres Sprechen kann diesen Vorgang unterstützen.
2. Fragen; d. h. Zwischenfragen stellen, zusätzliche Erläuterungen erbitten, um Begriffserklärungen ersuchen, offene Fragen diskutieren etc.
3. Auf den Referenten schauen; d. h. auf Gestik, Mimik und Körperhaltung des Vortragenden achten, um so zusätzliche Hinweise zu erhalten, was von diesem als wichtig erachtet wird.
4. Hinhören; d. h. auf Hinweiswörter (z. B. „Hervorzuheben ist"), auf Literaturhinweise und schriftlich präsentierte Informationen, auf Betonungen, Wiederholungen und Hervorhebungen achten sowie unbekannte Begriffe und Gedankengänge notieren.
5. Überblick gewinnen; d. h. von Zeit zu Zeit überprüfen, ob der gedankliche Zusammenhang noch deutlich ist.

Aus: K. Flotow: Förderung von Handlungskompetenz in der beruflichen Erstausbildung durch Lern- und Arbeitstechniken, 1992

Untersuchungen und auch eigene Erfahrungen belegen, dass die Referenten durch die vorausgehende Informationsbeschaffung, die damit verbundene Auseinandersetzung mit der Thematik und den anschließenden Vortrag am meisten von der Referatsmethode profitieren. Demgegenüber ist der/die Zuhörende weitgehend auf das passive Aufnehmen der Inhalte beschränkt – ein Anspruch, der uns allen eine hohe Konzentrationsbereitschaft und -fähigkeit abverlangt.

Die nebenstehend erläuterte Methode des „Aktiven Zuhörens" will diese Situation verbessern, indem Verhaltenshinweise für die Überwindung der passiven Rolle des Zuhörens gegeben werden. Dieses Anliegen kann vom Referenten zusätzlich unterstützt werden, indem als Arbeitsauftrag für die Zuhörer die Leitfrage des jeweiligen Referats vorgegeben wird, die in der Anschlussdiskussion aufgenommen und von den Zuhörern mit Hilfe der vermittelten Informationen beantwortet werden soll. Als übergreifende Leitfrage für alle Referate eignet sich z. B. die Frage nach den Ursachen der Unterentwicklung (s. auch die folgende Themendoppelseite).

Methodenvorschlag

Ein Marshallplan für die „Dritte Welt"?

Während des Zweiten Weltkrieges gab es in den USA Überlegungen, Deutschland durch Zerstörung und Abbau von Industrieanlagen in ein Agrarland zurückzuentwickeln, um dadurch Deutschland auf Dauer kriegsunfähig zu machen. Tatsächlich wurden dann in der Besatzungszeit Produktionsstätten demontiert, ein Entwicklungsland ist Deutschland trotz Hunger, Not und Armut in den Nachkriegsjahren nicht geworden.

Vielmehr wurde bereits 1947 mit dem nach dem damaligen US-Außenminister Marshall benannten Hilfsprogramm der USA eine Art Entwicklungshilfe für Europa gestartet. 15 Mrd. $ reichten damals, um den wirtschaftlichen Wiederaufstieg Westeuropas und insbesondere der Bundesrepublik (die insgesamt 1,5 Mrd. $ erhielt) „anzukurbeln" und dadurch Westeuropa gegen die drohende Ausbreitung des Sozialismus politisch zu stabilisieren.

Warum erzähle ich Ihnen diese Geschichte in einem Kapitel über die „Dritte Welt"?
Der Erfolg der Marshallplanhilfe veranlasste und bestärkte die Industrieländer, den Ländern der „Dritten Welt" durch Entwicklungshilfe den Weg in die Industrialisierung zu ermöglichen; insofern war der Marshallplan Geburtshelfer der Entwicklungshilfe. Darüber hinaus wird in der Gegenwart diskutiert, ob die bisherige Entwicklungspolitik durch einen neuen Marshallplan für die Welt ersetzt oder ergänzt sollte.

Wie der Marshallplan hat auch die in den fünfziger Jahren einsetzende Entwicklungshilfe humanitäre, wirtschaftliche und politische Motive:
– Für die reichen Industrieländer war und ist Entwicklungshilfe ein Gebot der Menschlichkeit aus moralischer Verpflichtung, aber auch mit Blick auf den Kolonialismus der Vergangenheit.
– Die Entwicklungsländer sind als Rohstofflieferanten und Absatzmärkte Handelspartner der Industrieländer.
– Zurzeit des Ost-West-Konfliktes war Entwicklungshilfe ein Instrument und Druckmittel der politischen Beeinflussung und Parteinahme für die Interessen der Geberländer. In der Gegenwart steht demgegenüber die Förderung der inneren Demokratisierung und der Friedenssicherung im Vordergrund.

Allein die Bundesrepublik hat seit 1950 Entwicklungshilfe (im weiteren Sinne rechnen hierzu nicht nur staatliche Hilfen, sondern auch private Direktinvestitionen, Bankkredite und Spenden) im Wert von annähernd 500 Milliarden DM geleistet – gegenwärtig allerdings mit sinkender Tendenz.

M 11 Entwicklung durch finanzielle und technische Hilfe

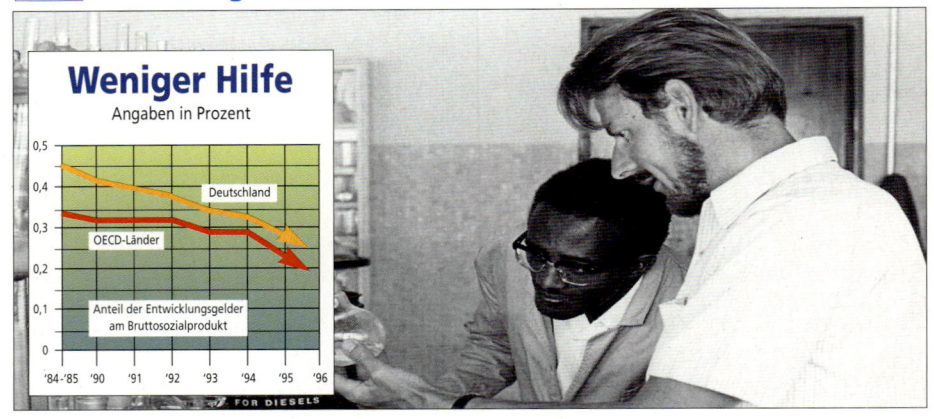

Weniger Hilfe – Angaben in Prozent (Anteil der Entwicklungsgelder am Bruttosozialprodukt), Deutschland und OECD-Länder, '84–'85 bis '96.

M 12 Entwicklungspolitik statt Entwicklungshilfe

Eine Erfahrung von 40 Jahren Entwicklungspolitik hat gezeigt: Eine selbstbestimmte und dauerhafte Entwicklung kann durch Entwicklungshilfe allenfalls gefördert, aber nicht herbeigeführt werden. Veränderungen müssen von den Industrieländern ausgehen, die an den Schalthebeln der Weltwirtschaft sitzen. Die wichtigsten Beiträge, die sie zu einer Weltordnungspolitik leisten müssten, bestehen
– erstens in der Herstellung fairer weltwirtschaftlicher Rahmenbedingungen, die auch die Entwicklungsländer an den Vorteilen der internationalen Arbeitsteilung teilhaben lassen;
– zweitens in ihrer Bereitschaft, sich auf Regeln einer internationalen sozialen Marktwirtschaft einzulassen, die den Schutz des Schwächeren dem Recht des Stärkeren überzuordnen;
– drittens in Entscheidungsinitiativen, die auch den Privatbanken und der Weltbankgruppe „größere Forderungsverzichte abverlangen. (...)
Die OECD-Länder (s. Stichwort) als größte Rohstoffverbraucher könnten sich ohne wesentliche Wohlstandsverluste einen „fairen Handel" leisten; sie müssten sich sogar im wohlverstandenen Eigeninteresse mehr Gerechtigkeit leisten, weil Länder, die aus Devisenmangel kaum noch importieren können, nicht nur schlechte Kunden, sondern auch Quellen von allerhand Ungemach sind. (...)
Spätestens hier wird deutlich, dass Entwicklungspolitik nicht auf Entwicklungshilfe verkürzt werden darf, sondern ein umfassendes Projekt ist, das die Handels-, Finanz- und Umweltpolitik einschließen muss.

Karl Wolfgang Menck in: Aus Politik und Zeitgeschichte Nr. 12/1996

Von der Entwicklungshilfe zur Entwicklungspolitik

M 13 Was heißt Entwicklung?

1. Entwicklung im ökonomischen Sinn heißt Wachstum der Wirtschaft, der Industrie und des Dienstleistungssektors eines Landes, kurz, Wachstum der zur Aufrechterhaltung des materiellen Wohlstands notwendigen Infrastruktur. Ob in einer Gesellschaft Entwicklung stattgefunden hat oder nicht, zeigt sich nach den traditionellen Kriterien hauptsächlich daran, ob in dieser Gesellschaft das Bruttosozialprodukt eine steigende Tendenz aufweist. (…) Dieses Kriterium ist allerdings einseitig und es kommt heute kaum noch undifferenziert zur Anwendung: Die Höhe des Bruttosozialproduktes sagt erstens nichts aus über die Verteilung des Wohlstands. (…) Zweitens verrät das Bruttosozialprodukt nichts über die Art, wie die zur Verfügung stehenden Mittel eingesetzt werden: (…)

2. Argumente dieser Art haben in den letzten Jahren neben den rein wirtschaftsorientierten Entwicklungskonzepten die Idee der Humanentwicklung zunehmend an Bedeutung gewinnen lassen. Als Kriterien für Humanentwicklung wird ein ganzes Bündel von Bedingungen vorgeschlagen: die durchschnittliche Lebenserwartung, Bildungsindikatoren wie Alphabetisierungs- und Einschulungsrate, gut zugängliche medizinische Versorgung sowie neben dem Pro-Kopf-Einkommen – ein Maß für die Einkommensverteilung. (…)

3. Im vergangenen Jahrzehnt hat schließlich noch ein weiteres Entwicklungs-Konzept die Aufmerksamkeit der Öffentlichkeit auf sich gezogen, nämlich das Konzept der nachhaltigen Entwicklung (sustainable development). Als „nachhaltig" gilt eine wirtschaftliche Entwicklung, die auf Umwelt- und Ressourcenbestände so weit Rücksicht nimmt, dass zukünftigen Generationen nicht von vornherein die Grundlagen zu Wohlstand und Glück entzogen sind. Der Lebensstil einer Gesellschaft verdient also das Prädikat „nachhaltig", wenn weder die Ressourcen übernutzt werden, noch die Bevölkerung so weit wächst, dass sie die Umwelt in zukunftsgefährdender Weise belastet, noch Bedürfnisse aufkommen, deren Befriedigung überstrapaziert.

Thomas Kesselring in: Leisinger/Hösle: Entwicklung mit menschlichem Antlitz, München 1995, S. 239ff.

M 14 Ein globaler Marshallplan

Es gibt für eine weltweite Antwort, wie sie jetzt gebraucht wird, kein Vorbild, aber aus der Geschichte kennen wir zumindest ein eindrucksvolles Beispiel für eine gemeinsame Anstrengung: den Marshallplan. In einer Zusammenarbeit, die damals ebenfalls ohne Vorbild war, schlossen sich mehrere relativ wohlhabende und mehrere vergleichsweise arme Nationen zusammen, angetrieben von dem gemeinsamen Ziel, eine Weltregion neu zu organisieren und ihre Lebensweise zu verändern. Der Marshallplan zeigt, wie eine große Vision in wirksames Handeln umgesetzt werden kann, und es lohnt sich, noch einmal daran zu erinnern, warum er so erfolgreich war. […] Trotz der grundlegenden Unterschiede zwischen den späten vierziger Jahren und heute kann das Vorbild des Marshallplans von großem Nutzen sein, wenn wir uns der gewaltigen Herausforderung stellen wollen, der wir heute gegenüberstehen. So muss sich ein globaler Marshallplan genau wie das Vorbild auf strategische (grundlegende) Ziele konzentrieren; er muss das Schwergewicht auf Maßnahmen und Programme zur Beseitigung der Engpässe legen, die derzeit ein gesundes Funktionieren der Weltwirtschaft verhindern. Die neue Weltwirtschaft muss ein umfassendes System sein, das nicht ganze Regionen ausgrenzt, wie es das heutige System mit dem größten Teil Afrikas und weiten Bereichen Lateinamerikas tut. […]. Das allgemeine, umfassende Ziel des Plans sollte sein, besonders in den Entwicklungsländern die sozialen und politischen Voraussetzung zu schaffen, die der Entstehung einer nachhaltigen Gesellschaftsordnung am ehesten dienlich sind – dazu gehören soziale Gerechtigkeit (einschließlich gerechter Verteilung von Grundbesitz), eine Verpflichtung auf die Menschenrechte, ausreichende Ernährung, Gesundheitsfürsorge und Wohnungsversorgung, hoher Bildungsstand und größere politische Freiheit, Mitwirkung und Verantwortlichkeit. Natürlich sollten alle politischen Einzelmaßnahmen so gewählt werden, dass sie dem zentralen Gedanken dienen, die globale Umwelt zu schützen.

Al Gore: Wege zum Gleichgewicht, Frankfurt 1992, S. 297ff

Stichwort:

OECD-Länder sind die in der Organization for Economic Cooperation and Development zusammengeschlossenen westlichen Industrieländer, die wirtschaftlich zusammenarbeiten und die Entwicklung der „Dritten Welt" fördern wollen.
Die 34 OECD-Staaten haben sich mit 120 Entwicklungsländern zur World Trade Assoziation (WTO) mit dem Ziel verbunden, Behinderungen und Beschränkungen im Außenhandel (z. B. Zölle und Einfuhrquoten) abzubauen.

Arbeitsvorschläge

1. Die in der OECD zusammengeschlossenen Industrieländer haben sich verpflichtet, jährlich 0,7 % des Bruttosozialprodukt für öffentliche Entwicklungshilfe aufzuwenden. Diesen Anteil konnten in der Vergangenheit nur wenige Staaten erreichen, auch die Bundesrepublik unterschreitet diesen Wert erheblich (M 11).
Versuchen Sie diese Entwicklung am Beispiel der Bundesrepublik mit ökonomischen und politischen Gründen zu erklären. Berücksichtigen Sie auch die veränderte Rolle bzw. Bedeutung der Entwicklungsländer nach dem Ende des Ost-West-Konfliktes.

2. Inwieweit unterscheidet sich die in M 12 geforderte Entwicklungspolitik von der bisherigen Entwicklungshilfe?

3. Welches Entwicklungskonzept (M 13) liegt dem „globalen Marshallplan" zugrunde (M 14)?
Nennen Sie weitere Unterschiede zwischen altem und neuem Marshallplan, indem Sie die unterschiedlichen ökonomischen und politischen Ausgangsbedingungen in Westeuropa und in der „Dritten Welt" beschreiben.

Hilfe durch Handel?

Knapp 10,– Euro kostet gegenwärtig (1999) 1 kg Filterkaffee im Supermarkt bzw. bei den Kaffeefilialen – der niedrigste Preis seit dem Zweiten Weltkrieg. Wissen Sie, welchen Anteil hiervon der Kaffeepflanzer in Brasilien, Kolumbien oder Uganda erhält? Höchstens 2,– Euro! Die Differenz kassieren die Röster und vor allem der Handel. Diese Situation lässt sich auf viele andere Produkte der „Dritten Welt" übertragen – Beispiele für die sog. „Rohstoff-Falle" dieser Länder.

Übrigens können Sie durch Ihre Kaufentscheidung dazu beitragen, die Situation insbesondere der „kleinen" Kaffeepflanzer zu verbessern. In den meisten Supermärkten wird inzwischen Kaffee mit dem „TransFair"-Siegel angeboten, das durch die Reduzierung der Handelsspanne den Kaffeebauern einen höheren Anteil am Erlös gewährleistet.

Stichwort:

Terms of trade
Gesamtwirtschaftlich werden die Austauschbedingungen im Außenhandel durch die „Terms of trade" gemessen, die durch das Verhältnis zwischen Ausfuhrpreisen und Einfuhrpreisen ausgedrückt werden. Je niedriger die Preise der Ausfuhrgüter im Verhältnis zu den Preisen der Importgüter, desto ungünstiger ist die ökonomische Situation eines Landes im internationalen Handel.

Die ökonomischen Beziehungen zwischen Entwicklungsländern und Industrieländern sind noch weitgehend von dem außenwirtschaftlichen Ungleichgewicht der Kolonialzeit geprägt: Bis in die Gegenwart erzielen viele Entwicklungsländer ihre Deviseneinnahmen überwiegend nur aus dem Export eines einzigen Rohstoffes bzw. weniger Rohstoffe, z. B. Uganda zu 70 % mit Kaffee, die Dominikanische Republik zu 70 % mit Zucker und Niger zu 80 % mit Uranerz – ganz abgesehen von den erdölexportierenden Ländern, bei denen der Exportanteil über 90 % liegt. Die Rohstofforientierung bewirkt eine starke Abhängigkeit
– von den Industrieländern, deren Nachfrage nach Rohstoffen weltweit zurückgeht,
– von den Weltmarktpreisen für Rohstoffe, die stark schwanken mit sinkender Tendenz, während die Preise für die importierten Industriegüter steigen,
– von den klimatisch bedingten Ernteerträgen im eigenen Land.

M 15 Das außenwirtschaftliche Ungleichgewicht in der Welt

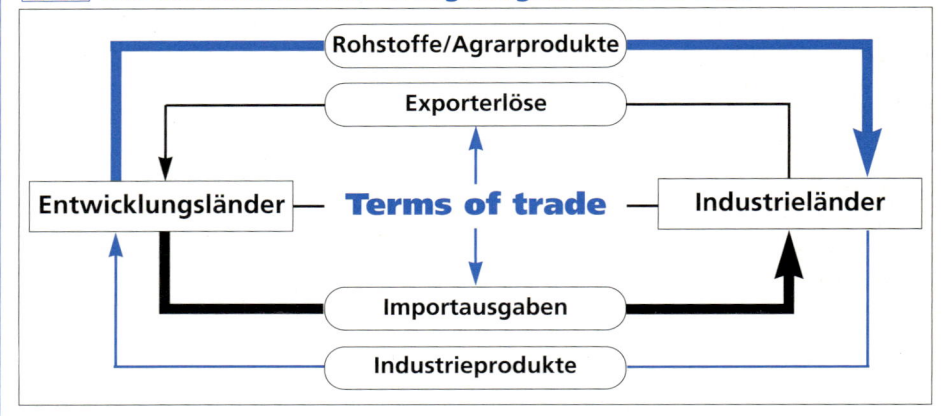

M 16 In der Rohstoff- und Schuldenfalle

Warum ist es so wenigen Staaten gelungen, den Weg der Industrialisierung erfolgreich zu beschreiten? Ein wesentlicher Grund ist in der Theorie des freien Handels zu suchen, denn sie erwies sich als überaus wirksames Instrument, um die nicht-industrialisierten Staaten zu Gefangenen der Rohstofffalle zu machen. ... Die Freiheit des Handels wurde von denjenigen gepredigt, die sich gegen den Import von Fertigprodukten wehrten, andererseits haben die industrialisierten Länder selbst sie unbekümmert dort eingeschränkt, wo sie ihnen Nachteile brachte. Dies ist einer der Hauptgründe dafür, dass zahlreiche Entwicklungsländer in einer Art Rohstofffalle stecken, ohne Chance, auf absehbare Zeit aus ihr herauszukommen. Sie müssen mehr Rohstoffe produzieren, um zusätzliche Devisen für Importe zu erhalten. Dadurch, dass alle vermehrt produzieren, sinkt aber auch der Preis, da die Nachfrage sich kaum verändert. So wird die Spirale der Mehrproduktion weiter in die Höhe getrieben. Ein Zahlenbeispiel belegt diese Verschlechterung der terms of trade (s. Stichwort) für die Entwicklungsländer: Eine Lokomotive aus der Schweiz, die 1980 noch 12 910 Sack Kaffee kostete, musste 1990 bereits mit 45 800 Sack Kaffee bezahlt werden, d. h. mit dem Vierfachen der Produktion eines Entwicklungslandes. Fast alle Entwicklungsländer haben sich auf Grund dieser Entwicklung verschuldet, viele von ihnen in astronomischer Höhe ... Die Rohstoffe exportierenden Staaten waren die Verlierer in einem ungleichen Handel.

Nach: Gero Jenner: Die arbeitslose Gesellschaft, Frankfurt/Main 1997, S. 63ff

Außenhandel als Basis und Motor der Entwicklung

M 17 KAFFEE – Lebensmittel für wen?

Arbeitsvorschläge

1. Erläutern Sie das in M 15 dargestellte Ungleichgewicht im Welthandel mit Hilfe von M 16 und Karikatur M 17!
2. Stellen Sie einen Zusammenhang zwischen der „Rohstoff-falle" und der „Schuldenfalle" (M 16) her.
3. Wodurch könnten sich die Entwicklungsländer aus der „Rohstoff-Falle" befreien? (M 16, M 18)
4. Wie haben die Industrieländer langfristig auf die drastische Erhöhung der Rohölpreise durch die OPEC reagiert? (M 18)
5. Erkunden Sie das Warenangebot und Preisniveau eines „Dritte-Welt-Ladens"! Lässt sich dieses Konzept auf den Welthandel übertragen?

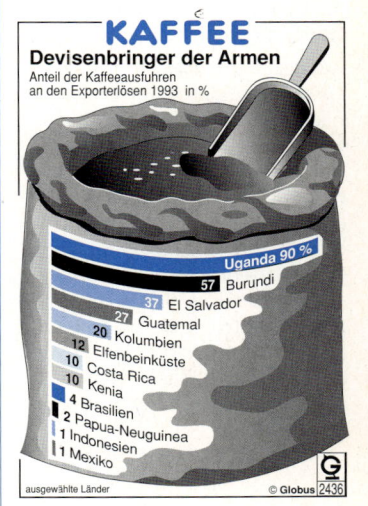

M 18 Das Beispiel OPEC: Rohöl als wirtschaftliche und politische Waffe?

Vor zwanzig Jahren (1973) haben die arabischen OPEC-Mitglieder zum ersten Mal erfolgreich Rohöl als wirtschaftliche und politische Waffe eingesetzt: als Begleitmusik zum militärischen Säbelrasseln der Auseinandersetzung zwischen Ägypten und Syrien einerseits und Israel andererseits haben Libyen, Algerien, Iran, Irak, Kuweit, Saudi-Arabien, Abu Dhabi und Quatar alle jene Länder mit einem Öllieferboykott bedroht, die es wagten, Israel verbal *(mit Worten)* oder de facto *(tatsächlich)* zu unterstützen. Gleichzeitig beschlossen die Förderländer, künftig selbst festzusetzen, zu welchem Preis ihr Rohöl zu haben sei und haben dabei kräftig zugelangt. Bis zum Jahresende wurde der Ölpreis, der im September 1973 noch 3,12 Dollar je Fass betrug, auf 11,60 Dollar nach oben getrieben. Außerdem verloren die in den Förderländern tätigen internationalen Mineralölgesellschaften die Verfügungsgewalt über ihre Anlagen. (…)
Wenn sich die OPEC-Länder damals in dem Glauben gewogen haben, nun bis in alle Zeit den Abnehmern ihre Bedingungen diktieren zu können, sind sie allerdings inzwischen eines Besseren belehrt worden. (…)
Die von den Ölscheichs initiierte *(ausgelöste)* Ölpreiskrise von 1973/74 und die eher „hausgemachte" nach dem Umsturz im Iran 1979/80 (Panikkäufe aus Angst vor Versorgungsengpässen) haben in den Verbraucherstaaten vieles verändert. Motoren mit niedrigerem Benzinverbrauch wurden entwickelt, Ölkraftwerke stillgelegt, der Ölbedarf von Industrie und Haushalten drastisch reduziert. Außerdem wurde die Erschließung der Nordsee forciert *(vorangetrieben)*. Der Bedarf an OPEC-Öl sank. In der OPEC brach daher ein gnadenloser Konkurrenzkampf um die Ölmilliarden aus, der den Ölpreis Ende der achtziger Jahre kurzfristig unter die Marke von 10 Dollar je Fass sinken ließ, von zuvor 34 Dollar. Der Gedanke, das Überangebot durch freiwillige Selbstbeschränkung in Grenzen zu halten, ist der OPEC nicht neu. Nur mit der Umsetzung hapert es. Die Förderobergrenze ist jedenfalls bisher noch nie eingehalten worden.

Ingrid Hielle in Frankfurter Allgemeine Zeitung vom 07.10.1993

KAFFEE Devisenbringer der Armen
Anteil der Kaffeeausfuhren an den Exporterlösen 1993 in %

- Uganda 90 %
- 57 Burundi
- 37 El Salvador
- 27 Guatemala
- 20 Kolumbien
- 12 Elfenbeinküste
- 10 Costa Rica
- 10 Kenia
- 4 Brasilien
- 2 Papua-Neuguinea
- 1 Indonesien
- 1 Mexiko

ausgewählte Länder © Globus 2436

Stichwort:

OPEC
Organization of the Petroleum Exporting Countries, ein 1960 in Bagdad gegründetes Kartell ölexportierender Länder des Nahen Osten und Afrikas. Ein **KARTELL** ist ein Zusammenschluss von Produzenten (oder Nachfragern) mit dem Ziel, den Wettbewerb durch Preis- und Mengenabsprachen einzuschränken.

Eine globale Wirtschaftsordnung?

Wenn Sie im Lehrbuch die Seiten 141ff. aufschlagen, können Sie sich vorab über die Folgen der Globalisierung informieren – dort allerdings aus der Sicht der eigenen Volkswirtschaft. In diesem Kapitel geht es demgegenüber vor allem um die ökonomischen Auswirkungen der Globalisierung auf die Länder der „Dritten Welt" unter der Fragestellung: Können die Entwicklungsländer dank Globalisierung endlich aufholen oder geraten sie nun erst recht ins Hintertreffen? Und: Entsteht im Globalisierungsprozess möglicherweise eine neue Weltwirtschaftsordnung, die die Entwicklung der „Dritten Welt" aus eigener Kraft so weit fördert, dass Entwicklungshilfe und -politik weit gehend überflüssig werden?

Stichwort:

Kolonialisierung
als Vorstufe der Globalisierung bezeichnet einen Prozess der weltweiten Ausweitung des Handels, der Siedlungen und der militärischen Gewalt seit dem Zeitalter der Entdeckungen, in dessen Verlauf europäische Handelsgesellschaften, Auswanderer bzw. Staaten (im 16. Jahrhundert zunächst Spanien und Portgal, später vor allem England, die Niederlande und Frankreich, im 19. Jahrhundert auch Deutschland) wirtschaftlich und politisch abhängige Kolonien gegründet haben.
Im 19. Jahrhundert steigerte sich die Kolonisierung zum **Imperialismus,** d.h. an die Stelle der vorwiegend ökonomischen Erschließung und Ausbeutung durch Kaufleute trat der machtpolitische Anspruch von Staaten, sich weltweite Herrschaftsgebiete anzugliedern. Die damit verbundenen Rivalitäten und Konflikte zwischen den europäischen Mächten führten schließlich zum 1. Weltkrieg (1914 – 1918).

Die Überlegungen zu einer „Neuen Weltwirtschaftsordnung" sind so alt wie die Einsicht, dass Entwicklungshilfe die ursprünglich angestrebte nachholende Industrialisierung weltweit nicht zu leisten vermag. Als notwendig und dringlich erwies sich vielmehr eine grundlegende Veränderung der ökonomischen Wettbewerbs- und Austauschbedingungen zwischen Industrieländern und Entwicklungsländern, z. B.
– durch eine Stützung und Stabilisierung der Rohstoffpreise mit Hilfe von Subventionen der Industrieländer oder
– durch eine Abkopplung vom Weltmarkt auf Zeit, um sich in einer eigenständigen Entwicklung auf die eigenen Bedürfnisse und Möglichkeiten zu konzentrieren.
Beide Konzepte sind im Zeitalter der Globalisierung mit seiner weltweiten Liberalisierung und Öffnung der Märkte überholt bzw. kaum noch durchsetzbar. Wie aber sieht die Weltwirtschaftsordnung der Zukunft aus und wie wirkt sie sich auf die „Dritte Welt" aus?

M 19 Die neue Globalisierung

Global ist der Handel seit mindestens 300 Jahren, als die Weltmacht England mit beinahe allen Staaten der Welt in wirtschaftlichen Beziehungen stand. Die Globalisierung der Wirtschaft besteht (also) in großem Maße seit der Kolonialisierung (s. Stichworte), dennoch ist es durchaus zutreffend, sie für eine neuartige Erscheinung zu halten. Nicht der globale Handel ist neu, sondern die Art, wie er sich heute vollzieht.
Die führenden industriellen Staaten, die bisher den weniger entwickelten Ländern die Bedingungen des Handels aufzwingen konnten, geraten nun selbst in die Rolle von Abhängigen. Die industrielle Führung entgleitet den Nationen und geht in die Hand von transnationalen Konzernen über, die sich schon jetzt exakt gleich verhalten wie die ehemaligen führenden Staaten. Sie zwingen diesen ihre terms of trade *(s. Stichwort S. 232)* in Gestalt von Löhnen sowie Umwelt- oder Arbeitsbedingungen auf. Genauso wie etwa England in seinen Kolonialgebieten durchsetzen konnte, dass der Handel frei sein müsse, fordern nun die Konzerne die Nichteinmischung des Staates in wirtschaftliche, d.h. in ihre Belange. Zwar üben sie ihren Druck nicht mit militärischen Mitteln aus, aber die Drohung des Standortwechsels ist wirksam genug.
Schon jetzt ist ihr Einfluss auf die Regierungen einzelner Staaten durchaus mit dem Einfluss zu vergleichen, den die Industrieländer ehemals auf die Kolonialstaaten auszuüben vermochten.

Nach: Gero Jenner: Die arbeitslose Gesellschaft, Frankfurt/Main 1997. S. 115ff.

M 20 Globale oder internationale Wirtschaftsbeziehungen?

Dies ist eine der Merkwürdigkeiten der an Denkfallen reichen Globalisierungsdebatte: Obwohl alle und alles – gerade in Deutschland – um die Fragen wirtschaftlicher Globalisierung kreist, ist … unklar geblieben oder geworden, ob und in welchem Sinne es überhaupt so etwas wie wirtschaftliche Globalisierung (bislang) gibt? […]
Es ist dringend nötig, zu unterscheiden zwischen Internationalisierung und Globalisierung. Internationalisierung meint, die zunehmenden Wirtschaftsverflechtungen konzentrieren sich nach wie vor auf die großen kontinentalen Wirtschaftsblöcke: Europa, Asien, Amerika. Grenzüberschreitender Handel hat also seine klaren Grenzen, und diese fallen mit den Grenzen der OECD-Welt (der Industrieländer) zusammen. …
Der Anteil des innereuropäischen „Außen"Handels liegt bei den Ländern der EU immer noch bei gut 60%. Die nächste Schicht internationaler Wirtschaftsverflechtungen findet wiederum innerhalb der OECD-Welt zwischen den großen Handelsblöcken statt. Dann kommen die Schwellenländer, für den Rest der Welt bleiben nur kleine Anteilshappen übrig.
Daraus folgt, dass die Industrieländer die „globale" Ökonomie ausmachen, wenn man von einer solchen überhaupt sprechen kann. Die Entwicklungsländer bilden noch immer einen kleinen Teil der internationalen Ökonomie.

Ulrich Beck (Hrsg): Politik der Globalisierung, Frankfurt 1998, S.19, 97

Die „Dritte Welt" im Globalisierungsprozess

M 21 Goldene Zeiten oder ...

Die Entwicklungsländer gehen nach Ansicht der Weltbank goldenen Zeiten entgegen und werden sich immer mehr zu Wachstumsstützen der Weltwirtschaft entwickeln. Seit vielen Jahrzehnten habe es in der globalen Wirtschaft nicht derart viel versprechende Wachstumschancen und Möglichkeiten für die Reduzierung der Armut in den Entwicklungsländern gegeben. Bei vernünftiger Wirtschaftspolitik, fortgesetzten Strukturreformen und weiterhin günstigem internationalen Wirtschaftsklima schließt die Weltbank nicht aus, dass die Entwicklungsländer im Durchschnitt 5 bis 6 Prozent jährlich bis zum Jahre 2020 wachsen werden. Ein derart robustes Wachstum über die Dauer von 25 Jahren dürfte den Anteil der Entwicklungsländer an der Weltproduktion auf ein Drittel verdoppeln und ihre Bedeutung als Exportmärkte für die Güter der Industrieländer stark erhöhen.

Die Weltbank bezeichnet die global arbeitenden multinationalen Unternehmen als eine der wichtigsten Triebfedern für die Integration der Entwicklungsländer in die Weltwirtschaft. Dank ihrer globalen Produktionsnetzwerke sind sie auch die besten Kanäle für den Technologietransfer, für die Übertragung moderner Managementmethoden und Arbeits- und Produktionspraktiken. Schon jetzt sind diese Unternehmen für ein Fünftel der Weltproduktion verantwortlich und ein Drittel des Welthandels wickelt sich bereits zwischen den Tochterunternehmen der Multis ab.

Aus: Frankfurter Allgemeine Zeitung vom. 10.09.1997

M 22 ... noch größere Kluft zwischen Arm und Reich?

Der Globalisierungsprozess vertieft in den Entwicklungsländern die Kluft zwischen Arm und Reich, nur eine neue Manager- und Führungselite profitiert von dieser Entwicklung. Das Massenelend in der „Dritten Welt" wird so nicht beseitigt, es werden höchstens kleine Inseln des Wohlstands inmitten von Massenelend geschaffen. Die von den Wirtschaftswissenschaftlern vertretene „Durchsickerungstheorie", nach welcher entstehende industrielle Zentren in ihre Umgebung ausstrahlen und sich so regionale Unterschiede ausgleichen sollen, hat anscheinend keine Gültigkeit. Ein Paradebeispiel ist die indische Metropole Bangalore, in der für den Computerweltmarkt programmiert wird. Ihre bloße Existenz inmitten von Not und Elend lässt Zweifel aufkommen an der schönen High Tech-Welt des nächsten Jahrhunderts. Solche Inseln sind eingekreist von Slums, welche ihrerseits Auffangbecken für eine ländliche Bevölkerung sind, die sich nichts mehr wünscht, als in die Städte zu ziehen, um wenigstens ein paar Dollar zu verdienen. Es fragt sich, ob ein Land wie Indien die Belastung aushalten kann, auf globalem Niveau konkurrenzfähige High Tech-Inseln mitten unter Hunderten von Millionen ihrer verelendeten Landsleute aufzubauen. Wenn schon in den USA Einkommensunterschiede zu Unruhen führen, wie werden sich dann die weitaus größeren Gegensätze in Indien auswirken?

Boxberger/Klimenta: Die 10 Globalisierungslügen, München 1998, S 148.

Arbeitsvorschläge

1. Vergleichen Sie die Globalisierung der Gegenwart mit der Kolonialisierung bzw. dem Imperialismus der Vergangenheit (M 19 /Stichworte).

2. Neben dem Außenhandel sind die Direktinvestitionen in Produktionsanlagen der Motor der Globalisierung bzw. der wirtschaftlichen Verflechtungen zwischen den Ländern. Überprüfen Sie am Beispiel der Direktinvestitionen (M 23) die These von der Internationalisierung als Vorstufe der Globalisierung (M 20).

3. Stellen Sie die unterschiedlichen Aussagen und Prognosen der Texte M 21 und M 22 über die Chancen der „Dritten Welt" gegenüber und versuchen Sie die vermeintlichen Widersprüche aufzulösen.

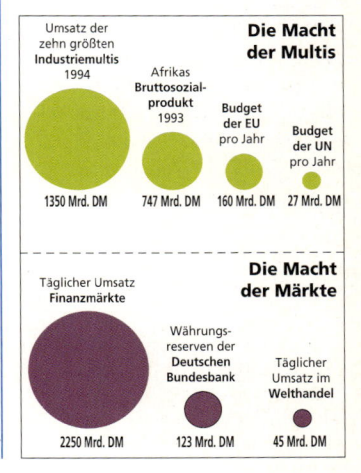

Die Macht der Multis

Umsatz der zehn größten Industriemultis 1994: 1350 Mrd. DM
Afrikas Bruttosozialprodukt 1993: 747 Mrd. DM
Budget der EU pro Jahr: 160 Mrd. DM
Budget der UN pro Jahr: 27 Mrd. DM

Die Macht der Märkte

Täglicher Umsatz Finanzmärkte: 2250 Mrd. DM
Währungsreserven der Deutschen Bundesbank: 123 Mrd. DM
Täglicher Umsatz im Welthandel: 45 Mrd. DM

M 23 Weltweite Investitonsströme

Investitionsströme in Milliarden DM

Die Woche 26. April 1996

236 One World – One Future

Aus einem anderen Zusammenhang kennen Sie vielleicht den Ausdruck „Global village". Gemeint ist damit z.B. die Aufhebung der räumlichen Distanz durch die neuen Informations- und Kommunikationstechnologien, insbesondere durch Internet, Online und Satellitenübertragung, die die Welt zum „Dorf" werden lassen. Im Verlauf der Erarbeitung und Zusammenstellung dieses Kapitels ist mir zugleich bewusst geworden, dass die Vorstellung auch und gerade für die Entwicklungsproblematik gilt. Die globalen Probleme der Gegenwart werden zwar in verschiedenen Regionen und Teilwelten verursacht (z.B. die Freisetzung von Kohlendioxyd durch den hohen Energieaufwand in den Industrieländern, aber auch durch Brandrodung der Regenwälder), die Auswirkungen in Form der drohenden Klimakatastrophe treffen die Menschheit insgesamt (siehe auch S. 238ff). Vor diesem Hintergrund geht es auf dieser Doppelseite nicht nur um die Entwicklung der „Dritten Welt", sondern auch um Veränderungen in der „Ersten Welt", um die „Eine Welt" überlebensfähig zu erhalten.

Stichwort:

Global Governance
meint eine Weltordnungspolitik durch enge Zusammenarbeit von Regierungen und Organisationen, um durch verbindliche Regelungen Lösungen für die globalen Probleme zu finden.

Die zunehmende wirtschaftliche Verflechtung im Globalisierungsprozess bedeutet keineswegs die gleichzeitige und gleichmäßige Integration der Entwicklungsländer in die Weltwirtschaft; Außenhandel und Direktinvestitionen konzentrieren sich nach wie vor auf die großen Handelsblöcke der Ersten Welt und einige Schwellenländer. Eine Aufgabe der Entwicklungspolitik muss es daher sein, die „Dritte Welt" insgesamt an den Wachstumserfolgen der Globalisierung zu beteiligen und dabei die globalen ökologischen Grenzen zu berücksichtigen. Im Interesse einer globalen Verantwortung für die nachfolgenden Generationen muss Entwicklung zugleich die Industrieländer einbeziehen, deren Lebens- und Konsumformen mit der Zukunftsfähigkeit der „Einen Welt" kaum vereinbar sind.

M 24

»So leben wir, so leben wir, so leben wir alle Tage…«

M 25 Die Gegenwart: Flucht aus der globalen Verantwortung

Seit 1992 gab es eine Serie von Weltkonferenzen, die sich zu bisher unbekannten Mammutkonferenzen auswuchsen und eine neue Entwicklungspolitik im Zeichen der Globalisierung zu demonstrieren schienen. Diese „Weltkonferenzen" behandelten mit einem riesigen Personal- und Kostenaufwand zentrale Entwicklungsprobleme (Klimaschutz, Menschenrechte, Bevölkerung, soziale Entwicklung …) und verabschiedeten umfangreiche und weit reichende Erklärungen und Aktionsprogramme. Was diese Mammutkonferenzen zustande brachten, waren Meisterwerke der „Papierdiplomatie" aus vagen *(unbestimmten)* Formulierungen und unverbindlichen Absichtserklärungen. Schlimmer noch: Die wohlfeilen Bekenntnisse zum Globalismus lenkten von der geringen Bereitschaft ab, aus dem reichlich vorhandenen Wissen die notwendigen Konsequenzen zu ziehen: Global reden und national verdrängen. Der rhetorische Globalismus *(d.h. das bloße Reden über die Globalisierung)* erwies sich als Flucht aus der konkreten Verantwortung, die auch eine „Fernverantwortung" für das Global Village und künftige Generationen übernimmt. … Ohne internationales Regelwerk einer Global Governance (s. Stichwort) wird die Weltgesellschaft weiter so funktionieren wie bisher: als nur teilweise geordneter Dschungel, in dem das Recht des Stärkeren herrscht.

Nach Franz Nuscheler: Lern- und Arbeitsbuch Entwicklungspolitik, 4. Aufl., Bonn 1996, S. 31f.

Die Entwicklung der „Einen Welt"

M 26 **Zukunftsfähigkeit durch nachhaltige Entwicklung**

Weltweit scheint die industrielle Produktion auf unerbittliches Wachstum ausgerichtet zu sein. Doch die gegenwärtigen Produktions- und Konsummuster müssen zu schwer wiegenden Störungen der ökologischen Systeme führen, wenn sie sich global durchsetzen. Diese Erkenntnis schlägt sich seit Ende der achtziger Jahre in einem neuen Entwicklungsverständnis nieder. Sustainable Development (nachhaltige Entwicklung) ist die Bezeichnung für eine Entwicklung, in der die Bedürfnisse heutiger Generationen befriedigt werden sollen, ohne die Lebensgrundlagen zu gefährden. Mit diesem neuen Leitbegriff verbindet sich die Erkenntnis, dass umweltpolitische Probleme nicht getrennt von wirtschaftlichen und sozialen Entwicklungen betrachtet werden können. [...]

Die Suche nach Zukunftsfähigkeit ist die Suche nach Naturverträglichkeit und Gerechtigkeit. ... Für das Nord-Süd-Verhältnis bedeutet das zuallererst: Die Industrieländer schädigen die Armen im Süden weit weniger durch das, was sie ihnen an Hilfe vorenthalten, als durch das, was sie für sich selbst in Anspruch nehmen. Das heißt keineswegs, dass finanzielle Unterstützung aus dem Norden zur Armutsbekämpfung in den Ländern des Südens fortan überflüssig wäre. Gerade sie ist erforderlich, um Menschen ein würdigeres Dasein zu ermöglichen und um friedensfähige Beziehungen zwischen Norden und Süden zu erreichen.

Als Daumenregel kann heute gelten: Das Fünftel der Menschheit, das in den Industrieländern lebt, verursacht etwa achtzig Prozent der Klimaschäden. Wenn sich jedoch das Tempo fortsetzt, mit dem sich die knapp zwanzig Schwellenländer gegenwärtig industrialisieren, werden bereits in wenigen Jahrzehnten die Länder des Südens zwei Drittel der klimaverändernden Spurengase in die Atmosphäre schicken. Die Industrieländer müssen also mit der ökologischen Erneuerung beginnen, und dies aus drei Gründen:
Die Industrieländer haben erstens in den beiden Jahrhunderten ihrer Industrialisierung bereits starke Umweltschäden verursacht und bleiben einstweilen die größten Schädiger der Natur. Zweitens verfügen die Industrieländer für die notwendigen Veränderungen über erheblich mehr technische Mittel als die allermeisten Länder des Südens. Drittens ist ihre Lebensweise in den Ländern des Südens zum Vorbild geworden und wird dort kaum abgelegt werden, solange ihre Urheber nur kosmetische Änderungen vornehmen. [...]

Zukunftsfähig müssen beide – Norden wie Süden – erst werden. Beide müssen lang gehegte Leitbilder ablegen oder doch korrigieren. Ein dauerhaftes Ergebnis wird es erst geben, wenn sie voneinander und miteinander lernen.

Aus: Zukunftsfähiges Deutschland – eine Studie des Wuppertal Instituts, Bonn 1995, S. 7, 25f.

> „Das Recht auf Entwicklung muss so erfüllt werden, dass den Entwicklungs- und Umweltbedürfnissen heutiger und künftiger Generationen in gerechter Weise entsprochen wird."
>
> *Erklärung von Rio (1992), die alle Staaten der Erde unterzeichnet haben.*

Arbeitsvorschläge

1. Informieren Sie sich zunächst auf den Seiten 54ff. über die ökologischen Folgen von Produktion und Konsum und interpretieren Sie hiernach die Karikatur **M 24**.

2. Beurteilen Sie die Chancen einer Weltordnungspolitik (Global governance) durch internationale Konferenzen und Abkommen (**M 25**)

3. Diskutieren und prüfen Sie in Gruppen und an ausgewählten Teilbereichen (z.B. Autoverkehr, Freizeitgestaltung, Energieverbrauch, Steuerreform) die Möglichkeiten und die Bereitschaft, die eigene Lebensweise im Sinne einer ökologischen Erneuerung zu verändern (**M 26**).

4. Mit der Unterzeichnung der sogenannten Agenda 21 im Jahre 1992 in Rio ist das Konzept der nachhaltigen Entwicklung zum Leitbild des 21. Jahrhunderts erhoben worden. Dadurch haben sich nicht nur die Regierungen verpflichtet, vielmehr sind mit dem Appell „Global denken, lokal handeln" auch und vor allem die Gemeinden und Städte zu einem zukunftsfähigen, ökologischen Handeln aufgefordert worden. Erkunden Sie bei der Stadt- bzw. Gemeindeverwaltung Ihres Heimatortes, welche Maßnahmen einer „Lokalen Agenda 21" geplant bzw. bereits eingeleitet sind.

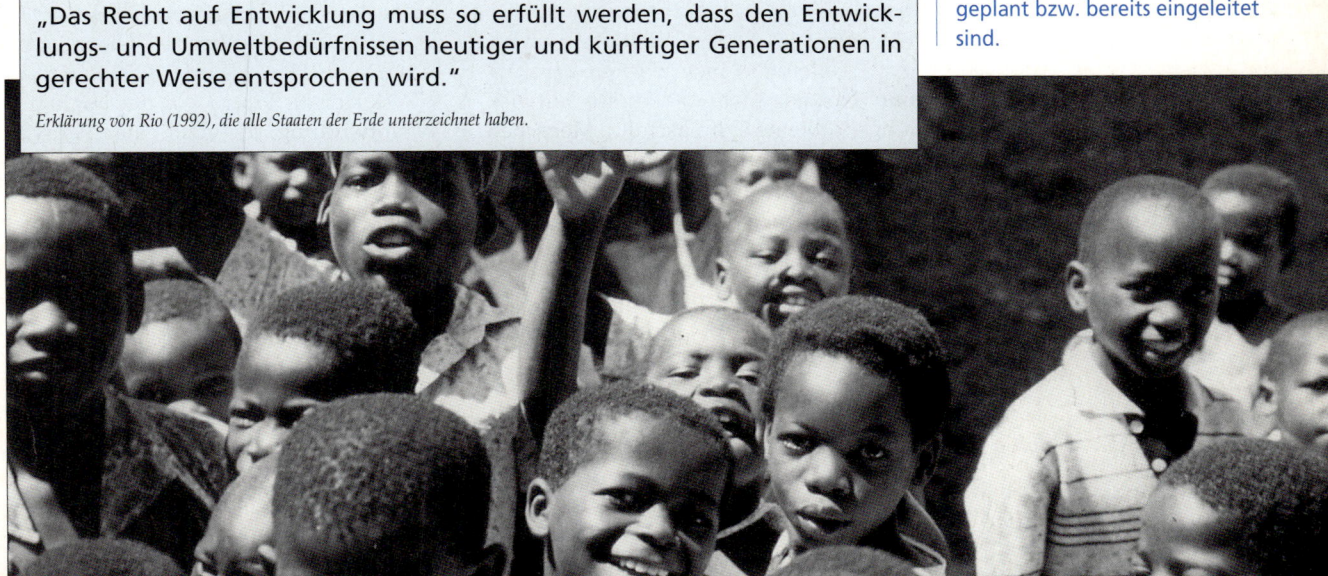

Werden wir überleben?

Liebe Schülerinnen und Schüler,
vielleicht finden Sie die Frage „Werden wir überleben?" etwas merkwürdig, weil Sie sich vermutlich gar nicht vorstellen können, dass menschliches Leben auf dem Planeten eines Tages nicht mehr möglich sein wird. Aber schon seit Beginn der 70er Jahre warnen Forscher davor, dass die Menschheit Gefahr läuft, ihren schönen Planeten Erde so auszubeuten und zu belasten, dass er eines Tages nicht mehr bewohnbar sein wird.

Was geht mich das an, werden Sie fragen, ob die Malediven im Meer versinken oder ob sich in Amerika die Wüsten ausdehnen - da kann ich doch nichts dafür. Aber genau darin liegt m.E. der große Irrtum. Es sind auch unsere Ölheizungen, Autoabgase und Kraftwerke, die zu einer Erwärmung des Erdklimas führen, die zu einem Abschmelzen der Pole führen und dadurch den Meeresspiegel steigen lassen.

Und weil das so ist, sind wir alle mitverantwortlich für die Zukunft der Menschheit und das Überleben nachfolgender Generationen, auch unserer eigenen Kinder und Kindeskinder. Es geht also nicht nur um die Zukunft der Menschheit, sondern auch um Ihre eigene Zukunft. Noch ist Zeit. Aber es ist „High noon", d.h. nach einem meiner Lieblingswestern mit Gary Cooper: Es ist „fünf vor zwölf". Deshalb stelle ich drei Fragen, mit denen Sie sich in diesem Kapitel auseinander setzen können:

1. Worin besteht die Überlebenskrise der Menschheit?
2. Welches sind ihre Ursachen?
3. Was können wir tun, um die Lebensbedingungen auch für die kommenden Generationen zu sichern?

BamS-Report

Zeitbombe Trinkwasser
Wird Deutschland zur Wüste?

Bild am Sonntag v. 24.05.1992, S. 35

Frage: „Was gefährdet die Zukunft der Menschen am meisten?"

① Umweltvergiftung
② Zerstörung der Natur
③ Radioaktive Verseuchung
④ Trinkwasserverseuchung
⑤ Luftverschmutzung
⑥ Ungleichheit zwischen Industrienationen und Entwicklungsländern
⑦ Überbevölkerung
⑧ Atomare Vernichtung
⑨ Krieg zwischen den Großmächten
⑩ Soziale Ungerechtigkeit
⑪ Nahrungsmangel
⑫ Energieknappheit
⑬ Außerirdische erobern die Erde

Focus-Magazin

Frage: „Haben Sie Angst vor der Zukunft?"

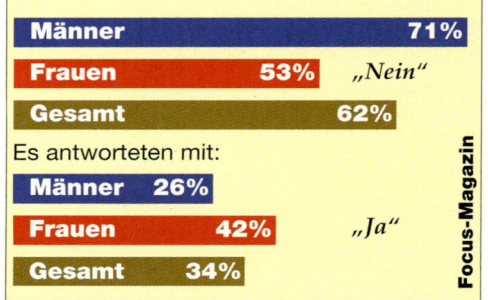

Männer	71%	
Frauen	53%	„Nein"
Gesamt	62%	

Es antworteten mit:

Männer	26%	
Frauen	42%	„Ja"
Gesamt	34%	

Focus-Magazin

Focus 32/1993, S. 41-45

Die Malediven versinken im Meer –
die Schuldigen sind weit entfernt

Auch heute

- sind 100 Tier- und Pflanzenarten ausgestorben;
- wurden 55 000 Hektar Tropenwald abgeholzt;
- haben sich die Wüsten um 20 000 Hektar ausgedehnt;
- haben wir weltweit 100 Millionen Tonnen Treibhausgase in die Luft geblasen;
- sind 100 000 Menschen verhungert.

aus dem „Globalen Ökologischen Marshallplan" von Franz Alt

Zukunftsprobleme der Menschheit

Soll Afrika verhungern?

Millionen ohne Wasser und Nahrung

Tod im Treibhaus?

Flüchtlinge stürmen die Hauptstädte Europas!

DER SPIEGEL Nr. 12/20.3.95 · 5,00 DM

Rudolf Augstein: 100 Jahre Jünger

Vor uns die Sintflut

Weltklima – Gipfel der Katastrophen

„High noon" — Was tun!

Trinkwasser ist kostbarer als Öl –

Haben Sie sich eigentlich schon einmal folgendes klargemacht: Für ein ausgiebiges Duschbad am Morgen verbrauchen Sie so viel Wasser, dass ein Mensch in den Dürregebieten der Welt davon mehr als eine Woche überleben könnte? Oder dass wir das Fünffache unseres Trinkwasserverbrauchs zum Klospülen benützen? Und noch einmal das Fünffache zum Waschen? Ein Mensch braucht täglich ca. 2 - 3 Liter Wasser zum Leben. Schauen Sie sich einmal das unten stehende Schaubild **M 3** *an und rechnen Sie aus, wie viel Tage bzw. Wochen ein Mensch danach überleben könnte. Und wenn Sie gleichzeitig hören, dass bald die Hälfte der Menschheit an Wassermangel leidet und täglich 25 000 Menschen wegen Wasserverschmutzung sterben müssen, dann sollten Sie nach der Durcharbeitung dieses Kapitels ein anderes Verhältnis zum Wasser bekommen: Dem kostbarsten Rohstoff der Welt!*

Ich möchte Sie dazu anregen, folgende Fragen zu bearbeiten:
(1) Wie sieht es weltweit mit den Wasserreserven und ihrer Verteilung aus angesichts steigender Bevölkerungszahlen und zunehmendem Wasserverbrauch?
(2) Welche Ursachen und Folgen hat die weltweite Wasserverschmutzung?
(3) Welche Maßnahmen und Hilfen müssen ergriffen werden, um der drohenden Wasserknappheit in der ganzen Welt zu begegnen?

Experten weisen darauf hin, dass selbst erhebliche Maßnahmen zum Einsparen von Wasser nicht ausreichen würden, um künftig den Durst aller Menschen zu stillen, wenn nicht zugleich die Geburtenraten zurückgingen. Trinkwasser sei ein „begrenzter Rohstoff". Heute gebe es davon nicht mehr als vor 2000 Jahren. Während damals etwa 150 Millionen Menschen lebten, seien es heute aber fast 6 Milliarden. Hielten gegenwärtige Trends an, würden im Jahr 2025 etwa drei Milliarden Menschen, also die Hälfte der gesamten Menschheit, in 46 Nationen nicht genug Wasser haben.

Damit hat sich das Verhältnis des Menschen zum Rohstoff Wasser in wenigen Jahrzehnten grundlegend verändert. Während vor allem in den westlichen Industrieländern Wasser bisher als unbegrenzt verfügbarer Rohstoff galt (so genanntes „freies Gut"), der gleichsam ‚für jedermann zum „Nulltarif" zur Verfügung stand, wird es jetzt und vor allem in Zukunft zu einem der kostbarsten Rohstoffe der Welt. Die Weltbank vermutet, dass der Kampf um das kostbare Gut in Zukunft mehr Kriege verursachen wird als die Auseinandersetzungen um Erdöl, falls es nicht gelingt, weltweite Vereinbarungen über die gerechte Verteilung und Nutzung der kostbaren Wasserreserven zu treffen.

M 1 **Globale Trinkwasserkrise verschärft sich**

Gutes Süßwasser wird auf der Erde immer knapper und kostbarer. Rund zwei Milliarden Menschen leben heute ohne Zugang zu sauberem Trink- und Sanitärwasser. In absehbarer Zeit könnten es drei Milliarden sein. ... Der Wasserverbrauch hat sich nach Angaben von Wissenschaftlern weltweit – vor allem in der Landwirtschaft – von 1950 bis 1994 nahezu versechsfacht, die Wasservorräte gingen besonders in Asien und Afrika, aber auch in Europa zurück. Nur fünf Prozent der Abwässer auf der Erde würden gereinigt. Die Hälfte der Bevölkerung in den Entwicklungsländern leide an einer Wasser bedingten Krankheit. Fünf Millionen Menschen stürben jährlich allein durch verunreinigtes Trinkwasser. Ungezählt seien die Opfer von Dürren in den letzten drei Jahrzehnten. Der Wettbewerb um die kostbare Ressource Wasser sei „heftig und oft erbarmungslos". Das Expertengremium kommt zu dem Ergebnis, dass sich die globale Süßwasserkrise künftig verschärfen wird. Der Bundesregierung wird vorgeschlagen, sich für eine „Weltwassercharta" einzusetzen, mit der die internationale Gemeinschaft politisch auf die Bewältigung der Süßwasserkrise und auf gemeinsame Prinzipien zu einem guten Umgang mit Wasser verpflichtet wird. Dabei müsse auch die Effizienz und Effektivität der Wassernutzung weltweit verbessert werden. Die Wissenschaftler schlagen auch die Erhebung eines „Weltwasserpfennigs" zur Finanzierung eines globalen Wasserfonds vor, aus dem von Süßwasserknappheit betroffene und finanziell überforderte Regionen unterstützt werden. Ferner könnte – analog zum Wohngeld in Deutschland – international ein „Wassergeld" eingeführt werden.

(dpa) Haller Kreisblatt vom 17. Juli 1997, S. 2

M 2 Wer verbraucht Wasser?

Weltweit: Landwirtschaft 69, Industrie 23, Haushalte 8
Afrika: Landwirtschaft 88, Industrie 5, Haushalte 7
Europa: Landwirtschaft 42, Industrie 50, Haushalte 8

Quelle: World Resources Institute. World Resources 1992/93. Washington, DC, 1992.

M 3 Trinkwasser wofür?
Täglicher Wasserverbrauch je Einwohner in Deutschland (West) 144 Liter

davon für:
- Garten 3
- Trinken, Kochen 3
- Reinigung 7
- Geschirrspülen 10
- Wäschewaschen 19
- Toilettenspülung 45
- Baden, Duschen u. ä. 57 Liter

© Globus 2551

Der Konflikt um die Trinkwasserreserven der Welt

M 4 Das Wasservolumen des Planeten Erde

Über die Erde verteilen sich 1,38 Milliarden Kubikkilometer Wasser. Die Seitenlänge eines Würfels mit diesem Volumen reicht von Köln bis Rom. Doch nur 0,3 Prozent davon sind Trinkwasser. Die Kante dieses Würfels entspricht der Strecke Hamburg-Hannover.

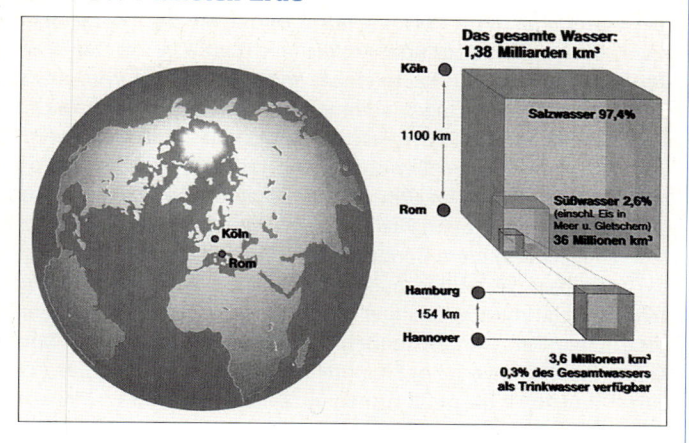

natur 11/91, S. 90

M 5 Wassernot auch im Regenland Deutschland

Jährlich fallen in Deutschland pro Quadratmeter 800 Liter Regen. Insgesamt spendieren uns Niederschläge Jahr für Jahr 178 Milliarden Kubikmeter Frischwasser. Als Trinkwasser genutzt werden nur vier Prozent. Trotzdem sind saubere Wasserreservoirs in Deutschland selten geworden: Eine künstliche Knappheit, ausgelöst durch leichtfertige und legale Verschmutzung. Schadstoffe aus Industrie, Landwirtschaft und Haushalten gefährden unsere wichtigste Lebensgrundlage. Die Wasserwerke müssen einen enormen Aufwand treiben, um die *Grenzwerte** einzuhalten. Fernleitungen pumpen Wasser aus dem Bodensee oder waldreichen Mittelgebirgen wie Harz und Vogelsberg über Hunderte Kilometer in die Metropolen. In Hamburg reichen manche Brunnen schon 400 Meter tief, um unberührte, 10.000 Jahre alte Reservoirs anzuzapfen. Der Sog der Förderpumpen zieht die Schadstoffe von der Oberfläche beschleunigt in die Tiefe, warnt der Umweltwissenschaftler Thomas Kluge: „Damit wird auch dieser letzte saubere Wasserschatz verdorben." Wo Fernleitungen oder Tiefbohrungen nichts bringen, setzen die Wasserwerke auf die chemische Reinigung. Bis zu 18 Filterstufen sind nötig, um Rheinwasser genießbar zu machen. Der Bau von Tiefbrunnen, Pipelines und Aufbereitungsanlagen treibt den Wasserpreis in die Höhe. Auch die Kanalgebühren steigen weiter; schon jetzt kostet das Klären der Abwässer aus den Privathaushalten zwei Prozent des deutschen Bruttosozialproduktes.

20 Millionen Menschen in Deutschland und Holland trinken Rheinwasser. Kein Problem sofern die Aufbereitung von Flusswasser zu einwandfreiem Trinkwasser ausschließlich mit natürlichen Verfahren möglich ist. Dem Ziel stehen vor allem die industriellen Einleitungen im Weg. 100 Tonnen schwer abbaubarer Substanzen schwemmen allein die deutschen Chemiefabriken täglich in den Fluss – ein hochbrisanter Cocktail, dem keine Kläranlage was anhaben kann. Während industrielle Einleitungen die Flüsse bedrohen, verschmutzt vor allem die Landwirtschaft unser wichtigstes Trinkwasser-Reservoir, das Grundwasser. Der Grundwasserbericht der Bundesländer zeigt, dass in Deutschland Hunderte von Brunnen wegen zu hoher Nitratwerte aufgegeben werden mussten. Eine Ursache ist die Massentierhaltung, durch die Unmengen von Gülle auf den Feldern landen ... Auch vor intensivem Düngereinsatz auf Weinbergen, Spargel- und Erdbeerfeldern kapitulieren die Wasserwerke. Sie pumpen über große Entfernungen Nitrat armes Wasser heran, um damit ihre eigenen Vorkommen zu verdünnen ... Und die Vergiftung geht weiter. Um unerwünschte Pflanzen, Tiere und Pilze zu vernichten, verteilten die deutschen Bauern 1995 rund 35.000 Tonnen Pestizide auf ihren Äckern – 20 Prozent mehr als noch 1993. Einen Ausweg bietet nur die konsequente Umstellung auf ökologische Landwirtschaft.

Greenpeace-Magazin 4/97, S. 17 (gekürzt)

Stichwort:

„Grenzwerte"
Messwert, bis zu dem eine Schadstoffbelastung noch erlaubt ist.

Arbeitsvorschläge

1. Stellen Sie eine Liste der Gründe zusammen, warum sich die globale Wasserkrise verschärft (M 1, M 2).

2. Stellen Sie tabellarisch Ursachen und Folgen der Wasserverschmutzung dar (M 1, M 5).

3. Setzen Sie die Grafiken M 2, M 3 u. M 4 zueinander in Beziehung. Welche Informationen erhalten Sie daraus?

Projektidee

Erkundigen Sie sich beim örtlichen Wasserwerk über die Entwicklung der Wasserpreise in den letzten 10 Jahren und stellen Sie die Ergebnisse in einer Grafik dar. Welche Einschätzung hat die Behörde über die zukünftige Entwicklung? Wird es in Ihrer Region auf lange Sicht genug sauberes Trinkwasser geben?

Prima Klima?

Palmen am Rhein, Ananas aus Bayern, 2 Monate Sonnenschein in jedem Sommer – das wäre doch prima!

Aber vielleicht ist auch Ihnen schon aufgefallen, dass mit unserem Wetter seit Jahren etwas nicht stimmt. Im Sommer heiße Trockenperioden, dazwischen Sturm, Hagel und Regen wie in den Tropen, und im Winter Orkane und Hochwasserkatastrophen, bei denen die Rheinanwohner regelmäßig bis zum ersten Stock im Wasser stehen und ein ganzer Landstrich in Holland wegen Deichbruchgefahr evakuiert werden muss.

So ganz genau wissen es die Wissenschaftler immer noch nicht, was natürliche und was vom Menschen gemachte (anthropogene) Ursachen sind. Aber dass die zunehmende Erwärmung der Erde z.T. verheerende Folgen für Millionen Menschen haben wird, darüber sind sich alle einig.

„Der Menschheit bleiben noch 40 Jahre, um sich vor sich selbst zu retten", prognostizierte eine Zeitung im Jahre 1994. Vielleicht sind es ein paar Jahre mehr, wahrscheinlich eher weniger. Darauf kommt es aber letztlich nicht an. Klar ist: Der Countdown für das Überleben des Planeten läuft. An kaum einem anderen Problem wird das so deutlich wie an der Klimaproblematik. Die Fakten stimmen deprimierend. Die Anzeichen für eine massive Veränderung des Klimas sind deutlich: Ein Anstieg des Meeresspiegels, sich ausbreitende Wüsten und die Zunahme von Wirbelstürmen und Hochwasserkatastrophen am Rhein und vielen anderen Flüssen wie im Winter 1994/95 zeichnen sich ab. Niemand weiß genau, wie sich unser Klima aufbaut und wie Veränderungen in einem Bereich (z. B. Temperaturanstieg der Meere) sich auf andere Bereiche (z. B. die Niederschlagsmengen in Deutschland und Europa) auswirken. Wichtig ist auch der Zeitfaktor. Klimaveränderungen sind das Ergebnis jahrzehnte-, ja jahrhundertelanger Prozesse, die nicht wie mit einem Kippschalter wieder rückgängig gemacht werden können. Es kann also hunderte von Jahren dauern, bis wir wieder Klimaverhältnisse wie vor 30 Jahre haben. Das Ozonloch, das sich heute über den Erdpolen auftut und durch die gefährlichen ultravioletten Strahlen Menschen, Tiere und Pflanzen gefährdet, ist das Ergebnis der Emissionen (Luftverschmutzungen) von vor 10-12 Jahren.

M 6 Klima, was ist das?

Das Klima ist der mittlere Zustand des Wetters an einem bestimmten Ort, gemessen über einen bestimmten Zeitraum. Es lässt sich nur durch eine langjährige Beobachtung des Wetters beschreiben. Die Weltorganisation für Meteorologie hat einen Abschnitt von 30 Jahren als typische Grundeinheit für das Klima eingeführt. Demnach wird alles, was sich zwischen den Jahren 1961 und 1990 in der Erdatmosphäre abspielte, als Klima dieses Zeitraums bezeichnet. Mit den so genannten "Klimakillern" verändern wir Menschen unser Klima.

Flugblatt der Deutschen Umwelthilfe e.V., 78315 Radolfzell

M 7 Welche Folgen haben Klimaveränderungen?

– Auf lange Sicht wird es auf der Erde mehr regnen.
– Extreme Wetterlagen werden zunehmen, das bedeutet: mehr Trockenperioden, mehr Überschwemmungen und vermehrte Wirbelstürme.
– Der Fortbestand mancher Tier- und Pflanzenarten wird gefährdet.
– In Mitteleuropa und Deutschland wird es wärmer.
– Der Meeresspiegel wird ansteigen.
– Es gibt Befürchtungen, dass sich die Hochwaldlandschaft in Mitteleuropa in eine Buschlandschaft verwandeln könnte.

aus einem Flugblatt der Deutschen Umwelthilfe e.V., Güttinger Str. 19, 78315 Radolfzell

M 8 Die „Fieberkurve" der Erde

Temperaturdifferenz (°C) in bezug auf den Mittelwert der Jahre 1951-80

- Industrielle Revolution: Höhe CO_2-Emissionen, doch die Sulfat-Produktion wirkt dem Treibhauseffekt entgegen
- Zweiter Weltkrieg und Nachkriegszeit: Durch Kriegswirtschaft und Wirtschaftswunder steigt der Ausstoß von CO_2 und Sulfaten. Die Schwefelteilchen begrenzen den Temperaturanstieg.
- Die vom Treibhausgas CO_2 angestoßene Erwärmung überflügelt den kühlenden Effekt der Schwefelteilchen

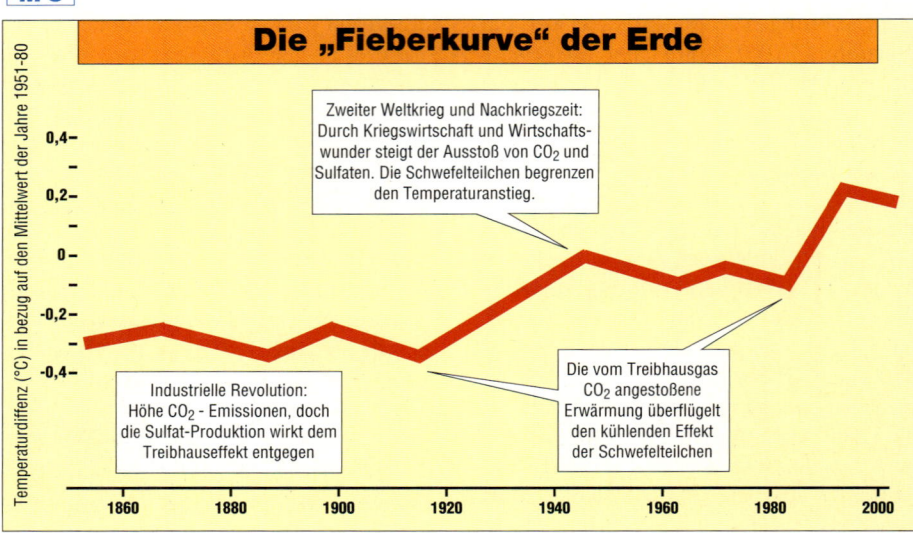

Die Klimakatastrophe (1)

M 9

Der Treibhauseffekt

Die Atmosphäre schützt die Erde wie das Glas eines Treibhauses vor Auskühlung. Wasserdampf, Kohlendioxid, Methan und andere Gase speichern einen Teil der Wärme, die von der Erde ins All abgestrahlt wird, geben sie nach und nach frei und sorgen so für ein ausgewogenes Klima.

Natürlicher Treibhauseffekt

Die Treibhausgase und ihr Anteil am zusätzlichen Treibhauseffekt in %

Kohlendioxid	Verbrennung von Kohle, Öl, Gas
FCKW 17%	Treib- und Kältemittel
Methan	Reisanbau, Viehzucht, Mülldeponien
Ozon 7%	Verkehr (Sommersmog)
Distickstoffoxid (Lachgas)	Düngung

Zusätzlicher Treibhauseffekt

Als Folge der Industrialisierung wurden in den vergangenen Jahrzehnten immer mehr Gase freigesetzt, die diesen natürlichen Treibhauseffekt verstärken.
In der Atmosphäre reichern sich verstärkt Spurengase an, die immer mehr Wärme zurückhalten, die sonst ins All abgestrahlt würde.

Folge: Temperaturanstieg auf der Erde

Anstieg der Meeresspiegel, Verschiebung der Klimazonen, Zunahme von Orkanen, Dürre und Überschwemmungen

© Globus 2303

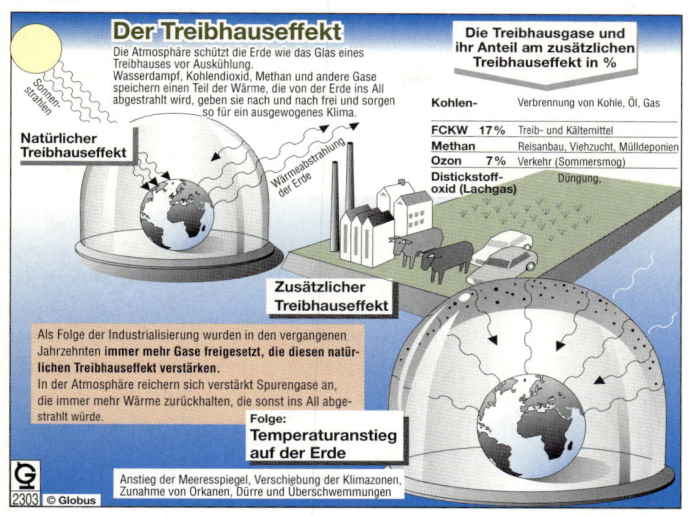

M 10 Der zusätzliche Treibhauseffekt und das Klima

Die Anstiege der Treibhausgase Kohlendioxid (CO_2), Distickstoffoxid (N_2O), Methan (C_4) und der Fluorchlorkohlenwasserstoffe (FCKW) sind überwiegend vom Menschen verursacht, so dass man von einem über den natürlichen Treibhauseffekt hinausgehenden zusätzlichen, anthropogenen (von griech. anthropos = der Mensch) sprechen kann. Die wesentlichen Gründe für die Zunahme der natürlichen Treibhausgase sind bekannt, etwa die Verbrennung von Rohstoffen, Brandrodungen oder die Stickstoffdüngung. Die regionalen Wirkungen des zusätzlichen Treibhauseffekts sind noch nicht vorhersagbar, während Einigkeit darüber besteht, dass eine mittlere globale Erwärmung bevorsteht. Die Klimaveränderungen werden in erster Linie Auswirkungen auf die Ernährung des Menschen haben. Daneben werden schon bei einer moderaten Meeresspiegelerhöhung Millionen von Menschen ihre Lebensgrundlage verlieren. Geboten ist ein weltweites Verbot von FCKW, ferner eine drastische Verminderung des weltweiten Ausstoßes von CO_2, CH_4 und N_2O. Hauptziel der Politik muss es sein, weniger Rohstoff pro Kopf zu verbrauchen und eine Lebens- und Wirtschaftsweise zu fördern, die natürlichen Kreisläufe möglichst nahe kommt.

Hartmut Grassl in: Aus Politik und Zeitgeschichte, B 16`92, S. 3ff (Auszug)

M 11

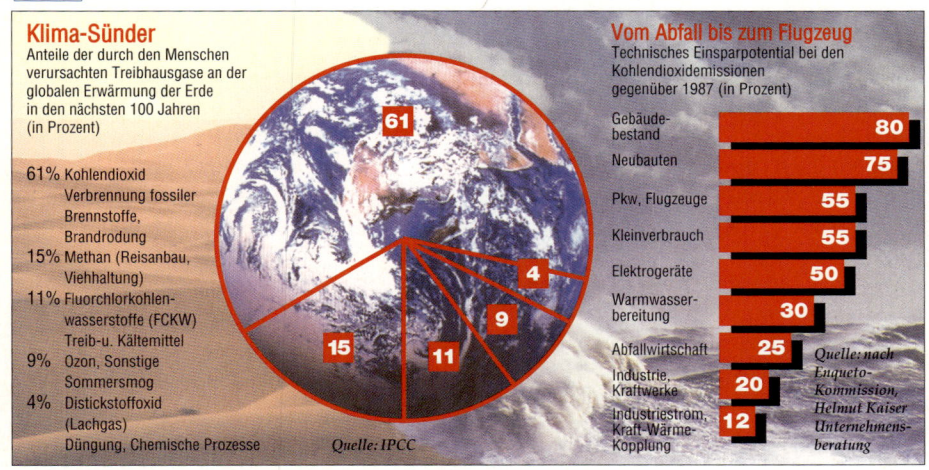

Klima-Sünder

Anteile der durch den Menschen verursachten Treibhausgase an der globalen Erwärmung der Erde in den nächsten 100 Jahren (in Prozent)

- 61% Kohlendioxid – Verbrennung fossiler Brennstoffe, Brandrodung
- 15% Methan (Reisanbau, Viehhaltung)
- 11% Fluorchlorkohlenwasserstoffe (FCKW) Treib- u. Kältemittel
- 9% Ozon, Sonstige Sommersmog
- 4% Distickstoffoxid (Lachgas) Düngung, Chemische Prozesse

Quelle: IPCC

Vom Abfall bis zum Flugzeug

Technisches Einsparpotential bei den Kohlendioxidemissionen gegenüber 1987 (in Prozent)

Bereich	%
Gebäudebestand	80
Neubauten	75
Pkw, Flugzeuge	55
Kleinverbrauch	55
Elektrogeräte	50
Warmwasserbereitung	30
Abfallwirtschaft	25
Industrie, Kraftwerke	20
Industriestrom, Kraft-Wärme-Kopplung	12

Quelle: nach Enquete-Kommission, Helmut Kaiser Unternehmensberatung

Arbeitsvorschläge

Versuchen Sie bei diesem „Zukunftsproblem der Menschheit" folgende Fragen zu klären:

1. Erklären Sie die Begriffe „Klima", „Treibhauseffekt" und „zusätzlicher Treibhauseffekt" (M 6, M 10).

2. Was kann man aus der Klimakurve M 8 lernen? Versuchen Sie eine Interpretation der Kurve anhand der dort verzeichneten geschichtlichen Ereignisse.

3. Welches sind die Ursachen der Klimaveränderungen (M 11, M 10)? Stellen Sie in einer Tabelle die wichtigsten Treibhausgase und ihre Verwendungen zusammen und überlegen Sie, inwieweit Sie selbst Verursacher sind.

4. Welches sind die möglichen Folgen der Klimaveränderungen (M 10)? Versuchen Sie, diese Folgen auf Ihre eigenen Lebensumstände zu beziehen. Was würde sich bei Ihnen ändern, wenn die genannten Folgen alle einträfen?
Skizzieren Sie Grundlagen einer Klimaschutzpolitik (M 10).

Hinweis:
Reichhaltiges Material hierfür bekommen Sie im Internet u. a. beim Umweltbundesamt (www.umweltbundesamt.de).

Tipp

Etwa 20% der Treibhausgase werden in Deutschland vom Straßenverkehr verursacht. Deshalb:

Geh´ zu FUSS sooft es geht!

Land unter! Was tun?

Was gehen mich die Malediven an, werden Sie vielleicht sagen, wenn Sie die nebenstehenden Texte lesen und von dem verzweifelten Hilferuf des Präsidenten dieser wunderschönen Inseln hören, die ich – und Sie wahrscheinlich auch – nur von schönen Urlaubsprospekten kenne.

Aber was würden Sie sagen, wenn die Existenz der Ostfriesischen Inseln ebenfalls bedroht wäre? Nun – genau dies ist der Fall. Das Staatliche Amt für Insel- und Küstenschutz in Norden (Ostfriesland) befürchtet, dass der Anstieg des Meeresspiegels und die Sturmfluten, die immer häufiger und stärker auftreten, zu einer vernichtenden Orkanflut führen könnten, die diese Inseln wegspült. Dann wären auch die Deiche und Schutzküsten des Festlands in Gefahr.

Ja, es gibt sogar Berechnungen, wonach – je nach Höhe des Anstiegs des Meeresspiegels – die deutschen Küstenstädte wie Hamburg und Bremerhaven nicht mehr gesichert werden könnten.

Doch wir wissen inzwischen
– welche Treibhausgase die globale Erwärmung verursachen,
– von welchen Verursachern diese Gase in die Atmosphäre geblasen werden und
– was man dagegen tun könnte.

Warum tun wir dann nichts?

Die Klimakatastrophe hat wie kein anderes Ereignis der letzten Jahre deutlich gemacht, wie sehr das Wohl und Wehe der Menschen weltweit voneinander abhängt. Sowohl die Ursachen als auch die Folgen der Klimaveränderungen greifen weit über die nationalen Grenzen und Zuständigkeiten der einzelnen Staaten hinaus. Die Welt ist – so wird diese Situation oft beschrieben – ein „globales Dorf" geworden. Diese Einsicht hat die Staaten dazu geführt, auf internationalen Konferenzen die Situation zu erörtern und nach gemeinsamen Wegen aus der drohenden Katastrophe zu suchen. Dies wurde zum ersten Mal auf der internationalen Umweltkonferenz in Rio 1992 versucht. Vor allem die Industriestaaten, die die Hauptverursacher der weltweiten Luftverschmutzung mit Klimagasen sind, haben sich verpflichtet, entsprechende Maßnahmen in ihren Ländern zu ergreifen. Die Bundesrepublik hat hierbei so etwas wie eine Vorreiterrolle übernommen und gilt international als Musterknabe im Umweltschutz. Deshalb sollte im März 1995 eine sogenannte „Überprüfungskonferenz" in Berlin stattfinden (Berliner Klimagipfel), um eine erste Bilanz zu ziehen und weitere Maßnahmen zu beschließen. Die Bundesrepublik ist einer der wenigen Staaten, die zugesichert haben, von 1987 bis 2005 die CO_2-Emissionen um 25 – 30% zu senken. 14% davon waren bis 1995 geschafft, z.T. allerdings durch die Einbeziehung der ehemaligen DDR, wo sehr viele klimabelastende Betriebe (z.B. Braunkohle-Kraftwerke) stillgelegt wurden, z.T. aber auch durch strenge Abgasbestimmungen. Ob die restlichen 10 – 15% auch geschafft werden, ist sehr fraglich und hängt sehr von weiteren Maßnahmen der Umweltpolitik ab.

M 12 Inseln unter dem Meer

Höhere Temperaturen, ob durch zu viel Kohlendioxid bewirkt oder durch eine Laune der Natur, könnten auf dreierlei Weise dazu beitragen, dass flache Inseln langfristig von der Wasseroberfläche verschwinden:
– Erhöht sich die Durchschnittstemperatur des Wassers, wird die kritische Marke von 27 Grad Celsius öfter erreicht.
– Dadurch vergrößert sich schlagartig das Risiko von Zyklonen, tropischen Wirbelstürmen mit ihrer ungeheuren Zerstörungskraft.
– Die Polkappen schmelzen. Gewaltige Mengen von zu Wasser gewordenem Eis lassen weltweit die Pegel steigen.
– Wärmeres Wasser dehnt sich aus, der Wasserspiegel steigt auch aus diesem Grund.

Die Zusammenhänge sind unter Wissenschaftlern gleichwohl noch äußerst umstritten. Doch wenn ein Temperaturanstieg stattfindet sind die kleinen Inseln bedroht. Neben kontinentalem Flachland wie Bangladesch werden die Malediven im Indischen Ozean als erste Opfer bei einem eventuellen Anstieg des Meeresspiegels gehandelt.

Text u. Bild: Wochenpost Nr. 9 v. 23.02.1995, S. 32 (gekürzt)

M 13 Sind die Ostfriesischen Inseln noch zu retten?

Die Existenz der Ostfriesischen Inseln ist bedroht. Der Anstieg des Meeresspiegels und die Sturmfluten, die immer häufiger und stärker auftreten, könnten zu einer vernichtenden Orkanflut eskalieren, befürchtet das Staatliche Amt für Insel- und Küstenschutz. [...]

Ökologische Briefe Nr. 7 v. 15.02.1995, S. 9

Die Klimakatastrophe (2)

M 14 Warnung vor „kulturellem Völkermord" auf dem Weltklimagipfel in Kyoto

Den Bewohnern der winzigen Pazifikinsel Nauru steht durch die Klimaerwärmung und die Erhöhung des Meeresspiegels das Wasser bis zum Hals. Sollten die Industrieländer auf der Weltklimakonferenz wegen ihrer Wirtschaftsinteressen keine drastische Reduzierung der Treibhausgase beschließen, begingen sie „kulturellen Völkermord" an den ohnmächtigen Inselbewohnern, erklärte der Präsident von Nauru, Kinza Clodumar, gestern vor den Delegierten in Kyoto. „Wir sitzen in der Falle. Hinter uns Ödland und vor uns die schreckliche Flut biblischen Ausmaßes", sagte Clodumac. Mit seiner Rede versuchte er, die Konferenzteilnehmer wachzurütteln. „Keine Nation hat das Recht, fehlgeleiteten Egoismus vor das physische und kulturelle Überleben ganzer Länder zu stellen". 10 000 Menschen leben auf der nur 75 Quadratkilometer großen Insel Nauru im Westpazifik: Die Küstenregion, in der sie siedeln, liegt nur zwei Meter über dem Meer. Die Inselstaaten des Pazifiks gehören seit Jahren zu den größten Befürwortern einer einschneidenden und rechtlich bindenden Reduzierung der Treibhausgase, die für Klimaerwärmung verantwortlich gemacht werden. Eine Einigung in Kyoto auf verbindliche Maßnahmen ist bislang durch den Streit zwischen der Europäischen Union und den USA verhindert worden. Die USA wollen die Emissionen zwischen 2008 und 2012 auf das Niveau von 1990 einfrieren. Die EU fordert eine 15-prozentige Reduzierung des Treihausgas-Ausstoßes bis 2010 … Die USA setzen sich stark für einen Handel von Reduktionsgutscheinen für Treibhausgase ein. Dabei können sich die Industrieländer von ihren Reduktionsverpflichtugnen freikaufen.

Nach dpa und AP in: Neue Westfälische vom 9. Dezember 1997

M 15 Aus dem „Globalen Ökologischen Marshallplan"

Wir regen an:

1. Eine ökologische Steuerreform als Voraussetzung einer ökosozialen Marktwirtschaft.
2. Anreize zu einem effizienten Energiesparen durch Energiesteuern und entsprechend niedrigeren Lohnnebenkosten.
3. Konkrete Maßnahmen zur Reduktion der CO2-Treibhausgase hauptsächlich im Verkehr und in Gebäuden.
4. Eine zweckgebundene Klimaschutzabgabe, um in- und ausländische Umweltschutzprogramme finanzieren zu können.
5. Statt Atomkraft und Kohle müssen künftig erneuerbare Energien aus Sonne, Wind, Wasser und Biomasse entschieden gefördert werden.
6. Die Wirtschaft orientiert sich konsequent an Naturkreisläufen. Das erfordert Abfallvermeidung, Abfallrücknahme und Verwertung durch die Hersteller.
7. Die Beendigung des Wachstumszwangs. Das bisherige Bruttosozialprodukt soll durch ein Ökosozialprodukt neu bewertet werden.
8. Durch Ausbau der öffentlichen Verkehrssysteme mindestens 3/4 des heutigen individuellen Autoverkehrs überflüssig zu machen und damit Hunderttausende von Arbeitsplätzen zu schaffen. Es gibt keine Energiewende ohne Verkehrswende.

Unser Ziel ist: In Deutschland eine Million Unterschriften für die Politik des „Ökologischen Marshallplans" bis zum Klima-Gipfel der UN Ende März 1995 in Berlin! In vielen anderen Ländern starten jetzt ähnliche Initiativen.
Keine Bundesregierung wird an dieser klaren Willensbekundung von unten vorbeiregieren können. Wir müssen in der Umweltpolitik deutlich machen: **„WIR SIND DAS VOLK"**. Die Politiker sollen wissen: Eine Umweltbewegung formiert sich quer durch alle parteipolitischen Fronten. Es geht um das Überleben der Generation nach uns.

Wochenpost Nr. 9 v. 23.02.1995, S. 32

Arbeitsvorschläge

1. Erklären Sie anhand von M 12 den Zusammenhang zwischen dem Treibhauseffekt und dem Ansteigen des Meeresspiegels.

2. Diskutieren Sie anhand von M 12, M 13 und M 14 über das Problem der durch die Klimakatastrophe bedrohten Inseln.
Was glauben Sie, werden die Menschen empfinden, wenn Sie diese Inseln, auf denen sie seit Generationen gelebt haben, verlassen müssen? Wie werden Sie reagieren, was werden sie sagen?

3. Überlegen Sie, inwiefern Sie selbst durch Ihren Lebensstil und Ihr Alltagsverhalten zur Klimaerwärmung beitragen. Prüfen Sie den Maßnahmenkatalog in M 15 und überlegen Sie, wie sich diese Maßnahmen auf unser Leben auswirken würden. Wären Sie bereit diese Konsequenzen mit zu tragen? Würden Sie den Aufruf unterschreiben?

Menschen auf der Flucht

Die BBC in London hat 1990 einen Aufsehen erregenden Film mit dem Titel „Der Marsch" gedreht, der bei den Landeszentralen für politische Bildung ausgeliehen werden kann. Er erzählt die Geschichte einer Flucht von Tausenden von Menschen aus dem Sudan nach Europa. Dort ist der Boden unfruchtbar, das Wasser versiegt und die Landwirtschaft am Ende. Allen droht der Hungertod. Die Überlebenden haben nichts zu verlieren und hoffen, in Europa eine neue Heimat und Lebensperspektive zu finden. Über Nacht landen sie auf Flößen, Booten und Schiffen an den Mittelmeerküsten Europas. Europa ist in höchster Aufregung und man berät in einer eilig einberufenen Krisensitzung der EU, was zu tun sei. Es kommt zur dramatischen Zuspitzung der Situation. Der Film lässt das Ende offen und überlässt es uns, über eine solche Zukunftsperspektive nachzudenken. Sie sollten sich vor der Durcharbeitung dieses Kapitels unbedingt diesen Film ansehen. Ich glaube, über eines müssen wir uns klar werden: Wir werden uns – ob es uns gefällt oder nicht – daran gewöhnen müssen, dass Menschen aller Nationen und Hautfarben zu uns kommen und hier arbeiten und leben möchten, weil sie in ihren Ländern aus ökonomischen, ökologischen oder politischen Gründen keine Existenzmöglichkeit mehr finden. Die Politiker müssen allerdings eine Lösung für die Frage finden, nach welchen Kriterien Menschen bei uns Zuflucht finden können bzw. wieder „abgeschoben" werden dürfen.

14 Millionen Deutsche traf als Folge der Hitler-Diktatur und des verlorenen Krieges das Schicksal von Verfolgung und Vertreibung. Mehr als 100 Millionen Menschen leben heute aus politischen, ökonomischen oder ökologischen Gründen in einem Land fern ihrer Heimat: immerhin zwei Prozent der Weltbevölkerung. Hinzu kommen technische Großkatastrophen wie z. B. der Reaktorunfall in Tschernobyl, der ein Gebiet so groß wie die Bundesrepublik auf hunderte von Jahren atomar verseucht hat. Zunehmend zerstören Überschwemmungen, Versteppung und Ausbreitung der Wüsten den Lebensraum ganzer Gebiete und Völker: Allein während der großen Dürre der Jahre 1968 bis 1973 dehnte sich die Sahara um bis zu 100 Kilometer nach Süden in die Sahelzone aus. Die gleichen Ursachen vertreiben Menschen innerhalb ihres Heimatlands. Mindestens 20 Millionen Binnenflüchtlinge gibt es weltweit, die Hälfte davon in Afrika. Ein neues, riesiges Flüchtlingspotenzial birgt Osteuropa: Nach einer Umfrage der EU vom Februar 1993 wollen fast 20 Millionen Osteuropäer zumindest „wahrscheinlich" nach Westeuropa auswandern. Wie lange können sich die reichen Nationen der Welt als „Wohlstandsinseln" gegenüber den hungernden, heimatlosen, existenzsuchenden Menschen und Völkern dieser Erde abschotten und ihren Wohlstand verteidigen? Das ist eine der Schicksalsfragen der Menschheit für das kommende Jahrhundert.

M 16 Migration – was ist das eigentlich?

Migration ist kein neues Phänomen. Wie ein roter Faden zieht sich durch die Geschichte der Menschheit die Spur derer, die ihren Wohnort verlassen, um in der Fremde ein besseres Auskommen, eine neue Heimat zu finden. Auch wenn die Dimensionen von Wanderbewegungen heute sich von denen der früheren unterscheiden, so sind doch die Gründe für das Verlassen der vertrauten Umgebung ähnlich: existentielle Ängste und Bedrohungen ebenso wie die Hoffnung auf eine bessere Zukunft. Zwar wird terminologisch (begrifflich) und juristisch zwischen politischen, wirtschaftlichen oder religiösen Motiven unterschieden, aber eine klare Abgrenzung ist schwierig. Wer keine Arbeit finden kann, keinen Lohn erhält, aus welchen Gründen auch immer, ist finanziell und sozial gefährdet. Unter den Deutschen, die in den fünfziger Jahren des 19. Jahrhunderts in die Vereinigten Staaten auswanderten, waren viele Demokraten und Republikaner der 48er Revolution. Doch nicht nur politische Motive, auch wirtschaftliche Nöte konnten den Entschluss zur Auswanderung auslösen. Auch in der Auswanderungsgeschichte osteuropäischer Juden lässt sich erkennen, dass das Zusammentreffen mehrerer Faktoren den Entschluss begünstige, die Heimat zu verlassen: In Europa Pogrome (Hetze), eine unsichere rechtliche und soziale Lage, aus den Vereinigten Staaten Nachrichten über den „American dream", die Chance, unabhängig und reich zu sein.

Landeszentrale für politische Bildung Baden-Württemberg: Migration. 1/1994, S. 3

M 17

DIE ZEHN GRÖSSTEN HERKUNFTSLÄNDER VON FLÜCHTLINGEN	
Herkunftsland	**Flüchtlingszahl**
Afghanistan	2.700.000
Ruanda	1.800.000
Liberia	785.600
Somalia	526.000
Eritrea	426.000
Sudan	398.000
Sierra Leone	325.400
Bosnien-Herzegowina	320.000
Aserbaidschan	299.000
Angola	283.900

Zeitlupe 32/96, S. 11

Das Migrationsproblem

M 18

Zuflucht in Deutschland

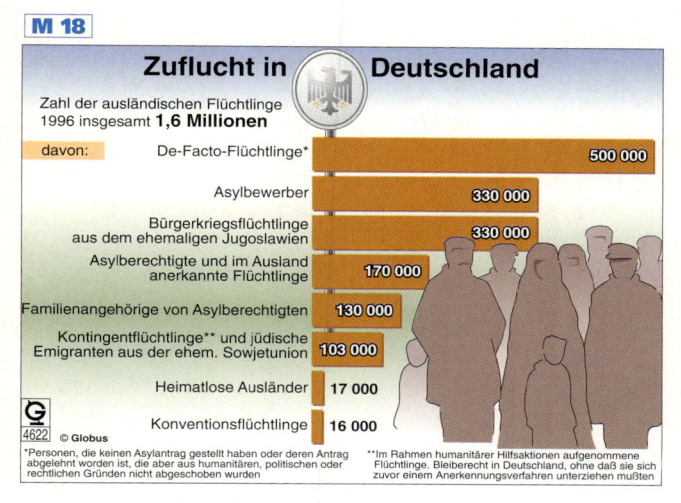

Zahl der ausländischen Flüchtlinge 1996 insgesamt **1,6 Millionen**

davon:
- De-Facto-Flüchtlinge*: 500 000
- Asylbewerber: 330 000
- Bürgerkriegsflüchtlinge aus dem ehemaligen Jugoslawien: 330 000
- Asylberechtigte und im Ausland anerkannte Flüchtlinge: 170 000
- Familienangehörige von Asylberechtigten: 130 000
- Kontingentflüchtlinge** und jüdische Emigranten aus der ehem. Sowjetunion: 103 000
- Heimatlose Ausländer: 17 000
- Konventionsflüchtlinge: 16 000

© Globus 4622

*Personen, die keinen Asylantrag gestellt haben oder deren Antrag abgelehnt worden ist, die aber aus humanitären, politischen oder rechtlichen Gründen nicht abgeschoben wurden.
**Im Rahmen humanitärer Hilfsaktionen aufgenommene Flüchtlinge. Bleiberecht in Deutschland, ohne daß sie sich zuvor einem Anerkennungsverfahren unterziehen mußten.

Doch ist die Forderung nach Beseitigung von Fluchtursachen realistisch? Migrationsexperten argumentieren, dass der krisenhafte Spaltungsprozess der Welt so dramatisch ist, dass die immer wieder erhobene Forderung nach Beseitigung der Fluchtursachen „gedankenlos" und illusorisch ist.

epd Dritte Welt Information 14/93 August 1993, S. 1

ASYL ist MENSCHENRECHT

M 19 Fluchtursachen und ihre Bekämpfung

„Fluchtursachenbekämpfung" ist das neue, viel gebrauchte Stichwort der Entwicklungspolitiker. Mit Entwicklungspolitik, heißt es gleich lautend in allen Parteien, müssten die Ursachen von Flucht und Migration bekämpft werden. Die reichen Industriestaaten tragen auf vielfältige Weise zu den heutigen Wanderungs- und Fluchtbewegungen bei: Durch die Machtverteilung in der Weltwirtschaft, durch die privilegierte (*bevorzugte*) Ausbeutung von Ressourcen, durch das „Aufladen" von Regionalkonflikten mit Waffenlieferungen.

Flüchtlings-, Menschenrechts- und Nord-Süd-Organisationen fordern deshalb von den Industrieländern einen wirksamen Beitrag zur Lösung des Weltflüchtlingsproblems. Als Voraussetzung wird eine international neu ausgerichtete Politik der Industriestaaten eingeklagt, die dazu beitragen kann, die globale Apartheid (*Trennung*) zwischen Süd und Nord zu überwinden.

Die Bekämpfung von Fluchtursachen ist mittlerweile ein vorrangiges Ziel der Bundesregierung. Ein entsprechendes „Flüchtlingskonzept" liegt vor: Vorbeugende Maßnahmen in den Herkunftsländern sollen Alternativen zur Aus- und Weiterwanderung nach Deutschland bereitstellen. Bereits hier lebende Flüchtlinge sollen freiwillig wieder gehen. Dafür will ihnen der deutsche Staat Starthilfen im Herkunftsland geben.

M 20 Jeder kann helfen

Ingrid stammt aus einer Flüchtlingsfamilie. Ihr Vater ist Kroate. Vor 17 Jahren verweigerte er den Kriegsdienst in Jugoslawien und flüchtete mit seiner Frau nach Deutschland. Kurz danach wurde Ingrid hier geboren. „Hallo, ich heiße Ingrid und bin 17 Jahre alt. Da wir in der Schule eine Auffangklasse mit Schülern aus verschiedenen Ländern haben (v.a. Bosnien) und ich die kroatische Sprache spreche, helfe ich in der Klasse mit, indem ich beispielsweise zwischen den Schülern und dem Lehrer vermittle oder ihnen gegebene Aufgaben in ihre Sprache übersetze. Da ich mit einigen auch privat zusammen bin, hatte ich die Gelegenheit, sie mal zu fragen, was ihnen hier gefällt und was nicht und was sie sich noch wünschen würden. Stjepana sagt, es gefiele ihnen nicht, wenn sie jemand anspricht und sie nicht richtig antworten können. Sie möchten mehr deutsch lernen und mehr Kontakt zu deutschen Schülern haben; das aber geht nur, wenn wir ihnen dabei helfen. Man muss nicht unbedingt ihre Sprache sprechen, man muss sich nur Zeit nehmen und Lust dazu haben, dann geht alles wie von selber." Warum macht Ingrid das? „Es macht mir Spaß, anderen etwas beizubringen. Vielleicht werde ich ja mal Lehrerin. Außerdem erzählen mir die Schüler so viel Persönliches, das ist auch eine Bereicherung für mich."

Zeitlupe 32/1996, S. 22

Arbeitsvorschläge

1. Warum fliehen Menschen? Stellen Sie die in M 16 - M 19 genannten Fluchtursachen zusammen und versuchen Sie, weitere Gründe dafür zu finden, dass Menschen ihre Heimat verlassen.

2. Diskutieren Sie über die Argumentation in M 19 zur „Fluchtursachenbekämpfung"! Teilen Sie die pessimistische Position des Autors? Soll und kann Deutschland noch mehr Migranten aufnehmen?

3. Überlegen Sie am Beispiel von M 20, wie Sie einen persönlichen Beitrag zur Flüchtlingsproblematik in unserem Lande leisten könnten.

4. Vorschlag zur Gruppenarbeit
Oft sagen Menschen bei uns: „wenn das und das passiert, dann wandere ich aus"! Welche Umstände könnten Sie dazu veranlassen, Deutschland zu verlassen? Wohin würden Sie dann gerne auswandern? Vergleichen Sie die Ergebnisse der einzelnen Gruppen und versuchen Sie, sich über die Kriterien Ihrer Entscheidungen zu verständigen.

Noch nicht entdeckt und schon ausgestorben

248

In Frankfurt erschien 1961 ein Buch mit dem Titel: „Die Schmetterlinge von Frankfurt am Main und Umgebung". Dort wurden mit Bild, Flugzeiten und Standorten noch 803 Arten „Tagfalter" aufgelistet. 30 Jahre später haben Biologen im gleichen Raum nur noch 19 Tagfalterarten gefunden.
Schauen Sie doch einmal selbst, wenn Sie im Garten oder im heimischen Umland spazieren gehen. Wie viel Schmetterlinge sehen Sie dort und wie heißen sie? Wetten, dass Sie außer „Kohlweißling", „Zitronenfalter" und vielleicht noch „Pfauenauge" nicht viel mehr finden?
Gehen Sie einmal in ein Naturkundemuseum und schauen Sie sich die Prachtexemplare an, die dort aufgespießt und gut präpariert in den Schaukästen liegen. Wahrscheinlich haben Sie diese Tiere noch nie in der Natur gesehen und Sie werden sie vermutlich auch nie mehr sehen. Warum das Artensterben nicht nur ein Verlust an Schönheiten der Natur ist, sondern auch an zukünftigen Entwicklungsmöglichkeiten der Menschheit – das erfahren Sie auf dieser Doppelseite.
Wenn man das Verschwinden vieler Arten beklagt, dann bekommt man oft zu hören, das sei doch nicht so schlimm.

Jede Minute geht auf der Erde eine Pflanzensorte oder eine Tierart unwiederbringlich verloren. Im Jahr 2000 werden es fast eine Million sein. Das hat, wie die Klimakatastrophe und die Vernichtung der tropischen Wälder, die Menschheit aufgeschreckt. Ihr Überleben hängt auch von der Erhaltung der Artenvielfalt ab. Viele wertvolle Medikamente, chemische Produkte, aber vor allem auch wichtige Nahrungsmittel (Getreide, Obst, Gemüse usw.) werden aus der genetischen Substanz von Lebewesen gewonnen. Gehen diese Tiere und Pflanzen verloren, verlieren wir wertvolles Baumaterial für künftige Entwicklungen, die für den Fortbestand der Menschheit vielleicht sogar existenznotwendig werden.

M 21

Sag mir, wo die Arten ...

Etwa **95 Prozent**	aller existierenden Arten sind heute noch nicht erforscht.
Rund **1,7 Millionen**	Pflanzen- und Tierarten sind derzeit bekannt.
Zirka **42 000**	davon sind Wirbeltiere,
darunter **3 700**	Säugetier- und
etwa **8 600**	Vogelarten.
Mit über **760 000**	Spezies stehen die Insekten an der Spitze der Artenvielfalt.
Aber **30 Millionen**	Insektenarten können noch entdeckt werden, vermuten Wissenschaftler.
Allein auf **1 Hektar**	Regenwald in Peru wurden 41 000 Insekten gezählt.
20 Millionen Hektar	Regenwald werden jährlich vernichtet, mit ihm schwinden die Arten.
Mehr als **400 000**	Pflanzenarten wurden bisher bestimmt.
Von **80 000**	essbaren Pflanzenarten sind nur 20 für die Ernährung der Menschheit bedeutend.
Fast **1/3**	aller Pflanzen- und Tierarten werden bis Mitte des nächsten Jahrhunderts verschwunden sein, wenn nichts geschieht.
Rund **100 000**	Arten sind jedes Jahr dem Untergang geweiht, weil Menschen ihnen den Lebensraum wegnehmen.
Bis zu **50 000**	Tierarten verliert die Welt jährlich, vor allem, weil ihre Ökosysteme zerstört werden.
65 Millionen Jahre	nach dem Aussterben der Dinosaurier erlebt die Erde das größte Massensterben von Tieren und Pflanzen. B.S.

Quellen: UNEP, WWF, Zoologisches Institut der Universität Frankfurt

M 23 Schutz am Naturerbe

„Wenn es weltweit so wäre wie in Deutschland, könnten wir einpacken", sagt Dr. Heidrun Kleinert, Naturschutzreferentin des Bundes für Umwelt und Naturschutz Deutschland. (BUND), über die Zahl der gefährdeten und bedrohten Tierarten in der Bundesrepublik.
Nach den vom Umweltbundesamt veröffentlichten Daten zur Umwelt 1992/93 sind hierzulande beispielsweise 41 Prozent aller Säugetierarten und sogar 77 Prozent der Reptilien wie Schlangen und Echsen in ihrer Existenz bedroht. Dagegen nimmt sich die Situation der Tiere global gesehen weniger dramatisch aus: „Nur" 15 Prozent der Säuger und ganze fünf Prozent der Kriechtiere gelten der „Rote Liste" der International Union for Conservation of Nature and Natural Ressources (IUCN) zufolge als gefährdet oder bedroht.
Der Naturschutzbund Deutschland forderte daher kürzlich die reichen Länder auf, zunächst einmal in ihren eigenen Gebieten wirksam den Schutz der Arten, der Ökosysteme und der biologischen Prozesse zu betreiben. Erst dann könne man beispielsweise von den Tropenwaldländern den „Schutz ihres Anteils am Naturerbe verlangen". [...]

ÖKO-TEST-Magazin 10/94, S. 6

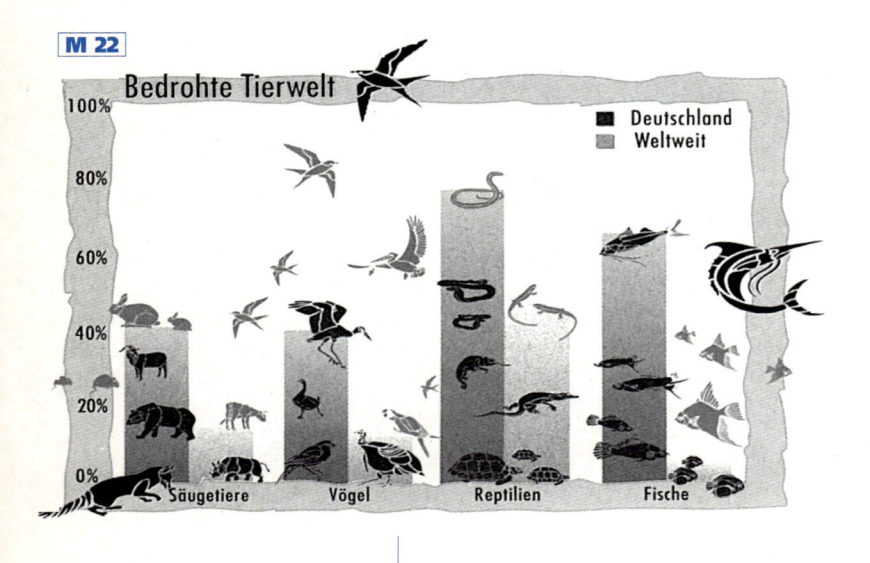

M 22 Bedrohte Tierwelt

Deutschland / Weltweit — Säugetiere, Vögel, Reptilien, Fische

Artensterben und Artenschutz

249

M 24 Artenschutz im Konflikt zwischen Nord und Süd

Der Süden fürchtet, seiner letzten Ressourcen beraubt zu werden. Ressourcen, für die der Norden nicht bezahlen will. Worum geht es? Darum, worüber in Rio nicht gesprochen wird, nämlich die Patentierung von Pflanzenarten und ihrer Gene, von Organismen und ganzen Lebewesen... Während das Rio-Thema, der Schutz der Artenvielfalt, bei niemandem umstritten ist, geht es hier um knallharte wirtschaftliche Interessen. Das Stichwort ist: Gen- und Biotechnologie, mit denen schon heute im Medikamenten- und Agrargeschäft Milliarden von Dollars gemacht werden. Diese sogenannte Zukunftswissenschaft ist von der Artenvielfalt nicht zu trennen.

Genmanipulationen, bei denen Gene verschiedener Arten und Sorten miteinander vermischt werden – um zum Beispiel Weizen zu züchten, der ein Vielfaches der früheren Erträge bringt – sind auch in Zukunft nur möglich, wenn die wilden genetischen Ressourcen erhalten bleiben. Zwei von drei dieser wilden Sorten werden im Süden des Planeten gefunden. Das war schon immer so. So stammen fast alle unsere Nahrungsmittel ursprünglich aus den Ländern, die heute in die Kategorie „Dritte Welt" fallen. 5 000 Jahre lang haben deren Bauern die Pflanzen so verfeinert, dass daraus hochwertige Produkte wurden, den Weizen wie den Reis, die Tomate wie die Kartoffel, den Kaffee wie den Kohl. Das gleiche schafft heute die Biotechnologie im Labor schnell und präzise. Dafür verlangt sie Geld, während jene, die seit Generationen für die Erhaltung der verwendeten Gene gesorgt haben, leer ausgehen. [...]

Frankfurter Rundschau Nr. 99 v. 28.04.1992, S. 6

M 25 Konvention über die biologische Vielfalt

Jüngstes Glied in der Kette der internationalen Artenschutzregelungen ist die Konvention zum Schutz der biologischen Vielfalt. Nach mehrjährigen Verhandlungen wurde diese Konvention rechtzeitig zur UN-Konferenz für Umwelt und Entwicklung im Juni 1992 in Rio de Janeiro fertiggestellt. Inzwischen haben 172 Staaten und die Europäische Union die Konvention unterzeichnet. Ziel der Konvention ist, weltweit den Schutz von Tier- und Pflanzenarten sowie ihre Lebensräume zu gewährleisten und den darin geborgenen genetischen Reichtum zu erhalten. Der Schutz der Arten soll sinnvoller Weise möglichst in ihren natürlichen Lebensräumen erfolgen. Hierzu müssen ausreichend große Schutzgebiete ausgewiesen werden. Neben Verpflichtungen zum Schutz der Arten in ihren Lebensräumen sind auch Schutzmaßnahmen außerhalb der Lebensräume, Überwachungsmaßnahmen, Umweltverträglichkeitsprüfung, verstärkte Forschung, Ausbildung und Bildung sowie die Nutzung der natürlichen Ressourcen nach dem **Prinzip der Nachhaltigkeit** (Erhalt der natürlichen Lebensgrundlagen für kommende Generationen) vorgesehen. Die Entwicklungsländer als Länder mit dem größten Anteil an der biologischen Vielfalt sollen durch verstärkte Zusammenarbeit, verbesserten Technologietransfer und zusätzliche finanzielle Hilfen bei der Durchführung des Übereinkommens unterstützt werden.

BMU Pressemitteilung Nr. 70/94 v. 25.11.1994, S. 3 f.

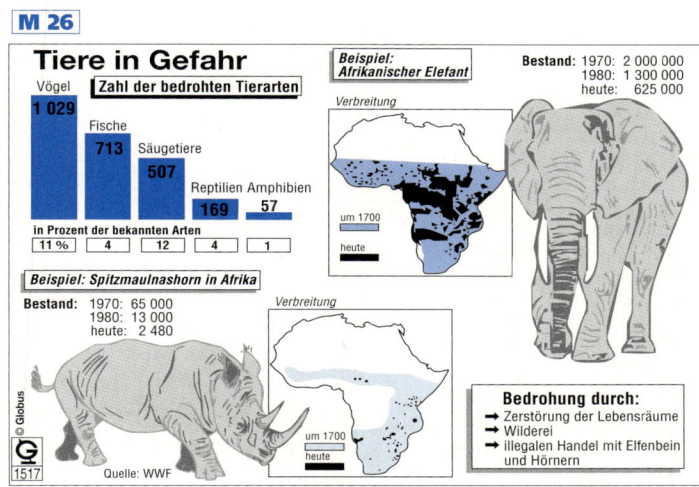

M 26

Tiere in Gefahr – Zahl der bedrohten Tierarten

	Vögel	Fische	Säugetiere	Reptilien	Amphibien
Anzahl	1 029	713	507	169	57
in Prozent der bekannten Arten	11 %	4	12	4	1

Beispiel: Spitzmaulnashorn in Afrika
Bestand: 1970: 65 000 / 1980: 13 000 / heute: 2 480

Beispiel: Afrikanischer Elefant
Bestand: 1970: 2 000 000 / 1980: 1 300 000 / heute: 625 000

Bedrohung durch:
→ Zerstörung der Lebensräume
→ Wilderei
→ illegalen Handel mit Elfenbein und Hörnern

Quelle: WWF / © Globus 1517

Es würde doch vollkommen reichen, wenn etwa 3 Getreidearten und vielleicht 5 Tierarten erhalten blieben, um uns auch in Zukunft gut zu ernähren. Alles andere könne wegfallen. Diese Sichtweise, die nur danach fragt, ob die Pflanzen und Tiere uns für irgend etwas „nützlich" sind, nennt man „anthropozentrisch" (Der Mensch sieht sich als Mittelpunkt der Welt und betrachtet die Natur als seine Verfügungsmasse). Dagegen steht die sogenannte „ökozentrische" Sichtweise. Sie gesteht der Natur und damit allen Pflanzen und Tieren ein Eigenrecht zu, das unabhängig vom Menschen besteht. Ich weiß nicht, ob Sie Verständnis für eine solche Position haben. Vielleicht sprechen Sie einmal darüber.

Arbeitsvorschläge

1. Diskutieren Sie über die Aussagen in M 21 sowie über die Schaubilder M 22 und M 26. Inwiefern sind die Zukunftsentwicklungen der Menschheit davon betroffen?

2. Überlegen Sie, welche politischen Konflikte sich durch den Artenschwund zwischen Nord und Süd nach M 23 und M 24 ergeben.

3. Welche Konsequenzen ergeben sich für die Bundesrepublik nach der Artenschutz-Konvention von 1992 in Rio im Hinblick auf das in M 25 genannte „Prinzip der Nachhaltigkeit"?

Projektidee

Planen Sie eine Exkursion in das nächste Naturkundemuseum und versuchen Sie anhand einer bestimmten „Art" (z.B. Käfer) den Artenschwund der letzten 30 Jahre festzustellen.
Sie können sich alternativ hierzu auch einen Experten eines örtlichen Naturschutzvereins einladen.

Die Bombe tickt –

Wissen Sie wie viele Menschen in einer Minute weltweit geboren werden?
Sie werden es kaum glauben, aber es sind fast 200 Menschen. So genau weiß man es nicht, weil es in vielen Ländern der Dritten Welt noch gar keine zuverlässigen Erfassungsmethoden und Statistiken über die Bevölkerungsentwicklung gibt.
Die Kurve der Bevölkerungsentwicklung weist ins Unendliche (vgl. M 27). In der Mathematik nennt man das eine „exponentielle" Entwicklungsreihe.
Sie geht nach dem Muster 1, 2, 4, 8, 16, 32, 64 usw. Das sind sieben Stellen. Rechnen Sie danach die nächsten sieben Stellen aus, dann wird ihnen schnell klar, was eine solche Entwicklung für den kleinen Planeten Erde bedeutet.
Und dass es sicher nicht falsch ist, wenn Experten meinen, dass dies das Zukunftsproblem Nr. 1 ist.

Schon die Zahl als solche ist erschreckend, aber noch problematischer wird diese Entwicklung, wenn man bedenkt, dass der weitaus größte Teil dieser Kinder in der Dritten Welt geboren wird. Das bedeutet eine völlige Veränderung der Verteilung der Menschheit auf der Erde (vgl. M 29). Überbevölkerung auf der Südhälfte der Erdkugel und aussterbende Völker im Norden – wahrlich keine erfreuliche Zukunftsperpektive.

Drohende Klimakatastrophe, Aussterben von immer mehr Tierarten, Verschwinden von Wäldern, Umweltverschmutzung, Raubbau an den Rohstoffreserven – ist das der Preis, den die Menschheit für ihr Wuchern zahlen muss? Denn anders als Wucherung ist das Wachstum der Erdbevölkerung kaum zu bezeichnen. Im Jahr 2010 wird es sieben Milliarden Menschen geben, fast viereinhalbmal so viele wie 100 Jahre zuvor. Um sie zu ernähren, zu kleiden, zu wärmen, vor den Unbilden des Wetters und des Klimas zu schützen und um sie mit den Gütern des technischen Fortschritts zu versehen, wird die Welt-Wirtschaftsleistung (die Gesamtproduktion von Gütern und Leistungen) im Jahr 2010 rund 24-mal so hoch liegen wie im Jahr 1900. Und um diese Güter und Leistungen hervorzubringen, wird der Energieverbrauch auf das Fünfzehnfache angestiegen sein – mit allen Folgen für die Umwelt: Vergiftete Luft, verschmutzte Gewässer, riesige Müllberge, radioaktive Abfälle und möglicher Treibhauseffekt durch das Verbrennungsprodukt Kohlendioxid. Die Welt steht vor dem ökologischen Kollaps. Der Schlüssel zur Lösung dieser Zukunftsprobleme der Menschheit liegt in der Eindämmung des Bevölkerungswachstums. Erste Erfolge einer wirksamen Bevölkerungspolitik zeichnen sich ab. Aber es gibt noch viel zu tun.

M 28 Entwicklung der Weltbevölkerung

Fast unmerklich hatte es angefangen: Rund zwei Millionen Jahre benötigte die Menschheit, bis sie - ca. im Jahr 1800 die Kopfzahl von einer Milliarde erreicht hatte. Nur 130 Jahre brauchte sie für die zweite Milliarde. Dann ging es immer fixer: 1960 lebten drei Milliarden Menschen auf der Erde, 15 Jahre später schon vier Milliarden. Der sechsmilliardste Erdbewohner wird wohl noch vor den Silvesterböllern des Jahres 1999 geboren. Seit drei Jahrzehnten gibt fast jede Volkszählung, jede Hochrechnung von Stichproben internationaler Organisationen wie Weltbank oder Uno-Behörden der düsteren Prognose Nahrung, dass die Menschen dem christlichen – und muslimischen – Gebot aufs Wort gehorchen: "Seid fruchtbar und mehret euch."
An Warnungen vor den Folgen der ungebremsten Zeugungslust hat es nicht gefehlt. Die Menschheit vermehre sich rascher als die Produktion von Nahrungsmitteln und müsse ihren Geschlechtstrieb beherrschen lernen, hatte der englische Forscher Robert Malthus schon 1789 gefordert. Zwei Jahrhunderte später empfahl der amerikanische Biologe Paul Ehrlich seinen Mitbürgern in aller Welt, "das Krebsgeschwür des Bevölkerungswachstums herauszuschneiden", sonst "vermehrt sich die Menschheit zu Tode".
Nun aber scheint der Marsch der Menschheit in den kollektiven Selbstmord gebremst – das signalisiert ein Report des Uno-Bevölkerungsfonds UNFPA, den derzeit eine Gruppe namhafter Demographen auswertet. Innerhalb von wenigen Jahren, so geht aus dem Uno-Bericht hervor, sind die Geburtenraten in aller Welt so schnell gesunken, dass eine Revision der bisherigen, apokalyptisch anmutenden Bevölkerungstheorien angebracht erscheint.

Der Spiegel 4/1998, S. 162

M 27
Mrd.

aus: Der Spiegel 19/88, S. 81

8000 v.Chr. | 7000 v.Chr. | 6000 v.Chr. | 5000 v.Chr. | 4000 v.Chr. | 3000 v.Chr. | 2000 v.Chr. | 1000 v.Chr. | Christi Geburt | 1000 n.Chr. | 2010 n.Chr.

Entwicklungen und Ursachen der Bevölkerungsexplosion

M 29

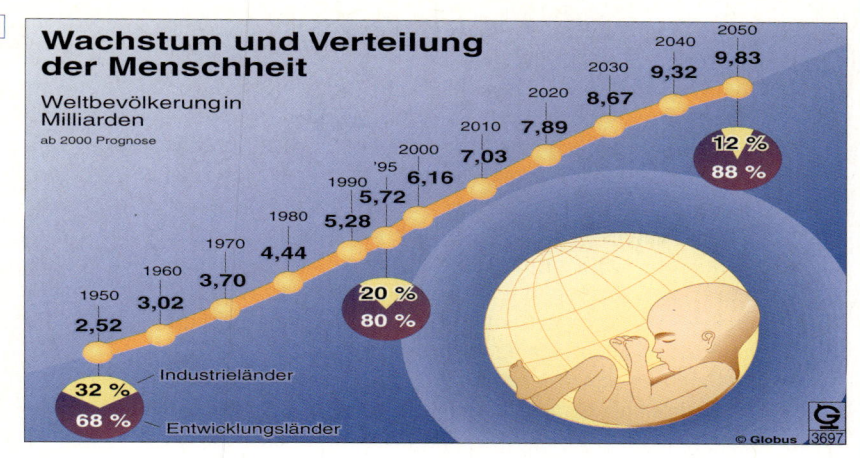

Wachstum und Verteilung der Menschheit

Weltbevölkerung in Milliarden
ab 2000 Prognose

- 1950: 2,52
- 1960: 3,02
- 1970: 3,70
- 1980: 4,44
- 1990: 5,28
- '95: 5,72
- 2000: 6,16
- 2010: 7,03
- 2020: 7,89
- 2030: 8,67
- 2040: 9,32
- 2050: 9,83

Industrieländer: 32 % / 20 % / 12 %
Entwicklungsländer: 68 % / 80 % / 88 %

© Globus 3697

M 30 Ursachen des Bevölkerungswachstums in den Entwicklungsländern

Das hohe und schnelle Bevölkerungswachstum in den Entwicklungsländern hat im Wesentlichen folgende Ursachen:
– die Sterblichkeit ist zurückgegangen, vor allem aufgrund der verbesserten gesundheitlichen und hygienischen Verhältnisse sowie besserer Ernährung der Bevölkerung;
– die Geburtenrate ist gleich geblieben bzw. nur geringfügig zurückgegangen. Die wesentlichen Gründe hierfür: Hohe Geburtenraten sind meist eine Begleiterscheinung von Armut. Gerade in Entwicklungsländern werden viele Menschen durch ihre schlechte wirtschaftliche und soziale Lage und das Fehlen sozialer Sicherungssysteme veranlasst, möglichst viele Kinder zu haben, die ihnen bei der Arbeit helfen und sie bei Krankheit und im Alter versorgen.
– Der Gesundheitszustand der ärmeren Bevölkerung ist schlecht und die Lebenserwartung niedrig. Wo die Kindersterblichkeit hoch ist, neigen Eltern dazu, für möglichst viele Nachkommen zu sorgen, um das Überleben einer Mindestzahl zu sichern.
– Frauen in Entwicklungsländern sind ... oftmals nicht in der Lage, frei und eigenverantwortlich über die Zahl ihrer Kinder und die Abstände der Geburten mitzuentscheiden.
– Es mangelt an Dienstleistungen der modernen Familienplanung, während gleichzeitig traditionelle Formen der Familienplanung verkümmerten;

– Die Mehrheit der Bevölkerung hat kaum Zugang zur Bildung;
Der hohe Anteil von Jugendlichen an der Bevölkerung in Entwicklungsländern führt auch bei sinkenden Fruchtbarkeitsziffern dazu, dass die Zahl der Geburten weiterhin hoch bleibt.
Alle Ursachen sind miteinander verknüpft.

Nach dem Förderkonzept Bevölkerungspolitik u. Familienplanung des BMZ 1994

M 31 Rückfragen aus der Dritten Welt

Ihr fordert, wir sollen das Bevölkerungswachstum stoppen,
- aber Ihr fragt nicht danach, warum wir so viele Kinder haben;
- aber Ihr schickt uns Pillen und Kondome, statt uns zu helfen, die Armut zu überwinden.
- aber Ihr seid nicht bereit, für unseren Kaffee, Tee, Baumwolle etc. angemessenere Preise zu bezahlen;
- aber Ihr wollt für uns die "Ein-Kind-Familie", damit Ihr Eure "Zwei-Autos-Familien" beibehalten könnt;
- aber Ihr wollt Euren Lebensstil nicht ändern, von dem Ihr wisst, dass er die Erde zerstört;
- aber Ihr seid viel zu sehr mit Euch selbst beschäftigt, um zu sehen, dass unsere und Eure Zukunft ein und dieselbe Sache sind.

Eine Welt für alle e.V.: Unterrichtsmaterialien zum Thema Weltbevölkerung, 1994, S. 4

Arbeitsvorschläge

Man muss das Prinzip der "Exponentialität" verstanden haben, um ermessen zu können, wie dramatisch die Bevölkerungsentwicklung auf unserem Planeten verläuft (vgl. **M 27**, **M 28**). Deshalb noch eine kleine Übung vorab:

1. Malen Sie auf einem Blatt Papier, das Sie sich als großen Teich vorstellen, eine kleine Seerose (ca. 1 cm^2). Diese Seerose verdoppelt sich jeden Tag. Wie sieht der Teich am 2.Tag, 4.Tag, 6.Tag usw. aus bzw. wann ist er zugewachsen und alle Pflanzen sterben ab, weil das Wasser biologisch "kippt"? Wie sieht es am Tag davor aus?

2. Eigentlich sollte man meinen, nur reiche Eltern können sich viele Kinder leisten, arme hingegen weniger. Warum ist es genau umgekehrt (**M 30**)?

3. Wer die Ursachen kennt, kann ein Problem auch wirksam bekämpfen. Überlegen Sie anhand von **M 30** und **M 31** durch welche Maßnahmen die Bevölkerungsentwicklung in der Dritten Welt gebremst werden kann. Beziehen Sie in Ihre Überlegungen auch die Entwicklung nach **M 29** mit ein.
Was können die reichen Länder des Nordens tun? Was müssen die Entwicklungsländer selber tun?

4. Nehmen Sie Stellung zu den kritischen "Rückfragen" aus der Dritten Welt (**M 31**).
Welche Argumente können Sie akzeptieren, welche nicht?

Ende oder Wende? Zukünfte der Menschheit

„Wer will, dass die Welt so bleibt, wie sie ist, der will nicht, dass sie bleibt"
Erich Fried

Ich will Ihnen bestimmt nicht Angst machen, aber ich kann Sie auch nicht der Illusion überlassen, wir – und damit meine ich die Menschheit insgesamt – könnten einfach so weitermachen, wie bisher. Und da es ja bisher ganz gut gegangen sei, müsse das auch in Zukunft so bleiben. Auf dieser Methodenseite möchte ich Sie mit den Ergebnissen von wissenschaftlichen Zukunftsforschern, insbesondere des Club of Rome (einem Zusammenschluss internationaler Wissenschaftler, Politiker und Industrieller) konfrontieren. Sie haben zum ersten Mal versucht, „Weltmodelle" der menschlichen Entwicklung zu konstruieren, um möglichst exakt mit Hilfe von Computersimulationen herauszufinden, wie die Welt in 20, 30 und mehr Jahren aussehen wird. Das Interessanteste hierbei ist die Erkenntnis, dass es nicht nur eine, sondern viele Zukünfte gibt. Und wie bei der Szenario-Methode (vgl. S. 132 f.) gibt es auch hier eine bestmögliche und eine schlechtestmögliche aller denkbaren Zukünfte (vgl. die Grafiken Zukunft I und II).

Alle Ziele und Maßnahmen, die darauf gerichtet sind, für uns und kommende Generationen die bestmögliche Zukunft zu sichern, werden heute unter dem Begriff „Zukunftspolitik" zusammengefasst. Auch Sie sind aufgerufen, Ihren Beitrag zu einer sicheren und lebenswerten Zukunft für alle zu leisten.

Langer in: Rhein. Merkur v. 31.7.81

Es klingt vielleicht ungewöhnlich, aber wir müssen uns angewöhnen, von der Zukunft im Plural zu sprechen. Es gibt nicht nur eine, sondern viele „Zukünfte". Und im Grunde können wir heute etwas tun, was noch vor wenigen Jahrzehnten für unmöglich gehalten wurde: Wir, d. h. die Menschheit im Ganzen, können wählen, welche Zukunft wir haben wollen. Denn so, wie wir über die Mittel verfügen, die Welt 1000fach zu zerstören, so besitzen wir auch das Wissen und die Technik, aus dieser Erde ein Paradies zu machen, also eine Welt, in der alle Menschen frei von Hunger, Angst und Not leben können. 1972 hat der Zukunftsforscher Dennis Meadows ein Buch mit dem Titel „Die Grenzen des Wachstums" geschrieben, das in 29 Sprachen übersetzt und damit ein Weltbestseller wurde. Zwanzig Jahre danach haben Meadows und seine Mitarbeiter die Weltmodelle mit der Methode der Systemanalyse neu gerechnet und damit folgende Fragen diskutiert:
– Welche Grenzen sind heute bereits überschritten?
– Welche Gefahren signalisieren die Warnzeichen aus der Biospähre?
– Welche Chancen bleiben, um einen globalen Zusammenbruch abzuwenden?

M 33 Ende oder Wende?

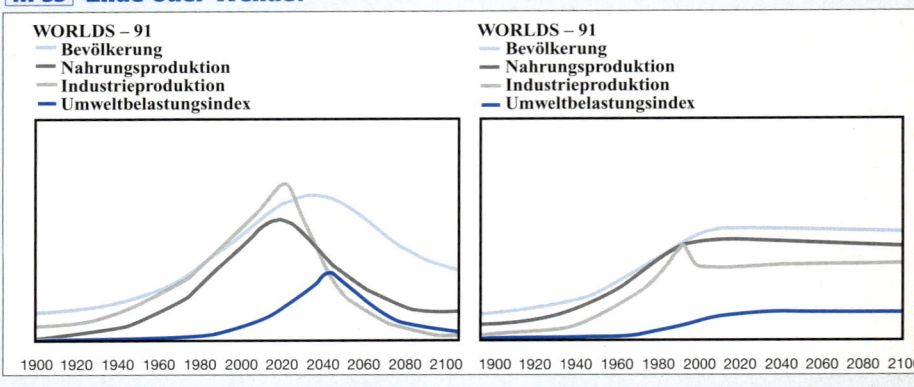

Zukunft I: Der Zustand der Welt, wenn sich die Menschheit so verhält wie bisher. Sinkende Industrie- und Nahrungsproduktion führen am Ende zum Kollaps.

Zukunft II: Geburtenkontrolle, Umweltschutz und verringerte Industrieproduktion ab 1995 bewirken, dass die Welt in einen stabilen Zustand gerät.

M 34 Wie wird die Menschheit in Zukunft leben?

Vor einigen Jahren glaubten die Forscher schon, die Antwort gefunden zu haben. Sie schufen hochkomplexe Computersimulationen, die in der Lage waren, die wichtigsten globalen Trends zu berechnen. Sie nannten ihre Werke „Weltmodelle". Es war der grandiose Versuch, die Zukunft in Daten, Gleichungen und Regelkreise zu packen. Die Jagd nach der Zukunft hatte vor zwanzig Jahren mit einem großen Knall begonnen. 1972 verkündeten die Schlagzeilen der Weltpresse: „Studie erkennt Katastrophe um 2100", „Computer berechnet Zukunft und gerät ins Zittern", „Wissenschaftler warnen vor Weltkatastrophe". [...]
Der legendäre erste Bericht des **Club of Rome** eröffnete die Debatte um die Zukunft der Welt. Regierungen und internationale Gremien können sich seither nicht mehr vor den globalen Themen verstecken. Ein einziges Buch hat die Probleme benannt, von deren Lösung das Schicksal der Menschheit abhängt: Bevölkerungswachstum, Nahrungsmittelproduktion, Rohstoffvorräte, industrielles Wachstum, Wohlstandsgefälle und Umweltverschmutzung [...]
Die größte Konferenz aller Zeiten, der **Umweltgipfel in Rio 1992**, ist deshalb auch eine Konsequenz der Studie von 1972. Der Berliner Politikwissenschaftler Ossip K. Flechtheim ... schätzt, dass es inzwischen über hundert verschiedene Weltmodelle gibt, die grundlegende Aussagen zur heutigen und zur zukünftigen Lage der Menschheit ermöglichen sollen. [...]

Kybernetik – Systeme – Vernetzung

M 35 Kybernetik und Systemdenken

Die Meadows und viele andere Zukunftsforscher sind **Kybernetiker**. Das Wort Kybernetik kommt aus dem Griechischen und bedeutet zunächst die Kunst des Steuermanns, ein Schiff zu lenken. Im übertragenen Sinn ist Kybernetik die Wissenschaft von der Struktur und der Steuerung von **Systemen**. Alles mögliche kann als System definiert werden: ein Mensch, ein Teich, eine Stadt, eine Firma, ein Land oder die ganze Welt. Die entscheidende Frage dabei: Ist das System in der Lage, sich selbst zu erhalten oder tendiert es dazu, sich aufzulösen? Um das zu beantworten, ist es nötig zu wissen, welchen Einflüssen das System von außen und von innen ausgesetzt ist. Schon bei relativ kleinen und überschaubaren Systemen zeigt sich allerdings, dass jeder Einfluss, jeder „Input", nicht nur eine, sondern mehrere Wirkungen hat. Jede Nebenwirkung ist aber auch selbst wieder ein Input und löst mehrere Reaktionsketten aus. Den Überblick zu bewahren, ist kaum möglich. [...]

Ein **Szenario** für die Stadt Paderborn im Jahr 2000 ist sicher nicht so spektakulär wie die Vision der Welt im Jahre 2100 – doch die Bewohner der Stadt Paderborn können sehr viel mehr mit der **„kleinen"** Zukunft anfangen. Sie können vielleicht bestimmte Weichen stellen, damit ihre Stadt eine gewollte Zukunft erreicht und eine nicht-gewollte Zukunft vermeidet. Zukunftsforscher basteln heute an **„wünschbaren Zukünften"**. Die Szenarios eines sauberen Rheins, einer autofreien Stadt, einer neuen Industrie im Kohlenpott sind wünschenswerte Zukünfte. Wenn es den Futurologen gelingt, diese Visionen plausibel zu formulieren, dann können sie damit den Effekt einer **Prognose** erreichen, **die sich selbst erfüllt** („Self-fulfilling prophecy"). Denn die Paderborner könnten ja Gefallen an diesem positiven Szenario entwickeln und damit beginnen, Umgehungsstraßen zu bauen, den öffentlichen Nahverkehr zu fördern und vieles mehr. Auch könnten die Manager der chemischen Industrie nach Lektüre des Zukunftsentwurfs feststellen, dass die Reinhaltung des Flusses praktikabel und wünschenswert ist. Die Prognosen der Zukunftsforscher würden Wirklichkeit werden, einzig deshalb, weil sie die Prognosen überzeugend formuliert haben.

Claudia Krischer: So berechnen Forscher das Schicksal der Menschheit. In: P.M. Perspektive: Der Blick in die Zukunft. 93/031, S. 24 ff. (Texte M 31, M 32 und Graphiken)

Arbeitsvorschläge

1. Vergleichen Sie die beiden Weltmodelle in M 33. Welches sind die Bestimmungsfaktoren der zukünftigen Entwicklung und wie verändern sie sich im Zeitablauf?

2. Lesen Sie M 34 und M 35 und erläutern Sie mit eigenen Worten die fett gedruckten Begriffe (als Hausaufgabe gut geeignet).

3. Das Netz der Weltprobleme von F. Capra in M 36 ist nach rechts und nach unten unvollständig. Versuchen Sie, es anhand einer Kopie zu vervollständigen. Vergleichen Sie Ihre Ergebnisse und denken Sie daran, dass es unendlich viele Verknüpfungen gibt, da letztlich alles mit allem zusammenhängt.

4. Entwerfen Sie im Sinne von M 35 (zweiter Absatz) eine „kleine Zukunft" für Ihre Stadt, indem Sie Ihre Wünsche formulieren und Verwirklichungsmöglichkeiten prüfen. Wenn Sie Zeit haben, wäre es schön, wenn Sie hierzu eine Zukunftswerkstatt (vgl. S. 52f.) durchführen könnten.

M 36 Weltprobleme in der Vernetzung

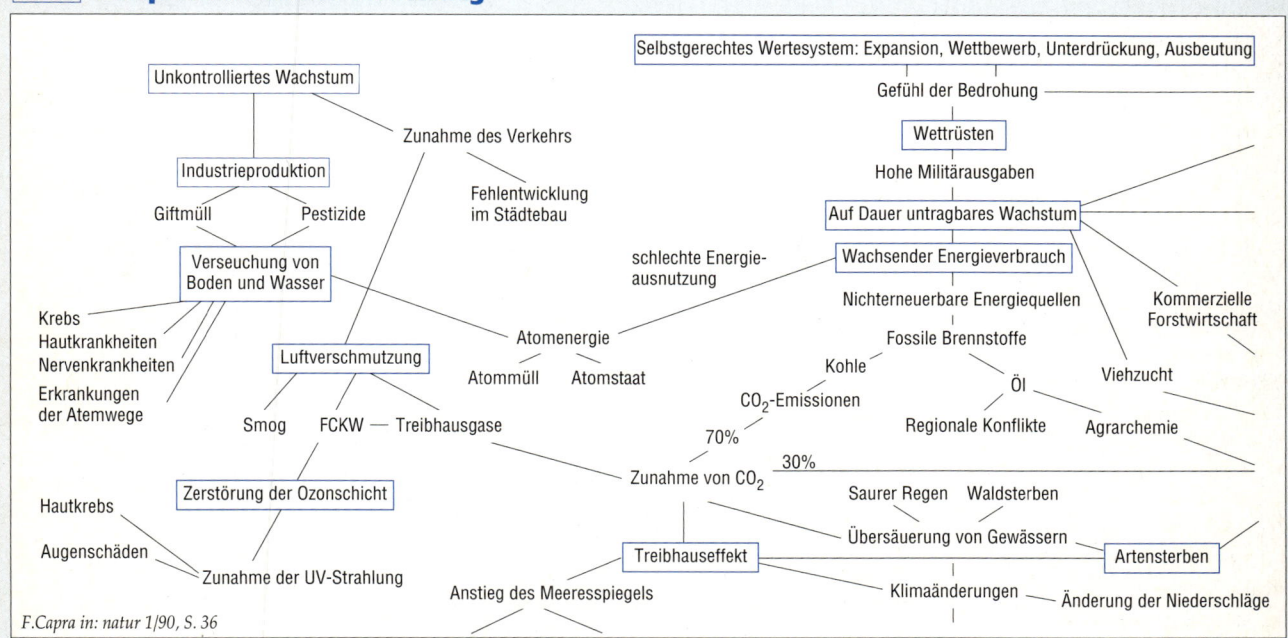

F. Capra in: natur 1/90, S. 36

Stichwortverzeichnis

A

Agenda 21, S. 237
Aggressivität, S. 26
Amerikanische Debatte, S. 95
Angebotspolitik, S. 128
Anhörung, S. 203
Arbeit, S. 120ff.
 – Recht auf, S. 122
 – Zukunft der, S. 83
Arbeitgeberinteressen, S. 85f.
Arbeitgeberverband, S. 102f.
Arbeitnehmerinteressen, S. 85f.
Arbeitsgerichtsbarkeit, S. 184
Arbeitskampf, S. 96
Arbeitskampfrecht, Grundsätze des, S. 97
Arbeitsmarktwandel, S. 80
Arbeitsorganisation, S. 82, 85
Arbeitsproduktivität, S. 124
Armut, S. 20, 179, 190, 192
Artenschutz, S. 249
Artensterben, S. 249
Aufsichtsrat, S. 89
Ausbildung, S. 130
Ausbildungsbereitschaft, S. 71
Ausbildungsbetrieb, S. 70
Ausbildungsordnung, S. 73, 75
Ausbildungsplatz, S. 70
Ausbildungsstellenmarkt, S. 70
Ausbildungsverhältnis, Beendigung des, S. 75
Ausbildungsvertrag, S. 75
Ausländerkriminalität, S. 35
Aussperrung, S. 96
Auszubildende, Pflichten, S. 74
Auszubildendenvertrag, S. 90

B

Beitrittsverhandlung, S. 206
Berichterstattung, objektive, S. 137
Berufsarbeit, S. 20
Berufsausbildung in Europa, S. 72
Berufsbildungsgesetz, S. 74
Berufsschulunterricht, S. 78
Berufswahl, S. 69
Beschäftigungskrise, S. 128
Beschäftigungspolitik, S. 129
Betriebsrat, S. 90
 – Rechte, S. 91
Betriebsverfassungsgesetz, Mitbestimmung nach dem, S. 88
Bevölkerungsexplosion, S. 251
Bevölkerungswachstum, S. 251

Binnenmarkt, S. 204f.
Branchentarifvertrag, S. 93
Broken-Windows-Theorie, S. 39
Bruttoinlandsprodukt, S. 226
Bundespräsident, S. 160
Bundesrat, S. 161 f.
Bundesregierung, S. 161
Bundesstaatsprinzip, S. 162
Bundestag, S. 162
Bundesverband der Deutschen Industrie, S. 102
Bundesvereinigung der Deutschen Arbeitgeberverbände, S. 102
Bundesverfassungsgericht, S. 160
Bürgerbegehren, S. 176
Bürgerentscheid, S. 176
Bürgerinitiative, S. 170, 172

C

CO_2-Treibhausgase, S. 245
Collective self-reliance, S. 225
Contra-Diskussion, S. 117

D

Debatte, S. 117
Demokratie, S. 88, 166
- plebiszitäre, S. 166
- pluralistische, S. 101
- repräsentative, S. 164, 166
Desinformation, S. 144
Deutscher Industrie- und Handelstag, S. 102
Diskussion, S. 117
Dritte Welt, S. 224f., 251
Duales System, S. 54, 72f.

E

Ehe, S. 14
Einkommen, S. 189
Einpersonenhaushalt, S. 16
Einwohnerantrag, S. 176
Elitenherrschaft, S. 167
Emission, S. 57
Entfaltungswerte, S. 47
Entsorgung, S. 54
Entwicklung, nachhaltige, S. 118, 231, 237
Entwicklungsland, S. 251
Erkundung, S. 193
Erweiterung, S. 206
Erwerbsarbeit, S. 20
Erziehungsgehalt, S. 20

EU, S. 194ff., 199, 207
 – Mitgliedsländer, S. 200
EURATOM, S. 199
Europa-Bewegungen, S. 198
Europäische Akte, einheitliche, S. 199
Europäische Union, S. 194ff., 199, 207
Europäischer Rat, S. 202
Europäisches Parlament, S. 202
Europarat, S. 198
EWG, S. 199
Extremismus, S. 31

F

Familie, S. 18, 22
Familienlastenausgleich, S. 22
Familienpolitik, S. 22f.
Firmentarifvertrag, S. 93
Flächentarifvertrag, S. 94
Flexibilität, S. 130
Flüchtlinge, S. 246
Fluchtursachen, S. 247
Fotomontage, S. 10
Freizeit, S. 48f.
Freizeitgestaltung, S. 50f.
Friede, sozialer, S. 97

G

Gehaltstarifvertrag, S. 93
Gemeinsinn, S. 47
Gerechtigkeit, S. 178, 188
Gewalt, S. 28
 – Ursachen von, S. 28f.
Gewaltenteilung, S. 163
Gewaltkriminalität, S. 34
Gewaltmonopol, S. 38
Gewerkschaften, S. 100f.
Gleichstellung, S. 20
Global Governance, S. 236
Global Players, S. 114
Globalisierung, S. 112f., 234
Grenzkontrollen, S. 204
Grenzwerte, S. 241
Gruppenarbeit, S. 82

H

Haager Kongress, S. 198
Handelshemmnisse, S. 204
Handlungsmöglichkeiten, S. 175
Hausarbeit, S. 20

Stichwortverzeichnis

I

Imperialismus, S. 234
Information, S. 144
Inhaltsanalyse, S. 145
Internet, S. 147

J

Jugendarbeitsschutzgesetz, S. 7f.
Jugendgeneration, S. 42
Jugendgewalt, S. 31
Jugendkriminalität, S. 32
Jugendvertrag, S. 90

K

Kalter Krieg, S. 212
Kammer, S. 74
Kapitalismus, S. 107
Kartenabfrage, S. 197
Keynesianismus, S. 110
Klima, S. 242f.
Klimagipfel, S. 244
Kolonialisierung, S. 234
Kommission, S. 202
Konflikt, kriegerischer, S. 213
Kosten, externe, S. 119
Kreislauf-Wirtschaft, S. 59
Kriminalität, S. 34
Kybernetik, S. 253

L

Least developed Countries (LDC), S. 224
Lebensgemeinschaft, nichteheliche, S. 14
Lebenskonzepte im Wandel, S. 45f.
Lebenssinn, S. 49
Lebensstile im Wandel, S. 41
Lehrstellenbilanz, S. 70
Lohndumping, S. 205
Lohnstückkosten, S. 116
Lohntarifvertrag, S. 93
Lohnzusatzkosten, S. 116

M

Maastrichter Vertrag, S. 199
Machtkontrolle, S. 163
Magisches Viereck, S. 109
Manipulation, S. 144
Manteltarifvertrag, S. 93

Markt, S. 126
Marktwirtschaft, freie, S. 106
 – ökologisch-soziale, S. 119
 – soziale, S. 108
Marshallplan, S. 230 f.
Massenmedien, S. 134ff.
Medien, S. 143
Medienfunktion
 – Freie Meinungsbildung, S. 136f.
 – Information, S. 136f.
 – Kontrolle, S. 136 f.
 – Unterhaltung, S. 136f.
Medienverbund, S. 146
Mehrheitswahl, S. 156
Mehrheitswahlrecht, S. 154, 156
Meinungsfreiheit, S. 138 f.
Meinungsumfrage, S. 158
Menschenrechte, allgemeine Erklärung der, S. 123
Metaplan-Technik, S. 196
Migration, S. 246f.
Ministerrat, S. 202
Mitbestimmung, S. 88
 – paritätische, S. 88
Mitbestimmungsgesetz, S. 88
Mitbestimmungsrechte, S. 91
Mitentscheidung, S. 203
Mitwirkungsrechte, S. 91
Mobilität, S. 130
Montanmitbestimmungsgesetz, S. 88
Montanunion, S. 198
Müll, S. 54
Multimedia, S. 134, 146

N

Nachfragepolitik, S. 128
Nachtwächterstaat, 109, 114
Neo-Liberalismus, S. 111
Nord-Süd-Konflikt, S. 226
Normen, soziale, S. 29

O

OECD-Länder, S. 230
Öffentlichkeit, S. 140
Öko-Audit, S. 62ff.
Ökologie, S. 58
Ökonomie, S. 58
OPEC, S. 233
Opposition, S. 163
Ost-West-Konflikt, S. 212

P

Partei, 170
Pflichtwerte, S. 46f.
Planspiel, S. 98
Pro-Diskussion, S. 117
Produktivität, S. 125

R

Recycling, S. 60f.
Regierungssystem, S. 161
Richtlinien, S. 202f.
Römische Verträge, S. 197, 199

S

Schlüsselqualifikation, S. 80f., 131
Schwellenländer, S. 224
Schlichtungsverfahren, S. 96
Selbstverwirklichung, S. 47
Shell-Studie, S. 42
Sicherheit, innere, S. 39
Singles, S. 16
Skinheads, S. 30
Soziale Verteidigung, S. 220f.
Soziales Netz, S. 186
Sozialgerichtsbarkeit, S. 184
Sozialgesetzgebung, S. 181
Sozialhilfe, S. 186, 191
Sozialstaat, S. 109, 178f.
Sozialversicherung, S. 182, 186
Staatsbürger in Uniform, S. 217
Staatsorgane, S. 160
Standort Deutschland, S. 116
Statistiken, S. 35
Steuer, S. 189
Steuerreform, ökologische, S. 119
Strafen, S. 37
Strafrecht, S. 36f.
Strafverfahren, S. 37
Strafzwecke, S. 36
Streik, S. 96
Szenario, S. 19, 132f.

T

Tarifvertrag, S. 92
Tarifvertragssystem, S. 92
Terms of trade, S. 232
Treibhauseffekt, S. 242f.
Trinkwasser, S. 240
Trinkwasserkrise, S. 240
Trinkwasserreserven, S. 241

Stichwortverzeichnis

U

Umwelt, S. 56
Umweltpolitik, S. 244
Umweltschutz, S. 67
UNO, S. 218f.

V

Verbände, S. 170
Verbandstarif, S. 93
Vereinte Nationen, S. 219
Verhältniswahl, S. 156
Verhältniswahlrecht, S. 154, 157
Vernetzung, S. 253
Verordnung, S. 202f.
Vertiefung, S. 206
Vertrag von Maastricht, S. 199
Verursacherprinzip, S. 57
Vier Freiheiten, S. 204
Visualisierung, S. 196
Völkerrecht, S. 218
Volksabstimmung, S. 164
Volksgesetzgebung, S. 164
Volkssouveränität, S. 164
Vollbeschäftigung, S. 130

W

Wahlen, S. 152
Wahlordnung, S. 152
Wahlrecht, S. 153f.
Wegwerfgesellschaft, S. 65
Wehrpflicht, S. 214f.
Weiterbildung, S. 130
Weltbevölkerung, S. 250
Weltklimagipfel, S. 245
Weltwirtschaftskrise, S. 107
Weltwirtschaftsordnung, S. 234
Wertewandel, S. 29, 44
Wertvorstellung, S. 41
Wirtschaftsliberalismus, S. 107

Z

Zensur, S. 136
Zielsetzung, betriebliche, S. 87
Zukunft, Fabrik der, S. 83
Zukunftsangst, S. 42
Zukunftsprobleme, S. 234
Zukunftsvorstellung, S. 42
Zukunftswerkstatt, S. 52f.
Zusammenarbeit, Erfahrung der, S. 203
Zustimmung, S. 203

Bildquellenverzeichnis

action press, S. 78
Adam Opel AG, S. 83
Archiv für Kunst und Geschichte, S. 107, 120 oben, 322 oben
Argus, S. 223 unten
associated press, S. 151 oben

Bachmeier, S. 91, 99
Bavaria, S. 8, 118
Bildarchiv Preußischer Kulturbesitz, S. 40 oben
BMZ, S. 230
Bundesbildstelle, S. 134, 151 unten, 198, 214
Bundesministerium für Verteidigung, S. 217

CCC, S. 44, 45, 80, 94, 122, 123, 126, 127, 134, 136, 142, 143, 173, 203, 207, 219, 236, 252

Deutsche Presse Agentur, S. 18, 85, 144
Dresing, Uschi, S. 168, 169

Eberhardt, Winfried, S. 172

Fiederling, Karin, S. 9 oben
Foto-present, S. 10 oben, 10 mitte, 11 oben,

Jürgens Ost + Europa Photo, S. 117

Keystone, S. 54
Kieser, S. 3, 67 oben, 67 mitte, 68, 79 (2), 82, 136 unten, 170, 192, 205, 76

MEV, S. 10 unten, 17, 41 oben, 41 unten links, 41 unten rechts, 67 unten, 158, 186, 223 (6),

Seifert, Michael, S. 228, 229 (2)
Süddeutscher Verlag, S. 11 unten links, 20, 24 unten, 36, 38, 40 unten rechts, 52, 84 (2), 87, mitte, 106, 108 (2), 11 (2), 135 (2), 150, 178, 179, 190, 199, 209 (2), 208, 215, 221 (2), 237, 244

Van Züphten, S. 11 unten rechts
Vereinte Nationen, S. 218

Leider konnten nicht alle Rechteinhaber ermittelt werden. Bitte melden Sie sich deshalb beim Verlag, wenn wir Abbildungen von Ihnen in diesem Schulbuch veröffentlicht haben.